九色鹿

本书为 2018 年国家社科基金一般项目
"'一带一路'视阈下近代亚洲区间贸易与区域经济带形成研究"（18BSS026）成果

本书出版承蒙浙江师范大学出版基金
（Publishing Foundation of Zhejiang Normal University）资助

星槎竞帆

许序雅 著

无远弗届

大航海时代
亚洲区间贸易

社会科学文献出版社
SOCIAL SCIENCES ACADEMIC PRESS (CHINA)

本书各种计量单位说明

货币单位

1 比索（西班牙银元）= 0.75 两（tael）白银

1 比索 = 0.72（库平）两银（日本、英美学者）

1.333 比索合白银 1 两，35.73 比索合 1 公斤白银（本书作者）

1.389 比索合白银 1（库平）两，36.95 比索合 26.6 两（1 公斤）银（日本、部分英美学者）

1 英镑 = 4 比索（西班牙银元）= 3 两银

1 英镑 = 10 荷盾（弗罗林）= 3 两银

按比索与英镑兑换，35.467 比索合 1 公斤银（部分英美学者）

1 里亚尔（里耳）= 0.9 两银[a]

1 八单位里亚尔（元）= 27 克银 [b]

1 克鲁扎多（crusado, cruzado，葡萄牙币）≈ 1 两银

1 荷盾 = 20 斯蒂费尔（斯多佛，斯托弗）

在荷据台湾时期，在大员以 56 ~ 57 斯蒂费尔折合 3 荷盾，以 56 ~ 69 斯蒂费尔折合 1 两银

1 荷兰银元（rijksdaalder，rixdollar）价值等同 1 西班牙里亚尔，相当于 2.5 荷盾 [c]

1（荷属东印度）卢比 = 1.5 荷盾

1 葡萄牙杜卡特 = 1（中国）两银

1 荷兰杜卡特（dukaat）≈ 5.25 荷盾

（日本）1 贯 =1000 匁（文目），1 匁（文目）= 10 分

1 贯合 100 两银，10 匁（文目）= 1 两，1 公斤 ≈ 26.6 两

1 贯约合 3.75 千克银，1 文目约合 3.75 克银

重量和容量单位

1 担（picul）= 100 斤（catties）≈ 60.4 公斤

1 斤 = 16 两（tael）

1 担 = 125 荷磅（荷印公司计量）

1 担 = 实际重量 122.27 荷磅 [d]

1 荷磅 = 0.494 公斤 [e]

1 箱蔗糖 ≈ 228 ~ 240 斤

1 箱日本白银 = 1000 两

1 箱白银（英印公司），17 世纪 2000 银元，18 世纪 4000 银元

1 巴哈尔（Bahar）胡椒或肉桂约为 320 斤

1 巴哈尔丁香约为 272 斤

日本和部分欧美学者以 26.6 两合 1 公斤银

本书作者以 26.8 两合 1 公斤银

a.　赵文红、李德霞认为，1 比索 = 8 里亚尔。诚如此，则 8 里亚尔 = 0.75 两（或 0.72 库平两），1 里亚尔仅值 0.09375 两。他们没有说明出处。从 17 世纪 40 ~ 50 年代荷印公司购买中国糖的价格看，这个比值是不可能的。这应该是八单位里亚尔之误。1 比索≈1 八单位里亚尔。参见赵文红《17 世纪上半叶欧洲殖民者与东南亚的海上贸易》，云南人民出版社，2012，第 195 页；李德霞《17 世纪上半叶东亚海域的商业竞争》，云南美术出版社，2009，第 141 页。

b.　马士说，在广州，1 两白银重 579.85 喱；1 八单位里亚尔含纯银量 416 喱，成色 900，实值 4 先令 2 便士。从含银量换算，1 八单位里亚尔值纯银 0.717 两。不过，对于 17 世纪上半叶的货币换算，他有时也按 1.5 八单位里亚尔等于白银 1 两换算。这可能与不同时期八单位里亚尔含银量以及银锭、银元的含银量有关。1734 年，英国人与广州海关官员达成协议：每担重 133 英磅，1 两为 559.22 喱。这说明中国 1 两与英制的换算不是恒定的。参见马士《东印度公司对华贸易编年史（一六三五～一八三四年）》第 1 卷，区宗华译，广东人民出版社，2016，"原序"第 8 页，正文第 28 页、第 51 页注 1、第 250 页。黄文鹰等说，八单位银元（piece of eight）是英国人对西班牙人记账单位里耳（reaal，西班牙元）的称呼，1 八单位银元 =1 里耳。参见黄文鹰、陈曾唯、陈安尼《荷属东印度公司统治时期吧城华侨人口分析》，中国社会科学出版社，2020，第 60 页。

c.　参见安东尼·瑞德《东南亚的贸易时代：1450 ~ 1680 年》第 2 卷，孙来臣等译，商务印书馆，2017，第 530 页；刘勇《近代中荷茶叶贸易史》，中国社会科学出版社，2018，第 7 页。

d.　据荷印公司 1636 年 12 月 28 日《东印度事务报告》。刘勇以荷印公司 1 担 =122.5 荷磅计量。参见程绍刚译注《荷兰人在福尔摩莎（1624 ~ 1662）》，联经出版事业公司，2000，第 177 ~ 178 页；刘勇《近代中荷茶叶贸易史》，第 7 页。

e.　在荷磅与公斤、担互算时，存在差异。例如，100 万荷磅合 49.4 万公斤，合 8000 担，但是 49.4 万公斤合 8178.8 担。其中原因在于每担的实际重量与荷印公司记账重量有差异。本书在换算时，荷磅、担、公斤均是直接换算，不经过中间重量单位。

· 表目录 ·

引　言

自新航路开辟以来，传统的亚洲海上贸易网络、贸易体系和贸易方式发生巨大变化，亚洲区间贸易空前活跃。国外学者有关亚洲区间贸易的研究重点主要在于葡萄牙人、荷兰人、英国人在亚洲建立的贸易网络，西方殖民者在远东的争夺，及其在远东地区的贸易及殖民生产等，但对于亚洲区间贸易兴盛的原因、华商在亚洲区间贸易网络构建过程中的作用、亚洲区间贸易与亚洲区域经济带构建的关系，几无涉及。在与亚洲区域经济带形成相关的研究中，学者们探讨了16～18世纪荷兰、英国等国有关中国和东南亚香料、蔗糖、茶叶、瓷器的生产和运销、消费及其对欧洲和亚洲各国的社会影响；以香料、蔗糖和茶贸易为中心，探讨了亚洲香料、糖、茶专属经济区的形成，探讨了美洲白银输入亚洲及 17 ～ 18 世纪日本银、铜的出口贸易及其对亚洲区间贸易运作的深刻影响，探讨了中国与日本、东南亚各国以及欧洲国家的贸易关系。20 世纪 60 年代以来，美国、日本学者开始把东亚地区历史作为整体进行研究，以区域史的视角研究东亚历史发展，逐渐发掘出西太平洋贸易圈、西太平洋（东亚）文化经济体诸课题。但他们的研究局限于贸易史的范围来探讨亚洲各种商品贸易，没有深入探讨亚洲各国、各地区之间的商品流动和经济互动对亚洲经济带形成的推动作用，也没有提出近代亚洲区域经济带的概念；对于亚洲香料、糖、茶专属经济区的构建及运行机制，以及亚洲商品专属经济区的形成与亚洲区域经济带构建的关系均少有人涉及。

中国学者对亚洲区间贸易的研究主要以中国为本位，研究明清时期海外华商贸易网络的形成和发展、西方殖民活动与太平洋贸易网形成、白银流入中国及其影响，以及华商如何参与亚洲区间贸易、中国与荷兰及东南亚诸国的贸易关系，探讨了荷兰人、英国人在亚洲的香料、茶叶、瓷器和糖贸易及其影响，台湾、巴达维亚（雅加达，以下或简称巴城）的蔗糖业发展，其中涉及荷兰人在香料群岛[1]的香料生产、在印尼和台湾[2]的蔗糖生产，探讨了中国糖、茶叶、瓷器的外销流入问题。但很少有学者以“一带一路”视野来考察亚洲区间贸易对亚洲区域经济带形成的影响；对于近代亚洲区间贸易网与古代东亚贸易网的差异，16 ～ 18 世纪亚洲区间贸易与近代亚洲区域经济带形成的关系，亚洲区间贸易市场的运作机制，亚洲区间贸易与亚欧贸易的联动关系，中国白银需求及大宗商品（生丝、丝绸、蔗糖、茶叶、瓷器等）输出对亚洲区间贸易和近代世界市场形成的巨大影响，亚洲香料、糖、茶专属经济区的形成，荷兰、英国东印度公司建立的亚洲区间贸易网络、贸易方式之演变，也很少有人深入探讨。对于明清时期输入中国的白银数量，也众说纷纭。就笔者目力所及，未见有人提出

1　一般指今天印度尼西亚的马鲁古（Maluccas，摩鹿加）群岛，以盛产香料而得名。马鲁古群岛以南的安汶岛、塞兰岛以及班达群岛亦盛产香料。

2　本书所称台湾，指本书所研究时段（16 ～ 18 世纪）中特定的经济区域。

"近代亚洲区域经济带"的概念。

本书在吸收国内外学界已有相关成果的基础上，以历史唯物主义为指导，从全新的"一带一路"的研究视角，运用全球史观理论和年鉴学派"长时段"研究方法，以中国东南沿海（包括台湾）、印尼巴达维亚和日本长崎为中心，依据丰富的中文文献、荷兰东印度公司和英国东印度公司的档案，从研究葡萄牙、荷兰和英国在亚洲建立的殖民体系和贸易网络以及华商海上贸易网络构建入手，主要研究大航海时代亚洲海上贸易网络的形成和演变，亚洲的香料、白银、生丝和丝绸、蔗糖、瓷器贸易与近代亚洲区域经济带的形成，亚洲区域经济带的内涵及特点，亚洲区域经济带的构建对亚洲诸国政治、经济的深刻影响。

本书研究方法的特色和创新之处在于，梳理了以往学者［如全汉昇、庄国土、万明、李金明、林仁川、黄启臣、钱江、陈尚胜、李庆新、C. R. 博克舍（C. R. Boxer）、K. 格拉曼（K. Glamann）、W. L. 舒尔茨（William Lytle Schurz）、贡德·弗兰克（Gunder Frank）、岩生成一等］的研究成果，并结合史料文献详加考辨。以往的学者孤立地研究 16 ~ 18 世纪亚洲各类货物（香料、蔗糖、茶叶、瓷器、白银等）贸易，本书则把 16 ~ 18 世纪的亚洲区间贸易与亚洲区域性的特色商品经济带的形成结合起来研究；以亚洲区间贸易和全球贸易的视角，发掘荷兰东印度公司和英国东印度公司的档案文献，并综合运用中文文献，以广州、澳门、大员、长崎、马尼拉、巴达维亚和香料群岛为中心，围绕近代亚洲区间贸易的开展和新的命题"近代亚洲区域经济带"的形成来展开研究。对于前辈的代表性研究成果，笔者尽可能追根溯源，详细考辨。

本书所论之"大航海时代"是指 15 世纪末至 18 世纪，近代是指 16 ~ 18 世纪；笔者提出的"近代亚洲区域经济带"是指在 16 ~ 18 世纪，远东各国、各地区依托传统的亚洲地区贸易网络及葡萄牙人、荷兰人、英国人建立的殖民统治体系和亚洲区间贸易网络，通过香料、丝绸、白银、蔗糖、瓷器、茶叶、棉花和棉织品等商品的生产、贸易而形成的亚洲区域性的特色商品经济带（特色商品经济区）。本书把新航路开辟之前没有西方殖民者参与的亚洲各地之间的贸易称作"亚洲地区贸易"（Regional trade in Asia），把 16 世纪以后西方人参与进来的亚洲各地之间的贸易称作"亚洲区间贸易"（Intra-Asiatic trade，Asian interval trade，或 Interregional trade in Asia），以示区别。[1] 英国东印度公司职员、自由商人（散商）、闯入者（Interloper）开展的"港脚贸易"（Country trade）包含在亚洲区间贸易中。

关于葡萄牙、荷兰和英国在亚洲建立的殖民体系和贸易网络以及华商构建的海上贸易网络，笔者将通过梳理西方殖民国家在亚洲的殖民争夺，探讨 16 ~ 18 世纪远东地区的殖民体系和贸易网络的架构，华商通过中国帆船贸易而建立的东亚、东南亚的海上贸易网络及其对亚洲贸易网络构建的影响，华人在亚洲区间贸易网络构建过程中的作用，以及亚洲区间贸易圈的架构，近代亚洲贸易网络的演变。在此基础上，笔者将探讨亚洲区间贸易中心（长崎、台湾、澳门、马尼拉、巴达维亚等地）的形成以及上述贸易中心对亚洲海上贸易网络构建的作用。笔者认为，从 16 世纪中叶开始，以中国商品、中国帆船和中国市场为依托的传统华商海上贸易网络发生了转型，华人为近代亚洲贸易网络、亚洲区间贸易网络和亚洲区域经济带的构建做出了很大贡献。

关于近代亚洲区间贸易的发展，笔者以中国东南沿海（包括台湾），日本长崎，印尼香料群岛、巴达维亚，菲律宾马尼拉为中心，探讨 16 ~ 18 世纪这些地区白银、香料、蔗糖等商品的贸易，兼及丝绸、瓷器、茶叶贸易，探究上述商品贸易的方式和特点、荷兰东印度

1　这种使商品在亚洲各国之间流动，从而赚取中间利润的贸易方式，荷兰人称为"亚洲区间贸易"（Intra-Asiatic trade）或东南亚的"岛内贸易"（the Interinsular trade）。参见格林堡《鸦片战争前中英通商史》，康成译，商务印书馆，1961，第 9 页；李宽柏《论鸦片战争前"港脚商"与东印度公司在对华贸易上的特殊关系》，《湖北省社会主义学院学报》2004 年第 6 期。也有学者把 17 世纪以来有西方人参与的亚洲各地的贸易称作"亚洲区间贸易"（Intra-Asian trade），如 Robert Parthesius, *Dutch Ships in Tropical Waters: The Development of the Dutch East India Company* (VOC) *Shipping Network in Asia 1595–1660,* Amsterdam: Amsterdam University Press, 2010, pp.1–3。

公司和英国东印度公司在亚洲区间贸易中的运作方式、西方殖民活动和上述商品（尤其是日本白银和美洲白银）在亚洲的区间贸易中对亚洲区域经济带形成的影响、亚洲区间贸易对近代亚洲专属经济区形成的推动作用。笔者认为，亚洲区间贸易一方面把亚洲多国的经济联系在一起，推动了传统东亚贸易圈的转型和重构，推动了以广州、澳门、台湾、巴达维亚、马尼拉、长崎为中心的亚洲区域性特色商品经济带的形成，另一方面推动了亚洲诸国经济向近代货币经济转型。笔者第一次揭示了近代亚洲区间贸易市场实际上是二元结构，这种二元结构体现在贸易活动的性质上，一是为欧洲市场和中南美洲市场提供商品货源的亚洲区间贸易，我们姑且称之为"亚洲外向型区间贸易"；二是贸易商品最终在亚洲境内消费的亚洲区间贸易，我们可称其为"亚洲内向型区间贸易"。二元结构体现在贸易商身份上，一是外来的欧洲殖民者，二是亚洲本地的商人。这种二元结构导致了近代亚洲区间贸易的多样性、复杂性。

关于近代亚洲区域经济带的构建及其运行机制，笔者以香料、白银、蔗糖的生产和贸易为中心，探究以中国大陆、台湾、澳门，印尼香料群岛、巴达维亚，菲律宾马尼拉，日本长崎为中心的亚洲区域经济带形成的历史过程，揭示亚洲区间贸易对亚洲区域经济带构建的推动作用，进而揭示"近代亚洲区域经济带"的内涵、发展及特点，亚洲区域经济带的经济和文化基础，并探讨亚洲区域经济带形成对近代亚洲各国政治、经济的深刻影响。笔者认为，亚洲区域经济带是围绕亚洲特色商品的生产和贸易而形成的。大航海不仅发现了美洲，也使亚洲商品的价值被重新挖掘。以香料、丝绸、蔗糖、瓷器、茶叶为代表的具有亚洲特色的商品的生产和销售，是西方人选择的结果，不是亚洲各国经济发展的自然结果，因此上述商品的产销需求具有较强的输入性；而日本贵金属（白银和铜）和美洲白银在亚洲区间贸易中的流通，则主要受到中国市场需求的刺激。亚洲区域经济带的特征是以海上丝绸之路和西方人在远东建立的殖民体系与贸易网络为依托，其产品（如香料、蔗糖）的生产往往带有殖民掠夺色彩，但商品贸易则以近代自由贸易规则运行，参与香料、蔗糖等商品生产和贸易的各方被纳入近代世界贸易体系，形成一个松散的经济贸易体。"近代亚洲区域经济带"的经济、文化基础既有近代自由贸易的价值观，又有东方儒家和佛教文化基础。近代亚洲区域经济带的形成，对亚洲诸国和葡萄牙、荷兰、英国等国产生了深刻影响：一方面，亚洲诸国被纳入世界贸易体系，成为欧洲的农产品供应地，促进了亚洲诸国商品生产和封建经济的瓦解，促进了亚洲各国经济、文化交流，使亚洲政治和经济格局发生重大变化，加快了东方国家向近代国家的转型；另一方面，大大促进了西方殖民国家的资本原始积累。亚洲区间贸易和区域经济带的形成，对近代世界市场的形成具有巨大的推动作用。

第一章 大航海时代亚洲海上贸易网络的形成和演变

16～17世纪，西方殖民国家在亚洲展开殖民争夺，并在亚洲建立起殖民统治体系和贸易网络。马尼拉、万丹（Bantam，即下港）、望加锡（Macassar，即乌戎潘当，Ujung Pandang，位于苏拉威西岛）、澳门、长崎、巴达维亚、大员等地逐渐成为亚洲区间贸易中心，它们支撑起亚洲近代海上贸易网络。亚洲近代海上贸易网络还与马尼拉大帆船贸易航线、亚欧航线相连。华商通过帆船贸易积极参与东亚、东南亚的海上贸易网络构建，并促使传统的东亚、东南亚贸易网络转型。亚洲近代贸易网络的架构和发展，导致了亚洲传统贸易方式的转型，促进了亚洲区间贸易圈的形成和亚洲区间贸易的发展，推动了中国丝绸、蔗糖、茶叶和瓷器等商品的出口贸易。

一　16～17 世纪亚洲近代海上贸易网络的形成

自新航路开辟，大航海时代揭开序幕。在大航海时代早期（15 世纪末至 17 世纪初），西方殖民国家纷纷东来，在亚洲展开激烈的殖民争夺，葡萄牙、西班牙、荷兰、英国等西方殖民国家先后在亚洲建立起殖民统治体系，深刻地影响了亚洲海上贸易网络的架构和亚洲区间贸易的开展，并使传统的华商亚洲海上贸易网络和贸易方式发生转型。学界已有的研究，主要集中在传统华商海上贸易和朝贡体系以及明清时期太平洋贸易网的形成上。如陈奉林、李金明等讨论了中国古代海外贸易的发展、汉代以来西太平洋贸易网的形成、科技进步与西太平洋贸易网的发展扩大、西太平洋贸易网与西方贸易网的早期接触、西太平洋贸易网衰落的原因；[1] 何芳川、杨翰球、赵文红及日本学者松浦章等探究了 15 世纪以来西太平洋海上贸易和贸易网的形成等；[2] 杨宏云探讨了汉代到明清时期环苏门答腊岛［巨港（原称旧港）、马六甲（Malacca，汉籍称为满剌加）、巴达维亚等地］的华商贸易网络的构建及华商海外贸易。[3] 对于 16～18 世纪西方殖民国家对亚洲近代海上贸易网络形成和贸易方式的影响、亚洲区间贸易网络的架构和演变，学界研究不多。

（一）葡萄牙人建立的亚洲殖民统治体系

亚洲近代海上贸易网络的建立，与葡萄牙人向远东的殖民扩张有着

1　陈奉林：《对东亚经济圈的历史考察》，《世界历史》2009 年第 3 期；陈奉林：《东方外交与古代西太平洋贸易网的兴衰》，《世界历史》2012 年第 6 期；李金明、廖大珂：《中国古代海外贸易史》，广西人民出版社，1995，第 328～341 页。

2　何芳川主编《太平洋贸易网 500 年》，河南人民出版社，1998；何芳川：《澳门与葡萄牙大商帆——葡萄牙与近代早期太平洋贸易网的形成》，北京大学出版社，1996；杨翰球：《十五至十七世纪西太平洋中西航海贸易势力的兴衰》，吴于廑主编《十五十六世纪东西方历史初学集》，武汉大学出版社，2005，第 294～314 页；赵文红：《17 世纪上半叶欧洲殖民者与东南亚的海上贸易》；松浦章：《海上丝绸之路与亚洲海域交流（15 世纪末～20 世纪初）》，孔颖编译，大象出版社，2018。

3　杨宏云：《环苏门答腊岛的海洋贸易与华商网络》，社会科学文献出版社，2016。

密切的联系。在葡萄牙人发现绕道好望角的新航路之前，覆盖西太平洋、印度洋不同地区的海上贸易网络早已建立。就中外贸易航线的东西洋针路来说，东洋针路包括46条支线，而西洋针路有125条支线。[1]

在葡萄牙人占领马六甲之前，传统的海上丝绸之路被学界称为"中东商道"，运输的大宗商品是香料。东南亚到欧洲的海上贸易航线的兴盛，主要是因为香料贸易。香料贸易所带来的巨大利润是葡萄牙和其他欧洲人所梦寐以求的。输入欧洲的香料主要来自摩鹿加群岛。香料群岛出产的香料首先集中在马六甲港口，经过爪哇、马六甲、印度、阿拉伯等商人的转运，经由马六甲、印度最南端，跨阿拉伯海到中东地区，随后通过红海或波斯湾到亚历山大港或贝鲁特港；意大利和加泰罗尼亚大帆船（Catalan galleys）到贝鲁特和亚历山大，运载香料到威尼斯、热那亚、马赛及其他地方。威尼斯成为欧洲的香料集散地。[2] 这条进入欧洲的香料贸易通道，在到达亚历山大港或贝鲁特港之前，主要由穆斯林商人控制，欧洲段商道则主要由威尼斯商人所垄断。[3]

由于这条香料航线需要从陆地中转，运输耗时长，且经过众多的中间商，成本很高。

为了降低香料贸易的中间成本，追逐香料贸易的巨大利润，葡萄牙人最早来到东方开展殖民活动。在地理大发现的过程中，葡、西两国垄断并瓜分了通往新世界的各条航线。根据西葡1494年《托德西拉斯条约》和1529年《萨拉戈萨条约》，葡萄牙获得东方航线垄断权，凡来华之欧洲人必须从里斯本起航。[4]

在葡萄牙国王曼努埃尔一世（Manoel Ⅰ，1469-1521）的资助下，

1 包乐史：《巴达维亚华人与中荷贸易》，庄国土等译，广西人民出版社，1997，第171页。

2 David Bulbeek, Anthony Reid, Lay Cheng Tan, and Yiqi Wu, *Southeast Asian Exports since the 14th Century: Cloves, Pepper, Coffee, and Sugar*, Institute of Southeast Asian Studies, 1998, p.22; Joel Mokyr, *The Oxford Encyclopedia of Economic History*, Vol.5, *Spices and Spices Trade*, Oxford University Press, 2003, p.2; 李美贤：《印尼史——异中求同的海上神鹰》，三民书局，2005，第52页。

3 安东尼·里德：《1400～1650年贸易时代的东南亚》（一），钱江译，《南洋资料译丛》2008年第1期。

4 严建强：《18世纪中国文化在西欧的传播及其反应》，中国美术学院出版社，2002，第46页。

葡萄牙人通过武力等手段在远东建立起一系列殖民据点。1499 年，葡萄牙商船驶入了印度洋；1501 年，葡萄牙人在印度的科钦（Cochin，汉籍称为固贞）和加尔各答、1505 年在科伦坡（今斯里兰卡首都）、1509 年在印度果阿（Goa），建立起一系列殖民据点。[1]1511 年，葡萄牙海军将领阿方索·阿奎那（Alfonso de Albuquerque）率领 18 艘海船、800 多名水手和士兵到达马来半岛西南岸的马六甲，他们焚烧阿拉伯和印度穆斯林商船，赦免中国人和非穆斯林，占领了马六甲。[2]接着，葡萄牙人占据柔佛（Johor，或 Johore，马来半岛南部港口）和安汶（Ambon，或 Amboyna，即安波那，马鲁古群岛南部小岛[3]）；随后占领了暹罗（Siam，今泰国）南部的北大年（Patani，亦称佛打泥、太泥或大尼）和爪哇西部的万丹，以及摩鹿加群岛。葡萄牙人在这些地方建立起殖民据点，同时也建立起商馆。

　　1511 年，葡萄牙人占领马六甲之后，柔佛、北大年和万丹成为他们在马来群岛的重要贸易港口。万丹的地理位置接近香料产地和巽他海峡（Sund Strait，位于苏门答腊岛和爪哇岛之间，在东南亚的重要性仅次于马六甲海峡，是西太平洋国家到欧洲的主要航道之一），它在亚洲区间贸易网中的地位非常重要。因为占领了万丹就可以"控制辛达和班卡海峡"，从而在很大程度上阻止其他国家"与中国或日本做生意"。[4]

　　在葡萄牙人开辟出香料群岛—好望角—欧洲航线的同时，传统的中东商道仍然存在。在葡萄牙入侵马六甲之后，穆斯林借助新航路，开辟出新的香料贸易路线：从印度尼西亚苏门答腊西北部亚齐出发，

1　Clare Le Corbeiller, *China Trade Porcelain*: *Patterns of Exchange*, New York: The Metropolitan Museum of Art, 1974, p.1.

2　李美贤：《印尼史——异中求同的海上神鹰》，第 52 页；R.B. 沃纳姆编《新编剑桥世界近代史》第 3 卷，中国社会科学院世界历史研究所组译，中国社会科学出版社，1999，第 721 页。

3　杨宏云把安汶（Ambon）译为"安汉"，可能是印刷之误。参见杨宏云《环苏门答腊岛的海洋贸易与华商网络》，第 182 页。

4　查尔斯·达维南特：《论英国的公共收入与贸易》，朱泱、胡企林译，商务印书馆，1995，第 194 页。

经马尔代夫群岛、红海，再到威尼斯——与葡萄牙的香料运输能力旗鼓相当。16 世纪下半期，这条路线复兴，16 世纪末从亚齐运输的胡椒要比葡萄牙人经好望角运输的多。不过，中东商人输入欧洲市场的香料数量不太稳定。到 17 世纪 20 年代，这条中东航路衰微了。[1]

除了建立殖民地和据点，选择优越的地理位置建立商馆对于转口贸易也非常重要。广东沿海就成为葡萄牙人建立商馆的优选地。1514年，葡萄牙人进一步向东扩张，首次抵达中国，来到广州附近的屯门岛（Tunmen，或 Tamang，在葡萄牙史籍中写作 Tamao，其地点尚存在争议[2]），购买了一些瓷器。这是近代欧洲与中国直接贸易的开始。[3]1517 年，葡王曼努埃尔一世派遣了一个使团到中国，该使团在中国一直活动到 1521 年。1519 年，葡萄牙船长西蒙·德·安德拉德（Simon de Andrade）来到广州。安德拉德在广州行为不端，甚至参与海盗活动，直接导致明政府关闭广州的对外贸易，直到 1699 年才由清政府宣布重新开放。[4]1521 年，葡萄牙人又被驱逐出屯门。[5]不过广州民间的对外贸易仍继续进行。

葡萄牙人不甘心在中国的失败，他们于 1522 年在华南的浪白澳（Lampaco，今珠海市南水镇）又建立起一个商站。[6]1557 年，葡萄牙人在澳门建立居留据点。

由于广州闭关，中国的对外贸易都通过澳门进行。出于巩固政权

1　Joel Mokyr, *The Oxford Encyclopedia of Economic History*, Vol.5, *Spices and Spices Trade*, p.2.

2　有论者认为，Tamao 在今深圳南头附近的屯门。参见万明《中葡早期关系史》，社会科学文献出版社，2001，第 28 页注释 1。庄国土认为，Tamao（屯门）即今伶仃岛。参见庄国土《17 世纪东亚海权争夺及对东亚历史发展的影响》，《世界历史》2014 年第 1 期。

3　王莉英：《中西文化交流中的中国瓷器》，《故宫博物院院刊》1993 年第 2 期；R. B. 沃纳姆编《新编剑桥世界近代史》第 3 卷，第 721 页；John Goldsmith Phillips, *China-Trade Porcelain*, Harvard University Press, 1956, p.17. 关于最早来华的西方殖民者的国别和时间，各家说法不一。详见萧致治、杨卫东编撰《鸦片战争前中西关系纪事（1517～1840）》，湖北人民出版社，1986，第 11～12 页附考一。

4　John Goldsmith Phillips, *China-Trade Porcelain*, p.18.

5　萧致治、杨卫东编撰《鸦片战争前中西关系纪事（1517～1840）》，第 10 页。

6　马士：《中华帝国对外关系史》第 1 卷，张汇文、姚曾廙、杨志信等译，上海书店出版社，2006，第 43 页。

的需要，明初统治者下令"片板不许入海"。[1] 此后明政府又多次厉行海禁，打击了中国商人出海贸易的积极性。此外，因海盗进犯潮州，广东官府于 1559 年禁止番商及夷人进入广州。[2] 于是，在 16 世纪中后期，广州所有官方对外运输都交由葡萄牙人进行。[3] 澳门成为葡萄牙人对华贸易和远东贸易的一个重要基地。[4]

葡萄牙人占据澳门后，受到西班牙人和荷兰人的挑战。1598 年，西班牙的马尼拉总督派舰队前往澳门，也试图在澳门建立贸易基地。澳门葡萄牙当局在中国政府的支持下，驱逐了侵入澳门的西班牙舰只。[5]

1601 年，荷兰舰队在范莱克（Van Neck）的率领下，首次到达澳门沿海，袭击澳门，葡人拒绝荷人登陆，范莱克派上岸的 21 名水手均被葡人扣押，其中 17 人被绞死。[6] 1622 年，荷兰东印度公司 13 艘船与 2 艘英船组成联合舰队，进攻澳门。葡军在明朝驻澳门军队的协助下，击败了英荷联合舰队。[7]

这样，葡萄牙人凭借武力，在东南亚建立起许多殖民据点。葡萄牙人利用原来的亚洲海上贸易网络，以果阿、马六甲、柔佛、北大年、万丹和澳门为依托，在远东地区建立起一个殖民统治体系和海上贸易网络。

（二）葡萄牙人构建的近代海上贸易航线和网络

葡萄牙人占据澳门后，以中国市场为依托，开辟出近代早期亚洲区间贸易网络和欧亚贸易网络，澳门迅速发展成亚洲区间贸易的枢

1　《明史》卷 205，中华书局，1974，第 5403 页。

2　费成康：《澳门四百年》，上海人民出版社，1988，第 23 页。

3　John Goldsmith Phillips, *China-Trade Porcelain*, p.18.

4　庄国土：《17 世纪东亚海权争夺及对东亚历史发展的影响》，《世界历史》2014 年第 1 期。

5　张维华：《明史欧洲四国传注释》，上海古籍出版社，1982，第 83 页。

6　Leonard Blussé, "Brie Encounter at Macao," *Modern Asia Studies*, No. 3, 1988, pp.655-656.

7　威·伊·邦特库：《东印度航海记》，姚楠译，中华书局，1982，第 73 ~ 74、79 页。顾卫民说，该舰队由 17 艘战舰、1300 名荷兰士兵组成。参见顾卫民《葡萄牙海洋帝国史（1415 ~ 1825）》，上海社会科学院出版社，2018，第 283 页。

纽。《澳门编年史》记载："澳门与中国内地、日本、马六甲、印度以及暹罗、东京、交趾支那、帝汶/苏禄、文莱、勃固、阿默连巴德、锡兰等地大规模通商。主要商品是：黄金、白银、丝绸、瓷器、香料、茶叶、漆器、大米、檀香、槟榔、棉花、硫酸铝钾、大小珍珠、蓝色染料、橄榄油和蜂蜜等。"[1]

葡萄牙人经营的海上贸易航线，主要有以下五条。[2]

（1）欧洲—果阿—马六甲航线

在16世纪初，葡萄牙人占领了科钦、加尔各答、科伦坡、果阿、马六甲、北大年、万丹等地后，建立起欧洲—果阿—马六甲航线。这条航线最初主要是把马鲁古群岛（香料群岛）所产的香料运销到欧洲。威尼斯成为欧洲主要的香料集散地。1513～1539年，葡萄牙人平均每年向欧洲输入30余吨丁香及10吨肉豆蔻，他们占据了欧洲大部分香料市场。[3]

（2）欧洲—果阿—澳门航线

1557年，澳门被葡萄牙人正式占据后，依托中国商品和市场迅速兴起，成为近代早期（16世纪）亚洲区间贸易及亚欧贸易的重要基地，并形成多条国际贸易航线，其中欧洲—果阿—澳门航线是重要的一条。这条航线实际上是欧洲—果阿—马六甲航线的延伸。

葡人依托果阿、马六甲、澳门等地的商馆，控制了印度洋与中国南海之间的主要航道和贸易，并向出入这两个海域的亚洲商船征收过路费。[4]

每年，葡萄牙人"载有200到600和800吨货物的船只"[5]由里斯本起航，满载着"毛织品、红布、水晶、玻璃制品、英国时钟、佛兰

1　施白蒂：《澳门编年史》，小雨译，澳门基金会，1995，第27页。
2　许序雅：《大航海时代早期亚洲近代海上贸易网络的形成》，鲍志成主编《丝瓷茶与人类文明：东方文化论坛（2014～2018）论文选》，浙江工商大学出版社，2019，第454～464页。
3　安东尼·里德：《1400～1650年贸易时代的东南亚》（一），钱江译，《南洋资料译丛》2008年第1期。
4　包乐史：《巴达维亚华人与中荷贸易》，第172页。
5　龙思泰：《早期澳门史》，吴义雄等译，东方出版社，1997，第100页。

德工业品、葡萄酒”到达印度果阿，卖掉部分商品，换购印度的棉布。4 ~ 5 月，葡萄牙大船载着剩余的欧洲商品和印度棉布等从果阿出航，在沿途各个港口进行贸易交换活动。葡萄牙人在科钦换得香料和宝石；至马六甲，卖掉棉布等，换购中国所需要的胡椒、丁香、肉豆蔻、苏木、檀香、沉香、樟脑等；然后到澳门，用香料换取中国丝绸。[1] 占据了澳门之后，葡萄牙人在澳门、广州收购以丝绸、蔗糖为主的中国商品，每年 6 ~ 8 月，乘西南季风转贩到盛产白银的日本，可获得 100% ~ 200% 的利润。10 月至 11 月初，乘东北季风运载白银返航澳门，[2] 然后用日本的白银在澳门购买欧洲市场畅销的中国丝绸、东南亚市场需要的中国陶瓷器和棉布，再到马六甲等地卖出陶瓷器和棉布，换购香料等货物运销里斯本。归途中，葡萄牙人还将香料群岛的丁香贩卖到印度。16 世纪每年输往印度的丁香约有 80 吨。船上的中国商品和东南亚香料运销欧洲各地。[3] 他们还用印度棉布交换非洲的金砂、龙涎香和奴隶等，再用它（他）们到东南亚换取胡椒。[4] 这种贸易方式一方面使葡萄牙船队的商业资本大大增值，弥补了他们白银资本的不足；另一方面大大促进了航线沿途各地区的商品生产和交换，促进了远东地区的区间贸易。所有运回欧洲的货物竟能用亚洲区间贸易所获得的利润支付。[5]

　　随着这条航线的开辟，传统的香料贸易被打破，中国的陶瓷器、蔗糖和茶叶先后成为大宗贸易商品。中国产的日用陶瓷价廉物美，在亚洲市场深受欢迎，且利润较丰厚，所以葡萄牙人致力于开辟亚洲的陶瓷市场。葡萄牙人把中国陶器、瓷器、棉布等运到东南亚出售，使资本增值，然后购买当地的香料运回欧洲，牟取暴利。

1　C. R. Boxer, *Fidalgos in the Far East, 1550-1770*, The Hague: Martinus Nijhoff, 1948, p.15.

2　C. A. Montalto de Jesus, *Historic Macao*, Macao, 1926, p.65；万明：《中葡早期关系史》，第 152 ~ 154 页。

3　David Bulbeek, Anthony Reid, Lay Cheng Tan, and Yiqi Wu, *Southeast Asian Exports Since the 14th Century: Cloves, Pepper, Coffee, and Sugar*, p.31.

4　C.R.Boxer, *Fidalgos in the Far East, 1550-1770*, pp.15-16.

5　Leonard Blussé, *Tribuut aan China: Vier Eeuwen Nederlands-Chinese Betrekkingen*, Amsterdam, 1989, p.30，转引自庄国土《17 世纪东亚海权争夺及对东亚历史发展的影响》，《世界历史》2014 年第 1 期。

这样一来，近代亚洲的区间贸易逐渐开辟出来，传统的西太平洋地区贸易商品和贸易方式发生了极大的改变。中国与东南亚之间的瓷器和香料贸易以及日本的银丝贸易成为近代早期亚洲区间贸易的主要形式。随着亚洲海上贸易网络的形成，西太平洋、南海与印度洋的联系更为紧密，近代亚洲区间贸易市场形成了。

16 世纪后期，中国与欧洲之间的瓷器贸易也逐渐开展起来。欧洲需要的中国瓷器主要是高档瓷。到 17 世纪初，运往欧洲的中国瓷器数量增长很快。1602 年，葡萄牙克拉克大帆船"圣雅戈"号（San Jago）满载瓷器返航。同年 3 月，荷兰人在圣赫勒拿海（St.Helena）俘获"圣雅戈"号，并把船上的 28 箱瓷盘和 14 箱小瓷碗等瓷器作为战利品运到了泽兰省（Zeeland）的首府米德尔堡（Middelburg）。[1] 1602 ~ 1604 年，另一艘从澳门开往马六甲的葡萄牙大帆船"凯瑟琳娜"号（Catherina）在马来半岛东北的北大年被荷兰人捕获，船上装载的几乎都是瓷器，有近 60 吨、至少 10 万件各种瓷器。[2]

澳门经果阿运往欧洲的商品，主要是中国的丝绸、瓷器等。其中销路最好、销量最大的是中国的生丝、丝绸。上述这些中国货物从漳州月港、广州运到澳门，装上大帆船，一路向南，与马六甲—欧洲航线相接，经果阿运往欧洲。[3]葡萄牙里斯本成为中国瓷器和丝绸、东南亚香料的集散地和欧洲瓷器贸易中心。通过里斯本，中国商品源源不断地流向欧洲各国。

（3）广州—澳门—日本航线

这条航线是在欧洲—果阿—澳门航线的带动下发展起来的，它也可以说是欧洲—果阿—澳门航线的延伸。通过这条航线，葡萄牙人开展中日之间的丝银贸易。

1　T. Volker, *Porcelain and the Dutch East India Company (1602—1682)*, Leiden: E.J.Brill, 1971 (rep.), p.22; Michel Beurdeley, *Porcelain of the East India Companies*, Barrie and Rockliff, 1962, p.90.

2　T. Volker, *Porcelain and the Dutch EastIndia Company (1602—1682)*, p.22; Michel Beurdeley, *Porcelain of the East India Companies*, p.90；Clare Le Corbeiller, *China Trade Porcelain: Patterns of Exchange*, p.2; C.J.A.Jörg, *Porcelain and the Dutch China Trade*, The Hague: Martinus Nijhoff, 1982, p.17.

3　万明:《中葡早期关系史》，第 152 页。

　　嘉靖年间，明初即已存在的倭寇问题不断激化，中日之间的官方正常贸易基本处于停顿状态。隆庆元年（1567），明朝在福建开海，允许居澳葡人开展贸易活动。葡萄牙人在澳门建立居留地后，为了获得日本的白银，就着手开辟澳门与日本之间的贸易航线。1543 年，葡萄牙人来到日本，开展对日本的贸易。[1] 1580 年，葡人在日本长崎建立商馆，长崎成为葡日贸易的基地。

　　当时日本急需中国产的生丝和丝织品。葡人通过一年两度到广州进行直接贸易的机会，购买大量生丝和丝织品等日本急需的商品，再运到日本长崎等地。也有许多华商把生丝、丝织品、瓷器等运到澳门，卖给葡萄牙人。葡萄牙人等在与日本的贸易中，用大量的中国生丝和丝织品换回日本的白银。这种丝银贸易获利丰厚。据记载，在 1600 年，一艘澳葡大船满载白丝、丝线、绸缎和金、铅、水银等中国商品航行到日本，其中有白生丝 500 ~ 600 担，在广州以每担 80 两购进，到日本出售每担可达 140 ~ 150 两，利润接近 80%；在广州以每担 140 两购进各种丝线 400 ~ 500 担，在日本卖到每担 370 两，有时甚至达 400 两，利润惊人；还有各色的绸缎 1700 ~ 2000 匹，在广州买价是每匹 1 两 1 钱，上好的 1 两 4 钱，到日本后每匹售价可达 2 两 5 钱或 3 两。[2] 巨额利润反映出中国生丝和丝绸在中日贸易中的绝对优势地位。

　　（4）澳门—马尼拉—果阿航线

　　据 G. B. 索扎（George B. Souza）研究，澳葡船最早于 1580 年抵达马尼拉。[3] 1583 年 2 月 13 日，葡船载着从马尼拉到澳门访问的耶稣会士阿隆索·桑切斯（Alonso Sanchez）抵达马尼拉。菲律宾总督龙

1　John Ayers, Oliver Impey, and J. V. G. Mallet, *Porcelain for Palaces: The Fashion for Japan in Europe, 1650–1750*, Philip Wilson Publishers Ltd., 1990, p.70. 赫德逊认为葡萄牙人第一次来到日本是 1542 年。参见 G.F. 赫德逊《欧洲与中国》，王遵仲等译，中华书局，1995，第 216 页。

2　C. R. Boxer, *The Great Ship from Amacon: Annals of Macao and the Old Japan Trade, 1555–1640*, Lisbon, 1963, p.179.

3　George B. Souza, *The Survival of Empire: Portuguese Trade and Society in China and the South China Sea, 1630–1754*, London: Cambridge University Press, 1986, p.67.

基略热情地接待了葡萄牙人，并允许他们在马尼拉销售船上的货物。贸易很顺利，葡萄牙人的货物很快销售一空，双方都有获利，双方议定每年组织一次从澳门到马尼拉的商业航行。次年 3 月，澳门的船主兰代拉（Bantolomeu Vaz Landeira）率领 2 艘小船，满载货物到达马尼拉进行贸易。这样，澳门—马尼拉航线正式形成了。[1]

据 G. B. 索扎统计，从澳门抵达马尼拉港口的葡萄牙船只，1580～1588 年有 7 艘，1589～1600 年没有数据，1601～1612 年有 18 艘，1620～1644 年有 54 艘，其中 1627 年多达 6 艘。1620～1639 年，从马六甲、印度（果阿、科罗曼德尔、马拉巴尔海岸）到马尼拉的葡船有 44 艘，此后这条航线基本中断。[2] 鲁伊·罗里多统计，1601 年之前有 8 艘澳葡商船从澳门前往马尼拉，1601～1644 年超过 81 艘澳门葡萄牙人的船只前往马尼拉贸易。赵文红、吴应权认可并引用了该统计数据。[3]

通过这条航线，大量的货物从澳门运往马尼拉。输入马尼拉最大宗的是中国生丝、丝织品，还有中国产的花缎、面纱、线绢、丝线、各色棉布、各种军需品、水银、硝、铁、铜、锡、铝、铁锅、糖、陶瓷瓦器、墨、色纸、白纸等。此外，还有香料、黑奴、印度各种棉织品（包括孟加拉的蚊帐、被子）、琥珀、象牙、宝石饰物和宝石、印度和波斯的各种玩具及珍品、土耳其地毯、床、写字箱、澳门制的镀金家具和其他奇珍异品等。运回澳门的最大宗商品是白银。[4]

1　赵文红、吴应权：《17 世纪上半叶的澳门—马尼拉贸易》，《云南开放大学学报》2013 年第 1 期。

2　George B. Souza, *The Survival of Empire: Portuguese Trade and Society in China and the South China Sea, 1630–1754*, Table 4.4, Table 4.5, pp.67, 75. 该书没有 1613～1619 年统计数据。全汉昇统计，1580～1642 年，由澳门开往马尼拉的商船有 64 艘。全汉昇统计数字应该偏低了。参见全汉昇《中国经济史论丛》（一），中华书局，2012，第 491～493 页。

3　鲁伊·罗里多：《葡萄牙人与丝绸之路——明朝末年的澳门与马尼拉》，（澳门）《文化杂志》（中文版）第 44 期，2002 年秋季刊；赵文红、吴应权：《17 世纪上半叶的澳门—马尼拉贸易》，《云南开放大学学报》2013 年第 1 期。

4　William Lytle Schurz, *The Manila Galleon*, New York: E. P. Dutton & Co., Inc., 1959, pp.7, 135；黄启臣、邓开颂：《明代澳门对外贸易的发展》，（澳门）《文化杂志》（中文版）第 1 期，1987 年；黄启臣、邓开颂：《明清时期澳门对外贸易的兴衰》，《中国史研究》1984 年第 3 期。

澳葡曾是马尼拉非常重要的贸易伙伴。这从澳葡商船在马尼拉海关缴税比例可以看出（见表1-1）。

表1-1　1601～1645年澳葡商船在马尼拉所缴纳的关税及所占比重

单位：比索，%

年份	年均缴关税	在马尼拉总关税中的比重
1601～1605	200.0	0.50
1606～1610	8.6	0.01
1611～1615	50.0	0.10
1616～1620	6798.0	13.20
1626～1630	7110.5	27.65
1631～1635	9327.6	22.10
1636～1640	3556.8	11.46
1641～1642	15737.5	50.80
1641～1645	6294.0	28.50

资料来源：鲁伊·罗里多《葡萄牙人与丝绸之路——明朝末年的澳门与马尼拉》，（澳门）《文化杂志》（中文版）第44期，2002年秋季刊，第103页；赵文红《17世纪上半叶欧洲殖民者与东南亚的海上贸易》，厦门大学博士学位论文，2009，第66页。

澳葡对马尼拉的影响不断增强，马尼拉对澳葡的依赖程度也越来越高。1620年前后，荷兰围攻马尼拉，并在中国海域拦截前往马尼拉的商船，使华商到马尼拉的数量大大减少。马尼拉缺乏大帆船贸易的货物丝绸等，甚至出现了没有澳葡就没有中国货物的严重情况。1626年，席尔瓦（Fernando de Silva）就说"如果没有澳门来的货物，西班牙的商船将无货可载"。[1]

自1616年后，随着贸易的发展，澳葡在马尼拉占有的市场份额也不断加大。1630年，西班牙的官员称："与中国的贸易正在萎缩，

1　William Lytle Schurz, *The Manila Galleon*, p.132.

主要是葡萄牙人占去了不少。"[1]1630 年，阿尔瓦拉多（Jose de Navada Alvarado）宣称："通常从澳门输入（马尼拉）的货物量约 150 万比索。"[2]在 1641 ~ 1642 年，澳葡甚至占了马尼拉市场份额的一半。

（5）澳门—东南亚航线

葡萄牙人占据澳门后，以澳门为基地，积极发展中国与东南亚地区的贸易。这样，原本存在的中国与东南亚的贸易网络就更为发达，形成澳门—东南亚航线。1566 年，多明我会修士在索洛建立了一个堡垒，索洛成为葡萄牙人经营帝汶檀香木贸易的基地。这样，澳门—东南亚航线的一条支线——澳门—索洛航线开辟了出来。澳葡所经营的檀香木在欧洲和中国、日本等地很有市场。[3]在 17 世纪，澳门将望加锡作为帝汶檀香木、中国丝绸等货物交易的中转港。据 1625 年到过望加锡的英国商人记载，"每年有 10 ~ 22 艘葡萄牙单桅帆船自澳门、马六甲和科罗曼德尔港来望加锡停泊"，葡萄牙人"在 11 月至 12 月到达，第二年 5 月离开，把望加锡当作销售中国丝货和印度棉织品的中转港。他们用这些货物交换帝汶的檀香木、摩鹿加群岛的丁香和婆罗洲的钻石。他们的贸易每年价值达 50 万比索（西班牙古币），仅澳门几艘单桅船装载的货物就达 6 万比索"。[4]17 世纪 30 年代，澳门与望加锡的贸易发展起来，每年有 1 ~ 2 艘澳葡商船驶入望加锡。17 世纪 30 年代末，澳门葡萄牙人退出对日贸易，澳门与望加锡等东南亚地区的贸易发展成澳葡主要贸易内容，澳门—望加锡—索洛—帝汶之间的航线日益繁忙起来。1644 ~ 1660 年，共有 34 艘澳葡的船抵达望加锡，返回

1　E. H. Blair and J. A. Robertson, eds., *The Philippine Islands, 1493-1898*, Cleveland: The Arthur H.Clark Co., 1903-1909, Vol.24, p.23.

2　William Lytle Schurz, *The Manila Galleon*, p.132；全汉昇：《自明季至清中叶西属美洲的中国丝货贸易》，《中国经济史论丛》（二），第 530 页；赵文红：《17 世纪上半叶欧洲殖民者与东南亚的海上贸易》。

3　罗德里克·帕达克：《明朝年间澳门的檀香木贸易》，（澳门）《文化杂志》（中文版）第 1 期，1987 年；彭蕙：《明清之际澳门和帝汶的檀香木贸易》，《暨南学报·哲学社会科学版》2015 年第 8 期。

4　C. R. Boxer, *Fidalgos in the Far East, 1550-1770*, p.177.

的有 27 艘。[1]

澳葡还开辟出澳门到越南、柬埔寨、暹罗的航线，贸易网络覆盖中南半岛。

葡萄牙人通过这些贸易航线，构建起一张亚洲近代贸易网络。这个网络与古代西太平洋贸易网有很大的不同。其是基于葡萄牙人在远东地区建立的商馆和殖民入侵而构建的，贸易网络更为发达和畅通，组织性更强，而且与欧洲和美洲的航路直接对接，贸易网络为殖民侵略和追逐商业利润服务。古代西太平洋贸易网主要是区域性的，以中国为中心放射分布，航程是驿站式的，主要为朝贡和点与点之间的贸易服务。

（三）西班牙人开辟的泛太平洋贸易航线

在葡萄牙人向东南亚开展殖民扩张后不久，西班牙人也随之东来。西班牙人占据菲律宾后，发展出马尼拉到澳门、广州、月港、台湾、长崎的航线。

1564 年 11 月 21 日，西班牙人米盖尔·洛佩斯·德·黎牙实比（Miguel Lopez de Legazpi）率领 4 艘船 380 余人组成的舰队驶离纳维达德港（Navidad），远征菲律宾。1565 年 4 月，黎牙实比舰队入侵菲律宾宿务岛（Cebu），在菲律宾群岛建立起第一个西班牙殖民据点。西班牙人一登上菲律宾群岛，就致力于开辟从菲律宾群岛返回墨西哥的航线。黎牙实比派遣由安德烈斯·德·乌达内塔（Andrés de Urdaneta）领航、费利佩·德·萨尔塞多（Felipe de Salcedo）为船长的"圣巴布洛"号（San Pebro）运载肉桂等从宿务出发，开辟返航墨西哥的航路。1565 年 10 月 8 日，"圣巴布洛"号大帆船历时 129 天，驶入墨西哥阿卡普尔科港（Acapulco），开辟了菲律宾群岛到墨西哥的北太平洋航线。此后，

1　George B. Souza, *The Survival of Empire: Portuguese Trade and Society in China and the South China Sea, 1630–1754*, pp.94–95；C. R. Boxer, *Fidalgos in the Far East, 1550–1770*, p.197；赵文红：《17 世纪上半叶欧洲殖民者与东南亚的海上贸易》，第 53～57 页。

经过众多航海家的努力，从马尼拉到阿卡普尔科的航线终于形成。[1]

·1571 年，西班牙人占领吕宋岛（Luzón）西海岸的马尼拉，并把他们在菲律宾的殖民政府从宿务搬迁到马尼拉，马尼拉成为西班牙东南亚殖民地的首府。西班牙人占领马尼拉后，很快就在离马尼拉 18 公里外的地方建立了甲米地港（Cavite）。此后，甲米地港成为马尼拉大帆船贸易（El galeón de Manila）的实际出发港。这条从马尼拉到墨西哥阿卡普尔科港的航线被称为"大帆船贸易航线"、马尼拉—美洲航线。大帆船贸易一直延续到 1815 年。

每年 12 月至次年 1 月东北信风吹动之际，集结在漳州月港、澳门的中国船队满载丝织品和其他贵重物品扬帆起航，经 15 ~ 20 日到达马尼拉。中国人、葡萄牙人、暹罗人、日本人以及马来人把来自月港、澳门、广州的中国货物带到马尼拉，还带来长崎、爪哇、孟加拉、科罗曼德尔、柬埔寨、（泰国）暹罗湾、马六甲、婆罗洲、苏门答腊、西里伯斯（Célebes）等地的商品。在 5、6 月风暴来临前，上述各地的船队满载货物从马尼拉启程回国。[2] 在 17 世纪，还有许多来自台湾的商船抵达马尼拉。这样，从马尼拉辐射到中南半岛、香料群岛、中国东南沿海（包括澳门、广州和台湾）、日本长崎的许多条航线，形成又一个贸易圈和贸易网络。

中国船队载运的中国产的生丝、丝绸、棉麻织品、茶叶、瓷器等货物除部分销售到菲律宾各地外，其他货物便立即被转载到停泊在甲米地港的大帆船上。大的帆船载货 2 万担，小的载货 1 万担。每年 6 月西南季风起时，大帆船从马尼拉的甲米地港出发，向西南航行，经过吕宋岛的沃沓岛（Isla Verde）、巴克岛（Baco）、珀拉（Punta Gorda de Pola）、蒂考（Ticao）等地，穿过圣本纳蒂诺（San Bernardino），到恩伯克瑞托港（Embocadero），驶入广阔的太平洋，然后大帆船沿

1　Robert Ronald Reed, *Hispanic Urbanism in the Philippines: A Study of the Impact of Church and State*, The University of Manila, 1967, p.102；吴杰伟：《大帆船贸易与跨太平洋文化交流》，昆仑出版社，2012，第 63 ~ 64 页。

2　William Lytle Schurz, *The Manila Galleon*, NewYork, 1959, p.84.

着西北偏北的方向航行到 32°N 以北海域，甚至到 40°N ～ 42°N 海域，顺着向东的洋流和季风向东航行，经历许多风暴，横渡太平洋。在距离北美海岸三四百公里的地方，转向东南，借助北美海岸盛行的西北风和北风，沿加利福尼亚海岸到达墨西哥西岸的阿卡普尔科。从马尼拉到阿卡普尔科的航程约 4000 海里，历时 5 个月。每年 2 月底到 3 月中旬，大帆船从阿卡普尔科起航，返回马尼拉，航程仅需 3 个月左右。[1]

从 18 世纪起，该航路更向南移，随后发现了东南方的瓜达卢佩岛（Isla Guadalupe）、下加利福尼亚（Baja California）的圣卢卡斯角（San Lucas），大帆船得以沿海滨航行。据载，船队到达下加利福尼亚的圣卢卡斯角那天，简直就像一个节日。船员们在圣卢卡斯角补充淡水和食物。然后，循着季风驶向科连特斯角（Corrientes）、利马（Lima）海岸，最后到达阿卡普尔科港。[2]

马尼拉大帆船贸易发端之时，恰逢明朝隆庆元年重开海禁，"准贩东西二洋"。加上西班牙殖民当局又鼓励中国商人前往马尼拉经商，因而中菲贸易发展很快。1572 年有 3 艘中国商船驶抵马尼拉，另有 5 艘船抵菲律宾南方诸岛；1587 年，有 30 艘大型中国商船驶入马尼拉港。[3] 在马尼拉贸易繁盛时，每年开往菲律宾的中国商船常在 20 ～ 60 艘，[4] 贸易额三四十万比索（西班牙币），有些年份甚至超过百万比索。[5] 在隆庆开海后的 40 年间，漳州海澄与马尼拉的贸易增长 8 ～ 10 倍。[6] 据王涛分析，去除通货膨胀的因素，在 17 世纪初中国与马尼拉的贸易达到了最高峰。[7] 据统计，1577 年至 1644 年的 67 年里，从中国到

1　张铠：《明清时代中国丝绸在拉丁美洲的传播》，《世界历史》1981 年第 6 期；吴杰伟：《大帆船贸易与跨太平洋文化交流》，第 64 ～ 68 页。

2　王丹韵：《马尼拉大帆船贸易中的银丝贸易（1565 ～ 1815）》，浙江师范大学硕士学位论文，2015，第 17 ～ 18 页。

3　C. Conrado Benitoz, *History of the Philippines* (Rev, edition), Manila, 1954, p.73.

4　William Lytle Schurz, *The Manila Galleon*, pp.27, 71.

5　E. H. Blair and J. A. Robertson, eds., *The Philippine Islands, 1493–1898*, Vol.25, pp.143–144.

6　全汉昇：《明季中国与菲律宾间的贸易》，《中国经济史论丛》（一），第 489 ～ 490 页。

7　王涛：《明至清中期中国与西属美洲丝银贸易的演变及其影响因素》，《拉丁美洲研究》2011 年第 2 期。

达马尼拉贸易的商船数多达 935 艘。[1] 这从一个侧面反映出华商对近代亚洲区间贸易的参与程度。在澳门与马尼拉贸易的兴盛时期，根据统计，1620 ~ 1644 年的 24 年间，澳门到达马尼拉的商船总数是 54 艘，其中 1627 年一年多达 6 艘。[2] 在 1630 年，澳门运往马尼拉的货物价值大约 150 万比索。[3]

在马尼拉，西班牙人用来自美洲的白银购买中国产的生丝、丝绸、棉麻织品等，然后用大帆船运往墨西哥的阿卡普尔科港。由于马尼拉大帆船运载的主要是中国货，因此其亦被称为"中国船"。从阿卡普尔科港回航时，大帆船主要装载中南美洲产的白银。由此，在太平洋上形成了一个大三角国际贸易网络。通过这一贸易网络，中国生丝、丝绸等源源不断地运往美洲，传统的丝绸之路扩展到美洲地区。来自中国的丝绸吸引了跨太平洋贸易的船只，丝绸成为贸易的主角。大量中国丝绸、瓷器等货物运到马尼拉，换回的是大量西属美洲盛产的白银。[4] 因此，这条航线又被称作"太平洋丝绸之路""白银之路"，中国丝绸对世界市场的初步形成做出了独特的贡献。

与此同时，通过大帆船贸易航线，美洲的番薯、玉米等农作物传入中国，对中国农业经济和社会发展产生很大影响。

正是大帆船贸易航线，把葡萄牙人建立的各条航线与美洲联系在一起，把中国、日本、东南亚各地、印度与美洲联系在一起，亚洲贸易网络具有了全球意义，近代经济全球化的进程加快了。

二　17 世纪西方殖民者对亚洲海上贸易权的争夺及其影响

17 世纪，荷兰人与葡萄牙人、西班牙人和英国人在东南亚、东

1　Pierre Chaunu, *Les Philippines et le Pacifique des Iberiques*, Paris: S. E. V. P. E. N., 1960. 转引自李金明《漳州港》，福建人民出版社，2001，第 86 ~ 87 页。

2　George B. Souza, *The Survival of Empire: Portuguese Trade and Society in China and the South China Sea, 1630-1754*, p.75.

3　William Lytle Schurz, *The Manila Galleon*, p.132.

4　William Lytle Schurz, *The Manila Galleon*, p.63；万明：《中葡早期关系史》，第 156 ~ 157 页。

亚和印度展开殖民争夺，争夺东南亚和东亚海上贸易权及航路的控制权。通过海上贸易权的争夺，原有的由葡萄牙人、西班牙人建立的亚洲贸易网络发生变化，荷兰人在远东建立起殖民统治体系，控制了东南亚航路，建立起以巴达维亚为枢纽的近代亚洲海上贸易网络，万丹、安汶、台湾热兰遮城一度也是该网络的贸易中心。亚洲近代海上贸易网络的架构和发展，促进了亚洲区间贸易的发展。

　　近期有关 17 ~ 18 世纪荷兰人在亚洲建立的海上贸易网络的研究成果主要有：庄国土探讨了荷兰人与葡萄牙人、西班牙人、日本人及台湾郑氏集团在东亚和东南亚对海权的争夺，以及华商在远东海上贸易网络的演变；[1]李金明、钱江探讨了 17 世纪东亚海上贸易网的构建及中国与马尼拉的贸易；[2]赵文红、李德霞探讨了 17 世纪上半叶荷兰人在东南亚和东亚的海上贸易以及他们与葡萄牙人、中日海商的贸易竞争；[3]贺圣达及荷兰学者包乐史（Leonard Blussé）探讨了巴达维亚在中荷贸易中的地位和作用；[4]日本学者中岛乐章探讨了荷兰人与葡萄牙人、日本海商在远东的贸易争斗。[5]在上述研究成果的基础上，本节着重探讨荷兰人如何在亚洲通过与葡萄牙人、西班牙人和英国人的争斗，夺取了亚洲海上贸易权，并通过建立一系列殖民和商业据点，构建起殖民统治体系和近代亚洲海上贸易网络。

1　庄国土：《论 15 ~ 19 世纪初海外华商经贸网络的发展——海外华商网络系列研究之二》，《厦门大学学报》2000 年第 2 期；庄国土：《17 世纪东亚海权争夺及对东亚历史发展的影响》，《世界历史》2014 年第 1 期。

2　李金明：《十六世纪后期至十七世纪初期中国与马尼拉的海上贸易》，《南洋问题研究》1989 年第 1 期；李金明：《17 世纪以澳门为中心的东亚海上贸易网》，（澳门）《文化杂志》（中文版）第 48 期，2003 年秋季刊，第 104 ~ 116 页；钱江：《1570 ~ 1760 中国和吕宋的贸易》，厦门大学硕士学位论文，1985。

3　赵文红：《17 世纪上半叶欧洲殖民者与东南亚的海上贸易》；李德霞：《17 世纪上半叶东亚海域的商业竞争》。

4　贺圣达：《17 ~ 18 世纪的荷兰—印尼—中国贸易与多元文化交流》，《广西师范大学学报》2015 年第 4 期；包乐史：《巴达维亚华人与中荷贸易》。

5　中岛乐章：《日本"朱印船"时代的广州、澳门贸易——从"西洋渡航朱印状"谈起》，郑德华、李庆新主编《海洋史研究》第 3 辑，社会科学文献出版社，2012，第 63 ~ 86 页。

（一）荷兰人与葡萄牙人争夺亚洲海上贸易权

1588 年，荷兰共和国成立。荷兰建立起规模巨大的商业船队和海军，一跃而成为世界上最为重要的商业大国之一。[1] 荷兰人凭借海上优势力量，试图在东亚和东南亚建立海上霸权。荷兰人通过武力抢夺葡萄牙人的亚洲殖民据点和商馆，开始其在亚洲的殖民扩张和商业贸易冒险，争夺亚洲海上贸易权。

1595 年 3 月 21 日，荷兰第一支远征东方的船队载 240 人，在科尔尼利斯·德·豪特曼（Cornelis de Houtman）的率领下，前往东印度。1596 年 6 月 22 日，荷兰船队抵达爪哇最西部的万丹港，把葡萄牙人赶出万丹。但荷兰人与万丹当地人发生激烈冲突，死了许多人。[2] 万丹是中国帆船到东南亚海岛地区的最后一站，[3] 当时的万丹已经是非常热闹的港口，爪哇人、土耳其人、孟加拉人、阿拉伯人、波斯人等在万丹出售各自的商品，中国人则带来了华丽的丝绸和瓷器。[4] 1597 年 8 月，船队载着 87 名幸存者返抵荷兰。这次不成功的远东航行所带来的利润刺激了更多的荷兰商人、冒险家前往东方。[5] 1598 年荷兰人在万丹建立起自己的商馆。

荷兰人的到来，遭到先到亚洲殖民的葡萄牙人的强烈抵制，双方

1　张健雄：《荷兰的社会政治与经济》，社会科学文献出版社，1999，第 57 页。

2　J. C. van Leur, *Indonesian Trade and Society: Essays in Asian Social and Economic History*, The Hague, Bandung: W. van Hoeve Ltd., 1955, p.3；A. Hyma, *The Dutch in the Far East: A History of the Dutch Commercial and Colonial Empire*, Michigan: George Wahr Publishing Co., 1942, p.62；约翰·尼霍夫原著，包乐史、庄国土著《〈荷使初访中国记〉研究》，厦门大学出版社，1989，第 30 页；马士：《东印度公司对华贸易编年史（一六三五～一八三四年）》第 1 卷，第 4 页。

3　贺圣达：《17～18 世纪的荷兰—印尼—中国贸易与多元文化交流》，《广西师范大学学报》2015 年第 4 期。

4　1568 年，M. 汉萨乌丁（Maulana Hasanudin）在万丹建立伊斯兰教王国。参见威·伊·邦特库《东印度航海记》，第 60 页注释 1；费尔南·布罗代尔：《15 至 18 世纪的物质文明、经济和资本主义》第 2 卷，顾良译，三联书店，1993，第 108 页。

5　费莫·西蒙·伽士特拉：《荷兰东印度公司》，倪文君译，东方出版中心，2011，第 6 页；梅·加·李克莱弗斯：《印度尼西亚历史》，周南京译，商务印书馆，1993，第 37 页。

围绕香料贸易权和商站的设置展开激烈争夺。1595～1602年，荷兰共有15支船队65艘船前往亚洲，而葡萄牙人在1591～1601年只派出46艘商船从里斯本前往亚洲。显然，葡萄牙人无力与新来的荷兰人抗争。[1]1599年，一支荷兰船队首次抵达马鲁古群岛。该船队从运回的香料中获得了高出成本近4倍的利润。1600年，为了控制香料贸易，荷兰人帮助希多（Hieto，在安汶北部）人反对葡萄牙人，获得收购该岛香料的专利权。同年，安汶岛的统治者授予荷兰人在岛上修建城堡、垄断当地丁香贸易的权利。[2]1601年，荷兰与葡萄牙为了争夺万丹爆发了正面冲突。葡萄牙人被驱逐出万丹，荷兰人在这里站稳了脚跟。此后9年，荷兰人以万丹为基地，与葡萄牙人展开争夺东南亚海上贸易权的斗争。

葡萄牙人不甘心在香料群岛的失败。1602年2月，葡萄牙人从印度果阿派出一支舰队抵达安汶，对帮助过荷兰人的希多王国展开攻击。随后，葡萄牙舰队北上，联合西班牙的舰队攻击德拉地（Ternate，今特尔纳特），袭击荷兰人的据点，最后攻下马其安岛，在那里建立要塞，以图长期围困德拉地。[3]

1602年3月，荷兰的几家冒险公司经过合并成立了联合东印度公司（United East India Company，荷文原文为 Verenigde Oostindische Compagnie，VOC），[4]即荷兰东印度公司（the Dutch East India Company）。它的成立"给财政带来了额外的稳定性，也带来了更加稳固的指导性与垄断性的控制"。[5]荷印公司成立时的资本为660万弗罗林，而英印

1　费莫·西蒙·伽士特拉：《荷兰东印度公司》，第7页。

2　梁英明：《东南亚史》，人民出版社，2010，第78页；梁英明、梁志明等：《东南亚近现代史》，昆仑出版社，2005，第110页。

3　Leonard Y. Andaya, *The World of Maluku: Eastern Indonesia in the Early Modern Period*, University of Hawaii Press, 1993, p.153.

4　H. V. Bowen, Margarette Lincoln, and Nigel Rigby, eds., *The Worlds of the East India Company*, Boydell Press, 2002, p.50；C. G. F. Simkin, *The Traditional Trade of Asia*, Oxford University Press, 1968, p.191.

5　E. E. 里奇、C. H. 威尔逊主编《剑桥欧洲经济史》第4卷，张锦冬等译，经济科学出版社，2003，第327页。

公司最初的资本只有 7 万英镑，[1] 荷印公司的资本实力远比英国东印度公司强。实力雄厚的荷印公司在成立之初就获得了政府的大力支持，荷兰政府签署了《荷兰东印度公司宪章》，授予该公司垄断所有亚洲贸易的权利。该宪章赋予了该公司建立和维持军队、在海外建立要塞、以其认为合适的方式与亚洲统治者缔约的权利，有效期为 21 年。这样，荷印公司从一开始就不仅是一个经济组织，而且具备司法权、行政权和军事权，俨然是一个具有统治权的海外政权机构，成为荷兰人用来打击葡萄牙、西班牙等国东方殖民统治势力的强大工具。荷印公司在亚洲建立了许多殖民据点，并积极开展亚洲的区间贸易，为商业资本运作提供了资金。

　　荷印公司成立后，很快接管了设在万丹的荷兰商馆，在远东地区开始了大规模、有组织的殖民扩张。1602 年，荷兰人在暹罗南部的北大年建立商馆；1603 年，荷兰人登上锡兰岛（Ceylon）；1605 年，荷兰人以武力将葡萄牙人赶出柔佛和安汶，并在安汶建立起荷兰东印度公司在东南亚的第一个商业和殖民据点，1610 ~ 1619 年荷印公司总部设在安汶。其他一些著名的香料岛如德拉地岛和班达群岛（Banda Islands）等也相继被纳入荷兰的直接控制之下。1609 年，荷印公司在日本平户（Hirado）设立商馆，与葡萄牙人竞争对日贸易。[2]

1　Kristof Glamann, *Dutch-Asiatic Trade, 1620-1740*, 's-Gravenhage, Martinus Nijhoff, 1981 (Copenhagen: Danish Science Press & 's-Gravenhage, Martinus Nijhoff, 1958), p.6. 17 世纪英镑与荷盾（即弗罗林）的比价约为 1∶10。关于英印公司和荷印公司成立时的股本，有多种说法。J. G. 菲力普斯、M. 贝德勒伊和赫德逊都认为荷印公司成立时的注册资本为 660 万盾（John Goldsmith Phillips, *China-Trade Porcelain*, p.20；Michel Beurdeley, *Porcelain of the East India Companies*, London, 1962, p.90；G.F. 赫德逊《欧洲与中国》，第 233 页）。马士认为荷印公司的注册资本为 660 万盾，英印公司成立时股金为 72000 英镑［马士：《东印度公司对华贸易编年史（一六三五 ~ 一八三四年）》第 1 卷，第 4 页］。安东尼·瑞德（Antony Reid）认为，荷印公司成立时的注册资本为 650 万盾。参见安东尼·瑞德《东南亚的贸易时代：1450 ~ 1680 年》第 2 卷，第 378 页。也有资料说，荷兰东印度公司成立时的资本金是 6440200 荷盾。参见 Charles River Editors, *The Dutch East India Company: The History of the World's First Multinational Corporation*, 2016, p.29. 萧一山认为英印公司成立时的资本金为 7 万英镑（萧一山：《清代通史》中卷，中华书局，1986，第 826 页）。

2　费尔南·布罗代尔：《15 至 18 世纪的物质文明、经济和资本主义》第 3 卷，施康强、顾良译，三联书店，1996，第 232、235 页。事实上，直到 1658 ~ 1661 年，荷兰人才占领锡兰岛。E. E. 里奇、C. H. 威尔逊主编《剑桥欧洲经济史》第 4 卷，第 178、327 页。

在东南亚打开局面后，荷兰人竭力要为荷印公司寻求一个合适的港口城市作为其总部所在地及亚洲贸易的中心。荷兰人最早的亚洲商馆设在万丹。不过，在荷兰人涉足万丹之前，英国人已将万丹发展成其在东南亚贸易的中心，后来的荷兰人必然受到英国人的排挤；加上万丹国王强烈抵制西方人的入侵，荷兰人于 1610 年把荷印公司总部迁到安汶岛，以安汶为自己在东南亚的贸易和政治中心，直到 1619 年。但安汶岛远离远东贸易航线的中心，不方便开展贸易。荷兰人转而觊觎万丹的属地——雅加达（Jacatra，或 Jakarta）。雅加达位于远东贸易航线上，地处印度洋和南海之间唯一不受葡人控制的巽他海峡附近，战略地位和商贸交通地位十分重要。1611 年，荷兰人在雅加达设立贸易站。1618 年，简·彼得逊·库恩（Jan Pieterszoon Coen）被任命为荷印公司总督。1619 年，荷兰人在万丹王公的帮助下，击败了雅加达的爪哇人统治者邦格兰·威查雅克拉马与英国人的联军，占领了这一港口城市，并修建城堡。1619 年 3 月 12 日，荷兰人将雅加达改名为巴达维亚（Batavia），并把荷印公司的总部从安汶迁至巴达维亚。[1] 从此，巴达维亚取代马六甲成为东南亚与欧洲开展贸易的中转站，成为荷兰人在亚洲殖民扩张和贸易的指挥中心。

为了与葡萄牙人争夺东方贸易，荷兰人多次袭扰其在远东的大本营澳门。1601 年，荷兰舰队在范莱克的率领下，到达澳门沿海，袭击澳门。但范莱克派上岸的 21 名水手均被葡人扣押，其中 17 人被绞死。[2] 1622 年 6 月，巴达维亚总督库恩派荷印公司舰队司令莱尔森（Cornelis Reijersen）率领 15 艘舰船（其中 2 艘为英国舰船），自巴达维亚出发进攻澳门。但葡军在驻澳门明朝军队的协助下，击败了荷英联合舰队。荷兰人损失惨重，遂放弃了进攻澳门的计划。[3]

在争夺东南亚海上贸易权、构建海上贸易网络的过程中，荷兰人

1　Clare Le Corbeiller, *China Trade Porcelain: Patterns of Exchange*, p.2；尼古拉斯·塔林主编《剑桥东南亚史》第 1 卷，贺圣达等译，云南人民出版社，2003，第 297 页。

2　Leonard Blussé, "Brie Encounter at Macao," *Modern Asia Studies*, No.3, 1988, pp.655-656.

3　威·伊·邦特库：《东印度航海记》，第 73～74、79 页。

充分利用了东南亚当地王公与葡萄牙人的矛盾。1511 年，葡萄牙人占领马六甲，马六甲苏丹在民丹岛（今新加坡以南）建立流亡朝廷。1526 年，葡萄牙从印度果阿派遣舰队攻击并摧毁了民丹岛；1528 年，马六甲王室在旧柔佛（Johor Lama）建立柔佛帝国。柔佛一直试图用武力把葡萄牙人赶出马六甲。荷兰人到来后，与柔佛人在 1606 年缔结条约，结成反葡萄牙人同盟，柔佛人支持荷兰人去攻击葡占马六甲。1641 年 1 月 14 日，荷兰人与柔佛苏丹共同行动，把葡萄牙人赶出了其在东南亚最重要的据点马六甲。[1] 荷兰人将马六甲的贸易转移到巴达维亚，马六甲很快衰败下去。荷兰人利用当地王公打击葡萄牙人的另一个案例是在 1619 年攻占雅加达，这也是在万丹国王的帮助下实现的。当时，万丹国王试图把荷兰人逐出万丹。

马六甲的陷落标志着葡萄牙在亚洲势力的衰微，巴达维亚则在马六甲衰败的基础上更加繁荣起来。原来由葡萄牙人建立的以马六甲、澳门为枢纽的东南亚海上贸易网络发生重大转变，转而以巴达维亚为枢纽，以荷兰人为主导；澳门的商业重要地位让位于巴达维亚。从那时起，荷兰人就以马六甲为基地，伏击和拦截往返于果阿和澳门之间的、穿越海峡的葡萄牙船只，使两地之间的贸易和军事联系变得困难重重。[2] 在短短的 25 年间，荷兰人在印尼海域以及马来半岛等地区的较为重要的贸易地都设立了商馆或据点，初步编织起自成体系的商馆贸易网络。

在 17 世纪的前 30 年，为了打击葡萄牙人的势力，荷兰人利用自己的海军优势，派军舰在东亚海域巡弋，掳掠航行到日本的葡萄牙商船，使葡萄牙人通过澳门—长崎航线开展的对日贸易受到很大打击。1619 年 7 月，荷、英在伦敦订立"防御条约"，荷印、英印公司组成

1　桑贾伊·苏拉马尼亚姆：《葡萄牙帝国在亚洲：1500～1700》，巫怀宇译，广西师范大学出版社，2018，第 264 页（1997 年此书第一版在澳门出版时，说桑贾伊·苏拉马尼亚姆是葡萄牙学者）；杨宏云：《环苏门答腊岛的海洋贸易与华商网络》，第 150～152 页。
2　顾卫民：《从印度洋到太平洋：16～18 世纪的果阿与澳门》，上海书店出版社，2016，第 400～401 页。

联合"防御舰队"（12 艘船），在东亚海域攻掠葡萄牙和西班牙商船。1623 年，荷、英交恶，"防御舰队"解散，但荷印公司舰队仍继续攻掠葡萄牙商船。[1] 到 1639 年 7 月，日本德川幕府下令禁止葡萄牙人再到日本贸易。[2] 这样，澳门—长崎航线彻底中断了。

　　与此同时，为了控制亚欧航线，荷兰人还在印度洋自西向东与葡萄牙展开争夺。1595 ~ 1605 年，荷兰派遣了 100 多艘战舰进攻以果阿为中心的葡萄牙殖民地以及印尼群岛上许多葡萄牙人据点，葡萄牙在锡兰及印度南部的港口相继被荷兰人夺走，其漫长的东方殖民地和贸易链条上的据点一个接一个被攻陷。[3] 荷兰人于 1610 年在普利开特（Pulicat，今印度科罗曼德尔海滨城市）、1616 年在苏拉特（Surat，印度西部港口）建立起殖民据点和商馆。1638 ~ 1644 年、1656 ~ 1663 年，果阿遭到荷兰人两次封锁，从 1641 年到 1644 年，没有一艘武装商船能够离开果阿前往葡萄牙。葡萄牙人被迫将自己的进出口贸易船只从果阿转移到果阿以北的港口，如巴辛、曹尔和孟买，增加了许多额外费用。[4]1653 年，荷兰人占领钦苏拉（Chinsura，位于今印度西孟加拉邦胡格利县）；1656 年，他们夺取了科伦坡；1658 年，他们攻下了锡兰沿海的所有葡萄牙人殖民地；1659 年，攻占巴特那（Patna，旧译八达拿，今印度比哈尔邦东部恒河南岸）、巴拉索（Balasore，今印度东部奥里萨邦港口）和讷加帕塔姆（Negapatam，今印度科罗曼德尔海岸城市）；1663 年，攻占科钦（Cochin，位于印度的西南岸，拥有优良的海港，被誉为"阿拉伯海之皇后"）和马拉巴尔沿海的其他葡萄牙人军事据点。[5] 荷印公司

1　C. R. Boxer, *Fidalgos in the Far East, 1550–1770*, pp.68–70.

2　C. R. Boxer, *The Christian Century in Japan, 1549–1650*, University of California Press, 1963, pp.385–386.

3　顾卫民：《从印度洋到太平洋：16 ~ 18 世纪的果阿与澳门》，第 380 页。

4　E. E. 里奇、C. H. 威尔逊主编《剑桥欧洲经济史》第 4 卷，第 178 页；顾卫民：《从印度洋到太平洋：16 ~ 18 世纪的果阿与澳门》，第 380 ~ 382 页。

5　费莫·西蒙·伽士特拉：《荷兰东印度公司》，第 56 ~ 57 页；Ramkrishna Mukherjee, *The Rise and Fall of the East India Company*, New York: Monthly Review Press, 1974, p.108；顾卫民：《从印度洋到太平洋：16 ~ 18 世纪的果阿与澳门》，第 381 页。

在这些地方建立了一系列殖民据点和商馆。荷兰东印度公司的亚洲和亚欧贸易网络以这些商馆为基础逐步建立起来。到 1663 年，除了澳门之外，葡萄牙在亚洲的据点已经丧失殆尽。[1] 葡萄牙在远东的贸易大部分被荷兰挤占。1661 年 8 月 6 日，葡萄牙与荷兰签订《海牙协定》，荷兰承认葡萄牙对巴西的主权，葡萄牙也事实上放弃了在亚洲与荷兰争斗。[2]

荷兰在巴达维亚、马六甲和果阿的胜利，成功阻断了葡萄牙与印度之间的长途贸易，而且在远东海上贸易中排挤了欧洲其他国家（如西班牙、英国）的商人，控制了远东地区大部分海上贸易。[3]

在与葡萄牙人争夺亚洲海上贸易权取得一系列胜利后，为了方便东南亚与欧洲之间的贸易，荷兰人于 1652 年在南非好望角建立了殖民据点，为荷兰人的欧亚贸易船只提供给养。

（二）荷兰人与西班牙人在远东的争夺

自 1568 年开始，由于政治和宗教等方面的原因，荷兰和西班牙在欧洲已成为仇敌，爆发了 80 年战争（1568～1648）。荷印公司成立伊始，其任务之一就是打击西班牙在远东的势力，以切断西班牙的东方收入来源。[4] 此外，为夺取西班牙人在亚洲的商业和殖民据点、控制亚洲的香料贸易和中菲贸易，荷兰人与西班牙人展开了激烈的争斗。

1600 年 12 月 14 日，荷兰、西班牙舰队在马尼拉附近海域发生第一次海战。此后荷、西在南海几乎年年都有海战，双方各有胜负。[5] 荷兰和西班牙两国为了控制德拉地岛的香料贸易展开反复争斗。1606 年，西班牙人从马尼拉发兵反击，攻下马其安要塞和德拉地岛王城，并将

---

1 Clare Le Corbeiller, *China Trade Porcelain: Patterns of Exchange*, p.2.

2 顾卫民：《从印度洋到太平洋：16～18 世纪的果阿与澳门》，第 381 页。

3 E. E. 里奇、C. H. 威尔逊主编《剑桥欧洲经济史》第 4 卷，第 177 页。

4 程绍刚译注《荷兰人在福尔摩莎（1624～1662）》，第 53 页。

5 William Lytle Schurz, *The Manila Galleon*, pp.344-345；李德霞：《17 世纪上半叶东亚海域的商业竞争》，第 162 页。

苏丹和王室成员押送到马尼拉。西班牙舰队占领了德拉地岛和蒂多雷（Tidore，又译帝多利、泰德）岛。不过，一年后荷兰人重返德拉地，强迫德拉地签下条约，将该王国置于荷兰东印度公司的保护下，荷兰人攫取了丁香的收购垄断权。从 1607 年到 1609 年，短短的两年时间，荷兰人在马鲁古群岛建立起 11 个据点，并安排了大约 500 名士兵进行防卫。[1]1609 年，荷兰人在班达群岛击败西班牙、葡萄牙联军。荷、西双方展开艰难谈判，虽然西班牙人坚持他们的权利，但最终双方还是在当年 4 月 9 日达成停战协议，为期 12 年。[2]

荷西停战协议得以签订，一方面是因为荷兰海军实力的极大提升，西班牙和葡萄牙此时已无力阻止荷兰的海外扩张势头；另一方面是因为荷兰受到来自英国和法国的威胁，想要尽快结束与西班牙的争斗，达成停战协议。

荷西停战协议的签订，使荷印公司巩固了其在摩鹿加群岛的统治地位，并使西班牙承认荷兰东印度公司在海外自由贸易的合法性。[3]这标志着荷印公司在东南亚的香料贸易中站稳了脚跟。对于荷印公司来说，1609 年可以说是一个分水岭。

停战协议签订之后，荷兰并没有放弃与西班牙争夺南洋群岛。为了切断西班牙殖民地与中国、日本的商业联系，荷兰人把船停靠在伊罗戈（Ilocos）和邦阿西楠（Pangasinan，班诗兰）沿岸或者干脆驶向中国大陆，袭击和劫夺他们所遇见的航赴马尼拉的帆船。[4]

1614 年，荷兰夺占了西班牙在蒂多雷的两个据点。但西班牙人"继续保有在德拉地南部和蒂多雷北部的战略据点，并且能够迅速地对荷兰的攻击做出反应，他们仍然能够通过蒂多雷或望加锡进

1　Leonard Y. Andaya, *The World of Maluku: Eastern Indonesia in the Early Modern Period*, p.153.

2　梁英明、梁志明等：《东南亚近现代史》，第 110 页。班达岛的英国人被赶走应在 1609 年。庄国土先生论及，荷兰人"于 1623 年赶走班达岛的英国人，基本上独享香料产地"；在东亚，"到 17 世纪 30 年代，荷兰东印度公司确立了对其他欧洲竞争者的优势地位"，未知所据。参见庄国土《17 世纪东亚海权争夺及对东亚历史发展的影响》，《世界历史》2014 年第 1 期。

3　A. Hyma, *The Dutch in the Far East: A History of the Dutch Commercial and Colonial Empire*, pp.74–76.

4　李德霞：《17 世纪上半叶东亚海域的商业竞争》，第 163 页。

行丁香买卖"。[1] 从 1616 年开始，荷兰舰船大批巡弋吕宋和马鲁古群岛的周边海域，年年封锁马尼拉，伺机截获所有驶往马尼拉的华人、西班牙人的商船。1616 年，耶稣会大主教列德斯马（Valeriode Ledesma）告诉西班牙国王菲利普三世：由于荷兰人的堵截，马尼拉与中国的贸易量已急剧下降，这一年仅有 7 艘船到达马尼拉，而以前通常是 50 ~ 60 艘。[2] 1620 ~ 1622 年，荷、英两国根据"防御条约"，组织联合舰队，封锁马尼拉海域，打击西班牙船只。由于荷兰人的阻挠和劫掠，许多中国帆船被迫转道巴达维亚、万丹、大员等地，与荷兰人交易。17 世纪 30 年代后，荷印公司把精力转向中国沿海，并在台湾与西班牙人争斗，对马尼拉海域的封锁力度显著下降。

荷兰人封锁马尼拉对于中国—马尼拉帆船贸易的影响，可以由抵达马尼拉的华船数量变化反映出来。据 A. 菲里克斯（Alfonso Felix）统计，16 世纪最后 30 年，大约有 630 艘中国帆船从华南抵达马尼拉，平均每 10 年有 210 艘；1601 ~ 1610 年有 290 艘，1611 ~ 1620 年 49 艘，1621 ~ 1630 年 73 艘，1631 ~ 1640 年 325 艘，1641 ~ 1650 年 162 艘。[3] 另据钱江统计，1644 ~ 1684 年，驶入马尼拉港的华船有 271 艘，年均 6.6 艘；1685 ~ 1716 年，驶入马尼拉港的华船有 525 艘，年均 16.4 艘。钱江认为，1580 ~ 1643 年，中国对吕宋的贸易由发展期进入鼎盛期；除了 17 世纪 20 年代一度陷入低潮外，其余时期的贸易规模是不断扩大的；1644 年开始，中国对吕宋的贸易进入衰退期，直至 1684 年。[4] 钱江的上述观点有悖史实。显然，1611 ~ 1630 年的 20 年间，抵达马尼拉的华船数量大幅减少，仅及过去正常年份的 1/5 到 1/4，中菲贸易的低潮期早在 1611 年就开始了；1631 ~ 1640 年抵达马尼拉的华船数量恢复到 17 世纪初的水平，1641 ~ 1650 年又比前 10 年减少

1　Leonard Y. Andaya, *The World of Maluku: Eastern Indonesia in the Early Modern Period*, p.154.

2　William Lytle Schurz, *The Manila Galleon*, p.352；李德霞：《17 世纪上半叶东亚海域的商业竞争》，第 163 ~ 164 页。

3　Alfonso Felix, *The Chinese in the Philippines*, Manila: Solidaridad Publishing House, 1966, pp.46, 172.

4　钱江：《1570 ~ 1760 年中国和吕宋贸易的发展及贸易额的估算》，《中国社会经济史研究》1986 年第 3 期。

一半左右，但年均仍有 16.2 艘，与 1685 ～ 1716 年的"贸易恢复期"年均抵达马尼拉的华船数大体相当，1644 年以后的中非贸易应是平稳发展，而非进入低潮。

荷兰人还在东亚地区与西班牙人展开竞争。1624 年，荷兰殖民者侵占台湾南部；1626 年，西班牙人侵占台湾北部的鸡笼地区，以此作为开展贸易和向中国大陆、日本传播天主教的据点。于是，荷印公司连年派舰船到中国沿海截击往返于马尼拉的中国帆船。仅 1631 年，荷兰人就派出 70 ～ 80 艘船到中国沿海劫掠。不过，从入马尼拉港的华船数量看，30 年代荷兰人对华船的阻截，效果并不明显，仅仅导致到马尼拉的华船很少载运最有价值的商品，以减少损失。[1] 1641 ～ 1642 年，驻守台湾的荷兰殖民者不断进攻台湾北部地区的西班牙殖民据点。虽然西班牙人负隅顽抗，但终因守兵力弱，失去鸡笼等地，从而结束了西班牙人在那里 16 年的统治。荷兰人顺势将其殖民势力扩展到了台湾北部。[2]

到 17 世纪 60 年代初，马尼拉不断受到郑成功的影响，西班牙人自顾不暇。[3] 西班牙人对荷兰人的香料贸易已经不构成威胁了。西班牙驻马尼拉总部把贸易重心转向马尼拉到墨西哥的大帆船贸易，牢牢控制了大帆船贸易航线（泉州—广州、澳门—马尼拉—阿卡普尔科）。1666 年，西班牙驻马尼拉当局彻底从马鲁古群岛撤出，结束了葡、西在马鲁古持续了 150 年的冒险活动（1511 年葡萄牙人来到马鲁古群岛）。此前，早在 1623 年，英国就已从安汶撤出。[4] 这样，到 1666 年，荷印公司就独占了马鲁古群岛，几乎垄断了东南亚香料贸易。

1　程绍刚译注《荷兰人在福尔摩莎（1624 ～ 1662）》，第 85、115、145、150 页。

2　杨彦杰：《荷据时代台湾史》，江西人民出版社，1992，第 85 ～ 86 页。

3　G. F. Zaide and S. M. Zaiden, *Documentary Sources of Philippine History*, Maryland, 1990, pp.453-456.

4　Leonard Y. Andaya, *The World of Maluku: Eastern Indonesia in the Early Modern Period*, pp.155-156.

（三）荷兰人与英国人在远东的争夺

英国人到远东地区开展贸易的时间比荷兰人还早。1580 年，弗朗西斯·德雷克环球航行，成功地回到英国，带回了在德拉地获得的丁香以及从西班牙人和葡萄牙人的船上劫掠来的金银、珍珠和宝石。在此过程中，德雷克与德拉地国王签订了香料贸易协议，从而为英国殖民者向东南亚侵略迈出了"具有重要意义的第一步"。1588 年，英国商人公会派出的托马斯·卡文迪许船队，穿过麦哲伦海峡，横渡太平洋到达菲律宾，继续航行到爪哇西海岸，在马鲁古群岛购买了香料，于 10 月前后回到伦敦。[1] 1602 年 6 月，詹姆士·兰开斯特指挥 4 艘英国船历经艰险抵达亚齐，然后前往万丹，在万丹建立贸易站。次年 9 月，兰开斯特船队回到伦敦，运回 100 万英磅胡椒，480 名船员仅有一半左右生还。[2] 1605 年 1 月，亨利·米德尔顿（Henry Middleton）率领的船队抵达安汶，不久又到蒂多雷。英国人想在德拉地设立商馆，被荷兰人阻挠而未果。此后，英国又抵达德拉地（1608）、班达群岛（1609、1610）。英国人的到来，瓜分了荷兰人的香料贸易利益，引起荷兰人的不满。从 1611 年开始，荷兰人在马鲁古群岛排挤和打击英国人。[3]

1613 ~ 1616 年，英国船队以万丹为基地，先后到安汶北部海岸的希多、塞兰岛的卢哈（Luhu）、班达群岛、蒂多雷开展丁香和胡椒贸易，但都遭到荷兰人的抵制和打击。1616 年 10 月，英国的"天鹅"号和"护卫"号抵达兰恩岛（Run，又译卢恩岛、岚屿），被荷兰人俘

1　吉尔斯·密尔顿：《香料角逐》，欧阳昱译，百花文艺出版社，2008，第 25 ~ 27、33 页。

2　玛乔丽·谢弗：《胡椒的全球史：财富、冒险与殖民》，顾淑馨译，上海三联书店，2019，第 76 ~ 83 页。

3　吉尔斯·密尔顿：《香料角逐》，第 81 ~ 84 页；赵文红：《17 世纪上半叶欧洲殖民者与东南亚的海上贸易》，第 92 页。

获，"天鹅"号上的一位高级军官被杀。[1]

1618 年秋，荷兰和英国的关系彻底破裂，在印尼海域进入战争状态。这年 12 月，英国人扣押了荷印公司的"黑狮"号，荷兰人予以报复，摧毁了英国人在雅加达的商馆。两国舰队在雅加达海域展开战斗，最终荷兰人取胜。[2]

为了对付西班牙人，荷印公司"十七人董事会"在 1618 年底与英国人展开有关东南亚香料贸易和殖民据点、商馆的谈判。1619 年 7 月 17 日，荷兰和英国在伦敦缔结"防御条约"，结成同盟共同对抗亚洲的葡萄牙人和西班牙人。荷兰允诺英国可占有马鲁古群岛、安汶岛和班达群岛香料贸易份额的 1/3。1620 ~ 1622 年，荷、英多次组成联合舰队，封锁马尼拉，劫掠到马尼拉的中国帆船和西班牙大帆船。[3] 1622 年，荷、英联合舰队还一起进攻葡占澳门。

然而，荷印公司在雅加达的总督对荷英"防御条约"非常不满。1623 年 2 月 23 日，荷兰人突然逮捕了安汶的英国商馆成员，包括 18 名英国人、11 名日本人、1 名葡萄牙人，其中仅 8 名英国人、1 名日本人生还，其余都被斩首。这就是著名的"安汶岛大屠杀"。[4] 此后，英国人被赶出马鲁古群岛，撤退到万丹。[5] 荷兰人控制了马鲁古群岛绝大部分香料贸易。[6]

除了印尼，在暹罗和日本，荷兰人也与英国人争夺海上贸易权。英国东印度公司在阿瑜陀耶城（1612）和北大年（1615）建立商馆，以暹罗为基地，开展亚洲区间贸易。1613 年，英国人在日本长崎建立

1　William Foster, *England's Quest of Eastern Trade*, London: A.& C.Black, 1933, pp.252-267；D. G. E.霍尔：《东南亚史》上册，中山大学东南亚历史研究所译，商务印书馆，1982，第 373 ~ 374 页。

2　赵文红：《17 世纪上半叶欧洲殖民者与东南亚的海上贸易》，第 93 ~ 94 页。

3　D. G. E.霍尔：《东南亚史》上册，第 378 ~ 381 页；赵文红：《17 世纪上半叶欧洲殖民者与东南亚的海上贸易》，第 94 页；李德霞：《17 世纪上半东亚海域的商业竞争》，第 166 页。

4　D. G. E.霍尔：《东南亚史》上册，第 381 页；威·伊·邦特库：《东印度航海记》，第 17 页注释②、第 127 页注释②。

5　菲利普·D. 柯丁：《世界历史上的跨文化贸易》，鲍晨译，山东画报出版社，2009，第 148 页。

6　详见本书第四章第四节荷兰东印度公司的香料贸易（二）荷兰人与英国人对香料贸易的争夺。

商馆。[1] 1614 年，英国人开始经营阿瑜陀耶城与日本平户之间的贸易。他们在暹罗购买中国丝绸、陶瓷等，并把暹罗的鹿皮、牛角和苏木等产品输入日本和中国。[2]

但是在 17 世纪上半叶，英国人的东方贸易并没有合适的盈利模式，他们与东方的直接贸易并无多少利润。因为英国主要外销商品（羊毛呢布）不适合东南亚和中国市场，东方市场对西方商品的需求极少——除了火器和白银。1622 年，英国人关闭了北大年和阿瑜陀耶城的商馆，此后 37 年间他们与暹罗没有定期的贸易。[3] 1623 年，英国人关闭在平户的商馆，失去在日本的贸易地位。[4] 加上随后进驻中国市场失败，他们最终不得不聚力在印度发展。荷兰人成为参与亚洲区间贸易最重要的西方贸易者。

1682 年，荷兰从万丹驱逐了英国人等，获得万丹和兰邦（Lampongs，今泰国城市）的贸易垄断权。英国、法国等国关闭了设在万丹的商馆，这些欧洲竞争者被迫离开万丹，荷兰人独占万丹，使巴城的贸易环境更为安全。[5] 这进一步促进华商和当地王公开展对巴达维亚、中南半岛的贸易。[6]

1　田渝：《清代中国与暹罗的贸易》，暨南大学硕士学位论文，2004，第 6 ~ 8 页。

2　E. W. Hutchinson, *Adventures in the Seventeenth Century*, London, 1940, p.22；W. A. R. 吴迪：《暹罗史》下册，陈礼颂译，商务印书馆，1947，第 205 页。

3　D. G. E. 霍尔：《东南亚史》上册，第 437 页。

4　依田熹家：《简明日本通史》，卞立强、李天工译，北京大学出版社，1989，第 134 页。

5　Emily Erikson, *Between Monopoly and Free Trade: The English East India Company, 1600–1757*, Princeton University Press, 2014, pp.135–136；K. N. Chaudhuri, *The English East India Company: The Study of an Early Joint-stock Company, 1600–1640*, p.19. H.V. Bowen 等认为，荷兰获得万丹和兰邦的贸易垄断权是在 1684 年。参见 H. V. Bowen, Margarette Lincoln, and Nigel Rigby, eds., *The Worlds of the East India Company*, p.53. 温广益等认为，英国势力在 1692 年被驱逐出万丹。参见温广益、蔡仁龙、刘爱华、骆明卿编著《印度尼西亚华侨史》，海洋出版社，1985，第 71 页。

6　普塔克：《1600 至 1750 年前后的华南港口和亚洲海上贸易》，《普塔克澳门史与海洋史论集》，赵殿红、蔡洁华等译，广东人民出版社，2018，第 192 页。

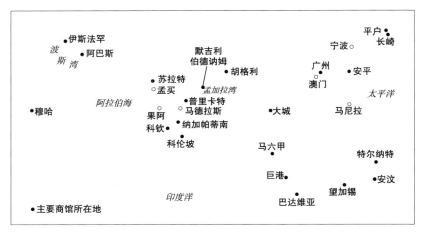

图 1-1　17～18 世纪荷兰东印度公司在亚洲的主要商馆分布

资料来源：羽田正《东印度公司与亚洲之海》，毕世鸿、李秋艳译，北京日报出版社，2019，第 76 页。

此后，英国把殖民和贸易的重点放在印度。17 世纪 80 年代，科罗曼德尔海岸的马德拉斯成为英国东印度公司的自治领地。1696 年，印度莫卧儿王朝授予英国东印度公司许可证，允许其巩固加尔各答的港口。加上 1669 年英国政府把从葡萄牙人手里夺取的孟买转交给英国东印度公司，[1] 后者在印度拥有了三大基地。

三　荷兰人与远东国家和海商对东亚、东南亚海上贸易权的争夺

16 世纪末，荷兰人为了攫取香料贸易的巨额利润，并开拓他们与中国的贸易往来，开始向远东殖民扩张，与葡萄牙人和西班牙人争夺亚洲海上丝路。接着，荷兰人与华商、穆斯林海商、日商和东南亚（暹罗）本地王室等对东南亚和东亚的海上贸易权展开激烈争夺。荷兰人力图排挤中国和日本海商，垄断东南亚的香料贸易，在远东地区建立起自己的殖民统治体系和海上贸易网络。

1　菲利普·D. 柯丁：《世界历史上的跨文化贸易》，第 148 页。

　　近期有关 17 ~ 18 世纪荷兰人争夺亚洲海上贸易权的研究成果主要有：庄国土探讨了荷兰人与日本人及台湾郑氏集团在东亚和东南亚对海权的争夺，以及华商在远东的海上贸易网络的演变；[1] 赵文红、李德霞探讨了 17 世纪上半叶荷兰人在东南亚和东亚的海上贸易以及他们与葡萄牙、中日海商的贸易竞争；[2] 杨宏云、王涛探讨了东南亚华商海上贸易网络的建立及华商在海洋贸易中的地位和作用；[3] 日本学者松浦章、中岛乐章探讨了明清时期中国与日本的帆船贸易，以及日商与荷商在远东的贸易争斗。[4] 在上述研究成果基础上，本节着重探讨荷兰人如何通过与中国海商、日商、穆斯林海商和东南亚（暹罗）本地王室的争斗，夺取东南亚和东亚的大部分海上贸易权，并在葡萄牙人建立的亚洲海上贸易网络基础上，建立起更为发达的近代亚洲海上贸易网络。

（一）荷兰人与中国海商和日商争夺东亚和东南亚贸易权

　　据《明史》卷 324 ~ 325 等记述，早在明朝建立之初，中国海商的足迹已遍布东南亚各岛，包括阇婆（今爪哇）、吕宋、苏禄、文郎马神（印尼加里曼丹）、渤泥（又作大泥，今文莱）、苏门答剌（苏门答腊岛）、柔佛、真腊（柬埔寨）、占城（越南南部）等地，开展香料、珍珠、瓷器等贸易。在这些地方，华人颇受尊重。[5] 1596 年 6 月，

1　庄国土：《17 世纪东亚海权争夺及对东亚历史发展的影响》，《世界历史》2014 年第 1 期；庄国土：《论 15 ~ 19 世纪初海外华商经贸网络的发展——海外华商网络系列研究之二》，《厦门大学学报》2000 年第 2 期。

2　赵文红：《17 世纪上半叶欧洲殖民者与东南亚的海上贸易》；李德霞：《17 世纪上半叶东亚海域的商业竞争》。

3　杨宏云：《环苏门答腊岛的海洋贸易与华商网络》；王涛：《明清海盗（海商）的兴衰：基于全球经济发展的视角》，社会科学文献出版社，2016。

4　松浦章：《清代华南帆船航运与经济交流》，杨蕾等译，厦门大学出版社，2017；松浦章：《海上丝绸之路与亚洲海域交流（15 世纪末 ~ 20 世纪初）》，孔颖编译，大象出版社，2018；中岛乐章：《日本"朱印船"时代的广州、澳门贸易——从"西洋渡航朱印状"谈起》，郭阳译，郑德华、李庆新主编《海洋史研究》第 3 辑，第 63 ~ 86 页。

5　日本学者松浦章对此课题有研究。参见松浦章《清代华南帆船航运与经济交流》，第 165 ~ 168 页。

荷兰船队第一次抵达苏门答腊和万丹；1602 年 3 月，荷兰东印度公司成立，荷兰人开始了在远东的大规模殖民和贸易活动。[1]除了面临葡萄牙人、西班牙人的挑战，荷兰人还必须应对华商强有力的竞争。为了独占东南亚的香料贸易，荷兰人在各地大力排挤华商。例如，1615 年，荷兰人和英国人一道，在苏门答腊岛中部的占碑（Jambi）建立商馆，并阻止华商前去购买胡椒。结果是，"华商船只被迫改而驰往巴达维亚"。[2]1643 年 7 月 6 日，荷印公司与占碑苏丹签订贸易协定，不准华商在占碑购买胡椒，并对胡椒进行限价。[3]

1619 年，荷印公司在印尼雅加达设立总部。此后，荷兰人为了打开中国的贸易门户，使整个远东的贸易网络运转起来，从而力图控制东亚海上贸易通道，竭力争夺东亚海上贸易权。[4]因为中国产的生丝、丝绸、瓷器、蔗糖等商品不仅是欧洲各国需要的，更是东南亚和日本所需要的。在 1622 年以前，荷兰人在东亚和东南亚的贸易策略是武装劫掠和威胁前往马尼拉的中国商船，以打击西班牙人在马尼拉的贸易，并胁迫华商前往巴达维亚贸易。但是，荷兰人的这种武装劫掠策略，没有达到打压西班牙在东亚和东南亚海上贸易之目的。1622 年，荷兰人改变策略，开始在中国沿海寻求一个立足点及贸易中转站，开展直接对华和对日贸易，并作为控制航路的基地。[5]

这年，荷兰人风闻西班牙人占领了台湾岛的北港（Lamang）。他们认为这对他们是直接的威胁，于是匆促出兵东亚。荷兰人最初把目

1　D. W. Davies, *A Primer of Dutch Seventeenth Century Overseas Trade*, The Hague: Martinus Nijhoff, 1961, p.50; D. G. E. 霍尔:《东南亚史》上册，第 380 ~ 361 页。

2　M. A. P. Meilink-Roelofsz, *Asian Trade and European Influence in the Indonesian Archipelago between 1500 and about 1630*, The Hague: Martinus Nijhoff, 1962, pp.259–261; 韦恩:《17 世纪荷兰在南中国海的贸易与航运》,（澳门)《文化杂志》（中文版）第 67 期，2008 年夏季刊，第 177 页。

3　B. Schrieke, *Indonesian Sociological Studies: Selected Writings of B.Schrieke*, Part Two, The Hague: W.Van Houve Ltd., 1955, p.62.

4　约翰·尼霍夫原著，包乐史、庄国土著《〈荷使初访中国记〉研究》，第 30 页。

5　刘强:《海商帝国：郑氏集团的官商关系及其起源（1625 ~ 1683）》，浙江大学出版社，2015，第 46 页；陈宗仁:《一六二二年前后荷兰东印度公司有关东亚贸易策略的转变——兼论荷兰文献中的 Lamang 传闻》,《台大历史学报》第 35 期，2005 年。

光盯向澳门。1622 年 6 月,荷印公司舰队司令莱尔森率领 15 艘舰船
(其中 2 艘为英国舰船)进攻澳门。但澳门葡军在明朝军队的协助下,
击败了荷英联合舰队。荷兰人损失惨重,遂放弃了进攻澳门的计划。[1]
荷兰东印度公司对舰队指示:"若攻占澳门的计划不可行或不能成功,
则按我们的建议在澳门或漳州附近寻找地方筑堡驻守。"[2]于是,莱尔森
将其进攻的目标转向福建沿海,先占澎湖为据点,再不断袭扰中国东
南沿海,企图"通过敌对行动和使用武力",[3]迫使明政府允许其在中国
东南沿海自由贸易。1622 年 8 月,荷兰人侵占澎湖主岛。莱尔森强迫
掠自福建沿海的上千名华人俘虏修筑堡垒。[4]

荷兰人在澎湖的殖民活动,受到中国人的抵抗。福建沿海军民奋
力抵抗占据澎湖的荷兰人。1624 年,在明朝的抵抗下,驻巴达维亚的
荷兰东印度公司董事会决定撤出澎湖,将驻澎湖荷军转往台湾岛南部
的大员,并在大员建筑了奥伦治城(Fort Orange,1627 年 9 月改称为
Fort Zeelandia,即热兰遮城)。[5]

台湾地理位置优越,毗邻福建,北可达日本,南通东南亚、南亚
等地,可以作为荷兰人对日本和对中国大陆贸易的基地。荷印公司在
台湾设立商馆,作为经营东南亚与中国大陆和日本之间的贸易基地,
并切断漳州与马尼拉之间的贸易,进而截断西班牙人与中国、日本之
间的商业往来。由于对华和对日贸易的高额利润,荷兰的台湾商馆很

---

1 威·伊·邦特库:《东印度航海记》,第 73 ~ 74、79 页。顾卫民说,该舰队由 17 艘战舰 1300 名
荷兰士兵组成。参见顾卫民《葡萄牙海洋帝国史(1415 ~ 1825)》,第 283 页。

2 程绍刚译注《荷兰人在福尔摩莎(1624 ~ 1662)》,第 8 页。

3 威·伊·邦特库:《东印度航海记》,第 79 页。

4 包乐史:《中荷交往史(1601 ~ 1989)》,庄国土、程绍刚译,(荷)路口店出版社,1989,第
43 页。

5 程绍刚译注《荷兰人在福尔摩莎(1624 ~ 1662)》,第 8 页;A. Hyma, *The Dutch in the Far East:
A History of the Dutch Commercial and Colonial Empire*, p.135. 萧一山同意 A.Hyma 的观点,认为
"天启四年(1624)建热兰遮"。萧一山:《清代通史》上卷,第 485 页。布罗代尔认为热兰遮
城建于 1634 年。费尔南·布罗代尔:《15 至 18 世纪的物质文明、经济和资本主义》第 3 卷,
第 612 页。

快成为其在亚洲最繁忙的商馆。[1] 荷兰人通过华人中间商购买中国大陆产的生丝、丝绸、瓷器等，或偷偷到漳州湾购买这些商品，运往巴达维亚销售，获取丰厚的利润。[2]

荷兰人在东亚的海上贸易，还面临日本海商的挑战。为了将日商势力挤出台湾，荷兰人于 1625 年宣布，对所有在台湾的日商贸易商品征收 10% 的输出税。1628 年，日商滨田弥兵卫率船队来台贸易，被荷印公司的台湾长官彼得·纳茨（Pieter Nuyts）扣留。这一事件被称为"滨田弥兵卫事件"。此后，荷据台湾几乎不见日商踪影。与此同时，随着海外贸易的发展，日本信奉天主教的人越来越多，他们构成对幕府统治的威胁。1633 ~ 1639 年，日本幕府先后 5 次发布锁国令，禁止朱印船[3]以外的日船渡航，并禁止海外日本人回国；幕府还镇压九州天主教徒起义，下令驱逐所有传教士出境。幕府还规定，除中国和荷兰船可进入长崎一港从事贸易外，仅允许受幕府青睐的暹罗王室派船赴日贸易，拒绝其他外国船赴日。[4]这样，荷兰就成为唯一开展对日贸易的欧洲国家。随着荷兰人占据台湾，原来由葡萄牙人开辟的澳门（广州）—泉州—日本航线，改为澳门（广州）—台湾—日本（长崎）航线，台湾在东亚区域贸易中的重要地位凸显出来。

荷兰人占据台湾后，为控制东海和南海航路和贸易权，还与活跃在福建和台湾一带的以郑芝龙为首的中国海商集团展开了长期的争斗。[5]

17 世纪 20 年代，明朝要全力对抗北方后金的进攻，无力在东南

1　Jonathan I. Israel, *Dutch Primacy in World Trade, 1585-1740*, London: Oxford University Press, 1989, p.174.

2　程绍刚译注《荷兰人在福尔摩莎（1624 ~ 1662）》，第 68、72、77、80、93 页。

3　朱印船，指获得日本幕府颁发的特许"异国渡海朱印状"的日本海外贸易船。自 1604 年签发，到 1635 年为止，共颁发了 360 张（原说为 356 张）朱印状。岩生成一『朱印船贸易史の研究』東京：吉川弘文館，1985，114 ~ 128 頁。

4　中岛乐章：《日本"朱印船"时代的广州、澳门贸易——从"西洋渡航朱印状"谈起》，郑德华、李庆新主编《海洋史研究》第 3 辑，第 76、85 页；大庭修：《江户时代日中秘话》，徐世虹译，中华书局，1997，第 9 页。

5　关于郑芝龙集团与荷兰人的争斗，可参见李广超《郑芝龙海洋活动研究（1621 ~ 1635）》，厦门大学博士学位论文，2018。

沿海应对华人武装海商及欧洲人的侵扰，转而采取"以盗制盗"的战略。1627 年（天启七年），明朝地方官员以允许贸易为诱饵，希望荷兰出兵帮助其剿灭郑芝龙，荷兰人与郑芝龙发生了首次冲突。[1]1628年夏，福建巡抚熊文灿招抚郑芝龙，授其海防游击之职，委其清剿中外海盗之任。此时，郑芝龙拥有部众 3 万余人、船只千余艘。在郑芝龙最终剿灭其他海盗集团后，明廷擢升其为福建总兵，署都督同知，其海军武装成为合法的官军。[2]郑氏集团发展成为集行政、军事、商贸职能于一身的海商政权，在东亚海上贸易中占优势地位，严重影响荷兰人的东亚航海安全和海上贸易。

1633 年，荷印公司的台湾总督蒲陀曼（Putmans）率领 16 艘舰船、1300 人组成的舰队前往福建沿海，并邀刘香和李国助（日本的华商领袖李旦之子）两个与郑芝龙对立的海盗集团，联合进攻在厦门的郑芝龙集团。是年 8 月，双方在金门料罗湾决战，荷兰舰队大败，逃回台湾。此役之后，中国海商集团在东亚海上贸易中占有优势地位。

庄国土认为，金门料罗湾战役之后，"台湾海峡成为郑氏舰队的内湖……荷兰人也因退出福建水域而使台湾从此失去对福建贸易的中介作用"。[3]此论似失之偏颇。在料罗湾战役之后 20 多年间，从东南亚到日本之间的水域，荷人与郑氏政权之间的相互攻掠从未停止。台湾海峡和东亚海上贸易并没有被郑氏舰队完全控制。由于 1635 年日本"朱印船"制度废止，日本幕府开始禁止对外贸易，这给荷兰人发展对日贸易以极好的机会。朱印船贸易废止后，最大的受益者是荷印公司。1633 年，荷兰商船输入日本的生丝只有 1409 斤，1635 年平户荷兰商馆进口了 132039 斤白生丝；此后，直到 1641 年荷兰商馆撤出日本为止，荷船每年运进日本的生丝保持在 1000 担以上。[4]

1　王涛：《明清海盗（海商）的兴衰：基于全球经济发展的视角》，第 170 页。
2　庄国土：《17 世纪东亚海权争夺及对东亚历史发展的影响》，《世界历史》2014 年第 1 期。
3　庄国土：《论 15～19 世纪初海外华商经贸网络的发展——海外华商网络系列研究之二》，《厦门大学学报》2000 年第 2 期。
4　程绍刚译注《荷兰人在福尔摩莎（1624～1662）》，第 55 页；李德霞：《17 世纪上半叶东亚海域的商业竞争》，第 57 页。

　　随着荷兰人撤出日本商馆，荷印公司对日贸易大大减少，而中国海商对日贸易则大幅增加。荷兰人试图用劫掠和强迫中国商船改变航向的方式来维持以台湾、巴达维亚为核心的贸易体系。郑芝龙采取了针锋相对的措施，禁止华人商船从大陆驶往台湾与荷兰人交易，改由大陆沿海直航日本长崎交易。1641 年，有 22 艘郑氏商船从晋江安海港直抵日本长崎，占当年驶往日本的中国商船总数的 22.68％，主要货物有生丝和丝织品等。[1] 1641 ~ 1646 年，驶入长崎的中国船与荷兰商船数量之比分别为：1641 年为 89：9，1642 年为 34/35：5，1643 年为 34：5，1644 年为 54：8，1645 年为 76：7，1646 年为 54：5。[2] 这些中国船约有 80% 属郑氏。郑氏集团几乎垄断了这个时期的对日贸易。据日本学者岩生成一研究，从 1647 年至 1662 年，入长崎港的中国船主要来自郑氏势力控制的地区。如 1650 年入港的 70 艘华船，来自郑氏势力范围内的福州、漳州、安海的有 59 艘，占 80% 以上。[3]

　　据《长崎荷兰商馆日记》记载："自 1654 年 11 月 3 日最后一艘船启航到 1655 年 9 月 16 日为止，由各地入港的中国商船为 57 艘，其中安海船 41 艘，大部分为国姓爷所有。另外还有泉州船 4 艘，大泥船 3 艘，神州船 5 艘，南京船 1 艘，漳州船 1 艘及广南船 3 艘。正如日本商馆日记所附载的详细清单显示的那样，上述各帆船除运载 140100 斤生丝外，还运来了大量的丝织品及其他货物。这些，几乎都记在国姓爷账上。"[4]

1　村上直次郎原译，郭辉中译《巴达维亚城日记》第 1 册，台湾省文献委员会，1989，第 53 ~ 65 页；第 2 册，第 340 ~ 341 页；聂德宁：《明末清初中国帆船与荷兰东印度公司的贸易关系》，《南洋问题研究》1994 年第 3 期。

2　夏蓓蓓：《郑芝龙：十七世纪的闽海巨商》，《学术月刊》2002 年第 4 期。

3　岩生成一「近世日支貿易に關する数量的考察」『史學雜誌』62 卷 11 期、1953 年；杨彦杰：《一六五〇年 ~ 一六六二年郑成功海外贸易的贸易额和利润额估算》，《福建论坛·经济社会版》1982 年第 4 期；聂德宁：《明末清初中国帆船与荷兰东印度公司的贸易关系》，《南洋问题研究》1994 年第 3 期。

4　转引自岩生成一「近世日支貿易に關する数量の考察」『史學雜誌』62 卷 11 期、1953 年；范金民《16 ~ 19 世纪前期海上丝绸之路的丝绸棉布贸易》，《江海学刊》2018 年第 5 期。

为了使从事海外贸易的中国商人免受荷兰殖民者的劫掠和免缴高额税收，1655年、1656年，郑成功两次发布贸易禁令，禁止任何船只开往巴达维亚、大员及其附近地方交易，并向荷兰人声明实行禁航令的原因。[1]

郑氏集团的一系列作为，使荷兰人在台湾的商品大量积压，严重影响了荷兰人的对日贸易和东亚海上贸易。不过，荷兰人并未放弃对日贸易和东亚海上贸易，并力图打开与中国大陆直接通商的路径。为了得到在中国自由通商的权利，荷印公司采取联合清朝抗击郑氏海商集团的策略。1662～1665年，荷印公司多次派出苗焦沙吾·博尔特（Balthazar Bort）指挥的舰队，协助清朝军队攻打台湾的郑成功。荷兰舰队甚至为清朝攻下厦门。为了得到在中国港口自由通商的权利，1666年、1685年，荷印公司两次遣使到北京，恳求自由通商。但荷兰人的这些努力均没有达到目的，中国的港口依然对荷印公司的商船关闭着。[2]

值得注意的是，1662年郑成功将荷兰人逐出台湾后，荷兰人对日、对华贸易虽受打击，但并未停止。荷兰人仍把巴达维亚所产的蔗糖、越南东京（Tonkin，今河内）等地产的生丝源源不断地运销日本，把日本的白银和铜通过台湾海峡运往泉州、广州和巴达维亚。[3]1667年，荷兰商船开始把福建产的茶叶运往欧洲，揭开了中国茶叶运销欧洲的序幕。[4]

1683年，清军攻下台湾，郑氏集团投降。此后，清廷虽开放海禁，却对海船和出洋人数严加限制，其禁海律令逐年严厉。1689年，面对清廷的施压，荷印公司董事会同意巴达维亚今后只依靠中国商船维系对华贸易关系。他们认为，公司商船直航中国，经济效益太低，且不稳定。这样，华商就成为荷印公司开展中国贸易的中间

1　刘强：《海商帝国：郑氏集团的官商关系及其起源（1625～1683）》，第57～64页。

2　包乐史：《中荷交往史（1601～1989）》，第72页。

3　赵文红：《17世纪上半叶欧洲殖民者与东南亚的海上贸易》，第145页。

4　G. Schlegel, "First Introduction of Tea into Holland," *T'oung Pao*, Vol.1, No.5, 1900, pp.468-472.

商。每年有数十艘中国帆船运载畅销货物，如瓷器、丝绸及茶叶到达巴达维亚。荷兰人通过中国帆船，维持巴达维亚到中国福建沿海的贸易，并控制了日本长崎到泉州、广州的航线。直到1727年，由于其他欧洲国家的竞争日益加剧，荷印公司才再次改变对中国的贸易策略。[1]

（二）荷兰人与穆斯林海商、东南亚当地王公及华商的争夺

1292～1297年，伊斯兰教通过印度胡荼辣人传到苏门答腊岛北部的亚齐。[2] 14纪初，伊斯兰教在马来半岛大规模传播开来，东南亚本地王室纷纷改信伊斯兰教。印度穆斯林商人沿马来半岛西岸，经马六甲海峡进入东南亚水域，在东南亚海上丝路沿线的亚齐、丹那沙林、马六甲、万丹、吉打、阿瑜陀耶等重要贸易港建立商馆，与当地王室合作贸易，成为当地对外贸易的主力，主导了从东南亚经印度洋到地中海的香料贸易。[3] 14世纪以后，马六甲和爪哇控制了东南亚的贸易航路。马六甲的贸易网络在每一个节点都与通往印度、波斯、叙利亚、东非和地中海的其他网络相连，构成当时最大的贸易体系。马六甲贸易网络还覆盖爪哇西部和苏门答腊，连接巴厘岛、帝汶岛及摩鹿加群岛等地，并与缅甸沿海的勃固（Pegu）、暹罗、中国和日本建立了联系。[4]

1511年，葡萄牙人攻占马六甲后，摧毁了来自印度的穆斯林商人社区。许多穆斯林从马六甲逃到信仰伊斯兰教的亚齐和文莱定居或经

---

1 包乐史：《中荷交往史（1601～1989）》，第72页。

2 杨宏云：《环苏门答腊岛的海洋贸易与华商网络》，第145页。

3 David Bulbeek, Anthony Reid, Lay Cheng Tan, and Yiqi Wu, *Southeast Asian Exports since the 14th Century: Cloves, Pepper, Coffee, and Sugar*, p.22；Joel Mokyr, *The Oxford Encyclopedia of Economic History*, Vol.5, *Spices and Spices Trade*, p.2；安东尼·瑞德：《东南亚的贸易时代：1450～1680年》第2卷，第21～22、31～33页。

4 弗朗索瓦·吉普鲁：《亚洲的地中海：13～21世纪中国、日本、东南亚商埠与贸易圈》，龚华燕、龙雪飞译，新世纪出版社，2014，第64页。

商，并在柔佛、彭亨、北大年等地聚集。他们将宗教和商务结合，为当地苏丹政权服务，在苏丹控制的行政区域内仍保持相当强的区间贸易能力，与荷兰人等西方人展开商业竞争。许多中东、印度来的商人（特别是穆斯林商人）把亚齐作为他们在东南亚的停靠港口。亚齐迅速繁荣起来，成为胡椒和印度布匹的交易中心。[1] 虽然穆斯林商人势力被欧洲人逐出马六甲，但欧洲人仅能占据马六甲航线上几个重要的贸易据点，无法控制东南亚各贸易港和区间航道。[2]

亚齐是与万丹齐名的胡椒贸易中心。17 世纪初，亚齐控制了苏门答腊岛大部分胡椒产地。1600 年前后，荷兰人在亚齐建立商馆。亚齐当地统治者成为荷兰人在马六甲香料贸易的有力竞争对手。亚齐当局拒绝荷兰人提出的到苏门答腊西海岸购买胡椒的要求。1645 年，荷兰人封锁亚齐；1656 年，又封锁了苏门答腊西海岸勃里阿曼等地，迫使亚齐苏丹签订所谓“和平条约”，确认荷兰人对西海岸胡椒享有贸易垄断权。[3] 不过直到 18 世纪，亚齐穆斯林王国一直未被欧洲人攻占。

在西方人东来之前，望加锡、爪哇和苏门答腊北岸各地苏丹王公控制着马六甲等地的航线。葡萄牙人为了控制这条航路，曾大力打击这些苏丹王公的海上力量。荷兰人东来后，一直想控制望加锡，垄断香料群岛的贸易。但望加锡苏丹不断挑战荷兰人的贸易垄断，直到 1667 年荷兰人重兵占领了望加锡。

东南亚最大的胡椒市场在万丹。14 世纪以后，许多华人移居到万丹、苏门答腊岛、西加里曼丹等地，形成华人聚居区。他们中的许多人改信伊斯兰教。到 16 世纪末，移居万丹的华人有几千人。

1　杨宏云：《环苏门答腊岛的海洋贸易与华商网络》，第 147 页；弗朗索瓦·吉普鲁：《亚洲的地中海：13～21 世纪中国、日本、东南亚商埠与贸易圈》，第 107 页。

2　安东尼·瑞德：《东南亚的贸易时代：1450～1680 年》第 2 卷，第 163～169 页；李伯重：《火枪与账簿——早期经济全球化时代的中国与东亚世界》，三联书店，2017，第 199～200 页。

3　王任叔：《印度尼西亚近代史》上册，北京大学出版社，1995，第 85 页。法国学者布罗代尔说，1667～1669 年，东南亚主要的贸易中心亚齐和望加锡相继被荷兰人占领。参见费尔南·布罗代尔《15 至 18 世纪的物质文明、经济和资本主义》第 3 卷，第 234 页。

在西方人到来之前，这些华人与中国海商运输生丝、丝棉织品、瓷器、糖和日常用品到万丹，交换胡椒、丁香、肉豆蔻、檀木等。[1] 据统计，17 世纪初由中国运到万丹的生丝每年有 300 ～ 400 担。[2] 据记载，1598 年，万丹全年的胡椒交易量约为 3 万袋（每袋 60 磅），中国商人买走 18000 袋，荷兰人买走 9000 袋。华商财大气粗，往往使万丹胡椒价格翻倍。[3] 荷兰人到万丹后，与华商展开了胡椒争夺战。1619 年后，荷兰人封锁万丹，并与英国人结成联盟，打压万丹胡椒价格，限制中国商人购买。不过，万丹当地人更愿意把胡椒卖给华商。1683 年，万丹因内乱而向荷兰人屈服，保证将万丹的胡椒只卖给后者。[4] 通过与万丹当地人和华商的争斗，荷兰人最终垄断了万丹的胡椒贸易。

爪哇当地王公也竭力抵制荷兰人的入侵。1628 年，中爪哇的马打兰王国对荷印公司总部所在地巴达维亚城发起进攻，几乎攻陷该城。此后，马打兰王国与荷兰人签订和约，马打兰商人得以分享爪哇北岸的部分海上贸易。[5]

（三）荷兰人与中国海商和日商争夺中南半岛贸易权

在 17 世纪初，安南庯（庸）宪港（PhoHien，距今越南河内约 55 公里）和广南会安港（今越南广南省延福县境内）已是重要的国际贸易港。庯宪的对外贸易主要由日商和华商经营，葡、西、荷、英商亦间或前来交易。日商主要通过朱印船开展对中南半岛的贸易。朱印船起源于丰臣秀吉在文禄元年（1592）创立的"奉书船"制。据记载，

1　岩生成一：《下港（万丹）唐人街盛衰变迁考》，刘聘业译，《南洋问题资料译丛》1957 年第 2 期；杨宏云：《环苏门答腊岛的海洋贸易与华商网络》，第 169 ～ 171 页。
2　温广益、蔡仁龙、刘爱华、骆明卿编著《印度尼西亚华侨史》，第 78 页。
3　M. A. P. Meilink-Roelofsz, *Asian Trade and European Influence in the Indonesian Archipelago between 1500 and about 1630*, pp.243-246.
4　庄国土：《17 世纪东亚海权争夺及对东亚历史发展的影响》，《世界历史》2014 年第 1 期。
5　B. Schrieke, *Indonesian Sociological Studies: Selected Writings of B.Schrieke*, Vol.1, pp.64-65.

1592 年，共有 9 艘"奉书船"航行到吕宋、澳门、安南、东京、占城、柬埔寨、六坤（今那空是贪玛叻）、北大年等地。[1] 1604 年，德川幕府给日本海外贸易船颁发特许"异国渡海朱印状"，建立起朱印船制度。据统计，从 1604 年到 1635 年，幕府共颁发了 360 张（原说为 356 张）朱印状，其中到越南沿岸的船有 130 艘，而到广南的达 93 艘之多。[2] 日本出口到中南半岛的商品有金、银、铜等，进口商品主要是东南亚出产的生丝、丝织品、砂糖、鹿皮、香料（特别是奇楠香）等。

　　17 世纪 30 年代，日本幕府发布锁国令，日本的禁教、锁国政策除直接导致日商基本退出庸宪、会安的贸易外，对参与日越贸易的欧洲商人也有致命打击，特别是葡萄牙商人。葡萄牙商人原来以澳门为据点，转运中国和越南生丝到长崎，甚至一度垄断对日贸易。[3] 1639 年，葡萄牙商人被日本驱逐出境，无法再从事日本航线的商业活动，原先以澳门为基地的澳门—越南—日本长崎之间的越南中介贸易突然走向衰败，葡萄牙人不得不把对越、对日贸易的机会让给中国商人和荷兰东印度公司，日商在庸宪和会安的主要贸易份额基本上由华商取代。[4] 从广南开往日本的中国商船，1647 ~ 1650 年有 11 艘，1651 ~ 1660 年有 40 艘，1661 ~ 1670 年有 24 艘。[5] 据统计，1628 ~ 1633 年，荷印公司对日贸易盈利年均 9 万盾；1643 年，盈利达 659583 盾；[6] 1651 ~ 1671 年，年均获利超过 90 万盾。[7]

1　E. H. Blair and J. A. Robertson, eds., *The Philippine Islands, 1493-1898*, Vol. 20, p.27. 参阅吴廷璆主编《日本史》，南开大学出版社，1994，第 237 页；李德霞《日本朱印船在东南亚的贸易》，《东南亚南亚研究》2010 年第 4 期。

2　引自闫彩琴《17 世纪中期至 19 世纪初越南华商研究（1640 ~ 1802）》，厦门大学博士学位论文，2007，第 26 页。

3　George B. Souza, *The Survival of Empire: Portuguese Trade and Society in China and the South China Sea, 1630-1754*, p.113. 关于葡萄牙人在澳门与日本的贸易，可参见 C. R. Boxer, *The Great Ship from Amacon: Annals of Macao and the Old Japan Trade, 1555-1640*。

4　闫彩琴：《17 世纪中期至 19 世纪初越南华商研究（1640 ~ 1802）》，第 55 页。

5　李塔娜：《越南阮氏王朝社会经济史》，李亚舒、杜耀文译，文津出版社，2000，第 64 页。

6　程绍刚译注《荷兰人在福尔摩莎（1624 ~ 1662）》，第 141、256 页。

7　D. W. Davies, *A Primer of Dutch Seventeenth Century Overseas Trade*, p.76.

　　1636 年，荷印公司总督狄门（Anthony Van Diemen）派大克尔（Abraham Diujcker）到广南会安设立商馆，荷印公司与广南开展直接贸易。但是，荷印公司争夺越南的海外贸易却屡屡受挫。会安商馆开设不久，荷印公司便与越南北方郑王进行武器交易，阮氏统治者阮福澜（1635～1648 年在位）怀疑荷人暗中勾结北圻郑王，因而经常肆意捕获荷船。从 1638 年起，荷兰与阮氏政权的关系受到严重阻碍。1641 年，荷人被迫关闭了会安商馆。1651 年底，会安的荷兰商馆虽一度恢复，但因阮王顾忌太多，荷兰人被迫于 1654 年永远地关闭了会安商馆，撤离广南，从此不再来此贸易。17 世纪中叶后，华商成为会安最大的外商群体，其势力远超到会安从事海外贸易的欧洲各国商人。[1]

　　虽然荷兰人和英国人在庸宪也设立商馆，但越南人认为他们野蛮且贪婪，宁可让华商操盘贸易，欧洲人与当地人的交易大多要通过华商居间进行。[2]

　　1637 年，荷兰人在越南东京建立商馆，取代日本海商经营对日生丝贸易。17 世纪 40 年代后，东京成为荷兰人供应日本市场的重要生丝来源地。据记载，1641～1654 年，荷兰人从越南东京出口到日本的生丝年均达 34 吨。后来，东京生丝竞争力减弱，荷兰人每年购买量减少到 20 吨。1671 年，荷兰人经营的东京与日本贸易停止。[3]

　　荷兰人在暹罗开展的海上贸易最初遇到日商的阻挠。荷印公司成立伊始，就在北大年（1602）和阿瑜陀耶城（1608）建立商馆，[4]在暹罗与日商开展贸易竞争。1617 年，荷兰人与颂昙王订立了关于购买兽皮（鹿皮）的协定。17 世纪初，在北大年大城的侨民，除了中国人外，还有葡、荷、西、英、法和日本等国人，以日本人的势力最强大，居

1　林洋：《会安港的兴衰及其历史地位》，郑州大学硕士学位论文，2001，第 39～41 页。

2　美国传教士协会编《曼谷纪年》，第 86 页，转引自庄国土《17 世纪东亚海权争夺及对东亚历史发展的影响》，《世界历史》2014 年第 1 期；林洋《会安港的兴衰及其历史地位》，第 44～45 页。

3　村上直次郎原译，程大学中译《巴达维亚城日记》第 3 册，台湾省文献委员会，1990，第 78 页；赵元红：《17 世纪上半叶欧洲殖民者与东南亚的海上贸易》，第 145 页。

4　D. G. E. 霍尔：《东南亚史》下册，第 435 页。

住在大城中心的东南，构成当时东南亚最大的日本人町。阿瑜陀耶日本町有 1500 多名日本人。[1] 据统计，1604 ~ 1635 年，日本朱印船有 55 艘抵达阿瑜陀耶城，7 艘开往北大年，与暹罗开展直接贸易。往暹罗贸易的日本船只通常在秋末冬初之际离开长崎，航行约一个月到达昭披耶河口（进入阿瑜陀耶城的门户）。在定居阿瑜陀耶的日侨帮助下，这些船只在港口出售日铜，并购买中国丝绸及暹罗的铅、鹿皮和苏木等商品运回长崎。[2]

颂昙王时期（1611 ~ 1628 年在位），日本人在暹罗的势力达到鼎盛。由于日本人参与了暹罗宫廷内斗，巴塞通王（1629 ~ 1656 年在位）登基后，焚烧了日本人町，驱逐日本人。此后，暹罗的日本人势力衰微。[3] 加之日本幕府颁布锁国令，日商基本退出了日本与暹罗的贸易。日本贵金属对外贸易主要由荷兰人和中国人接手。

荷兰人在暹罗遇到的真正竞争对手是华商。面对华人无处不在的竞争，荷兰人在公海不加区别地劫掠华商船只，同时给巴达维亚城的华人贸易制造各种障碍。不过，在暹罗的华人与当地王室紧密结合，对抗荷兰人的挑战。为了使当地统治者对他们保持善意，东南亚各地的华商领袖通常通过履行一种专门的贸易管理职能而与当地统治集团建立有效的合作关系，这是明清时期海外华商采取的一种灵活并富有建设性的长期战略。暹罗的华商也不例外。暹罗本地王室成员和贵族的对外贸易，通常由擅长与西方商人做生意的华商代理。[4] 从巴塞通王朝开始，暹罗国王为了控制对外贸易，操纵进口货物的销售，建立了王室船队。暹罗国王利用华人掌管对华贸易船只，把华

1　李德霞：《17 世纪上半叶东亚海域的商业竞争》，第 53 ~ 54 页。

2　田渝：《清代中国与暹罗的贸易》，第 11 页。

3　黄素芳说，颂昙王即位是在 1620 年。参见黄素芳《17 ~ 19 世纪中叶暹罗对外贸易中的华人》，《华侨华人历史研究》2007 年第 2 期。据汤开建、田渝考证，颂昙王即位是在 1611 年。汤开建、田渝：《万历四十五年田生金〈报暹罗国进贡疏〉研究——明代中暹关系史上的一份重要的中文文献》，《暨南学报》2007 年第 4 期。今据汤开建、田渝说。

4　Francois Caren and Joost Schouten, *A True Description of the Mighty Kingdoms of Japan and Siam*, trans. by Sir Roger Manley, London, 1935, p.124.

人安置在船上的所有关键岗位。这种做法在 18 世纪 70 年代达到高潮。[1]这使华人在暹罗对外贸易中的地位更为重要。暹罗本地商船与长崎的贸易较为发达。在 1647 ~ 1700 年，约有 130 艘暹罗商船抵达长崎；1715 年开始，日本幕府规定暹罗每年仅能有一艘商船进入日本港口。[2]

1664 年，为了打压暹罗对外贸易中的华人势力，荷印公司曾封锁阿瑜陀耶，用武力威胁暹王，签订不平等条约，逼迫暹罗王室将利润最丰厚的对日鹿皮出口贸易交由荷印公司垄断经营，并保证不雇用华人管理王室贸易船队，以及荷兰有权在公海追捕任何由华人驾驶的暹船。[3]暹罗的纳雷王（Narai，1656 ~ 1688 年在位）并没有认真履行该条约。一方面，纳雷王直接雇用中国帆船（"唐船"）运输自己的货物到日本和中国，与船主分享利润；另一方面，纳雷王接受外籍财政大臣华尔康的建议，实行亲法政策，用法国人的势力来牵制荷兰。1664 年，法王路易十四（1643 ~ 1715 年在位）成立贸易公司，与荷兰、英国竞争远东贸易，扩大法国对远东的宗教和军事影响。[4]

1662 年，荷兰人被赶出台湾，失去了对日、对华贸易的中继地；加上日本出口铜实行定额制，荷印公司失去了东亚海上贸易的支柱——日本贵金属（主要是白银和铜）贸易。这使荷印公司在暹罗的贸易难以为继。到 1706 年，荷印公司关闭了在阿瑜陀耶等地的商馆。荷兰人在暹罗的贸易开始出现亏损。荷兰政府多次提议荷印公司从暹罗完全撤出，但荷印公司巴达维亚当局担心撤出后为其他势力所取代，坚持到 18 世纪 40 年代才完全撤出。[5]

1　G. W. Skinner, *Leadership and Power in the Chinese Community of Thailand*, New York, 1958, p.3；李金明：《十八世纪中暹贸易中的华人》，《华侨华人历史研究》1995 年第 1 期。

2　尼古拉斯·塔林主编《剑桥东南亚史》第 1 卷，第 289 页。

3　John Anderson, *English Intercourse with Siam in the Seventeenth Century*, London, 1890, pp.99-100；田渝：《清代中国与暹罗的贸易》，第 8 ~ 9 页。

4　田渝：《清代中国与暹罗的贸易》，第 8 ~ 9 页；W.A.R. 吴迪：《暹罗史》下册，第 256 ~ 257 页。

5　Francois Caren and Joost Schouten, *A True Description of the Mighty Kingdoms of Japan and Siam*, p.136.

（四）荷兰人构建的亚洲区间贸易网络

荷兰人通过与葡萄牙人、英国人、西班牙人及东南亚、东亚国家和海商的争夺，构建起以印尼的巴达维亚为中心的亚洲贸易网络，辐射到香料群岛、中南半岛、中国东南沿海（包括澳门、广州、台湾）、日本长崎等地。

通过与西方殖民者和亚洲国家的争斗，荷兰人在远东和阿拉伯海建立起一个庞大的区间船运网络（Intra-Asian shipping network）。荷兰人依托这个区间船运网络积极开展亚洲区间贸易活动，在印度洋、波斯湾和南海、东海等地到处都有荷船的帆影。罗伯特·帕舍修斯（Robert Parthesius）根据荷印公司欧亚航运的出船记录（uitloop boeken），[1] 以 1596～1660 年荷印公司派出的 1058 艘船共 11507 次的航行，将公司在亚洲活动水域大致分为 7 个区域，包括阿拉伯海、孟加拉湾、苏门答腊、马六甲海峡、爪哇海、香料群岛航路，以及抵达中国南海周边的大泥、暹罗、越南、中国南方海岸、台湾与日本的远东航路。其中按船只出入频繁程度排序为爪哇海（3927 船次）、远东航路（1917 船次）、香料群岛航路（1898 船次）、孟加拉湾（1332船次）、阿拉伯海（1053 船次）、苏门答腊（750 船次）与马六甲海峡（630 船次）。[2] 这反映了荷印公司在亚洲各地参与区间贸易的程度。

我们若以每隔 10 年为一个阶段统计船只到达数量，可以观察到 7 个区域贸易情况的变化：孟加拉湾的转变最为明显，从 1610 年到 1650 年，从 16 艘船发展到 597 艘船，仅次于巴城所在的爪哇海航

1　详见 J. R. Bruijn, F.S. Gaastra, and I. Schöffer, *Dutch-Asiatic Shipping in the 17th and 18th Centuries*, Den Haag: Nijhoff, 1979–1987。

2　Robert Parthesius, *Dutch Ships in Tropical Waters: The Development of the Dutch East India Company (VOC) Shipping Network in Asia 1595–1660*, Amsterdam University Press, 2010, p.49；邱馨慧：《荷兰东印度公司档案的台湾贸易文书》，《季风亚洲研究》第 8 期，2019 年 4 月。

区，远远超过自 17 世纪 20 年代起即稳居第 2 位的远东航路。[1] 连接孟加拉湾的航线日趋重要，反映出生丝贸易在中国朝代更迭后，造成台湾转运货源移转到越南东京再到孟加拉的局面。[2] 17 世纪上半叶远东航路的航次变化很大：1620 年以前，荷印公司船只频繁进出暹罗湾；1620 年到 1660 年，台湾及其附近岛屿成为此航路上船只活动最为频繁的地区，1640 年至 1650 年更达至高峰，计有 215 船次到达此地区。这个时期驶往台湾的荷印公司船只载重总量居于首位，1596 ～ 1660 年，荷印公司先后派遣 682 船次来到台湾及其附近岛屿，载重总量达108184 拉斯特（1 拉斯特约合 2 吨）。[3] 这些船进出台湾（大员）商馆，运进运出的货物大致为：生丝、丝织品、砂糖（中国、东南亚产）、皮货、香料（胡椒为大宗）、香木、日本樟脑、大米、木材、中国瓷器等。贵金属亦居重要载运物之列：1637 年到 1660 年，通过台湾转口贸易的中国黄金与日本白银可到科罗曼德尔、苏拉特、孟加拉、东京、暹罗、柬埔寨与马六甲等商馆。[4]

小　结

新航路开辟以后，随着葡萄牙人、西班牙人的东来，近代亚洲海上贸易网络逐渐形成，亚洲原有的贸易网络更为发达。葡萄牙人凭借武力，在东南亚和印度建立起许多殖民据点和商馆。葡萄牙人利用原来的海上贸易航线，以果阿、马六甲、柔佛、北大年、万丹和澳门为

1　Robert Parthesius, *Dutch Ships in Tropical Waters*: *The Development of the Dutch East India Company* (VOC) *Shipping Network in Asia 1595−1660*, pp. 189−209, 125, 42−43, 49, Table 3.1.

2　Leonard Blussé, "No Boats to China: The Dutch East India Company and the Changing Pattern of the China Sea Trade, 1635−1690," *Modern Asian Studies* ,Vol.30, No.1, 1996, pp. 51−76.

3　Robert Parthesius, *Dutch Ships in Tropical Waters*: *The Development of the Dutch East India Company* (VOC) *Shipping Network in Asia 1595−1660*, pp. 119−120, 133, Table 8.8.

4　邱馨慧:《荷兰东印度公司档案的台湾贸易文书》,《季风亚洲研究》第 8 期，2019 年 4 月；林伟盛:《荷据时期东印度公司在台湾的贸易（1622 ～ 1662）》,台湾大学博士学位论文，1998，第68 ～ 80 页。

依托，在远东地区建立起一个殖民统治体系和海上贸易网络。葡萄牙人经营的海上贸易航线主要有五条，即欧洲（里斯本）—果阿—马六甲航线、欧洲—果阿—澳门航线、广州—澳门—日本航线、澳门—马尼拉航线和澳门—东南亚航线。第一条航线主要是把东南亚的胡椒和肉豆蔻、中国的丝绸和瓷器运销到欧洲；第二条航线实际上是第一条航线的延伸，主要把欧洲的产品销往东南亚，然后把东南亚的货物销往中国，并把中国的丝绸、瓷器等销往欧洲；第三条航线主要是经营中日之间的银丝贸易，澳门是第二、第三条航线的枢纽；第四条航线主要经营中西之间的银丝贸易，是中国获取美洲白银的主要渠道；作为第五条航线的澳门—东南亚航线，实际上是第一条航线的发展、细化，使亚洲区间贸易更为发达。以在东南亚和印度建立的殖民据点和商馆与这五条贸易航线为依托，葡萄牙人构建起近代亚洲的区间贸易网络，果阿和澳门成为葡萄牙人开展亚洲区间贸易的中心。澳门与广州、长崎和马尼拉的贸易非常活跃。

随着葡萄牙人开辟出多条贸易航线和建立海上贸易网络，中国、东南亚与欧洲之间的直接贸易日益兴盛，近代亚洲的区间贸易也迅速发展起来。近代早期亚洲区间贸易主要是中国与东南亚之间的瓷器和香料贸易以及中国与日本的银丝贸易。澳门的葡萄牙人用白银在澳门、广州等地购买中国生丝、丝绸、瓷器等，贩运到日本，交换日本白银；然后用日本的白银到澳门购买欧洲市场畅销的中国丝绸和瓷器，再到马六甲购买胡椒和肉豆蔻等，运回里斯本。里斯本成为中国瓷器和丝绸、东南亚香料的集散地和欧洲瓷器贸易中心。这种贸易方式一方面使葡萄牙人的商业资本大大增值，日本白银成为循环贸易的资本，弥补了他们白银资本的不足；另一方面刺激了中国国内商品经济和市场的发展，大大促进了航线沿途各地区的商品生产和交换，促进了远东地区的区域贸易发展，传统的西太平洋地区贸易商品和贸易方式发生了极大的改变。

1565 年，菲律宾至墨西哥阿卡普尔科港的大帆船贸易航线开辟出来。大帆船贸易航线把葡萄牙人建立的各条航线与美洲联系在了一起，把中国、日本、东南亚各地、印度与美洲联系在了一起，亚洲贸易网络具有了全球意义，近代经济全球化的进程加快。在大帆船贸易的刺激下，澳葡和华商把大量的中国生丝、丝织品和棉布等运往马尼拉，一度成为马尼拉与美洲的大帆船贸易的主要供货商。银丝贸易不仅是马尼拉大帆船贸易的主要内容，也贯穿其始终。西班牙人用来自美洲的白银购买中国产的生丝、丝绸等，促进了美洲白银大量流入中国，活跃了亚洲白银资本市场和商品市场，促进了中国的生丝和丝织品的生产及亚洲银丝经济带的形成，对当时中国的经济、社会等造成了很大影响。

西方殖民者构建的近代亚洲贸易网络与古代西太平洋贸易网有很大的不同。与后者相比，前者是基于葡萄牙人在远东地区建立的商馆和殖民入侵而构建的，贸易网络更为发达和畅通，组织性更强，而且与欧洲和美洲的航路直接对接，贸易网络为殖民侵略和追逐商业利润服务。

近代亚洲海上贸易网络的演变主要围绕荷兰人与葡萄牙人、西班牙人、英国人争夺亚洲海上贸易权和商路而展开。荷兰人主导了这场亚洲海上贸易霸权的争斗。荷兰人在东南亚的贸易政策和商馆布局主要是围绕控制香料产地和香料贸易，以及中国生丝、丝织品、茶叶和瓷器贸易来展开的。在印尼、马来半岛和菲律宾，荷兰人主要与葡萄牙人、西班牙人、英国人及穆斯林商人竞争；在中南半岛，荷兰人主要与英国人、日本人、中国人和当地王公竞争；在东亚海域，荷兰人主要与华商和郑氏海商集团竞争；在印度洋，荷兰人面临英国人、港脚贸易商和穆斯林商人的竞争。荷兰人通过与葡萄牙人、英国人、西班牙人及东南亚、东亚国家和海商的争夺，构建起以印尼的巴达维亚为中心的亚洲贸易网络，辐射到香料群岛、中南半岛、中国东南沿海（包括澳门、广州和台湾）、日本长崎等地。

16世纪末，荷兰人为了香料贸易来到东南亚。从1596年到1618年，为了控制亚欧航线，争夺印度洋贸易权，荷兰人在印度洋自西向东与葡萄牙人展开争夺，夺取了葡萄牙人在印度南部和锡兰岛的一系列港口和据点，占领了万丹、安汶岛、锡兰岛、柔佛等地，并在暹罗的北大年、日本平户建立商馆，葡萄牙的东方殖民地和漫长的贸易链环上的据点一个接一个被攻陷，荷兰人初步构建了以万丹为中心的亚洲海上贸易网络。随着荷印公司占领巴达维亚（1619），荷兰人开始了有组织、有计划地争夺亚洲海上贸易权、构建亚洲海上贸易网络的活动。1641 年，荷兰人攻占马六甲，这标志着葡萄牙人在亚洲失去了海上贸易主动权，荷兰人成为西方国家在亚洲海域的霸主。荷兰人控制了马鲁古海域、爪哇海域、巽他海峡、马六甲海峡，控制了从南海经马六甲海峡通往印度洋的贸易航线，葡萄牙人的果阿和澳门之间的联系受到极大阻碍。到 1663 年，除澳门外，葡萄牙在东南亚的据点丧失殆尽。澳葡转而以澳门、广州与马尼拉、巴达维亚的贸易为主。1666 年，荷印公司独占了马鲁古群岛；1683 年万丹统治者保证把胡椒只卖给荷兰人。这样，荷印公司几乎垄断了香料贸易。先前由葡萄牙人建立的以马六甲、澳门为枢纽的东南亚海上贸易网络发生重大转变，转而以巴达维亚为枢纽，以荷兰人为主导，巴达维亚迅速繁荣起来。

17 世纪上半叶，荷兰人与西班牙人在吕宋岛和东亚争夺海上贸易权，西班牙人失去了德拉地、蒂多雷、台湾鸡笼等地，但保住了马尼拉，牢牢控制了大帆船贸易航线（马尼拉—阿卡普尔科）。

在印尼、暹罗和日本，荷兰人与英国人争夺海上贸易权。英荷两国也曾联手对抗葡萄牙、西班牙。1623 年的"安汶岛大屠杀"事件使英、荷交恶。1622～1623 年，英国人相继关闭在北大年、阿瑜陀耶和平户的商馆；1682 年，英国人、法国人被驱离万丹，英国人把精力集中在经营印度上，此后约半个世纪基本退出了与荷兰人在东南亚、东亚的争夺。

由于资本雄厚、军事实力较强，荷兰人取得了对其他西方殖民者斗争的胜利，夺取了远东的海上贸易霸权，并在葡萄牙人的亚洲海上贸易网络基础上构建起自己的贸易网络。荷兰人构建的亚洲海上贸易网络，在 1601～1610 年，以万丹为中心；1610～1619 年，以安汶为中心；1619 ~ 1661 年，该贸易网络以巴达维亚和台湾大员为中心。荷兰人通过巴达维亚和大员这两个贸易中枢，开展对华、对日、对安南和广南及暹罗的区间贸易，原来由葡萄牙人开辟的澳门—（广州）—泉州—日本航线，改为澳门—（广州）—台湾—日本（长崎）航线，台湾在东亚区域贸易中的重要地位凸显出来。通过建立一系列商馆和控制香料贸易，荷兰人控制了从东南亚经马六甲到印度洋再到欧洲的亚欧贸易航线，荷兰人还与华商（中国海商）分享了从中南半岛到广州和澳门，再到泉州、台湾和日本的帆船贸易航线，成为亚洲区间贸易的主力。1662 年，荷兰人被赶出台湾后，巴达维亚成为荷兰人的亚洲海上贸易网络中心和殖民统治中心。

　　荷兰人在与葡萄牙人、西班牙人、英国人争斗的同时，也与印度等地来的穆斯林商人、日商、华商和东南亚本地王公争夺海上贸易权。在马六甲、印尼地区，围绕香料贸易，荷兰人与华商、穆斯林商人和当地王公展开争斗。荷兰人在东南亚各地商港大力排挤华商，并控制了香料贸易。穆斯林商人势力虽然被荷兰人赶出马六甲，但他们重新在马来半岛的柔佛、彭亨及印尼亚齐和暹罗北大年等地的穆斯林聚居区聚集。他们将宗教和商务结合，为当地苏丹政权服务，在苏丹控制的行政范围内仍保持一定的区间贸易能力，与荷兰人等西方人开展商业竞争。在 17 世纪，亚齐穆斯林政权成为荷兰人在马六甲贸易的有力竞争对手，爪哇的马打兰王国商人与荷兰人分享部分海上贸易。

　　在中南半岛，在 1637 年以前，日商是荷兰人的主要贸易竞争对手。自 1633 ~ 1639 年日本幕府发布 5 次锁国令后，日商退出庸宪、会安及暹罗与日本的贸易。与此同时，葡萄牙人、英国人等被排挤出对日贸易，只有中国船、荷兰船及暹罗王室船可进入长崎港从事贸易。原先由葡萄牙人经营的、以澳门为基地的澳门—越南—日本长崎之间的中介贸易走向衰败，葡商和日商在越南庸宪和会安的贸易份额主要由荷兰人和中国人接手，日本海商基本退出海上贸易。此后，华商和东南亚本地王公成为荷兰人海上贸易的主要竞争对手。面对华人无处不在的竞争，荷兰人在公海不加区别地劫掠华商船只。不过，在暹罗的华人与当地王室紧密结合，对抗荷兰人的挑战。荷兰人在与当地王公和华商的竞争中不断失败，相继关闭了会安（1654）、阿瑜陀耶（1706）等地的荷兰商馆；到 18 世纪初，华商和东南亚当地王公从荷兰人手里夺走了中南半岛至东南亚和中国的大部分贸易。暹罗本地王室成员和贵族的对外贸易，改由擅长与西方商人做生意的华商代理，暹罗国王的王室船队也依靠华人掌管，华商和华人船员在暹罗海上贸易中占据举足轻重的地位，华商和中南半岛本地王公仍然在亚洲区间贸易中扮演重要角色。

在东亚海域，荷兰人与日本海商和中国海商争夺海上贸易权和航路控制权。1628 年的"滨田弥兵卫事件"，以及日本幕府连续 5 次发布锁国令，导致日商基本上退出东亚的区间贸易；葡萄牙人、西班牙人、英国人等被排挤出对日贸易，荷兰成为唯一开展对日贸易的欧洲国家。在东亚海域，郑氏海商集团成为荷兰人唯一的竞争对手。郑氏集团对荷兰商船的攻击和禁航令，使荷兰人的对日贸易和东亚海上贸易大幅减少，但台湾海峡和东亚海上贸易并没有被郑氏舰队完全控制。为了获得中国沿海自由贸易权及东亚海上贸易权，荷兰人软硬兼施，先是通过武力强占澎湖、台湾，后又采取联合清朝抗击郑氏海商集团的策略，协助清朝军队攻打台湾的郑成功，并两次遣使到北京，恳求自由通商。但荷兰人的这些努力均没有达到目的，中国的港口依然对荷印公司的商船关闭。荷兰人不得不通过华商来开展对华贸易，华商成为荷印公司开展对华贸易的中间商，尤其是在 1689 年以后。1662 年荷兰人被赶出台湾，这使他们在东亚的海上贸易受到很大影响。值得注意的是，荷兰人被赶出台湾后，他们对日、对华贸易虽受打击，但仍未停止。1683 年，清朝收复台湾，荷兰人没有了强劲的对手，重新掌握了从日本到泉州、广州再到巴达维亚的航线，还连通了从福建和广东沿海、南海经马六甲海峡通往印度洋和欧洲的贸易航线，荷兰人通过中国帆船贸易，维持巴达维亚到中国福建沿海的贸易。

1596 ~ 1660 年荷印公司船只在亚洲水域共航行 11507 船次，航行的频次反映了荷印公司在亚洲各地参与区间贸易的程度，以及万丹、安汶、香料群岛、巴达维亚、台湾之间，巴达维亚与孟加拉之间频繁的区间贸易活动。

第二章　华商的帆船贸易和英国人
　　　　构建的港脚贸易

在16～18世纪的东亚、东南亚区间贸易市场，到处都有华商的身影。华商通过海外帆船贸易，一方面赚取了大量的白银，促进了东南亚（尤其是中南半岛）区间贸易网络的发达；另一方面支持马尼拉大帆船贸易及巴达维亚荷印公司的亚欧贸易的开展。17世纪中叶，英国人亦发展出新的亚洲区间贸易方式——港脚贸易，与英国东印度公司的亚洲区间贸易互补。华商的帆船贸易和英国人构建的港脚贸易各有特色，共同促进了该时期亚洲区间贸易的发展和区域经济带的构建。

一　16～18世纪华商帆船贸易的研究回顾

关于这个时期华商的帆船贸易，中外学者都

有论述。岩生成一、C. R. 博克舍、K. 格拉曼、W. L. 舒尔茨、P. 肖努（Pierre Chaunu）、G. B. 索扎、包乐史、塞拉芬·D. 基亚松、安东尼·瑞德、松浦章、范岱克等在各自相关著述中，讨论了中国帆船在中国南海、马尼拉、印尼、中南半岛和日本等地的贸易及其与葡萄牙人、荷兰人的贸易竞争和合作，抵达马尼拉、巴达维亚、日本的中国帆船数量及其贸易详情。[1]中国学者田汝康、全汉昇、李金明、庄国土、陈希育、林仁川、钱江、聂德宁、吴建雍、韩昇、黄启臣、杨国桢、陈伟明、喻常森、李庆新、晁中辰、刘强、杨宏云、刘淼和胡舒扬等，探讨了明清时期中国与菲律宾、日本、暹罗等的贸易、中国帆船开展的海外贸易、中国与东亚贸易网络演变等课题。[2]相关学位论文有钱江《1570～1760中国和吕宋的贸易》（1985），张廷茂《16～18世纪中期澳门海上贸易研究》（1997），李萍《16世纪至鸦片战争前华侨与中国和东南亚的经济文化交流》（2000），田渝《清代中国与暹罗的贸易》（2004）、《16至19世纪中叶亚洲贸易网络

1　岩生成一「近世日支貿易に關する數量的考察」『史學雜誌』62卷11期、1953年；C. R. Boxer, *The Great Ship from Amacon: Annals of Macao and the Old Japan Trade, 1555-1640;* C. R. Boxer, *The Portuguese Seaborne Empire, 1415-1825,* London: Hutchinson & Co. (Publishers) Ltd., 1969; Kristof Glamann, *Dutch-Asiatic Trade, 1620-1740;* William Lytle Schurz, *The Manila Galleon;* Pierre Chaunu, *Les Philippines et le Pacifique des Ibériques,* Paris: S.E.V.P.E.N., 1960; George B. Souza, *The Survival of Empire: Portuguese Trade and Society in China and the South China Sea, 1630-1754;* 塞拉芬·D. 基亚松：《1570～1770年中菲帆船贸易》，黄滋生译，《东南亚研究》1987年第1、2期；包乐史：《巴达维亚华人与中荷贸易》；安东尼·瑞德：《东南亚的贸易时代：1450～1680年》；松浦章：《清代华南帆船航运与经济交流》《海上丝绸之路与亚洲海域交流（15世纪末～20世纪初）》；范岱克：《从荷兰和瑞典的档案看十八世纪50年代至70年代的广州帆船贸易》，丁峻译，《广东社会科学》2002年第4期；范岱克：《马尼拉、澳门、广州：紧密相联的三座城市》，《广东社会科学》2007年第1期；范岱克：《广州贸易——中国沿海的生活与事业（1700～1845）》，江滢河、黄超译，社会科学文献出版社，2018。

2　田汝康：《十七世纪至十九世纪中叶中国帆船在东南亚洲航运和商业上的地位》，《历史研究》1956年第8期；全汉昇：《明季中国与菲律宾间的贸易》，《中国经济史论丛》（一），第477～497页；全汉昇：《明代中叶后澳门的海外贸易》，《中国近代经济史论丛》，中华书局，2011，第136～159页；全汉昇：《明中叶后中日间的丝银贸易》，《中国近代经济史论丛》，第160～177页；李金明：《十六世纪后期至十七世纪初期中国与马尼拉的海上贸易》，《南洋问题研究》1989年第1期；李金明：《明初中国与东南亚的海上贸易》，《南洋问题研究》1991年第2期；李金明：《十八世纪中暹贸易中的华人》，《华侨华人历史研究》1995年第1期；李金明：《明代后期的海外贸易与海外移民》，《中国社会经济史研究》2002年第4期；李金明：《清初中日长崎贸易》，

下的中暹双轨贸易》（2007），邱普艳《1600～1774 年广南阮氏与
中国的贸易关系》（2006），李曰强《明代中菲贸易研究》（2007），
荆晓燕《明清之际中日贸易研究》（2008），王刘波《明代隆庆开放
后的旅菲华侨研究》（2011），吕振纲《明代中国商人在中国与东南
亚区域贸易体系建构中的角色研究》（2018），尹星燕《清代一口通
商时期中国对东南亚的帆船贸易（1757～1840）》（2018），冯丽
红《江户早期唐船贸易及唐商管理研究》（2021）。上述论著勾勒了
16～18 世纪中国东南沿海与东南亚贸易的大致情况，探讨了明清
时期华商的海外贸易，华商在东南亚的贸易网络，中国帆船贸易的
具体史实，华侨在菲律宾、印尼、暹罗的活动及其影响，中国商人
在中国与东南亚区域贸易体系建构中的作用等。对明清时期赴吕
宋、日本的中国商船数量、贸易量以及运回白银的数量，众说纷
纭；对中国帆船贸易对亚洲区间贸易的推动作用，论述不够深入。
因此，我们有必要梳理相关学者的研究，根据史料做出更接近真相
的推论。

《中国社会经济史研究》2005 年第 3 期；庄国土：《论早期海外华商经贸网络的形成——海外华商
网络系列研究之一》，《厦门大学学报》1999 年第 3 期；庄国土：《论 15～19 世纪初海外华商经贸
网络的发展——海外华商网络系列研究之二》，《厦门大学学报》2000 年第 2 期；陈希育：《中国帆
船与海外贸易》，厦门大学出版社，1991；林仁川：《论十七世纪中国与南洋各国海上贸易的演变》，
《中国社会经济史研究》1994 年第 3 期；林仁川：《大航海时代：私人海上贸易的商贸网络》，鹭
江出版社，2018；钱江：《1570～1760 年中国和吕宋贸易的发展及贸易额的估算》，《中国社会经
济史研究》1986 年第 3 期；聂德宁：《明末清初中国帆船与荷兰东印度公司的贸易关系》，《南洋
问题研究》1994 年第 3 期；黄启臣、邓开颂：《明清时期澳门对外贸易的兴衰》，《中国史研究》
1984 年第 3 期；黄启臣：《明末在菲律宾的华人经济》，《华侨华人历史研究》1998 年第 1 期；吴
建雍：《清前期中国与巴达维亚的帆船贸易》，《清史研究》1996 年第 3 期；韩昇：《清初福建与日
本的贸易》，《中国社会经济史研究》1996 第 2 期；杨国桢：《十六世纪东南中国与东亚贸易网络》，
《江海学刊》2002 年第 4 期；陈伟明：《从中国走向世界：十六世纪中叶至二十世纪初的闽粤海
商》，中国华侨出版社，2003；喻常森：《明清时期中国与西属菲律宾的贸易》，《中国社会经济史
研究》2000 年第 1 期；喻常森：《中国与荷属东印度的早期贸易关系》，《海交史研究》2000 年第
2 期；李庆新：《1550～1640 年代澳门对东南亚贸易》，《广东社会科学》2004 年第 2 期；李庆新：
《明代海外贸易制度》，社会科学文献出版社，2007；晁中辰：《明代海外贸易研究》，故宫出版
社，2012；刘强：《海商帝国：郑氏集团的官商关系及其起源（1625～1683）》；杨宏云：《环苏
门答腊岛的海洋贸易与华商网络》；刘淼、胡舒扬：《沉船、瓷器与海上丝绸之路》，社会科学文
献出版社，2016。

二　中国与马尼拉的帆船贸易

中国与吕宋的海上贸易，早在西班牙殖民者到来之前就已存在。1521 年，麦哲伦到达比萨扬群岛（the Visayas）时，就听闻每年有 6 ~ 8 艘中国船到达吕宋。几年以后，阿尔瓦罗·萨维德拉（Alvaro de Saavedra）经过这些岛屿时，也听到了同样的报告。而在 1564 年为黎牙实比导航的安德烈斯·德·乌达内塔也报告有中国人在这些岛屿上进行贸易。[1]

1565 年 4 月，西班牙人入侵菲律宾宿务岛，在菲律宾群岛建立起第一个西班牙殖民据点。西班牙人一登上菲律宾群岛，就致力于开辟菲律宾群岛往返墨西哥的大帆船航线。到 1570 年，西班牙人开通了太平洋大帆船贸易。[2]1571 年，西班牙人占领吕宋岛西海岸的马尼拉，把他们在菲律宾的殖民政府从宿务搬迁到马尼拉。西班牙大帆船把美洲白银从墨西哥阿卡普尔科港源源不断地运到马尼拉，并把大批中国丝绸运到阿卡普尔科。在 17 世纪 30 年代，一艘大帆船可以运送 31.3 ~ 52.3 吨丝绸到阿卡普尔科；18 世纪初，每艘大帆船从马尼拉运送 200 ~ 700 吨生丝到墨西哥，为新西班牙的丝织业提供原料。[3]

马尼拉大帆船运送美洲的中国生丝和丝织品主要依靠中国和澳葡商船运到马尼拉。中国帆船一般在 1 ~ 2 月出发，从福建月港等地到马尼拉需要 10 ~ 15 天，最晚在 5 月底回国。中国船吨位比葡船、英船小，一般为 100 ~ 300 吨。过去中国私商在东南亚开展的贸易，主要是贩运香料、檀香木、苏木等回国。16 世纪中叶后，他们转而到马尼拉追逐白银。中国帆船运到马尼拉的大宗货物是丝绸、生丝。此

1　William Lytle Schurz, *The Manila Galleon*, p.69.

2　Robert Ronald Reed, *Hispanic Urbanism in the Philippines: A Study of the Impact of Church and State*, p.102；吴杰伟：《大帆船贸易与跨太平洋文化交流》，第 63 ~ 64 页。

3　阿图罗·吉拉尔德斯：《贸易：马尼拉大帆船与全球化经济的黎明》，李文远译，中国工人出版社，2021，第 45 ~ 46 页。

外，也有一小部分日本和东南亚地区的商品输入美洲，如日本家具、漆器，摩鹿加群岛的丁香和豆蔻，马六甲海峡地区的胡椒，暹罗、柬埔寨的棉布等。[1] 在大帆船贸易开通后，中国商船开始到马尼拉贸易，以中国生丝、丝绸和生活用品交换中国社会急需的白银，中国商船运来的生活用品满足了吕宋的西班牙人和当地土著的需求，生丝、丝织品、棉布等成为马尼拉大帆船贸易的货源，中国帆船成为马尼拉大帆船贸易的主要支撑，运往中南美洲的货物主要依靠中国商船提供，使亚洲区间贸易市场与美洲市场相联结。由于从马尼拉运至阿卡普尔科的货物主要是来自泉州、厦门、广州和澳门的中国生丝和丝织品，所以马尼拉大帆船贸易的亚洲终点实际上是上述中国港口。

16 世纪中叶到 17 世纪中叶，澳葡和华人开辟 5 条菲中贸易新航线：第一条，马尼拉—太武线，从马尼拉经台湾南端的沙马奇头，到厦门南面对岸的太武山；第二条，麻里吕—浯屿线，从马尼拉北面的马里拉奥（Marilao）出发到金门；第三条，冯嘉施兰—泉州线；第四条，杉木—泉州线，从苏禄群岛和乐岛的和乐港（Jolo）到泉州；第五条，马尼拉—澳门线。[2] 上述 5 条航线实际上是菲律宾至福建和菲律宾到广东两大航线。因为当时在菲律宾定居的华人以福建海澄人为多，所以菲律宾至福建航线比马尼拉至澳门航线更为繁忙。

在明末，到菲律宾贸易的商船主要是中国的，特别是1599 ~ 1643 年，中国商船占每年到菲律宾贸易的商船总数的 66.5%以上（参见附录表二 1565 ~ 1643 年到菲律宾贸易的中国商船统计），说明中国是菲律宾对外贸易的最主要的贸易伙伴。

从广州、澳门（包括华船和葡船）、台湾和月港等地输入马尼拉的货物主要是中国的生丝和丝织品，约占 95%，其余为生活必需品，如各种食品、香料、日用品，还有少量的奢侈品（珍珠、宝石、玉

1　E. H. Blair and J.A.Robertson, eds., *The Philippine Islands, 1493–1898*, Vol. 1, p.68；Vol.7, pp.63–64；Vol. 27, p.149；塞拉芬·D. 基雅松：《1570 ~ 1770 年中菲帆船贸易》，《东南亚研究》1987 年第 1、2 期；李德霞：《17 世纪上半叶东亚海域的商业竞争》，第 151 ~ 153 页。

2　黄启臣：《明末在菲律宾的华人经济》，《华侨华人历史研究》1998 年第 1 期。

石、黄金等）和军需品（生铁、铜、锡、铅、火药等）。[1]例如，在1588年及以前，每年从中国输入菲律宾的货物总值20万比索，各种食品（面粉、糖、火腿、各类水果和干果等）约1万比索，其余为准备运往墨西哥的生丝和丝织品。[2]到菲律宾的中国商人贩卖给西班牙人的丝货，往往可获利100%以上，有时可达200%，[3]平均利润率为150%。

关于16世纪后期华人帆船与菲律宾贸易的情况，1585年马尼拉刊行的《中国大王国志》记述：

> 中国商人每年都向菲律宾诸岛输入大量的物质。每年有二十艘以上的中国帆船驶入当地。舶载品有各种各样的绢、陶器、瓷器、火药、硝石、铁、钢、大宗的水银、青铜、铜、小麦粉、胡桃、栗子、□□、枣椰果、亚麻织品、各种网盖、□□、□□、锡水壶、饰纽、绢□□等等。还有为基督教国家前所未见的金丝，以及其他的珍奇物品。且这些物品的价格都相当便宜。[4]

万历四十五年（1617）刊行的张燮《东西洋考》卷7《饷税考》有如下记述：

> 东洋吕宋，地无他产，夷人悉用银钱易货，故归船自银钱外，无他携来，即有货亦无几。故商人回澳，征水陆二饷外，属吕宋船者，每船更追银百五十两，谓之加征。[5]

1　全汉昇：《明季中国与菲律宾间的贸易》，《中国经济史论丛》（一），第477~497页；钱江：《1570~1760年中国和吕宋贸易的发展及贸易额的估算》，《中国社会经济史研究》1986年第3期。

2　Domingo de Salazar, and others, "Relation of the Philippine Islands (Manila, 1586−1588)," in E.H.Blair and J.A.Robertson, eds., *The Philippine Islands, 1493−1898*, Vol. 7, pp.34−35, 引自全汉昇《自明季至清中叶西属美洲的中国丝货贸易》，《中国经济史论丛》（二），第529页。

3　William Lytle Schurz, *The Manila Galleon*, p.67.

4　長男实訳・矢沢利彦訳注『中国大王国志』東京：岩波書店、1965、521頁，引自松浦章《清代华南帆船航运与经济交流》，第29页。

5　张燮：《东西洋考》卷7《饷税考》，中华书局，2000，第132页。

明朝官员徐学聚在《初报红毛番疏》一文中也指出："漳人但知彼有银，银可欲，且其初易诳，可多致之。我贩吕宋，直以有佛郎银钱之故……货于险远之吕宋，而得佛郎之银钱……"[1]

影响中国帆船到马尼拉贸易的主要因素有两个：一是荷兰人对马尼拉的封锁和打压，二是明清朝廷的海外贸易政策。1620 年荷兰人联合英国人组成护卫舰队，两国各有 5 艘军舰，在巴达维亚集结，在马尼拉至日本的整个区域内封锁和攻击伊比利亚半岛国家的据点和船只。到南洋的所有船只，凡是被怀疑与西、葡两国在澳门、马尼拉或其他地方贸易者，均成为他们打击和捕获的目标，华人商船也不能幸免。

1622 年 8 月，英国人不堪负担而退出与荷兰人的联盟，并撤离了东亚。同年，荷兰人进攻澳门，但失败了。接着，荷兰人屯兵捕珠口（Pescadores），伺机袭击葡萄牙、西班牙的商船。明朝政府派兵包围荷兰舰队，并通过谈判让荷兰人撤除封锁。1624 年，中荷达成协议，允许荷兰人前往台湾，在那里与中国开展贸易。荷兰人占据大员后，尽力将华人与马尼拉的贸易转移到台湾来。[2] 所以，1620 ~ 1624 年，前往马尼拉的中国帆船大幅减少。

荷兰人占据大员后，为了让华船转航大员贸易，软硬兼施，一方面采纳了一名叫王桑（Wangsan）的华商的建议，提高货物的购入价，引诱华商到大员经商；另一方面不惜诉诸武力，破坏漳州与马尼拉的经贸往来，多次拦截来往马尼拉的华船。[3] 类似的措施在荷据台期间多次实施，但仍有不少华商坚持到马尼拉与西班牙人交易。因为中国帆船到马尼拉的航行由来已久，那里的利润又比大员高，且西班牙人因资金充足而基本用白银支付。1626 年 2 月 1 日到巴达维亚的一名漳州

1 徐学聚：《初报红毛番疏》，陈子龙等编《明经世文编》卷 433，中华书局，1962，第 4726 页。

2 范岱克：《马尼拉、澳门、广州：紧密相联的三座城市》，《广东社会科学》2007 年第 1 期，第121 页。

3 程绍刚译注《荷兰人在福尔摩莎（1624 ~ 1662）》，第 47、53、58、297 页；村上直次郎原译，郭辉中译《巴达维亚城日记》第 1 册，第 42 ~ 44 页；李德霞：《17 世纪上半叶荷兰东印度公司在台湾经营的三角贸易》，《福建论坛·人文社会科学版》2006 年第 5 期。

船主告诉荷印当局，将有百余艘装载丝绸及其他贵重物品的中国小帆船驶向马尼拉，那里的丝价每担 240 两，至少比大员高出 100 两。[1]

明清时期赴马尼拉的中国商船数量非常多。到马尼拉的中国帆船数量反映了中国帆船与马尼拉贸易的规模。

1. 关于明清时期赴马尼拉的中国商船数量

据《明实录》记载，在万历十七年（1589）之前，由月港出航的海外贸易船仅限船数而未定其航行地点，到万历十七年始由福建巡抚周寀定为每年限船 88 艘，东西洋各限 44 艘。吕宋一国因水路较近，定为 16 艘，其余西洋各国限船 2 ~ 3 艘。[2] 这个数字与实际船数的差距甚大，因为它仅是官方许可的出洋船数，不包括走私船只。即便是领有船引的船，也有私自改航吕宋的。因当时西洋各地路途遥远，"商船去者绝少，即给领该澳文引者，或贪路近利多，阴贩吕宋"；[3] 有的则是"出海时，先向西洋行，行既远，乃复折而入东洋"。[4] 因此，到吕宋的中国帆船除了下东洋的外，还有许多下西洋的。

1616 年，马尼拉耶稣会大主教列德斯马向西班牙国王菲利普三世报告说，在荷兰人封锁、劫掠前往马尼拉的帆船之前，每年通常有50 ~ 60 艘中国帆船抵达马尼拉。[5] 这个数据也许有些夸大。据一些驻马尼拉的西班牙官员报告，每年平均有 30 ~ 40 艘中国帆船定期航行到马尼拉，在贸易繁盛季节，有时多达 40 艘，甚至 50 艘。[6]

钱江根据西班牙官吏、主教历年的书信、报告、回忆录，马尼拉

1　村上直次郎原译，郭辉中译《巴达维亚城日记》第 1 册，第 42 ~ 44 页；李德霞：《17 世纪上半叶荷兰东印度公司在台湾经营的三角贸易》，《福建论坛·人文社会科学版》2006 年第 5 期。

2　《明神宗实录》卷 210，万历十七年四月丙申，引自李金明《十六世纪后期至十七世纪初期中国与马尼拉的海上贸易》，《南洋问题研究》1989 年第 1 期。

3　《天启红本实录残叶》卷 33 第 6 叶，"中研院"历史语言研究所编《明清史料》戊编第一本，中华书局，1987，第 67 页。

4　王胜时：《漫游纪略》，《小方壶斋舆地丛钞》第 9 帙，引自李金明《十六世纪后期至十七世纪初期中国与马尼拉的海上贸易》，《南洋问题研究》1989 年第 1 期。

5　William Lytle Schurz, *The Manila Galleon*, p.352.

6　E. H. Blair and J. A. Robertson, eds., *The Philippine Islands, 1493–1898*, Vol.6, p.302；Vol.20, p.30；Vol. 29, pp.306–308；Vol.11, p.111.

海关档案，荷兰东印度公司档案以及荷、英海员的航海游记等记载，并参考了 P. 肖努、A. 菲里克斯等法、英学者的统计资料，按 10 年一个周期，统计了驶入马尼拉港的中国船（包括来自大陆、台湾和澳门的船）数量（见表 2-1）。

表 2-1　1570 ~ 1760 年驶入马尼拉港贸易的中国船只数

单位：艘

年份	来自大陆	来自澳门	来自台湾	合计
1570 ~ 1579	75			75
1580 ~ 1589	228	6		234
1590 ~ 1599	185			185
1600 ~ 1609	266	8		274
1610 ~ 1619	272	1		273
1620 ~ 1629	210	23	4	237
1630 ~ 1639	314	30	24	368
1640 ~ 1649	171	6	4	181
1650 ~ 1659	67			67
1660 ~ 1669	45		15	60
1670 ~ 1679	29	1	22	52
1680 ~ 1689	69	8	6	83
1690 ~ 1699	161	7		168
1700 ~ 1709	191	5		196
1710 ~ 1719	104	1	6	111
1720 ~ 1729	113	2	3	118
1730 ~ 1739	127	3		130
1740 ~ 1749	131	8		139
1750 ~ 1760	138	7	1	146
合计	2896	116	85	3097

　　资料来源：钱江《1570 ~ 1760 年中国和吕宋贸易的发展及贸易额的估算》，《中国社会经济史研究》1986 年第 3 期，第 74 页。

　　从表 2-1 的统计看，到马尼拉的中国商船绝大多数来自中国大陆，共计 2896 艘，来自澳门的有 116 艘，来自台湾的仅有 85 艘。钱江根据上述统计，把明清时期中国和吕宋的贸易划分为五个阶段。第一阶段是初兴发展期（1570 ~ 1579），共 75 艘中国商船至马尼拉贸易，平均每年入港 7.5 艘，其最多的年份（1575）达 14 艘，比海禁开放前的每年 2 艘多出 6 倍。第二阶段是鼎盛期（1580 ~ 1643），赴马尼拉贸易的中国商船共 1677 艘，平均每年入港 26.2 艘。若扣除缺乏记载的 3 年（1590 年、1593 年、1595 年），以 61 年计之，则实际上平均每年入港的中国商船为 27.5 艘，较第一阶段的年平均 7.5 艘高出 2.7 倍。在 1620 ~ 1624 年，荷兰人封锁马尼拉港，劫掠来往船只，澳门葡萄牙人一度垄断中国与马尼拉的贸易，中国海商与菲律宾的贸易几近停顿。第三阶段是停滞、衰退期（1644 ~ 1684），由于 1639 年马尼拉西班牙当局对华人的迫害流血事件，[1] 以及中国国内政局动荡，1661 年后清政府颁布禁海令，赴吕宋贸易的中国商船大大减少，41 年间入马尼拉港的中国商船共 271 艘，年平均 6.6 艘，与前一阶段的年平均数相差 3 倍以上，不可同日而语。第四阶段是复兴期（1685 ~ 1716），1684 年，清廷下令"开海贸易"，中国与吕宋贸易迅速恢复，抵达马尼拉港的中国商船数量最多的一年（1709）达到了 43 艘，32 年共入港 525 艘，年平均 16.4 艘。据此推算，抵达马尼拉港的中国商船，1685 ~ 1699 年约 246 艘，1700 ~ 1716 年约 279 艘。第五阶段是持续发展、逐步衰退期（1717 ~ 1760），1717 年康熙帝颁布"南洋禁航令"，加上英国东印度公司的贸易竞争，中国对菲贸易逐步衰退，44 年共入港华船 549 艘，虽然最多的一年（1739）达到 25 艘，但年平均入港 12.5 艘，比前一阶段"复兴期"的年平均 16.4 艘有所下降，只占第二阶段（鼎盛期）年平均入港船数的 45%。至 1757 年后，西班牙殖民当局大肆驱逐吕宋岛非基督教华侨，进一步导致贸易规模的缩小，中国与吕宋的贸易发展至此暂告一段落。以上抵

1　《1600 至 1750 年前后的华南港口和亚洲海上贸易》，《普塔克澳门史与海洋史论集》，第 188 页。

达马尼拉的中国商船总数为 3100 艘，比钱江自己制作的统计表（表 2-1）总数多出 3 艘。[1]

这样的阶段划分，时间不够准确。例如，1621 ～ 1630 年，抵达马尼拉的华船数量大幅减少，仅及以往正常年份的 1/4 左右（详见下述）。因此，第二阶段鼎盛期划在 1580 ～ 1620 年，第三阶段停滞、衰退期以 1621 ～ 1684 年为宜。喻常森认可钱江对赴菲华船数量的统计，但认为中国帆船对西属菲律宾贸易可划分为两个时期，即繁荣时期（1570 ～ 1760）和衰落时期（18 世纪末到 19 世纪末）。[2] 喻常森的分期跨度太大，没有实际意义。

关于各时期抵达马尼拉的中国商船数量，学者们的统计出入较大。

据 A. 菲里克斯统计，16 世纪最后 30 年，有 630 艘中国帆船从华南抵达马尼拉，平均每 10 年有 210 艘；1601 ～ 1610 年 290 艘，1611 ～ 1620 年 49 艘，1621 ～ 1630 年 73 艘，1631 ～ 1640 年 325 艘，1641 ～ 1650 年 162 艘。[3] 合计 1529 艘，平均每年约 19.11 艘。A. 菲里克斯统计的 16 世纪最后 30 年抵达马尼拉的华船总数比钱江统计的多 136 艘，但他统计的 1570 ～ 1650 年马尼拉到港华船总数比钱江统计的少。结合《菲律宾群岛史料》和其他学者的考辨，A. 菲里克斯统计的 16 世纪最后 30 年抵达吕宋的华船数量似太多了。

B. 特勒木尔 - 维尔内（Birgit Tremml-Werner）统计，抵达吕宋岛的中国商船，1581 ～ 1590 年 102 艘，1591 ～ 1600 年 119 艘，1601 ～ 1610 年 290 艘，1611 ～ 1620 年 49 艘，1621 ～ 1630 年 73 艘，1631 ～ 1640 年 325 艘，1641 ～ 1650 年 162 艘，以上合计 1120 艘，平均每年 16 艘；这个时期中国商船每年运到吕宋的货物价值 130 万比索，1598 年前后中国商船每年运回 80 万 ～ 100 万比索的货

1　钱江：《1570 ～ 1760 年中国和吕宋贸易的发展及贸易额的估算》，《中国社会经济史研究》1986 年第 3 期。

2　喻常森：《明清时期中国与西属菲律宾的贸易》，《中国社会经济史研究》2000 年第 1 期。

3　Alfonso Felix, *The Chinese in the Philippines*, pp.46, 172.

物。[1] 按每年 16 艘计算，每艘华船运入货物价值 81250 比索，这个均值太高了，是不可能的。B. 特勒木尔 - 维尔内统计的 16 世纪最后 20 年抵达吕宋岛的中国商船数量，比 A. 菲里克斯和钱江的统计数低得多，应该有较多遗漏。菲律宾大学教授塞拉芬·D. 基亚松统计的 1611 ～ 1620 年和 1621 ～ 1630 年抵达马尼拉的中国商船数量与 B. 特勒木尔 - 维尔内的一样。[2]

　　法国学者 P. 肖努统计，抵达马尼拉的中国商船（不包括来自澳门的），1610 ～ 1612 年有 108 艘，1613 ～ 1619 年统计数据阙如。1610 年马尼拉到港的华船有 31 艘（全汉昇统计，1612 年来自中国大陆 46 艘[3]）。按此推算，钱江所说 1610 ～ 1619 年有 273 艘华船抵马尼拉大体是可信的。A. 菲里克斯和塞拉芬·D. 基亚松把每 5 年的年均纳税额当成了 5 年总纳税额，所以统计 1611 ～ 1620 年到马尼拉的华船总数仅有 49 艘，他们的统计有误。P. 肖努还统计，从中国大陆抵达马尼拉的中国商船，1620 年有 23 艘，1621 ～ 1626 年无数据，1627 ～ 1629 年 32 艘，1630 ～ 1639 年 287 艘（1630 年 16 艘），1640 ～ 1644 年 87 艘（1644 年 8 艘）；从中国台湾抵达马尼拉的中国商船，1620 年没有，1621 ～ 1626 年无数据，1627 ～ 1629 年 4 艘，1630 ～ 1639 年 22 艘（1630 年 5 艘），1640 ～ 1644 年 4 艘（1644 年 1 艘）。[4] 与其他学者相比，他的统计值低得多，尤其是 1630 ～ 1644 年的统计值。

　　李金明主要依据《菲律宾群岛史料》（*The Philippine Islands, 1493–*

1　Birgit Tremml-Werner, *Spain, China, and Japan in Manila, 1571-1644: Local Comparisons and Global Connections*, Amsterdam: Amsterdam University Press B.V., 2015, p. 147.

2　塞拉芬·D. 基亚松：《1570 ～ 1770 年中菲帆船贸易》，《东南亚研究》1987 年第 1、2 期。

3　全汉昇：《明季中国与菲律宾间的贸易》，《中国经济史论丛》（一），第 491 ～ 495 页。

4　Pierre Chaunu, *Les Philippines et le Pacifique des Ibériques*, pp.67, 156-157, 160，引自 George B. Souza, *The Survival of Empire: Portuguese Trade and Society in China and the South China Sea, 1630-1754*, Table 4.4, Table 4.8, pp.67, 84。张廷茂根据 P. 肖努书第 148 ～ 149、152 ～ 153、156 页的统计，称自中国大陆驶入马尼拉的船由 1607 ～ 1612 年的平均每年 37.8 艘骤减至 1620 ～ 1629 年的 13.8 艘。参见张廷茂《明季澳门与马尼拉的海上贸易》，《岭南文史》1999 年第 1 期。另参见全汉昇《明季中国与菲律宾间的贸易》，《中国经济史论丛》（一），第 491 ～ 493 页。

1898）和 W. L. 舒尔茨等人的统计，统计到马尼拉贸易的中国商船1572 ～ 1599 年有 270 ～ 290 艘（钱江统计 1570 ～ 1599 年中国大陆商船为 488 艘），1603 ～ 1610 年有 151 ～ 161 艘，1616 ～ 1617 年有 21 ～ 22 艘，1621 年有 30 ～ 40 艘，1626 ～ 1629 年有 140 艘，1631 ～ 1643 年有 181 ～ 191 艘（空缺年份没有统计数据），[1] 合计793 ～ 844 艘。他统计的 1572 ～ 1599 年、1603 ～ 1610 年的数值比钱江、A. 菲里克斯的少得多，应该遗漏较多。

全汉昇根据 P. 肖努的资料，[2] 统计 16 ～ 17 世纪中国商船在马尼拉进港数量为：1577 ～ 1596 年有 181 艘（其中 1592 ～ 1595 年无数据），1597 ～ 1602 年 105 艘（其中 1598 年无数据），1603 ～ 1644 年822 艘（其中 1612 年来自中国大陆 46 艘，1613 ～ 1619 年、1621 ～ 1626 年无数据），以上共计 1108 艘；他又据荷兰文献等记载增补，1615 年另加 20 ～ 30 艘，1622 年 8 艘，1625 年 30 ～ 50 艘小船（载重 20 ～ 100 吨），1626 年 100 艘（小船），1631 年 70 ～ 80艘，以上增补 228 ～ 268 艘（其中小船 130 ～ 150 艘）。[3] 加上增补数，1577 ～ 1644 年合计 1336 ～ 1376 艘。与 A. 菲里克斯和钱江的统计比较，全汉昇的统计显然不全，缺数较多，尤其是 1577 ～ 1602 年马尼拉进港的中国商船数量。而且，他说 1625 ～ 1626 年抵达马尼拉港的华船为 130 ～ 150 艘小船，缺乏根据。据李庆新研究，广州、澳门到马尼拉的大型货船，载重量有 200 吨、250 吨的，还有少数 300 吨的；小货船（Pata ches）的载重量为 100 ～ 150 吨。[4]

G. B. 索扎根据 P. 肖努的统计和西班牙的"东印度资料总集"（AGI），统计了 1577 ～ 1612 年抵达马尼拉的中国、日本、葡萄牙商船数量（见表 2-2）。

1　李金明：《十六世纪后期至十七世纪初期中国与马尼拉的海上贸易》，《南洋问题研究》1989 年第1 期。

2　Pierre Chaunu, *Les Philippines et le Pacifiqes des Ibriques*, pp.148–160.

3　全汉昇：《明季中国与菲律宾间的贸易》，《中国经济史论丛》（一），第 491 ～ 495 页。

4　李庆新：《1550 ～ 1640 年代澳门对东南亚贸易》，《广东社会科学》2004 年第 2 期。

表 2-2　1577 ~ 1612 年抵达马尼拉的中国、日本、葡萄牙商船数

单位：艘

年份	中国船	日本船	葡萄牙船	年份	中国船	日本船	葡萄牙船
1577	9	1		1601	29	4	1
1578	9			1602	18	3	
1580	19		2	1603	16	1	
1581	9			1604	15	6	5
1582	24			1605	18	3	2
1583			1	1606	26	3	1
1584			2	1607	39	3	
1588	46		2	1608	39		
1591	21	1		1609	41	3	1
1596	40	1		1610	41		1
1597	14	2		1611	21		
1599	19	10		1612	46		7
1600	25	5		合计	584	46	25

说明：没有统计数据的年份是由于没有统计数据留存，并不意味着没有船只抵达。

资料来源：George Bryan Souza, *The Survival of Empire: Portuguese Trade and Society in China and the South China Sea, 1630–1754*, Table 4.4, p.67。

表 2-2 所统计的 1577 ~ 1599 年抵达马尼拉的中国船数约为钱江统计的一半，应是有较大遗漏。缺失统计数据的年份，可据《菲律宾群岛史料》的记载补充：抵达马尼拉的中国商船，1583 年 20 艘，1584 年 25 ~ 30 艘，1587 年 30 艘，1589 年 11 ~ 12 艘，1592 年 28 艘，1598 年 11 ~ 12 艘，1599 年 50 艘，1606 年 35 艘。[1] 与表 2-2 数据相比，1599 年增加 31 艘，1606 年增加 9 艘。此外，1575

1　E. H. Blair and J.A.Robertson, eds., *The Philippine Islands, 1493–1898*, Vol.3, p.299；Vol.5, p.238；Vol.6, pp.61, 302–303；Vol.7, p.120；Vol.8, p.237；Vol.7, p.120；Vol.11, p.111；Vol.24, p.191；李金明：《十六世纪后期至十七世纪初期中国与马尼拉的海上贸易》，《南洋问题研究》1989 年第 1 期；沙丁等：《中国和拉丁美洲关系简史》，河南人民出版社，1986，第 57 页；何芳川：《澳门与葡萄牙大商帆——葡萄牙与近代早期太平洋贸易网的形成》，第 65 ~ 66 页。

年有 12 ~ 15 艘，不在表 2-2 统计中。钱江说 1570 ~ 1579 年有 75 艘华船抵达吕宋大体可信。依上述资料合计，1580 ~ 1589 年有 184 ~ 190 艘，而钱江计为 228 艘，另加 6 艘从澳门开出，二者之间差额应该是 1585 ~ 1586 年抵菲华船数量，钱江的统计应该是可信的；1590 ~ 1599 年 164 ~ 165 艘，缺 1590 年、1593 ~ 1595 年统计数据，比钱江的统计（大陆船 185 艘）少了 20 ~ 21 艘，钱江的统计也是可信的。依 G. B. 索扎和《菲律宾群岛史料》合计，1600 ~ 1609 年有 275 艘（1606 年增补为 35 艘），与钱江统计的 274 艘（包括澳门 8 艘）基本一致。

　　鲁伊·罗里多统计，1601 年之前仅有 8 艘澳葡商船从澳门前往马尼拉；1601 ~ 1644 年共计超过 81 艘葡萄牙人的船只前往马尼拉。他的统计船数比表 2-2 多。赵文红、吴应权采信了鲁伊·罗里多的统计。[1] 从表 2-2 可以看出，在 1577 ~ 1612 年，抵达马尼拉的中国商船远多于日本商船和葡萄牙商船，是日船的 12.7 倍，是葡船的 23.4 倍。这既反映了马尼拉大帆船贸易对中国商品的依赖，也反映了中国帆船对吕宋贸易的活跃程度。不过，华船载重普遍比葡船少，仅从商船数量看不出双方对菲贸易的绝对差距。例如，在 1626 年，一艘自澳门开往马尼拉的葡萄牙商船载货价值在 50 万比索以上。[2] 同期，驶往马尼拉的中国帆船每艘平均载货价值仅 2 万 ~ 2.5 万比索。所以，1619 ~ 1631 年，在对菲贸易中，澳葡商船货值所占比例超过中国商船的有 5 年（1621 年、1623 年、1624 年、1628 年、1630 年，见表 2-3）。在 1641 年葡萄牙人丢失马六甲以前，在对马尼拉的贸易中华商与澳葡几乎平分秋色。

　　上述学者统计的 1620 ~ 1640 年抵达马尼拉的中国船数量，与当时马尼拉海关的征税记录有很大出入。P. 肖努统计了中国商船（包括

1　鲁伊·罗里多：《葡萄牙人与丝绸之路——明朝末年的澳门与马尼拉》，（澳门）《文化杂志》（中文版）第 44 期，2002 年秋季刊；赵文红、吴应权：《17 世纪上半叶的澳门—马尼拉贸易》，《云南开放大学学报》2013 年第 1 期。

2　全汉昇：《明季中国与菲律宾间的贸易》，《中国经济史论丛》（一），第 530 页。

澳葡的商船）在马尼拉缴纳的关税额：1611 ~ 1615 年每年为 64482 比索，1616 ~ 1620 年每年有 37843 比索，1621 ~ 1625 年无统计数据，1626 ~ 1630 年每年仅有 18623.5 比索，仅及 1616 ~ 1620 年中国商船（包括澳葡的商船）在马尼拉缴纳的关税额的近 1/2。因此，如果钱江所统计的 1610 ~ 1619 年有 273 艘中国船到马尼拉无误，那么 1620 ~ 1629 年不太可能有 237 艘中国船驶入马尼拉。按 6% 的税率推算，1626 ~ 1630 年华船运入货物总值约 155.2 万比索。如果按钱江统计的 237 艘（1620 ~ 1629 年）的一半 119 艘计，每艘载货价值仅 13042 比索。载货量似乎太少了。由于荷兰人对马尼拉的封锁，1621 ~ 1625 年抵达马尼拉的中国商船不可能比后 5 年多。除非有资料表明，这个时期有大批华船在马尼拉漏税，否则钱江对 1620 ~ 1629 年抵达马尼拉的华船的统计应该偏高了。

　　P. 肖努统计，1631 ~ 1635 年华船在马尼拉每年缴纳关税 34278.8 比索，1636 ~ 1640 年每年缴纳 27483.8 比索。[1] 关于 1631 ~ 1640 年马尼拉到港中国船的数量，A. 菲里克斯统计有 325 艘，钱江统计 1630 ~ 1639 年有 368 艘。从中国商船纳税额看，1631 ~ 1635 年每年缴纳 34278.8 比索，1636 ~ 1640 年每年缴纳 27483.8 比索，这 10 年华船在马尼拉海关纳税的货物总值约为 514.69 万比索。如按钱江统计的船数（368 艘）平均，每艘仅 13986 比索；按 A. 菲里克斯统计的船数（325 艘）平均，每艘 15837 比索。这与钱江所说每艘船平均载货 3.5 万比索相去甚远。如果上述学者统计的马尼拉进港华船数基本正确，那么就有大量的抵马尼拉港华船没有缴纳关税。

　　据西班牙史料记载，抵达马尼拉的中国船 1621 年有 30 ~ 40 艘，1629 年有 40 艘。[2] P. 肖努统计，1620 年有 23 艘，1621 ~ 1626 年无

1　Pierre Chaunu, *Les Philippines et le Pacifique des Ibériques*, pp.200–206, 转引自全汉昇《明季中国与菲律宾间的贸易》,《中国经济史论丛》（一），第 494 页。

2　E. H. Blair and J.A.Robertson, eds., *The Philippine Islands, 1493–1898*, Vol.20, p.130; Vol.23, p.193.

数据，1627 ～ 1629 年 32 艘；[1] 全汉昇据荷兰文献等记载增补，1622
年 8 艘，1625 年 30 ～ 50 艘小船（载重 20 ～ 100 吨），1626 年 100
艘（小船）；李金明统计，1621 年 30 ～ 40 艘，1626 ～ 1629 年 140
艘（这 140 艘华船应该主要是小船）；钱江统计的 1620 ～ 1629 年驶
入马尼拉的华船 237 艘，应该包括大船和小船（150 艘左右）。小船载
重一般为大船的 1/3 ～ 1/2。所以，如果我们把小船按 1/3 载货折算，
1625 ～ 1629 年 170 ～ 190 艘小船折合大船 57 ～ 63 艘，如果按 1/2 折算，
折合大船 85 ～ 95 艘。考虑到实际上还有抵菲的华船漏计，我们暂且以
85 ～ 95 艘计。如此，抵达马尼拉的中国船 1620 年有 23 艘，1621 年
有 30 ～ 40 艘，1622 年 8 艘，1625 ～ 1629 年 85 ～ 95 艘（大船），总
计 146 ～ 166 艘大船。A. 菲里克斯、B. 特勒木尔 - 维尔内、塞拉芬·D.
基亚松等人所统计的 1621 ～ 1630 年马尼拉入港华船 73 艘，[2] 应该有误。

　　关于 1631 ～ 1640 年马尼拉到港中国船的数量，A. 菲里克斯统计
有 325 艘，钱江统计 1630 ～ 1639 年有 368 艘。P. 肖努统计，[3] 中国商
船在马尼拉海关缴纳的税额，1631 ～ 1635 年每年 34278.8 比索，对
应货值 571313 比索，以每艘华船载货价值 26618.9 比索计，平均每
年 21.5 艘，5 年共计 108 艘左右；如以钱江所推算的每艘华船载货价
值 3.5 万比索计，则该税额大约是 16.3 艘船缴纳的，5 年共计 82 艘左
右。1636 ～ 1640 年每年缴纳 27483.8 比索，对应货值 458063 比索，
5 年共计 86 艘或 65 艘（钱江）左右。这与上述学者统计的船数都不
符。如果上述学者统计的马尼拉进港华船数量基本正确，那么就有大
量到马尼拉的中国船没有缴纳关税。我们暂且以钱江统计的 368 艘
为准。

　　另据钱江统计，1640 ～ 1649 年抵达马尼拉的华船 181 艘，年均

1　Pierre Chaunu, *Les Philippines et le Pacifique des Ibériques*, pp.156-157, 160，引自 George B. Souza, *The Survival of Empire: Portuguese Trade and Society in China and the South China Sea, 1630-1754*, p.84, Table 4.8。参见全汉昇《明季中国与菲律宾间的贸易》，《中国经济史论丛》（一），第 491 ～ 493 页。

2　塞拉芬·D. 基亚松：《1570 ～ 1770 年中菲帆船贸易》，《东南亚研究》1987 年第 1、2 期。

3　Pierre Chaunu, *Les Philippines et le Pacifique des Ibériques*, pp.200-206，引自全汉昇《明季中国与菲律宾间的贸易》，《中国经济史论丛》（一），第 494 页。

18.1 艘。那么，1640 ～ 1643 年抵菲的华船约有 72 艘。1640 年以后的抵菲华船数额以钱江的统计为准。

考虑到钱江已参考过 P. 肖努和 A. 菲里克斯等人的研究成果，笔者暂且以钱江的统计综合了 A. 菲里克斯的统计和《菲律宾群岛史料》的记载，认定抵达马尼拉的中国商船 1570 ～ 1599 年有 494 艘（包括澳门 6 艘，钱江），1600 ～ 1609 年有 275 艘（G.B. 索扎，《菲律宾群岛史料》），1610 ～ 1619 年 273 艘，1620 ～ 1629 年 146 ～ 166 艘（据 P. 肖努、李金明、全汉昇统计所考），1630 ～ 1643 年 440 艘（钱江），以上共计 1628 ～ 1648 艘，这比钱江统计的船数（1718 艘）少了 70 ～ 90 艘；1644 ～ 1699 年 539 艘，1700 ～ 1760 年 840 艘（钱江）。1570 ～ 1760 年总计 3007 ～ 3027 艘。

18 世纪 30 年代后，由于西班牙殖民者的贪婪压榨，例如强迫中国帆船为其载运军火，不载运的便予以处罚，1736 年后，西班牙殖民者更对中国帆船贸易加紧排斥，抵菲的中国帆船不断减少。1818 年驶往马尼拉贸易的中国帆船仅有 10 艘，载重 5000 余吨，另有驶往苏禄群岛的帆船 2 艘，载重 800 吨。[1]

2. 关于赴马尼拉的中国船的贸易额

钱江依据外文档案、游记等资料，统计出 1570 ～ 1760 年共有 3097 艘中国商船赴吕宋贸易；他又从驶入马尼拉的中国商船数量入手，根据 1603 年、1606 年、1608 年、1612 年、1614 年、1622 年马尼拉海关征收的中国商船入关关税（分别为 52000 比索、32113.33 比索、38288.42 比索、95639.28 比索、36105.26 比索、8040 比索）、海关税率（6%）和中国商船入关数（分别为 16 艘、27 艘、39 艘、46 艘、17 艘、8 艘），推算出到马尼拉的每艘中等商船运载的货物价值 3.5 万比索。他以 1620 年以前福建海澄督饷馆的税则和税收逆推，在马尼拉的中国商品平均利润率大约为 150%，每艘中等载重华船在马尼拉的销售额为 8 万比索左右。从马尼拉回程，华船装载的货物

1　田汝康：《十七世纪至十九世纪中叶中国帆船在东南亚洲航运和商业上的地位》，《历史研究》1956 年第 8 期。

95% 是美洲白银。这样，每艘华船运回白银约 76000 比索，折合白银 57014 两。1570 年至 1760 年中国与吕宋的贸易总额为 24752 万比索，折合白银 18564 万两（合 692.69 万公斤），年平均贸易额约为 129.59 万比索，折合白银约 97.2 万两。[1]

实际上，钱江的上述推算针对 1614 年以前赴菲的华船大致可行，对此后的中国商船载货估值则偏高了。这从 1619～1631 年中国人输入马尼拉的应税货物总值中可以反映出来（见表 2-3）。

表 2-3 1619～1631 年中国人、葡萄牙人等输入马尼拉的
纳税货物总价值及其占比

单位：千比索，%

年份	中国人		葡萄牙人		其他商人		货物总值
	货值	占比	货值	占比	货值	占比	
1619	186	61	19	6	99	33	304
1620	463	54	148	17	246	29	857
1621	111	25	161	36	172	39	444
1622	134	32	123	29	161	39	418
1623	29	13	71	31	128	56	228
1624	50	30	90	54	27	16	167
1625	182	41	115	26	143	33	440
1626	376	52	171	24	178	25	725
1627	340	66	135	26	39	8	514
1628	49	21	151	63	39	16	239
1629	66	28	11	5	158	67	235
1630	105	19	194	35	258	46	557
1631	344	50	125	18	214	31	683
合计	2435		1514		1862		5811

资料来源：George Bryan Souza, *The Survival of Empire: Portuguese Trade and Society in China and the South China Sea, 1630-1754*, Table 4.7, p.83。

---

1 钱江：《1570～1760 中国和吕宋的贸易》；钱江：《1570～1760 年中国和吕宋贸易的发展及贸易额的估算》，《中国社会经济史研究》1986 年第 3 期。

　　上述 G. B. 索扎统计的华船运抵马尼拉海关的货物价值比 P. 肖努统计的华船缴纳关税额所对应的货值低得多。如前述，P. 肖努统计了中国商船（包括澳葡的商船）在马尼拉缴纳的关税额：1626 ~ 1630 年华船每年运抵马尼拉货值 310392 比索，5 年共运去货值 1551960 比索；1631 ~ 1635 年每年缴纳关税 34278.8 比索，对应货值 571313 比索。而表 2-3 统计，华船在马尼拉海关纳税的货物总值在 1626 ~ 1630 年仅有 936000 比索，比 P. 肖努的统计值低了 615960 比索；在 1631 年的纳税货物总值为 344000 比索，比 P. 肖努的统计低 227313 比索。据西班牙史料记载，抵达马尼拉的中国船 1621 年有 30 ~ 40 艘，1629 年有 40 艘。[1] 若以表 2-3 的中国商船纳税货值数据推算，1621 年每艘中国船载货价值仅有 2775 ~ 3700 比索，1629 年每艘中国船载货价值 1650 比索。这显然是不可能的。如果表 2-3 统计无误，则有 90% 左右的商船没有缴纳海关税，抑或抵菲船数统计有误。一般来说，不可能有如此多的商船逃税的。显然，G. B. 索扎统计的这个时期华船运抵马尼拉海关的货物价值偏低了，应该有很多遗漏。

　　据 P. 肖努统计的中国商船（包括澳葡商船）在马尼拉缴纳的关税额，[2] 我们可以大致推算出 1611 ~ 1640 年中国船运入马尼拉的货物总额。1611 ~ 1615 年平均每年缴纳关税 64482 比索，税率 6%，每年运入货值 107.47 万比索，总计 537.35 万比索；1616 ~ 1620 年平均每年缴纳关税 37843 比索，每年运入货值 63.07 万比索；10 年（1611 ~ 1620）输入货物总值 852.7 万比索。1610 ~ 1619 年抵达马尼拉的华船有 273 艘，平均每艘载货 31234.4 比索。[3] 1626 ~ 1630 年华船平均每年纳税 18623.5 比索，输入货值仅有约 31.04 万比索，5 年总额约为 155.2 万比索；1625 ~ 1629 年抵菲的华船有 57 ~ 63 艘（大船），平均每年 11.4 ~ 12.6 艘，均值 12 艘，平均每艘运载货值为 25866.7 比索。

1　E. H. Blair and J.A.Robertson, eds., *The Philippine Islands, 1493-1898*, Vol.20, p.130; Vol.23, p.193.

2　Pierre Chaunu, *Les Philippines et le Pacifique des Ibériques*. pp.200-206. 转引自全汉昇《明季中国与菲律宾间的贸易》,《中国经济史论丛》(一), 第 494 页。

3　马尼拉关税统计以财年计算，一般跨年到第二年 6 月。

1631 ~ 1635 年每年输入货值约 57.13 万比索（关税额 34278.8 比索），1636 ~ 1640 年每年输入货值约 45.81 万比索（关税额 27483.8 比索），1630 ~ 1639 年货值总计约 499.93 万比索；1630 ~ 1639 年抵菲的华船有 368 艘，平均每艘载货仅 13585 比索。上述统计不包括走私华船的贸易额。1610 ~ 1639 年（1621 ~ 1625 年未计），抵达马尼拉的华船有 698 ~ 704 艘，1611 ~ 1639 年运去货物总值约 1507.84 万比索，每艘华船平均运载货值 21418.2 ~ 21602.3 比索。考虑到统计财年的跨年度，即便加上 1640 年输入货值约 45.81 万比索，每艘华船平均运载货值仅 22068.9 ~ 22258.6 比索。显然，钱江推算的每艘华船平均运载货值 3.5 万比索太高了，其原因是他截取的推算年份样本太少，误差很大。他根据部分从马尼拉返回福建海澄的船所缴税额来推算回程华船载货价值也是有疑问的，因为有许多回程华船并没有在海澄靠岸。

另据 G. B. 索扎的统计（见表 2-3），中国商船运入马尼拉的货值，1620 年有 463000 比索，1621 ~ 1625 年华船输入货物总值 506000 比索。P. 肖努统计说，1620 年有 23 艘中国船到吕宋，每艘华船载货价值为 20130.4 比索；1622 年，17 艘华船在马尼拉海关缴纳关税 36105.26 比索，按 6% 关税率推算，运去货物价值 601754.3 比索，每船平均 35397.3 比索（参见附录表三 1586 ~ 1645 年马尼拉每年平均征收的进口关税）。G.B. 索扎统计，1622 年中国船运入马尼拉货值 13.4 万比索；全汉昇据西班牙史料所载当年有 8 艘华船抵达马尼拉，推算每船载货价值约 16750 比索。按 1620 年、1622 年入港华船（40 艘）及其载货总值（1064754.3 比索）平均，每艘华船载货价值约 26618.9 比索。这也比钱江推算的每艘华船平均运载货值低得多。

综上，到马尼拉的中国商船每艘平均载货，1610 ~ 1619 年为 31234.4 比索，1620 年为 20130.4 比索，1622 年为 35397.3 比索，1625 ~ 1629 年为 25866.7 比索，1630 ~ 1639 年仅 13585 比索，只有 1622 年超过 3.5 万比索。因此，钱江推算的每艘华船平均载货 3.5 万比索是站不住脚的。因此，我们确定每艘华船运入马尼拉的货值，在 1620 年以前为 31350 比索（折合 23512.5 两），1620 年后取中间值，以每船 25866 比索

（19399.5 两）计算。实际上，中国船运载到马尼拉的货物是超过上述推算值的。因为自 1589 年起，中国商船输入马尼拉的粮食（甚至包括各种食物）、军需品都得到免缴关税的优惠。[1] 不过，每船运载的这些免税商品究竟有多少，由于没有登记资料，我们无法估算，一般不超过中国帆船载货的 5%。这些免税商品出售后，华商也会兑换成白银运回中国。

根据钱江的推算，在马尼拉的中国商品平均利润率大约为 150%，每艘华船从马尼拉回程装载的货物 95% 是美洲白银。如此，在 1620 年以前，每艘华船载货（31350 比索）在马尼拉售出可得 78375 比索（折合 58781.3 两），运回白银约 74456 比索（55842 两）；1620 年开始，每艘华船载货（25866 比索）在马尼拉售出可得 64665 比索（折合 48498.8 两），运回白银约 61432 比索（46074 两）。

据笔者前考，1570 ～ 1760 年抵达马尼拉的华船总计 3007 ～ 3027 艘。其中，1570 ～ 1599 年 494 艘（包括澳门 6 艘），1600 ～ 1619 年 548 艘，平均每艘载货 31350 比索，1570 ～ 1619 年运去中国商品总值 3266.67 万比索（约合白银 2450 万两），平均每年 65.33 万比索（约合白银 49 万两）；每艘华船在马尼拉的销售额为 78375 比索，1570 ～ 1619 年中国船运去的商品在马尼拉销售总额约为 8166.68 万比索（约合白银 6125 万两），平均每年在马尼拉销售额约 163.33 万比索（约合白银 122.5 万两），每艘运回白银约 74456 比索，共运回白银 7758.32 万比索（折合 5818.74 万两）。1620 ～ 1643 年抵达马尼拉的华船 586 ～ 606 艘，平均每艘载货 25866 比索（下同），共载货 1515.75 万 ～ 1567.48 万比索，每艘华船载货在马尼拉售出可得 64665 比索（下同），成交额 3789.37 万 ～ 3918.7 万比索，运回白银为成交额的 95%，即每船运回 61432 比索（下同），共运回白银 3599.92 万 ～ 3722.78 万比索（2699.94 万 ～ 2792.08 万两）。1644 ～ 1699 年 539 艘华船，载货 1394.18 万比索，成交额 3485.44 万比索，运回白银 3311.17 万比索（2483.38 万两，92.66 万公斤）。1700 ～ 1760 年 840 艘华船，载

1　全汉昇：《明季中国与菲律宾间的贸易》，《中国经济史论丛》（一），第 494 ～ 495 页。

货 2172.74 万比索，售得 5431.86 万比索，运回白银 5160.27 万比索
（3870.2 万两）。以上总计，1570 ~ 1760 年，中国船向马尼拉运去货值
8349.34 万 ~ 8401.07 万比索（折合 6262 万 ~ 6300.8 万两），贸易总额
为 20873.35 万 ~ 21002.68 万比索（15655.01 万 ~ 15752.01 万两），运
回 19829.68 万 ~ 19952.54 万比索（14872.26 万 ~ 14964.41 万两），折
合 554.94 万 ~ 558.38 万公斤。

从统计数据看，1580 ~ 1619 年是中国与马尼拉贸易的高峰时期，
1650 ~ 1689 年是中菲贸易的低潮时期。

如果按钱江推算的每艘华船载货价值 3.5 万比索，运回白银 76000 比
索，则 1570 ~ 1760 年中国船从马尼拉共运回白银 23537.2 万比索。钱江
另推算，1570 年至 1760 年，中国与吕宋的贸易总额为 24752 万比索，折
合白银 18564 万两。[1] 与钱江的统计相比，笔者的推算低了近 1/5。

澳门葡萄牙人与马尼拉贸易的利润，也可间接反映中国帆船与
马尼拉贸易的利润。1635 年到访过澳门的一个英国人说，澳门到马
尼拉往返一趟的利润率是 100%。[2]17 世纪 30 年代一份葡萄牙文献则
称，1 艘双桅小船从澳门到马尼拉单程就可以获利 2.5 万 ~ 3 万帕塔
卡（Pataca，葡萄牙人对西班牙比索的称呼）。[3] 有资料记载，1625 年
葡萄牙人通过马尼拉贸易获利近 4 万比索，他们用这笔款还清了澳门
的大部分债款；1632 ~ 1634 年，有 7 艘澳葡商船到马尼拉，获利 11
万帕塔卡，每艘葡船获利 15714.3 帕塔卡，总共给澳门提供了大约 7
万帕塔卡的税收。1634 ~ 1637 年澳葡每年盈利总额是 400 万克鲁扎多，
其中一半来自与马尼拉的贸易。[4] 1632 ~ 1634 年，赴马尼拉的澳葡商

1　钱江：《1570 ~ 1760 中国和吕宋的贸易》；钱江：《1570 ~ 1760 年中国和吕宋贸易的发展及贸易
　　额的估算》，《中国社会经济史研究》1986 年第 3 期。
2　C. R. Boxer, *The Great Ship from Amacon: Annals of Macao and the Old Japan Trade,1550–1640*,
　　pp.17–18.
3　C. R. Boxer, *Fidalgos in the Far East, 1550–1770*, p.178；谟区查：《葡萄牙贵族在远东：澳门历史中
　　的事实与逸闻（1550 ~ 1770）》，李庆译，澳门大学出版中心，2016，第 94 页。
4　E. H. Blair and J. A. Robertson, eds., *The Philippine Islands, 1493–1898*, Vol.8, p.274; Vol.9, p.249;
　　Vol.12, p.157; Vol.16, pp.181–182. 参见张廷茂《明季澳门与马尼拉的海上贸易》，《岭南文史》
　　1999 年第 1 期。

船获利比笔者推算的中国船获利要少，中国帆船在中国进货价格比澳葡低，在马尼拉获利应比澳葡商船多。

3. 中国帆船贸易对马尼拉社会经济发展的影响

西班牙殖民者从进口的中国商品和出口中国商品到美洲中可征收双重关税。中国船一驶入马尼拉湾，就有西班牙官员驾小艇靠上华船，对船上货物按马尼拉市场价评估价值，作为征税的依据。[1] 1581年，马尼拉总督龙奎洛（Gonzalo Ronguillo）首次从进口的中国商品中征取 3% 的关税，[2] 征收的关税，在 1592 ~ 1602 年每年是 3 万 ~ 4 万比索，1603 年增加到 52000 多比索。[3] 到 1606 年，西班牙当局又把中国货物进口税率翻了一番，从 3% 提高到 6%。[4] 到 1620 年，每年征收的进口税高达 8 万比索。除此之外，每艘进入马尼拉湾的中国商船还必须缴付 500 比索的停泊税，仅这一项，每年亦可征收 3000 ~ 4000里亚尔。[5] 大量的关税收入，有助于西班牙殖民者维持其在菲律宾的殖民统治。根据巴达维亚荷兰总督库恩的估计，仅从马尼拉出口的中国生丝中就可征收关税 50 万里亚尔，这些关税使西班牙殖民者可以维持一支防卫舰队的开销。[6]

明清时期，随着大批中国帆船的到来，有许多中国人随船侨居吕宋，大大推动了当地经济发展。[7] 西班牙人占领菲律宾后，中国沿海一带的工匠，在西班牙人的招徕之下，大批奔赴菲律宾群岛谋求生路。

1　Antonio de Morga, *The Philippine Islands, Moluccas, Siam, Cambodia, Japan, and China, at the Close of the Sixteenth Century*, Cambridge: Cambridge University Press, 2009, pp.337-339.

2　E. H. Blair and J.A.Robertson, eds., *The Philippine Islands, 1493-1898*, Vol.5, p.239; Vol.16, p.181.

3　E. H. Blair and J.A.Robertson, eds., *The Philippine Islands, 1493-1898*, Vol.8, p.274; Vol.12, p.157.

4　E. H. Blair and J.A.Robertson, eds., *The Philippine Islands, 1493-1898*, Vol.9, p.249.

5　Serafin D. Quiason, "The Sampan Trade 1570-1770," in Alfonso Felix, *The Chinese in the Philippines*, Vol.6, p.170.

6　M. A. P. Meilink-Roelofsz, *Asia Trade and European Influence in the Indonesian Archipelago between 1500 and about 1630*, p.264.

7　关于华侨对菲律宾经济发展的作用，可参见黄启臣《明末在菲律宾的华人经济》，《华侨华人历史研究》1998 年第 1 期；王刘波《明代隆庆开放后的旅菲华侨研究》，山东大学硕士学位论文，2011。关于大帆船贸易对明王朝的影响，可参见韩琦《马尼拉大帆船贸易对明王朝的影响》，南开大学世界近代史研究中心编《世界近现代史研究》第 10 辑，社会科学文献出版社，2013。

史载，1605 年即有 18 艘帆船载运华侨 5500 人赴菲律宾，平均每船载运 300 多人。[1] 1606 年又有帆船 25 艘抵菲，载运华侨 6533 人，每船多者载运 492 人，少者 77 人。[2]

赴菲华侨的手工技艺和经验远胜当地人，几乎垄断了菲律宾全部手工业部门。西班牙人记载："我们殖民地里，各种工匠和技师，如裁衣匠、鞋匠、铜铁匠、银匠、锁匠、雕刻匠、油漆匠、泥水匠、纺织匠和各种技艺人员，皆由华人担任。"[3] 华侨还主宰了菲律宾的零售业和贸易。正如西班牙历史学者康塞普逊（Joan de La Concepion）所指出："如果没有了中国人的商业和贸易，这块领地上的人就无法生存下去。"[4]

在西班牙人到来之时，菲律宾的农业生产仍然处于粗放的状态。当地土著利用雨季种植水稻，不会施肥和除草，任由其自由生长，收割时只是将稻穗摘下，再将稻秆和杂草一起点燃以轮作保养。华侨在当地经营农业生产，带去了先进的作物种植方法和农业生产工具，如中国犁。华侨还经营园艺栽培业和捕鱼业。在园艺经营中，华侨将水果嫁接技术引入了菲律宾。在《东南亚的中国人》一书中，布赛尔描述："有许多中国人和他们（指苏禄人）住在一起，而他们的接枝和改良水果品种的技术，还是中国人教给他们的。可是相反的，棉兰姥的水果品质仍是平凡的。"[5] 从事捕鱼的华侨把中国先进的捕鱼法带到了菲律宾，为马尼拉提供了丰富的鱼类食品。

三　中国与印尼的帆船贸易

在明代初年，私人海上贸易沿袭元代旧例，在东南亚地区较

1　E. H. Blair and J.A.Robertson, eds., *The Philippine Islands, 1493–1898*, Vol.14, p.51.
2　E. H. Blair and J.A.Robertson, eds., *The Philippine Islands, 1493–1898*, Vol.14, pp.189–191. 以上两条均引自田汝康《十七世纪至十九世纪中叶中国帆船在东南亚洲航运和商业上的地位》，《历史研究》1956 年第 8 期，第 4 页。
3　E. H. Blair and J.A.Robertson, eds., *The Philippine Islands, 1493–1898*, Vol.16, p.364.
4　金应熙主编《菲律宾史》，河南大学出版社，1990，第 171 页。
5　布赛尔：《东南亚的中国人》，王陆译，《南洋问题资料译丛》1958 年第 C1 期，第 184 页。

为活跃。私人海上贸易突破了原有的朝贡贸易圈。通过走私贸易，华商在东南亚建立起庞大的经贸网络，主导了该地区的区域贸易体系。[1]

15 世纪初，在郑和下西洋的刺激下，中国海商突破"海禁"限制，私商下西洋贸易有较大增长。在郑和之后，中国帆船下西洋主要在东南亚，几乎不涉足印度洋，因为在东南亚就能完成香料交易。[2]隆庆元年（1567），明廷解除"贩夷之律"，漳州、泉州之民"准贩东西二洋"。[3]此后，到印尼各地贸易的中国帆船络绎不绝。16 ~ 17世纪，每年 1 ~ 3 月华商扬帆来到苏门答腊、马六甲、文莱、爪哇岛等地，带来大量的生活用品（生丝、陶瓷器、棉布）和茶叶，换回胡椒、丁香、肉豆蔻、苏木、檀香木、藤条等，当地居民和殖民而来的荷兰人、英国人等，也依靠中国帆船贸易取得必需的生活用品。[4]

康熙二十五年（1686），荷兰人第三次向中国派出使节，寻求与中国直接通商。同前两次出使中国一样，荷使未能如愿以偿。与此同时，巴达维亚荷兰殖民政府忙于应对爪哇岛等当地土著的反抗，财力拮据，无力拓展对华贸易。在康熙"开海贸易"谕旨（1684年 10 月）的刺激下，到巴达维亚的华船大量增加。例如，1688 年，抵达巴达维亚的福建帆船就有 8 艘，另有 3 艘来自中国的其他港口，比 17 世纪 20 年代增加了一倍。[5]在此背景下，荷印公司为了节约运力和运费，鼓励华船到巴达维亚贸易，驶往巴城的中国帆船增加了。

1　庄国土：《论 15 ~ 19 世纪初海外华商经贸网络的发展——海外华商网络系列研究之二》，《厦门大学学报》2000 年第 2 期。

2　陈国栋：《东亚海域一千年——历史上的海洋中国与对外贸易》，山东画报出版社，2006，第 100 页。

3　张燮：《东西洋考》卷 7《饷税考》，第 131 ~ 132 页。

4　杨宏云：《环苏门答腊岛的海洋贸易与华商网络》，第 10 页。

5　Leonard Blussé, *Strange Company: Chinese Settlers, Mestizo Women and the Dutch in VOC Batavia*, Dordrecht: Foris, 1986, p. 122；吴建雍：《清前期中国与巴达维亚的帆船贸易》，《清史研究》1996 年第 3 期。

1700 ～ 1715 年、1720 ～ 1739 年，是福建、广东与巴达维亚间帆船贸易的高峰时期。据 G.B. 索扎统计，17 世纪末到 18 世纪，抵达巴达维亚的华船出发港有广州、安海、宁波、上海、福州、长崎、马尼拉等地，到港华船 1684 ～ 1689 年 63 艘，1690 ～ 1699 年 88 艘，1700 ～ 1709 年 136 艘，1710 ～ 1719 年 118 艘，1720 ～ 1729 年 140 艘，1730 ～ 1739 年 187 艘，1740 ～ 1749 年 99 艘，1750 ～ 1754 年 22 艘，共计 853 艘，其中 1691 年、1692 年、1696 年、1718 年、1742 年、1750 年、1752 年没有到港船记录。[1]1715 ～ 1754 年，抵达巴达维亚的中国商船总计 499 艘，葡船总计 255 艘，英国商船 292 艘（参见附录表五 1715 ～ 1754 年抵达巴达维亚的外国船只数量）。从到港商船数量看，中国商船遥遥领先。

另据荷兰学者包乐史统计，1691 ～ 1700 年，平均每年有 11.5 艘中国帆船抵达巴达维亚；1711 ～ 1720 年，年平均数增加到 13.6 艘。他的统计与 G. B. 索扎的统计略有出入。帆船贸易的发展，促进了中国东南沿海地区经济的恢复，更给巴达维亚带来了繁荣。仅以 1693 年巴达维亚的成交额为例，就足以说明中荷贸易规模的扩大。这一年，在中荷交易中，荷兰东印度公司出售了价值 194891 荷兰银币（rixdollars[2]）的胡椒、丁香和棉织品，中国商人售出了总计 109923 荷兰银币的锌块、丝绸、茶叶和瓷器等，荷印公司贸易顺差 84968 荷兰银币。就荷印公司而言，比它 1689 年驶往中国售出和购进的商品都要多。同样的，1694 年，抵达巴达维亚的中国帆船有 20 艘之多，荷兰购得的中国商品远超过原来公司派往中国的 5 艘船所能进口的。[3]

1715 ～ 1754 年抵达巴达维亚的外国船有 1116 艘，最多的是华

1　George B. Souza, *The Survival of Empire: Portuguese Trade and Society in China and the South China Sea, 1630–1754*, Table 6.3, Table 6.4, pp.136–137.

2　rixdollar（rijksdaaler）为荷兰银币，1 荷兰银币相当于 2.5 荷盾，与 1 西班牙里亚尔等值。

3　Leonard Blussé, *Strange Company: Chinese Settlers, Mestizo Women and the Dutch in VOC Batavia*, pp.123–124.

船，有499艘，其次为英国商船292艘，第三位是葡萄牙船255艘（参见附录表五 1715 ~ 1754 年抵达巴达维亚的外国船只数量）。范岱克根据瑞典的档案，发现在 18 世纪 60 年代有 37 艘有名可考的中国帆船经常出入广州；另据荷兰和瑞典的档案，在 1768 年以前，驻广州的中国帆船有 28 艘左右，另有 1 艘驻扎厦门，1 艘驻扎海南，这些帆船的目的地有巴达维亚、交趾支那、柬埔寨、暹罗、帕西克、求江、Cancou、巨港和马尼拉。荷兰档案中有一份清单清楚地记录了 18 世纪 50 年代 14 艘广州帆船到达巴达维亚港的费用，以及广州每年的进口总量。这 14 艘帆船每艘的容量大约为 250 吨（100 拉斯特），从巴达维亚港至广州每艘船平均载货 2678 担。1768 年和 1773 年的货运清单表明，这两年每年有 21 艘广州帆船到港，平均每艘帆船进口货物量分别为 1525 担和 3362 担。以上三份清单合计 56 艘帆船，平均每艘载货量为 2502 担。1763 年，荷兰从户部簿记中转载了外国对广州的全部出口情况。当时有 10 艘英国船、3 艘法国船、3 艘丹麦船、3 艘瑞典船和 3 艘荷兰船，总共运送了 171723 担的出口货物，平均每艘船 7805.6 担。按每艘中国帆船出口载货 2500 担推算，在 18 世纪 60 年代早期，经常出入广州的 30 艘帆船所运送的货物达 75000 担。加上前面的 22 艘外国船所运的货物数量，广州出口总量为 246723 担，中国帆船所运送的货物量（75000 担）占上述各国从广州出口总量的 30.4%。[1]如果加上葡萄牙人和西班牙人的出口货物记录，中国帆船运送的货物所占比例会低一些。这个数据反映了帆船贸易在广州出口贸易中举足轻重的地位，只有英国的货物量（78056 担）超过中国帆船货物量。

　　面对中国帆船上门交易，荷兰人尽量采用"以货易货的间接贸易，避免使用现金"。[2]这种贸易方式，对荷兰东印度公司极其有利。荷兰殖民者用他们垄断的当地廉价产品胡椒、香料，换取中国的茶叶、蔗

1　范岱克：《从荷兰和瑞典的档案看十八世纪 50 年代至 70 年代的广州帆船贸易》，丁峻译，《广东社会科学》2002 年第 4 期。

2　费尔南·布罗代尔：《15 至 18 世纪的物质文明、经济和资本主义》第 3 卷，第 243 页。

糖、生丝、丝织品和瓷器等，再转销欧洲，不仅可以获得高额利润，而且减少了白银支付。不过，华商仍然从荷兰人手里获得大量的银元。在巴达维亚，中国商人"远贩于此，向来皆就所售货银，或置货，或将银带回"。[1] 明末李光缙《景璧集》记载，荷兰人"喜中国丝絮财物，往往人挟银钱，船以出，多者数百万，少者千余，浮大海外之旁属国，与华人市，市汉物以归"。[2]

这一时期，荷兰东印度公司在帆船贸易中保持了长期的出超地位。1694 年，荷兰东印度公司从中国帆船购买的商品价值 325533 盾，而它卖给中国商人的货物总值高达 691597 盾，其中绝大部分是当地的热带产品，出超额为 366064 盾。18 世纪最初十年里，其贸易顺差每年都达 10 万 ~ 50 万盾。[3] 由于是间接贸易，荷兰东印度公司既避免了在中国口岸缴纳关税，也不必为中国商人的赊购而担心，它可以随时凭单据向设在巴达维亚或万丹的华人机构支取现金（参见附录表六 1685 ~ 1754 年葡萄牙人和中国人在巴达维亚购买香料的数量和货值）。

尽管中国帆船贸易给荷兰东印度公司带来了丰厚利润和贸易便利，但是荷印公司仍然用各种手段压榨华商的经济利益。荷兰东印度公司常用的手段是抬高出口商品价格，大幅度压低进口货物的价格。例如，18 世纪初，公司十七人董事会指令巴达维亚当局，将胡椒的最低价格定为每担（125 磅）7.5 荷兰银币，以后逐步增加到 8 或 8.5 荷兰银币。到 1714 年，胡椒的最低售价已增加到 9.5 荷兰银币。1715 年 7 月，十七人董事会又命令将胡椒最低售价提高到 10 荷兰银币。[4] 这个价格的胡椒运回中国根本无利可图。

---

1 王大海：《海岛逸志》，姚楠、吴琅璇校注，香港：学津书店，1992，第 35 页。

2 李光缙：《景璧集》卷 9《却西番记》，曾祥波点校，福建人民出版社，2012，第 415 页；吕振纲：《明代中国商人在中国与东南亚区域贸易体系建构中的角色研究》，暨南大学博士学位论文，2018，第 155 页。

3 Leonard Blussé, *Strange Company: Chinese Settlers, Mestizo Women and the Dutch in VOC Batavia*, pp.124-126, 130.

4 Kristof Glamann, *Dutch-Asiatic Trade, 1620-1740*, p.216.

18 世纪初，由于欧洲对中国茶叶的需求迅速增加，荷兰开始大规模购进茶叶。起初，广州与巴达维亚两地的茶叶价格相差较大，茶叶贸易利润丰厚（见表 2-4）。

表 2-4　1716/1717 ~ 1722/1723 年巴达维亚和广州两地荷兰人、英国人的武夷茶交易成本价

单位：两 / 担（每担 122.5 磅）

贸易季	巴城	广州	贸易季	巴城	广州
1716/1717	56.9	39.1	1720/1721	100.5	43.6
1717/1718	97.5	31.3	1721/1722	37.4	34.1
1718/1719	70.3	32.7	1722/1723	32.4	27.8
1719/1720	70.0	39.2			

资料来源：Kristof Glamann, *Dutch-Asiatic Trade, 1620-1740*, Table 41, p.218。

为了与西欧其他国家竞争，巴达维亚当局千方百计地压低中国茶叶的收购价格。1717 年 3 月 2 日，总督范·斯窝尔（Van Swol）和东印度评政院决定限定茶叶的收购价格，松萝茶（普通绿茶）定为每担 40 荷兰银币，特级绿茶每担 60 荷兰银币，一级武夷茶（Bohea tea）每担 80 荷兰银币，其余等级的武夷茶每担 60 ~ 75 荷兰银币不等。新规定的价格较以往茶价低得多。中国帆船商人一再申明，为了偿付租船费用等，普通绿茶的价格每担不能低于 60 荷兰银币。但巴达维亚当局蛮横地威胁中国商人，声称如果他们认为价格不合理，可以将茶叶载回。出于无奈，有 14 艘船的华商只好折本卖茶，但表示他们今后再也不来巴达维亚了。[1]

据刘勇研究，荷印公司运销到荷兰的中国茶叶利润率 1729 ~ 1732 年为 22%，1733 ~ 1736 年为 172%；1760 ~ 1781 年贸易季是荷印公司对华茶叶贸易的"黄金时代"，平均每个年度贸易季从广州进口茶叶 330 万荷磅（折合 26938.78 担）左右，年均收益率约为 94%。以每担

1　Kristof Glamann, *Dutch-Asiatic Trade, 1620-1740*, pp.216-217.

茶平均进价 18 两计，荷印公司每年购茶花费约 48.49 万两。[1] 据黄文鹰等统计，1776 ~ 1790 年，荷印公司从广州运出的茶叶总量为 434500 担（其中 1782 ~ 1784 年无统计数据），12 年平均每年 36208.3 担。[2] 显然，荷印公司对华茶叶贸易的"黄金时代"是在 1760 ~ 1790 年。

荷兰殖民者在巴城垄断进出口货物价格，使中国商人无法经营下去，是造成贸易中断的原因之一。中国帆船停驶南洋，还有一个更直接的原因，那就是 1717 年 1 月康熙帝颁布"禁止商船往南洋等处贸易"谕旨，即所谓"南洋禁航令"。1718 年，中国与巴达维亚间的帆船通商一度中断。荷兰人不得不购买葡萄牙人运来的高价中国茶叶，一级武夷茶收购价涨到每担 115 ~ 125 荷兰银币。由于收购价过高，荷印公司出现贸易赤字。1720 年和 1721 年的贸易赤字分别为 3 万和 16 万荷兰银币。[3] 荷印公司陷入危机。于是，荷兰人又开始招徕中国帆船。1722 年 3 月，中国帆船又出现在巴达维亚，其中有 2 艘来自上海，3 艘来自东京湾（北部湾的旧称），另有 2 ~ 3 艘据说也将陆续抵港。到巴城的中国商船，1723 年不少于 21 艘，1724 年有 18 艘。[4] 这些华船向巴城运去大量茶叶。到 1722 年，广州、巴城两地茶叶价格相差无几。

1740 年 10 月，荷兰人在巴达维亚制造了"红溪惨案"，屠杀城内华侨超过万人。这对中国帆船贸易有很大影响，此后四年很少有中国帆船到巴城，1745 年后才逐渐恢复。但在 1749 年，巴城荷兰当局调整

---

1 刘勇说，1757 ~ 1781 年贸易季是荷印公司对华茶叶贸易的"黄金时代"。不过，从他的统计看，从 1760 年开始，荷印公司对华茶叶贸易量才突破 300 万荷磅。1757 年，荷印公司在广州采购的各品种茶叶总计 713459 荷磅，花费约 35.1 万盾，每担均价约 60.27 盾，折合 18.09 两。参见刘勇《近代中荷茶叶贸易史》，第 166 ~ 169、183、196 ~ 197 页。

2 黄文鹰、陈曾唯、陈安尼：《荷属东印度公司统治时期吧城华侨人口分析》，第 180 页。

3 Kristof Glamann, *Dutch-Asiatic Trade, 1620–1740*, pp.217–218.

4 Kristof Glamann, *Dutch-Asiatic Trade, 1620–1740*, pp. 218–219. G. B. 索扎统计，到巴城的中国商船 1722 年有 11 艘，1723 年 24 艘，1724 年 17 艘。参见 George B. Souza, *The Survival of Empire: Portuguese Trade and Society in China and the South China Sea, 1630–1754*, Table 6.4, p.137. C. J. A. Jörg, *Porcelain and the Dutch China Trade*, p.20。

华船在巴城港的进出口税率，比 1746 年提高了一倍；1763 年，又在 1749 年税率基础上提高了一倍。[1] 这大大打击了华船到巴城贸易的积极性。

1761 年，荷兰人发现，用广州的帆船运到巴达维亚货物的运费相当于所运货物价值的 12%。1769 年，荷兰人发现，用中国帆船或澳葡船运送像白瓷这样的货物比欧洲货船的运费要便宜得多。[2] 所以，荷兰人更多租用中国帆船来往于巴城与广州。

到 19 世纪初，中国与印尼之间的帆船贸易仍然很频繁。据田汝康研究，在 19 世纪最初 20 年，行驶到马来亚海面进行贸易的中国帆船为数仍然很可观：到加里曼丹每年共 10 艘，载重 5600 吨；到爪哇每年共 7 艘，计 5300 吨；到望加锡 500 吨船 2 艘，或 1000 吨船 1 艘；安汶 500 吨船 1 艘；马六甲 1000 吨船 1 艘；林牙群岛（Lingga Arch.）以及附近岛屿 3 艘，计 2100 吨；丁加奴（Tringanu）800 吨船 1 艘；吉连丹（Kalenten）800 吨船 1 艘。以上总计 26 艘，载重共 17100 吨。[3]

随中国帆船而来的不仅有中国商品，还有许多华裔蔗农、工匠、商人等。他们在巴达维亚城及城郊定居，形成华人社团，有自治首领甲必丹（Kapitein），保留中华文化。巴城的华侨人数增加很快。1629 年，巴城的成年华侨仅有 2000 人左右；到了 1720 年，据估计巴达维亚市内华侨已有 6 万人，市外有 4 万人，总计达 10 万人。这些华侨主要来自福建，控制着福建与巴城的帆船贸易。侨居巴城市内的中国人多属巨商大贾，而住在市外的主要是小商小贩。侨居巴城的中国人不仅要缴纳人头税，还须分摊城墙和市政建设费用。在 1630 年，华人所付的人头税已占巴城财政收入的一半。1644 年，在巴城 21 项税

1　黄文鹰、陈曾唯、陈安尼：《荷属东印度公司统治时期吧城华侨人口分析》，第 183 页。
2　范岱克：《从荷兰和瑞典的档案看十八世纪 50 年代至 70 年代的广州帆船贸易》，丁峻译，《广东社会科学》2002 年第 4 期。
3　田汝康：《十七世纪至十九世纪中叶中国帆船在东南亚洲航运和商业上的地位》，《历史研究》1956 年第 8 期。

饷中，华人包揽了其中最重要的 17 项。[1]巴达维亚及其周边地区的经济基础是蔗糖业，而蔗糖业的从业者主要是华侨。在巴达维亚，荷印公司和殖民当局离开华人将一事无成。事实上"任何一种生产事业都是由他们（华人）首创的；盖房子、造船舶的木匠是中国人，如果需要签订糖、米以及胡椒的供应契约，它的当事人也全是中国人"。[2]可以说华侨和中国的帆船贸易是巴达维亚经济发展、社会繁荣的保证。

四　中国与暹罗的帆船贸易

明清时期，中国与暹罗经济交往不但非常频繁，而且交往途径和方式较多，这在东南亚国家中是较为罕见的。中暹之间的经济交流，有朝贡贸易、中国私商贸易、暹罗王室和贵族垄断贸易及暹罗的华商贸易等四种方式。这几种经济交往方式，相互影响，相互补充，推动暹罗社会经济的发展和中南半岛大米、香料经济的发展。

1. 暹罗的朝贡贸易

中国与暹罗的贸易是在朝贡贸易的基础上发展起来的。田渝据《明史》和《明实录》统计，在明代，暹罗国进贡 112 次，平均约两年半一次，朝贡频率超过明朝三年一贡的规定。[3]

明清两代，暹罗向中国进献的贡物区别不大，主要是东南亚特产的各种香料、药材、珠宝、象牙、木材等，也有一些产品非本国所

1　包乐史:《中荷交往史（1601～1989）》，第 114～115 页。黄文鹰等考证，1628 年，巴城 14 岁以上华人男丁约 3100 人；1701 年，巴城城区成年男丁华侨 4000 余人，郊区华侨 5000 余人；1739 年，巴城城区成年男丁华侨 5000 余人，郊区华侨 12000 余人。参见黄文鹰、陈曾唯、陈安尼《荷属东印度公司统治时期吧城华侨人口分析》，第 58、123 页。

2　D. M. Campbell, *Java, Past and Present*, London, 1915, Vol.1, p.140. 引自福田省三《荷属东印度的华侨》，李述文等译，《南洋问题资料译丛》1963 年第 2 期。

3　田渝:《16 至 19 世纪中叶亚洲贸易网络下的中暹双轨贸易》，暨南大学博士学位论文，2007，第 51 页。

产，如撒哈剌布、西洋布、大荷兰毯等舶来品。暹罗使者之所以进献这些物品，是因为当时暹罗已成为中南半岛上东西方各国货物的集散地。诚如黄衷所说："西洋诸国，异产奇货，辐辏其地。"[1] 明朝回赐暹罗的物品主要是丝绸和瓷器，或直接给予钱钞，而且数量巨大；清朝给暹罗的赏赐，多为缎、纱、罗等丝织品，到雍正、乾隆时期增加了许多瓷器、玉器、玛瑙等，以及诸如铜、铁和其他金属等"战略"物资。暹罗达信王（Taksin）急需这些战略物资用于与缅甸的战争及控制国内南北方的独立势力。[2]

对暹罗使者带来的货物，在计价时明朝政府也给予优待，例如，象牙市价每斤 500 文，而暹罗来货每斤 10 贯；肉豆蔻每斤 500 文，暹罗白豆蔻每斤 10 贯；大枫子每斤 100 文，暹罗来货每斤 10 贯；乳香每斤 5 贯，暹罗来货每斤 40 贯；降真香每斤 500 文，暹罗来货每斤 10 贯；黄熟香每斤 1 贯，暹罗来货每斤 10 贯；丁皮每斤 500 文，暹罗来货每斤 2 贯；苏木每斤 500 文，暹罗来货每斤 5 贯；乌木每斤 500 文，暹罗来货每斤 40 贯；胡椒每斤 3 贯，暹罗来货每斤 25 贯。[3] 暹罗进贡的象牙、香料、木材等价格要比其他国家进贡的高出许多，暹罗象牙比通常外国所贡的象牙贵 20 倍，白豆蔻贵 20 倍，降真香贵 20 倍，苏木贵 10 倍，乌木贵 80 倍。暹罗贡品的价格之所以如此昂贵，不仅因为暹罗进贡物品质量上乘，而且因为暹罗与中国的关系较其他属国更为密切。由于暹罗贡品定价奇高，所以不仅暹罗国王与王妃，而且暹罗贡使、通事、船主、水手等都私携物品前来，向中国朝廷进献。在隆庆开禁以前，中暹私商贸易很少，朝贡贸易成为两国主要的经济交往方式。

清代，从顺治九年（1652）开始，暹罗即开始派出使臣与商队向新王朝进贡，暹罗与清廷的贸易便以朝贡的形式在广州开始。自是，

1　黄衷：《海语》卷上《风俗·暹罗》，广陵书社，2003。
2　田渝：《16 至 19 世纪中叶亚洲贸易网络下的中暹双轨贸易》，第 60～62 页。
3　《大明会典》卷 113《给赐四》，引自田渝《16 至 19 世纪中叶亚洲贸易网络下的中暹双轨贸易》，第 64 页。

职贡不绝，直到 19 世纪中叶。康熙四年（1665）定暹罗国贡期三年一次，六年议准贡道由广东入。[1] 道光十九年（1839），由原来的三年一贡改为四年。[2] 从顺治九年至咸丰二年（1852）暹罗对清朝最后一次朝贡的 200 年间，暹罗共向清朝进贡 41 次，平均约五年一贡。暹罗每次入贡前往往先派出以"调查"为名的探贡船，随贡船前来的还有护贡船及护接皇帝敕书和赏赐的接贡船，所有这些名目繁多的船只不过是贡舶贸易往来的另一种形式。暹罗国王利用各种名目，尽量多地携带压舱货物，进行往返交易。[3]

在清代，由于暹罗王室船队贸易和中国私商贸易发达，暹罗的朝贡贸易规模相对缩小，朝贡频率也减少了。每当暹罗王室船队和中国私商活跃的时候，朝贡贸易就相对减少。

2. 中国私商对暹罗贸易

暹罗是少数朝贡贸易与私商贸易长期并举的国家。隆庆元年，福建巡抚都御史涂泽民请开海禁，准贩东西二洋。"盖东洋若吕宋、苏禄诸国，西洋若交阯、占城、暹罗诸国。"[4] 在东洋，中国海商最活跃的贸易地是吕宋，西洋则是暹罗。崇祯年间傅元初曾对中暹私商交易做了较详细的记述：

> 海外之夷，有大西洋，有东洋。大西洋则暹罗……诸国，其国产苏木、胡椒、犀角、象牙诸货物，是皆中国所需，中国人若往贩大西洋，则以其物相抵。而东洋则吕宋……是两夷者，皆好中国绫罗杂缯，其土不蚕，惟借中国之丝到彼，能织精好缎匹，服之以为华好。是以中国湖丝百斤，价值百两者，至彼得价二倍，而江西磁器，福建糖品、果品诸物，皆所嗜好。[5]

1　《钦定大清会典事例》卷 502《礼部·朝贡》，中华书局，1990。
2　《清史稿》卷 528《属国三·暹罗》。
3　田渝：《16 至 19 世纪中叶亚洲贸易网络下的中暹双轨贸易》，第 52 ~ 53 页。
4　张燮：《东西洋考》卷 7《饷税考》，第 131 页。
5　参见顾炎武《天下郡国利病书》卷 95《福建》，上海古籍出版社，1995。

　　从上述记载可以看出，中国与暹罗的贸易主要是以物易物；中国出口商品主要是生丝和丝织品以及瓷器和糖品，湖丝利润率达 100%。

　　郑芝龙海商集团崛起后，庞大的郑氏船队在福建、长崎与暹罗、柬埔寨、越南之间穿梭，以中国和中南半岛特产交换日本白银和铜等。例如，顺治十一年十二月，福建商人李楚、杨奎"奉太夫人差，冒领同安侯郑府令牌各一张，牌内俱有备写本府商船一只，仰本官即便督驾，装载夏布、瓷器、鼎铫、密料等项，前往暹罗通商贸易"。[1]《热兰遮城日志》也记载，1655 年 3 月 9 日，有消息说国姓爷（郑成功）的船 24 艘自中国沿岸开往各地贸易，其中开往暹罗达 10 艘，[2] 占 40% 强。1657 年，有 47 艘属于国姓爷及其追随者的中国船到达长崎，28 艘来自安海，11 艘来自柬埔寨，3 艘来自暹罗，2 艘来自广南，2 艘来自北大年，1 艘来自东京（河内）。这些船运载的主要货物有各种生丝 1120 担，红、白糖 6360 担，各种丝织品、皮货、药品及花哨的小商品等。据日本学者山胁悌二郎估计，上述船货约值白银 95.5 万两。[3]

　　《明清史料》丁编第三本《部题福督王国安疏残本》及己编第七本《兵部残题本》提到 1683 年两艘郑氏商船前往日本、暹罗贸易的情况。其中一艘名为"东本船"，为郑氏集团刘国轩所有，据"管船"蓝泽称，船上水手等共 83 人，于康熙二十二年闰六月初一日由台湾出发，先往日本，装载白糖 2050 担、冰糖 150 担，六月二十三日到日本，发卖白糖、冰糖，得白银 13520 两，除去舵工、梢目的工银 3518.5 两外，尚存白银 10001.5 两，将此银在日本购买红铜、金版、茶砧、京酒、柿果、栗子、酱瓜、豉油、蜇、鲳鱼等，十二月二十五日离开日本，次年二月二十日到暹罗，将上述日本所购物品在暹罗售卖，除留下红铜 160 箱外，共得纹银 8312.775 两，扣去梢目工

1　"中研院"历史语言研究所编《明清史料》己编第五本，《兵部残题本》，第 840 ~ 841 页。

2　江树生译注《热兰遮城日志》第 3 册，台南市政府，2004，第 324 页。

3　Yamawaki Teijiro（山胁悌二郎），"The Great Trading Merchants-Cocksinja and His Son," *Acta Asiatica*, No.30, 1976, p.108. 引自田渝《16 至 19 世纪中叶亚洲贸易网络下的中暹双轨贸易》，第 106 ~ 107 页。

银 1529.255 两，实存白银 6783.52 两；蓝泽用结存白银在暹罗购买铅 26480 斤、苏木 12 万斤、锡 4 万斤、上等安息香 450 斤、下等安息香 400（？）斤、胡椒 10300（？）斤、豆蔻 50 斤、各种象牙 660 斤以上、各色燕窝 46.5 斤，以及一些布料，尚存白银 2.59 两。船员也购买了一批自己的货物，包括苏木 25000 斤、锡 9500 斤、玉米 2500 斤、虾米 1500 斤、檀香 1500 斤、降真香 1000 斤、红铜 15 箱（重 1500 斤），以及一批布匹等，六月初一日从暹罗开船，七月十五日抵厦门港。[1] 这艘船的载货和航程大致反映了台湾、福建沿海—长崎—暹罗或柬埔寨、越南的三角贸易所载运的货物种类和贸易额，但因缺乏从台湾出航时所载货物的价值及暹罗货物运到厦门销售获利情况，故无从得知此船的盈利情况。[2]

　　1685 年以后，停泊在暹罗的中国船只数量稳定增加。根据 1686 年在长崎的一艘船的报告，有几艘中国船每年都到暹罗贸易。1707 年另一艘中国船也在长崎报告说，中国各省都有船到暹罗。[3] 1688 年，暹罗驱逐法国势力，使欧洲人所享有的暹罗与东亚国家之间的贸易全部掌握在华人手中。中国海商每年从中国各港口向暹罗出口大量的商品，同时从暹罗贩运大量的大米、香料、象牙等回国。中国与暹罗贸易不断增长，其中的重要因素之一，是中国人的势力在暹罗官场中不断增强。1714 年一名法国传教士看到一名中国人在暹罗担任帕克兰（Praya PraRlang，财政大臣），还负责外交事务，是国王的宠臣。由于他与国王的亲密关系，这时期的贸易掌握在中国人手中，暹罗国王的船队也掌握在华人手里。[4]

1　"中研院"历史语言研究所编《明清史料》己编第七本，《兵部残题本》，第 1304 ~ 1306 页；中国科学院编辑《明清史料》丁编第三本，《部题福督王国安疏残本》，国家图书馆出版社，2008，第 607 ~ 609 页。

2　田渝：《16 至 19 世纪中叶亚洲贸易网络下的中暹双轨贸易》，第 107 页。

3　林春胜、林信笃编《华夷变态》，东京：东方书店，1985，卷 11，第 633 页；卷 23，第 2497 页。引自田渝《16 至 19 世纪中叶亚洲贸易网络下的中暹双轨贸易》，第 112 页。

4　Sarasin Viraphol, *Tribute and Profit, Sino-Siamese Trade, 1652-1853*, Harvard University Asia Center, 1977, pp.47-48.

表 2-5　1689 ~ 1702 年到暹罗贸易的中国帆船

单位：艘

年份	船数	附注
1689	14 ~ 15	来自广州、漳州和厦门，后继续去日本
1695	8	5 艘来自厦门，2 艘来宁波，1 艘自广州
1697	≥ 4	停靠阿瑜陀耶
1698	7	
1699	6	4 艘返回中国，2 艘去日本
1701	1	
1702	> 10	

资料来源：Sarasin Viraphol, *Tribute and Profit, Sino-Siamese Trade, 1652–1853*, p.55。

3. 暹罗国王船队的垄断贸易与暹罗华商的私人贸易

受中暹贸易巨利的吸引，为了控制对外贸易，操纵进口货物的销售与征收商税，从巴塞通王朝开始，暹罗国王就建立了王室船队，利用华人打造帆船，掌管对华贸易船只，聘用华人担任仓管员、海关官员等，对中国贸易实行垄断。暹罗国王把华人安排在船上几乎所有的关键岗位，如国王代理商、船长、会计、水手。[1]这种做法一直延续到19 世纪上半叶。暹罗王室利用华人掌管的船队，在朝贡贸易以外，频繁地到中国进行贸易。在达信王统治时期（1763 ~ 1782），暹罗与中国的贸易达到高潮。达信王在抗缅的斗争中，得到华人的经济支援。在他执政之后，华人帮助他重建被战争破坏的家园，把金、银投入暹罗的流通领域，兴办工业和加速王国的恢复。在新首都吞武里的扩建过程中，达信王雇用了华人工匠和手工业者协助建设，一切建筑材料均由中国运来，使中国建筑技术普遍传入暹罗。据同时期的法国作家 F. 特林（F. Turoin）记述："暹罗华人每年至少从中国载运 40 船的砖、水泥和石灰到吞武里贩卖。"[2]在 18 世纪 70 年代，华人已成为达信王朝最有影响力的经济力量。[3]华人马森每年为达信王

1　Sarasin Viraphol, *Tribute and Profit, Sino-Siamese Trade, 1652–1853*, p.19; G. W. Skinner, *Leadership and Power in the Chinese Community in Thailand*, New York, 1953, p.3.

2　Sarasin Viraphol, *Tribute and Profit, Sino-Siamese Trade, 1652–1853*, p.172.

3　李金明：《十八世纪中暹贸易中的华人》，《华侨华人历史研究》1995 年第 1 期。

准备的到广州贸易的船有 10～15 艘，国王还准许他每年在东暹罗尖竹汶建造两艘船到中国贸易。其他华商亦被准许以国王船只或自己的船只到中国贸易。[1] 在东南亚国家中，国王组织船队长期坚持不懈开展私商性质贸易，暹罗是唯一的。

暹罗国王利用华人开展对华贸易，除了看重华人的航海技术、贸易经验，还因利用华人管驾，在中国入港可省却不少税金。按清代关税征收则例，凡从事进口贸易的外国船只，无论大小，每船需缴进口规银 1125 两 9 钱 6 分（其中法国船加 100 两，英国港脚船减 100 两），出口规银 533 两 8 钱，[2] 暹罗商船虽属东洋船，但它由华人管驾，往往被作为中国船处理，不征收或减免征收进出口规银。18 世纪中叶，在福建和广东沿海兴起了一批适应于暹罗帆船贸易的小港口，如福建的龙溪、海澄、漳浦、同安和马巷，广东的樟林、澄海的东泷、饶平的隆都和南澳。[3] 这些港口经常有由华人管驾的暹罗船到达，对中暹贸易的发展起着重要作用。

华人掌控暹罗船还方便暹罗开展对日贸易。1639 年日本锁国后，只有中国人和荷兰人仍被允许与日本进行贸易。由中国人驾驶的船只，日本人称"唐船"，而暹罗国王正是利用这些"唐船"继续对日贸易。自帕拉塞·东王（Prasart Tong，1630～1655 年在位）晚年起，每年有暹罗出发的"唐船"驶日经商，几无间断。岩生成一说，1661～1688 年的 28 年间，暹罗派出了 43 艘帆船到长崎，其中 35 艘属于国王所有，其余的属于王后、王子、其他达官贵人及富商所有。[4] 据陈荆和先生的统计，1651～1700 年，除了 1655 年、1664 年、1670 年、1681 年这四年由于特殊原因未见从暹罗抵日船只外，其余每年都有至少 1 艘，最多 6 艘，共 130 艘船抵达长崎通商。这些船

---

1 李金明：《十八世纪中暹贸易中的华人》，《华侨华人历史研究》1995 年第 1 期。

2 梁廷枏：《粤海关志》卷 11，袁钟仁校注，广东人民出版社，2002，第 213 页。

3 Sarasin Viraphol, *Tribute and Profit, Sino-Siamese Trade, 1652–1853*, pp.214–215；李金明：《十八世纪中暹贸易中的华人》，《华侨华人历史研究》1995 年第 1 期。

4 岩生成一：《泰人对日国贸易复活运动》，《东亚论丛》第 4 期，1941 年 4 月，第 119 页。引自田渝《16 至 19 世纪中叶亚洲贸易网络下的中暹双轨贸易》，第 120 页。

包括由华南诸港口或台湾驶抵长崎的华船，寓居暹罗的华侨所拥有的帆船，暹罗国王派遣的商船，因其出航地是暹罗，故日本当局一律将其视为暹罗唐船。[1] 前往暹罗贸易的中国沿海华船，因各种原因无法回国，一般就改驶日本。例如，1680 年 7 艘帆船由厦门南航抵暹罗，其中 4 艘为厦门船，3 艘为暹罗华侨之船，原定由暹罗归航厦门，因战乱改驶日本；再如 1683 年，1 艘往北大年开展贸易的广东帆船，原拟直接归航广东，但途中获知清兵集结广东，为避免劫掠临时改航日本。[2]

暹罗的王室垄断贸易体系，体现了暹罗对外贸易的主动性，以及暹罗王室对与中国贸易的兴趣；清廷接受暹罗王室"非常规"的贸易活动，也为暹罗开展中暹贸易提供了机会。清朝政府对暹罗王室船队的认可和宽松的海关征税管理办法，促使暹罗与中国私商直接贸易的发展。诚如吴汉泉（Sarasin Viraphol）所认为的那样，中暹贸易发展的关键在于两国互惠互利的商业管理体系。[3]

在暹罗的王室垄断贸易体系中，暹罗王室与贵族是经营主体，但他们的身份仅仅是中暹贸易的委托人，几乎不直接参与中暹贸易的航运和经营工作，暹罗王室和贵族对中国、日本的贸易业务实际上几乎都由华人来经营。暹罗王室和贵族与华人形成一种互助互靠的关系：暹罗王室和贵族依赖华人作为其从事对外贸易尤其是中暹贸易的代理商、航运者及包税人，代表他们与每年驶入暹罗各港口的各国商人进行贸易活动，代表他们每年派遣船只或驾驶船只去中国和其他国家开展贸易，每年向他们缴纳税款；而华人也要依赖暹罗王室和贵族作为其开展经济活动的政治基础，并获得种种特权，在扮演王室代理商角色的同时也开展私人的商业活动。从整个 17 ～ 19 世纪初中国与暹罗的

1　陈荆和：《十七世纪之暹罗对外贸易与华侨》，载凌纯声等《中泰文化论集》，中华文化出版事业委员会，1958。引自田渝《16 至 19 世纪中叶亚洲贸易网络下的中暹双轨贸易》，第 121 页。

2　林春胜、林信笃编《华夷变态》卷 7、卷 8。引自田渝《16 至 19 世纪中叶亚洲贸易网络下的中暹双轨贸易》，第 121 页。

3　Sarasin Viraphol, *Tribute and Profit, Sino-Siamese Trade, 1652–1853*, p.242.

贸易来看，暹罗王室船队对中国的贸易，对暹罗而言是国家垄断贸易，而对于中国来说只能算是私商贸易，不是官方贸易，因为暹罗的王室、贵族的贸易对象主要就是中国的商人（包括行商、私商及部分官员）。[1]

暹罗的华商利用为王室经营的便利，逐渐积累财富，打造商船，联合王室和贵族势力，甚至官商结合，开展中暹贸易和中暹日三国贸易，形成独特的暹罗华商帆船贸易现象。从 17 世纪末开始，暹罗出现暹罗王室船队和华商船队并行的局面。那些由华人掌控、到长崎贸易的暹罗船也被日本人视为"唐船"。所以，我们很难区分到日本的暹罗船哪些是暹罗王室船，哪些是暹罗华商的船。

根据《华夷变态》记述，1675～1717 年参与中暹日三边贸易的唐船[2]，来自暹罗的 77 艘（其中 5 艘自暹罗到长崎，次年经台湾回暹罗），北大年的 6 艘，六坤的 5 艘，广东的 7 艘，高州的 1 艘，厦门的 16 艘，福州的 2 艘，宁波的 13 艘，普陀山的 1 艘，温州的 1 艘；又据《通航一览》卷 269 记载，1718 年，有 1 艘从暹罗到长崎开展贸易（参见附录表四 1675～1718 年参与中暹日贸易的唐船数量）。[3]

18 世纪中叶以后，到中国贸易的暹罗船数量也大幅增加，主要从事大米贸易。[4] 从 18 世纪后期开始，暹罗华商的实力不断增强，在中暹贸易中逐渐占主导地位。据曼谷国家图书馆藏官方档案，1812/1813 年度从湄南河出发到中国贸易的暹罗船共 26 艘，其中到广州 7 艘，到潮州 5 艘，到宁波 7 艘，到上海 4 艘，到天津 3 艘。这些船几乎都是华人的。[5] 至 1821 年前后，华人在暹罗建造的帆船已达 136 艘，其

1　田渝：《16 至 19 世纪中叶亚洲贸易网络下的中暹双轨贸易》，第 216～217 页。

2　唐船的范围很广，不仅指从中国出发到日本的商船，还包括从东南亚各国出发、由中国商人控制的商船。关于唐船定义及分类，参见冯丽红《江户早期唐船贸易及唐商管理研究》，浙江大学博士学位论文，2021，第 21～22 页。

3　陈荆和：《清初华舶之长崎贸易及日南航运》，《南洋学报》第 13 卷第 1 辑，1957 年。他根据《华夷变态》制成"由南洋航日之华舶及其船主们"的材料，兹摘录陈荆和文中有关中暹日三边贸易的部分，目的地都是长崎。

4　关于暹罗向中国输入大米的情况，可参见田渝《16 至 19 世纪中叶亚洲贸易网络下的中暹双轨贸易》。

5　Sarasin Viraphol, *Tribute and Profit, Sino-Siamese Trade, 1652–1853*, pp.268–269.

中有 82 艘从事中暹之间的贸易，另外 54 艘往返于越南、马来亚、爪哇等地贸易，所有船的吨位共计 39000 多吨，船上配备的人员几乎全是华人，计有 8000 ~ 9000 人之多。[1]

与此同时，从中国到暹罗贸易的帆船也增加了。在 19 世纪 20 年代，每年从中国到暹罗贸易的华船有：从广东江门出发的 5 艘，各载重 3000 ~ 5000 担；从樟林出发、载重 5000 担的船 1 艘；从厦门出发、载重 3000 担的船 2 艘；海南的船主要以广东省为依靠，都是载重 2000 ~ 3500 担的小船，每年不到 15 艘；宁波、上海没有船只去暹罗。这个时期中国帆船与暹罗的贸易量约 168500 担，合 10531 吨。[2]

19 世纪上半叶，暹罗与东南亚地区的经济联系更为紧密，与这些地区和中国的贸易总量达 623300 担，合 39000 吨，其中与中国的贸易总量为 52 万担，合 32500 吨，占总贸易量的 83.3%。

表 2-6　1831 ~ 1833 年暹罗对外贸易情况

单位：艘，担

始发地	目的地	船数	每船载重量	总量
不详	广州	8	10875	87000
	海南各港	40（小船）	2800	112000
	闽、浙和江南	32	9500	304000
	巴达维亚	3	7500	22500
	马六甲和槟榔屿	5	5000	25000
	新加坡	27（小船）	1500	40500
六坤	中国	2	6500	13000
庄他武里	中国	1	4000	4000
曼谷	交趾、西贡？	18	850	15300
合计		69 艘，小船 67 艘		623300

资料来源：Charles Gutzlaff, *Journal of Three Voyages along the Coast of China in 1831, 1832 and 1833*, London, 1840, p.120. 引自田渝《16 至 19 世纪中叶亚洲贸易网络下的中暹双轨贸易》，第 115 ~ 116 页。

1　田汝康：《十七世纪至十九世纪中叶中国帆船在东南亚洲航运和商业上的地位》，《历史研究》1956 年第 8 期，第 15 页。

2　John Crawfurd, *Journal of an Embassy to the Courts of Siam and Cochin China*, London: Oxford University Press, 1967, p.410. 引自田渝《16 至 19 世纪中叶亚洲贸易网络下的中暹双轨贸易》，第 116 页。

五　中国与日本的帆船贸易

岩生成一根据历史记载，统计了赴日的有引"唐船"（中国船）数量：1611～1614 年有 185 艘唐船，1615～1622 年没有记录，1623～1625 年 134 艘，1631～1639 年 297 艘，1640～1646 年 423 艘，1662～1669 年 293 艘（其中中国大陆船 126 艘），1670～1679 年 309 艘（包括中国大陆船 69 艘，1670～1671 年有 78 艘唐船），1680～1689 年 708 艘（其中中国大陆船 554 艘），1690～1699 年有 795 艘（其中中国大陆船 651 艘），其间缺少的年份没有统计。[1] 以上有记录的年份共 58 年，赴日"唐船"共计 3144 艘（参见附录表一 17 世纪赴日贸易的唐船数量统计）；每艘中国商船载货成交额平均 35250 两，回程载货 2/3 载白银、1/3 载日本货，平均每艘运回白银 23500 两，[2] 总计运走 7388.4 万两（以 26.6 两合 1 公斤计，合 2777594 公斤），58 年年均运走 1273862 两（约合 47889.6 公斤）。

不过，岩生成一上述统计有遗漏。据《大日本史料》载，自万历四十二年至崇祯十七年（1614～1644），抵达长崎港的中国商船数为：1621 年 60 艘，1625 年 90 艘，1631 年 80 艘，1641 年 97 艘，1643 年 34 艘，1644 年 54 艘。[3] 而岩生成一统计 1625 年 40 艘，1631 年 60 艘，1621 年阙如，其余统计与《大日本史料》所载相同。关于 1611～1639 年赴日"唐船"的数量，岩生成一至少统计了 110 艘，应该至少有 726 艘。

此外，《长崎荷兰商馆日记》记载，1647～1654 年，有 363 艘中国船到长崎贸易。"自 1654 年 11 月 3 日最后一艘船启航到 1655 年 9 月 16 日为止，由各地入港的中国商船为 57 艘……上述各帆船除运载 140100 斤生丝外，还运来了大量的丝织品及其他货物。这些，几

1　岩生成一「近世日支貿易に關する數量的考察」『史學雜誌』62 卷 11 期、1953 年；后智钢：《外国白银内流中国问题探讨（16～19 世纪中叶）》，复旦大学博士学位论文，2009，第 89～90 页。

2　岩生成一「近世日支貿易に關する數量的考察」『史學雜誌』62 卷 11 期、1953 年；后智钢：《外国白银内流中国问题探讨（16～19 世纪中叶）》，第 90 页。

3　引自夏蓓蓓《郑芝龙：十七世纪的闽海巨商》，《学术月刊》2002 年第 4 期。

乎都记在国姓爷账上。"[1]岩生成一没有统计《长崎荷兰商馆日记》所记1647 ~ 1655 年的中国船（包括郑氏赴日贸易船只）共 420 艘。另据《增补长崎略史》所记，1648 ~ 1654 年抵港唐船有 354 艘，1655 年有 45 艘，1656 ~ 1661 年有 295 艘。[2]

表 2-7　1611 ~ 1699 年赴日"唐船"（中国船）统计

单位：艘

年代	岩生成一统计	《大日本史料》	《长崎荷兰商馆日记》	《增补长崎略史》
1611 ~ 1614	185			
1615 ~ 1622	无数据	60（1621）		
1623 ~ 1624	94			
1625	40	90		
1626 ~ 1630	无数据	无数据		
1631	60	80		
1632 ~ 1639	237	237		
1640 ~ 1646	423			
1647 ~ 1654	无数据		363	354（1648 ~ 1654）
1655	无数据		57	45
1656 ~ 1661	无数据			295
1662 ~ 1669	293			
1670 ~ 1671	78			
1672 ~ 1679	231			
1680 ~ 1689	708			
1690 ~ 1699	795			
合计	3144			

说明：《增补长崎略史》的统计数额比《长崎荷兰商馆日记》低，后者记述的船数应包括了前者。

资料来源：岩生成一「近世日支貿易に關する數量的考察」『史學雜誌』62 卷 11 期、1953 年；夏蓓蓓《郑芝龙：十七世纪的闽海巨商》，《学术月刊》2002 年第 4 期；张劲松《从〈长崎荷兰商馆日记〉看江户锁国初期日郑、日荷贸易》，《外国问题研究》1994 年第 1 期；蔡郁苹《十七世纪郑氏家族对日贸易关系之研究》，台湾成功大学博士学位论文，2015。

1　张劲松：《从〈长崎荷兰商馆日记〉看江户锁国初期日郑、日荷贸易》，《外国问题研究》1994 年第 1 期；岩生成一「近世日支貿易に關する數量的考察」『史學雜誌』62 卷 11 期、1953 年。长崎市役所编《增补长崎略史》上卷记载，1655 年有 45 艘唐船到港。

2　長崎市役所編『增補長崎略史』卷上、長崎、1926、42 ~ 85 頁，引自蔡郁苹《十七世纪郑氏家族对日贸易关系之研究》，台湾成功大学博士学位论文，2015，第 124 页。

　　韩昇统计，到日本的中国商船，1655 年有 57 艘（其中福建船 49 艘，郑氏船 2 艘），1656 ~ 1661 年有 295 艘。[1] 他的统计与《长崎荷兰商馆日记》《增补长崎略史》相关记述大体相同。

　　综合以上材料，抵达长崎的"唐船"（中国船）1640 ~ 1646 年有 423 艘；1647 ~ 1661 年至少有 715 艘，其中 80% 左右是郑氏集团的船（1655 年赴日郑氏商船减少是特例）。[2] 1611 ~ 1639 年，赴日贸易的"唐船"计 746 艘，按岩生成一所说每船平均运回白银 23500 两（合 876.87 公斤）计，共计运走 1753.1 万两（约合 65.41 万公斤），18 年（扣除无数据的 1615 ~ 1620 年、1626 ~ 1630 年）年均 36339 公斤；1640 ~ 1671 年，赴日贸易的"唐船"计 1509 艘，共计运走 3546.15 万两，约 132.32 万公斤（以 26.6 两合 1 公斤计，为 133.31 万公斤），以上 32 年年均 41350 公斤。1611 ~ 1671 年，赴日贸易的"唐船"计 2255 艘，共计运走 5299.25 万两，约合 197.73 万公斤；按 1611 ~ 1671 年有记录的 50 年计，中国商船年均运走日本白银 105.99 万两，合 39549 公斤（如以 26.6 两为 1 公斤，则合 39846 公斤），这个年均值与岩生成一推算的（39954 公斤，以 26.6 两为 1 公斤）接近，应该是比较可信的。如果以 1611 ~ 1671 年的 61 年来平均，则是年均 32415 公斤。事实上，17 世纪头十年是日本白银输出的高峰时期，中国船运走的白银应该高于年均值。我们按 1611 ~ 1671 年的年均值 39549 公斤推算，1601 ~ 1610 年中国船从长崎运走的白银大约 39.55 万公斤。

　　1672 年，幕府规定中国船每年贸易额上限 6000 贯（60 万两），对白银出口做出限制。但据小叶田淳估算，1673 ~ 1684 年，"中国船平均每年从日本输出 22500 公斤白银"。[3] 按小叶田淳的估值，1673 ~ 1699

1　韩昇：《清初福建与日本的贸易》"表一"，《中国社会经济史研究》1996 年第 2 期，第 59 页。韩昇没有注明资料来源。

2　杨彦杰：《一六五〇年 ~ 一六六二年郑成功海外贸易的贸易额和利润额估算》，《福建论坛·经济社会版》1982 年第 4 期。

3　小葉田淳『貨幣と鉱山』京都：思文閣、1999、4 ~ 5、103 頁；小葉田淳『日本鉱山史の研究』東京：岩波書店、1986、35 頁。

年中国船共计运走白银 60.75 万斤，约合 1628.1 万两（以每公斤白银合 26.8 两计。如按日本学者以每公斤 26.6 两计，则为 1615.95 万两），年均 60.3 万两（日本学者计为 59.85 万两）白银。值得注意的是，1672 年后，赴日贸易的唐船数量增加了，但运出的白银由于幕府的限额反而减少了。所以，我们不能与某些学者（如后智钢）一样，按每船平均运回白银 23500 两来推算 1672 年后赴日贸易唐船运走的白银数额。[1]

据岸本美绪估计，1700 ~ 1759 年中国船从日本直接运往中国的白银约 73.56 万公斤，合 1971.4 万两，年均 32.86 万两，仅有幕府对每年中国商船贸易限额（60 万两）的一半多。[2]

按岩生成一所说，每艘赴日贸易的唐船载货成交额平均 35250 两，[3] 1611 ~ 1671 年，2255 艘赴日贸易的"唐船"成交额共计 7948.88 万两，按有记录的 50 年平均，年均成交额 158.98 万两；按 60 年平均，年均 132.48 万两。1672 ~ 1699 年，抵达长崎的"唐船"1734 艘，如按从长崎运出白银数额（年均 60.3 万两）是贸易成交额的 2/3 推算，这个时期中日贸易额年均在 80 万两上下，总计 2240 万两，每艘唐船成交额平均 12918 两；如按每艘唐船载货成交额平均 35250 两推算，1734 艘"唐船"成交额达 6112.35 万两，年均 218.3 万两。从幕府的贸易限额看，后一种推算数据显然太高了，当以前一种推算为是。

1600 ~ 1635 年是日本出口白银最多的年份，也应是中国船从日本运出白银最多的年份。可根据上述学者的统计，1611 ~ 1639 年赴日贸易的"唐船"每年运出白银按有数据年份计算，年均才 36339 公

1　后智钢根据岩生成一《有关近代日中贸易数量的考察》统计的 17 世纪赴日本贸易的中国船数量，推算 1611 ~ 1699 年中国船从日本运走白银年均 1173333 两。他的推算似误。参见后智钢《外国白银内流中国问题探讨（16 ~ 19 世纪中叶）》，第 90 页。

2　引自吴承明《18 与 19 世纪上叶的中国市场》，《中国的现代化：市场与社会》，三联书店，2001，第 279 页。参见本书第三章第三节（三）关于中国船从日本运出的白银数量及相关问题。

3　岩生成一「近世日支貿易に關する數量の考察」『史學雜誌』62 卷 11 期、1953 年；后智钢《外国白银内流中国问题探讨（16 ~ 19 世纪中叶）》，第 90 页。

斤，比 1640 ~ 1671 年唐船每年运出白银均值（41350 公斤）低得多，这似乎是不可能的。显然，1600 ~ 1639 年有大量赴日唐船没有被统计到。考虑到这期间 1615 ~ 1620 年、1626 ~ 1630 年没有唐船抵达日本（长崎）的统计数据，表 2-7 所统计的 1611 ~ 1614 年、1621 ~ 1625 年、1631 ~ 1639 年赴日唐船统计数据应有较多遗漏。

在 1650 年以前，唐船几乎都来自中国大陆，此后来自中国大陆以外的唐船逐渐增多。例如，1644 年抵达长崎港的唐船有 54 艘，其中判明起航地的有 35 艘：南京 10 艘，福州 8 艘，漳州 5 艘，中国北部 3 艘，安海、柬埔寨、交趾各 2 艘，泉州、广东、海南各 1 艘。[1] 上述船只来自中国大陆以外的有 4 艘，仅占当年抵达长崎港唐船的 7.4%。在 17 世纪 50 年代以后，大陆华船大幅减少，有大量的华船来自中国大陆以外的台湾和东南亚。例如，1662 ~ 1672 年赴日中国船 417 艘，其中来自中国大陆船 153 艘，占 36.7%；1673 ~ 1684 年中国船 301 艘，其中中国大陆船仅 79 艘，仅占 26.2%；1685 ~ 1699 年中国船 1387 艘，其中中国大陆船 1184 艘，占 85.4%。[2] 这说明 1662 年后，中国大陆与日本贸易大幅缩减，大量赴日贸易的华船来自台湾和东南亚地区。1685 年以后中国对日贸易的猛增，与康熙开海有密切关系。

1685 年以后，赴日的中国帆船大多从中国大陆港口出发，且数量恢复较快。由于赴日唐船数量过多，日本幕府规定的唐船贸易限额（每年 6000 贯，60 万两银）远远不够用，幕府对唐船出发地和数量重新做了限制。[3] 元禄元年（1688），德川幕府规定每年入港的清朝商船不得超过 70 艘，并对开航时间及发船地点也做了规定。[4] 据岩生成一统计，1755 ~ 1799 年仅运载砂糖到日本的唐船就有 578 艘，[5] 实际赴日的唐船数量应更多。

1　张劲松：《从〈长崎荷兰商馆日记〉看江户锁国初期日郑、日荷贸易》，《外国问题研究》1994 年第 1 期。
2　岩生成一「近世日支貿易に関する数量的考察」『史学雑誌』62 巻 11 期、1953 年。
3　小葉田淳『貨幣と鉱山』5 頁。
4　木宫泰彦：《日中文化交流史》，胡锡年译，商务印书馆，1980，第 650 页。
5　岩生成一「江戸時代の砂糖貿易について」『日本学士院紀要』31 巻 1 号、1972 年。

　　赴日唐船中大陆船占比的变化及华船出发地的变化，实际上反映了郑成功海商集团和东南亚华商对日贸易的活跃程度，并从一个侧面反映了华商帆船贸易的范围。1638 年，日本朱印船贸易停止；1639 年，日本又禁止葡萄牙人赴日贸易，日本人和澳门葡萄牙人对日贸易份额多数被华商和郑氏海商集团占有。在此之前，赴日华船每年约 30 艘，最多时约 60 艘；1639 年增至 93 艘，1641 年有 97 艘。[1] 据《长崎荷兰商馆日记》记载，从 1641 年到 1654 年，中国赴日贸易船数计有 712 艘（据岩生成一研究和《长崎市史年表》统计为 725 艘），年均 50 余艘；荷兰商船为 93 艘（《长崎市史年表》统计为 89 艘），华船数量是荷印公司商船的 7.7 倍。[2] 荷兰商船数量虽少，但载货量较大，一般货船载货价值可达千贯。荷兰商船的出发地一般为台湾和东南亚，其贸易范围遍及南洋各地，也经营通过台湾中介的中国大陆商品。如 1643 年 6 艘荷兰商船赴日贸易，当年赴日的荷兰商船出发地有台湾、巴达维亚、暹罗、柬埔寨、东京（河内）等地。[3]

　　值得注意的是，一些来自中南半岛的华船货主不是华商。日本朱印船贸易停止后，在越南的日本人多次租用中国帆船开展对日贸易。1636 年，在广南的日本人租用 5 艘中国帆船，满载瓷器及其他物品驶往日本。[4] 从东京（河内）开赴长崎的中国船，多的时候每年有 4 艘；1647 年以后，每年也有 1 ~ 9 艘中国船自广南至长崎，这些船载运的货物多数是当地日侨委托的。[5] 这种情况间接反映了中国帆船贸易的影响力。

　　华船运入日本的货物主要是生丝、丝织品和蔗糖。例如，1641 年，从福建安海驶抵日本长崎的郑氏商船所装载的生丝和丝织品，分

1　C. R. Boxer, *Fidalgos in the Far East, 1550–1770*, p.134；全汉昇：《明中叶后中日间的丝银贸易》，《中国近代经济史论丛》，第 168 页。

2　岩生成一「近世日支貿易に關する數量の考察」『史學雜誌』62 卷 11 期、1953 年。

3　张劲松：《从〈长崎荷兰商馆日记〉看江户锁国初期日郑、日荷贸易》，《外国问题研究》1994 年第 1 期。

4　T. Volker, *Porcelain and the Dutch East India Company (1602–1682)*, Leiden: E. J. Brill, 1954, p.75.

5　永积洋子：《由荷兰史料看十七世纪的台湾贸易》，刘序枫译，汤熙勇主编《中国海洋发展史论文集》第 7 辑，"中研院"人文社会科学研究中心，1999，第 48 ~ 49 页。引自李德霞《日本朱印船在东南亚的贸易》，《东南亚南亚研究》2010 年第 4 期。

别为 30720 斤和 90420 匹。[1] 郑氏集团运往日本的生丝及丝织品，分别占了当年唐船输入日本的中国生丝总量的 1/3 和丝织品总输入量的 2/3，1642 年更占了近 30%，1643 年高达 80%。[2] 据日本学者山胁悌二郎估计，郑成功海商集团每年输日华丝为 7 万~8 万斤。[3] 唐船从日本运出的货物 2/3 以上是白银，18 世纪以后运出的货物以铜居多。

六　英国人构建的港脚贸易

在 17 世纪后期，随着英国东印度公司拓展亚洲区间贸易和中英贸易，"港脚贸易"悄然兴起。学者们普遍认为，"港脚"应是英语 country 的汉译。[4]

"港脚"译名的出现，至迟在乾隆时期。如乾隆四十五年（1780），广东巡抚李侍尧奏称，"上年九月，嘆咭唎国土名文打剌沙船一只，船主名宾敦顺带港脚鬼子番禀一封，内称广东行商欠夷人钱两甚多，求着行商还回……"[5] 从上述记述看，这艘船属于私人所有的贸易船。当时从事港脚贸易的散商被清人称为"港脚鬼子"，他们的货船被称为"港脚船"，英印公司的船被称为"祖家货船""祖家公司货船""公司船"等。

（一）关于"港脚贸易"与 Country trade

值得注意的是，在"港脚"译名出现之前，Country trade 早已存

1　村上直次郎訳『長崎オランダ商館の日記』第 1 輯、東京：岩波書店、1956、53~65 頁，引自聂德宁《明末清初中国帆船与荷兰东印度公司的贸易关系》，《南洋问题研究》1994 年第 3 期。

2　范金民：《16~19 世纪前期海上丝绸之路的丝绸棉布贸易》，《江海学刊》2018 年第 5 期，第 178 页。

3　山脇悌二郎『長崎の唐人貿易』東京：吉川弘文館、1972、27 頁。引自陈东有《明末清初的华东市场与海外贸易》，《厦门大学学报》1996 年第 4 期。

4　陈尚胜：《英国的"港脚贸易"与广州》，中国中外关系史学会编《中外关系史论丛》第 4 辑，天津古籍出版社，1994；龚缨晏《鸦片的传播与对华鸦片贸易》，东方出版社，1999，第 171 页。

5　梁廷枏：《粤海关志》卷 26，第 506 页。

在。所以，"港脚"的译名与港脚贸易的内涵和地理范围无关。

Country trade 概念是西方学者提出来的。早在 1911 年，英国学者 W.H. 科茨（William Herbert Coates）就提出了 Country trade 概念，并开展了研究。科茨认为，Country trade 包括印度与其邻近国家和地区之间的贸易，如红海、波斯湾、非洲东岸、阿拉伯及阿拉伯海地区、缅甸、勃固、马六甲、荷属东印度，甚至远达中国。[1]

此后，许多西方学者从亚洲区间贸易、亚洲内部贸易（Intra-Asian trade）的角度来讨论 Country trade，认为 Country trade 主要指 16 世纪至 19 世纪上半叶的亚洲区间贸易，荷兰东印度公司、英国东印度公司、葡萄牙人、法国人等都参与了 Country trade。[2]

N. 本杰明认为，从 17 世纪末到 19 世纪蒸汽轮船出现为止，印度与亚洲其他国家和地区之间的海上贸易都可以称为"港脚贸易"。从事这种贸易的商人主要包括印度人和侨居印度的欧洲人（英国人、葡萄牙人、荷兰人和法国人）。港脚贸易活动的范围包括：（1）印度的沿海贸易；（2）印度港口与科摩林角以西的亚洲以及非洲东海岸港口之间的贸易；（3）印度港口与科摩林角以东的缅甸、马来亚、印尼、马尼拉和中国港口之间的贸易。在 N. 本杰明看来，从事上述范围的贸易活动的商人似都是港脚商。[3]

中文译者把 N. 本杰明所称的 Country trade 译为"港脚贸易"，实际上就把二者等同起来。本杰明与科茨观点的共同点是，港脚贸易是以印度为起点，包括西印度洋贸易、东印度洋和南海及中国贸易，也即以印度为起点的亚洲区间贸易。不过，本杰明注意到参与 Country trade 的港脚商是有特定对象的，并不是所有参与亚洲区间贸易的商人

1　William Herbert Coates, *The Old 'Country Trade' of the East Indies*, London: Forgotten Books reprint, 2018 (first published in 1911), p.1.

2　参见 Kristof Glamann, *Dutch-Asiatic Trade 1620–1740*, pp.24, 108, 240; Emily Erikson, *Between Monopoly and Free Trade: The English East India Company, 1600–1757*, p.5；赫尔曼·库尔克、迪特玛尔·罗特蒙特《印度史》，王立新、周红江译，中国青年出版社，2008，第 261 页。

3　N. 本杰明：《印度孟买与中国之间的"港脚贸易"（1765 ~ 1865 年）》，袁传伟、袁放生译，中外关系史学会、复旦大学历史系编《中外关系史译丛》第 4 辑，上海译文出版社，1988。

都是港脚商。

中国学者对"港脚贸易"的认知，似与海外学者有很大的不同。中国学者主要是从中英关系史和印度与中国贸易史的角度来讨论汉籍所记的"港脚贸易""港脚商"。其中陈尚胜认为，"港脚贸易"指 17 世纪末到 19 世纪中叶从印度经东南亚到中国等地的亚洲内部区间贸易。这种贸易原由英印公司垄断，到 18 世纪后期，逐渐转由公司以外的自由商人经营，使它成为亚洲贸易的一个显著特征。在菲律宾，它以"马尼尔哈贸易"（Manilha trade）而著称，意指从马德拉斯到马尼拉的贸易。从陈尚胜的论述看，他认为印度东向贸易都属于港脚贸易范畴，它实际上是亚洲东部的区间贸易。[1]

龚缨晏同意 N. 本杰明对港脚贸易范围的界定，但认为港脚贸易主要是指印度与中国之间的海上贸易；从事港脚贸易的港脚商主要是侨居在印度的欧洲商人以及印度籍商人，这些商人被称作散商或私商，侨居在印度的欧洲商人主要是英国自由商人。他把英印公司职员的私人贸易从港脚贸易中排除出来，认为这种私人贸易是与公司贸易、港脚贸易相对应的英国对华贸易的第三种贸易形式，港脚贸易就是印度散商所从事的东向贸易。[2]龚、陈二人观点的共同点是，港脚贸易是以印度为起点，仅限于印度东向贸易，排除了居住在印度以外的欧洲商人和华商等。他们的差异在于，关于港脚贸易的发起者，龚缨晏认为是散商，陈尚胜认为是英国东印度公司，并且英印公司最初垄断了港脚贸易；关于港脚贸易的范围，龚缨晏认为主要是中印之间的散商贸易，陈尚胜认为印度东向贸易都属于港脚贸易，它实际上是亚洲东部的区间贸易，还有印度与马尼拉等地的贸易。

房德邻、李金明认为，从 17 世纪末叶到 19 世纪中叶，印度、东印度群岛同中国之间的三角贸易都叫作"港脚贸易"，从事港脚贸易的商人就叫作"港脚商"。而在研究中英关系史的著作中，"港脚商"

---

[1]　陈尚胜：《英国的"港脚贸易"与广州》，中国中外关系史学会编《中外关系史论丛》第 4 辑。
[2]　龚缨晏：《鸦片的传播与对华鸦片贸易》，第 169～171 页。

则通常指经过英印公司特许的从事印中贸易的"私商"（又称"散商""自由商人"）。[1]他们把港脚商与英印公司联系在一起。

实际上，汉籍所记"港脚贸易"与 Country trade 既有联系，又有很大区别。我们在阅读西方学者的著述时，必须注意其笔下的 Country trade 很可能不是特指"港脚贸易"，而是指亚洲区间贸易。笔者通过梳理印度"港脚贸易"的起源和发展、港脚商的身份以及港脚贸易的活动范围，力图辨析汉籍所记"港脚贸易"概念的内涵，有哪些商人参与和推动了港脚贸易的发展，港脚贸易是否仅仅是中印之间的英国散商贸易，"港脚贸易"的实质究竟是什么。这有助于我们对相关文献记述的理解和对港脚贸易研究范围的界定，也与 17 世纪中叶到 19 世纪 30 年代广州海外贸易的范围和影响、清代中国和亚洲的联系、中英贸易史之研究课题密切相关。

（二）关于港脚贸易的起源和发展

从前引李侍尧奏折看，汉籍所记"港脚贸易"主要与英国人开展的印度和中国之间的区间贸易有关。我们要真正理解港脚贸易的内涵，还需从英国人"港脚贸易"的缘起和发展来探讨。

港脚贸易最初是由英印公司内部的职员通过私人贸易发展起来的。为了激励公司商船的管理者，公司规定商船大班、船长、大副、二副等每次出航可以携带规定数量的私货和资金开展私人贸易，船长还享有在其船上划出 13 吨的舱位供其运载私货的特权。[2]这种规定最初是作为一种航海津贴和公司福利让上述人员享受的。英印公司在亚洲各地商馆的职员，薪水普遍较低。为了避免他们勒索、受贿，并鼓励他们忠于公司，公司允许他们在保证公司利益的前提下，开展私人贸易以增加收入。而获得这些"优待吨位"的公司职员，尤其是航行

1　房德邻：《港脚商与鸦片战争》，《北京师范大学学报》1990 年第 6 期；李金明：《鸦片战争前英商在广州的贸易》，《南洋问题研究》1994 年第 4 期。

2　马士：《东印度公司对华贸易编年史（一六三五～一八三四年）》第 1 卷，第 249、260 页。

于印中之间的船员，时常将这些吨位以每吨 20 ～ 40 英镑的价格卖给侨居印度的自由商人。[1] 船长和船员们还往往利用船上的生活区来超额运载私货。上述做法为英国人在亚洲的港脚贸易开了先河。例如，1674 年，1 艘英印公司船投入印度的货物价值 11 万镑，白银值 32 万镑，运回伦敦货值 86 万镑，船上的大班、船长和职员从英伦带出的私人投资货物价值 4.5 万镑，白银价值 9 万镑，几乎是公司投资资金的 1/3。[2] 英船上私人运到印度的一部分货物和白银，一般会通过港脚贸易流入中国。公司内部的私人贸易一部分是在东印度与伦敦之间开展的，一部分是在亚洲区间贸易框架内开展的，后者即港脚贸易的滥觞。所以，陈尚胜认为"港脚贸易原是由英国东印度公司所垄断"，[3]这是有部分道理的，只是还谈不上"垄断"。

从港脚贸易的发展历史看，它是在英国东印度公司贸易体制中产生的、与公司贸易不一样的一种贸易方式。而且，英印公司也把港脚贸易和港脚商视为公司的竞争对手。因此，我们不应把英印公司开展的亚洲区间贸易视作港脚贸易，把英印公司视为港脚贸易的发起者。

到 17 世纪 60 年代，英印公司职员的私人贸易已经有了一定的发展，以至于与公司利益产生冲突。1660 年，公司管理会在信中抱怨说，东印度公司从马德拉斯运往望加锡的货物很难销售，"这完全是由公司职员的个人贸易造成的"。[4]

到 1713 年，公司规定船长和船员可依循惯例，以 3% 的舱位运送私货作为津贴，其中一半运力可装载茶叶运回伦敦，但要上交货值的 22% 给公司。[5]1714 年，英印公司的船长和职员运回伦敦的茶叶达 2 万磅以上，导致市场饱和，英印公司的茶叶无法销售。[6]1715

1　格林堡：《鸦片战争前中英通商史》，第 11 页；陈尚胜：《英国的"港脚贸易"与广州》，中国中外关系史学会编《中外关系史论丛》第 4 辑。

2　马士：《东印度公司对华贸易编年史（一六三五～一八三四年）》第 1 卷，第 76 ～ 77 页。

3　陈尚胜：《英国的"港脚贸易"与广州》，中国中外关系史学会编《中外关系史论丛》第 4 辑。

4　K.N. Chaudhuri, *The Trading World of Asia and the English East India Company, 1660–1760*, p.208.

5　马士：《东印度公司对华贸易编年史（一六三五～一八三四年）》第 1 卷，第 165 页。

6　马士：《东印度公司对华贸易编年史（一六三五～一八三四年）》第 1 卷，第 77 页。

年，英印公司董事会决定严格限制私人贸易，尤其是茶叶和丝织品贸易，因为这两种商品的利润很高，并禁止大班进行任何私人贸易，以此来保持公司对中国贸易的控制。[1]不过，这项禁令并没有得到有效执行，英印公司职员的私人贸易持续不断。后来，公司在货物种类、贸易规模等方面对职员的私人贸易做了越来越多的规定。1722 年，英印公司对商船大班的私人贸易又做出规定，他们可以拥有"准许"（Permission）和"特许"（Privilege）两项福利作为津贴。所谓"准许"，就是大班可根据职别携带价值 600 ~ 1500 镑不等的外国银币到中国，用该款购买中国黄金带到苏拉特、孟买或伦敦出售；"特许"制允许大班按职别往返带货，单程 100 ~ 200 镑不等。"特许"带货单程获利可达 100%。[2]1724 年，公司又规定，禁止公司商船人员做茶叶的私人贸易。[3]但英印公司许多船长、大班根本无视该项规定。例如，1733 年，"温德姆"号的船长莱尔从广州运回伦敦价值银 18297两的私货包括：以代运的毛织品售得款购买的黄金，价值 8263 两白银；茶叶 7210 磅，价值 2330 两；丝织品 690 匹，价值 2898 两；瓷器，价值 2725 两；等等。[4]

　　显然，这种英印公司职员的私人贸易是与公司贸易相对立的。在英印公司董事会眼里，公司职员开展的私人贸易和散商开展的港脚贸易都属于公司认可的私人贸易（Private trade）。所以，从贸易的方向和属性来说，英印公司职员在亚洲区间贸易框架内开展的私人贸易也可以被视为港脚贸易的范畴，尤其是考虑到公司职员、船员们经常把"优待吨位"出售给印度散商使用。从商人身份来看，英印公司职员不属于散商，他们开展的私人贸易也不局限于亚洲各地区，还有中英、印英之间的贸易，所以我们也不能把公司职员的私人贸易都视为港脚贸易。在亚洲开展私人贸易的公司职员具有港脚商的某种身份，

1　马士：《东印度公司对华贸易编年史（一六三五～一八三四年）》第 1 卷，第 165 页。

2　马士：《东印度公司对华贸易编年史（一六三五～一八三四年）》第 1 卷，第 81 ~ 83 页。

3　马士：《东印度公司对华贸易编年史（一六三五～一八三四年）》第 1 卷，第 199 页。

4　马士：《东印度公司对华贸易编年史（一六三五～一八三四年）》第 1 卷，第 245 页

只是他们的港脚贸易受到公司条规更多的限制。[1]

值得注意的是，一些英印公司船上的职员在印度、苏门答腊或巴达维亚采购胡椒等，运到广州完成私人贸易，然后买上公司定额的中国商品（茶叶、丝织品、黄金等），随公司船或直接从广州返航伦敦，或经停孟买等港返航伦敦。他们这趟航程，包含港脚贸易，但又不完全是港脚贸易。例如，1772 年，有英印公司 13 艘船到广州，其中 5 艘直接从伦敦驶来，5 艘经马德拉斯、2 艘经萌菇莲（Benkulen, 即苏门答腊岛西海岸的明古鲁，Bengkulu）驶来，1 艘从孟买驶来，它们最终在广州装运茶叶和 1426 担生丝返回伦敦。其中，运到广州的货物有胡椒 11845 担、棉花 750 担、檀香木 1748 担等。船长和职员在广州私人购进的货物，"狐狸"号购进贡熙茶 144 箱、瓷器 95.5 箱加153 盒、漆器 4 盒，"伦敦"号购进茶叶 120 箱、瓷器 46 盒等。[2]

港脚贸易真正的发展是印度散商（私商）的兴起。英印公司的一些职员通过私人贸易获取了大量财富，就脱离公司发展成独立的港脚商。1650 年，威廉·泽西（William Jersey）担任公司在勃固的会计，被认为是第一个获得成功的港脚商。17 世纪 60 年代，他出任科罗曼德尔海岸的马苏利帕塔姆（Masulipatam）总督时，就拥有 7 艘港脚船。1669 年，因违抗命令被公司解雇后，他成为一名独立的港脚商，开展私人贸易。[3]这种独立的港脚商被英印公司称为散商（Private merchants，或 Private trader）。

到 17 世纪 80 年代，公司一些职员的妻子出面从事港脚贸易，使散商规模进一步扩大。1689 年 9 月，英印公司董事会批准尼克（Nick）出任新商馆的总督，条件是马德拉斯委员会和尼克"谨慎地阻止他的妻子从事港脚贸易……她获得了我们失去的财富，我们很高兴听到我

1　格林堡：《鸦片战争前中英通商史》，第 9 ~ 11 页。莫健伟（Mok Kin Wai）在其博士学位论文中，论述了 19 世纪前期英印公司职员开展的港脚贸易及其影响。参见 Mok Kin Wai, The British Intra-Asian Trade with China, 1800–1842, Ph.D. diss., The University of Hong Kong, 2004, pp.52–74。

2　马士：《东印度公司对华贸易编年史（一六三五 ~ 一八三四年）》第 5 卷，第 198、203 页。

3　Holden Furber, Rival Empires of Trade in the Orient, 1600–1800, Europe and the World in the Age of Expansion, Vol. Ⅱ , Minneapolis: University of Minnesota Press, 1976, p.270.

们的职员诚实地赚钱而没有损害公司的利益"。[1] 尼克与其妻子是利益共同体，也具有了港脚商的部分身份。此后，公司一些高级职员甚至购置或租用船只开展港脚贸易。

陈尚胜认为，港脚贸易"到 18 世纪后期，逐渐转由公司以外的自由商人所经营，使得它成为亚洲贸易的一个显著特征"，[2] 这与史实不符。实际上，从 17 世纪 50 年代末开始，公司以外的散商和"闯入者"私商就开始从事港脚贸易了。

英印公司职员独立开展私人贸易持续了相当长的时间。1682 年，英印公司被逐出万丹后，其在印尼群岛的活动被限制在本库伦与西苏门答腊的沿海地区。在马德拉斯和本库伦任职的英印公司职员在上述地区开展私人贸易，运进印度棉布，交换当地的胡椒、锡等。这种职员私人贸易与英印公司的国家贸易具有同样重要的地位。[3]

17 世纪后期，为了管理这些私商并增加税收，英印公司开始实行许可证制度，印度私商必须向英印公司申请贸易许可证（Company's license），才能被英印公司视为"合法地"开展港脚贸易。[4]

获得英印公司经营许可的散商，虽然受到公司的约束，但可以在一定程度上得到公司的帮助，尤其是与贸易伙伴发生财务纠纷时。在 18 世纪后期，广州的华人行商经常拖欠散商货款。公司董事会或公司在广州的管理机构（如特选委员会）应散商要求，与广州官府交涉，请求当地政府过问，催还货款。这些得到董事会援助的散商往往是英国人。前述广东巡抚李侍尧的奏折即反映了这一情况。华人行商经年拖欠的货款累积数额很大，1779 年竟然达到 100 万英镑。[5]

1　Holden Furber, *Rival Empires of Trade in the Orient, 1600–1800, Europe and the World in the Age of Expansion*, Vol. Ⅱ , p.270.

2　陈尚胜：《英国的"港脚贸易"与广州》，中国中外关系史学会编《中外关系史论丛》第 4 辑。

3　尼古拉斯·塔林主编《剑桥东南亚史》第 1 卷，第 497 页。

4　E.H.Pritchard, *The Crucial Years of Early Anglo-Chinese Relations, 1750–1800*, Washington: Octagon Books, 1969, pp.142–143; 马士：《东印度公司对华贸易编年史（一六三五～一八三四年）》第 1 卷，第 93 页。

5　马士：《东印度公司对华贸易编年史（一六三五～一八三四年）》第 2 卷，第 51 页。

17 世纪后半叶，英国港脚贸易的规模虽然不大，但是英国港脚商开始探索各种途径以扩大港脚贸易。1674 年，英印公司的万丹管理会成员在尼古拉斯·韦特（Nicholas Waite）的帮助下，一方面为公司采购货物，另一方面采购自己的私人货物，用法国船运往马尼拉出售。后来，他们用中国帆船运输公司和他们自己的货物到台湾，然后再运到马尼拉。到 17 世纪 80 年代，英国港脚商通过港脚贸易已经积聚了大量的财富。[1]

17 世纪末期，英国港脚商以加尔各答为基地，建立起一支港脚船队。[2] 这支船队的建立，标志着英国散商开始大规模地开展港脚贸易。加尔各答英国港脚船支付吨位税最早的记载出现于 1694 年。此后，加尔各答英国港脚船的数目不断增多，吨位也逐渐增大。这支船队规模的变化，从一个侧面反映了港脚贸易的发展。1694/1695 年该船队有 3 艘船，1705/1706 年有 11 艘，1707/1708 年有 5 艘，1714/1715 年达到 23 艘。[3]

从 1718/1719 年贸易季开始，英印公司对加尔各答的港脚船只征收出口货物价值 2% 的"签证手续费"。根据这项收费记录，我们得知加尔各答港脚船的数量和航运载货吨位增长较快（见表 2-8）。

表 2-8　1714/1715 ~ 1759/1760 年度加尔各答港脚船队的船数、申报吨位、签证手续费

年度	船数（艘）	申报吨位（吨）	签证手续费（卢比）
1714/1715	23	1435	—
1715/1716	19	1320	—
1716/1717	26	2185	—

1　Holden Furber, *Rival Empires of Trade in the Orient, 1600–1800, Europe and the World in the Age of Expansion*, Vol. Ⅱ , p.271.

2　P. J. Marshall, *East Indian Fortunes: The British in Bengal in the Eighteenth Century*, Oxford: Clarendon Press, 1976, p.56.

3　P. J. Marshall，*East Indian Fortunes: The British in Bengal in the Eighteenth Century*, p.54.

续表

年度	船数（艘）	申报吨位（吨）	签证手续费（卢比）
1717/1718	30	2265	—
1718/1719	32	2165	21941
1719/1720	32	2570	20688
1720/1721	28	4023	17179
1721/1722	32	4783	28343
1722/1723	40	5501	21423
1723/1724	31	4783	22833
1724/1725	41	5650	23881
1725/1726	28	4225	24648
1726/1727	35	5632	41561
1727/1728	32	5142	44612
1728/1729	38	5895	40861
1729/1730	27	4809	48734
1730/1731	38	7025	36950
1731/1732	41	5645	17104
1732/1733	39	5638	27872
1733/1734	—	—	45740
1734/1735	29	7901	41453
1735/1736	—	—	36858
1736/1737	25	4860	24851
1737/1738	—	—	27402
1738/1739	18	2650	17316
1739/1740	23	4170	18560
1740/1741	—	—	22592
1741/1742	28	4310	29661

续表

年度	船数（艘）	申报吨位（吨）	签证手续费（卢比）
1742/1743	25	4535	27993
1743/1744	24	4160	24321
1744/1745	22	3875	20826
1745/1746	22	4735	22661
1746/1747	21	3770	6691
1747/1748	20	3540	6035
1748/1749	20	3160	8851
1749/1750	23	3470	10449
1750/1751	29	2980	18411
1751/1752	31	3350	18729
1752/1753	—	—	24078
1753/1754	30	3225	14880
1754/1755 ~ 1756/1757	—	—	—
1757/1758	29	2190	—
1759/1760	30	3598	

资料来源：P. J. Marshall, *East Indian Fortunes: The British in Bengal in the Eighteenth Century*, p.55。

　　申报吨位反映了船只实际货运量。从表 2-8 看，18 世纪港脚船的货运量增长较快。1714/1715 年度，23 艘船申报吨位 1435 吨，平均每艘申报吨位约 62.4 吨；1739/1740 年度的 23 艘船申报吨位达到 4170 吨，平均每艘吨位 181.3 吨。究其原因，一方面是港脚船的载重吨位增加了，另一方面是港脚船的利用率提高了。但事实上，港脚船的实际吨位已经达到 400 吨。[1] 在 18 世纪 20 年代至 40 年代加尔各

1　P. J. Marshall, *East Indian Fortunes: The British in Bengal in the Eighteenth Century*, p. 54.

答的英国港脚船中，超过 200 吨的商船数量在 8 ~ 13 艘之间波动。[1]
从这个时期公司征收的签证手续费数额看，1726/1727 ~ 1729/1730
年、1733/1734 ~ 1734/1735 年是加尔各答出口货物价值较高的年份，
1746/1747 ~ 1748/1749 年是出口货物价值较低的年份。值得注意的
是，出口货物价值的高低，与出港船数量和申报吨位没有必然联系，
而与货值相关。1731/1732 年度贸易季，出港船 41 艘，载货 5645 吨，
征收的"签证手续费"仅 17104 卢比；1744/1745 年度贸易季，出港
船 22 艘，载货 3875 吨，征收的"签证手续费"高达 20826 卢比。

　　1759 年，公司开始用征收关税代替签证手续费。但是，加尔各答
的关税记录仅保留了 1761 ~ 1765 年的清单：1761 年征收关税 37684
卢比，1762 年 55612 卢比，1763 年 52695 卢比，1764 年 29205 卢比，
1765 年 52028 卢比。[2] 到 18 世纪 70 年代，加尔各答港口的船运量不断
增加。加尔各答船只数量，1770 年有 88 艘，总吨位 22475 吨，平均
每艘吨位 255.4 吨；1773 年有 161 艘，总吨位 37187 吨，平均每艘吨
位 231 吨。[3]

　　从 18 世纪 50 年代开始，随着印度棉花、鸦片贸易和中国茶叶贸
易的大规模开展，港脚贸易的规模更大了。所以，在 1754 年中国出
现了"港脚商"的称呼。当时，英印公司把运输所需吨位大且贸易风
险很大的棉花和鸦片贸易交给散商经营，因为印度棉花运到广州销售
的利润直接受制于中国国内棉花的丰歉，而清政府曾多次（1729 年、
1780 年、1790 年）下令禁止进口鸦片。散商通过棉花、鸦片贸易赚
取了大量的白银，并按公司规定把这些白银转交英印公司在广州的财
库，公司则支付伦敦董事会或印度政府的汇票。[4] 这些白银为公司的茶
叶贸易提供了资金，缓解了公司白银资金不足的问题。

1　Holden Furber, *Rival Empires of Trade in the Orient, 1600-1800, Europe and the World in the Age of Expansion*, Vol. Ⅱ , p. 276.

2　P. J. Marshall, *East Indian Fortunes: The British in Bengal in the Eighteenth Century*, p.54.

3　P. J. Marshall, *East Indian Fortunes: The British in Bengal in the Eighteenth Century*, pp.54-56.

4　陈尚胜：《英国的"港脚贸易"与广州》，中国中外关系史学会编《中外关系史论丛》第 4 辑。

（三）关于港脚商的身份

如前所述，最初的港脚商是开展私人贸易的英印公司职员。从 17 世纪 50 年代开始，港脚商主要由欧洲裔"闯入者"和印度散商构成。

从事港脚贸易的散商主要居住在印度，由两大群体构成：一是侨居印度的欧洲人，主要是英国人，还有法国人、希腊人等；二是印度当地的商人，主要有巴斯人（Parsees，或 Parsi，清代又译八思、叭史、巴西）、印度教徒（Hindus）和摩尔人（即穆斯林）商人三部分。[1]他们的贸易许可允许其在英印公司"管辖权"之内的亚洲区间进行贸易，并非仅局限于印度与中国之间的贸易。其中的穆斯林港脚商，继承了几个世纪以来的亚洲区间贸易传统，纵横于印度洋和南海。印度当地的商人从事的亚洲区间贸易，并不局限于从印度往东的区域的贸易，还有西向贸易，在波斯湾、阿拉伯海、红海都可以见到他们的身影。西向港脚贸易包括加尔各答和孟加拉与印度西海岸、波斯湾、红海、奥斯曼等地的贸易。很多散商既从事东向贸易，也从事西向贸易，二者互相影响。散商主要用孟加拉的布匹、大米以及中国和巴达维亚的糖等货物，换取印度西海岸的胡椒和棉花，波斯湾的铜、马匹以及红海的穆哈咖啡、药材、金银等，然后再把这些货物分销到亚洲其他地区。即便是在一趟航程中，他们也可能把印度棉布运到望加锡或万丹，换购胡椒运到广州，再换购中国的蔗糖、茶叶运销到孟买、苏拉特、波斯。所以，把港脚贸易限定为印度与中国之间的私人贸易和散商贸易是不妥当的。

印度的巴斯人由于熟悉东方贸易，掌握货源和航路等，往往受到侨居印度的其他欧洲商人（英国人以外）的青睐，成为他们的代理人。例如，在 17 世纪最后 20 年，果阿、苏拉特的葡萄牙商人就雇用巴斯商人马纳基作为他们在苏拉特的代理人。1690 年，有来自果阿的

1　E. H. Pritchard, *The Crucial Years of Early Anglo-Chinese Relations, 1750–1800*, pp.142–143.

33 艘葡商的船只抵达苏拉特，运来粗锌、槟榔、沉香木、水银、锡以及其他货物。[1]

　　除了以上两类商人，还有一部分欧洲人来到印度，并没有向英印公司领得贸易许可证，就开展区间贸易，这些人被英印公司称作"闯入者"（Interloper，又称非法商人），他们构成港脚商的第三个群体。在英印公司看来，闯入者是开展走私性质的港脚贸易私商。因此，港脚贸易商人实际上是由东印度公司职员、印度自由商人（散商）、闯入者三部分人构成，而不是如房德邻、龚缨晏认为的，港脚贸易商人仅仅由经过东印度公司特许的散商组成。[2] 据荷印公司 1658 年 11 月 22 日给董事会的报告，当年有 2 艘英国"闯入者"所属的船"国王费迪南"号、"理查德与马撒"号抵达广州，但"没有得到货物装载"。[3] 如果以上记述无误，那说明早在 17 世纪 50 年代"闯入者"就开始扬帆于印度与中国广州或澳门之间了。在这个时候，英印公司职员的私人贸易亦才开始。可见，"闯入者"开展走私性质的港脚贸易几乎与印度散商同时。港脚贸易开始的时间绝不是如房德邻所认为的，是在英国东印度公司于 1715 年在广州设立商馆前后，而是更早。[4]

　　对抵达广州、澳门的港脚船船主和货主的身份进行鉴别，无论是对当年粤海关的官员还是今天的研究者来说，都是一项十分复杂的工作。在 18 世纪和 19 世纪早期的英印公司的日志和议事录中，散商船所开展的全部贸易都是按照船旗、船长的国别，是否港脚船（开展

1　桑贾伊·苏拉马尼亚姆：《葡萄牙帝国在亚洲：1500 ~ 1700》，第 290 页。

2　房德邻：《港脚商与鸦片战争》，《北京师范大学学报》1990 年第 6 期；龚缨晏：《鸦片的传播与对华鸦片贸易》，第 171 页。

3　马士：《东印度公司对华贸易编年史（一六三五~一八三四年）》第 1 卷，第 35 页。程绍刚译注的《荷兰人在福尔摩莎（1624 ~ 1662）》没有收录这份报告。据 1658 年 12 月 14 日巴城荷印公司总督提交给董事会的《东印度事务报告》记述，当年有 2 艘英国船抵达澳门，运去一大批胡椒和织物，使澳门胡椒价格下跌。另据 1659 年 12 月 16 日《东印度事务报告》记述，"去年（1658）有两艘英国船曾到达澳门，最终未进行任何贸易而离开。原因可能是他们运去的货物无利可取"。参见程绍刚译注《荷兰人在福尔摩莎（1624 ~ 1662）》，第 505、519 ~ 520 页。以上两条记述没有说明这 2 艘英国船属于"闯入者"，而且它们的抵达港是澳门，不是广州。查《巴达维亚城日记》，也无相关记述。

4　房德邻：《港脚商与鸦片战争》，《北京师范大学学报》1990 年第 6 期。

亚洲区间贸易的港脚船只），是否开往欧洲编制和归类的。荷兰东印度公司也用同样的方式对散商船进行归类。历史学家利用当时留下的记录进行研究虽说无可厚非，但由此得出的结论却未必符合历史事实。近年来，海外学者利用英国和荷兰东印度公司档案等资料，对港脚船、港脚贸易商人、英国散商的身份做了深入研究，尤其是范岱克对抵达广州的港脚船及其船主的研究，[1]使我们有可能更清晰地认识"港脚贸易"概念的内涵。范岱克利用哥本哈根"国家档案文献"（Rigsarkive "National Archives", Copenhagen）、不列颠图书馆"印度官方记录"（British Library: India Office Records，缩写为 BL: IOR），甄别了 18 世纪末至 19 世纪 30 年代到广州贸易的部分散商船的身份，认为多数前来中国进行贸易的散商船，其出资者是亚洲人而不是欧洲人；一些欧洲人商船，也时常会悬挂其他地方的船旗。一艘到达中国的船拥有英国或者法国的船长，以及船上悬挂着这些国家的旗帜，并不意味着该船就是由这些国家的商人委托的。在 18 世纪后期到 19 世纪初，为了贸易方便，港脚船有时会悬挂他国的旗帜到广州贸易，或租用中国帆船、澳门葡萄牙商船运送货物。[2]

例如，据广州的英印公司职员记录，1722 年"伦敦"号抵达黄埔港。该船来自印度，船名虽是"伦敦"号，但其所有者据说是亚美尼亚人。次年 7 月 23 日，该船从巴达维亚返回黄埔，"悬挂亚美尼亚旗帜，属于马德拉斯一家希腊公司，船货管理员（Supercargo，即清代文献中的'大班'）也由该公司派出"。[3]1780 年 9 月抵达黄埔港的"胜利战舰"号，悬挂英国旗帜，指挥官是英国人，但它的所有者是阿尔果德富豪（可能是侨居印度的英国人）。1782 年，"嫩实兹"号根

1 范岱克：《广州贸易中的模糊面孔：摩尔人、希腊人、亚美尼亚人、巴斯人、犹太人和东南亚人》，徐素琴、熊飞译，李庆新主编《海洋史研究》第 10 辑，社会科学文献出版社，2017，第 435 ~ 458 页；范岱克：《广州贸易：中国沿海的生活与事业（1700 ~ 1845）》。

2 范岱克：《广州贸易中的模糊面孔：摩尔人、希腊人、亚美尼亚人、巴斯人、犹太人和东南亚人》，李庆新主编《海洋史研究》第 10 辑。

3 British Library (BL): India Office Records (IOR0G/12/24, 1723.07), pp.25, 42, 1422. 引自范岱克《广州贸易中的模糊面孔：摩尔人、希腊人、亚美尼亚人、巴斯人、犹太人和东南亚人》，李庆新主编《海洋史研究》第 10 辑，第 439 ~ 440 页。

据命令沿爪哇东端航线，从该处悬挂法国旗帜开往菲律宾沿岸，然后从菲律宾改悬西班牙旗帜到澳门，运去巴特那鸦片 1601 箱。[1] 1791 年 7 月，自印度经马尼拉抵达黄埔港的"瓦拉贾"号，船长厄德利·威尔莫特·米切尔（Eardley Wilmot Mitchell）是英国人，船员大部分也是英国人。广州的英国职员将"瓦拉贾"号记录为英国船只，但是它抵达时却飘着阿尔果德富豪的旗帜。[2] 1798 年 10 月 1 日，"克斯·拉苏尔·马乔"号（Kes Russool Muchoy）抵达黄埔港，该船船长是孟买的乔治·M．尼森，悬挂英国旗帜。然而，这艘船的拥有者和发起此次航行的人却是苏拉特本地富豪。荷兰人将该船登记为"富豪的船只"。英国人、法国人和美国人都提到该船是一艘来自印度的英国散商船，但实际上它不是英国人的。[3] 粤海关监督是依据船旗对抵达黄埔港的船只进行国籍记录，并向其颁发进入和离开内河航道的通行证。实际上，船旗只能告诉我们该船的指挥官国籍，或者说明船只持有的通行证出自何方，而不能告诉我们船只所有者的身份以及船上的货物属于谁。

　　港脚贸易属于西人开展的亚洲区间贸易（即许多西方学者所称的 Country trade）的一种形式，但二者不能相等同，其区别在于贸易商人身份的不同。港脚贸易的商人是有特定对象的，而亚洲区间贸易的参与者则要广泛得多，不限于印度散商和"闯入者"。赫尔曼·库尔克忽略了"港脚贸易"概念产生的背景和港脚商人的身份，把港脚贸易与亚洲区间贸易相等同。

（四）关于港脚贸易的活动范围

　　在以往的研究中，中国学者视野中的港脚贸易主要是英国人控制

1　马士：《东印度公司对华贸易编年史（一六三五～一八三四年）》第 2 卷，第 89 页。
2　范岱克：《广州贸易中的模糊面孔：摩尔人、希腊人、亚美尼亚人、巴斯人、犹太人和东南亚人》，李庆新主编《海洋史研究》第 10 辑。
3　范岱克：《广州贸易中的模糊面孔：摩尔人、希腊人、亚美尼亚人、巴斯人、犹太人和东南亚人》，李庆新主编《海洋史研究》第 10 辑。

下的印度与中国的港脚贸易。[1]实际上，港脚贸易的范围要宽泛得多，还有东南亚与中国、印度沿海的贸易以及印度的西向港脚贸易，西向港脚贸易包括印度与波斯湾以及红海等地的贸易。

在18世纪中叶以前，加尔各答英国港脚船主要从事西印度洋（科摩林角以西）的"港脚贸易"，其贸易区域主要有两个：一是印度沿海贸易（从加尔各答、马德拉斯到科钦、孟买、苏拉特等地），二是印度与波斯湾、红海之间的西向贸易。

1. 印度沿海贸易

在18世纪前期，加尔各答的英国港脚商在加尔各答—印度西海岸港口之间的贸易中占据主导地位。[2]港脚商的活动使印度西海岸的重要贸易港口科钦和苏拉特日益繁荣。科钦靠近马拉巴尔胡椒产地，英国港脚船每年都会前往科钦进行贸易。1719/1920年度贸易季，有15艘英国港脚船在科钦停靠，运载的货物至少3000吨，同期抵达科钦的荷兰东印度公司的大船有9艘，法国人港脚船1艘，葡萄牙人港脚船6艘，亚洲人港脚船1艘；在1741/1742年度贸易季，前往科钦进行贸易的英国港脚船超过20艘，其中几艘为大型商船，商船总吨位至少7500吨，同季抵达科钦的葡萄牙人港脚船4艘，亚洲人港脚船4艘，没有法国人港脚船抵达。[3]

印度沿海的港脚贸易沟通了东、西印度洋的商品交流。苏拉特是古吉拉特（Gujrart）货物的主要输出港口。在18世纪前期贸易最繁荣的时候，马德拉斯的英国港脚商每年会派5～6艘船到孟加拉，把孟加拉货物如糖、布匹、生丝运到苏拉特和波斯湾，尤其是生丝数量较多。[4]苏拉特、古吉拉特则向孟加拉出口大量原棉，然后再东运到中

1　吴建雍：《18世纪的中国与世界·对外关系卷》，辽海出版社，1999，第89页；龚缨晏：《鸦片的传播与对华鸦片贸易》，第169～172页。

2　Ashin Das Gupta and M. N. Pearson, *India and the Indian Ocean 1500−1800*, Calcutta: Oxford University Press, 1987, p. 293.

3　Holden Furber, *Rival Empires of Trade in the Orient, 1600−1800*, p. 274; Ashin Das Gupta and M. N. Pearson, *India and the Indian Ocean 1500−1800*, p.11.

4　Ashin Das Gupta and M. N. Pearson, *India and the Indian Ocean 1500−1800*, p.28.

国；古吉拉特还向孟加拉输出一些烟草。烟草大约在 16 世纪末被引种到古吉拉特和科罗曼德尔。1711 年，有 3 ~ 4 艘加尔各答英国港脚船前往苏拉特进行贸易。1717 年，5 艘加尔各答英国港脚船装载 1000 吨货物前往苏拉特进行贸易。在孟加拉与苏拉特之间的贸易中，加尔各答的英国港脚商面临着来自亚洲船主的激烈竞争。在 1701/1702 年度贸易季，有 15 艘苏拉特当地商人的商船前往孟加拉进行贸易。此后，苏拉特商人的商船数量逐渐减少。到 1708/1709 年度至 1709/1710 年度贸易季，苏拉特商人的商船数量又恢复到 10 艘；在 1715 ~ 1735 年，除了在 1718 年和 1722 年的贸易季分别为 8 艘和 9 艘，每年在孟加拉和苏拉特之间从事贸易的苏拉特港脚商船平均为 5 艘。相反，往返于孟加拉和苏拉特之间的英国港脚商船的数量逐渐增加。到 18 世纪 30 年代，英国港脚商控制了孟加拉与苏拉特之间的贸易。1738 年，在孟加拉和苏拉特之间进行贸易的英国港脚商船有 9 艘，亚洲港脚商船 4 艘；1739 年，英国港脚船 7 艘，亚洲港脚商船没有出现；航行于孟加拉和苏拉特之间的来自加尔各答的英国港脚船，1745 年有 13 艘，1746 年有 10 艘。[1] 在 1746/1747 年度贸易季，英国港脚商的贸易总额达到了 1336607 苏拉特卢比，其中对苏拉特的进口额超过出口额 161386 苏拉特卢比。[2]

　　17 世纪末至 18 世纪中期，由于荷兰东印度公司和法国东印度公司在西印度洋贸易区域的势力衰退，古吉拉特商人也从西印度洋贸易区域的贸易中撤退，英国港脚商在西印度洋地区的贸易空间增大，贸易阻力减少。[3] 加尔各答的英国港脚船主趁机将孟加拉与印度次大陆西海岸、波斯湾以及红海之间的大部分贸易置于自己的控制之下。

1　P. J. Marshall, *East Indian Fortunes: The British in Bengal in the Eighteenth Century*, pp.77-79; K. N. Chaudhuri, *The Trading World of Asia and the English East India Company, 1660-1760*, p.20.

2　Holden Furber, *Rival Empires of Trade in the Orient, 1600-1800*, pp. 281-282.

3　Ashin Das Gupta and M. N. Pearson, *India and the Indian Ocean 1500-1800*, pp. 136-138, 140.

2. 印度西向贸易

港脚贸易商依托葡萄牙人开辟的亚洲区间贸易网络、穆斯林商人的"中东商路"和华商构建的东南亚商贸圈，积极开展西向贸易。[1]

在发展印度沿海贸易的同时，印度港脚商积极发展西向贸易，主要包括印度—波斯湾贸易和印度—红海贸易。印度港脚商将中国产品，如茶叶、糖、白铜（白铅）、水银、明矾等，以及孟加拉的大米、纺织品等，印尼的丁香和巴达维亚所产的蔗糖等，从孟加拉、孟买、苏拉特运往波斯湾的巴士拉和阿巴斯港。也就是说，印度西向贸易把中印贸易连接在一起，广州港脚贸易的西端还在印度以西地区。在 18 世纪的大部分时间里，铜是波斯湾对外贸易的大宗货物，小宗货物有玫瑰香水、酒、杏仁和马匹等。孟加拉货物的主要购买者是土耳其和亚美尼亚商人。[2] 1702 ~ 1704 年，英国孟加拉总督连续 3 次派遣他的"季风"号商船从孟加拉前往波斯湾进行贸易。大约到 1710 年，英国港脚商在孟加拉和波斯湾之间建立了牢固的贸易关系。1717 年，2 艘英国港脚商船装载着大约 500 吨的货物从孟加拉驶往波斯湾。1722 年，阿富汗入侵严重扰乱了整个波斯湾的贸易，许多商人无法在阿巴斯进行贸易，他们不得不把购买的孟加拉货物运到巴士拉。加尔各答的英国港脚商迅速跟随他们来到巴士拉。据英国东印度公司在巴士拉的代理商记录，1723 ~ 1736 年每年有 2 ~ 4 艘英国港脚商船从加尔各答来到波斯，18 世纪 30 年代初减少到 1 艘或 2 艘，到 1738/1739 年增加到 5 艘。其中，300 吨的大型加尔各答英国港脚商船"迪恩护卫舰"号（Deane Frigate）在 18 世纪 20 ~ 30 年代的每个贸易季都会前往巴士拉，将 1000 大包布匹和 1000 袋糖运到那里。[3] 与此同时，在 1713 ~ 1743 年的每个贸易季，在阿拉伯海和孟加拉湾之间航行的荷

1 参见许序雅《大航海时代早期亚洲近代海上贸易网络的形成》，鲍志成主编《丝瓷茶与人类文明：东方文化论坛（2014 ~ 2018）论文选》，第 454 ~ 464 页；许序雅《17 世纪荷兰人与远东国家和海商争夺东南亚和东亚的海上贸易权》，《贵州社会科学》2020 年第 9 期。

2 Ashin Das Gupta and M. N. Pearson, *India and the Indian Ocean 1500–1800*, p. 285.

3 P. J. Marshall, *East Indian Fortunes: The British in Bengal in the Eighteenth Century*, pp.79–80, 82–83.

兰私人港脚商船的数量从未超过 10 艘。[1] 在 18 世纪上半叶，虽然穆斯林港脚商船的运载量很大，但是英国港脚商至少掌握波斯湾一半的港脚航运。[2] 通过印度—波斯湾贸易，港脚商人把通过陆上丝绸之路运到波斯湾的欧洲白银贩运回印度，再投入亚洲区间贸易市场。

在这个时期，印度港脚商的触角还伸到红海地区。加尔各答的英国港脚商船经常到红海的穆哈和吉达进行贸易。18 世纪，穆哈需要的印度货物包括胡椒、大米、棉纺织品、靛青、硝石等，这些货物大部分由印度西海岸，尤其是苏拉特提供。孟加拉货物在吉达有很大的销售市场，英国港脚商在这里出售来自孟加拉的糖、大米和棉布，埃及人、亚美尼亚人、土耳其人是孟加拉货物的主要购买者，便宜的白平纹棉布被土耳其人用来做夏装。在 1702/1703 年度和 1705/1706 年度贸易季，加尔各答英国总督的商船前往穆哈贸易，随后年份里的贸易数据没得到保存。1720 年，3 艘英国港脚商船从孟加拉前往穆哈贸易，此时孟加拉与穆哈建立了经常性的贸易往来。18 世纪 20～30 年代，每年有 2～4 艘英国港脚船从孟加拉前往红海贸易。[3] 穆哈的英国商馆保存的货运记录表明，在 18 世纪 20 年代，从印度运到穆哈的最重要的谷物是孟加拉和马拉巴尔的大米。[4] 穆斯林港脚商在波斯湾和红海贸易中非常活跃，他们与英国港脚商大致平分了印度与波斯湾、红海地区的西印度洋贸易。[5]

通常情况下，除了金银，红海地区提供的运回孟加拉的货品很少。1713 年以后，英印公司为了运输的经济性，把公司回国航程要购买、装载穆哈咖啡、波斯呢绒等的业务让给了港脚商，于是英国港脚商解决了西印度洋港脚贸易中缺少回程货的问题，从红海穆哈港把咖

1　Ashin Das Gupta and M. N. Pearson, *India and the Indian Ocean 1500–1800*, p.19.

2　Ashin Das Gupta and M. N. Pearson, *India and the Indian Ocean 1500–1800*, p. 37.

3　P. J. Marshall, *East Indian Fortunes: The British in Bengal in the Eighteenth Century,* pp. 84–85.

4　K. N. Chaudhuri, *The Trading World of Asia and the English East India Company, 1660–1760*, p. 206.

5　Holden Furber, *Rival Empires of Trade in the Orient, 1600–1800, Europe and the World in the Age of Expansion*, Vol. Ⅱ, pp. 283–284; Ashin Das Gupta and M. N. Pearson, *India and the Indian Ocean 1500–1800*, p. 37.

啡运到孟买，从波斯把呢绒等货物运到孟买，再由英印公司商船将咖啡、呢绒等从孟买运到欧洲出售。[1] 由此，亚欧洲际贸易的发展促进英国港脚商在西印度洋经济区域的发展。据 1734 年、1735 年英国东印度公司和荷兰东印度公司保存的清单，当时有 16 艘英国港脚船到科摩林角以西的港口进行贸易。[2] 当时印度胡格利河上至少游弋着 30 艘英国港脚船，这些商船主要前往西印度洋进行贸易。[3] 英国港脚商在西印度洋的贸易活动，承续了中世纪以来印度、波斯和阿拉伯的穆斯林商人在印度洋上的商业活动，并使贸易商品更为丰富，拓展了原有的西印度洋贸易航线，把西印度洋经济区与欧洲市场、东印度洋贸易区连接在一起。

　　大约从 18 世纪 60 年代开始，由于西印度洋沿岸国家政局动荡，港脚商对华棉花、鸦片贸易的崛起，以及英印公司茶叶、蔗糖贸易的兴盛，西印度洋的港脚贸易衰落下去。

　　直到 19 世纪前期，英国港脚商仍通过印度的东向贸易，从广州大量出口茶叶、生丝和糖，运到孟买、苏拉特，其中一部分再西运到波斯湾等地。如 1821 年，36 艘英国散商船从广州运出茶叶 9220 担、生丝 5230 担、糖 100259 担；1826 年，51 艘英国散商船从广州运出茶叶 22434 担、生丝 4186 担、糖 153255 担。[4] 这么大数量的茶叶和糖，在印度本地是无法全部消费的，有许多应该继续西运销售了。茶叶、糖在西印度洋市场非常受欢迎。

　　值得注意的是，印度港脚贸易商对波斯湾、红海的贸易，除了以物易物的交易外，还赚取了大量来自欧洲的美洲白银，为他们的东向贸易积累了资金。只是笔者缺乏资料统计这些白银的数量。

1　Holden Furber, *Rival Empires of Trade in the Orient, 1600–1800, Europe and the World in the Age of Expansion*, Vol. Ⅱ , p. 135.

2　K. N. Chaudhuri, *Trade and Civilization in the Indian Ocean: An Economic History from the Rise of Islam to 1750*, p. 288.

3　Emily Erikson, *Between Monopoly and Free Trade: The English East India Company, 1600–1757*, p.19.

4　马士:《东印度公司对华贸易编年史（一六三五～一八三四年）》第 4 卷，第 6、25、135、156 页。

3. 东印度洋和东向贸易

此外，17 世纪后期到 18 世纪初，是东向港脚贸易发展的初始阶段。在 17 世纪 80 年代以前，印度港脚商的东向贸易主要在东南亚发展。17 世纪 40 ～ 90 年代，英国商人渗透到马尼拉的贸易中，私人贸易增长很快。第一次从印度到马尼拉的风险投资航行，是 1644 ～ 1645 年英印公司在没有亚洲人的保护下进行的。这次航行证实了，风险投资的基地设在马德拉斯或万丹要比苏拉特更有利。1682 年，英印公司被荷兰人从万丹赶走之后，英印公司开展的马德拉斯与马尼拉之间的贸易迅速发展。居住在马德拉斯的大多数公司职员、英国自由商人、葡萄牙人和印度教徒在"摩尔人"（穆斯林）的保护下从事对马尼拉的贸易。到 1700 年，英国私商，从拥有港脚船的总督、船长和水手长到散商，比 17 世纪 70 年代的私商更加关注马尼拉贸易。[1] 可见，港脚贸易并不局限于中印之间的区间贸易。

1718 年开始，加尔各答的东向港脚贸易发展起来。东向港脚贸易主要包括印度与马来亚、印度尼西亚、马尼拉、中国的贸易，其兴起的原因主要是英国对华茶叶贸易的增长以及英国对孟加拉的侵占等。港脚商主要把印度的棉花、檀香木、鸦片等运到中国，换购茶叶、蔗糖、瓷器等；把印度的布匹、鸦片运到东南亚各地换取香料、胡椒、锡、铜，然后把这些货物分销到印度、中国、马尼拉等地，换取其他货物和白银。[2] 早在 1692 年前后，英国牧师约翰·奥文顿在苏拉特就发现，当地人和其他印度人非常喜欢饮茶。[3] 苏拉特是中国茶叶的中转站，大量中国茶叶运到此地，转销到印度各地。

1774 年之前，英国人对华港脚贸易的规模并不大。根据马士《东印度公司对华贸易编年史（一六三五～一八三四年）》提供的数据，

1　Holden Furber, *Rival Empires of Trade in the Orient, 1600-1800, Europe and the World in the Age of Expansion*, Vol. II , p.271.

2　池雅静：《18 世纪英国在亚洲港脚贸易研究》，浙江师范大学硕士学位论文，2010，第 69 ～ 70 页。

3　马克曼·埃利斯等：《茶叶帝国》，高领亚、徐波译，中国友谊出版公司，2019，第 88 ～ 89 页。

1720 年至 1774 年，到中国的英国散商船数量，1720 年 4 艘（来自孟买 1 艘，马德拉斯 1 艘，苏拉特 1 艘，婆罗洲 1 艘），1722 年 3 艘（孟买 1 艘，另有 2 艘从广州运少量茶叶到印度），1723 年 2 艘，1724 年 5 艘（印度），1730 年 2 艘（来自马德拉斯，其中 1 艘在电白与澳门之间沉没），1734 年 1 艘，1735 年 1 艘，1736 年、1737 年各 1 艘（孟加拉），1739 年 2 艘，1741 年 1 艘，1751 年 3 艘，1771 年 2 艘，1774 年猛增到 15 艘。[1]

在 18 世纪上半叶，英国人的港脚贸易尽管规模不大，但仍对荷印公司对华贸易产生了很大影响。1690 ~ 1740 年，荷兰东印度公司在亚洲的贸易额急剧下降；1713 ~ 1743 年，在阿拉伯海和孟加拉湾之间航行的荷兰私人港脚商船的数量每个贸易季从未超过 10 艘。[2]1739 年，一份给巴达维亚总督的报告指出，荷兰人利润急剧减少的原因在于"各个国家对中国的自由贸易"。1738 年，1 艘到中国的荷兰港脚船仅仅与 1 艘来自马德拉斯的英国港脚船和 1 艘澳葡船相竞争；但是在随后的贸易季，巴达维亚的荷兰商人发现，他们经销的锡和苏木没有了市场，因为在中国出现了 2 艘英国港脚船、1 艘法国港脚船、1 艘来自苏拉特的摩尔人船和 2 艘从马拉巴尔海岸驶往澳门的船。[3]

在 18 世纪上半叶，来华的英国港脚船只在 1724 年达到 5 艘规模，一般维持在每年 1 ~ 2 艘的水平。到 70 年代以后，抵达广州的港脚船数量增加很快，开始突破 5 艘的规模，在很多年份超过公司船数量。80 年代后期，港脚船又增加到每年 20 ~ 40 艘不等。进入 19 世纪后，来华港脚船数量又有增加，1806 年达到 60 艘，1833 年更是达到 82 艘的空前规模（参见表 2-9）。

1　马士:《东印度公司对华贸易编年史（一六三五 ~ 一八三四年）》第 1 卷，第 179、194、198、202、224、251、261、278、294、304、313、323、338 页；第 5 卷，第 204、228 页。

2　Ashin Das Gupta and M. N. Pearson, *India and the Indian Ocean 1500-1800*, p.19.

3　Holden Furber, *Rival Empires of Trade in the Orient, 1600-1800, Europe and the World in the Age of Expansion*, Vol. Ⅱ, p.279; 池雅静:《18 世纪英国在亚洲港脚贸易研究》，第 39 ~ 40 页。

表 2-9　1775～1833 年来华港脚船与公司船统计

单位：艘

年份	港脚船	公司船	年份	港脚船	公司船
1775	8	5	1805	36	17
1776	16	8	1806	60	19
1777	9	9	1807	37	14
1778	10	7	1808	39	15
1779	8	5	1809	26	14
1780	12	12	1810	19	15
1781	6	11	1811	25	19
1782	不详	5	1812	13	23
1783	3	13	1813	18	20
1784	8	13	1814	23	22
1785	9	19	1815	23	24
1786	24	29	1816	39	28
1787	33	29	1817	39	16
1788	24	26	1818	35	16
1789	37	21	1819	18	24
1790	21	25	1820	27	23
1791	12	11	1821	36	21
1792	23	16	1822	21	19
1793	22	18	1823	24	21
1794	23	21	1824	30	21
1795	17	16	1825	39	22
1796	17	23	1826	51	34
1797	22	18	1827	42	28
1798	6	16	1828	53	20
1799	16	15	1829	47	25
1800	21	19	1830	50	22
1801	6	26	1831	68	25
1802	19	19	1832	67	23
1803	26	18	1833	82	25
1804	26	21	合计	1571	1109

说明：本表中的"港脚船"，主要是散商船。

资料来源：陈尚胜据马士《东印度公司对华贸易编年史（一六三五～一八三四年）》编制。引自陈尚胜《英国的"港脚贸易"与广州》"表一"，中国中外关系史学会编《中外关系史论丛》第 4 辑，第 47 页。参见马士《东印度公司对华贸易编年史（一六三五～一八三四年）》第 1 卷，第 13、14、40、47、59、98、111 页。

值得注意的是，我们不能因为"港脚"一词是清人对 Country 的汉译，就认为港脚贸易必与中国有关或必是中印之间的贸易。因为当时许多抵达广州或澳门的港脚船，并非来自印度，也并不都是英国人的港脚船。例如，前面提到的"伦敦"号，显然不仅从事印度与广州之间的贸易，还涉及巴达维亚与广州之间的区间贸易。又如，1739 年有 1 艘法国散商船到广州。[1] 这是英国人以外的欧洲人散商船第一次见于记载。一些抵达广州的港脚船，除了载有印度的大宗商品棉花和鸦片外，同时还有苏门答腊的胡椒、香料群岛的丁香和马尼拉的白银等。类似这种情况，广州的海关官员和行商很难区别这些港脚船来自哪里。

印度港脚商在开展东向贸易时，经常租用别人的船只。据范岱克研究，在 18 世纪中叶，亚美尼亚人在广州的大部分贸易品都是通过其他船只运输的，其中不乏英国散商的船只。例如，1754 年 8 月，英国散商船"胜利战舰"号在邓肯先生（Mr. Duncan）的指挥下从孟加拉抵达黄埔港。丹麦人对这艘船的记录是"英国的摩尔人的船只"（Engelske Moor Skib）。1765 年 8 月，英国散商船"塞西尔"号在英国船长布朗的指挥下驶抵黄埔，但是该船的船货管理员却是摩尔人。直到 19 世纪初，澳门的亚美尼亚人仍继续租用英国的船只运输货物。据荷兰人记载，1800 年 6 月 20 日，7 名亚美尼亚人离开澳门前往广州。这些亚美尼亚人与英国散商船"佩吉"号（Peggy）有业务往来，该船船长是弗莱明。同年 7 月，"佩吉"号从印度抵达中国，装好货物准备驶往勃固和孟加拉。[2] 由此可见，在这个时期英国散商船开展的贸易，其货主并不都是英国散商，有一些是亚美尼亚散商。

此外，印度的散商还时常租用澳门葡萄牙人的船只运送货物。例如，1731 年 2 月 24 日，1 艘名为 Nostra Senhorpena de Francia 的葡萄牙商船从澳门起航，为亚美尼亚人运送货物到科罗曼德尔海岸。由于

1　马士：《东印度公司对华贸易编年史（一六三五～一八三四年）》第 1 卷，第 313 页。

2　范岱克：《广州贸易中的模糊面孔：摩尔人、希腊人、亚美尼亚人、巴斯人、犹太人和东南亚人》，李庆新主编《海洋史研究》第 10 辑。

起航过晚，错过了季风，该船在 6 月 21 日停泊在马六甲，然后直航巴达维亚，希望能在该地处理一些货物。[1]

　　N. 本杰明根据英国下院文件 1829 年第 285 号"印中贸易"和"上院文件"1831 年第 46 号，统计了 1808/1809 ~ 1828/1829 年贸易季来往于孟买和广州之间的（英国）港脚船数量及其吨位。1808/1809 ~ 1818/1819 年贸易季，从孟买到广州的港脚船有 204 艘，同期从广州返回孟买的港脚船仅有 117 艘，[2] 有近 43% 的港脚船没有在当年回到孟买，而是驶往孟买以外的地区。这也说明港脚贸易不仅仅是中印之间的贸易。正如莫健伟所说，印度的东向港脚贸易实际上是印度次大陆、东南亚和中国的多边商品贸易。[3]

　　在当时，许多从伦敦直接驶往中国的英印公司船，往往会在苏门答腊的萌菇莲、巴达维亚等地停留，让公司和船上职员个人在这些地方装载胡椒等，然后运往广州、澳门出售。例如，1771 年，公司管理会命令"里奇蒙"号经停萌菇莲，去装运公司储存在那里的 500 吨胡椒，但该船过期未达；当年，从伦敦开往广州的"加尔各答"号，公司管理会命令其只能在圣海伦娜岛停靠，但该船船长以修理桅杆、补充食物给养为由，擅自到巴达维亚停靠。[4]

　　18 世纪 70 年代以后，港脚商对华贸易主要是把印度的棉花、鸦片还有少量马来群岛出产的锡和胡椒（产自苏门答腊萌菇莲和婆罗洲马辰）运到广州、澳门，换购中国的茶叶、生丝、蔗糖和白银。这些白银流入英印公司财库，成为公司购买中国茶叶的资金。如 1786 年，24 艘英国散商船把 65130 担印度棉花运入广州，运出茶叶 175 担、生

1　British Library (BL): India Office Records (IOR0G/12/35,1733.06.21), p.3. 引自范岱克《广州贸易中的模糊面孔：摩尔人、希腊人、亚美尼亚人、巴斯人、犹太人和东南亚人》，李庆新主编《海洋史研究》第 10 辑，第 444 ~ 445 页。

2　N. 本杰明：《印度孟买与中国之间的"港脚贸易"（1765 ~ 1865 年）》，中外关系史学会、复旦大学历史系编《中外关系史译丛》第 4 辑，第 113 ~ 114 页。

3　Mok Kin Wai, The British Intra-Asian Trade with China, 1800−1842, pp.52−53.

4　马士：《东印度公司对华贸易编年史（一六三五 ~ 一八三四年）》第 5 卷，第 194 页。

丝 189 担，同期英印公司运入广州的棉花仅 28120 担。[1]

在英印公司眼里，港脚贸易也不仅仅是印度与中国的贸易。1831 ～ 1832 年，英印公司报告记述：

> 中国与印度之间的港脚贸易几乎全部掌控在加尔各答和孟买的英国商贸公司手中。几乎没有与马德拉斯的贸易往来。虽说港脚贸易主要被英国商人控制，但是不仅孟买的巴斯人私下参与，而且加尔各答印度商人的资本也运作其中。从英属印度、马来群岛到中国，港脚贸易都受到中国人的广泛挑战。[2]

因此，我们不能把中印区间贸易与中印港脚贸易相等同，也不能简单地说港脚贸易就是中国与印度之间的贸易，因为港脚贸易的内容要丰富得多，巴达维亚等东南亚港口与广州之间的散商和公司职员的私人贸易肯定属于港脚贸易范畴。

（五）港脚贸易经营的主要货物与鸦片贸易

如前所述，从 17 世纪 60 年代开始，英印公司职员的港脚贸易有了一定的发展，以至于与公司利益产生冲突。1715 年，英印公司董事会决定严格限制职员的私人贸易，并禁止大班进行任何私人贸易，尤其是茶叶和丝织品贸易，因为这两种商品的利润很高，以此来保持公司对中国贸易的控制。[3] 不过，这项禁令无法得到有效执行，公司职员对茶叶和丝织品的私人贸易一直不曾间断。如 1728 年，大班法扎克利从广州私人运回茶叶 5 担（价值 125 两）、丝帕 758 件（每件 20

1　马士：《东印度公司对华贸易编年史（一六三五～一八三四年）》第 2 卷，第 138 ～ 139 页。

2　*Affairs of the East India Company, Reports from Committees, 1831–1832,* London: The House of Commons, 1832, Vol.6, p.462. 转引自范岱克《广州贸易中的模糊面孔：摩尔人、希腊人、亚美尼亚人、巴斯人、犹太人和东南亚人》，李庆新主编《海洋史研究》第 10 辑，第 437 页。

3　马士：《东印度公司对华贸易编年史（一六三五～一八三四年）》第 1 卷，第 165 页。

条，价值 4169 两)；"林恩"号船长埃利斯顿私人运回茶叶 58 担、丝帕 50 件。[1]

从 1775 年广州茶叶和生丝的出口情况看，直到 18 世纪 70 年代，英国散商生丝贸易占比较大，茶叶贸易占比很小（见表 2-10 ）。

表 2-10　1775 年广州到港的欧洲商船及其运走的茶叶和生丝数量

单位：艘，担

到港商船国籍	船数	茶叶	生丝
英国：公司	5	26918	2112
散商	8	2143	1196
法国	4	18662	271
荷兰	5	36929	133
瑞典	2	19220	8
丹麦	2	21253	4
合计	26	125125	3724

资料来源：马士《东印度公司对华贸易编年史（一六三五～一八三四年）》第 2 卷，第 13 页。

18 世纪 70 年代以后，港脚商对华贸易主要是把印度的棉花、鸦片还有少量的马来群岛出产的锡和胡椒（产自苏门答腊萌菇莲和婆罗洲马辰 ）运到广州、澳门，换购中国的茶叶、生丝、蔗糖和白银。这些白银通过汇票流入英印公司财库，成为公司购买中国茶叶的资金。

英国散商对华输入的印度棉花、鸦片不断增加，但输出的中国商品并没有增加。这是因为，茶叶和生丝贸易获利丰厚，公司限制散商经营这些商品。这使散商对华贸易处于入超地位。我们以 1786 年为例（见表 2-11 ）。

1　马士：《东印度公司对华贸易编年史（一六三五～一八三四年）》第 1 卷，第 219 页。

表 2-11　1786 年广州到港的外国商船及其运走的货物数量

到港商船国籍	船数（艘）	白银（箱）	输入棉花（担）	茶叶（担）	生丝（担）	南京布（匹）
英国：公司	29	716	28120	157116	2889	40000
散商	24		65130	175	189	200
美国	5			8864		33920
荷兰	5	137		44774	365	98200
丹麦	2	59	322	15190	6	78000
瑞典	1			13110		10900
法国	1			2867	71	72000
西班牙	3				45	37000
合计	70	912	93572	242096	3565	370220

资料来源：马士《东印度公司对华贸易编年史（一六三五～一八三四年）》第 2 卷，第 138～139 页。

英国港脚贸易对东南亚和中国社会影响最大的是鸦片贸易。据记载，1720 年从科罗曼德尔海岸进口几大箱鸦片到澳门。这应该是英国港脚船或公司职员私带到澳门的。此后，中国市场对鸦片的需求逐年上升，果阿当局极力确保澳门形成鸦片的垄断市场。到 1729 年，雍正帝意识到鸦片危害，明令禁止贸易。但英印公司船长、大班和港脚商仍不断私运鸦片到中国。到 18 世纪 30 年代初，鸦片成为英国船长和大班从印度圣乔治堡（要塞）带到中国的常规贸易商品。[1]1733 年，英国东印度公司在中国航运记录上第一次提到鸦片。这一年，英国各船开到马六甲之前，公司管理会下发一道命令：

> 考虑到上一次"温德姆号"和"康普顿号"从圣乔治要塞开来时，由于鸦片在中国获利，致使船长或船员购带一些（鸦片——引者注）到市场出售，忽视了他们这种行为所引起的危险

1　范岱克：《广州贸易——中国沿海的生活与事业（1700～1845）》，第 119 页。

后果。我们一致同意写给船长莱尔和船长霍姆斯各人如下。……"前时经圣乔治要塞开来的船只，经常带鸦片到中国出售……中国皇帝最近制定严厉禁止鸦片的律令。……无论在什么情况下，不得携带也不准你的船运载这样东西到中国，否则你要负违反公司命令的危险责任。[1]

这道训令表明，在 1733 年之前一个时期，英国东印度公司的船长与船员经常以走私的方式带鸦片到中国出售。因为清政府将鸦片贩运进中国视为非法行为，英印公司对华贸易是官方贸易，如果被清政府发现参与了鸦片走私，将会"引起危险后果"，对其茶叶贸易产生不利的影响。因此，英印公司曾经禁止公司船运载鸦片到中国。早期鸦片输入中国主要是港脚贸易的私商和公司职员个人的走私行为。[2]

从 18 世纪中叶开始，为了应对大量购买中国茶叶和瓷器所导致的白银资金不足，英印公司也开始涉足鸦片贸易。1764 年，英印公司怀疑英国皇家海军护卫舰"亚哥"号和"库达洛尔"号帆船把鸦片运入黄埔港。大约此后不久，英印公司船也开始大规模贩运鸦片到广州。1762 ~ 1764 年，英国攻击并侵占了马尼拉，致使马尼拉和广州之间的华人帆船贸易一度中断，马尼拉的白银无法运抵广州，广州的代理商出现白银短缺。很多商人开始走私鸦片，试图以鸦片的快捷贸易来弥补资金短缺。[3]

1767 年，由里奇满船长掌管的英国"库达洛尔"号帆船运载了"大量的"鸦片到中国。[4]同年，大约有 500 箱鸦片通过私人贸易商（主要来自加尔各答）在马六甲海峡地区的亚齐、瓜拉雪兰莪和廖内等地

1　参见马士《东印度公司对华贸易编年史（一六三五～一八三四年）》第 1 卷，第 242 页。

2　马士：《东印度公司对华贸易编年史（一六三五～一八三四年）》第 1 卷，第 242 页；龚缨晏：《鸦片的传播与对华鸦片贸易》，第 184 页；池雅静：《18 世纪英国在亚洲港脚贸易研究》，第 39 页。

3　马士：《东印度公司对华贸易编年史（一六三五～一八三四年）》第 5 卷，第 123 页；范岱克：《马尼拉、澳门、广州：紧密相联的三座城市》，《广东社会科学》2007 年第 1 期；范岱克：《广州贸易——中国沿海的生活与事业（1700～1845）》，第 167 页。

4　范岱克：《广州贸易——中国沿海的生活与事业（1700～1845）》，第 121 页。

销售，换购当地的胡椒、锡等。在 18 世纪 80 年代，印尼群岛西部的丁加奴地区年产胡椒 13000 ～ 17000 担，英印公司通过输入鸦片，交换这些胡椒。[1]

18 世纪末，鸦片市场集中在澳门，每年大约可行销 2000 箱孟加拉鸦片。[2] 到 19 世纪初，鸦片成为英国人输华商品的重要项目。例如，1820 年，英国散商在广州输入孟加拉鸦片 2115 箱、马尔瓦鸦片 1222 箱，价值 648600 元（镑）；1821 年，英印公司和英国散商在广州输入毛织品货值 2678482 元、棉花 5010667 元、檀香木 35893 元、胡椒 381617 元、鸦片 4166250 元，从广州输出茶叶货值 8399518 元、生丝 1974998 元、丝织品 515764 元、南京布 510626 元、"其他商品" 21366918 元，"其他商品"中包含食糖 746230 元（100259 担）。[3]

1729 ～ 1800 年，中国的鸦片进口量增长了 20 倍以上。1818 年，有人发展出更廉价、药效更强的鸦片。这种新型鸦片的问世，大大扩大了鸦片的消费市场。1839 年，从印度输入中国的鸦片够 1000 万人吸食。英国人通过鸦片贸易赚取的中国白银，足以抵销英国进口中国货物的庞大白银开销。[4]

（六）港脚贸易与英印公司贸易的关系

茶叶贸易的巨额利润以及英国对中国茶叶的需求，促使英国东印度公司积极发展中国茶叶贸易。英国在对华贸易中一直处于贸易逆差的位置。为了筹足购买茶叶的白银，英印公司大力鼓励港脚商把印度的棉花、鸦片运到中国出售，所得白银以汇票方式流入公司在广州和孟加拉的财库，为公司提供购买茶叶、瓷器等的资金。

---

1 尼古拉斯·塔林主编《剑桥东南亚史》第 1 卷，第 497 页。

2 马士：《东印度公司对华贸易编年史（一六三五 ～ 一八三四年）》第 2 卷，第 361 页。

3 马士：《东印度公司对华贸易编年史（一六三五 ～ 一八三四年）》第 3 卷，第 429 页；第 4 卷，第 23 ～ 25 页。

4 彭慕兰、史蒂文·托皮克：《贸易打造的世界：1400 年至今的社会、文化与世界经济》，黄中宪、吴莉苇译，上海人民出版社，2018，第 182 ～ 183 页。

18世纪60年代到1830年，英国港脚商扩大对华港脚贸易的规模，他们向中国大量输入印度棉花，不择手段地向中国大量走私鸦片。对华棉花贸易、鸦片贸易扭转了英国对华贸易入超的状态。从18世纪30年代开始，英印公司管理层就意识到，通过英国港脚船在印尼等地出售鸦片和其他印度货物所获得的白银，来换取公司汇票，可以为广州的大班提供白银。[1]公司鼓励职员私人（免运费）和散商从印度大量运货到广东，交换条件是将售得货款交入广州财库，以缓解公司的银荒。例如，1778年，私商拉菲尔将5万元交给英印公司广州财库，其中一半收取当年的汇票。[2]公司职员在广州的私人贸易赚取的白银，也以汇票方式交给公司财库。在18世纪末，"孟加拉的部分汇款得自从英国或葡萄牙的散商船运鸦片到澳门出售的货价"。[3]在英印公司的鼓励下，港脚贸易迅速发展。港脚贸易既与英印公司的亚洲区间贸易相互竞争，又支持英印公司的亚洲区间贸易。

小　结

16～18世纪华商的帆船贸易和17世纪中叶到19世纪初的"港脚贸易"是亚洲区间贸易的重要贸易形式，为该时期亚洲区间贸易的发展和区域经济带的构建做出了贡献。

华商通过帆船贸易，活跃在马尼拉、印尼、暹罗、日本市场。中国与马尼拉的海上贸易，早在西班牙殖民者到来之前就已存在。在大帆船贸易开通后，中国商船开始到马尼拉贸易，以中国生丝、丝绸和生活用品交换中国社会急需的白银，中国商船运去的生活品满足了吕宋的西班牙人和当地土著的需求，生丝、丝织品、棉布等成为马尼拉大帆船贸易的货源，中国帆船成为马尼拉大帆船贸易的主要支撑。运

1　Holden Furber, *Rival Empires of Trade in the Orient, 1600-1800, Europe and the World in the Age of Expansion*, Vol. Ⅱ , p.244.

2　马士：《东印度公司对华贸易编年史（一六三五～一八三四年）》第2卷，第34、37页。

3　马士：《东印度公司对华贸易编年史（一六三五～一八三四年）》第2卷，第361页。

往中南美洲的货物主要依靠中国商船提供，使亚洲区间贸易市场与美洲市场相联结。影响中国帆船到马尼拉贸易的主要因素有两个：一是荷兰人对马尼拉的封锁和打压，二是明清朝廷保守的海外贸易政策。在 1641 年葡萄牙人丢失马六甲以前，在对马尼拉的贸易中华商与澳葡几乎平分秋色。

驶往马尼拉的中国帆船主要从广州、澳门、台湾和月港等地出发，输入马尼拉的货物主要是中国的生丝和丝织品，约占 95%，其余为生活必需品，如各种食品、香料、日用品，还有少量的奢侈品（珍珠、宝石、玉石、黄金等）和军需品（生铁、铜、锡、铅、火药等）。到菲律宾的中国商人贩卖给西班牙人的丝货，往往可获利 100% 以上，有时可达 200%，平均利润率约为 150%。因此，马尼拉大帆船贸易的终端实际上是在广州、澳门和月港等地。

经笔者考辨，抵达马尼拉的中国商船 1570 ~ 1599 年 494 艘（包括澳门 6 艘），1600 ~ 1609 年 275 艘，1610 ~ 1619 年 273 艘，1620 ~ 1629 年 146 ~ 166 艘，1630 ~ 1643 年 440 艘，以上共计 1628 ~ 1648 艘，这比钱江统计的船数（1718 艘）少了 70 ~ 90 艘。另外，1644 ~ 1699 年 539 艘，1700 ~ 1760 年 840 艘。1570 ~ 1760 年总计 3007 ~ 3027 艘。

每艘华船运入马尼拉的平均货值，在 1620 年以前以 31350 比索（折合 23512.5 两）计，1620 年后取中间值，以每船 25866 比索（19399.5 两）计算。在马尼拉的中国商品平均利润率大约为 150%，每艘华船从马尼拉回程装载的货物 95% 是美洲白银。如此，在 1620 年以前，每艘华船载货在马尼拉售出可得 78375 比索（折合 58781.3 两），运回白银约 74456 比索（55842 两）；1620 年开始，每艘华船载货在马尼拉售出可得 64665 比索（折合 48498.8 两），运回白银 61432 比索（46074 两）。以上估值不包括运抵马尼拉的免税货物（食品、军需品等）价值及其出售利润，这些免税货物售出后，应该也会换购部分白银运回中国。

1570 ~ 1760 年赴马尼拉贸易的中国商船有 3007 ~ 3027 艘，运入马尼拉的中国商品总值 8349.34 万 ~ 8401.07 万比索（折合 6262

万～6300.8万两），贸易总额为20873.35万～21002.68万比索（15655.01万～15752.01万两），运回白银19829.68万～19952.54万比索（14872.26万～14964.41万两），折合554.94万～558.38万公斤，年均29207.37～29388.42公斤（折合782757.5～787609.7两）。以上估值不包括中国运抵马尼拉的免税货物（食品、军需品等）价值及其出售利润。从到港船统计数据看，1580～1619年是中国与马尼拉贸易的高峰时期，1650～1689年是中菲贸易的低潮时期；华船从马尼拉运回白银最多的时间段是1600～1619年，其次是1620～1643年，最后是1685～1716年。

1761～1770年，抵达马尼拉的华船不超过125艘，货物销售总额不超过831.85万比索，运回白银约623.89万两。钱江统计，1570年至1770年中国与吕宋的贸易总额为24752万比索，折合白银18564万两，年平均贸易额约为129.59万比索（折合97.2万两）。他的统计似偏高了。

明清时期，随着大批中国帆船的到来，许多中国人随船侨居吕宋，带去了先进的农业生产技术和生产工具以及各种手工技艺，大大推动了当地经济发展。

在荷兰人退出台湾后，驶往巴达维亚的中国帆船数量逐渐增加。在第三次谋求与华直接贸易失败后（1686），荷印公司为了节约运力和运费，鼓励华船到巴达维亚贸易。17世纪末到18世纪，抵达巴达维亚的华船出发港有广州、安海、宁波、上海、福州及长崎、马尼拉等地，抵达巴达维亚的华船1684～1754年共计853艘，其中1691年、1692年、1696年、1718年、1742年、1750年、1752年没有到港船记录。1715～1754年，抵达巴达维亚的中国商船总计499艘，葡船总计255艘，英国商船总计292艘。从到港商船数量看，中国商船数遥遥领先。1700～1715年、1720～1739年是福建、广东与巴达维亚间帆船贸易的高峰时期。帆船贸易的发展，促进了中国东南沿海地区经济的恢复，更给巴达维亚带来了繁荣。

巴达维亚的荷兰人与华商交易，尽量采用以货易货的贸易方式，以减少白银支出。荷兰东印度公司在与华商帆船贸易中长期保持出超地位。18世纪最初十年里，荷印公司贸易顺差每年都达10万~50万盾。尽管中国帆船贸易给荷印公司带来了丰厚利润和贸易便利，但荷印公司仍然通过抬高香料售价、大幅压低华船运来的茶叶收购价等手段降低华商的经济利益。这严重阻碍了华商对巴达维亚的帆船贸易。1717年1月，康熙帝颁布"禁止商船往南洋等处贸易"谕旨，即所谓"南洋禁航令"，一度造成中国帆船停驶南洋。1740年10月，荷兰人在巴达维亚制造"红溪惨案"，屠杀城内华侨超过万人。这对中国帆船贸易有很大影响，此后4年很少有中国帆船到巴城，1745年后才逐渐恢复。

1761年，荷兰人发现租用中国帆船开展巴城与广州之间的贸易比荷船更为便宜，所以荷兰人更多租用中国帆船开展贸易，促进了中国帆船贸易的发展。

随中国帆船而来的不仅有中国商品，还有许多华裔蔗农、工匠、商人等。他们在巴达维亚城中及城郊定居，形成华人社团，有自治首领甲必丹，保留中华文化。巴城的华侨人数增加很快。1629年，巴城的华侨仅有2000人左右；到了1720年，据估计巴达维亚市内华侨已有6万人，市外有4万人。这些华侨主要从事蔗糖业，推动了巴达维亚的蔗糖业和蔗糖经济的发展，使巴达维亚发展为东南亚蔗糖业中心。

在东洋，中国海商最活跃的贸易地是吕宋，西洋则是暹罗。中暹之间的经济交流，有朝贡贸易、中国私商贸易、暹罗王室和贵族垄断贸易及暹罗的华商贸易等四种贸易方式。这几种经济交往方式，相互影响，相互补充，推动暹罗社会经济的发展和中南半岛大米、香料经济的发展。

在明代，暹罗国进贡112次，平均约两年半一次，朝贡频率超过明朝三年一贡的规定。从顺治九年（1652）至咸丰二年（1852），暹罗共向清朝进贡41次，平均约五年一贡。明清两代，暹罗已成为中南半岛上东西方各国货物的集散地。暹罗向中国进献的贡物主要是东南亚特产的各种香料、药材、珠宝、象牙、木材等，也有一些产品非本国所产，如撒哈剌布、西洋布、荷兰毯等。

　　暹罗是少数朝贡贸易与私商贸易长期并举的国家。从巴塞通王朝开始，暹罗国王就建造王室船队，利用华人打造帆船，掌管对华贸易船只，垄断对华贸易。暹罗国王利用华人开展对外贸易，除了看重华人的航海技术、贸易经验，还因在中国入港可省却不少税金，华人掌控的暹罗船还方便暹罗开展对日贸易。在清代，形成了台湾、福建沿海—长崎—暹罗或柬埔寨、越南的三角贸易，华人操控的暹罗船及华商和郑芝龙海商集团的帆船来往于三地，以中国和中南半岛特产的丝绸、鹿皮、香料等交换日本的白银和铜等，以暹罗、越南的大米交换中国的日用品等。清政府对暹罗王室船队的认可和宽松的海关征税管理办法，促进了暹罗与中国私商直接贸易的发展。在达信王统治时期，暹罗与中国的贸易达到高潮。在东南亚，暹罗是唯一长期开展国王船队的私商贸易的国家。

　　暹罗王室和贵族对中国、日本的贸易业务几乎都由华人来经营。暹罗王室和贵族与华人形成互助互惠的关系。暹罗的华商利用为王室经营贸易的便利，逐渐积累财富，打造商船，联合王室和贵族势力，甚至官商结合，开展中暹贸易和中暹日三国贸易，形成独特的暹罗华商帆船贸易现象。至1821年前后，华人在暹罗建造的帆船已达136艘，其中有82艘从事中暹贸易，另外54艘往返于越南、马来亚、爪哇等地贸易，所有船只的吨位共计39000多吨，船上配备的人员几乎全是华人，估计有8000 ~ 9000人。

　　从整个17世纪至19世纪初中国与暹罗的贸易来看，暹罗王室船队对中国的贸易，就暹罗而言是国家垄断贸易，对于中国来说只能算是私商贸易，而不是官方贸易，因为暹罗的王室、贵族的贸易对象主要就是中国的商人（包括行商、私商及部分官员）。

　　明清时期，中国与日本的帆船贸易非常繁荣。1611 ~ 1671年，赴日贸易的"唐船"计2255艘，共计运走5299.25万两白银，约合197.73万公斤，1611 ~ 1671年有记录的50年中国商船运走白银年均105.99万两，合39549公斤；如果以1611 ~ 1671年的61年来平均，则是年均32415公斤。1601 ~ 1610年是日本白银输出的高峰时期，中国船从长崎运走的白银大约有 39.55 万公斤。中国帆船运入日本的货物主要是生丝和丝织品，运出的货物 85% 以上是白银。1672 年以后，中国船还从日本大量运出铜。1673 ~ 1699 年，幕府规定中国船每年输出白银上限为 22500 公斤（60 万贯），27 年共计运走白银 60.75 万公斤，约合 1628.1 万两，年均 60.3 万两。值得注意的是，1672 年后，赴日贸易的唐船数量增加了，但运出的白银由于幕府的限额反而减少了。所以，我们不能按每船平均运回白银 23500 两来推算 1672 年后赴日贸易唐船运走的白银数。中国帆船运入日本的货物主要是生丝、丝织品和蔗糖，运出的货物 2/3 左右是白银和铜。

　　值得注意的是，日本史料所记的"唐船""中国商船"，泛指华人的商船，并不单是从中国沿海各港开来的。远从越南东京、广南，柬埔寨，暹罗等中国以外各地开来的华人商船也统称唐船。在 1635 年以后，一些来自中南半岛的中国帆船（唐船）货主不是华商，而是侨居越南等地的日本侨民。从东京开赴长崎的中国船，每年有 1 ~ 9 艘。这种情况间接反映了中国帆船贸易的影响力。在 1650 年以前，赴日的唐船几乎都来自中国大陆，此后来自中国大陆以外的唐船逐渐增多。这些来自中国大陆以外的唐船出发地有柬埔寨、交趾等。在 1650 ~ 1680 年，尤其是郑成功收复台湾后，赴日的大陆华船大幅减少，有大量的华船来自中国大陆以外的台湾和东南亚。1662 ~ 1672 年，来自中国大陆船占 36.7%；1673 ~ 1684 年中国大陆船仅占 26.2%。

　　1684 年康熙开海后，中国对日贸易猛增，1685 ~ 1699 年赴日的唐船 1387 艘，其中中国大陆船 1184 艘，占 85.4%。由于抵日的唐船数量太多，日本幕府出台限制唐船的政策。据岩生成一统计，1755 ~ 1799 年仅运载砂糖到日本的唐船就有 578 艘，实际赴日的唐船数量应更多。赴日唐船中大陆船占比的变化及华船出发地的变化，实际上反映了郑成功海商集团和东南亚华商对日贸易的活跃程度，并从一个侧面反映了华商帆船贸易的范围。

　　"港脚贸易"是 17 世纪中叶到 19 世纪上半叶亚洲区间贸易的重

要组成部分，包括印度沿海贸易、印度西向贸易和东向贸易三大部分，并不局限于中印之间的私人区间贸易。印度沿海贸易把西向贸易和东向贸易联结在一起。"港脚贸易"的实质是以印度（南亚次大陆）为起点的亚洲海上私人贸易，与英国东印度公司开展的亚洲区间贸易相对应。港脚商人由英印公司职员、印度自由商人（散商）、欧洲"闯入者"三部分人构成，贸易商的身份和私人贸易是鉴别港脚贸易的主要依据。英印公司职员和印度自由商人（散商）开展的私人贸易一般会获得英印公司的贸易许可，而欧洲"闯入者"则不受英印公司管辖。早在 17 世纪 50 年代，来自欧洲的"闯入者"就早于散商开展走私性质的港脚贸易。印度自由商人（散商）起源于开展私人贸易的英国东印度公司职员。英印公司职员通过在公司商船上搭载私人货物，委托摩尔人、亚美尼亚人、葡萄牙人等商船运输等的方式，开展港脚贸易，一些公司职员发展为独立的港脚商。由于英印公司一些职员既利用公司商船开展私人贸易，又雇用私商船只开展私人贸易，甚至让妻子出面从事私人贸易，因此我们很难区别这两种贸易形式的性质差异。以往学者把英印公司职员在亚洲的私人贸易排除在"港脚贸易"之外是不妥当的。

在 18 世纪 60 年代以前，以印度为中心的港脚贸易主要是印度沿岸贸易和西印度洋贸易，对华贸易并不发达。此后，由于西印度洋沿岸国家政局动荡，以及印度对华棉花、鸦片贸易和广州茶叶、瓷器和蔗糖出口贸易的兴盛，东向港脚贸易日益发展。值得注意的是，抵达广州的港脚船并不都来自印度，有相当一部分来自东南亚；抵达广州的港脚贸易商人，其出发地和返程目的地也并不一定是印度。广州的港脚贸易虽然是印度东向港脚贸易的主要组成部分，但东向港脚贸易实际上是南亚次大陆、东南亚和中国的多边商品贸易，而不仅仅是印度与中国的贸易。18 世纪 60 年代以后，印度的散商时常租用外籍商船（如澳葡、亚美尼亚人的船只）运送货物。从抵达广州的港脚船船主身份看，象征商船国籍的船旗、船长国籍与船主、货主时常不统一。广州的中国行商依据船旗或船长国籍来判断商船和货主的国籍，往往不一定准确。

在许多港脚贸易，尤其是英印公司职员的私人贸易的航程中，印度既不是起点，也不是终点，却是港脚贸易最重要的节点。英印公司职员开展的私人贸易，把印度洋与中国的贸易网及亚欧贸易网连接到一起。英国港脚商在西印度洋的贸易活动，承续了中世纪以来印度、波斯和阿拉伯的穆斯林商人在印度洋上的商业活动，并使贸易商品更为丰富，拓展了原有的西印度洋贸易航线，把西印度洋经济区与欧洲市场、东印度洋贸易区连接在一起。运往孟加拉、马德拉斯的中国的茶叶、蔗糖、生丝、南京布、瓷器等，通过印度沿海的港脚贸易运往孟买、苏拉特，与印度棉布、东南亚的胡椒、巴达维亚和孟加拉产的蔗糖一道，运往波斯湾和红海地区；反之，波斯湾和红海地区的货物，印度棉花、鸦片、胡椒、香料以及东南亚等地的产品也循着这条贸易航线输入中国，从而使广州与亚洲沿海地区的经济联系更为紧密。

英印公司开展的亚欧洲际贸易（主要是茶叶、瓷器贸易），推动了亚洲港脚贸易的发展；港脚贸易既与英印公司的亚洲区间贸易相互竞争，又支持英印公司的亚洲区间贸易。18世纪70年代以后，由于英国在对华贸易中一直处于逆差，为了筹足购买茶叶的白银，英印公司鼓励港脚商把印度的棉花、鸦片及少量的马来群岛出产的锡和胡椒运到广州、澳门出售，换购中国的茶叶、生丝、蔗糖和白银，所得白银以汇票方式流入英印公司在广州和孟加拉的财库，为公司购买中国茶叶等商品提供资金。

第三章 亚洲的白银贸易与白银经济带的形成

16 世纪以后，随着中国对白银的需求越来越大，亚洲区间贸易的主打商品生丝、丝织品、茶叶、糖等的交易也由原来的以物易物改为白银结算。亚洲区间贸易的白银主要来自日本和中南美洲。日本是 16～18 世纪亚洲白银的主产地和最主要的输出国。美洲白银输入亚洲的途径，一是通过大帆船横跨太平洋运抵马尼拉，二是从欧洲经果阿运至澳门、马尼拉和巴达维亚等地。东南亚的白银产量不多，主要在当地消耗。由于中国社会和亚洲区间贸易对白银的旺盛需求，以及白银在欧洲的贬值，大量的美洲白银流入亚洲，助推亚洲区间贸易的发展，形成了独具特色的亚洲近代贸易体系，即由丝银贸易、糖银贸易、瓷银贸易、茶银贸易等构成的贸易体系，在远东地区形成了白银经济带。

一 关于日本白银输出的研究回顾

关于亚洲的白银贸易与白银经济带形成的研究，主要涉及明代白银的货币化、日本和美洲白银输出及其在亚洲区间贸易中的流通、日本白银的生产和对华输出等课题。

1. 关于明代白银货币化的研究

关于明代白银货币化课题，万明有一系列研究成果。她依据明代徽州地区 427 件土地买卖交易契约、"江口沉银"及徐霞客家族《晴山堂石刻》等材料，论述明代白银货币化过程，认为明朝官方认可白银用于货币的时间是在成化、弘治（1465 ~ 1505）以后。明代白银货币化并非如以往所认识的，当时欧洲不能制造出与中国商品相匹敌的商品来交换，而是中国社会经济货币化的结果；从时间和动因上看，中国社会对白银的需求直接影响了日本和美洲银矿的开发；中国积极主动地参与了近代世界经济体系的初步建构；源自市场的明代白银，某种意义上改写了中国历史，也改写了全球历史。随着白银的流通，明清时期形成了新的亚洲区间贸易秩序，即资源合作机制。[1]

此外，梅新育、徐永辰、徐瑾等探讨了白银在明代完成货币化过程的原因、白银对明清以后经济发展的影响等；邱永志探讨了明代财政制度改革的历程、货币白银化的原因及历程，以及明代银钱并行格局的形成；马良探讨了明代白银货币化及白银取代明政府发行的宝钞和铜钱的历史进程，并从白银内流、外流两个角度梳理了白银货币流

---

1 万明：《明代白银货币化的初步考察》，《中国经济史研究》2003 年第 2 期；万明：《明代白银货币化：中国与世界连接的新视角》，《河北学刊》2004 年第 3 期；万明：《明代白银货币化与制度变迁》，纪宗安、汤开建主编《暨南史学》第 2 辑，暨南大学出版社，2003；万明：《白银货币化视角下的赋役改革》，《学术月刊》2007 年第 5、6 期；万明：《白银、性别与晚明社会变迁——以徐霞客家族为个案》，《北京大学学报》2018 年第 4 期；万明：《"江口沉银"所见明朝与大西朝的货币财政——基于明代白银货币化的分析》，《中华文化论坛》2020 年第 4 期；万明：《全球史视野下的明代白银货币化》，《人民周刊》2020 年第 15 期。

通的路径。[1]

至于白银对亚洲区间贸易的影响、美洲白银输入对亚洲市场和社会的影响、白银流通如何在亚洲形成一个白银经济带，上述学者几乎没有涉及。

2. 关于白银在亚洲区间贸易中的流通和中国进口白银的研究

德国学者贡德·弗兰克在《白银资本：重视经济全球化中的东方》一书中的第三章，讨论了白银在亚洲市场的流动及其影响。[2]澳大利亚学者安东尼·瑞德在《东南亚的贸易时代：1450 ～ 1680 年》第1卷第三章中讨论了东南亚的黄金、白银开采和手工业的状况，第2卷第一章中讨论了东南亚的区间贸易情况。

关于白银在亚洲区间贸易中的流通，全汉昇发表了系列论文，如《略谈近代早期中菲美贸易史料：〈菲律宾群岛〉——以美洲白银与中国丝绸贸易为例》《三论明清间美洲白银的输入中国》《美洲白银与明清间中国海外贸易的关系》《明中叶后中日间的丝银贸易》《再论十七八世纪的中荷贸易》等，[3]全面探讨了美洲白银在亚洲区间贸易中的流通，明清时期澳葡、中国人、荷兰人从日本运出的白银数额及日银流入中国的数额。

许多中国学者的研究主要集中于日本白银流入中国及其影响。钱江、庄国土、李隆生、王裕巽、万明、张劲松、李德霞等主要依据西

1　梅新育：《略论明代对外贸易与银本位、货币财政制度》，《学术研究》1999 年第 2 期；徐永辰：《明代白银货币化的制度分析》，西南财经大学硕士学位论文，2015；徐瑾：《白银帝国——一部新的中国货币史》，中信出版集团，2017；邱永志：《"白银时代"的落地：明代货币白银化与银钱并行格局的形成》，社会科学文献出版社，2018；邱永志：《元明变迁与明代货币白银化的体制促因》，《明清论丛》2017 年第 1 期；马良：《明清时期白银货币泛化研究（16 ～ 19世纪中叶）》，辽宁大学博士学位论文，2013。关于明代白银问题的研究概况，可参考邱永志《历久弥新：国际学术视野下的明代白银问题研究述论》，《清华大学学报》2018 年第4 期。

2　贡德·弗兰克：《白银资本：重视经济全球化中的东方》，刘北成译，四川人民出版社，2017。

3　收录于全汉昇《中国近代经济史论丛》。

方和日本学者的研究成果，[1]探讨了16世纪以来的中日、中荷、荷日贸易和朱印船贸易，推算了各时期澳葡、中国人、荷兰人从日本输出的白银及流入中国的白银数量。全汉昇、钱江、王裕巽的研究从中国史料出发，比前人研究有推进，但他们与其余学者一样，对国外学者之说不加考辨，仅持一家之说，罔顾其他。他们的统计值由于史料、统计依据及货值换算的不同，加之不同史料记述相互抵牾和差异较大，因而出入也较大。

不过，上述学者都没有注意到白银流通与亚洲白银经济带形成的关系、白银经济带的构成及其影响。

3. 关于日本白银的生产、出口及其影响的研究

关于日本白银的产量、出口及其流入中国的研究，日本、西方学者起步较早。日本学者矢野仁一、岩生成一、小叶田淳、岸本美绪、加藤荣一等研究了16～18世纪日本各种金属矿产的分布、储藏及开采，从日本银矿产量和赴日中国船（"唐船"）及西方商船的数量、朱印船的数量及贸易量入手，统计、分析了16～17世纪澳葡、中国人、荷兰人及日本人运出日本白银的数额，研究相对扎实。[2]

西方学者大多根据日本学者的研究成果以及16～17世纪西方文献资料，统计出各时期日本白银的出口情况和输入中国的数额，其

1　钱江：《十六～十八世纪国际间白银流动及其输入中国之考察》，（厦门）《南洋问题研究》1988年第2期；庄国土：《16～18世纪白银流入中国数量估算》，《中国钱币》1995年第3期；李隆生：《明末白银存量的估计》，《中国钱币》2005年第1期；王裕巽：《明代白银国内开采与国外流入数额试考》，《中国钱币》1998年第3期；万明：《明代白银货币化：中国与世界连接的新视角》，《河北学刊》2004年第3期；张劲松：《从〈长崎荷兰商馆日记〉看江户锁国初期日郑、日荷贸易》，《外国问题研究》1994年第1期；李德霞：《日本朱印船在东南亚的贸易》，《东南亚南亚研究》2010年第4期。

2　矢野仁一「長崎貿易に於ける銅及び銀の支那輸出に就いて（下）」『經濟論叢』26巻2号、1928年2月；岩生成一「近世日支貿易に關する數量的の考察」『史學雜誌』62巻11期、1953年；岩生成一『朱印船貿易史の研究』；小葉田淳『日本経済史の研究』京都：思文閣、1978；小葉田淳『貨幣と鉱山』京都：思文閣、1999；小葉田淳『日本鉱山史の研究』東京：岩波書店、1986；岸本美绪：《康熙年间的谷贱问题——清初经济思想的一个侧面》，刘俊文主编《日本中青年学者论中国史（宋元明清卷）》，上海古籍出版社，1995；加藤栄一「元和·寛永期に於ける日蘭貿易－鎖国形成期における貿易銀をめぐって」北島正元編『幕藩制国家成立過程の研究：寛永期を中心に』吉川弘文館、1978。

中英国学者C. R. 博克舍[1]，澳大利亚学者安东尼·瑞德[2]，德国学者贡德·弗兰克[3]，美国学者W. L. 舒尔茨[4]、艾维泗（W. S. Atwell，旧曾译威廉·S. 阿特韦尔）[5]、G. B. 索扎[6]讨论了日本白银开采和手工业发展的状况，并根据16～17世纪西方文献资料以及日本学者的研究成果，统计出各时期澳葡、中国人、荷兰人等从日本输出白银的情况，白银在亚洲市场的流动及其影响。由于16～17世纪不同的西方文献资料对日本白银出口情况多为概略描述，各位学者依据的日本银矿产银资料、白银出口统计资料不一，得出的数据和结论差异较大。

　　各时期亚洲市场白银流通数量与亚洲区间贸易量密切相关，亚洲区间贸易中各国参与白银贸易的数量反映了它们对亚洲白银经济带构建的作用大小。因此，理清各时期日本白银的出口和美洲白银流入亚洲区间贸易市场的数量、白银交易的方式，梳理中外学者的研究成果，考辨各家之说的合理性，就成为本专题研究的起点和基石。

二　白银流通与亚洲区间贸易的发展

　　15世纪以后，白银在中国逐渐货币化，对中国社会和经济的发展、对亚洲区间贸易及世界市场的形成产生了深刻的影响。

（一）明代中后期白银货币化及对白银的需求

　　亚洲白银经济的起点是白银在中国成为流通货币。明代中后

1　C. R. Boxer, *The Great Ship from Amacon: Annals of Macao and the Old Japan Trade,1550–1640*.

2　安东尼·瑞德：《东南亚的贸易时代：1450～1680年》。

3　贡德·弗兰克：《白银资本：重视经济全球化中的东方》。

4　William Lytle Schurz, *The Manila Galleon*.

5　威廉·S. 阿特韦尔：《国际白银的流动与中国经济（1530～1650年）》，吴建雍译，《中国史研究动态》1988年第9期。万明把Atwell拼写成Atwill。参见万明《明代白银货币化：中国与世界连接的新视角》，《河北学刊》2004年第3期。

6　George B. Souza, *The Survival of Empire: Portuguese Trade and Society in China and the South China Sea, 1630–1754*.

期，我国东南沿海各省的农村家庭手工业与城市手工业工场蓬勃兴起，大量丝绸、生丝和陶瓷产品需要销售市场。与此同时，洪武八年（1375）开始发行的"大明宝钞"大大贬值，正德年间被迫废止宝钞，而铸钱甚少，铜钱不足。郑和下西洋以后，中国社会对白银的需求不断增长，在宣德元年（1426），"民间交易，惟用金银，钞滞不行"。为此，朝廷多次禁止金银交易。明宣宗命都察院揭禁榜："凡以金银交易及藏匿货物、高抬价直者，皆罚钞。"[1] 但民间白银交易屡禁不止，朝廷不得不逐渐承认白银货币化的合法性。万历九年（1581）推行"一条鞭法"，赋役以折银为主要形式，由此白银货币化向全国各地铺开，"白银逐渐取代钞票成了社会上流通的最主要货币"。[2] 明代白银货币化的过程也是中国社会经济货币化的过程。白银货币化产生了巨大的社会需求，不仅吸引了大量外银进口，而且使大量的中国商品走向了世界市场，海外贸易空前活跃；[3] 再加上民间常有积攒金银或用金银打制首饰品的习惯，富人与贪官污吏亦收藏着巨额的金银，白银的需求量更大了。[4]

中国国内商品经济的迅速发展和白银的广泛流通，导致白银在中国供不应求。可是，中国的白银产量十分有限。全汉昇根据明清史籍所载银课收入数字推算，自明弘治十三年（1500）以后百余年间，中国白银年产量一直在 10 万两上下，清代前期 20 万两左右，仅及美洲、日本银产量的零头而已。而且我国银矿品位不高，开采成本高，往往得不偿失。明代中国银矿含银量为 0.003% ~ 12.5%，一般在 1% 以下；而同期秘鲁波托西银矿含银量为 50%，新西班牙银矿含银量为 5% ~ 25%。[5]《明史纪事本末》有这样的记载："嘉靖二十五年（1546）

---

1 《明宣宗实录》卷 19，宣德元年七月癸巳。
2 傅衣凌主编，杨国桢、陈支平著《明史新编》，人民出版社，1993，第 133 页。
3 万明：《白银货币化视角下的赋役改革》，《学术月刊》2007 年第 5、6 期；万明：《明代白银货币化的初步考察》，《中国经济史研究》2003 年第 2 期；万明：《明代白银货币化：中国与世界连接的新视角》，《河北学刊》2004 年第 3 期。
4 李德霞：《近代早期东亚海域中外贸易中的白银问题》，《中国社会经济史研究》2006 年第 2 期。
5 全汉昇：《中国经济史研究》，新亚研究所，1991，第 617 ~ 619 页；全汉昇：《明代的银课与银产额》，《新亚书院学术年刊》第 9 期，1967 年。钱江估测，16 世纪中国产银年均 108939 两，清初达到年均 20 万两。参见钱江《十六 ~ 十八世纪国际间白银流动及其输入中国之考察》，（厦门）《南洋问题研究》1988 年第 2 期。

七月命采矿，自十月至三十六年，委官四十余，防兵千一百八十人，约费三万余金，得矿银二万八千五百（两），得不偿失。"梁方仲先生就指出："中国向来是一个产银不多的国家。自近代与欧洲各国通商以来，银的供给，大部分依赖外国的来源；本国产量，殊不重要。"[1]

王裕巽根据《明实录》《明史》等估算，明代国内白银开采总额为 26353326 两（约合 983333 公斤），其中自洪武至正德末（1368～1521）的 154 年间，明廷开采白银总额为 12533226 两，[2]占明代国内白银开采总额的 47.6%，年均 81384.58 两（约合 3036.74 公斤）。这个白银供给量远远不能满足中国社会对白银的旺盛需求。

（二）白银货币与亚洲区间贸易方式的转变

自元代以来，中国传统外销商品生丝、丝绸和瓷器等在亚洲和欧洲市场有举足轻重的地位。新航路开辟后，"西方人希求东方的货物，而又提供不出多少商品来交换"。[3]欧洲除贵金属、武器弹药外的绝大部分商品在亚洲无人问津，这迫使欧洲人"为了与中国人做生意，不得不向中国人支付白银"。[4]明代张燮在《东西洋考》中说："东洋吕宋，地无他产，夷人悉用银钱易货，故归船自银钱外无他携来，即有货亦无几。"[5]

16 世纪中叶后，到东南亚贸易的中国私商和海商以获取白银为根本目的。当时中国人对白银的渴望为西方人所了解。塞巴斯蒂安·芒里克说："中国人不惜下地狱寻找新的商品，以便换取他们渴求的里

1　谷应泰：《明史纪事本末》卷 65《矿税之弊》，中华书局，2015，第 1006 页。
2　王裕巽：《明代白银国内开采与国外流入数额试考》，《中国钱币》1998 年第 3 期。王裕巽以 32 两抵算 1 公斤，显误。据吴承洛所考，明清时期 1 两合公制 37.3 克，26.8 两合 1 公斤。见吴承洛《中国度量衡史》，上海书店，1984，第 74 页。今从吴承洛说。
3　格林堡：《鸦片战争前中英通商史》，第 1 页。
4　贡德·弗兰克：《白银资本：重视经济全球化中的东方》，第 114 页。
5　张燮：《东西洋考》卷 7《饷税考》，第 132 页。

亚尔。他们甚至用结结巴巴的西班牙语说 'plata es sangre'，意即白银是血。"[1] 西班牙人塞维科斯博士（Dr. Don Juan Cevicos）于 1627 年 12 月 20 日总结道：任何时候，任何希望与中国人贸易的国家都必须完全用白银来支付。[2] "没有白银，长崎到苏拉特的任何生意都做不成功。"[3] 1635 年，在澳门的英国东印度公司"伦敦"号上的代理商亨利·玻恩福特（Henry Bornford）也发现，在中国，白银是所有商品中最畅销的。他指出："中国人是如此迫切地追逐这种东西，以至于如果他们知道哪里有白银，就是打也打不跑他们。卖东西时一定坚持要白银，一旦拥有之后，他们就像得到血一般。真的很难向您汇报他们对白银的无穷无尽的欲望。"[4]

由于白银与黄金的比价在中国、日本和欧洲有较大差距，所以白银在中国的价值或购买力较高，金银兑换存在较大利差。中国的金银比价比同时期的日本、印度、欧洲或美洲的金银比价都高。日本以黄金为通货，白银与黄金的比价远低于中国。16 世纪中叶，美洲银矿发掘后，欧洲的金银比价上升为 1∶15 至 1∶14，美洲墨西哥的金银比价则更高，为 1∶17 至 1∶16。[5] 1592 年及其后年份，1 两黄金在广州可兑换 5.5～7 两白银，但在日本却可换到 12～13 两。[6] 有资料说，1568 年前后，中、日、美洲的金与银的比价分别是 1∶6，1∶7.37，1∶12.12；1643 年前后则为 1∶10～13，1∶14，1∶15.45。[7] 另有资料说，16 世纪末 17 世纪初，"在东南亚市场上，日本的金银比值为 1∶10，

1　参见费尔南·布罗代尔《15 至 18 世纪的物质文明、经济和资本主义》第 1 卷，第 126、538 页；C.R.Boxer, "Plata es Sangre：Sidelights on the Drain of Spanish-American Silver in the Far East, 1550-1700," *Philippine Studies*, Vol.18, No.3, 1970, pp.457-478。

2　E. H. Blair and J. A. Robertson, eds., *The Philippine Islands, 1493-1898*, Vol.22, p.171.

3　费尔南·布罗代尔：《15 至 18 世纪的物质文明、经济和资本主义》第 2 卷，第 221 页。

4　参见 C. R. Boxer, *Fidalgos in the Far East, 1550-1770*, p.116。

5　C. R. Boxer, *The Great Ship from Amacon: Annals of Macao and the Old Japan Trade,1550-1640*, p.2; J. Edkins，*Chinese Currency*, Shanghai, 1901, p.35.

6　全汉昇：《略论新航路发现后的中国海外贸易》，《中国近代经济史论丛》，第 78 页。

7　William S. Atwell, "International Bullion Flows and the Chinese Economy, circa 1530-1650," *Past and Present*, No. 95, 1982, p. 80.

而中国的金银比值为 1∶7 或者 1∶8"。[1] 从亚当·斯密的著作中，我们得知在美洲银矿发现之前，欧洲各造币厂规定纯金和纯银的比为 1∶12 至 1∶10。[2]

这意味着美洲和日本与中国相比，银价低廉，而且日本白银成色十足。来自荷兰、西班牙、中国的商人都十分乐意与日本人交易，以此来获得优质白银。欧洲各国，尤其是荷兰和英国东印度公司都参与黄金、白银之间的套利活动。[3] 它们将白银从欧洲、日本运到中国交换黄金，于是白银既是硬通货，又成为亚洲区间贸易的特殊商品。例如，1638 年，荷印公司把价值 30 万弗罗林的中国黄金从大员运到巴城，然后运到苏拉特出售牟利。[4]

由于欧洲商人只能用白银等贵金属支付亚洲贸易的货款，所以欧洲白银大量外流。例如，1615 年，荷印公司全部出口物总值中实物只占 6%，金银则占 94%。1660 ~ 1720 年，贵金属占荷印公司向亚洲输入总值的 87%。[5] 为了解决白银短缺问题，葡萄牙人找到了一种新的贸易方式，即在其他亚洲国家出售中国货物，将换得的白银用于支付运往欧洲的中国商品。16 世纪中叶，葡萄牙人从印度果阿将檀香木和香料运到中国，换得中国的生丝、丝绸、瓷器和黄金等货物在日本高价出售，然后"带着大量的日本白银、少量的其他货物"返回澳门，"用日本的白银大批购买中国的生丝、丝绸、瓷器"等货物到印度交易。在果阿—澳门—长崎来回一次贸易过程中，葡人可以赚到 10 万多块金币（1 块金币相当于 400 里亚尔，即 10 英镑，30 两白银）。[6] 葡萄牙人发明的这种贸易方式，彻底改变了亚洲传统的"以物易物"贸易和朝贡贸易，并使亚洲海上区间贸易空前活跃起来。

1　小葉田淳『貨幣と鉱山』5 頁。

2　亚当·斯密：《国民财富的性质和原因的研究》，郭大力、王亚南译，商务印书馆，2002，第 199 ~ 203 页。

3　贡德·弗兰克：《白银资本：重视经济全球化中的东方》，第 135 ~ 137 页。

4　程绍刚译注《荷兰人在福尔摩莎（1624 ~ 1662）》，第 199 页。

5　贡德·弗兰克：《白银资本：重视经济全球化中的东方》，第 77 页。

6　费成康：《澳门四百年》，第 45 页。

西方人除了用中国的生丝、丝织品以及东南亚的香料、鹿皮等换取日本的白银，还用美洲白银购买中国和东南亚的商品。澳门的葡萄牙人还用亚洲商品交换西班牙人通过大帆船运来的美洲白银。他们从澳门运往马尼拉的货物，除粮食之外，"大部分为丝织品（花缎、黑色及有花样锦缎、金银线织成之锦缎及其他制品）以及大批白色及黑色棉衣"。[1] 由马尼拉运回澳门的货物则是黄金、蜡、棉花、染料木以及秘鲁的白银，其中以白银最多。澳门与马尼拉的商业航行利润很高，大量白银源源不断地流入了澳葡的腰包。[2]

除此之外，东南亚也出产白银，最大的白银产地是缅甸掸邦的包德温矿区。据计算，15 ～ 18 世纪，该地白银平均年产量约为 3000 公斤，主要由华人矿工开采。[3] 这些白银主要在当地消费（银饰品）、使用，在近代亚洲区间贸易中所起作用不大。

三　16 ～ 18 世纪日本的白银生产与对外输出 [4]

（一）日本的白银生产与白银经济链的形成

明代中国白银的货币化，推动了市场对白银的巨大需求，从而刺激了日本的白银生产迅速发展。日本的银矿分布极为广泛，但是由于一些历史和自然的原因，最后得到大规模开采的银矿却比较集中于沿日本海一侧。如本州岛的岛根县、鸟取县、新潟县、山形县一带，以及九州岛的长崎县对马市一带。由于银矿大多在山中被发现，所以日本人又把这些银矿称为"银山"。[5]

1　陈荆和：《十六世纪菲律宾华侨》，新亚研究所，1963，第 67 页。引自黄启臣、邓开颂《明清时期澳门对外贸易的兴衰》，《中国史研究》1984 年第 3 期。

2　贡德·弗兰克：《白银资本：重视经济全球化中的东方》，第 77 页。

3　安东尼·瑞德：《东南亚的贸易时代：1450 ～ 1680 年》第 1 卷，第 143 ～ 144 页。

4　本小节多数日文资料由我的研究生郭闿异、王舒涵提供并翻泽。

5　石原舜三『地下の科学シリーズ』東京：科学社、1978、148 頁；郭闿异：《16 ～ 17 世纪日本白银对外贸易研究》，第 5 ～ 6 页。

　　各个银山扩大经营的具体时间略有差别，但是经营情况相似，大多是在被发现之后，迅速被当地的统治大名占为己有。大名会设置相应的管理机构，来强化对银山的控制。比如石见银山、生野银山、因幡银山和多田银山都经历了这样的过程。德川幕府直接管辖的银山（"天领"银山）规模较大的有以下7座：对马银山、石见银山、浦生银山、生野银山、多田银山、佐渡银山、上田银山。[1] 其中朝来市的生野银山、大森的石见银山与越后的佐渡银山为幕府的重要资金来源。[2] 这些银矿的开采和白银炼制，仍采取超经济强制的封建化生产方式。

　　生野银山位于兵库县朝来市（但马国），是从战国时代一直到近代都在开采的日本极为有名的银矿之一。生野银山在平安时代初期的大同二年（807）就被开发了。天文十一年（1542），但马国的守护大名山名佑丰引进了当时石见银山先进的精炼技术，开始了大规模的银矿开采。在织田信长、丰臣秀吉、德川家康时代，生野银山都是当时封建统治者的直辖领。[3] 在德川幕府的第三代将军德川家光在位时期（1604 ~ 1651），银山的产银量达到了最高峰，每月能够出产约150贯（约合562公斤）白银。[4] 宝永二年（1705），幕府将生野银山定为"御所务山"，即"最高等的矿山"之意，加强对该银矿的管理。[5]

　　石见银山是16 ~ 18世纪日本开采规模最大、产银量最多的银山。石见银山开采的最盛时期是从战国时代后期直到江户时代前期。石见银山以现在的岛根县大田市的大森地区为中心，向周围延伸到同市的仁摩町和温泉津町，故又被称为"大森银山"，江户时代初期被称为"佐摩银山"。大约在镰仓时代末期的延庆二年（1309），石见银山被周防国大名大内弘幸发现。[6] 大永六年（1526）3月，来自博多的大商人神谷寿贞得到了领主大内义兴的支持，正式开发石见银山。为了防

1　小葉田淳『貨幣と鉱山』17 頁。

2　小葉田淳『日本鉱山史の研究』145 頁。

3　小葉田淳『日本鉱山史の研究』145 頁。

4　鉱山懇話会『日本鉱業発達史』東京：原書房、1993、107 頁。

5　小葉田淳『日本鉱山史の研究』32 頁。

6　豊田有恒『世界史の中の石見銀山』東京：祥伝社、2010、32 頁。

止银山被别的势力占据，大内氏还在山吹城构建了守卫银山的据点。[1]
天文二年（1533），神谷寿贞从博多招揽了一些海外的工匠，并从他们那里学到了精炼白银的技术——灰吹法。这种先进的技术极大地提高了从银矿中提炼白银的效率和质量，所以大受欢迎，并在短时间内迅速传遍了全国的银矿。在灰吹法传入日本以前，石见银山出产的矿石都是从仁摩町和温泉津町运到博多港进行交易。[2]

用灰吹法炼制的"灰吹银"[3]是日本所产的代表性白银之一。灰吹银一般被铸造加工成"让叶"状的"石州丁银"，[4]在德川幕府时期加工成"庆长丁银"。丁银作为基本的通货不仅在日本国内（主要是日本西部，当时日本东部的高额货币是黄金）得到了广泛的流通，士兵军饷也用丁银作为计量货币，而且在 16 世纪以后日本人与华人、葡萄牙人、荷兰人的贸易都用丁银支付。在 17 世纪上半叶银产量极盛时，日本的银产量约占世界银总产量的 1/3。根据推算，当时日本的银产量平均每年约为 200 吨，而石见银山产出约 38 吨，约 10000 贯。[5]英国船和荷兰船将日本产的白银称为"索摩银"（Somo）或"索玛银"（Soma），银矿所在的大森地区的旧名"佐摩"由此而来。[6]

佐渡银山位于新潟县佐渡市境内。矿石主要是辉银矿。战国时期，是属于佐渡当地的本间氏的领地，该银山当时属于越后国霸主上杉谦信所有。庆长六年（1601），德川家康将其划为幕府的直辖领，

1　小葉田淳『日本鉱山史の研究』132 頁。

2　小葉田淳『貨幣と鉱山』49 頁。

3　灰吹银是江户时代的银币品种之一，是用灰吹法直接从银矿中提炼出来的银子，含银量高于丁银。

4　丁银（Schuijt）是江户时代的银币品种之一，称量流通，通常为海鼠形的银块，重量约 43 匁（一说 3.75 克），由银座铸造发行。相互之间的兑换率为：1 贯 =1000 匁（文目）=100 两银，1 文目 =10 分；1 贯约 3.75 公斤，1 文目约 3.75 克；1 贯合 100 两，26.6 两合 1 公斤。参见浜野洁等《日本经济史（1600 ~ 2000）》，彭曦等译，南京大学出版社，2010，第 21 页。值得注意的是，即便按上述兑换率，按匁、目与银两的比值，实际上应该是 26.67 两合 1 公斤，1 两合 37.59 克，1 贯约 3.759 公斤。

5　小葉田淳『貨幣と鉱山』103 頁。参见郭闫异《16 ~ 17 世纪日本白银对外贸易研究》，第 7 ~ 8 页。

6　小葉田淳『日本鉱山史の研究』202 頁；浜野洁等：《日本经济史（1600 ~ 2000）》，第 23 页。

佐渡银山成为幕府重要的资金来源之一。同年，在佐渡北山又发现了金矿。庆长末年至宽永年间（约 1615 ~ 1645）是佐渡银山开采的鼎盛时期，每年平均可以开采白银 40 吨左右。[1] 该银山出产的大量灰吹银上交幕府，经"银座"铸造成银币，用于日中贸易，换取中国生丝。17 世纪上半叶，佐渡银矿年均产银量高达 6 万 ~ 9 万公斤（约合 160.8 万 ~ 241.2 万两）。[2]

1601 年德川家康设置了金座、银座、钱座，制定了统一的货币制度，即所谓的"三货制度"。"金币效仿武田信玄所铸造的'甲州金'，采取四进法，发行了大判（十两）、五两判、小判（二两）、二分金、一分金、两朱金、一朱金。银币则是以海参状的银子和小颗粒豆瓣银为基本的称量货币，按重量（1 贯 = 1000 匁 = 10000 分 = 100 两银）来使用。另外还在 1606 年发行了钱币庆长通宝，并于 1617 年（元和三年）又发行了元和通宝。"[3] 三货制度的建立意味着江户幕府尊重并在相当程度上继承了中世纪末期的货币制度。在京都、大阪一带，银币作为称量货币使用，商品的价格也都用银表示。银币逐渐在全国范围内得到普及。

庆长五年，在关原之战中获胜的德川家康下令将全国的矿山变为幕府的直辖地。同年 11 月，他派大久保长安和彦坂元正率军南下，接收石见银山，将以石见为中心的地域（包括石见银山所在地、迩摩郡、安浓郡、邑智郡、那贺郡 4 郡所辖 146 个村庄，以及美侬郡、鹿足郡的 6 个飞地村）直接划为幕府直辖领（天领）。[4] 为了保障银山开发时所需的费用和材料（燃料等）供应，德川家康还把银山周围的乡村划为特殊的直辖领"石见银山领"（规模约 5 万石）。大久保长安将山吹城的一幢别墅改造成了军营，第二任"银山奉行"竹村丹后守以

1　小葉田淳『貨幣と鉱山』49 頁。

2　A. Kobata, "The Production and uses of Gold and Silver in Sixteenth and Seventeenth Century Japan," *The Economic History Review*, Vol.18, No.2, 1965, p.248；王裕巽：《明代白银国内开采与国外流入数额试考》，《中国钱币》1998 年第 3 期。

3　浜野洁等：《日本经济史（1600 ~ 2000）》，第 21 页。

4　鉱山懇話会『日本鉱業発達史』78 頁。

此为基础设立了"大森奉行所"。大久保长安任用有"山师"（熟悉矿山经营的人）之称的安原传兵卫主持石见银山的开采，使石见银山迅速扩大生产。[1] 这样，银山与附近村社和地区围绕白银的生产构成了一个产业群。石见银山为德川家族进贡了大量的白银。根据《当代记》的记载，庆长七年，石见银山进贡给德川家族的"运上银"就达4000 ~ 5000 贯（约 1.5 ~ 1.8 吨）。[2]

除此之外，16 世纪后期，丰臣秀吉每年从兵库县生野银矿所获得的银课就达到 1 万公斤，17 世纪初，德川家康每年从岛根县岩美银矿所得的银课达到 1.2 万公斤。[3]

围绕着白银生产，日本形成了一整套生产管理制度。江户时代，德川幕府设置了"生野奉行"一职，总领银山开采、管理事宜。宝永二年（1705），幕府把生野银山封为"御所务山"，即最高等的矿山。庆安年间（1648 ~ 1652），随着银矿脉的枯竭，生野银山的白银产量开始衰减。到了享保元年（1716），幕府将"生野奉行"降职为"生野代官"。江户时代中期，生野银山主要开采的矿石从银变成了铜。[4]

除了直接控制银矿的开采和管理，在开发银山遇到困难时，幕府也把银矿交由势力雄厚的私商开采和管理，向商人抽取赋税。上田银山的情况就是如此。

高田藩对上田银山开采了 25 年。天和元年（1681），高田藩主松平光长经历了"高田骚动"[5] 后，被剥夺了封地和俸禄，终止了银山的开采。不久以后，高田藩的商人须滨屋以 5 年为限，从幕府手里租赁了上田银山，再次进行开发。元禄十年（1698），银山上交给幕府的

1　鉱山懇話会『日本鉱業発達史』79 頁。参见郭闰昪《16 ~ 17 世纪日本白银对外贸易研究》，第 7 页。

2　小葉田淳『日本鉱山史の研究』35 頁。《当代记》共九册，是宽永年间（1624 ~ 1645）由姬路藩主松平忠明编成的史书，以太田牛一的《信长公记》为核心，辅以其他史料编成。

3　A. Kobata, "The Production and uses of Gold and Silver in Sixteenth and Seventeenth Century Japan," *The Economic History Review*, Vol.18, No.2, 1965, p.248.

4　日本鉱業史料集刊行委員会『日本鉱業史料集』東京：白亞書房、1984、211 頁。

5　高田骚动：江户时代前期，越后国高田藩发生的御家骚动。当时执掌藩政的松平家首席家老小栗美作和与其敌对的一些家族重臣为了争夺权力展开斗争，后经过幕府将军德川纲吉裁定，同时给予两派以严厉的处分，高田藩也遭到改易。

"花降银"达到 1044 贯（约 3925 公斤）。[1]

与银矿开采及白银冶炼、销售和运输相伴随，日本形成了一个围绕白银的经济链。大量白银的出口，进一步促进了白银经济链的发展。

（二）16 ~ 17 世纪日本白银的产量与出口量

16 世纪以后，随着中国社会对白银的需求越来越大，亚洲区间贸易的主打商品生丝、丝织品、糖、茶叶等的交易也由原来的以物易物改为用白银结算。日本白银在亚洲区间贸易中的地位日益重要。日本白银的输出及其流入中国问题，成为学界长期关注的课题，是研究该时期中日贸易和亚洲区间贸易的基石。

澳葡、中国人、荷兰人和朱印船从日本输出白银的数量问题，与日本白银流入中国的数量密切相关，是研究澳葡与日本贸易、中日贸易、荷兰人对日贸易、日本与东南亚贸易的基础，也是研究该时期亚洲区间贸易的基础。因此，我们有必要爬梳相关学者的研究，从赴日贸易的商船和运走的白银入手，结合日本银矿产量，寻求合理的结论。

关于 16 ~ 18 世纪日本白银的产量和出口量，安东尼·瑞德估算，1601 ~ 1610 年，日本每年生产和供应白银 80 吨，1611 ~ 1620 年每年 110 吨，1621 ~ 1640 年每年 130 吨；在 17 世纪 40 年代下降到每年 70 吨，50 年代下降到每年 50 吨，60 年代下降到每年 40 吨。[2]

艾维泗引用山村弘造和神木哲男等人的研究成果，认为 1560 ~ 1600 年日本输出白银年均在 33750 ~ 48750 公斤；他引用日本学者小叶田淳等的研究成果，认为在 17 世纪初年，通过日本人、中国人、葡萄牙人和荷兰人的船只，日本每年出口的白银达 150 ~ 187.5 吨；

---

1 小葉田淳『貨幣と鉱山』178 頁。
2 安东尼·瑞德：《东南亚的贸易时代：1450 ~ 1680 年》第 2 卷，第 40 页。

到 1642 ～ 1643 年，日本每年出口的白银降到 150 万两（56250 公斤）以下。[1]

德国学者贡德·弗兰克分析了艾维泗、安东尼·瑞德等人的统计，认为从 1560 年到 1600 年，日本每年生产和供应 50 吨白银；1600 ～ 1640 年，每年供应 150 ～ 190 吨，最高峰的 1603 年为 200 吨。1560 ～ 1640 年总计 8000 ～ 9000 吨。16 ～ 18 世纪，日本生产的白银至少有 9000 吨被中国吸收。[2]贡德·弗兰克的估算值比安东尼·瑞德的高。

日本学者岩生成一统计，在明嘉靖三十九年至万历二十八年（1560 ～ 1600）的 40 年里，日本每年出口白银 33750 ～ 48750 公斤（均值是 41250 公斤），共计 135 万 ～ 195 万公斤；到 17 世纪头 30 年，保守估计每年出口 35000 贯到 40000 贯，约 13.1 万公斤到 15 万公斤，共计 393 万 ～ 450 万公斤；日本一年的白银输出量占世界白银总产量的 30% ～ 40%。[3]实际上，17 世纪头十年，是日本出口白银量最多的时期，仅 1603 年就出口了 20 万公斤。

日本学者山村弘造和神木哲男[4]综合估计，1560 ～ 1600 年，每年从日本出口的白银有 33750 ～ 48750 公斤（与岩生成一估值相同）。[5]后智钢同意山村弘造和神木哲男等人的这个结论。[6]

日本学者小叶田淳是日本银矿产量研究的权威。他调查了日本九大银山（银矿）的产量，估算出庆长至宽永年间（1596 ～ 1645）是日本银山产银的高峰期，产银量年均约为 200 吨，而石见银山的年产

1　威廉·S. 阿特韦尔：《国际白银的流动与中国经济（1530 ～ 1650 年）》，《中国史研究动态》1988 年第 9 期。

2　贡德·弗兰克：《白银资本：重视经济全球化中的东方》，第 146 ～ 148 页。

3　Iwao Seiichi, "Japanese Foreign Trade in the 16th and 17th Centuries," *Acta Asiatica*, No.30, Tokyo, 1976, pp.9–10；岩生成一『日本的历史 14·锁国』東京：中央公論社、1966、223 頁。

4　吴建雍、王裕巽把神木哲男译为神酋吉夫。参见威廉·S. 阿特韦尔《国际白银的流动与中国经济（1530 ～ 1650 年）》，《中国史研究动态》1988 年第 9 期；王裕巽《明代白银国内开采与国外流入数额试考》，《中国钱币》1998 年第 3 期。

5　Kozo Yamamura（山村弘造）and Tetsuo Kamiki（神木哲男），"Silver Mines and Sung Coins: A Monetary History of Medieval and Modern Japan in International Perspective," in J. E. Richards, ed., *Precious Metals in the Late Medieval and Early Modern Worlds*, Carolina Academic Press, 1983, pp.351–352.

6　后智钢：《外国白银内流中国问题探讨（16 ～ 19 世纪中叶）》，第 91 页。

量就达到了 38 吨（10000 贯）左右。[1] 在 17 世纪初，日本每年要从长崎港向国外输出 15 万～ 20 万公斤的丁银。[2] 小叶田淳对该时期日本白银产量估计较准确。

浜野洁等的估算与小叶田淳相同。他们认为，在 17 世纪上半叶日本的银产量极盛时，年产量平均约为 20 万公斤，约占世界白银总产量的 1/3；在 17 世纪初，日本每年从长崎港向国外输出 15 万～ 20 万公斤的丁银。据岩生成一前述，到 17 世纪初，日本每年输出白银 13.1 万～ 15 万公斤。岩生成一这个估值看来偏低了。

矢野仁一估算，在 17 世纪头三十余年，日本每年输出 100 万余两白银（37313 公斤多），有时多至二三百万两；自 1599 年至 1637 年的 39 年间，葡人自长崎共运走白银 5800 万两（约合 2164179 公斤），[3] 年均 55491.8 公斤。矢野仁一对 17 世纪头三十余年日本每年输出白银数额的估值太低了，尚不及葡人自长崎运走的白银的 65%。矢野仁一的数据自相矛盾：1600 ～ 1629 年，日本每年输出的白银总量（37313 公斤多）比 1599 ～ 1637 年葡萄牙人运走的年均 55491.8 公斤还少。

A. 库巴塔（A. Kobata）根据日本银矿产量和缴交给幕府的贡税，推测整个 17 世纪日本每年输出白银约 530 万两，[4] 约合 19.78 万公斤。这个估值太高了，因为在 1650 年后，日本白银产量大幅下降，年均不足 10 万公斤。整个 17 世纪日本白银年均产量不会超过 15 万公斤。

1　小葉田淳『貨幣と鉱山』103 頁。

2　小葉田淳『日本経済史の研究』278 頁。按，后智钢转引艾维泗的材料说："日本学者小叶田淳认为，17 世纪初，日本、中国、葡萄牙、荷兰船只运出的日本白银可能达到 150000 ～ 157000 公斤之间，大多数最后还是到了中国。"参见后智钢《外国白银内流中国问题探讨（16 ～ 19 世纪中叶）》，第 91 页。后智钢的转引应该有误。

3　矢野仁一「長崎貿易に於ける銅及び銀の支那輸出に就いて（下）」『經濟論叢』26 卷 2 号、1928 年 2 月、100 頁；全汉昇：《明代中叶后澳门的海外贸易》，《中国近代经济史论丛》，第 136 ～ 159 页。日本学者一般以白银 26.6 两合 1 公斤。今从吴承洛说，明清衡制 26.8 两合 1 公斤。关于 17 世纪最初 30 年长崎运到澳门的日本白银数量，范金民持矢野仁一一说。参见范金民《16 ～ 19 世纪前期海上丝绸之路的丝绸棉布贸易》，《江海学刊》2018 年第 5 期。

4　A. Kobata, "The Production and uses of Gold and Silver in Sixteenth and Seventeenth Century Japan," *The Economic History Review*, Vol.18, No.2, 1965.

综合以上学者的研究和估测结果，1560 ～ 1599/1600 年，日本每年出口白银 33750 ～ 48750 公斤（岩生成一、山村弘造和神木哲男），总计 135 万 ～ 195 万公斤（以 40 年计，合 3618 万 ～ 5226 万两）。其中，葡萄牙人运走 2/3 左右的份额（C. R. 博克舍），年均运走 22500 ～ 37500 公斤（小叶田淳），总计运走 90 万 ～ 150 万公斤；中国人运走约 1/3，年均运走约 11250 公斤，共计约 45 万公斤。1600 ～ 1639/1640 年，[1] 日本每年向国外输出至少 15 万公斤白银，最高峰的 1603 年为 20 万公斤（小叶田淳、浜野洁等、贡德·弗兰克），总计不少于 605 万公斤（1.621 亿两，1 公斤合 26.8 两计）。以上估值不包括走私的数额。

值得注意的是，上述西方和日本学者对 1600 ～ 1639 年日本白银出口额的估值，均建立在当时日本白银产量和当年绝大多数白银出口的判断基础上，并不是根据抵达长崎的中外商船数及其贸易量做出的。因此，他们的估值有很强的主观性。

（三）关于中国船从日本运出的白银数量及相关问题

日本生产的白银大部分通过中国商船、澳葡船、荷兰船和日本朱印船输入中国，少部分通过日本朱印船、中国船和中南半岛船只出口到东南亚。中国人从日本运走白银主要通过唐船（官方认可的中国商船）和走私两条途径。

1. 中国船（唐船）运走的日本白银数量

山村弘造和神木哲男认为，1560 ～ 1600 年，平均每年有 11250 公斤白银被中国商船运走，这一时期（他们以 40 年计）的总数达 45 万公斤；到 17 世纪 30 年代末，估计每年流向中国的日本白银是 15 万 ～ 18.75 万公斤；他们粗估 1560 ～ 1640 年（以 80 年计）流向

---

[1]　日本和欧美学者在论及白银和其他商品贸易时，往往把 1560 ～ 1600 年、1600 ～ 1640 年各视为 40 年。

中国的白银总量为 735 万 ~ 945 万公斤，[1] 年均达 91875 ~ 118125 公斤。这意味着在 1600 ~ 1640 年，中国船从日本运走的白银有 690 万 ~ 900 万公斤。美国学者艾维泗认为，这两位日本学者对 17 世纪 30 年代末日本白银出口数量估算偏高了。[2] 1600 ~ 1640 年，日本白银产量年均不过 15 万 ~ 18 万公斤。因此，这期间中国船运出白银不可能超出 600 万公斤，因为这个时期澳葡船运走的白银远远超过中国船运走的，中国船运走的白银仅占日本白银出口额 1/3 左右。山村弘造和神木哲男把流入中国的白银都视为中国船运走的，这显然有误。

万志英（Richard von Glahn）对 1550 ~ 1645 年进口到中国的白银数量，按来源和运输载体做了整理，其中由中国船从日本运回的白银数量为 104.9 万公斤，[3] 合 2797.37 万两（按日本学界 1 吨合 26667 两计），年均 10927 公斤。与其他学者的估算相比，万志英的估算值明显偏低了。

日本学者岩生成一、山村弘造和神木哲男的统计前文已述。关于 17 世纪唐船运走的日本白银数量，学者一般根据抵达日本（主要是长崎）的唐船数量以及每艘船平均运走的白银数额，来估算中国船运走的日本白银数量。关于 16 世纪至 17 世纪中叶每艘赴日中国船运走的日本白银数量，岩生成一根据中国船运到日本的货值及其利润率及回程载货中白银所占比例，推算为 23500 两（按日本学者所言 26.6 两为 1 公斤，合 883.46 公斤；笔者以 26.8 两为 1 公斤，合 876.87 公斤），[4] 多数学者接受这个结论。至于抵达日本的中国船数，

1　Kozo Yamamura and Tetsuo Kamiki, "Silver Mines and Sung Coins: A Monetary History of Medieval and Modern Japan in International Perspective," in J. E. Richards, ed., *Precious Metals in the Late Medieval and Early Modern Worlds*.

2　威廉·S. 阿特韦尔：《国际白银的流动与中国经济（1530 ~ 1650 年）》，《中国史研究动态》1988 年第 9 期。

3　Richard von Glahn, *Fountain of Fortune: Money and Monetary Policy in China,1000−1700*, University of California Press, 1996, pp.140, 232.

4　岩生成一「近世日支貿易に關する數量的考察」『史學雜誌』62 卷 11 期、1953 年。

学者则有较大分歧。

据笔者考订（详见第二章第五节），1611～1639年，赴日贸易的"唐船"计746艘，按岩生成一所说每船平均运回白银23500两（合876.87公斤）计，共计运走1753.1万两（约合65.41万公斤），18年（扣除无数据的1615～1620年、1626～1630年）年均36339公斤。17世纪头十年是日本白银输出的高峰时期，中国船运走的白银应该高于年均值。我们暂按1611～1639年输出年均值36339公斤推算，1600～1610年中国船从长崎运走的白银应不少于36.34万公斤（按10年计）。因此，1600～1639年，唐船从日本运走白银不少于101.75万公斤。在缺失唐船抵达日本统计数据的11年里，唐船运走的白银应该不少于年均值，即唐船在1615～1620年、1626～1630年从日本运走白银不少于39.97万公斤。这样，1600～1639年唐船运走日本白银应不少于141.72万公斤。

1640～1671年，赴日贸易的"唐船"计1509艘，每艘运走白银23500两，共计运走3546.15万两，约132.32万公斤（以26.6两合1公斤计，为133.31万公斤），以上32年年均41350公斤。按此推算，1640～1644年唐船运走日本白银约20.68万公斤。这样，1600～1644年唐船从日本运走白银应不少于162.4万公斤，大体上相当于同期日本出口白银的1/3；1645～1672年，唐船从日本运走白银约115.78万公斤。

1611～1671年，赴日贸易的"唐船"计2255艘，共计运走5299.25万两，约合197.73万公斤，按有记录的50年计，中国商船年均运走日本白银105.99万两，合39549公斤（如以26.6两为1公斤，则合39846公斤），这个年均值与岩生成一的推算值（39954公斤，以26.6两为1公斤）相接近，应该是比较可信的。如果以1611～1671年的61年来平均，则是年均32415公斤。这比下述小叶田淳的推算值（年均33750公斤）低，其原因很可能是缺失11年的白银输出数据。

　　小叶田淳估算，庆安元年至宽文七年（1648 ～ 1667），中国商船从长崎运出的白银年均达到 33750 公斤，而荷兰的商船平均每年运走的白银为 18750 公斤，两者共计 52500 公斤。这些被运出的白银大部分为丁银，也包括一些灰吹银和其他精美的银制器具。[1] 据笔者上述统计，1648 ～ 1661 年抵达长崎的唐船有 694 艘，按每艘平均运出 876.87 公斤白银计，总计运回白银 60.85 万公斤，平均每年运出 43464 公斤。小叶田淳这个估值比上述推算的 1640 ～ 1671 年中国商船从长崎运出白银年均值（41350 公斤）少了 7600 公斤，比1648 ～ 1661 年唐船运出白银年均值（43464 公斤）少了 9714 公斤。小叶田淳这个估值肯定偏低了。因为据《长崎荷兰商馆日记》所载，1642 ～ 1650 年仅郑氏集团所属的中国商船年均运走白银就在 1 万贯（100 万两，37594 公斤）以上。[2] 所以，这 9 年中国商船从长崎运出的白银年均肯定在 33750 公斤以上。1644 年抵达长崎港的 54 艘唐船（运走约 47350 公斤白银），其中来自南京 10 艘，福州 8 艘，中国北部 3 艘，广东、海南各 1 艘。[3] 这 23 艘中国船应该不是郑氏集团的。1662 ～ 1672 年赴日中国船 417 艘，其中来自中国大陆船 153 艘，占36.7%。[4] 这些大陆船应该也不属于郑氏集团。这个时期赴日郑氏商船在赴日中国船中所占比例，1642 ～ 1661 年为 4/5 左右，1662 ～ 1672 年为 2/3 弱。

　　1672 年以后，日本出口白银大幅减少，其主要原因是银产量大幅减少，幕府严格控制白银出口数量。宽文十一年（1671），幕府颁布了"市法—商法"，并于次年正式实施。该法为输入日本的外国商品规定了较低的价格额度，限制外国商品进口和白银外流。此后，中国商船每年从日本运走白银维持在 6000 贯（60 万两，日本以 26.6 两合

1　小葉田淳『貨幣と鉱山』4 ～ 5、103 頁；小葉田淳『日本鉱山史の研究』35 頁。

2　参见张劲松《从〈长崎荷兰商馆日记〉看江户锁国初期日郑、日荷贸易》,《外国问题研究》1994年第 1 期。

3　张劲松《从〈长崎荷兰商馆日记〉看江户锁国初期日郑、日荷贸易》,《外国问题研究》1994 年第 1 期。

4　岩生成一「近世日支貿易に關する数量的考察」『史學雜誌』62 巻 11 期、1953 年。

1公斤计，合22556公斤）左右。贞享二年（1685），幕府颁布"贞享令"，规定每年输入日本的外国商品的价值上限，即"中国商船6000贯（60万两），荷兰商船3000贯，共计9000贯（33834公斤）白银"。[1]再加上当时日本国内的生丝生产已成规模，日本对于中国生丝等货物的需求不再像以前那样迫切，所以日本对外输出白银大幅减少。1672年以后，赴日中国商船运回的白银大大减少，取而代之的是铜料。据统计，自1684年康熙开放海禁后，每年日本铜对华出口量为300万～400万公斤，1696～1710年因日本铜生产达到高峰，中国商船每年从长崎运回铜达400万～700万公斤。[2]

小叶田淳估算，1673～1684年，"中国船平均每年从日本输出22500公斤白银，这一数量大约是宽文七年以前的2/3，而荷兰商船从延宝元年（1673）到18世纪末，平均每年输出6200～6300公斤的小判"。[3]这个估算值比每年限额6000贯略低，[4]应该是接近史实的。但1673年以后中国船每年从日本输出白银额不是1667年以前的2/3，而是1/2左右。按此推算，1673～1684年中国船从日本运走27万公斤白银。

据山胁悌二郎《长崎的唐人贸易》统计，从1673年到1685年的13年间，唐船共运出白银72400余贯，年均5569多贯（按每公斤26.6两计，约合20936公斤）。[5]他的估算额比小叶田淳的估值低，未达幕府规定的白银出口上限。我们暂以小叶田淳的估算为准。

1　小葉田淳『貨幣と鉱山』5頁。

2　刘序枫：《清康熙—乾隆年间洋铜的进口与流通问题》，汤熙勇主编《中国海洋发展史论文集》第7辑，第111页。早在17世纪50年代后期，日本已大规模出口铜。例如，1659年12月1日，荷船"冯格桑"号（de Vogelsangh）从长崎抵达巴城，运去丁银25000两，日本棹铜1500担，丸铜200担，日本瓷器40箱，茶叶数箱等。参见村上直次郎原译，程大学中译《巴达维亚城日记》第3册，第184～185页。

3　小葉田淳『貨幣と鉱山』4～5、103頁。小判是二两制金币。小葉田淳『日本鉱山史の研究』35頁。

4　日本学者普遍以26.6两折合1公斤，则60万两折合22556公斤，22500公斤折合59.85万两；如以26.8两折合1公斤，则60万两折合22388公斤，22500公斤折合60.3万两。

5　魏能涛：《明清时期中日长崎商船贸易》，《中国史研究》1986年第2期；山脇悌二郎『長崎の唐人貿易』42頁。

值得注意的是，1685 年以后，驶往长崎的中国商船数量一度增加，但运回的白银并没有增加，有些年份甚至不增反减，我们不能以之前的每艘唐船运出的白银均值来计算。据统计，1683 年驶入长崎港的清朝商船是 24 艘，1684 年为 20 艘，到 1685 年激增至 85 艘。此后逐年增加，1686 年 102 艘，1687 年 115 艘，1688 年 193 艘，1688 年是日中贸易期间中国商船驶入长崎港数量最多的一年，随船来到长崎的中国人多达 9128 人。[1] 松浦章统计，1688 年，驶入长崎港的中国商船 194 艘，其中来自台湾的 4 艘，咬留吧 4 艘，沙埕、马六甲、暹罗各 2 艘，安南 1 艘。[2] 由于赴日的中国商船数量太多，幕府规定的贸易限额（60 万两）远远不够，所以在元禄元年（1688），德川幕府对中国商船数也加以限制，规定每年入港的清朝商船不得超过 70 艘，并对开航时间及发船地点也做了规定。[3]

所以，根据 1685 年"贞享令"的限定，我们把 1685～1699 年中国船每年运走的白银上限以不超过 6000 贯（60 万两，26.6 两合 1公斤计，合 22556 公斤）计，共计 33.83 万公斤。

岸本美绪根据岩生成一提供的长崎与中国贸易船数（减除了由长崎驶往南洋和台湾的船只，仅计驶往大陆的船只）估计，中国船从日本直接运往中国的白银，1700～1759 年约 73.56 万公斤，合1971.4 万两（1 公斤合 26.8 两计），年均 32.86 万两，仅有幕府对中国商船贸易限额的一半多。[4] 这是由于大量的铜代替白银从长崎输出。因此，我们不能根据白银出口量来推算这个时期中日贸易成交量。

综上，1560～1644 年，唐船从日本运走白银 207.4 万公斤，约

1　大庭修：《江户时代日中秘话》，第 17 页。岩生成一统计，驶入长崎港的中国大陆商船 1683 年是 2 艘，1684 年为 9 艘，1685 年激增至 77 艘，1686 年 87 艘，1687 年 129 艘，1688 年 174 艘。参见岩生成一「近世日支貿易に關する數量的考察」『史學雜誌』62 卷 11 期、1953 年。

2　松浦章：《中国帆船による東アジア海域交流》，刘迎胜主编《元史及民族与边疆研究集刊》第 31 辑，上海古籍出版社，2016。

3　木宫泰彦：《日中文化交流史》，第 650 页。

4　引自吴承明《18 与 19 世纪上叶的中国市场》，《中国的现代化：市场与社会》，第 279 页。

合 5558.32 万两（1 公斤合 26.8 两计），其中 1560 ～ 1599 年，唐船从日本运走白银 45 万公斤（山村弘造和神木哲男），40 年平均每年 11250 公斤（30.15 万两）；1600 ～ 1639 年，按年均 36339 公斤推算，唐船运走日本白银应不少于 141.72 万公斤（其中 1600 ～ 1610 年、1615 ～ 1620 年、1626 ～ 1630 年据年均值推算、增补），大体上相当于同期日本出口白银的 1/3；1640 ～ 1644 年，按年均 41350 公斤白银推算，唐船运走日本白银约 20.68 万公斤。1645 ～ 1699 年，唐船运走日本白银 176.61 万公斤，合 4733.15 万两。此外，1640 ～ 1671 年，赴日贸易的"唐船"（包括郑氏商船）计 1509 艘，总计运走 132.32 万公斤，32 年年均 41350 公斤。以此为根据，1645 ～ 1672 年，唐船运走日本白银总计约 115.78 万公斤（岩生成一等），1641 ～ 1672 年郑氏商船从长崎运走白银约 101.5 万公斤（计入同期中国商船运走总量中）；1673 ～ 1684 年，中国船从日本运走总计 27 万公斤白银，年均 22500 公斤（小叶田淳）；1685 ～ 1699 年中国船每年运走白银上限以 6000 贯（26.6 两合 1 公斤计，合 22556 公斤）计，共计 33.83 万公斤；1700 ～ 1759 年，中国船运走约 73.56 万公斤，合 1971.4 万两，年均 32.86 万两。1560 ～ 1759 年，唐船运走日本白银总计 457.57 万公斤，约合 12262.88 万两。

2. 关于郑氏集团运走的日本白银

到 17 世纪 30 年代，郑氏集团崛起，与荷兰人争夺对日贸易权，郑氏集团成为日本白银输出的大户。为了避开荷兰人，郑氏商船改由大陆东南沿海直航长崎。据荷兰东印度公司《巴达维亚城日记》记载，崇祯四年（1631）十二月十一日，郑芝龙两艘商船从长崎载货返航泉州安海。[1] 1633 年 8 月，金门料罗湾战役，郑芝龙集团打败荷兰人。从此，郑氏集团对日贸易迅速发展。崇祯十二年，驶往长崎的郑氏商船多达数十艘。1640 年，2 艘郑氏商船满载黄白生丝及纱绫、绸

1　村上直次郎原译，郭辉中译《巴达维亚城日记》第 1 册，第 74 ～ 75 页。

缎货物，驶往长崎。[1]1641 年，郑氏又派出 6 艘大船。同年，从福建安海驶抵日本长崎的郑氏商船所装载的生丝和丝织品，分别为 30720斤和 90420 匹。[2]从 1641 年到 1646 年，每年驶往日本长崎的中国商船有四五十艘，是同一时期荷印公司驶往长崎船只的 7 倍多。[3]据《长崎荷兰商馆日记》记载，1643 年唐船到岸货值 10625 贯，郑芝龙船即占 8500 贯（31875 公斤银），占比为 80%；[4]1649 年和 1650 年各有郑成功的一艘大船抵日。[5]郑氏集团的商船分为口船和奥船。口船是指从中国沿海各港开来的船只，大者载货五六十万斤，小者载货一二十万斤，不分季节随时赴日贸易，所载商品主要为中国大陆产的上等白丝、纺织品、砂糖、药材及来自东南亚的鹿皮、香料、砂糖、染料等。1650 年的船装载生丝达 12 万斤，而当时唐船（华船）输日生丝不过 16 万斤，各地船只输日的生丝总量也不过 23 万多斤。[6]张劲松据《长崎荷兰商馆日记》记载做出推算，1641～1650 年郑氏集团的商船年均对日贸易输入额在 1 万贯（37594 公斤）上下。1648～1672年，郑氏商船从长崎运走的白银及银具达 193949 贯 970 匁（727312.4公斤），年均 7757 贯 999 匁（约合 29092.5 公斤）。[7]按此推算，1641～1672 年郑氏商船从长崎运走白银约 101.5 万公斤（1651 年后以年均 29092.5 公斤计）。1640～1671 年，赴日贸易的"唐船"（包括郑氏商船）总计运走 132.32 万公斤白银，其中郑氏商船运走白银占 76.7%。

这个时期郑氏商船的活跃，与郑氏集团采取一系列措施来争夺东亚海上贸易霸权有关。例如，郑成功通过"贸易禁令"，限制荷兰人

1　村上直次郎原译，郭辉中译《巴达维亚城日记》第 1 册，第 191、214～215、241 页。

2　村上直次郎訳『長崎オランダ商館の日記』第 1 輯、53～65 頁。

3　岩生成一「近世日支貿易に關する數量的考察」『史學雜誌』62 卷 11 期、1953 年。

4　引自夏蓓蓓《郑芝龙：十七世纪的闽海巨商》，《学术月刊》2002 年第 4 期。

5　岩生成一「近世日支貿易に關する數量的考察」『史學雜誌』62 卷 11 期、1953 年。

6　岩生成一「近世日支貿易に關する數量的考察」『史學雜誌』62 卷 11 期、1953 年。

7　张劲松：《从〈长崎荷兰商馆日记〉看江户锁国初期日郑、日荷贸易》，《外国问题研究》1994 年第 1 期。

与中国东南沿海（包括台湾）、日本及马尼拉的贸易。1655 年 8 月，郑成功给荷兰驻台湾长官及台湾的华商代表何廷斌去信，表示不准中国船只和荷船到马尼拉贸易；[1] 1656 年 6 月 27 日，郑成功又发布了禁航台湾的"贸易禁令"。[2] 这一方面使马尼拉和台湾的亚洲区间贸易显著衰退，另一方面使郑氏集团基本垄断了与东南亚和日本的贸易，开启了中国沿海—东南亚—长崎之间的三角贸易。

据林仁川的估计，明末中国对东南亚（不含菲律宾）贸易的总额，年平均出口约 1359 万两，进口约 80 万两，利润约 787 万两。[3] 在南洋贸易的中国船只每年有 67 艘，其中郑芝龙海商集团约有 50 艘，郑芝龙船队占有率约为 75%。据此推算，郑氏船队在东南亚地区的出口额每年约 1019.25 万两，利润约有 590.25 万两。[4]

如前文所述，岩生成一和木宫泰彦等日本学者所说的"唐船""中国商船"，泛指华人的商船，并不单是从中国各港开来的。远从越南东京、广南、柬埔寨、暹罗等中国以外各地开来的华人商船也统称唐船。[5] 所以，这个时期"唐船"（包括郑氏商船）从日本运走的白银，有一部分是流入东南亚的，并没有直接流入中国。

3. 其他学者对日本出口白银的估值

安东尼·瑞德根据 K. 格拉曼、岩生成一、山村弘造和神木哲男等人的统计，得出日本平均每年向国外输出白银的数额，1641 ~ 1650 年有 7 万公斤，1651 ~ 1660 年有 5 万公斤，1661 ~ 1670 年有 4 万公斤，[6] 合计 160 万公斤。安东尼·瑞德的估算与小叶田淳非常接近。

1　方友义主编《郑成功研究》，厦门大学出版社，1994，第 278 页；刘强：《海商帝国：郑氏集团的官商关系及其起源（1625 ~ 1683）》，第 53 ~ 54、59 ~ 61 页。

2　胡月涵：《十七世纪五十年代郑成功与荷兰东印度公司之间来往的函件》，厦门大学台湾研究所历史研究室编《郑成功研究国际学术会议论文集》，江西人民出版社，1989，第 316 ~ 317 页。

3　林仁川：《明末清初私人海上贸易》，华东师范大学出版社，1987，第 271 ~ 272 页。

4　林仁川：《明末清初私人海上贸易》，第 267 ~ 271 页。

5　木宫泰彦：《日中文化交流史》，第 647 页。

6　安东尼·瑞德：《东南亚的贸易时代：1450 ~ 1680 年》第 2 卷，第 40 页；Kristof Glamann, *Dutch-Asiatic Trade, 1620-1740*, p.58。

万志英统计说，1550 ~ 1600 年中国船输入中国的日本白银有 45 万公斤，1601 ~ 1645 年有 59.9 万公斤。[1] 他对 17 世纪上半叶日本白银输入中国的统计偏低了。

魏能涛据岩生成一《近世日支贸易数量的考察》统计，1648 年至 1672 年，唐船从长崎输出货物总额 32 万余贯，其中白银一项就近 20 万贯（合 2000 万两，约 74.6 万公斤），约占输出总额的 61%，另外黄金占 9%，其他货物占 30%。[2] 显然，这个估值低了约一半。

岸本美绪根据岩生成一提供的长崎与中国贸易船数（减除了由长崎驶往南洋和台湾的船只，仅计驶往大陆的船只）估计，17 世纪下半叶（1650 ~ 1699）中国船从日本直接运往中国的白银为 1067 万两（40.11 万公斤），18 世纪上半叶（1700 ~ 1759）为 1971.4 万两（年均 32.86 万两）。[3] 吴承明将这一数据作为该时期中国从日本进口的全部白银数量。但根据岸本美绪的计算方法，显然这应该只是中日直接贸易中的白银数量。除此之外，还有荷兰船从长崎运出的白银转输到中国。如果岸本美绪对 1650 ~ 1699 年中国船直接运走的白银数量测算基本准确，那么这个时期中国船运走的白银仅及 1673 年后日本幕府对中国船每年输出白银限额（每年 60 万两，22500 公斤）的 55% 左右。这是不可能的，因为中国船一般会用足白银输出限额。岸本美绪对 17 世纪下半叶中国船直接运出的白银估算显然太低了。

王裕巽根据岩生成一的测算，认为有引中国商船平均每艘贸易额为 4 万两，其赴日贸易白银的 1/3 贩运日本货（主要是军械之类）回华，其余 2/3 白银则悉数运返，依此测算，1560 ~ 1644 年有引中国商船从日本运返的白银数量每年平均为 1173333 两（26.8 两合 1 公斤，总计 43781 公斤）；1560 ~ 1644 年明亡前的 85 年中，由日本流入中

1　R. von Glahn, "Myth and Reality of China's Seventeenth-Century Monetary Crisis," *The Journal of Economic History*, Vol. 56, No. 2, 1996, pp.429-454.

2　魏能涛：《明清时期中日长崎商船贸易》，《中国史研究》1986 年第 2 期。

3　引自吴承明《18 与 19 世纪上叶的中国市场》，《中国的现代化：市场与社会》，第 279 页。

国的白银，仅为中国商船运返之一项，达 91274400 两（340.58 万公斤）。[1] 王裕巽还测算，在 1560 ～ 1600 年（他以 40 年计），葡萄牙商船每年平均从日本运出 150 万两白银（约合 55970 公斤），该时期经葡商输入中国的日本白银有 6000 万两，[2] 这个时期中国人和葡萄牙人每年从日本输出白银 99751 公斤。

　　王裕巽的上述测算偏高太多。每艘中国商船平均贸易额为 4 万两的 2/3，是 26664 两，这个说法比岩生成一所推算每艘赴日中国商船平均运回白银 23500 两多了 3164 两。如前所述，贡德·弗兰克、安东尼·瑞德等人统计，从 1560 年到 1600 年，日本每年生产和供应白银不超过 5 万公斤；岩生成一估测，1560 ～ 1600 年，日本每年出口白银 33750 ～ 48750 公斤（均值是 41250 公斤）。如果王裕巽估算该时期中国商船运回的白银数额（43781 公斤）是对的，那么这期间日本出口的白银几乎都由华船运出了，这显然是不可能的。因为，同时期澳门葡萄牙船运出的白银大大多于中国商船，这远远超出了同期日本白银的产量，日本以往生产的白银存量不足以支撑如此数量的长期白银出口。

　　对于 1600 ～ 1630 年输入中国的日本白银数额的测算，王裕巽根据艾维泗测算的年均 380 万两作为估算起点，扣除其中属于中国商船运返的日本白银年平均额后，认为葡、荷商人和日本来华贡船、商船所输入中国的日本白银为年均 2626667 两。由于朝鲜、越南等国亦有一些丝绸出口，所以这些白银并不是全部流入中国，流入中国的大约有 70%。王裕巽的这个测算也是有问题的。首先，他测算起点额每年 380 万两太低了，150 吨应相当于 399 万两（他以 26.6 两为 1 公斤），而不是 380 万两；其次，在 17 世纪前 30 年，朝鲜、越南等国出口到日本的丝绸等商品数量较少，不可能占当年日本丝绸进口数量的 30%。

　　庄国土认为，明代从日本流入中国的白银在 17500 万两（652.99

1　王裕巽：《明代白银国内开采与国外流入数额试考》，《中国钱币》1998 年第 3 期。

2　王裕巽：《明代白银国内开采与国外流入数额试考》，《中国钱币》1998 年第 3 期。

万公斤）以上，其中大部分由澳门流入中国内地。庄国土在另一篇文章中依据矢野等日本学者的估计，判断明季日本出口白银在 25000 万比索（约合 18750 万两，699.63 万公斤）以上，这些白银绝大多数通过各种途径流到中国，其中大部分用来支付丝绸货值。[1] 庄国土的估值显然高了。

万明分析了岩生成一、小叶田淳、山村弘造、神木哲男和安东尼·瑞德等人的估算值，认为在 1540 ~ 1644 年，从日本流入中国的白银有 7500 吨左右。[2] 她对输入中国的日本白银总量的估测比庄国土更高。

郑永昌估算，在明朝灭亡之前流入中国的外国白银中，有 2/3 来自日本（4890 余万两，约合 182.46 万公斤），只有 1/3 来自美洲（1800 余万两，约合 67.16 万公斤）。[3] 郑永昌这个估值低了太多。

倪来恩、夏维中统计，1635 ~ 1645 年，中国商船从日本运回中国的白银约 50 万公斤。[4] 这显然是不可能的，因为这 10 年到长崎的中国船没有达到年均 50 艘以上。

刘军分析，"大致地将整个明清时代日本白银的输入（中国）估计为 20000 万两，其中约 1/3 通过中日直接贸易输入，2/3 为（荷兰、葡萄牙或者第三国的）转口贸易输入"。[5] 他对明清时代中日直接贸易输入中国的白银数量估值仅有 6330 万两左右，实在是太低了；他对各国输入中国的日本白银数额的占比之估计也不准确。

4. 16 世纪华人私商走私的日本白银

日银除了通过以上途径输入中国，还通过私商走私输入。自 16

1　庄国土：《略论早期中国与葡萄牙关系的特点，1513 ~ 1613》，（澳门）《文化杂志》（中文版）第 18 期，1994 年；庄国土：《16 ~ 18 世纪白银流入中国数量估算》，《中国钱币》1995 年第 3 期。

2　万明：《明代白银货币化：中国与世界连接的新视角》，《河北学刊》2004 年第 3 期，第 151 页。

3　郑永昌：《明末清初的银贵钱贱现象与相关政治经济思想》，台湾师范大学历史研究所专刊，1994，转引自龚缨晏《鸦片的传播与对华鸦片贸易》，第 144 ~ 145 页。

4　倪来恩、夏维中：《外国白银与明帝国的崩溃——关于明末外国白银的输入及其作用的重新检讨》，《中国社会经济史研究》1990 年第 3 期。

5　刘军：《明清时期白银流入量分析》，《东北财经大学学报》2009 年第 6 期。

世纪 20 年代起，葡萄牙人就在浙江、福建沿海从事走私和海盗活动，把中国商货贩运到日本，赚取日本白银。嘉靖三年（1524），明廷下旨，严禁番夷贡船"迎贩私货"，禁止百姓"交结番夷，互市称贷，结财构衅"。[1] 在 16 世纪 40 ~ 60 年代，中国沿海存在许多海商集团。其中江浙沿海有许氏兄弟（许一、许二、许三、许四）、王直、徐海、萧显及邓文俊、林碧川海商集团，在五六十年代闽广沿海有何亚八、许栋和许西池、谢老和严山老、洪迪珍和张维、张琏和林国显、吴平和曾一本、林道乾、林凤等海商集团。[2] 这些海商"往往私装铅、硝等货，潜去倭国"，也有人"借言潮、惠、广、高等处籴买粮食，径从大洋入倭；无贩番之名，有通倭之实"；[3] 还有的海商"借饷船而私至日本者，或始以日本，而终以西洋，莫可辨诘"。[4] 这个时期，福建沿海的居民纷纷偷渡到日本经商，走私日本白银。"海贼乱闽十又三年矣，初皆漳泉百姓惯通日本者，聚众劫船，掳人取赎，得利既多，效尤者众，连村满海，尽为盗区……"[5] 葡萄牙人也盘踞舟山附近的双屿岛等地，从事白银走私和海盗活动。16 世纪 40 年代，双屿岛有 3000多人居住，其中葡人 120 名，他们主要从事走私贸易和海盗活动。[6] 嘉靖二十七年（1548）四月，明军在扫荡（宁波）双屿时，岛上的 35艘葡萄牙大船和 42 艘中国帆船被烧。据说，葡萄牙人仅在白银、胡椒、檀香、豆蔻、核桃及其他货物上就损失了 150 万两。[7] 这个时期走私日本白银的数量应该是较大的。1542 年，有 3 艘从日本开往漳州的商船被捕获，载有 80000 盎司（合 3000 公斤）白银。有学者估计，每年有 10 ~ 20 艘商船来往于中日之间，走私到浙江和福建的日

1 《明世宗实录》卷 38，嘉靖三年四月壬寅；晁中辰：《明代海外贸易研究》，第 179 ~ 183 页。
2 林仁川：《大航海时代：私人海上贸易的商贸网络》，第 85 ~ 112 页。
3 许孚远：《敬和堂集》，陈子龙等辑《皇明经世文编》卷 400，《续修四库全书》第 1661 册，上海古籍出版社，2002，第 191 页。
4 嘉庆《云霄厅志》卷 8 引万历《漳浦县志》，引自林仁川《大航海时代：私人海上贸易的商贸网络》，第 182 页。
5 董应举：《崇相集》第 2 册《闽海事宜》，中国文艺出版社，2015。
6 廖大珂：《葡萄牙人在浙江沿海的通商与冲突》，《南洋问题研究》2003 年第 2 期。
7 费尔南·门德斯·平托：《远游记》下册，金国平译，澳门基金会，1999，第 699 ~ 700 页。

本白银可达 530000 盎司（合 19875 公斤）。[1] 1548 ~ 1550 年，明朝官府围剿东南沿海海盗和走私葡萄牙人；1566 年，明廷设置海澄县，加强对月港的海市管理，此后白银走私应该有较大幅度的减少。对于1542 ~ 1575 年（林凤海商集团被剿灭于 1575 年）走私进中国的日本白银估测，暂且以每年走私船 10 艘、每船走私白银 880 公斤计，34年间白银走私入华至少有 29.92 万公斤。此后，明清时期白银走私一直没有间断，只是其数量无法推测而已。

　　17 世纪上半叶，位于日本与东南亚间、扮演交通要冲角色的台湾，成为中国私人海商走私贸易据点。[2] 例如，台湾南部的大员港"每年有日本商贾乘帆船而至，在当地购买大量鹿皮，特别是与中国的海上冒险商做大宗丝绸生意，这些冒险商从泉州、南京及中国北部沿海各地运出大批生丝和绸缎"。[3] 这种走私贸易，成为当时日本获取中国商品的重要途径。大量日本白银通过台湾的中转贸易走私到大陆。此外，许多中国商人为牟利，侨居日本不归，专事白银走私贸易。明万历三十六年（1608），从中国渡海来长崎岛的刘凤岐，在长崎见到的华人不到 20 人；此后不到 10 年，当地华人人数增加到两三千人。[4] 由此可见，到长崎的中国私商人数之多、中日私人贸易增长之快。众多的"无引"私商船涌向日本，导致明朝政府实行的海禁至万历三十八年已名存实亡，这从福建巡抚陈子贞的《海防条议》中就可看出："近奸民以贩日本之利倍于吕宋，夤缘所在官司，擅给票引，任意开洋，高桅巨舶，络绎倭国。将来沟通接济之害，殆不可言。"[5] 自此至明亡的30 多年里，赴日本贸易的中国商船迅速增加。

1　威廉·S. 阿特韦尔：《国际白银的流动与中国经济（1530 ~ 1650 年）》，《中国史研究动态》1988年第 9 期。

2　陈小冲：《十七世纪的御朱印船贸易与台湾》，《台湾研究集刊》2004 年第 2 期。

3　程绍刚译注《荷兰人在福尔摩莎（1624 ~ 1662）》，第 28 页。

4　朱国祯：《涌幢小品》卷 30 "倭官倭岛"条，齐鲁书社，1997；松浦章：《明代末期的海外贸易》，陈建平译，《求是学刊》2001 年第 2 期，第 98 页。

5　《明神宗实录》卷 476，万历三十八年十月丙戌；李金明：《明代后期的海外贸易与海外移民》，《中国社会经济史研究》2002 年第 4 期。

（四）关于 16 ~ 17 世纪澳葡从日本运走的白银数量

中国的金银比价比同时期的日本、印度、欧洲和美洲的金银比价都高。日本以黄金为通货，黄金与白银的比价远低于中国。1592 年及其后年份，1 两黄金在广州可兑换 5.5 ~ 7 两白银，但在日本却可换到 12 ~ 13 两。[1] 有资料说，16 世纪末 17 世纪初，"在东南亚市场上，日本的金银比值为 1：10，而中国的金银比值为 1：7 或者 1：8"。[2]

澳门的葡萄牙人是最早发现中日白银差价利润的西方人。他们在澳门一站稳脚跟，就开展对日贸易，用中国生丝、丝织品和蔗糖等大量套取日本白银。在 1639 年日本锁国之前，澳葡与日本长崎的贸易非常活跃。关于澳葡在各时期从日本运出白银的数额，没有较为精确的统计，只有一些估计性的资料。1585 ~ 1591 年到远东游历的英国旅行者拉尔夫·费奇（Ralph Fitch）记述，澳葡每年有 1 艘大帆船开往日本，运回 60 万克鲁扎多白银。[3] 澳门议事会在 1639 年写给罗马教宗的信中提到，在 16 世纪末，葡萄牙每年将约 100 万克鲁扎多运出日本，到了 17 世纪 30 年代，每年超过 300 万克鲁扎多。[4] 17 世纪初葡萄牙历史学家迪奥果·多·考托（Diogo do Couto，1542-1616）估计，在 16 世纪的最后 25 年，每年葡萄牙人从日本运出约 100 万两的白银。一些与考托同时代的人估计，每年葡萄牙人从日本运出 18000 ~ 20000 公斤，即约 48.2 万 ~ 53.6 万两的白银。[5]1580 年居住在果阿的荷兰人扬·惠更·范林斯霍滕说，澳葡每年向日本运销

1　全汉昇：《略论新航路发现后的中国海外贸易》，《中国近代经济史论丛》，第 78 页。

2　小葉田淳『貨幣と鉱山』5 頁。

3　C. R. Boxer, *Fidalgos in the Far East, 1550–1770*, p.6.

4　C. R. Boxer, *The Great Ship from Amacon: Annals of Macao and the Old Japan Trade,1550–1640*, pp.169–170.

5　C. R. Boxer, *The Great Ship from Amacon: Annals of Macao and the Old Japan Trade,1550–1640*, p.7；李隆生：《明末白银存量的估计》，《中国钱币》2005 年第 1 期。

3000 担中国丝绸等货物。[1] 这些丝绸在广州以每担 80 两购进，需 24 万两，在日本卖出可获 100% 以上利润，其价值在 48 万两以上。此后贩运的生丝数量更多。加上同船还运去其他货物，澳葡每年向日本运去的货值肯定超过 50 万两。葡船回航时载重 1/2 ～ 2/3 是白银，其余是黄金、铜、俵物（海参、鲍鱼、鱼翅、昆布等海产品）、诸色杂货等。

　　从以上资料看，考托的观点应该是成立的。澳葡每年从日本运回的白银，1575 年以前年均约 60 万两，1575 ～ 1600 年每年平均不低于 100 万两。这应当是比较可信的。C. R. 博克舍进一步细分，指出 1599 年澳葡仅运回 40 万两白银。全汉昇也同意此说。[2]

　　据 G. B. 索扎统计，从澳门赴日本的葡船，1546 ～ 1573 年共有 55 艘，年均 1.96 艘；1574 ～ 1617 年有 47 艘，年均 1.07 艘；1618 ～ 1640 年共有 94 艘，年均 4.09 艘；在 1580 ～ 1597 年，赴日澳葡商船有 24 艘（张廷茂统计为 21 艘），从长崎运到澳门的日本白银有 750 万 ～ 890 万两（约合 279850.7 ～ 332089.6 公斤），约占该时期日本白银产量的 60%，年均 41.67 万 ～ 49.44 万两，每船平均运出仅有 31.25 万 ～ 37.08 万两。[3] 张廷茂统计，从澳门前往日本的葡船 1580 ～ 1585 年有 10 艘，1586 ～ 1600 年有 15 艘。[4]1618 年以后，赴日葡船明显增加了。根据前引拉尔夫·费奇等人的记述，1580 ～ 1585

1　参见桑贾伊·苏拉马尼亚姆《葡萄牙帝国在亚洲：1500 ～ 1700》，第 153 页；C. R. Boxer, *The Great Ship from Amacon: Annals of Macao and the Old Japan Trade,1550–1640*, pp.179–181。

2　C. R. Boxer, *The Great Ship from Amacon: Annals of Macao and the Old Japan Trade, 1550–1640*, pp.47–48, 61. 另参见全汉昇《明代中叶后澳门的海外贸易》,《中国近代经济史论丛》, 第 153 页。

3　George B. Souza, *The Survival of Empire: Portuguese Trade and Society in China and the South China Sea, 1630–1754*, pp.55–56, Table 4.2, 4.3. 张廷茂根据 C. R. 博克舍的资料（C.R.Boxer, *The Great Ship from Amacon: Annals of Macao and the Old Japan Trade, 1550–1640*; C.R.Boxer, *Fidalgos in the Far East, 1550–1770*）统计，赴日的澳葡大船 1580 ～ 1617 年有 35 艘，1618 ～ 1630 年有 59 艘。参见张廷茂《16 ～ 18 世纪中期澳门海上贸易研究》,暨南大学博士学位论文，1997，第 10 ～ 11 页。张廷茂统计，1587 年、1592 年、1599 年没有澳葡船到日本贸易，这应有遗漏。G. B. 索扎也主要根据 C. R. 博克舍的资料统计，1580 ～ 1617 年赴日的澳葡大船（Náo do trato）有 37 艘，1618 ～ 1630 年有 58 艘小船（galiota）。

4　张廷茂：《16 ～ 18 世纪中期澳门海上贸易研究》, 第 10 ～ 11 页。

年应有 300 万两（每年 50 万两）运出，1586 ～ 1595 年有 600 万两，1596 ～ 1597 年有 200 万两，合计 1100 万两，24 艘船平均每艘运出 45.83 万两。G.B. 索扎对该时期日本白银产量及每艘赴日葡船运回的白银数量估计偏低了。G.B. 索扎另统计说，在 1546 ～ 1638 年，葡萄牙人从日本输入中国 3660 万～ 4110 万两白银，[1] 年均 39.35 万～ 44.19 万两。他的这个估值与美国学者 R. L. 英纳斯（R. L. Innes）相近。R. L. 英纳斯认为，在 1546 ～ 1638 年，葡人运走的日本白银为 3660 万～ 4100 万两（合 136.57 万～ 152.99 万公斤）。[2] 两位学者的估值偏低了。因为 1546 ～ 1573 年共有 55 艘葡船抵达日本，以每船平均运回 25 万两计，有 1375 万两；1574 ～ 1617 年有 47 艘葡船抵日，即便按 G.B. 索扎所统计每船运回白银 37 万两计，也有 1739 万两。二者相加有 3114 万两，尚有 1618 ～ 1638 年运银 2000 万两以上（每年 100 万两）未计。

C. R. 博克舍根据拉尔夫·费奇的记述，估算在 16 世纪最后 25 年里，日本出产的白银约有一半输往国外，每年输出 40 万～ 50 万两（14925.4 ～ 18656.7 公斤），其中大部分由澳门葡人输出；1601 年，澳葡大船自长崎运回澳门的日本银块价值达 100 万块金币以上。[3] 澳门大船因主要载回白银而获得了"银船"（Náo da prata）的美称。张廷茂等同意 C. R. 博克舍此说。[4] C. R. 博克舍的推算比拉尔夫·费奇等的记述（60 万两）低 20% 左右，且没有说明原因。如前述，

---

1 G.B. Souza, Portuguese Trade and Society in China and the South China Sea, c. 1630–1754, Ph. D. dissertation, University of Cambridge, 1981, pp.158–159, 165–168; George B.Souza, "Portuguese Country Traders in the Indian Ocean and the South China Sea, c1600," *European Commercial Expansion in Early Modern Asia*, Aldershot: VARIO-RUM, 1997, p.72.

2 R. L. Innes, The Door Ajar: Japan's Foreign Trade in the 17th Century, Ph. D. dissertation, University of Michigan, 1980, pp.56–57. 引自倪来恩、夏维中《外国白银与明帝国的崩溃——关于明末外国白银的输入及其作用的重新检讨》，《中国社会经济史研究》1990 年第 3 期。

3 C. R. Boxer, *The Great Ship from Amacon: Annals of Macao and the Old Japan Trade, 1550–1640*, pp.6–7, 47–48, 61–64; C.R.Boxer, *Fidalgos in the Far East, 1550–1770*, p.6. 李庆新据 C.R. 博克舍《来自澳门的大帆船》（第 47 ～ 169 页）的资料，统计 1585 ～ 1630 年长崎输入澳门的日本白银仅为 1489.9 万两。他对 C.R. 博克舍书中资料遗漏不少。参见李庆新《明代海外贸易制度》，第 512 ～ 513 页。

4 张廷茂：《16 ～ 18 世纪中期澳门海上贸易研究》，第 13 页。

1560 ~ 1600 年，每年日本出口白银 33750 ~ 48750 公斤。如果出口白银有一半被澳葡运走，每年也有 16875 ~ 24375 公斤（按日本学界 1 公斤合 26.6 两计，约合 44.89 万 ~ 64.84 万两）。事实上，该时期日本出口的白银有 2/3 左右被葡萄牙人运走。显然，C. R. 博克舍对 17 世纪前日本白银输出额的推算低了。

小叶田淳估算，在 1560 ~ 1599/1600 年，葡萄牙人平均每年从日本运走 22500 ~ 37500 公斤的白银，[1] 40 年总计 90 万 ~ 150 万公斤（2412 万 ~ 4020 万两）。这个估算值比 C.R. 博克舍高了 2/3 以上。山村弘造和神木哲男及美国学者桑贾伊·苏拉马尼亚姆的估值与小叶田淳差不多，他们认为该时期每年日本出口白银 33750 ~ 48750 公斤，其中澳葡运走了 2/3 左右；17 世纪二三十年代，葡萄牙人运往中国的日本白银每年为 4.5 万 ~ 5.63 万公斤。[2] 小叶田淳的这个估算值是根据日本白银产量和出口量做出的，应该是可信的，C. R. 博克舍和 G. B. 索扎的估算值明显偏低了。

矢野仁一统计，1599 ~ 1637 年，澳葡通过对日贸易，从长崎运走白银 2164179 公斤（5800 万两），年均 55491.8 公斤。[3] 全汉昇也同意矢野这一推算。[4] 按此推算，则 1600 ~ 1637 年，澳门葡人从长崎输出白银 210.87 万公斤（5651.32 万两）。矢野仁一的估值比山村弘造和神木哲男还高一点。从 17 世纪头 30 年日本白银出口量和澳葡商船输出所占份额看，矢野仁一的估值更接近史实。

1　小叶田淳『日本経済史の研究』278 页。按，后智钢转引艾维泗的材料说："日本学者小叶田淳认为，17 世纪初，日本、中国、葡萄牙、荷兰船只运出的日本白银可能达到 15 万 ~ 15.7 万公斤之间，大多数最后还是到了中国。"参见后智钢《外国白银内流中国问题探讨（16 ~ 19 世纪中叶）》，第 91 页。这可能有误。

2　Kozo Yamamura and Tetsuo Kamiki, "Silver Mines and Sung Coins: A Monetary History of Medieval and Modern Japan in International Perspective," in J. E. Richards, ed., *Precious Metals in the Late Medieval and Early Modern Worlds*, pp.351-352；桑贾伊·苏拉马尼亚姆：《葡萄牙帝国在亚洲：1500 ~ 1700》，第 227 页。

3　矢野仁一「長崎貿易に於ける銅及び銀の支那輸出に就いて（下）」京都帝国大学経済学会編『経済論叢』26 巻 2 号、1928 年 2 月、100 页。

4　全汉昇：《明中叶后中日间的丝银贸易》，《中国近代经济史论丛》，第 166 页；全汉昇：《明代中叶后澳门的海外贸易》，《中国近代经济史论丛》，第 152 页。

综合以上学者的估算和分析，笔者推算，在 1560 ～ 1599/1600 年，葡萄牙人平均每年从日本运走 22500 ～ 37500 公斤的白银，总计 90 万～ 150 万公斤（小叶田淳说）；1600 ～ 1637 年，澳门葡人从长崎输出白银 210.87 万公斤（矢野仁一说）。

李隆生据拉尔夫・费奇和前述葡萄牙资料，推估 1575 ～ 1638 年期间，葡萄牙人从日本运出 7000 余万两（约合 261.2 万公斤）的白银。[1] 这比小叶田淳和矢野仁一的估值少了 40 万公斤以上。

倪来恩、夏维中估计，在 16 世纪的后 50 年中，葡人共输入中国的日本白银是 50 万公斤（年均26.6 万两），1600 ～ 1609 年是 20 万公斤，1609 ～ 1629 年是 30 万公斤，1630 ～ 1639 年是 45 万公斤，因此葡人通过长崎—澳门贸易输入中国的日本白银高达 165 万公斤。[2] 后智钢也认为这是比较准确的数字。[3] 与小叶田淳的估算相比，再参考这个时期日本白银的产量和出口量，这三位中国学者的估值都偏低了。

王裕巽测算，在 1560 ～ 1600 年，葡萄牙商船每年平均从日本运出 150 万两白银（约合 55970 公斤），该时期经葡商输入中国的日本白银有 6000 万两左右；1601 ～ 1630 年，日本白银经葡萄牙人输入中国的总额达 5516 万两（205.8 万公斤）。[4] 王裕巽对 1560 ～ 1600 年葡船运走的白银测算偏高太多，因为 1560 ～ 1600 年日葡贸易、日中贸易额没那么高，平均每年不会超过 80 万两。

（五）关于 16 ～ 18 世纪荷兰人从日本运走的白银数量

1609 年，荷兰东印度公司在日本设立商馆，正式开始对日贸易。1624 年荷兰人侵占台湾以后，其对日贸易发展顺利。荷兰东印度公司

---

1 李隆生：《明末白银存量的估计》，《中国钱币》2005 年第 1 期。
2 倪来恩、夏维中：《外国白银与明帝国的崩溃——关于明末外国白银的输入及其作用的重新检讨》，《中国社会经济史研究》1990 年第 3 期。
3 后智钢：《外国白银内流中国问题探讨（16 ～ 19 世纪中叶）》，第 68 ～ 69 页。
4 王裕巽：《明代白银国内开采与国外流入数额试考》，《中国钱币》1998 年第 3 期。

的大船载重有 800 ~ 1000 吨，是当时东亚地区较大的商船。[1] 日本学者加藤荣一估算了 1622 年到 1636 年荷兰船从日本运走白银的种类及数量，见表 3-1。

表3-1　1622 ~ 1636 年荷兰船从日本运出白银的种类和数量

单位：文目

年份	种类	数量	合计
1622	精制银	14600	1023400 （合3838公斤）
	酥玛银	496400	
	贝尔孚	496400	
	斯慧特	16000	
1623	酥玛银	653529	736029 （2760公斤）
	贝尔孚	82500	
1625	酥玛银	600992	607005 （2276公斤）
	贝尔孚	6013	
1626	酥玛银	463185	667220 （2502公斤）
	贝尔孚	204035	
1627	酥玛银	2389472	2389472 （8961公斤）
1632	酥玛银	1806114	1870114 （7013公斤）
	斯慧特	64000	
1633	酥玛银	327950	567950 （2130公斤）
	斯慧特	240000	
1634	酥玛银	534100	2855115 （10707公斤）
	贝尔孚	97015	
	斯慧特	2224000	

1　陈勇：《1567 ~ 1650 年南洋西南海域中西贸易势力的消长》，吴于廑主编《十五十六世纪东西方历史初学集续编》，武汉大学出版社，2005，第314页。

续表

年份	种类	数量	合计
1635	酥玛银	2580	4922580
	斯慧特	4920000	（18460 公斤）
1636	斯慧特	7170000	7170000
			（26888 公斤）

说明：1 贯 =1000 匁（文目）=100 两银，1 文目约 3.75 克银，26.66 两 = 1 公斤。日本学者多以 26.6 两为 1 公斤。

资料来源：速水融、宫本又郎编《经济社会的成立（17 ~ 18 世纪）》(《日本经济史》7)，历以平、连湘译，三联书店，1997，第 145 页。

据表 3-1，1622 ~ 1636 年，荷船一共从日本运出了 22808885 文目（约合 85535 公斤）的白银，年均运出 1520592 文目（约合 5702 公斤，如果按有数据的 10 年平均是 8553.5 公斤）。其中，1626 ~ 1627 年运出 3056692 文目（305669.2 两）。荷兰运出的白银以纯度最高的"酥玛银"（即从石见银山中经过灰吹法直接熔炼出来的白银）为主，幕府铸造的"斯慧特"（庆长丁银，含银率约 80%）则一直较少，直到宽永十年（1633）幕府开始控制白银的输出，荷兰人才不得已增加了斯慧特的运出。[1] 1628 ~ 1631 年荷兰运出日银数据缺失，这是由于 1628 年荷兰与日本在台湾的纠纷使双方关系恶化，幕府禁止荷兰商船前往日本贸易。直到 1632 年 11 月，幕府解除禁令，荷日贸易才得以恢复。

加藤荣一另外统计，荷印公司自日本输出白银，1622 ~ 1634 年有 3740084 荷盾（约合 41868.2 公斤），1635 ~ 1640 年有 22769669 荷盾（约合 254893.9 公斤），总计 26509753 荷盾（296762.1 公斤）。[2] 全

---

[1] 浜野洁等:《日本经济史（1600 ~ 2000）》，第 31 页。

[2] Koto Eiichii, "Unification and Adaptation, the Early Shogunate and Dutch Trade Policies," in L.Blussé and F. Gaastra, eds., *Companies and Trade*, Leiden, 1981, pp.224-225.

汉昇采信了加藤这个说法。[1]这个统计比表 3-1 统计的 1622 ～ 1634 年输出值（40187 公斤）要高，但仍然偏低（详见后述）。1635 ～ 1640 年荷船运出的白银是前 13 年的 6 倍以上。这是因为，1635 年德川幕府推行锁国政策，开始限制葡船、西船对日贸易；1639 年，幕府更是断绝了日本与葡、西的贸易关系，英国东印度公司也因贸易不畅而退出日本。荷兰成了当时唯一与日本通商的西方国家。所以，自 1636 年开始，荷兰人对日贸易大幅增长，运出白银数量也水涨船高。

J. I. 伊斯拉尔（Jonathan I. Israel）也统计了 1622 ～ 1669 年荷印公司从日本运出的白银（见表 3-2）。

表 3-2　1622 ～ 1669 年荷印公司从日本运出的白银数

单位：荷盾

年份	白银数	年份	白银数
1622	410000	1632	643270
1623	252000	1633	194803
1625	338500	1634	849570
1626	236000	1635	403100
1627	851000	1636	3012450

1　全汉昇：《再论十七八世纪的中荷贸易》，《中国近代经济史论丛》，第 199 ～ 200 页。全汉昇说，17 世纪 60 年代，3.5 荷盾等于中国银 1 两。参见全汉昇《明清间美洲白银输入中国的估计》，《中国近代经济史论丛》，第 44 页注 3。后智钢则按 1 两白银 =3.47 荷盾换算。参见后智钢《外国白银内流中国问题探讨（16 ～ 19 世纪中叶）》，第 77 页注释 2。1 荷盾 =20 斯多佛。刘勇以 4.4 盾合中国银 1 两，1 西班牙里亚尔≈2.5 盾≈0.72 两或 0.74 两计。参见刘勇《近代中荷茶叶贸易史》，第 7 页"计量单位换算"。贡德·弗兰克采纳 A. 阿特曼（Arthur Attman）之说，以 1 荷盾等于 25 克白银，40 荷盾约等于 1 公斤白银。参见贡德·弗兰克《白银资本：重视经济全球化中的东方》，第 145 页。安东尼·瑞德以 1 荷盾含银 0.01 公斤，不知何据。参见安东尼·瑞德《东南亚的贸易时代：1450 ～ 1680 年》第 2 卷，第 530 页。在 17 ～ 18 世纪，1 英镑 =10 荷盾 =3 两，本书以 1 荷盾 =0.3 两换算，以便与英镑比较；26.8 两合 1 公斤，89.33 荷盾合 1 公斤；3 荷盾合 1 里亚尔（里耳）。两种换算方式，由于小数点的取舍，略有差异。荷印公司记账以 1 里耳约合 1 两银计。从英镑、荷盾和里耳的比值看，1 里耳实际合 0.9 两。根据《东印度事务报告》记述，在荷据台湾时期，1 里耳一般折合 56 ～ 57 斯多佛。黄文鹰等认为，1594 年 1 里亚尔 =45 斯多佛，1602 年 1 里亚尔 =47 斯多佛，1622 年 1 里亚尔 =48 斯多佛，1652 年 1 里亚尔 =50 斯多佛（2.5 盾，1 荷元）。此说存疑。参见黄文鹰、陈曾唯、陈安尼《荷属东印度公司统治时期吧城华侨人口分析》，第 60 页。

年份	白银数	年份	白银数
1637	4024200	1641 ~ 1649（年均）	1518870
1638	4753800	1650 ~ 1659（年均）	1315120
1639	7495600	1660 ~ 1669（年均）	1048000
1640	2250000		

资料来源：Jonathan I. Israel, *Dutch Primacy in World Trade, 1585–1740*, New York: Oxford University Press, 1989, p.173。

从表 3-2 看，1622 ~ 1636 年从日本运出白银 7190693 荷盾（约合 80495.8 公斤），1637 ~ 1644 年运出 24559080 荷盾（275373.1 公斤），1645 ~ 1669 年运出 31225550 荷盾（349552.8 公斤），总计 63015323 荷盾，约合 705421.7 公斤。1622 ~ 1636 年荷印公司从日本运出的白银数额，J. I. 伊斯拉尔的统计值比加藤荣一的低。

荷印公司巴城总部给荷兰十七人董事会的《东印度事务报告》（又称《一般政务报告》）记述了这个时期荷印公司从日本运出白银和铜等贵金属的部分情况，可作为佐证。据记载，1626 年，2 艘荷船从日本运出价值 12.4 万里耳白银（荷印公司以 1 里耳约合 1 两记账，折合约 4626.9 公斤），抵巴达维亚（巴城）；1627 年，3 艘荷船从平户运出 20 万里耳（折合约 7462.7 公斤）白银到大员，1 艘荷船自平户运出 4 万里耳（折合约 1492.5 公斤）白银到暹罗；1628 年，2 艘荷船从平户分别运出 10 万、2.6 万里耳[1] 白银（总计约合 4701.5 公斤）；1635 年，100 箱（10 万两）白银，价值 30 万弗罗林（约合 3358.2 公斤），从平户运出；1636 年，荷船从日本运 36 万两白银到大员；1637 年，"斯瓦"号（de Swaen）自平户驶往大员，载有 17.7 万两白银（177 箱）、602 担细质铜、50 担粗铜；1638 年，"里吉"号（de Rijp）从日本到大员，运来 18.6 万两银，价值 530100 弗罗林（每两合 2.85

---

[1] 《巴达维亚城日记》中译本记为 2600 里耳，可能是笔误或印刷错误。见《巴达维亚城日记》第 1 册，第 61 页。

弗罗林）；1638 年 12 月，6 艘荷船从日本抵大员，运来 80 万两银；1639 年，荷船从日本运抵台湾 33 万两白银（该年以每两合 2.85 弗罗林计，折合 94.05 万弗罗林）及价值 800 万弗罗林（折合 280.7 万两）的银锭；1642 年 10 月，3 艘荷船从日本运出 27 万两锭银到大员，价值 862340.1 弗罗林（每两约合 3.19 弗罗林）；1644 年，"斯瓦"号从日本运出 14.5 万两银锭，在澎湖附近失事；1647 年，4 艘荷船从日本运出 14.5 万两银锭、2700 箱铜；1647 年，2 艘荷船从长崎到大员，运载 90 箱银（每箱 1000 两）、711 箱铜等；1648 年 12 月，2 艘荷船从长崎到大员，运来 15 万两银锭；1650 年，荷船从长崎调运 27.2 万两银锭到巴城，以解巴城银荒之急。[1] 综合以上记述，1626 ~ 1650 年荷印公司从日本运出价值 351.5 万里耳白银（折合 131156.7 公斤）以及 800 万弗罗林（280.7 万两）和 1193.5 万两白银，总计 1825.7 万两，合 681231.34 公斤。其中 1626 年有价值 12.4 万里耳（12.4 万两，折合 37.2 万弗罗林，4626.9 公斤）白银，1637 年有 17.7 万两（折合53.1 万弗罗林）白银，1639 年有 894.05 万弗罗林。与此相对照，加藤荣一的统计除了 1634 ~ 1635 年的，普遍偏低了；J.I. 伊斯拉尔对1626 年、1637 年和 1639 年的统计值低了，并不可靠；J.I. 伊斯拉尔对其余年份的统计，比上引资料（《东印度事务报告》）的记述要高，应有其他史料来源。

《东印度事务报告》中译本记述并不完整。关于 1622 ~ 1639 年荷印公司从日本运出白银数量，笔者主要依据 J.I. 伊斯拉尔的统计，参照加藤荣一的统计和《东印度事务报告》中译本记述，得出以下结论：荷印公司从日本运出白银在 1622 ~ 1625 年有 8874 公斤（加藤荣一），1626 年有 4626.9 公斤（据《东印度事务报告》），1627 年10584.6 公斤，1628 年 4701.5 公斤（《东印度事务报告》），1632 ~ 1633 年 10423.8 公斤（838073 盾），1634 ~ 1635 年 29167 公斤（加

1　程绍刚译注《荷兰人在福尔摩莎（1624 ~ 1662）》，第 61、72 ~ 80、83、165、177、185、194、204、215 ~ 217、242、260、290 ~ 292、295、307、322 页。

藤荣一），1636～1638年146647.4公斤（11790450盾），1639年有117052.2公斤（313.7万两，据《东印度事务报告》），1640年27985.1公斤，以上总计360062.5公斤。这反映了从1636年开始，荷印公司从日本输出白银的数量急剧增加。

荷印公司的《长崎荷兰商馆日记》记录了1641～1654年荷兰船和郑氏商船对日贸易的详尽资料。据《长崎荷兰商馆日记》所载，1641～1654年，抵日的荷兰商船总数为93艘（《长崎市史年表》统计为89艘），年均来船数不到7艘，其商船绝对数较少，但载货量较多，载货量可达100万～200万斤。张劲松估算，1641～1654年，荷兰商船贸易额每年在6000～8000贯（60万～80万两，合22500～30000公斤白银），绝大部分是以白银交易，合计31.5万～42万公斤。这些荷船来航地有台湾、巴达维亚、暹罗、柬埔寨、东京（河内）等，运来东南亚所产生丝、皮革、香料、染料等，以及中国生丝、糖等。[1]张劲松的估算值比小叶田淳和J.I.伊斯拉尔的要高。他的估算是根据《长崎荷兰商馆日记》记载做出的，应该更可靠。据此我们认定，荷船从长崎运走的白银，1641～1644年有9万～12万公斤，1645～1654年有22.5万～30万公斤，年均22500～30000公斤。

值得注意的是，从《东印度事务报告》的记述看，赴日荷船运回白银数是受荷印公司长崎商馆调配的，每艘荷船运回的白银数额并不一致，运回白银数也与荷船在日本的交易额没有正相关的关系。由于《东印度事务报告》属工作总结报告，并不是每一笔从日本运出的白银都有记述，而且我们看到的报告中译本并不完整。

小叶田淳估算，庆安元年（1648）至宽文七年（1667），荷兰的商船平均每年运走的白银为18750公斤，这些被运出的白银大部分为丁银，也包括一些灰吹银和其他精美的银质器具。[2]

1　村上直次郎訳『長崎オランダ商館の日記』第1辑、168、335页；第2辑、317、319页，引自张劲松《从〈长崎商馆日记〉看江户锁国初期日郑、日荷贸易》，《外国问题研究》1994年第1期。

2　小葉田淳『貨幣と鉱山』4～5、103页；小葉田淳『日本鉱山史の研究』35页。

从 1673 年开始，由于幕府实施外国商品限价措施，荷兰对日贸易额降到每年 30 万两白银左右。1685 年（贞享二年）后，幕府明确规定赴日的荷兰商船每年交易最高限额 3000 贯（30 万两，11278 公斤[1]）。荷兰商船应该会用足限额。据此推算，1673 ~ 1684 年，荷印公司每年从日本运走 11278 公斤（30 万两）白银，总计 13.53 万公斤；1685 ~ 1699 年运走 16.92 万公斤。

小叶田淳另估算，"荷兰商船从延宝元年（1673）到 18 世纪末，平均每年输出 6200 ~ 6300 公斤的小判（白银）"。[2] 按此估算，1673 ~ 1699 年，荷船运走日本白银 33.48 万 ~ 34.02 万公斤。这个估值比我们根据幕府贸易限额做出的推算略高。考虑到这个时期荷印公司不断谋求加大对日、对华贸易，略微突破幕府限额也属正常，我们暂以小叶田淳的估算为准。

顾卫民说，1715 年，幕府限制每年只能有 2 艘荷兰船到来，1719 年更限制为 1 艘，1799 年恢复为 2 艘。[3] 我们姑且按 1700 ~ 1718 年每年 2 艘荷兰船运走限额的一半，即 5639 公斤计算，共运走 10.71 万公斤白银；1719 ~ 1759 年每年每艘荷兰船运走限额的 1/4，即 2819.5 公斤计算，共计 11.56 万公斤；则 1700 ~ 1759 年荷兰人运走日本白银约 22.27 万公斤（约 596.84 万两）。

综上，荷印公司从长崎运出的白银，1622 ~ 1759 年总计 157.01 万 ~ 168.05 万公斤，合 4207.87 万 ~ 4503.74 万两。其中，1622 ~ 1640 年有 36.01 万公斤（缺 1629 ~ 1631 年数据），19 年年均 18952.6 公斤；1641 ~ 1654 年总计 31.5 万 ~ 42 万公斤，其中 1641 ~ 1644 年有 9 万 ~ 12 万公斤，1645 ~ 1654 年 22.5 万 ~ 30 万公斤；1655 ~ 1672 年，我们姑且按小叶田淳估算，年均 18750 公斤计，合计 33.75 万公斤；1673 ~ 1699 年，运走 33.48 万 ~ 34.02 万公斤（小叶田淳），年均 12400 ~ 12600 公斤；1700 ~ 1759 年，运走约 22.27

1　多数日本学者以 26.6 两为 1 公斤计。

2　小葉田淳『貨幣と鉱山』4 ~ 5、103 頁。小葉田淳『日本鉱山史の研究』35 頁。

3　顾卫民：《从印度洋到太平洋：16 ~ 18 世纪的果阿与澳门》，第 399 页。

万公斤，年均 3711.7 公斤。从白银输出数量看，1641 ～ 1654 年是荷兰人对日贸易最活跃的时期，运走白银最多。

（六）关于日本朱印船运出的白银

日本人通过朱印船贸易，也向东南亚和台湾等地输出白银。1604年，德川幕府确立了朱印船制度。根据岩生成一的统计，从 1604 年到 1635 年，幕府向 150 人颁发了朱印状，派出 356 艘船（后订正为 360 艘[1]）前往台湾、澳门和东南亚地区的 19 个商埠，其中 1607 ～ 1635年，到交趾、暹罗、吕宋、东京（河内）、柬埔寨、高砂（台湾）六个地区的朱印船共有 311 艘；1617 ～ 1635 年，到台湾的朱印船有 35艘（1612 年、1616 年还各有一艘赴台），到交趾 30 艘，到东京 26 艘，到暹罗、柬埔寨、吕宋各 20 艘，到占城 1 艘。[2] 值得注意的是，幕府还把朱印状颁发给中国商人和西洋人，鼓励他们到日本开展贸易。例如，庆长十五年（1610），德川幕府就给到长崎的广东商船颁发朱印状，还给到日本的应天府商人周性如颁发朱印状。[3] 到台湾的 35 艘朱印船中，寓居日本的中国商人李旦申请、派遣了 9 艘，其他旅居日本的华人派遣了 2 艘。[4] 日本史料记载的朱印船中国贸易商有闻名一时的李旦和五官、林三官、华宇、三官、二官、六官等。[5] 由于一些朱印船归属华人，所以朱印船输出的白银不能都算成是日本人输出的。

朱印船的大小不一，载重量从 50 吨到 800 吨不等，平均载重量

1　中岛乐章：《日本"朱印船"时代的广州、澳门贸易——从"西洋渡航朱印状"谈起》，郑德华、李庆新主编《海洋史研究》第 3 辑，第 63 页。

2　岩生成一『朱印船貿易史の研究』230 ～ 232 頁；岩生成一『南洋日本町研究』東京：岩波書店、1966、11 頁；陈小冲：《十七世纪的御朱印船贸易与台湾》，《台湾研究集刊》2004 年第 2 期。

3　木宫泰彦：《中日交通史》，陈捷译，山西人民出版社，2015，第 738 页；岩生成一『南洋日本町研究』11 頁。

4　岩生成一『続南洋日本町研究』東京：岩波書店、1987、28 頁；陈小冲：《十七世纪的御朱印船贸易与台湾》，《台湾研究集刊》2004 年第 2 期。

5　岩生成一『朱印船貿易史の研究』149 頁。

在 270 吨左右，比葡船、荷船小。[1] 朱印船从东南亚运回的主要货物是生丝、鹿皮（用于制作武士护胸、裤子、上衣、手套、刀鞘等）和蔗糖等，其中生丝一部分来自中国，一部分为中南半岛生产。可以说朱印船到东南亚贸易的目的之一就是与这里的中国商船进行贸易，购买中国的生丝。[2] 朱印船在台湾购买的最主要商品是生丝，其次是香料（特别是奇楠香）、鹿皮等。[3]

朱印船贸易一般以白银作为海外市场的流通和结算货币。每艘朱印船的利润率在 100% 左右。[4] 据岩生成一考证，1604 ~ 1616 年，朱印船每年平均出海 15 艘左右，每艘朱印船平均携带 500 贯白银（约合 1875 公斤，1 贯约合 3.75 公斤），每年 15 艘朱印船的资本额合计为 7500 贯（约合 28125 公斤）白银，13 年 195 艘总计 97500 贯（约合 36.56 万公斤）白银；1617 ~ 1635 年，有 161 艘朱印船出海，年均 8 艘多，每艘最少携带 100 贯的资本，最多携带 1620 贯资本，每艘平均资本额为 528 贯（1980 公斤），总计携出 85008 贯（约 31.88 万公斤）白银。[5] 加上遗漏的 4 艘，每艘平均携带 500 贯计，总计 2000 贯（7500 公斤）。以上合计，360 艘朱印船共运出白银 69.19 万公斤，32 年年均输出白银 21621.88 公斤。

据岩生成一考证，至少有 37 艘朱印船是开往台湾和中国沿海的。也就是说，朱印船运出的 69.19 万公斤白银中超过 1/10（约 6.9 万公斤）运到了中国。有确切资料记载到台湾的朱印船携带白银数量的有：1625 年，2 艘朱印船各携带 350 贯银；1626 年，2 艘朱印船各携带 1500 贯银；1628 年，2 艘朱印船各携带 200 贯银；1633 年，3 艘朱印

1　尤建设、吴佩军：《试论德川幕府时期日本与东南亚的朱印船贸易》，《南洋问题研究》2006 年第 4 期。

2　尤建设、吴佩军说，朱印船从东南亚运回的生丝中大部分是来自中国。非是。参见尤建设、吴佩军《试论德川幕府时期日本与东南亚的朱印船贸易》，《南洋问题研究》2006 年第 4 期。

3　陈小冲：《十七世纪的御朱印船贸易与台湾》，《台湾研究集刊》2004 年第 2 期。

4　岩生成一『朱印船貿易史の研究』149、220、288 ~ 289、316、375 頁；永積洋子訳『平戸オランダ商館の日記』第 3 輯（1636 年 7 月 20 日记事），東京：岩波書店、1980、305 頁。

5　岩生成一『日本的历史 14·锁国』222 ~ 223 頁。

船各携带 116 贯银抵达台湾进行贸易。[1] 以上合计 9 艘船，运来白银共计 4448 贯，每艘船平均 494.2 贯（约 1853.3 公斤）。按此均值计算，37 艘赴台朱印船运到台湾白银约 18285.4 贯，折合 68570.25 公斤。不过，岩生成一有关到台湾的朱印船携银数额的统计，似有疑问。据荷印公司《东印度事务报告》记述，1625 年，2 艘日本帆船携带 7 万两白银到大员，购买生丝等；1626 年，有 3 艘日本帆船携带 18 万两白银到大员，准备采购中国丝绸等；1628 年 2 月前后，有 2 艘日本船自长崎抵达大员，其中 1 艘为长崎奉行末次平藏所有（没有记录携银数量）；1628 年 5 月 27 日，2 艘日本帆船到达大员，船主是滨田弥兵卫，运来白银 4 万两，准备购买中国丝绸，与荷兰人发生冲突，没有购买；1633 年有 3 艘日本船抵大员，运来 35000 两白银，用于购买丝货和鹿皮。[2] 有携银数额且完成交易的日船合计 8 艘，运来白银 28.5 万两，每艘船平均 35625 两（折合 1329.3 公斤，356.25 贯）。按此均值计算，37 艘赴台朱印船共运来约 131.81 万两（约 49182.8 公斤）白银。从以上资料对比看，岩生成一所说 1626 年 2 艘日本船各携带 1500 贯银到大员与《东印度事务报告》所记出入较大。

　　岩生成一另外估计，在朱印状制存在的那些年里，经朱印船从日本出口的白银估计每年多达 3 万～4 万公斤，远远高于此时在日本经商的荷兰船的贸易量，甚至超出了与日本贸易的许多中国商船的年贸易量，接近葡萄牙船的贸易量。[3] 这应该是不可能的，因为这个时期澳葡从日本运出的白银占日本白银出口量的一半以上。岩生成一这个估测应该偏高了。

　　另有学者说，朱印船在其高峰期（1615～1625）的贸易量相当于或甚至超过了当时与日本通商的葡萄牙、荷兰和中国商船的总贸易

1　岩生成一『朱印船貿易史の研究』316 页；岩生成一『日本的历史 14·锁国』222 页；陈小冲：《十七世纪的御朱印船贸易与台湾》，《台湾研究集刊》2004 年第 2 期；尤建设、吴佩军：《试论德川幕府时期日本与东南亚的朱印船贸易》，《南洋问题研究》2006 年第 4 期。
2　程绍刚译注《荷兰人在福尔摩莎（1624～1662）》，第 51、66、82、86、140 页。
3　Iwao Seiichi, "Japanese Foreign Trade in the 16th and 17th Centuries," *Acta Asiatica*, No.30, Tokyo, 1976, p.10.

量。[1]这个说法言过其实了。据岩生成一统计及《大日本史料》的补充，仅 1620 ~ 1625 年赴日唐船（中国船）至少有 244 艘，[2]按每船平均运回白银 876.87 公斤（23500 两）计，共计运走 21.4 万公斤以上，年均约 35659 公斤，远超朱印船当年运出的白银数量。

倪来恩、夏维中估测，1600 ~ 1635 年，朱印船运出的白银达 65.8 万公斤，另外加上 1633 年以前通过日本私人贸易输出的白银，这些白银的数量可能略低于朱印船输出的白银数，因此，1600 ~ 1635 年由日本商船输出的白银也许达到 100 万公斤。[3]在这个估算中，日本私人贸易（走私）输出的白银数量为朱印船输出量的一半左右，缺乏史料支撑。在这个时期，日本私商肯定大量走私输出白银，但其数量没有可资参考的资料来证明。

在朱印船贸易结束后，一些在国外的日本人仍然借助中国商船来维持其与母国的商业关系。例如，1636 年，在广南的日本人曾租用 5 艘中国帆船，满载瓷器及其他物品驶往日本。[4]据说从东京（河内）开赴长崎的中国船，多的时候每年有 4 艘；-1647 年以后，每年也有 1 ~ 9 艘中国船自广南至长崎，这些船载运的多数是当地日侨委托的货物。[5]通过这种贸易，许多日本白银流入东南亚，只是数额不详。

综合以上各位学者估算，16 ~ 18 世纪日本白银出口量和各方输出数量如表 3-3 所示。

1　M. A. P. Mleilink-Roelofsz, *Asian Trade and European Influence in the Indonesian Archipelago between 1500 and about 1630*, p.358.

2　岩生成一「近世日支貿易に關する數量の考察」『史學雜誌』62 卷 11 期、1953 年；后智钢：《外国白银内流中国问题探讨（16 ~ 19 世纪中叶）》，第 90 页；夏蓓蓓：《郑芝龙：十七世纪的闽海巨商》，《学术月刊》2002 年第 4 期。

3　倪来恩、夏维中：《外国白银与明帝国的崩溃——关于明末外国白银的输入及其作用的重新检讨》，《中国社会经济史研究》1990 年第 3 期。

4　T.Volker, *Porcelain and the Dutch East India Company (1602-1682)*, p.75.

5　永积洋子：《由荷兰史料看十七世纪的台湾贸易》，汤熙勇主编《中国海洋发展史论文集》第 7 辑，第 48 ~ 49 页。

表3-3 16～18世纪日本输出白银统计

单位：万公斤

年份	日本出口总量	澳葡船运出	中国船运出	荷兰船运出	朱印船运出
1560～1599/1600	135～195	90～150	45	—	—
1600～1639/1640	605	1600～1637年，210.87	1600～1639年，141.72；1640年，4.1	1622～1640年，36.01	1604～1635年，69.19
1640～1672	201.71～212.21	—	136.46 其中郑氏约101.5	65.25～75.75	—
1673～1684	41.88～42.12	—	27	14.88～15.12	
1685～1699	52.43～52.73	—	上限33.83	18.6～18.9	
1700～1759	95.83		73.56	22.27	
合计	1131.85～1202.89	300.87～360.87	461.67	157.01～168.05	69.19

说明：1542～1575年，日本白银走私进中国的29.9万公斤未计入本表。1640～1759年日本出口白银数系根据中国船、荷兰船运出白银合计。

从表3-3看，1600～1639/1640年，澳葡船、中国船、荷兰船、朱印船共运出461.89万公斤，与贡德·弗兰克、小叶田淳等所说的该时期日本出口白银605万公斤相差甚远，二者相差143.11万公斤。要么贡德·弗兰克、小叶田淳等所说的白银输出数值有问题，要么有大量日本出口白银没有被笔者统计到。如果不加上笔者补上的无数据的1615～1620年、1626～1630年中国船运银数额（据同期唐船运走日本白银的年均值补上），则缺口更大。该时期荷兰船、朱印船运走的日本白银数量与笔者统计出入应该不大，英国船、西班牙船从日本运走的白银数量也非常有限。这说明有大量澳葡船、中国船运走的白银没有被学者们统计到，尤其是澳葡船缺漏更多。这应该是统计资料不全的缘故。这143.11万公斤日本白银应该主要是澳葡船运走的，其次是唐船（包括郑氏商船）及中国大陆走私船运走的，应该多数也流入中国了。

综合本节以上的分析和考辨，笔者大致得出以下结论。

（1）日本白银作为亚洲白银经济带构成的来源之一，在 1560～1600 年，每年出口白银 33750～48750 公斤，总计输出 135 万～195 万公斤（合 3618 万～5226 万两），其中葡萄牙人运走 2/3 左右，年均运走 22500～37500 公斤，总计运走 90 万～150 万公斤；中国商船运走 45 万公斤（1206 万两，山村弘造和神木哲男），年均 11250 公斤（30.15 万两），中国人运走 1/3。以上估值不包括走私的数额。1542～1575 年，走私进中国的日本白银至少有 29.9 万公斤（801.32 万两）。

1600～1639/1640 年，日本每年输出白银不少于 15 万公斤，最高峰的 1603 年为 20 万公斤，40 年共计 605 万公斤（包括 1603 年酌情加 5 万公斤，约 16214 万两）。其中，1600～1637 年，澳葡运走 210.87 万公斤（5651.32 万两），年均 55492.11 公斤；1600～1639 年，唐船运走日本白银应不少于 141.72 万公斤，1640 年运走 41350 公斤；1622～1640 年，荷兰人运走 36.01 万公斤；1604～1635 年，日本朱印船输出 69.19 万公斤。根据以上统计，1600～1639 年，日本出口的白银尚有 143.11 万公斤去向不明，估计是澳葡和中国商船运出的。

1640～1672 年，日本出口白银 201.71 万～212.21 万公斤，年均 61124.2～64306.1 公斤。按出口均值推算，日本出口白银 1641～1644 年 24.45 万～25.72 万公斤，1645～1672 年 171.15 万～180.06 万公斤。1640～1671 年，赴日贸易的"唐船"（包括郑氏商船）计 1509 艘，总计运走 132.32 万公斤（岩生成一等），占同期日本出口白银的 2/3 左右，32 年年均 41350 公斤；以此为根据，1640～1644 年，中国船运走白银约 20.68 万公斤，1672 年中国船运走白银以均值 41350 公斤计，1645～1672 年，唐船运走日本白银总计 115.78 万公斤（岩生成一等），约合 3102.9 万两；在 1641～1672 年郑氏商船从长崎运走白银约 101.5 万公斤（计入同期中国商船运走总量）。1640～1672 年，荷船从长崎运走白银 65.25 万～75.75 万公斤，其中 1641 ～ 1644 年运走 9 万～ 12 万公斤，这样 1622 ～ 1644 年荷兰人运走 45.01 万～ 48.01 万公斤。

　　1673 ～ 1684 年，日本输出白银 41.88 万～ 42.12 万公斤，其中中国商船年均运走 22500 公斤，合计 27 万公斤（723.6 万两），其余 14.88 万～ 15.12 万公斤由荷兰人运走。1685 ～ 1699 年，日本输出白银合计 52.43 万～ 52.73 万公斤，其中中国船每年运走白银上限不超过 6000 贯（26.6 两合 1 公斤计，合 22556 公斤），共运走白银不超过 33.83 万公斤；荷船共运走 18.6 万～ 18.9 万公斤。1645 ～ 1699 年，荷船从长崎共运走白银 89.73 万～ 97.77 万公斤。1700 ～ 1759 年，日本输出白银 95.83 万公斤，其中中国船从长崎直接运走 73.56 万公斤，合 1971.4 万两，仅及日本幕府给中国船贸易配额的一半左右；同期，荷兰人运走 22.27 万公斤。1645 ～ 1759 年，中国船运走的日本白银约 250.17 万公斤，约合 6704.56 万两。1622 ～ 1759 年，荷兰人从长崎运走白银总计 157.01 万～ 168.05 万公斤，合 4207.87 万～ 4503.74 万两。

　　（2）中国学者全汉昇、庄国土、万明、王裕巽等对 1540 ～ 1644 年日本流入中国的白银估值均偏高了；万志英、刘军等对明清时期中日直接贸易输入中国的日本白银数额估测偏低。

　　（3）郑氏集团对东亚和东南亚的白银经济带建设做出很大贡献。1640 ～ 1671 年，郑氏集团运走的日本白银占同期中国商船运走总量的 76.7%。1641 ～ 1650 年，郑氏商船年均运走 37500 公斤，合计 37.5 万公斤；1651 ～ 1672 年，郑氏商船年均运走 29092.5 公斤，合计约 64 万公斤白银。值得注意的是，一部分赴日的"唐船"（中国商船）来自东南亚，赴日的郑氏船只约有 1/4 也来自东南亚，这些船只运走的白银先流入了东南亚，相当一部分再通过东南亚与中国、澳葡的贸易流入中国。显然，这些船只运走的白银不能统计为直接流入中国。17 世纪 40 ～ 60 年代，东亚和东南亚的白银经济带建设主要由郑氏集团和荷兰人负责。

　　（4）1604 ～ 1635 年，360 艘日本朱印船至少运出 69.19 万公斤白银，32 年年均输出白银 21621.88 公斤，这些朱印船至少有 37 艘是开往中国沿海（包括台湾）的。也就是说，朱印船运出的白银有 1/10 多（71112 公斤）运到了中国，其余的白银多数流入东南亚，然后一部分白银通过澳门、中国与东南亚的贸易回流中国。1639 年日本彻底锁国以后，朱印船制度废止，朱印船承担的日本与东南亚的贸易，主要由荷印公司和郑氏集团承接。必须注意的是，由于一些朱印船归属华人等，所以朱印船输出的白银不能都算成日本人输出的。

四　关于美洲白银输入亚洲的数量及途径

在亚洲区间贸易中流通的白银，除了日本白银外，主要是来自美洲的白银。美洲白银流入亚洲的时间长、数量大，是亚洲白银经济带建构的重要推动力量。美洲白银输入亚洲有三条途径：一是通过跨太平洋的马尼拉大帆船贸易，这是主要的途径；二是通过欧洲—印度—东南亚航线输入，主要运至澳门、马尼拉和巴达维亚；三是通过走私偷运到马尼拉。[1] 在 16 世纪后期至 17 世纪中叶，很多美洲白银通过走私偷运到马尼拉，无法统计其数额；西方学者对各时期美洲白银输入欧洲、亚洲的数量，众说纷纭，该时期输入马尼拉的美洲白银缺乏可信评估。我们有必要详细考辨。

（一）关于 16 ～ 18 世纪美洲白银输出数额

关于美洲白银输出的数额，学者们的估计和统计不一。W. 巴雷特（Ward Barrett）估测，1545 ～ 1800 年，美洲出产了 13.3 万吨白银，其中大约 75%（即近 10 万吨）输出到欧洲（其中，1560 ～ 1640 年，欧洲从美洲获得的白银有 1.9 万吨）；欧洲获得的美洲白银有 32%（即 3.2

1　C. R. Boxer, "Plata es Sangre: Sidelights on the Drain of Spanish-American Silver in the Far East, 1550-1700," in Dennis O. Flynn et al., eds., *European Entry into the Pacific*, p.163.

万吨）输出到亚洲；1600 ~ 1800 年，还有 3000 吨美洲白银运到马尼拉，日本出口大约 1 万吨白银。1545 ~ 1800 年，亚洲通过海路获得的白银至少有 4.5 万吨。[1]

A. 阿特曼统计了 16 ~ 18 世纪西属美洲的白银产量、从美洲运抵欧洲的白银数量以及从欧洲运达东方的美洲白银数量（参见表 3-5），认为在 1550 ~ 1599 年、17 世纪、18 世纪拉丁美洲输出到欧洲的白银分别为 15000 万比索（419.78 万公斤）、90000 万 ~ 95000 万比索（2518.66 万 ~ 2658.58 万公斤）、140000 万 ~ 175000 万比索（3917.91 万 ~ 4897.39 万公斤）；在此期间，从欧洲运到东方的美洲白银分别为 10000 万 ~ 15000 万比索、52000 万比索（1455.22 万公斤）、108500 万比索（3036.38 万公斤）。[2]

贡德·弗兰克对 W. 巴雷特、A. 阿特曼等西方学者的估算值做了分析，提出一个折中的结论，他认为美洲在 16 世纪生产了 1.7 万吨白银（年均 17 万公斤，约合 607.47 万比索），几乎都运到了欧洲；在 17 世纪和 18 世纪，美洲分别生产了 3.7 万吨和 7.5 万吨白银，其中各有 2.7 万吨和 5.4 万吨运到欧洲，两个世纪合计 8.1 万吨。在欧洲获得的白银中，有 3.9 万吨又转手到了亚洲，其中 17 世纪为 1.3 万吨，18世纪为 2.6 万吨。这些从欧洲流入亚洲的白银最终主要流入中国。另外，有 3000 ~ 10000 吨甚至可能高达 2.5 万吨白银，是从美洲通过太平洋直接运到亚洲的，而这些白银中的绝大多数最终也流入中国。从 16 世纪中期到 17 世纪中期，美洲生产了 3 万吨白银，日本生产了 8000 吨，这些白银有 7000 ~ 10000 吨最终流入中国。按贡德·弗兰克的估测，17 ~ 18 世纪从欧洲和墨西哥流入亚洲的白银有 4.2 万 ~ 4.9万吨。[3]

1　Ward Barrett, "World Bullion Flows, 1450–1800," in James D. Tracy, ed., *The Rise of the Merchant Empire, Long-Distance Trade in the Early Modern World,1350–1750*, Cambridge: Cambridge University Press, 1990, pp.224–254. 参见贡德·弗兰克《白银资本：重视经济全球化中的东方》，第 145 ~ 148 页。

2　Artur Attman, *American Bullion in the European World Trade, 1600–1800*, Goteborg, 1986, p.78.

3　贡德·弗兰克：《白银资本：重视经济全球化中的东方》，第 148 ~ 150 页。

在 1571 ～ 1600 年，拉美生产的白银有许多通过太平洋大帆船贸易和走私运到马尼拉（详见后述）。显然，贡德·弗兰克的"16 世纪美洲生产的白银几乎都运到了欧洲"的观点，是站不住脚的。上述三位学者的估值差异较大。贡德·弗兰克对 17、18 世纪美洲白银产量的估计，为许多中外学者所认同。不过，他对自欧洲输往亚洲的美洲白银数额以及通过马尼拉大帆船直接运到亚洲的美洲白银数额的估测仍是有疑问的。笔者将根据葡萄牙人、西班牙人、荷兰人、英国人和其他欧洲商人运到东方的白银数量予以考辨。

（二）大帆船贸易输入马尼拉的美洲白银

自马尼拉大帆船贸易开通后，大量美洲白银通过太平洋运到马尼拉。大帆船一般载重 300 吨，从 16 世纪末开始，从阿卡普尔科到马尼拉的大帆船所载货物中，白银占 95%，剩下的为染料，如瓦哈卡的胭脂红、危地马拉的靛蓝。[1]关于从墨西哥通过大帆船贸易输入的马尼拉白银数额，不同时期的记述不一。

P. 罗杰斯（Pedro de Rojas）在 1586 年致西王菲利普二世的信中说："每年有 30 万比索银从这里流往中国，而今年超过了 50 万比索。"[2]1598 年 6 月，马尼拉大主教 F. 伊格纳西欧（Fray Ygnacio）写信给菲利普二世说："每年由新西班牙运来的 100 万比索的银币，都违反陛下的命令，全部转入中国异教徒之手。"[3]同年，D. 特洛（Don Francisco Tello）在致菲利普二世的信中说："来这里贸易的中国人每年带走 80 万比索银，有时超过 100 万比索。"[4]约在 1602 年，一位南美主教 F. 洛约拉（Fray Loyola）神父给西王写信说："菲律宾每年输入 200 万比

1　卡门·尤斯特·洛佩斯：《新西班牙：马尼拉大帆船的美洲终端》，戴娟译，南开大学世界近现代史研究中心编《世界近现代史研究》第 10 辑。

2　E. H. Blair and J. A. Robertson, eds., *The Philippine Islands, 1493–1898*, Vol.6, p.269.

3　E. H. Blair and J. A. Robertson, eds., *The Philippine Islands, 1493–1898*, Vol.10, p.145.

4　E. H. Blair and J. A. Robertson, eds., *The Philippine Islands, 1493–1898*, Vol.10, p.179.

索的银子，所有这些财富都转入中国人之手，而不运往西班牙去。"[1]
1765 年 2 月 10 日，马尼拉最高法院的大法官说："自从菲律宾群岛被
征服（1565 年——引注）以来，由新西班牙（墨西哥——引注）运来
的银子共达 2 万万比索以上，可是现在仍存留在这里的现银还不到 80
万比索。"[2] 上述资料，是许多学者推算美洲白银输入菲律宾群岛的数额
的主要依据。

关于 1571 ～ 1589 年官方从墨西哥输入马尼拉的白银数额。[3] 从
1586 年 P. 罗杰斯给菲利普二世信中陈述看，每年从马尼拉输往中
国的银子加上马尼拉政府截留的补贴，从墨西哥运到马尼拉的官银
应为 50 万 ～ 70 万比索。我们取均值 60 万比索（16792.6 公斤）估
算，1571 ～ 1580 年共运入马尼拉白银 600 万比索，合 167926 公
斤。1581 ～ 1589 年运入马尼拉的白银，按 J. 特帕斯克的统计（见下
述），年均 32198 公斤，合计 289782 公斤（1035.39 万比索）。[4] 这样，
1571 ～ 1589 年输入马尼拉的白银总计约 45.77 万公斤。

据 G.B. 索扎研究，通过大帆船贸易运到菲律宾的美洲白银数额，
在 1590 ～ 1601/1602 年总量有 6700 万比索，他以 33.333 比索合 1 公
斤白银换算，约为 201 万公斤（以 35.73 比索合 1 公斤白银计，则为
187.52 万公斤），12 年平均每年 558.33 万比索，这是美洲白银输入马
尼拉的高峰时期；1602 ～ 1636 年，美洲运到菲律宾的白银有 8000 万
比索（240 万公斤，应为 223.9 万公斤），35 年平均每年约 228.57 万
比索（68571.69 公斤，应为 63971.45 公斤）；1637 ～ 1644 年 700 万

1　E. H. Blair and J. A. Robertson, eds., *The Philippine Islands, 1493-1898*, Vol.12, p.59.

2　Francisco Leandro de Viana, "Memorial of 1765," (Manila, February 10, 1765), *The Philippine Islands*, Vol.48, p.278.

3　威廉·S. 阿特韦尔：《国际白银的流动与中国经济（1530 ～ 1650 年）》，《中国史研究动态》1988
　　年第 9 期。

4　J. J. TePaske, *New World Silver, Castile and the Philippines,1590-1800*, in J. F. Richard ed., *Precious
　　Metals in the Later Medieval and Early Modern Worlds*, Durham:University of North Carolina Press, 1983,
　　pp. 425-439. 引自桑贾伊·苏拉马尼亚姆《葡萄牙帝国在亚洲：1500 ～ 1700》，第 176 页。赵文
　　红在引用该材料时，没有注明表中数据是年均量。见赵文红《17 世纪上半叶欧洲殖民者与东南
　　亚的海上贸易》，第 86 页。

比索。这样，1590～1644 年共计输入 1.54 亿比索，合 462 万公斤；[1]
若以 35.73 比索合 1 公斤银子计，1.54 亿比索约合 431.01 万公斤。
G.B. 索扎的主要依据是 W.W. 伯拉赫（W.W.Borah）、W.L. 舒尔茨和
艾维泗的统计，[2]其统计数值应该只是官方输入的，没有包括私人（走
私）输入的。为了让 G. B. 索扎的估值接近他的统计初衷，我们在把
他的统计与其他学者的统计相比较时，暂且按他的比索与公斤兑换率
计算。

　　艾维泗估算，每年从墨西哥阿卡普尔科运到马尼拉的白银有
12.5 万公斤，在 1597 年高达 30 万公斤。艾维泗的估值比 G. B. 索扎
的估值低一点。他依据的资料是，1602 年，墨西哥当局通知马德里，
每年从阿卡普尔科运往马尼拉的白银总计有 500 万比索（合 143748
公斤银），1597 年高达 1200 万比索（约合 34.5 万公斤银，艾维泗前
述 30 万公斤）；1632 年，马尼拉的基督教会告知西王菲利普四世，
每年从阿卡普尔科有 240 万比索（68999 公斤）白银运到马尼拉。[3]
我们再参考艾维泗未引的西班牙资料（见前述），1610～1632 年美
洲输入马尼拉的白银年均应在 300 万比索上下，约合 83955.2 公斤。

1　George B. Souza, *The Survival of Empire: Portuguese Trade and Society in China and the China Sea, 1630–1754*, pp. 84–85. G. B. 索扎以 33.333 比索合 1 公斤白银换算。马士换算，1 西元（比索）= 0.72 两。见马士《东印度公司对华贸易编年史（一六三三～一八三四年）》第 1 卷，"原序"第 8 页。1 比索合银 7 钱 2 分，实为库平银制。吴承明、刘晓峰、钱江、刘军等也按马士的标准换算。参见吴承明《18 与 19 世纪上叶的中国市场》，《中国的现代化：市场与社会》，第 279 页；刘晓峰《清代（鸦片战争前）英国与福建的海外贸易》，厦门大学硕士学位论文，2006。实际上，1 西元 = 0.72 库平两，1 西元 = 0.75 两。日本学界及多数欧美学者（如岩生成一、小叶田淳、C.R. 博克舍、艾维泗）一般以 26.6 两白银合 1 公斤。据吴承洛所考，明清时期 1 两白银合公制 37.3 克，26.8 两白银合 1 公斤；据此推算，35.73 比索合 1 公斤白银。参见吴承洛《中国度量衡史》，第 74 页。在 17～18 世纪，1 英镑 = 4 比索 = 3 两银，按比索与英镑兑换，35.73 比索合 1 公斤银（马士等）。笔者按 1 比索 = 0.75 两，1 公斤 = 26.8 两，35.73 比索 = 1 公斤（白银）换算。值得注意的是，比索换算成（银）两，再折算成公斤，比直接换算成公斤，10 万比索要少 0.26 公斤。

2　W. W. Borah, *Early Colonial Trade and Navigation between Mexico and Peru*, Berkeley, 1954, p.123; William Lytle Schurz, *The Manila Galleon*, pp.188–190; Pierre Chaunu, *Les Philippines et le Pacifique des Ibériques*, pp.204–205.

3　William S. Atwell, "International Bullion Flows and the Chinese Economy, circa 1530–1650," *Past and Present*, No. 95, 1982, pp.73–74. 他以 34.783 比索合 1 公斤换算。

如果按艾维泗的估算，以年均 12.5 万公斤估测 1602 ～ 1636 年马尼拉输入的白银数额，显然太高了。他的这个估值如针对 1590 ～ 1602 年的输入额，差异不大。G.B. 索扎对 1590 ～ 1602 年输入白银数额估值偏高，也与他的比索与白银兑换率（以 33.333 比索合 1 公斤银）较高有关。

J. 特帕斯克对墨西哥输入马尼拉的白银数量也做了统计，见表 3-4。

表 3-4　1581 ～ 1660 年从墨西哥流入马尼拉的白银年均量

单位：公斤

年份	官方（国家）输入	私人输入	每年合计
1581 ～ 1590	32198	—	32198
1591 ～ 1600	11912	14779	26691
1601 ～ 1610	30030	89886	119916
1611 ～ 1620	64967	129035	194002
1621 ～ 1630	92545	138638	231183
1631 ～ 1640	93882	89716	183598
1641 ～ 1650	56408	44980	101388
1651 ～ 1660	38556	51523	90079
合计	420498	558557	979055

说明：赵文红在引用该材料时，没有注明表中数据是年均量。见赵文红《17 世纪上半叶欧洲殖民者与东南亚的海上贸易》，第 86 页。

资料来源：J. J. TePaske, *New World Silver, Castile and the Philippines, 1598–1800*, 1983, pp.444–445。转引自桑贾伊·苏拉马尼亚姆《葡萄牙帝国在亚洲：1500 ～ 1700》，第 176 页。

表 3-4 统计的 1581 ～ 1610 年的数值比 G.B. 索扎和艾维泗统计的数值低了很多。从该表可以看出，1601 ～ 1610 年，官方和私人从墨西哥输入马尼拉的白银，每年合计 119916 公斤，这与美国学者符临（Dennis O. Flynn）估算相接近。符临估算，在 17 世纪初期，把官方登记及逃税私运的数字加起来，每年自美洲运到菲律宾的白银

共约 128 吨。[1] 这也说明表 3-4 所列 "私人输入" 是指走私输入。表 3-4 反映出，1601～1630 年墨西哥运往马尼拉的银子，私人输入的白银数额（3575590 公斤）远远高于官方输入的（1875420 公斤）；1581～1660 年，从墨西哥输入马尼拉的银子官方的有 4204980 公斤，私人的有 5585570 公斤，合计 9790550 公斤。在 17 世纪，西班牙官方从墨西哥输银到亚洲的高峰期是在 1621～1640 年，从美洲走私白银到亚洲的高峰期是在 1611～1630 年。不过，17 世纪输银高峰输入马尼拉的美洲白银总数仍比 1590～1602 年（G. B. 索扎统计）低一半以上。另外，G. B. 索扎统计 1602～1636 年从墨西哥输入马尼拉约 240 万公斤银子，按 34 年计，平均每年 70588.24 公斤；J. 特帕斯克统计，1602～1636 年官方从墨西哥输入马尼拉的白银约 240.87 万公斤，年均 70844 公斤。两位学者对 1602～1636 年白银输入额的统计值非常接近，应该是可信的。

从表 3-4 统计看，1591～1640 年官方从墨西哥输入马尼拉的白银有 293.34 万公斤，加上 1641～1644 年的 22.56 万公斤，1591～1644 年总计输入 315.9 万公斤，其中 1637～1644 年输入白银 60.12 万公斤；G. B. 索扎统计，1590～1644 年，官方从墨西哥输入马尼拉的白银价值 1.54 亿比索，合 462 万公斤，平均每年 280 万比索。与 G. B. 索扎统计相比较，J. 特帕斯克统计的输入马尼拉官银数额少了 146.1 万公斤；若以 35.73 比索合 1 公斤银子计，1.54 亿比索合 431.01 万公斤，则 J. 特帕斯克的统计低了 115.11 万公斤。个中原因主要是 J. 特帕斯克统计的 1591～1610 年的输入数值比 G. B. 索扎统计的低了很多。从前引马尼拉大主教 F. 伊格纳西欧、D. 特洛和 F. 洛约拉神父给西班牙国王的信看，16 世纪末每年从马尼拉输入中国的美洲白银约有 100 万比索（28200 公斤），1602 年墨西哥输入马尼拉 200 万比索（56400 公斤）。由于每年从墨西哥运来的一部分

1　Dennis O. Flynn, "Comparing the Tokugawa Shogunate with Hapsburg Spain: Two Silver-Based Empires," preliminary draft prepared for the Keio Conference on Precious Metals, Tokyo, 1987. 引自全汉昇《美洲白银与明清间中国海外贸易的关系》，《中国近代经济史论丛》，第 54 页。

白银要上交给马尼拉殖民政府作为财政补贴，平均每年在 30 万比索左右，[1] 所以 16 世纪末以后每年实际运到马尼拉的美洲白银肯定超过 120 万比索（33585 公斤）。J. 特帕斯克统计的 1581～1590 年每年输入马尼拉的白银数额至少低了 1387 公斤，1591～1600 年每年低了 6894 公斤以上。G.B. 索扎统计的 1621～1636 年（年均 63971.45 公斤）、1637～1644 年从墨西哥输入马尼拉的白银数额（21 万公斤）则比 J. 特帕斯克统计的（601160 公斤）低得多。而 J. 特帕斯克依据《菲律宾群岛史料》、马尼拉海关记述等所做的 1621～1660 年官方和私人从墨西哥输入马尼拉的白银数额的统计，依据较充分，应该较为可信。因此，1590～1620 年的输入额，笔者以 G.B. 索扎的统计为准；1621～1644 年的输入额，以 J. 特帕斯克统计的数值为准。即 1590～1620 年输入 198.31 万公斤，1621～1644 年输入 208.99 万公斤（1621～1630 年 925450 公斤，1631～1640 年 938820 公斤，1641～1644 年 225632 公斤），1645～1660 年输入 72.4 万公斤。

B. 特勒木尔 - 维尔内认为，明季每年西班牙官方从美洲通过太平洋运到吕宋的白银不超过 100 万比索。[2] 这个估值偏低了，扣除给菲律宾殖民政府的津贴，剩余部分根本不够购买大帆船运回墨西哥的生丝、丝织品等。

关于 1660～1800 年从墨西哥通过太平洋运到马尼拉的白银数额，没有明确的统计。全汉昇主要根据《菲律宾群岛史料》及 W. L. 舒尔

1　Raquel A. G. Reyes, "How the Galleon Trade Made Manila, circa 1571−1800," *Early American Studies* (Fall, 2017), pp.683−713. 每年阿卡普尔科方面要把征收的大帆船贸易关税和吨位税（每吨征收 40 杜卡特）返还一部分给马尼拉殖民政府作为财政补贴。每年马尼拉政府从阿卡普尔科方面收到的补贴不等。1610～1640 年，马尼拉政府每年平均从阿卡普尔科获得 30 万比索白银，这些白银由大帆船运回马尼拉。参见 Birgit Tremml-Werner, *Spain, China, and Japan in Manila, 1571−1644: Local Comparisons and Global Connections*, pp.106, 113−114；吴杰伟《大帆船贸易与跨太平洋文化交流》，第 137 页。

2　Birgit Tremml-Werner, *Spain, China, and Japan in Manila, 1571−1644: Local Comparisons and Global Connections*, p.114.

茨[1]、A. 德·阿普热乌（A. de Abreu）[2] 等人的研究成果估测，1688 年及以前，每年 200 万比索，则 1661 ~ 1688 年共 5600 万比索（W. L. 舒尔茨）；1689 ~ 1697 年，按每年 200 万比索计，共计 1800 万比索；1698 ~ 1699 年，每年 207 万比索，合计 414 万比索（W. L. 舒尔茨）；1712 年及以前，每年不少于 260 万比索（A. 德·阿普热乌），则 1700 ~ 1712 年至少输入 3380 万比索；1713 ~ 1714 年，每年 300 万 ~ 400 万比索（A. 德·阿普热乌）；1715 ~ 1723 年，每年 400 万比索（A. 德·阿普热乌），合计 3600 万比索；1724 ~ 1729 年，每年 300 万 ~ 400 万比索（据《菲律宾群岛史料》），合计 1800 万 ~ 2400 万比索；1731 年，2434121 比索（A. 德·阿普热乌）；[3]1740 年前后，每年 300 万比索［乔治·安森（George Anson）：《当代世界的航线》，1785］，则 1732 ~ 1745 年输入约 4200 万比索；1746 ~ 1748 年，每年 400 万比索（舒尔茨），共 1200 万比索；1749 ~ 1761 年的输入额，未见资料记述，我们以每年 200 万比索推测，大约输入 2600 万比索；1762 年，2309111 比索以上（舒尔茨）；1764 年，300 万比索（舒尔茨）；1768 ~ 1773 年，150 万 ~ 200 万比索（舒尔茨），合计 900 万 ~ 1200 万比索；1774 ~ 1783 年，按每年 200 万比索推算，共 2000 万比索；1784 年，2791632 比索（舒尔茨）；[4]1785 ~ 1821 年，平均每年输入马尼拉的白银应该在 100 万比索，约计 3700 万比索，合 103.55 万公斤（2775 万两），其中 1785 ~ 1800 年有 44.78 万公斤（1200 万两），1801 ~ 1821 年 58.77 万公斤（1575 万两）。

综上，1571 ~ 1644 年官方从墨西哥输入马尼拉的白银总计 20145.44 万比索，合 563.82 万公斤，年均 76192.46 公斤。其中，

1　William Lytle Schurz, *The Manila Galleon*, pp.188-190, 339.

2　Antonio A. de Abreu, "Commerce of the Philippines with Nueva Espana, 1640-1736," in E.H.Blair and J.A.Robertson, eds., *The Philippine Islands, 1493-1898*, Vol.44, pp.29-30, 239-241, 256.

3　马里亚诺·A. 波尼亚利安（Mariano A. Bonialian）估测，从 17 世纪末到 18 世纪头 40 年间，阿卡普尔科每年输出白银平均为 200 万比索，峰值为 400 万比索。参见阿图罗·吉拉尔德斯《贸易：马尼拉大帆船与全球化经济的黎明》，李文远译，中国工人出版社，2021，第 218 页。

4　全汉昇：《明清间美洲白银的输入中国》，《中国经济史论丛》（一），第 502 ~ 503 页。

1571～1589 年输入白银总计 1635.39 万比索，折合 45.77 万公斤（P. 罗杰斯、J. 特帕斯克）；1590～1620 年白银的输入额，我们以 G.B. 索扎的统计为准，即 1590～1601 年输入 6700 万比索（187.52 万公斤，年均 558.33 万比索），1602～1620 年年均 228.57 万比索（63971.45公斤），总计 4342.83 万比索（约合 121.54 万公斤，G.B. 索扎换算为 130.29 万公斤）；1621～1644 年输入马尼拉的白银，索扎的统计偏低，笔者以 J. 特帕斯克的统计为准，1621～1630 年 92.55 万公斤，1631～1636 年 56.33 万公斤，1637～1640 年 37.55 万公斤，1641～1644 年 22.56 万公斤，总计 208.99 万公斤。加上明季从美洲走私到马尼拉的白银 509.61 万公斤（年均 68864.9 公斤），明季从美洲输入马尼拉的白银总量约有 1073.43 万公斤，合 28767.92 万两（如以 1 公斤合 26.6 两计，则为 28553.24 万两）。美洲白银通过官方大帆船贸易输入马尼拉的高峰时期是在 1590～1601 年和 1621～1640 年。按统计的年均值推算，1590～1601 年年均 558.33 万比索（156263.6公斤，G.B. 索扎），1621～1630 年年均 92545 公斤（J. 特帕斯克），1631～1640 年年均 93882 公斤（J. 特帕斯克）。从美洲走私白银到亚洲的高峰是在 1611～1630 年（267.67 万公斤，见表 3-4）。

1645～1660 年官方输入 72.4 万公斤白银（J. 特帕斯克），合 2586.85 万比索；1661～1699 年 7814 万比索（W.L. 舒尔茨、全汉昇），约合 218.7 万公斤；1700～1760 年有 17123.41 万～17923.41 万比索（合 479.24 万～501.63 万公斤，W.L. 舒尔茨等），1761～1784 年 4710.07 万～5010.07 万比索（合 131.82 万～140.22 万公斤，W.L. 舒尔茨等）；1785～1821 年，平均每年输入马尼拉的白银应该在 100万比索以上，总计 3700 万比索，合 103.55 万公斤。1645～1821年官方输入白银合计 35934.02 万～37034.15 万比索，合 1005.71万～1036.5 万公斤。加上 1645～1660 年从美洲走私运进马尼拉的白银 78.51 万公斤，1645～1821 年从美洲运入马尼拉的官银和私银共计 1084.22 万～1115.01 万公斤，合 29057.1 万～29882.27 万两。

1571～1821 年，官方从墨西哥运入马尼拉的白银总计 1569.53

万 ~ 1600.32 万公斤，折合 56079.31 万 ~ 57179.43 万比索（以 35.73 比索合 1 公斤计），42063.4 万 ~ 42888.58 万两（以 1 公斤合 26.8 两计）。1571 ~ 1660 年，从美洲走私到马尼拉的白银约有 588.12 万公斤，折合 15761.62 万两。

德·科民（De Comyn）估算，在 1571 ~ 1821 年，自西属美洲运抵马尼拉的白银共计 4 亿比索。[1] 全汉昇做出的估测值与德·科民的估算一致。[2] 沙丁等人对此的估值也与他们一致。[3] 以上学者仅估算了官方输入的白银数，而且他们估算的官方输入数额低了 1.6 亿 ~ 1.7 亿比索。其中部分原因很可能是 1749 ~ 1761 年、1772 ~ 1783 年的输入额未见资料记述，他们没有计算这些数字，而我们以每年输入 200 万比索推算，这些年大约输入 5000 万比索。即便扣除这些年的推测数值，他们仍少估算了 1.1 亿比索以上。

（三）关于从美洲走私到马尼拉的白银

从美洲运到马尼拉的白银，除了由大帆船贸易的备案船只运载的外，还有一些通过走私运来的美洲白银。从美洲走私白银到亚洲主要有三个途径：一是通过太平洋大帆船夹带；二是从巴西偷运到印度，具体走向是通过利马的葡萄牙商人和在萨克拉门托的殖民地的走私基地，流入巴西，从那里绕过好望角，前往印度，再运往东南亚等地；[4] 三是从秘鲁到阿根廷，从布宜诺斯艾利斯装船，走私出境。

基于汉密斯顿的研究，英国学者约翰估计，1591 ~ 1668 年美洲

1　引自全汉昇《明清间美洲白银的输入中国》，《中国经济史论丛》（一），第 503 ~ 504 页。若以 1 比索合 0.75 两，26.8 两合 1 公斤计，4 亿比索合 3 亿两，1119.4 万公斤。

2　全汉昇：《明清间美洲白银的输入中国》，《中国经济史论丛》（一），第 502 ~ 504 页。

3　沙丁等：《中国和拉丁美洲关系简史》，河南人民出版社，1986，第 70 页。

4　莱斯利·贝瑟尔主编《剑桥拉丁美洲史》第 1 卷，中国社会科学院拉丁美洲研究所组译，经济管理出版社，1995，第 376 页。

走私至亚洲的白银每年达 316693 比索，约合 8885 公斤，[1] 总计 69.3 万公斤。

据 J. 特帕斯克统计（见表 3-4），1591～1660 年，私人从墨西哥输入马尼拉的白银有 5585570 公斤，年均 79793.9 公斤。相比较而言，约翰的估值太低了。其中，1591～1640 年从墨西哥走私到马尼拉的白银有 4620540 公斤；我们据 16 世纪末墨西哥走私白银年均数量（14779 公斤）推算，1571～1590 年走私到马尼拉的白银约有 295580 公斤，1571～1600 年美洲走私到马尼拉的白银总计约 443370 公斤；1641～1644 年走私到马尼拉的白银，我们按 40 年代年均量推算，有 179920 公斤。这样，1601～1644 年有 465.27 万公斤，1571～1644 年从墨西哥走私到马尼拉的白银约有 509.61 万公斤。1645～1660 年，美洲走私运进马尼拉的白银有 78.51 万公斤。以上合计，1571～1660 年从美洲走私运进马尼拉的白银有 588.12 万公斤，其中 1601～1660 年 543.78 万公斤。加上 1571～1644 年西班牙官方从墨西哥运到马尼拉的白银 563.82 万公斤（见前考述），明季西班牙官方和私人从美洲输入马尼拉的白银总量有 1073.43 万公斤，合 28767.92 万两（如以 1 公斤合 26.6 两计，有 28553.24 万两）。

1601～1644 年是美洲白银走私到马尼拉的高峰时期。

H. E. 克罗斯（Harry E. Cross）认为，1580～1640 年，由秘鲁秘密运到阿根廷，经布宜诺斯艾利斯走私出口的白银，每年多达 100 万～200 万比索，为波多西银矿年产量的 15%～20%。[2] J. 特帕斯克统计的从中南美洲走私出境的白银比 H.E. 克罗斯的估值高。这是因为白银走私出口港不限于布宜诺斯艾利斯一地。

从 J. 特帕斯克的统计看，1571～1644 年从墨西哥运到马尼拉

1　Dennis O. Flynn and Arturo Giraldez, "Aritrage, China and World Trade in the Early Modern Period," *Journal of the Economic and Social History of the Orient*, Vol.38, No.4, 1995, pp.429–448.

2　Harry E. Cross, "South American Bullion Production and Export, 1550–1750," in J.F.Richards, ed., *Precious Metals in the Later Medieval and Early Modern World*, pp.397–424. 引自全汉昇《中国近代经济史论丛》，第 50 页注释 3。

的白银，官方运来的（563.82 万公斤）仅比走私运进的（509.61 万公斤）多 10.6%；1601 ~ 1630 年从墨西哥运往马尼拉的白银，私人运入的数额（3575590 公斤）远远高于官方输入的（1602 ~ 1620 年 121.55 万公斤，1621 ~ 1630 年 925450 公斤，合计 214.1 万公斤）。1645 ~ 1660 年，官方从墨西哥运到马尼拉的白银有 72.4 万公斤，走私运进马尼拉的有 78.51 万公斤，走私的白银多于官方运来的。在 17 世纪，西班牙官方从墨西哥输银到亚洲的高峰是在 1621 ~ 1640 年，走私白银到亚洲的高峰是在 1611 ~ 1630 年。

　　明季运到马尼拉的美洲白银大多数由中国人、葡萄牙人和西班牙人转输入中国。王裕巽根据马尼拉官员 P. 罗杰斯和马尼拉主教等给西班牙国王菲利普二世的信件等资料，估算 1571 ~ 1640 年从菲律宾输入中国的美洲白银总额达 1.17 亿比索，合 8775 万两白银（约合 327.425 万公斤）。[1] 王裕巽这个估值还不到明季美洲输入马尼拉白银总量（563.82 万公斤）的 2/3，估值太低了。

（四）关于从欧洲运到亚洲的美洲白银

　　美洲白银还通过欧洲—亚洲航线大量运到远东。据西班牙官方的统计，1530 ~ 1660 年，自美洲输入西班牙的白银有 1688.68 万公斤，其中大部分由葡萄牙、荷兰等国商人运往果阿、巴达维亚和澳门，最后通过贸易渠道流入中国。[2] A. 阿特曼对 1550 ~ 1800 年西属美洲白银产量、各时期自美洲运抵欧洲白银数量、从欧洲运达东方的白银数量做出估测（见表 3–5），庄国土采信了阿特曼的这个统计。[3]

1　王裕巽：《明代白银国内开采与国外流入数额试考》，《中国钱币》1998 年第 3 期。

2　Earl J. Hamilton, *American Treasure and the Price Revolution in Spain, 1501–1650*, Cambridge, 1934, p.42. 引自全汉昇《美洲白银与明清经济》，《中国近代经济史论丛》，第 66 页。全汉昇在《美洲白银与十八世纪中国物价革命的关系》中又说，1503 ~ 1660 年，自美洲输入西班牙的白银有 1688.6 万公斤。见《中国经济史论丛》（二），第 543 页。

3　庄国土：《16 ~ 18 世纪白银流入中国数量估算》，《中国钱币》1995 年第 3 期。

表 3-5　1550 ~ 1800 年经欧洲流到东方的西属美洲白银数

单位：百万西班牙银元

年份	西属美洲白银产量	自美洲运抵欧洲白银数量	从欧洲运达东方数量
1550	3	3	2 ~ 3
1600	11 ~ 14	10	4.4
1650	10 ~ 13	8 ~ 9	6
1700	12	10 ~ 12	8.5
1750	18 ~ 20	18 ~ 25	12.2
1780	22	18 ~ 20	14.7
1800	30	23 ~ 25	18

资料来源：Artur Attman, *American Bullion in the European World Trade, 1600–1800*, p.78；庄国土《16 ~ 18 世纪白银流入中国数量估算》,《中国钱币》1995 年第 3 期，第 8 页。

上述 A. 阿特曼的推算是有疑问的。因为 1550 ~ 1599 年美洲出产的白银不可能都运往欧洲，还有相当数量的白银通过西班牙官方大帆船和走私运往马尼拉；表 3-5 统计的 1750 年输入欧洲的白银数量上限为 2500 万西元（比索），超出了当时西属美洲白银产量的上限，这应该也是不可能的。表 3-5 的统计数值如果是指年均量，那么 1550 ~ 1660 年，从美洲运抵欧洲的白银有 73000 万 ~ 74000 万比索（2042.91 万 ~ 2070.9 万公斤），这比西班牙官方统计的 1530 ~ 1660 年自美洲输入西班牙的白银数额（1688.68 万公斤）高出很多。A. 阿特曼推算的各时期从欧洲运到东方的白银数值则太高了。表 3-5 的统计如果指年度区间的总量，那又太低了。庄国土在引用 A. 阿特曼的上述统计时，没有指出其统计值对应的年份。[1]

美国学者符临估计，在 17 世纪，由欧洲运往东方的白银总计 1.5 万 ~ 1.6 万吨（以 100 万比索等于 25.56 吨计）。[2] 符临这个估值比页

---

[1]　庄国土：《16 ~ 18 世纪白银流入中国数量估算》,《中国钱币》1995 年第 3 期。

[2]　Dennis O. Flynn, "Comparing the Tokugawa Shogunate with Hapsburg Spain: Two Silver-Based Empires," 引自全汉昇《美洲白银与明清间中国海外贸易的关系》,《中国近代经济史论丛》, 第 53 页。

德·弗兰克的估值高，比 A. 阿特曼的估值低得多。全汉昇说，在 17
世纪，每年自美洲运往欧洲的白银为 20.8 万 ~ 32.5 万公斤。[1] 这个估
值的中间值与 A. 阿特曼的推算相差无几。万明估计，1570 ~ 1644 年
通过欧洲转手运到东方的美洲白银大约有 8000 吨，除去流入印度和
奥斯曼土耳其的部分外，其余大部分流入了中国，估计有 5000 吨。[2]
万明的估测比 A. 阿特曼的估测（1570 ~ 1644 年 709.7 万 ~ 793.66 万
公斤）还要高一些。

　　从欧洲流入远东的白银，主要是通过葡萄牙人、荷兰人和英国人
运入的，其他欧洲国家运入的数量相对少些。我们可以通过估算这些
国家输入远东的白银数额，来估测 17 ~ 18 世纪自欧洲输入远东的白
银总量。

　　1. 葡萄牙人运到澳门的美洲白银数量

　　由于亚洲区间贸易量大，日本的白银远远不能满足贸易需求，于
是在 16 ~ 17 世纪初，葡萄牙人通过澳门—果阿—欧洲航线，由里
斯本经印度果阿运送大量白银到中国。根据曾在 1585 ~ 1591 年游历
东印度的英国旅行家拉尔夫·费奇所说，当时葡萄牙人平均每年自
果阿运到澳门的美洲白银约 20 万克鲁扎多（合 20 万两，7462.7 公
斤）。[3] 这些从果阿运来的白银来自里斯本。F. 波劳德尔（F. Braudel）
根据葡萄牙档案等材料，推算 16 世纪 80 年代葡萄牙人每年大约要从
里斯本用船向远东运去大约 100 万杜卡特（ducat，或 ducados，当时
欧洲许多国家通用的货币，1 杜卡特约值 1 两银）白银，[4] 约合 37313

1　全汉昇:《美洲白银与明清间中国海外贸易的关系》,《中国近代经济史论丛》, 第 50 页。

2　万明:《明代白银货币化：中国与世界连接的新视角》,《河北学刊》2004 年第 3 期。

3　C. R. Boxer, *The Great Ship from Amacon: Annals of Macao and the Old Japan Trade,*1550–1640, pp.7, 182. 克鲁扎多是葡萄牙货币, 1 克鲁扎多约等于 1 两白银。C.R.Boxer, *The Christian Century in Japan, 1549–1650,* pp.105 ~ 106; 全汉昇:《明代中叶后澳门的海外贸易》,《中国近代经济史论丛》, 第 146 页。

4　Fernand Braudel, *The Perspective of the World,* Vol.3, *Civilization and Capitalism, 15th–18th Century,* New York, 1986, p.190. 全汉昇说, 1 杜卡特（笃卡）约等于中国银 1 两, 参见全汉昇《明清间美洲白银的输入中国》,《中国经济史论丛》（一）, 第 504 页注 4。因此, 100 万杜卡特等于 100 万两, 26.8 杜卡特等于 1 公斤。

公斤。上述英国旅行家的记述是自己观察的情形，并不一定准确。
1601～1635 年，澳葡在远东贸易非常活跃，贸易量大增，所需白银
应该在 100 万杜卡特以上。1580～1590 年，葡萄牙人每年从澳门运
到果阿的生丝达 3000 余担，在广州购进需 24 万两，此后运贩的生丝
数量更多。[1] 据鲁伊·罗里多统计，1601 年之前，仅有 8 艘澳葡商船
从澳门前往马尼拉贸易；1601～1644 年，有超过 81 艘澳葡商船前
往。[2] 此外，澳葡与东南亚的贸易也需要大量的白银资金。16 世纪末，
澳葡参与了以索洛为基地的檀香木贸易。澳葡所经营的檀香木在欧洲
和中国、日本等地很有市场。[3] 在 17 世纪，澳门将望加锡（位于印尼
苏拉威西岛）作为帝汶檀香木、中国丝绸等货物交易的中转港。据
1625 年到过望加锡的英国商人记载，"每年有 10～22 艘葡萄牙单桅
帆船自澳门、马六甲和科罗曼德尔港来望加锡停泊"，"它们在 11 月至
12 月到达，第二年 5 月离开，把望加锡当作销售中国丝货和印度棉织
品的中转港。它们用这些货物交换帝汶的檀香木、摩鹿加群岛的丁香
和婆罗洲的钻石。它们的贸易每年价值达 50 万比索（西班牙古币），
仅澳门几艘单桅船装载的货物就达 6 万比索"。[4]

据葡萄牙档案记载，1601 年有 3 艘葡萄牙船驶往澳门，其中 1 艘
在广东沿海沉没，损失了 30 万葡萄牙银币（克鲁扎多）。[5] 以此推算，
这 3 艘葡船运来 90 万两银。明代王临亨《粤剑篇》也记述："西洋古
里，其国乃西洋诸蕃之会，三四月间入中国市杂物，转市日本诸国以

1　C. R. Boxer, *The Great Ship from Amacon: Annals of Macao and the Old Japan Trade,*1550-1640, pp.5-7,
　181-183. 全汉昇：《明代中叶后澳门的海外贸易》，《中国近代经济史论丛》，第 143～144 页。

2　鲁伊·罗里多：《葡萄牙人与丝绸之路——明朝末年的澳门与马尼拉》，（澳门）《文化杂志》（中
　文版）第 44 期，2002 年秋季刊；赵文红：《17 世纪上半叶欧洲殖民者与东南亚的海上贸易》，第
　47 页。

3　罗德里克·帕达克：《明朝年间澳门的檀香木贸易》，（澳门）《文化杂志》（中文版）第 1 期，
　1987 年夏季刊，第 34～36 页；彭蕙：《明清之际澳门和帝汶的檀香木贸易》，《暨南学报·哲学
　社会科学版》2015 年第 8 期。

4　C. R. Boxer, *Fidalgos in the Far East, 1550-1770*, p.177.

5　C. R. Boxer, *The Great Ship from Amacon: Annals of Macao and the Old Japan Trade, 1550-1640*,
　pp.62-64.

觅利。满载皆阿堵物也。余驻省时，见有三舟至，舟各赍白金三十万投税司纳税，听其入城与百姓交易。"[1]不过，王临亨所称每船载 30 万两银是纳税申报数额，未必是实数。而且，每年到港的葡船也不限于 3 艘。

1636 年，英国人到广州开展贸易时了解到，澳门的葡萄牙人每年与中国的贸易额达 100 万两。[2] C. R. 博克舍估计，在 17 世纪，葡人每年到广州购货，约用银 100 万两（37313 公斤），或 100 万两有余，其中一半白银来自日本，一半来自马尼拉。[3]这个说法是有问题的。因为澳葡的白银还有第三个来源，即来自里斯本（从果阿中转）。值得注意的是，澳葡每年到广州购买中国商品所花费的白银，不仅有来自葡萄牙的美洲白银，还有来自马尼拉的美洲白银，以及来自日本的白银。

庄国土估测，1569 ～ 1636 年，葡萄牙人每年从欧洲运 100 万两白银到远东，其中一半（50 万两）用于在广州购买中国货物；以上 67 年，葡萄牙人从欧洲运来 6700 万两（250 万公斤），其中 3350 万两流入中国。[4]庄国土没有给出上述说法的依据。

王裕巽推算，1567 ～ 1580 年，葡萄牙人每年从国内运到澳门 50 万比索白银，1580 ～ 1600 年每年运到澳门 90 万～ 100 万比索（以平均 95 万比索计），1600 ～ 1630 年每年运来白银不少于 100 万比索，1567 ～ 1630 年总计从葡萄牙输入澳门 42762750 两。[5]这个推算值比较保守，偏低了。其原因在于王裕巽立足于从葡萄牙运到澳门的白银全都流入了广州市场。

艾维泗说，在 17 世纪初，葡萄牙船每年从果阿向澳门运去 6000 ～ 30000 公斤美洲白银，为日本、印度、中东及西欧市场购买中

1　王临亨：《粤剑篇》卷 3，正中书局，1985。

2　马士：《东印度公司对华贸易编年史（一六三五 ～ 一八三四年）》第 1 卷，第 19 页。

3　C. R. Boxer, *The Great Ship from Amacon: Annals of Macao and the Old Japan Trade, 1550–1640*, pp.6, 64.

4　庄国土：《16 ～ 18 世纪白银流入中国数量估算》，《中国钱币》1995 年第 3 期。

5　王裕巽：《明代白银国内开采与国外流入数额试考》，《中国钱币》1998 年第 3 期。

国货。[1] 艾维泗的估值上下浮动太大，没有统计意义。

综合以上史料和各位学者的分析，庄国土的估值较为适中，应该可信，即 1569 ~ 1636 年，葡萄牙人从欧洲平均每年运来白银 100 万两（100 万杜卡特），合 37313 公斤，共 253.73 万公斤，其中 1601 ~ 1636 年运来不少于 134.33 万公斤。1595 ~ 1636 年应是葡萄牙人从里斯本往东方运输白银的高峰时期。

1636 ~ 1639 年，荷兰人封锁马六甲海峡，劫掠过往葡船；到 1639 年，已没有一条葡船可通过该海峡。澳葡与果阿、里斯本航线基本中断。[2] 这样，澳葡商人对白银的需求大幅下降。1635 年以后，由于幕府实行锁国政策，澳葡与日本的贸易往来基本断绝。此后，澳葡主要通过与马尼拉的贸易获取白银。

2. 荷兰人自荷兰运到远东的美洲白银数量

从 17 世纪初开始，为了应对日益增长的亚洲贸易，荷兰人一方面通过区间贸易获取日本白银，另一方面不断地从荷兰调运大量白银到东南亚，用于购买中国商品。巴达维亚的荷兰殖民当局经常向国内的十七人董事会抱怨资金缺乏，要求国内送更多的白银。[3] 除白银外，荷兰人（以及其他欧洲人）提供不出任何亚洲人感兴趣的商品。直到 18 世纪上半叶，"尼德兰几乎提供不出中国所需要的和能赢利的产品，因此荷兰人不得不模仿奥斯坦德人、英国人和法国人的做法，以银子从事贸易"。[4] 驶往东印度的荷兰船，在 1603 年货物与银的价值比为货一银五；[5] 1615 年，荷印公司全部出口物总值中实物价值只占 6%，金银则占 94%。1660 ~ 1720 年，贵金属占荷印公司向亚洲输入货物总

1　威廉·S. 阿特韦尔：《国际白银的流动与中国经济（1530 ~ 1650 年）》，《中国史研究动态》1988 年第 9 期。

2　M. A. P. Meilink-Roelofsz, *Asian Trade and European Influence in the Indonesian Archipelago between 1500 and about 1630*, pp.170-172；王任叔：《印度尼西亚近代史》上册，第 59 页。

3　程绍刚译注《荷兰人在福尔摩莎（1624 ~ 1662）》，第 170 页。

4　C. J. A. 约尔格：《荷兰东印度公司对华贸易》，中外关系史学会编《中外关系史译丛》第 3 辑，上海译文出版社，1986，第 314 页。

5　全汉昇：《再论十七八世纪的中荷贸易》，《中国近代经济史论丛》，第 196 页；全汉昇：《明清间美洲白银输入中国的估计》，《中国近代经济史论丛》，第 43 ~ 44 页。

值的 87%。[1]

全汉昇估计，在 17 世纪中叶前后，西班牙船每年自美洲运回欧洲的银子，有 15% ~ 25% 被荷兰船运走。[2] 据 J. I. 伊斯拉尔统计，荷兰人从国内调运到东南亚的白银，在 1620 ~ 1629 年有 1247.9 万盾（约合 139690 公斤），1630 ~ 1639 年 890 万盾（99627 公斤），1640 ~ 1649 年 880 万盾（98507 公斤），1650 ~ 1659 年 840 万盾（94030 公斤），1660 ~ 1670 年 1190 万盾（133209 公斤），以上合计 5047.9 万盾（约合 565063 万公斤）。[3] 其中，1620 ~ 1629 年、1660 ~ 1670 年是从荷兰运输白银到亚洲数额较大的年份。

据安东尼·瑞德统计，荷印公司输入东亚的白银和黄金都以白银计算，1601 ~ 1610 年年均有 5700 公斤，1611 ~ 1620 年年均有 10900 公斤，1621 ~ 1630 年年均有 12700 公斤，1631 ~ 1640 年年均有 8700 公斤，1641 ~ 1650 年年均有 9500 公斤，1651 ~ 1660 年年均有 8600 公斤，1661 ~ 1670 年年均有 11800 公斤，[4] 1620 ~ 1670 年合计为 52.39 万公斤，年均 10272.5 公斤。安东尼·瑞德的统计值还包含了运到东亚的黄金折价，与 J. I. 伊斯拉尔的统计额相比，安东尼·瑞德的统计值偏低了，如果扣除黄金折价的白银，则更低。这可能与安东尼·瑞德对荷盾与银两的兑换率偏低有关。

荷兰学者 F.S. 伽士特拉（F. S. Gaastra）详细统计了 17 ~ 18 世纪荷印公司自荷兰输往亚洲的金、银数量（见表 3-6）。

1　贡德·弗兰克：《白银资本：重视经济全球化中的东方》，第 77 页；全汉昇：《再论十七八世纪的中荷贸易》，《中国近代经济史论丛》。

2　全汉昇：《明清间美洲白银输入中国的估计》，《中国近代经济史论丛》，第 43 页。

3　Jonathan I. Israel, *Dutch Primacy in World Trade, 1585-1740*, p.177. 在 17 ~ 18 世纪，1 英镑 =10 荷盾 =3 两，笔者以 1 荷盾 =0.3 两换算，以便于与英镑比较；26.8 两合 1 公斤，89.33 荷盾合 1 公斤。在荷据台湾时期，在大员，56 ~ 58 斯蒂费尔合 1 两白银。

4　安东尼·瑞德：《东南亚的贸易时代：1450 ~ 1680 年》第 2 卷，第 40 页。安东尼·瑞德以 1 荷盾含银 0.01 公斤，不知何据。参见安东尼·瑞德《东南亚的贸易时代：1450 ~ 1680 年》第 2 卷，第 530 页。

表3-6　17～18世纪荷印公司自荷兰输往亚洲的金、银数量

单位：公斤

年份	白银	黄金	年份	白银	黄金
1602～1610	53726	248	1700～1710	334423	3303
1610～1620	102816	49	1710～1720	325517	3656
1620～1630	123360	40	1720～1730	579425	4701
1630～1640	89436	147	1730～1740	390636	926
1640～1650	90464	—	1740～1750	377240	—
1650～1660	86352	—	1750～1760	487966	4458
1660～1670	91556	1845	1760～1770	377631	9503
1670～1680	107524	240	1770～1780	363508	7305
1680～1690	172980	1269	1780～1790	459233	1882
1690～1700	259518	1476	1790～1795	144140	862
合计	1177732	5314	合计	3839719	36596

说明：欧美学者在统计时，习惯上按1610～1620年、1620～1630年等分时期统计，并认定为各自10年。

资料来源：F. S. Gaastra, "The Export of Precious Metal from Europe to Asia by the Dutch East India Company, 1602−1795," in J. F. Richards, ed., *Precious Metals in the Later Medieval and Early Modern Worlds*, p.475。引自全汉昇《再论十七八世纪的中荷贸易》"第四表"，《中国近代经济史论丛》，第197～198页。

以上三位学者的统计，以 F. S. 伽士特拉的最低（1620～1670年481168公斤），安东尼·瑞德的其次，J. I. 伊斯拉尔的统计值最高。F. S. 伽士特拉统计，1602～1700年自荷兰输入东亚的白银有1177732公斤，其中1620～1640年仅有212796公斤（约合1900.91万盾），1620～1670年输往亚洲的白银数量比 J.I. 伊斯拉尔的统计值低了8.39万公斤，低了近15%。考虑到安东尼·瑞德的统计值包含了黄金折价，如果扣除输入的黄金折价，其统计的白银输入值还要下调，这与荷印公司在亚洲的贸易经营状况不相符。J.I. 伊斯拉尔的研究成果考据扎实，又是较后出版的，较为可靠。所以，我们认定荷印公司自荷兰输往亚洲的白银数量，1602～1620年有156542公斤（F. S. 伽士

特拉），1620 ～ 1639 年有 2137.9 万盾（23.93 万公斤），1640 ～ 1670
年输入 2910 万盾，合 32.57 万公斤（J.I. 伊斯拉尔），平均每年
10856.67 公斤，这样 1640 ～ 1644 年运来 54283.4 公斤；1602 ～
1644 年总计运来 45.01 万公斤，1645 ～ 1670 年运来 27.14 公斤。F.
S. 伽士特拉对 1670 年以后的统计值可补 J.I. 伊斯拉尔统计之缺，即
1670 ～ 1700 年约有 54 万公斤（年均 18000 公斤），1700 ～ 1795
年有 3839719 公斤（年均 40418 公斤），约合 10290.45 万两。
1602 ～ 1795 年，共向亚洲输入 510.12 万公斤白银，显然，从 1690
年开始，荷兰人从欧洲输往远东的白银大幅增加，18 世纪输往远东的
白银比以前增加了约 2 倍。

　　从东南亚返回荷兰的商船数量的增加，也间接反映出荷印公
司对白银需求的增长。据 W. 米尔布（W. Milburn）统计，从东南
亚返回荷兰的商船，1620 ～ 1629 年 69 艘，1630 ～ 1639 年 74 艘，
1640 ～ 1649 年 94 艘，1650 ～ 1659 年 101 艘，1660 ～ 1669 年 118 艘。[1]
不过，荷兰人从国内调运白银的多少，还受到荷印公司从日本获取的
白银数量多寡影响。1635 ～ 1672 年是荷印公司对日贸易的黄金时期，
荷印公司获取了大量的日本白银。1672 年，日本幕府实施"市法—商
法"，为输入日本的外国商品制定了较低的价格，限制外国商品进口；
1685 年，幕府颁布"贞享令"，给荷印公司对日贸易规定了每年最高
限额（3000 贯，合 30 万两银）。[2] 所以，自 1672 年后，荷印公司从日
本获得的白银大幅减少，不得不从荷兰大量调运白银。

　　庄国土主要依据 A. 阿特曼、K. 格拉曼等人的统计，认为 1720 ～
1795 年荷船从欧洲运送 63442651 两（约合 236.73 万公斤）白银到亚
洲，其中 1/4 流入中国，同期购买的中国商品价值 33717549 两（约合
125.81 万公斤），近一半中国商品的货值是以白银支付；1728 ～ 1794
年，有 229 艘荷船携 15541330 两（约合 57.99 万公斤）白银到中

1　Willian Milburn, *Oriental Commerce*, Vol. Ⅱ, New Delhi, 1999, pp.373, 376–377. 引自赵文红《17 世
　纪上半叶欧洲殖民者与东南亚的海上贸易》，第 118 页。

2　参见拙文《16 ～ 18 世纪澳葡、荷兰人、日本人运出的日本白银考述》，《海交史研究》2023 年第
　1 期。

国贸易；根据 K. 格拉曼的统计，18 世纪初至 19 世纪 30 年代，荷兰人每年从荷兰运往巴城的白银 680 万～ 790 万荷盾（约合 17 万～ 19.75 万公斤）。[1] 显然，庄国土、A. 阿特曼、K. 格拉曼等人统计的 1720 ～ 1795 年荷船从欧洲运往远东的白银数量（236.73 万公斤），比 F. S. 伽士特拉统计的数量（3179779 公斤）少了 1/4 以上。即便考虑到荷盾与白银的兑换率，也不可能误差 10%。所以，他们的统计值太低了，缺失数据较多。

关于 18 世纪荷兰人自欧洲运到远东的白银数额，全汉昇在《明清间美洲白银输入中国的估计》一文中根据 F.S. 伽士特拉的统计资料说，"荷兰东印度公司在 17 世纪运往亚洲的金、银共值 125 百万盾（以每荷盾值 0.3 两银，26.8 两合 1 公斤计，约 139.93 万公斤——引注）；及 18 世纪，激增至 448 百万盾（501.49 万公斤——引注）"。[2]

1　庄国土：《16 ～ 18 世纪白银流入中国数量估算》，《中国钱币》1995 年第 3 期，第 6 页；Kristof Glamann, "Duch Asiatic Trade, 1620-1740," *Economic History Review*, Vol.12, 1981, pp.244-265。

2　F. S. Gaastra, "The Duch East India Company and Its Intra-Asiatic Trade in Precious Metals," in W. Fischer, ed., *The Emergence of a World Economy, 1500-1914: Paper of the Ⅸ International Congress of Economic History*, Wiesbaden, 1986, p.99；全汉昇：《明清间美洲白银输入中国的估计》，《中国近代经济史论丛》，第 43 ～ 44 页。贡德·弗兰克采纳 A. 阿特曼之说，以 1 荷盾等于 25 克白银，40 荷盾约等于 1 公斤。参见贡德·弗兰克《白银资本：重视经济全球化中的东方》，第 145 页。如果按全汉昇以 3.5 荷盾等于银 1 两，26.6 两合 1 公斤计，125 百万盾约合 1342642 公斤。全汉昇说，17 世纪 60 年代，3.5 荷盾等于银 1 两；80 年代，4.125 荷盾等于银 1 两；到 1729 年，每两银等于 3.64 盾；1731 年，每两银等于 3.57 盾；1732 年，每两银等于 3.64 盾；1733 年，每两银等于 3.55 盾。参见全汉昇《明清间美洲白银输入中国的估计》，《中国近代经济史论丛》，第 44 页注 3；全汉昇《美洲白银与明清间中国海外贸易的关系》，《中国近代经济史论丛》，第 52 页注 1。全汉昇上述换算似有疑问，且论据不足。根据荷印公司《东印度事务报告》，1625 年，荷兰人订购中国丝绸，以 1 两银合 3.5 荷盾结算；1626 年，日本船运到大员的白银以每两折合 57 斯多佛（2.85 弗罗林）结算；1638 ～ 1639 年，1 两日本银折合 57 斯多佛；1642 年，3.19 弗罗林（荷盾）折合 1 两银；1649 年，在大员 3 荷盾折合 56 斯多佛，与 1 里耳等值，而在巴达维亚，3 荷盾（1 里耳）可兑换 60 斯多佛；1654 年，在大员以 69 斯多佛（3.45 弗罗林）兑换 1 两银；1656 年，在中国大陆以 64 斯多佛（3.20 弗罗林）折合 1 两银，在大员以 69 斯多佛折合 1 两银；1657 年，广州香料交易，按每两 70 斯多佛（3.5 弗罗林）折算，当年广州"藩王"预支给荷兰使团白银 35000 两，也按每两 70 斯多佛（3.5 弗罗林）折算，这是因为在中国大陆银贵钱贱；1658 年，1 两银在日本折合 57 斯多佛，在大员折合 69 斯多佛。在这个时期，荷兰与白银之比从未超过 3.5 : 1。参见程绍刚译注《荷兰人在福尔摩莎（1624 ～ 1662）》，第 47、66、194 ～ 195、204、218、242、317 ～ 318、402、457、473、478、506 ～ 507 页。在 17 世纪，荷兰人对中国大陆和台湾的交易，我们以 3.333 荷盾（弗罗林）合 1 两计。

这条资料与表 3-6 的统计（17 世纪 1177732 公斤，1700 ～ 1795 年 3839719 公斤）出入较大，疑有误。也可能 F. S. 伽士特拉换算荷盾与白银的兑换率和笔者不同。全汉昇在《美洲白银与明清间中国海外贸易的关系》一文中引用 I. 斯切芬（Ivo Schoffer）和 F.S. 伽士特拉的统计资料，认为在 1700 ～ 1750 年荷兰东印度公司向巴达维亚输出以白银为主的贵金属，共值 228265232 盾（约 255.52 万公斤金、银），占输出货物总值 2/3 以上，其他货值 100600131 荷盾。[1]以上全汉昇所引资料的统计值包含了金、银两种贵金属，其统计数值有参考价值。

3. 英国人自英国运到孟买和远东的白银数量

在 17 ～ 18 世纪，为了购买东印度各地的商品，英国人从英国向东印度运来大量银块和铸币。英人的银元源自西班牙的美洲属地，通常被装箱输往中国，在 17 世纪每箱一般装 2000 个银元，18 世纪每箱装 4000 个银元。[2]马士对英印公司从英国输入东印度（远东）的货值和白银数做了一些估算：1601 ～ 1620 年英印公司对东印度出口货物价值 292286 镑，出口银块和铸币 548090 镑（合 1644270 两，61353 公斤）；1637 年，3 艘英国船抵达广州，载有白银 142000 八单位里亚尔，合 106500 两（3974 公斤）；[3]1645 ～ 1699 年，英印公司运到东印度的银块和铸币有 1608311 ～ 1610861 两（60012 ～ 60107

1　全汉昇：《美洲白银与明清间中国海外贸易的关系》，《中国近代经济史论丛》，第 52 页；Ivo Schoffer and F. S. Gaastra, "The Import Bullion and Coin into Asia by the Dutch East India Company in the Seventeenth and Eighteenth Centuries," in Maurice Aymard, ed., *Dutch Capitalism and World Capitalism*, Cambridge University Press, 1982, pp.222-223.

2　马士：《东印度公司对华贸易编年史（一六三五～一八三四年）》第 1 卷，第 67 页原注 3。

3　"八单位里亚尔"是一种西班牙银元，即比索银币八成足量，含银纯量 416 喱（1 广州两重 579.85 喱），它在中国成为国际兑换率的媒介。1619 年，1 八单位里亚尔在英印公司发票价值 4 先令 6 便士，此后为 5 先令，即 4 八单位里亚尔银币值 1 英镑。参见马士《东印度公司对华贸易编年史（一六三五～一八三四年）》第 1 卷，第 51 页原注 1。142000 八单位里亚尔合 106500 两，或 3974 公斤银子。又说 1 八单位里亚尔银币约值 27 克银子，142000 八单位里亚尔合 102751 两，3834 公斤银子。

公斤）。[1]

　　安东尼·瑞德统计，英国人自英国输入亚洲的白银，1601～1610年年均有 1300 公斤，1611～1620 年年均有 4700 公斤，1621～1630年年均有 7700 公斤，[2]总计 13.7 万公斤，其中 1601～1624 年总计90800 公斤。安东尼·瑞德统计的 1601～1620 年英国人东运的白银数值与马士的上述统计相差不大，我们以马士的为准。安东尼·瑞德对 1621～1630 年英国人输入亚洲的白银数额（77000 公斤）统计，可补马士的统计之缺。那么，1601～1637 年，英印公司输入东印度的白银有 14.23 万公斤。

　　全汉昇根据 G. 帕克（G. Parker）的统计说，1601～1624 年，英国东印度公司向远东运送银子值 250 万笃卡（杜卡特，合 250 万两，93283.6 公斤），而荷兰人仅在 1618 年一年就向东印度输出银子 50 万笃卡（合 50 万两，18656.7 公斤）。[3]英国东印度公司运往东方的银子远比荷兰人的少。G. 帕克、全汉昇的这个估值比安东尼·瑞德的上述统计多出 2483.6 公斤。其中很大的原因可能是笃卡与英镑、银两换算之误差。

　　马士根据英印公司档案资料，对各时期该公司通过广州、厦门、舟山等地贸易，运入中国的银块和铸币做了统计（见表 3–7）。

1　马士：《东印度公司对华贸易编年史（一六三五～一八三四年）》第 1 卷，第 9～10、49、50、67～68、72、352～366 页。

2　安东尼·瑞德：《东南亚的贸易时代：1450～1680 年》第 2 卷，第 40 页。

3　全汉昇：《美洲白银与明清间中国海外贸易的关系》，《中国近代经济史论丛》，第 52 页。全汉昇说，1 笃卡（杜卡特）约等于中国银 1 两。因此，50 万笃卡约合 50 万两。而 15 万英镑 ×3 两 = 450000 两。全汉昇原文把 250 万笃卡换算成 75 万镑、50 万笃卡换算成 15 万英镑，这个比值低了。或是笃卡与英镑的兑换率不能与白银挂钩，其中有很大差价。我们在这里直接按 1 笃卡等于中国银 1 两换算。

表 3-7　1637 ～ 1751 年英国东印度公司对华贸易输入的银块和铸币数

年份	白银	年份	白银
1637	142000 八单位里亚尔	1702	150000 两
1674 ～ 1675	410000 镑 [a]	1703	30000 两
1677	4778 两	1704	15071 两 46484 镑 [b]
1679	30000 元 [c]	1707	64000 镑
1681	12500 镑	1709	31000 镑
1682	28000 镑	1717 ～ 1720	318000 镑
1687	17400 ～ 18250 镑 [d]	1721 ～ 1730	679582 镑
1698	20000 镑	1731 ～ 1751	1107574 镑
1699	26611 镑		

注：a. 包括英印公司贸易 320000 镑，职员私人贸易 90000 镑。

b. 马士记述，1604 年，"肯特"号、"伊顿"号分别载 4966 镑货物和 46484 镑白银、29798 镑资金抵达广州；另有"忠诚库克"号和"赫恩"号分别载有资金 30061 镑、30043 镑抵达厦门。按马士的统计规则，船载"资金"包括货物价值和白银两项。但在马士书的英印公司对华贸易汇总表中，"伊顿"号载运"资金"栏是空白，后 2 艘船没有出现在汇总表当年记录中，这显然有误。遗憾的是，我们不清楚这 3 艘船载运的"资金"究竟含有多少白银。庄国土没有把上述 3 艘船载运的"资金"认定为白银。参见马士《东印度公司对华贸易编年史（一六三五～一八三四年）》第 1 卷，第 151 ～ 153、355 ～ 356 页；庄国土《16 ～ 18 世纪白银流入中国数量估算》，《中国钱币》1995 年第 3 期。

c. 据马士《东印度公司对华贸易编年史（一六三五～一八三四年）》第 1 卷，第 50 页记述增补。这是从万丹到厦门的船输入的。这里的"元"应该指比索（西班牙银元），1 元值 0.75 两。

d. 马士《东印度公司对华贸易编年史（一六三五～一八三四年）》第 1 卷，第 67 ～ 68 页记述，1687 年 8 月 2 日，从孟买开来的"伦敦"号、"武斯特"号两船抵达厦门，分别携带资金 1 万英镑和 4000 ～ 5000 镑，其中"大部分是白银"。这在该书第 353 页统计表中遗漏了。我们按船货资金 85% 是白银推算，14000 ～ 15000 镑资金约含白银 11900 ～ 12750 镑（折合 35700 ～ 38250 两）。此外，"忠诚商人"号载有"10 箱银元（每箱 2000 个）、白银及墨西哥银币"到厦门贸易。该书第 353 页汇总表记录，"忠诚商人"号载有价值 5500 镑的白银。这样，1687 年英印公司输入中国的白银为 17400 ～ 18250 镑。

说明：空缺年份无运银记录。

资料来源：马士《东印度公司对华贸易编年史（一六三五～一八三四年）》第 1 卷，第 9 ～ 10、49、67 ～ 68、72、76 ～ 77、352 ～ 366 页。

　　从表 3-7 统计看，英印公司通过对华贸易输入银块和铸币，1674 ～ 1699 年有 514511 ～ 515361 镑（1 英镑值白银 3 两，即 1543533 ～

1546083 两，合 57594.5 ～ 57689.7 公斤），外加 30000 元（比索，合 22500 两，839.6 公斤）和 4778 两（178.3 公斤）银，总计 1570811 ～ 1573361 两（58612.4 ～ 58707.6 公斤）；1702 ～ 1709 年合计运来资金 195071 两，加 141484 镑（424452 两）白银，合计 619523 两（23116.5 公斤）。1717 ～ 1751 年，英国东印度公司对华贸易输出银块和铸币共 2105156 镑（6315468 两，合 235651.8 公斤），35 年年均 60147.3 镑（18.04 万两，6731.3 公斤）。[1]值得注意的是，英印公司运来的白银，有一些是从孟买起运的。这些白银一些来自英国，也有一些来源很难判定。

此外，马士还记述，1679 年"希望"号从英伦开往东京（河内），运去 1 万八单位里亚尔（合 7500 两，约 280 公斤）和现金 4 万元（3 万两，1119 公斤）。[2]

吴承明根据马士《东印度公司对华贸易编年史（一六三五～一八三四年）》做出统计，1650 ～ 1699 年通过中英贸易输入中国的白银有 63.8 万两，[3]合 23806 公斤。他的统计值比马士（表 3-7）少 93.28 万～ 93.54 万两。

从马士的统计看，17 世纪英印公司对华贸易输入白银最多的年份是 1674 ～ 1675 年（410000 镑，合 123 万两），而 1637 ～ 1699 年英印公司只有 10 年有运银记录。这反映了整个 17 世纪英印公司对华贸易并不发达。

18 世纪，随着中英茶叶贸易的发展，英印公司对中国贸易逆差进一步扩大，英印公司运往亚洲的白银增加了。关于 18 世纪英印公司输往东方的白银数额，马士根据该公司档案资料统计，1710 ～ 1759 年英印公司从英国输出到东印度的货物值 9248306 镑，银块和铸币

---

1 马士：《东印度公司对华贸易编年史（一六三五～一八三四年）》第 1 卷，第 9 ～ 10、352 ～ 366 页。空缺年份未见运银记录。Bal Krishna, *Commercial Relations between India and England (1601 to 1757)*, London, 1924, pp.208–209. 17 世纪英镑与荷盾（弗罗林）的比价约为 1∶10。

2 马士：《东印度公司对华贸易编年史（一六三五～一八三四年）》第 1 卷，第 50 页。这些白银很可能间接流入中国，但并非直接输入中国，不计入英印公司直接输入中国的白银总量。

3 吴承明：《18 与 19 世纪上叶的中国市场》，《中国的现代化：市场与社会》，第 279 页。

26833614 镑（80500842 两，300.38 万公斤）。[1] 加上 1702 ～ 1709 年输入中国的 619523 两（23116.5 公斤），1702 ～ 1759 年，英印公司输往东印度的白银有 81120365 两（约合 302.69 万公斤，见表 3-8）。其中，1702 ～ 1751 年，英国东印度公司通过对华贸易输入中国的白银总计 6934991 两（258768 公斤），不到 1702 ～ 1759 年该公司输入东印度地区白银（302.69 万公斤）的 9%。这说明 18 世纪上半叶英印公司从英国运往印度和远东的白银并没有直接输入中国。

　　除此之外，在 18 世纪，英国散商（私商）还从孟买、加尔各答等地向中国输入白银。1700 ～ 1754 年，从印度到中国的英国港脚船数量，除 1720 年有 4 艘、1724 年有 5 艘、1751 年有 3 艘，其他年份几乎都是 1 ～ 2 艘。[2] 这些散商船往往运载数目不等的白银。来自印度的港脚贸易商，其中的非英裔私商和"闯入者"私商也投入大量白银。上述私商投入的白银数量实难统计，其来源难以明确，其中一部分来自马尼拉和巴达维亚，一部分应来自印度西向港脚贸易。1826 ～ 1830 年，英国散商从广州运走糖 549092 担，花费白银 3491713 元（比索），[3] 约合 2618784.8 两（马士以 1 比索合 0.72 两计，为 2514033 两），折合 97715.8 公斤。

　　值得注意的是，在 19 世纪，英国散商把大量印度棉花、鸦片输入中国，导致贸易逆差转为顺差，反而从广州运出白银。1821 ～ 1830 年散商从广州运出白银总计 32957107 西元（以 1 比索合 0.72 两计，为 23729117 库平两；以 1 比索合 0.75 两计，为 24717830 两），年均运出 3295710.7 西元（约 2471783 两），从 1825 年开始每年运出白银突破 400 万元（300 万两）。[4] 从 1829 年开始，英印公司也从广州运走白银，当年运走 90000 元，1830 年运走 1910936 元。[5] 大约从 19

1　马士：《东印度公司对华贸易编年史（一六三五～一八三四年）》第 1 卷，第 10 页。

2　马士：《东印度公司对华贸易编年史（一六三五～一八三四年）》第 1 卷，第 179、202、338 页。

3　马士：《东印度公司对华贸易编年史（一六三五～一八三四年）》第 4 卷，第 156、225、281 页。

4　马士：《东印度公司对华贸易编年史（一六三五～一八三四年）》第 4 卷，第 25、72、109、131、156、207、225、281 页。

5　马士：《东印度公司对华贸易编年史（一六三五～一八三四年）》第 4 卷，第 225、281 页。

世纪 20 年代开始，白银从中国外流。

从马士的统计看，18 世纪上半叶英印公司对华贸易输入白银较多的年份是 1702 年（15 万两）、1729 年（16 万镑）、1730 年（20 万镑）、1731 年（21.9 万镑）、1732 年（16.3 万镑）、1751 年（11.15 万镑），没有运银记录的年份有 1701 年、1710 ～ 1716 年、1723 年、1726 ～ 1728 年、1739 ～ 1746 年、1748 年，输入白银较少的年份 1649 年仅有 3069 镑。

据 B. 克瑞雪纳（B. Krishna）统计，英印公司输往亚洲的白银，1708 ～ 1717 年有 3895054 镑（其中 16% 输往中国，623209 镑），1718 ～ 1727 年有 5216159 镑（输往中国 19%，991070 镑），1728 ～ 1737 年有 5015102 镑（输往中国 29%，1454380 镑），1738 ～ 1747 年有 5228333 镑（输往中国 14%，731967 镑），1748 ～ 1757 年有 7670578 镑（输往中国 35%，2684702 镑），[1] 合计 27025226 镑，合 81075678 两，302.52 万公斤，其中输往中国的白银为 648.53 万镑，合 1945.59 万两。全汉昇认同 B. 克瑞雪纳的这个统计。[2] 关于 1702 ～ 1759 年英印公司输往东方的白银总量，B. 克瑞雪纳的统计额仅比马士的统计额（81120365 两，302.69 万公斤）少了 44687 两（合 1667 公斤），出入不大，但 B. 克瑞雪纳统计的英印公司输往中国的白银数额，超过马士的统计（6934991 两，258768 公斤）近 2 倍。如果 B. 克瑞雪纳的统计额成立，那么马士的统计缺漏甚多。

小斯当东（Sir George Staunton）说，1776 ～ 1791 年，英国对华输入白银 3676010 英镑，[3] 合 1102.8 万两（41.15 万公斤）。这个估值比马士的统计值要低。

庄国土根据马士和 E.H. 皮理查德（Earl H. Pritchard）等的研究

1　Bal Krishna, *Commercial Relations between India and England (1601–1757)*, pp.208–209.

2　全汉昇：《美洲白银与十八世纪中国物价革命的关系》，《中国经济史论丛》（二），第 578 页。

3　Sir George Staunton, *An Authentic Account of an Embassy from the King of Great Britain to the Emperor of China*, London, 1797, Vol. Ⅱ, p.625. 引自全汉昇《美洲白银与十八世纪中国物价革命的关系》，《中国经济史论丛》（二），第 579 页。

成果估测，1700～1753 年，英国东印度公司共有 178 艘船前往中国贸易；其中的 65 艘船共载 7099068 两白银，每艘平均携带白银 109216 两。若以 109216 两作为 178 艘英船每艘携银的平均数，则在 1700～1753 年，英船共运 1944 万两（72.54 万公斤）到中国。此外，英国东印度公司输入中国的白银，1754～1759 年 1314000 两，1760～1799 年 24390078 两，18 世纪总计 45144078 两；1800～1823 年有 8730954 两，则 1700～1823 年共运输 53875032 两白银到中国。[1] 庄国土对 18 世纪上半叶英国人输华白银的估测与 B. 克瑞雪纳的相近。

龚缨晏对 1760～1799 年英印公司输入中国的白银做了统计，总量为 24029452 两。[2] 他的统计比庄国土的少了 360626 两，大体接近。

陈东有根据马士《东印度公司对华贸易编年史（一六三五～一八三四年）》（第 1 卷，第 309～321 页）统计，1635～1753 年，英国东印度公司 222 艘远洋商船运来货物约合中国白银 727669 两，运来白银（主要是银元）折合中国银元 7713078 两，总资金达 14267452 两。[3] 从上述诸位学者的统计看，陈东有的统计数额应该太低了。

综上，1601～1823 年，英印公司从英国和孟买输往东方的白银不少于 455.49 万公斤，合 12207.13 万两。其中，1601～1637 年输入共计 14.23 万公斤（马士、安东尼·瑞德），合 381.36 万两；1674～1699 年，英印公司运到东印度的银块和铸币至少有 1608311～1610861 两（60012～60107 公斤，马士）。1702～1759 年，英印公司输往东印度的白银有 81120365 两（合 302.69 万公斤，马士），其中 1702～1753 年，英印公司输入中国的白银有 6934991 两（258768 公斤），不到

1　庄国土：《16～18 世纪白银流入中国数量估算》，《中国钱币》1995 年第 3 期。他关于 1760～1799 年的统计数据，来自 E.H. 皮理查德的统计（E. H. Pritchard, *The Crucial Years of Early Anglo-Chinese Relations, 1750–1800*）。

2　龚缨晏：《鸦片的传播与对华鸦片贸易》，第 158 页。

3　陈东有：《明末清初的华东市场与海外贸易》，《厦门大学学报》1996 年第 4 期。

1702 ~ 1759 年该公司输入东印度地区白银（302.69 万公斤）的 9%。
这说明 18 世纪上半叶英印公司从英国运往印度和远东的白银并没有
直接输入中国。1760 ~ 1799/1800 年输入中国 24390078 两（庄国土），
约合 91.01 万公斤；18 世纪英国人运到远东的白银不少于 10551.04 万
两，合 393.7 万公斤。1800 ~ 1823 年英国人运到中国的白银为 41.57
万公斤白银（庄国土）。

值得注意的是，马士统计的 17 世纪英印公司运往亚洲的白银，
主要是运往中国的。事实上，从 17 世纪英印公司开展的东方贸易看，
该公司运往亚洲的白银应该远不止这些。由于资料所限，笔者无法统
计该公司运往印度等地的白银数额。

此外，在 18 世纪，英印公司和英国港脚商为了谋取白银套利，
经常走私白银到广州。1732 年，"白银从黄埔运入的规模比以往更大"，
中国海关人员在一艘英印公司船上就查处 4 袋（4000 比索）走私白
银。在 1735 年，各船走私运入广州的白银的规模进一步扩大。为此，
中国海关人员竭力探求白银夹带走私的方法。[1] 囿于资料，这些走私入
华的白银无法统计。

4. 其他欧洲国家和美国输往亚洲的白银

庄国土估测，1719 ~ 1799 年，除了英国和荷兰以外的其他欧
洲大陆国家共派船 466 艘到中国。这些欧洲国家的船只所携白银
数量与 1776 ~ 1788 年 33 艘荷兰船只携带数量大体相当，即每船
载 286956 荷盾（约 86095 两）白银到中国。那么，466 艘欧洲国家
船只运到中国的白银达 38536802 两（143.8 万公斤）。[2] 这种推算方
式实际上是有问题的。因为荷印公司董事会规定，18 世纪 70 年代
以后每艘赴东印度开展贸易的荷船载银上限为 30 万荷盾（约 9 万
两），而其他欧洲国家商船没有如此限制。而且，许多荷船载银也
超过此限制。例如，1786 年，5 艘荷船到广州，运来白银 137 箱，

1　马士：《东印度公司对华贸易编年史（一六三五~一八三四年）》第 1 卷，第 238、264 页。

2　庄国土：《16 ~ 18 世纪白银流入中国数量估算》，《中国钱币》1995 年第 3 期。

合计 54.8 万两，平均每艘荷船载银 10.96 万两；1787 年，5 艘荷船抵达广州，运来白银 160 箱。[1] 根据马士的统计，在 1776～1788 年，法国派船 35 艘到中国，运来 978 箱白银，合 391.2 万两，平均每艘载银 111771 两；丹麦派船 25 艘，运来 814 箱白银，合 325.6 万两，平均每艘载银 130240 两；瑞典派船 20 艘，运来 735 箱白银，合 294 万两，平均每艘载银 147000 两。[2] 以上总计 80 艘船，运来 2527 箱银，合 1010.8 万两，平均每艘运银 126350 两。可见，这个时期法、丹、瑞典三国到中国贸易船只所携白银都超过荷船载银数量。用荷船载银平均数来推算其他欧洲国家船只载银量似不恰当。我们按平均每船运来白银低值 111771 两计，则 466 艘欧洲国家船只运到中国的白银达 5208.53 万两，合 194.35 万公斤，这比庄国土的统计值高得多；按每船运来均值 126350 两银计，则共运来 5887.91 万两，合 219.7 万公斤。实际上，由于统计资料不全，加上未统计 1700～1718 年的运银数据，上述欧洲国家到远东的船数及运来的白银应该远不止这些，笔者估计整个 18 世纪至少漏记 50 万公斤。

美国输入广州的白银，1788 年 62 箱（24.8 万两）；[3]1805～1840 年有 8039.5 万银元，合 60296250 两（庄国土换算为 61484400 两）。[4] 美国人从广州运走的大宗商品是丝绸、茶叶、瓷器。美国人运到中国的白银，多数应该也是来自中南美洲。

综上，在 18 世纪，英、荷、葡以外的欧洲国家 466 艘商船从欧洲运往中国的白银达 194.35 万～219.7 万公斤，合 5208.53 万～5887.91 万两；1788～1840 年，美国人运往中国的白银数量合计 6054.43 万

1　马士：《东印度公司对华贸易编年史（一六三五～一八三四年）》第 2 卷，第 138、156 页。
2　马士：《东印度公司对华贸易编年史（一六三五～一八三四年）》第 2 卷，第 14、33、40、47、60、72、98、130、138、156、173 页。庄国土先生对这个时期法、丹、瑞典的船数和运载的白银也做了统计，有不少遗漏。参见庄国土《16～18 世纪白银流入中国数量估算》，《中国钱币》1995 年第 3 期。
3　马士：《东印度公司对华贸易编年史（一六三五～一八三四年）》第 2 卷，第 173 页。
4　庄国土：《16～18 世纪白银流入中国数量估算》，《中国钱币》1995 年第 3 期。

两，约合 225.91 万公斤。[1]

全汉昇根据马士的资料统计认为，1771 ～ 1789 年英、荷、法、丹、瑞典、奥、普、西等国输入中国的白银有 7814 箱，[2] 以每箱装 4000 银元计，总计 3125.6 万元，合 2344.2 万两，87.47 万公斤。此统计仅做参考。

（五）自马尼拉输往中国的美洲白银数量

从美洲运到马尼拉的白银，绝大部分通过购买中国商品而流入中国。至于每年从马尼拉输入中国的白银数，不同年份变化很大。

关于每年从马尼拉输入中国的白银数，学者说法很不一致，推算依据也不一样。全汉昇根据马尼拉海关对中国商船征收的税额推算，1586 ～ 1605 年，每年输入菲律宾的中国货物约在 133.33 万比索，这些中国货物大部分来自中国内地沿海，小部分来自澳门。[3] 他根据《菲律宾群岛史料》和前述马尼拉官员、主教等给西班牙国王的信件，估测在 1586 年以前，中国商船从马尼拉运回的美洲白银每年有 30 万西元（比索），1586 年有 50 万西元，1587 ～ 1598 年年均为 80 万 ～ 100 万西元，1599 ～ 1602 年年均为 200 万西元，1604 年为 250 万西元，1605 ～ 1633 年年均为 200 万西元，1634 ～ 1729 年年均 300 万 ～ 400 万比索。[4] 1586 ～ 1633 年，共计 7860 万 ～ 8100 万西元（约合 219.96 万 ～ 226.68 万公斤；年均 163.75 万 ～ 168.75 万比索，

1　庄国土:《16 ～ 18 世纪白银流入中国数量估算》,《中国钱币》1995 年第 3 期。

2　全汉昇:《美洲白银与十八世纪中国物价革命的关系》,《中国经济史论丛》(二)，第 579 ～ 580 页。

3　全汉昇:《明季中国与菲律宾间的贸易》,《中国经济史论丛》(一)，第 494 ～ 495 页。1577 ～ 1605 年，到马尼拉的中国商船共 313 艘，其中来自中国内地商船 302 艘，来自澳门商船 11 艘; 1606 ～ 1644 年，到马尼拉的中国商船共 767 艘，其中来自中国大陆商船 682 艘，来自澳门商船 53 艘，来自台湾商船 32 艘（1627 年始有台湾船抵达马尼拉）。

4　全汉昇:《明清间美洲白银的输入中国》,《中国经济史论丛》(一)，第 509 ～ 511 页。参见 E. H. Blair and J. A. Robertson, eds., *The Philippine Islands, 1493-1898*, Vol.6, p.269; Vol.10, pp.145, 179; Vol.12, p.59; Vol.13, p.257。

45825.6 ~ 47224.8 公斤）。加上 1571 ~ 1585 年每年 30 万比索，合计 450 万比索，这样，1571 ~ 1633 年合计有 8310 万 ~ 8550 万比索（6232.5 万 ~ 6412.5 万两）的美洲白银输入中国。全汉昇最终估测，在西班牙人占领菲律宾的头 200 年，由美洲输入菲律宾的白银达 2 亿比索，其中大部分转输到中国。[1] 全汉昇的估算额比英国学者约翰的估算额要高得多。全汉昇估测的从马尼拉输入中国的美洲白银，主要指中国船运走的。

艾维泗与全汉昇估测相近，认为在 17 世纪初期，每年通过菲律宾流入中国的美洲白银可达二三百万比索（55970.1 ~ 83955.2 公斤）。[2] 这种估测值高低相差太大，意义不大。

关于由菲律宾流入中国的美洲白银数额，梁方仲认为，自明万历元年至崇祯十七年（1573 ~ 1644）的 72 年间，"应有二千一百三十万比索的流入"。[3]

彭信威认为："自隆庆五年（1571）马尼拉开港以来，到明末为止那七八十年间，经由菲律宾而流入中国的美洲白银，可能在六千万披索（比索——引注）以上，约合四千多万库平两。"其估算的依据是《菲律宾群岛史料》中西班牙官吏、主教于 1586 年、1598 年分别写给西班牙国王的信件。[4] 不过，以某年输入白银数量的记录来推算前后若干年的输入量，失之武断。

王裕巽根据马尼拉官员 P. 罗杰斯和马尼拉主教等给西班牙国王菲利普二世的信件等资料，估算菲律宾输入中国的美洲白银数额如下：在 1571 ~ 1585 年，从马尼拉流入中国的美洲白银每年有 30 万比索，总计 450 万比索；1586 ~ 1590 年，每年 50 万比索，总计 250 万比索；1591 ~ 1600 年，每年 200 万 ~ 300 万比索，其中 1597 年有 1200 万

1　全汉昇：《明清间美洲白银的输入中国》，《中国经济史论丛》（一），第 511 页。
2　威廉·S. 阿特韦尔：《国际白银的流动与中国经济（1530 ~ 1650 年）》，《中国史研究动态》1988 年第 9 期。
3　梁方仲：《明代国际贸易与银的输出入》，《中国社会经济史研究》第 6 卷第 2 期，1939 年，第 267 ~ 324 页。收录于刘志伟编《梁方仲文集》，中山大学出版社，2004。
4　彭信威：《中国货币史》，上海人民出版社，1965，第 710 页。

比索，若其平均数为年均 250 万比索，1597 年酌情加 500 万比索，总计 3000 万比索；1601～1610 年，每年 500 万比索，总计 5000 万比索；1611～1640 年，每年输入中国 100 万比索，总计 3000 万比索（1 比索合明制白银七钱五分）。综上，1571～1640 年马尼拉白银流入中国的总额达到 1.17 亿比索，合 8775 万两，约合 327.425 万公斤。[1] 不过，王裕巽没有分析这些白银是由哪些人输入中国的。

庄国土估计，在 1567～1643 年，有 7500 万两（合 279.85 公斤）白银自菲律宾输入中国，这比全汉昇的估测值（6232.5 万～6412.5 万两）要高；1580 年以后，菲律宾贸易进入繁荣时期，每年到菲律宾的华船为 25～30 艘；1728～1794 年，荷船可能携带 15541330 两白银前往中国；1700～1753 年，英国东印度公司船只共运 1944 万两白银到中国；1700～1823 年，英国东印度公司共输 53875032 两白银到中国。[2] 庄国土的估值没有给出论据，与全汉昇的相近，比钱江、王裕巽等的估测值低。

上述一些学者的估算值明显是偏低的。如梁方仲明确说明是按各种资料中的最低数据估计的，彭信威也说明自己所列出的是一个保守的数字。与全汉昇估测值相比较，梁方仲和彭信威的估值太低了，不足凭信。G. B. 索扎和 J. 特帕斯克给出的是运到马尼拉的美洲白银数量，如果采用全汉昇之说，按其中一半流入中国计，则有 6000 万～11000 万两流入中国。考虑到两人分别是以 16 世纪 80 年代及 90 年代为始，未计入 16 世纪 70 年代或 70 年代至 80 年代末流入中国的白银数量，因此整个明代流入的数量还应更高一些。

万明估计，1570～1644 年，美洲白银总共约有 12620 吨（1262 万公斤）流入了中国。万明另估计，1570～1644 年，通过马尼拉输入中国的白银约 762 万公斤，而其中没有扣除运销费用。[3] 从其他资料

1 王裕巽：《明代白银国内开采与国外流入数额试考》，《中国钱币》1998 年第 3 期。

2 庄国土：《16～18 世纪白银流入中国数量估算》，《中国钱币》1995 年第 3 期；刘军：《明清时期海上商品贸易研究（1368～1840）》，东北财经大学博士学位论文，2009，第 153 页。

3 万明：《明代白银货币化：中国与世界连接的新视角》，《河北学刊》2004 年第 3 期，第 151 页。

看，在这个时期，马尼拉（吕宋）以外地区输入中国的美洲白银，不可能高达 500 万公斤。万明的估值远远高于其他学者的估计值，未知所据。

也有学者根据当年马尼拉海关的征税数额和马尼拉到港中国商船的数量来估算中国商船在吕宋的贸易额，再按利润率和商船返航运载白银的比例，来推算当年自马尼拉输入中国的白银数额。而大量走私商船从马尼拉运走的白银根本无法计算。1581 年，马尼拉总督龙奎洛（Gonzalo Ronguillo）首次对进口的中国商品征收 3% 的关税。[1]这种关税总额，在 1592 ～ 1602 年每年是 3 万 ～ 4 万比索，1603 年增加到 52000 多比索；[2]到 1606 年，西班牙殖民当局又把 3% 的中国货物进口税率翻了一番，提高到 6%，于是到 1620 年，每年征收的税额高达 8 万比索。[3]

钱江根据马尼拉海关对中国商船的征税数额，推测每艘抵菲的中国商船的平均货值为 3.5 万比索；当时中国海商运贩货物到吕宋的单程平均利润率为 150%。按此利润率计算，3.5 万比索的商品在马尼拉出售后至少可得 8 万比索，折合白银 6 万两，此即每艘中国商船的平均贸易额。每艘回航的中国商船运载的美洲白银占货值的比例约为 95%，每艘回航的中国商船平均约载白银 76000 比索（57000 两，约合 2126.87 公斤）。[4]

钱江根据历年入马尼拉港的中国商船的数量和每艘中国商船的平均贸易额，对中菲贸易总额做出自认为"非常保守的"估算。按他统计的 1570 ～ 1760 年中国赴马尼拉商船总数 3097 艘，每艘船运回 76000 比索银子推算，1570 ～ 1760 年中国商船自菲律宾共运回银子 23537.2 万比索；同期，菲律宾的西班牙大帆船至中国口岸（澳门、

1　E. H. Blair and J. A. Robertson, eds., *The Philippine Islands, 1493-1898*, Vol.5, p.239; Vol.16, p.181.

2　E. H. Blair and J.A.Robertson, eds., *The Philippine Islands*, *1493-1898*, Vol.8, p.274; Vol.12, p.157.

3　E. H. Blair and J.A.Robertson, eds., *The Philippine Islands*, *1493-1898*, Vol.9, p.249; Vol.16, p.182 footnote.

4　钱江：《1570 ～ 1760 年西属菲律宾流入中国的美洲白银》，《南洋问题研究》1985 年第 3 期，第 100 页。

广州、厦门、鸡笼等地）贸易带来美洲白银约 770 万比索（钱江计为 800 万比索）。二者相加，该时期自菲律宾输入中国的美洲白银有 24307.2 万比索，约合 17501.18 万库平银两（每比索约合中国库平银七钱二分，市量七钱五分）。[1] 这比全汉昇估测的 2 亿比索要高。

钱江在另一篇文章中推算说，1570 ～ 1760 年中国商船与吕宋的贸易总额"非常保守的"数据为 24752 万比索（不包括西班牙大帆船输入中国口岸的银子），折合白银 18564 万两（约 692.69 万公斤），年平均贸易额约为 129.59 万比索，折合白银约 97.2 万两（约 36268.7 公斤）。同时，他认为"完全有理由推断，1570 ～ 1760 年中国与吕宋的实际贸易总额可达到三亿比索，约折合白银二亿二千五百万两"。[2] 华船从马尼拉运出白银数额占贸易总额 24752 万比索的 95%，即 23514.4 万比索，加上西班牙人对华贸易输送的 800 万（实际为 760 万）比索，总数为 24314.4 万比索。这与他自己先前的推算（24337.2 万比索）相接近。

据笔者考辨（详见第二章第二节），1570 ～ 1619 年，抵达马尼拉的中国船（共 1042 艘）每艘平均载货 31350 比索，运去中国商品总值 3266.67 万比索（约合白银 2450 万两），每艘华船在马尼拉的销售额为 78375 比索，每艘船运回白银约 74456 比索，共运回白银 7758.32 万比索；1620 年开始，每艘平均载货 25866 比索，在马尼拉成交额 64665 比索，运回白银约 61432 比索。1620 ～ 1760 年共运回白银 12071.39 万～ 12194.25 万比索（9053.54 万～ 9145.69 万两）。1570 ～ 1760 年抵达马尼拉的华船总计 3007 ～ 3027 艘，运去货值 8349.34 万～ 8401.07 万比索（折合 6262 万～ 6300.8 万两），贸易总额为 20873.35 万～ 21002.68 万

1　钱江：《1570 ～ 1760 年西属菲律宾流入中国的美洲白银》，《南洋问题研究》1985 年第 3 期，第 101 页。刘军也按 1 比索 =0.72 两银折算。参见刘军《明清时期海上商品贸易研究（1368 ～ 1840）》，第 153 页。

2　钱江：《1570 ～ 1760 年中国和吕宋贸易的发展及贸易额的估算》，《中国社会经济史研究》1986 年第 3 期。刘军、喻常森等都援引和认可钱江的统计和估值。参见喻常森《明清时期中国与西属菲律宾的贸易》，《中国社会经济史研究》2000 年第 1 期；刘军《明清时期海上商品贸易研究（1368 ～ 1840）》，第 154 页。

比索（15655.01 万 ~ 15752.01 万两），运回 19829.68 万 ~ 19952.54 万比索（14872.26 万 ~ 14964.41 万两）。以上估值不包括运抵马尼拉的免税货物（食品、军需品等）及其出售利润。

　　澳门的葡萄牙人也从马尼拉把大量的美洲白银输入中国。据 G.B. 索扎统计，澳葡船最早抵达马尼拉是在 1580 年；从澳门抵达马尼拉港口的葡萄牙船只，1580 ~ 1588 年有 7 艘，1589 ~ 1600 年没有数据，1601 ~ 1612 年有 18 艘，1620 ~ 1644 年有 54 艘，其中 1627 年、1630 年各有 6 艘。[1] 在 1630 年，有 6 艘澳葡船抵马尼拉，运去的货物约值 150 万比索。[2] 据鲁伊·罗里多统计，1601 年之前有 8 艘澳葡商船从澳门前往马尼拉，1601 ~ 1644 年超过 81 艘澳门葡萄牙人的船只前往马尼拉贸易。[3] 如此，1601 年之前澳葡商船从马尼拉运走的美洲白银约有 400 万比索（11.19 万公斤）。1601 年开始，澳门与马尼拉的贸易迅速发展起来。在此后的 40 多年，澳门与马尼拉的商业贸易频繁。通过澳葡商船，大量的货物从澳门运往马尼拉。输入马尼拉最大宗的货物有中国生丝、丝织品，由马尼拉运回澳门的货物则有黄金、美洲的白银、蜡、棉花、染料等，其中以白银最多。[4] 葡萄牙人从澳门出口到马尼拉的货物价值是很大的。例如，1626 年 1 艘葡萄牙船所带货物价值就达 50 万比索；1630 年，阿尔瓦拉多则宣称："通常从澳门输入（马尼拉）的货物值约 150 万比索。"[5] 澳门与马尼拉的商业航

1　George B. Souza, *The Survival of Empire: Portuguese Trade and Society in China and the South China Sea, 1630–1754*, p.67, Table 4.4, p.75, Table 4.5. 该书没有 1613 ~ 1619 年统计数据。全汉昇统计，1580 ~ 1642 年，由澳门开往马尼拉的商船有 64 艘。这个统计数值应偏低了。参见全汉昇《中国经济史论丛》（一），第 491 ~ 493 页。

2　George B. Souza, *The Survival of Empire: Portuguese Trade and Society in China and the South China Sea, 1630–1754*, p.75; William Lytle Schurz, *The Manila Galleon*, p.32.

3　鲁伊·罗里多：《葡萄牙人与丝绸之路——明朝末年的澳门与马尼拉》，（澳门）《文化杂志》（中文版）第 44 期，2002 年秋季刊；赵文红、吴应权：《17 世纪上半叶的澳门—马尼拉贸易》，《云南开放大学学报》2013 年第 1 期。

4　William Lytle Schurz, *The Manila Galleon*, pp.7, 135；黄启臣、邓开颂：《明代澳门对外贸易的发展》，（澳门）《文化杂志》（中文版）第 1 期，1987 年；黄启臣、邓开颂：《明清时期澳门对外贸易的兴衰》，《中国史研究》1984 年第 3 期。

5　参见 William Lytle Schurz, *The Manila Galleon*, p.132；全汉昇《自明季至清中叶西属美洲的中国丝货贸易》，《中国经济史论丛》（二），第 530 页。

行利润很高。1635 年访问过澳门的一名英国人说，澳门与马尼拉往返一趟的利润率是 100%。[1] 一份葡萄牙文献则称：1 艘双桅小船单程就可以获得 23.4 万 ~ 28.1 万比索。[2] 通过与马尼拉的贸易，大量白银源源不断地流入了澳葡的腰包。利斯韦略（Lourenco de Liz Velho）指出，1621 年前后，每年澳门—马尼拉贸易给葡萄牙人带来约 7.5 万比索的纯利润。[3] 另有资料记载，1625 年澳葡通过马尼拉贸易获利近 4 万比索，他们用这笔款还清了澳门的大部分债款；1632 ~ 1633 年，他们获利 11 万比索，并给澳门提供了大约 6.6 万比索的税收；1635 ~ 1637 年澳门每年盈利总额是 500 万比索，其中一半来自与马尼拉的贸易。[4] 每年澳葡从马尼拉将大量白银运到澳门。从马尼拉回航的葡船首项运载的货物是白银，其中 1598 年为 80 万 ~ 100 万比索，1602 年增加到 200 万比索，1604 年更高达 250 万比索，1627 年为 100 万比索，1631 年增加到 135 万比索。[5]

据黄启臣、邓开颂估计，1587 ~ 1640 年，澳葡共将 2025 万比索（合 1518.75 万两，56.67 万公斤）白银自马尼拉运回澳门，[6] 年均 37.5 万比索。据鲁伊·罗里多统计，从澳门前往马尼拉贸易的澳葡商船在 1601 年之前有 8 艘，1601 ~ 1644 年超过 81 艘。即便按每艘运回白银 50 万比索计，这些澳葡商船从马尼拉运回的白银也至少有 4450 万比索。1641 ~ 1644 年，从澳门前往马尼拉贸易的澳葡商船不会超过 10 艘。因此，1587 ~ 1640 年，澳葡自马尼拉运回澳门的白银估计不少于 3950 万比索。黄启臣、邓开颂的估测值偏低近一半。据上述统计，1587 ~ 1644 年至少有 89 艘澳葡商船抵达马尼拉，运回白银至少 4450 万比索。

1　C. R. Boxer, *The Great Ship from Amacon: Annals of Macao and the Old Japan Trade,1550–1640*, pp.17–18.

2　C. R. Boxer, *Fidalgos in the Far East, 1550–1770*, p.137.

3　参见 C. R. Boxer, *The Great Ship from Amacon: Annals of Macao and the Old Japan Trade,1550–1640*, p.102。

4　张廷茂：《明季澳门与马尼拉的海上贸易》，《岭南文史》1999 年第 1 期。

5　张廷茂：《明季澳门与马尼拉的海上贸易》，《岭南文史》1999 年第 1 期；全汉昇：《明清间美洲白银的输入中国》，《中国经济史论丛》（一），第 509 ~ 510 页。

6　黄启臣、邓开颂：《明代澳门对外贸易的发展》，（澳门）《文化杂志》（中文版）第 1 期，1987 年。

　　马尼拉的白银还通过西班牙人输入中国。17 世纪上半叶，马尼拉的西班牙大帆船不时以购买军火、避风等为借口，到厦门与当地的私商在夜幕掩护下互市丝绸，每艘大帆船上通常载有 50 万比索的资本金，并到台湾与华人贸易。[1] 17 ~ 18 世纪，西班牙人的大帆船常至中国澳门、厦门、广州三地贸易。据葡萄牙人的记载，赴澳门贸易的西船每艘约载 50 万比索；赴广州、厦门贸易的西船所载白银额基本上相同，为 15 万 ~ 40 万比索；在台湾的贸易额至多每年 20 万比索。从西班牙人和英国人的记载中可知，1590 ~ 1740 年，赴澳门和广州贸易的西班牙大帆船计 15 艘，[2] 每艘载银额以 40 万比索计，共 600 万比索。厦门方面，据闽浙总督杨应琚乾隆二十三年（1758）正月的奏折，"查历年到厦番船，乾隆三年、五年、十二年、二十年暨二十二年各到吕宋番船一只……"[3] 其中已知乾隆十二年是 30 余万两（折合为 40 余万比索），乾隆二十年为 15 万比索，乾隆二十二年暂以 15 万比索计，则总计为 70 余万比索（乾隆三年、五年的 2 艘计入 1590 ~ 1740 年）。台湾方面的西班牙贸易商船数量不详，以每年 20 万比索计算，西班牙人在侵占鸡笼、淡水期间运抵台湾的白银有 100 万比索左右。明季西班牙人赴东南沿海贸易的商船大约有 10 艘。这样，1644 年以前，西班牙大帆船运到中国大陆沿海和台湾的白银约有 500 万比索，清代约有 270 万比索，总计在 770 万比索上下，约合 577.5 万两、21.55 万公斤。[4]

　　美洲输入马尼拉的白银，除了扣除运销费用，还要留存相当一部分用于菲律宾的西班牙殖民政府的开销。墨西哥的西班牙殖民政府

1　C. R. Boxer, "Peter Mundy and the Manila Galleon," in C.R.Boxer, *Fidalgos in the Far East, 1550–1770*, p.136.

2　E. H. Blair and J.A.Robertson, eds., *The Philippine Islands, 1493–1898*, Vol.10, pp.267–268; Vol.17, p.149; Vol.18, p.228; Vol.19, p.69.

3　《朱批奏折》"外交类"，4 全宗，351 号卷，第 6 号（中国第一历史档案馆藏）。引自钱江《1570 ~ 1760 年西属菲律宾流入中国的美洲白银》，《南洋问题研究》1985 年第 3 期。

4　钱江：《1570 ~ 1760 年西属菲律宾流入中国的美洲白银》，《南洋问题研究》1985 年第 3 期。钱江没有把乾隆三年、五年的 2 艘计入 1590 ~ 1740 年，多算了 2 艘。

每年用白银支付菲律宾殖民政府津贴。这些津贴是墨西哥殖民政府征收大帆船运载货物的关税而返还给菲律宾殖民政府的部分，补贴菲律宾殖民政府的财政开支。每年阿卡普尔科方面要把征收的大帆船贸易关税（按载货价值征收）和吨位税（每吨征收40杜卡特）返还一部分给马尼拉殖民政府作为财政补贴。每年马尼拉殖民政府从阿卡普尔科方面收到的补贴不等。1610～1640年，马尼拉殖民政府每年平均从阿卡普尔科获得30万比索白银，这些白银由大帆船运回马尼拉。1604年，马尼拉殖民政府从阿卡普尔科方面收到的各项补贴达859743比索，是补贴最多的一年；1611年，马尼拉殖民政府总收入572911比索，其中从阿卡普尔科方面获得295776比索，占比超过50%。补贴最少的一年是1725年，仅有72810比索。[1]

万明认为，1570～1644年，通过马尼拉输入中国的白银约762万公斤，而其中没有扣除运销费用。[2]这里所称的"运销费用"应该是指从马尼拉运往中国的运销费用。

庄国土认为，1730年以前，每年从菲律宾群岛输入中国的白银为300万～400万银元，此后减少一半左右。[3]按庄国土的推测，1571～1644年从菲律宾输入中国的白银有22200万～29600万西元（比索），合622.9万～830.5万公斤，这个估值的中间值与万明的估测相接近。不过，他没有说明这些输入中国的白银是由谁输入的。从上下文看，他似指从马尼拉通过所有渠道（包括澳葡、中国人和西班牙人等）输入中国的白银数额。

综合以上学者的统计和分析，16～18世纪自美洲流入马尼拉和自欧洲流入远东的美洲白银情况如表3-8所示。

1　Birgit Tremml-Werner, *Spain, China, and Japan in Manila, 1571-1644: Local Comparisons and Global Connections*, pp. 106, 113-114; Gregorio F.Zaide, *Documentary Source of Philippine History*, National Book Store Inc., Vol.4, p.17. 引自吴杰伟《大帆船贸易与跨太平洋文化交流》，第137页。

2　万明：《明代白银货币化：中国与世界连接的新视角》，《河北学刊》2004年第3期。

3　庄国土：《16～18世纪白银流入中国数量估算》，《中国钱币》1995年第3期。

表 3-8　16 ~ 19 世纪自美洲流入马尼拉和自欧洲流入远东的美洲白银数

单位：万公斤

年份	马尼拉大帆船运来官银	葡萄牙人从欧洲运来	荷兰人从欧洲运来	英国人从欧洲运来	其他欧洲国家运来
1571 ~ 1589	45.77	119.4（1569 ~ 1600）	—	—	—
1590 ~ 1636	457.94	134.33（1601 ~ 1636）	45.01（1602 ~ 1644）	14.23（1601 ~ 1637）	—
1637 ~ 1644	60.11	—			—
1645 ~ 1699/1700	291.1	—	81.14	6（1674 ~ 1699）	—
1700/1701 ~ 1784	611.06 ~ 641.85	—	383.97（1700 ~ 1795）	302.69（1702 ~ 1759）	194.35 ~ 219.7（1719 ~ 1799）
1785 ~ 1800	44.78	—	—	输华 91.01（1760 ~ 1799/1800）	
1800/1801 ~ 1823	58.77（1801 ~ 1821）	—	—	输华 41.57	—
合计	1569.53 ~ 1600.32	253.73	510.12	455.49	194.35 ~ 219.7

综合以上各家的统计和分析，我们可以得出以下结论。

（1）根据 G. B. 索扎、J. 特帕斯克、W. L. 舒尔茨等的统计，明季西班牙官方从美洲输入马尼拉的白银总量有 563.82 万公斤，合 20145.44 万比索，其中 1571 ~ 1589 年有 45.77 万公斤，1590 ~ 1620 年有 121.54 万公斤。1571 ~ 1644 年，从美洲走私到马尼拉的白银有 509.61 万公斤（其中 1571 ~ 1600 年按年均 14779 公斤推算，计 44.34 万公斤；1601 ~ 1644 年有 465.27 万公斤）。明季官方输入和走私白银合计 1073.43 万公斤，折合 28767.92 万两（1 公斤合 26.8 两计）。美洲白银通过官方大帆船贸易输入马尼拉的高峰时期是在 1590 ~ 1601 年（187.52 万公斤）和 1621 ~ 1640 年（186.43 万公斤），从美洲走私白银到亚洲的高峰时期是在 1611 ~ 1630 年（267.67 万公斤，见表 3-4）。

1645～1821年，从美洲运入马尼拉的官银有1005.71万～1036.5万公斤。其中，1645～1699/1700年有291.1万公斤，1700～1800年有655.84万～686.63万公斤，1801～1821年58.77万公斤。从美洲走私到马尼拉的白银，1645～1660年约有78.51万公斤（见表3–4），笔者未见1660年后美洲走私白银的统计资料。清代从美洲运入马尼拉的官银和私银共计1084.22万～1115.01万公斤，合29057.1万～29882.27万两。

1571～1821年，官方从墨西哥运入马尼拉的白银总计1569.53万～1600.32万公斤，折合42063.4万～42888.58万两（以1公斤合26.8两计），56079.31万～57179.43万比索（以35.73比索合1公斤计）。1571～1660年，从美洲走私到马尼拉的白银约有588.12万公斤，折合15761.62万两。

德·科民、全汉昇、沙丁和杨典求等学者对1571～1821年自美洲运入马尼拉的白银数额统计少了1.6亿～1.7亿比索。W.巴雷特和贡德·弗兰克的估测值也必须修正；艾维泗对1602～1636年马尼拉输入的美洲白银数额估测太高了；安东尼·瑞德对1601～1670年欧洲输入亚洲的白银估值太低。

如上所考，1571～1600年从美洲输入马尼拉的官银和私银总计约261.97万公斤（1571～1600年从美洲输入官银217.63万公斤，输入私银44.34万公斤）。16世纪美洲生产的白银并非如贡德·弗兰克所说，几乎都运到了欧洲。如果弗兰克所说1550～1600年美洲白银产量总计约850万公斤（年均17万公斤）成立，那么1569年以后美洲生产的白银近一半运到了亚洲。

（2）17世纪，从美洲输往西班牙的白银，1600～1660年有58000万～59000万比索（约合1623.13万～1651.12万公斤），1661～1699年有32000万～36000万比索（895.52万～1007.46万公斤），总计2518.66万～2658.58万公斤。加上同期从墨西哥输往马尼拉的白银1179.07万公斤（1601～1699/1700年输入官银635.29万公斤，1601～1660年走私白银543.78万公斤），17世纪拉丁美洲运出的白银应为 132132.1 万~ 137132.1 万比索（约合 3697.73 万~ 3837.65 万公斤）。笔者推算的 17 世纪从美洲输出到马尼拉和西班牙的白银数量，与贡德·弗兰克估算的同时期美洲白银产量（3.7 万吨）大体相当。17 世纪美洲所生产的白银几乎全部运往西班牙和马尼拉。

贡德·弗兰克估算的 17 世纪从美洲运到欧洲的白银数量（2.7 万吨），比笔者的统计多 41.4 万~ 181.3 万公斤。如果贡德·弗兰克的这个估测大致准确，则这些多出的白银主要由葡萄牙人、西班牙人以及英国人运入亚洲。西班牙官方统计的 1530 ~ 1660 年自美洲输入西班牙的白银数量（1688.68 万公斤）应该是偏低了，因为 1530 ~ 1600 年自美洲输入西班牙的白银每年在 200 万比索（总计 14000 万比索，391.79 万公斤）以上，学者们统计的 1600 ~ 1660 年从美洲输往西班牙的白银数额（58000 万~ 59000 万比索，合 1623.13 万~ 1651.12 万公斤）应该不会有较大出入。

（3）1700 ~ 1784 年，从美洲输入马尼拉的白银为 21833.48 万~ 22933.48 万比索，约合 611.07 万~ 641.86 万公斤，年均 256.86 万~ 269.81 万比索；1785 ~ 1799 年，平均每年输入马尼拉的白银应该在 100 万比索以上，总计 1500 万比索（41.98 万公斤）以上。[1]18 世纪，从欧洲运到远东的白银总计 972.02 万~ 997.37 万公斤，其中荷兰人运来 383.97 万公斤（1700 ~ 1795），英国人运来 393.7 万公斤（1702 ~ 1759 年 302.69 万公斤，1760 ~ 1799/1800 年 91.01 万公斤），其他欧洲国家运来 194.35 万~ 219.7 万公斤（1719 ~ 1799），这些白银几乎都是从拉丁美洲输出到欧洲的。在 18 世纪，从欧洲运到远东的美洲白银实际数量应该高于上述统计值，其中重要原因是其他欧洲国家运来的美洲白银数量的统计并不完全。笔者保守估计，18 世纪从欧洲运到远东的美洲白银应该不少于 1100 万公斤。贡德·弗兰克认为，18 世纪欧洲获得的 5.4 万吨美洲白银近一半（2.6 万吨）

1　E. H. Blair and J.A.Robertson, eds., *The Philippine Islands, 1493-1898*, Vol.44, pp.29-30, 239-241, 256；William Lytle Schurz, *The Manila Galleon*, pp.188-190, 339.

又转手到了亚洲，这比笔者推算的数额高出一倍以上。16 ~ 17 世纪，从葡萄牙、荷兰、英国运到亚洲的美洲白银有 396.38 万公斤，加上 18 世纪运来的约 1100 万公斤，总计约 1500 万公斤。W. 巴雷特估测，1545 ~ 1800 年，欧洲获得的美洲白银（10 万吨）中有 3.2 万吨运往亚洲。除非有新的资料表明，在这个时期从西班牙运送了 1.7 万吨美洲白银到远东，否则贡德·弗兰克和 W. 巴雷特的上述观点不能成立。

值得注意的是，有大量美洲白银通过传统的中东贸易和利凡特（Levant，又称黎凡特，位于地中海东岸地区）贸易，从陆上丝绸之路、海上丝绸之路流入亚历山大里亚、奥斯曼、波斯和阿拉伯地区，然后被穆斯林商人、印度散商、港脚商投入亚洲区间贸易市场。此外，还有英印公司商船、港脚商船走私到广州的白银数量。这些从欧洲流入亚洲的美洲白银，我们无从统计。东方穆斯林商人的利凡特香料贸易交易量很大，仅 1537 ~ 1571 年，东方穆斯林商人就从印度和东南亚运销胡椒 84.6 万担（参见第四章表 4–8）到利凡特市场，所需白银不少于 170 万两。此后，利凡特香料贸易交易量虽大幅下降，但仍维持了半个世纪以上。不过，从利凡特香料贸易的规模（16 ~ 17 世纪约 300 万两）和印度港脚商西向贸易的规模及港脚商船走私白银的数量（每船平均不会超过 4000 比索）看，上述这些流入亚洲的白银估计不会超过 20 万公斤。

A. 阿特曼统计，18 世纪拉丁美洲输出到欧洲的白银为 140000 万 ~ 175000 万比索（3917.91 万 ~ 4897.39 万公斤）。这比贡德·弗兰克的估值（5.4 万吨）要低。

如果贡德·弗兰克所说"美洲在 18 世纪生产了 7.5 万吨白银，其中 5.4 万吨运到欧洲"成立，那么剩余的 2.1 万吨白银大多数应该通过大帆船贸易运到了马尼拉。但是，根据各种资料和学者们的统计，18 世纪西班牙官方从美洲运到马尼拉的白银为 655.84 万 ~ 686.63 万公斤（未计走私的）。这比贡德·弗兰克推算的数额少了约 1400 万公斤。除非有资料表明这些多出来的白银从美洲运到了马尼拉，或者都留在了美洲（实际上留在美洲的白银数量是很少的），否则贡德·弗兰克推算的18世纪美洲生产白银的数量也不能成立。

（4）根据钱江和P.肖努等人统计和马尼拉海关税收资料，1570～1760年抵达马尼拉的华船总计3007～3027艘，其中，1570～1643年有1628～1648艘，运回白银11358.24万～11481.1万比索（8518.68万～8610.83万两）；1644～1760年有1379艘，运回白银8471.47万比索（6353.6万两）。笔者的推算结论与全汉昇、刘军的估测值（1570～1760年中国船输入2亿比索）[1]相接近。黄启臣、邓开颂的估测值（1587～1640年，澳葡运回不少于2025万比索）太低了。钱江对1570～1760年赴菲的中国船载货价值（每艘3.5万比索）和运回的白银数额（每艘运回76000比索）以及中国与吕宋的贸易总额估算（3亿比索）应该偏高了。庄国土对1571～1644年从菲律宾输入中国的白银数额的估测（22200万～29600万西元）也偏高了。

华船从马尼拉运回白银最多的年份是1600～1619年，其次是1620～1643年，第三位是1685～1716年。1650～1689年是中菲贸易的低潮时期。

（5）16～18世纪，自欧洲国家输往远东地区的银块和铸币几乎都来自美洲。葡、荷、英人从欧洲运到远东的白银，在明季有312.97万公斤；1645～1700年，荷兰人输入亚洲的白银约81.14万公斤，英国人输入约6万公斤；在18世纪，荷兰人、英国人从欧洲运到远东的白银分别有383.97万公斤和393.7万公斤，其他欧洲国家运来194.35万～219.7万公斤，合计972.02万～997.37万公斤，合26050.14万～26729.52万两。这些从欧洲运来的白银，通过购买香料、丝织品、蔗糖、瓷器、茶叶等，几乎都进入亚洲贸易流通中。与以上统计相比，万明对明季通过欧洲转手运到东方的美洲白银估值（800万公斤），A.阿特曼、贡德·弗兰克对16世纪中叶到18世纪通过欧洲转手到亚洲的美洲白银估值都太高了。刘军对明清时期自欧洲

1　刘军：《明清时期白银流入量分析》，《东北财经大学学报》2009年第6期。

流入中国的白银数量估计（2亿两，约合746.29万公斤）则太低了。

（6）庄国土估测，1569～1636年，葡萄牙人从里斯本年均运来100万两（37313公斤）白银，共6800万两（253.73万公斤）。王裕巽推算的明季葡萄牙人从本国运到澳门的白银数额偏低。

必须指出的是，笔者统计的16世纪从欧洲输入亚洲的白银，主要是葡萄牙官方输入的，不包括私人输入的。据保守估计，16世纪初，私人贸易量约占葡萄牙香料进口量的30%，后期则更多（详见第四章）。这些葡萄牙私商必然要向印度和东南亚输入白银以购买香料。

A.阿特曼、K.格拉曼、全汉昇、庄国土等人统计的1720～1795年荷船从欧洲运往远东的白银数量（236.73万公斤）太少，缺失数据较多。在18世纪，荷、英人从欧洲运到远东的白银数额仅相差10万公斤左右。与此同时，荷兰人每年还从日本获得11200公斤左右的白银。这说明荷兰人在亚洲的贸易额和亚洲区间贸易中的地位超过英国人。

17世纪，英国人从欧洲运入中国的白银非常少，主要是在1601～1637年（14.23万公斤）、1645～1699年（60012～60107公斤）。从17世纪英印公司开展的东方贸易看，该公司运往亚洲的白银数量应该远不止这些，留待有识之士掌握新的资料予以补充。1702～1759年从英国向印度和远东输入白银达302.69万公斤，是过去一百年输入额的近15倍。在18世纪上半叶，从欧洲运入远东的白银，英印公司超过了荷印公司输入的。吴承明、陈东有等人对17～18世纪英印公司输入白银的估值不足凭信；庄国土对18世纪后期英印公司输入中国的白银数额的估值似太高了。值得注意的是，英印公司运来的白银，有一些是从孟买起运的，这些白银有一部分来自英国，也有一些白银的来源很难判定。从19世纪20年代开始，英国散商和英印公司从广州运出白银。

五　白银流通对亚洲区间贸易的影响

大量白银在亚洲流通，对亚洲区间贸易产生了深刻的影响。这主要表现在以下六个方面。

（1）大帆船丝银贸易促使西方人在亚洲的区间贸易方式的转变。在16世纪70年代以前，葡萄牙人、西班牙人在东南亚开展的主要是香料贸易，香料贸易具有鲜明的殖民掠夺性质，且主要是以以物易物的方式开展。随着白银作为硬通货的流行，白银既是特殊的商品，又作为货币成为交易的等价交换物，西方人在亚洲贸易不得不改变交易形式，主要用白银购买亚洲（主要是中国）商品，并在亚洲区间贸易过程中基本遵循市场交易原则。由于中国社会只需要白银和其他贵金属（铜和黄金），西方人想获得高利润回报的中国商品，首先要有白银等贵金属。

用东南亚各地产品换得日本白银以及美洲白银，再以白银购买中国产品（丝绸、瓷器、茶叶等），成为这个时期西方人开展亚洲区间贸易的主要方式。葡、西、荷、英等国商人竭力发展对日贸易，这促进了东南亚和东亚区间贸易的繁荣，促进了这些地区的区间贸易方式的转型。

葡萄牙人、西班牙人和荷兰人收购以丝绸、瓷器为主的中国商品转贩到盛产白银的日本，可获得100%～200%的利润；[1]然后用日本的白银到澳门、广州、台湾等地购买欧洲市场畅销的中国丝绸，到马六甲购买香料等货物，运回里斯本，销往欧洲各地，所有运回欧洲的货物能用东亚、东南亚区间贸易所获得的利润支付。[2]中国价廉物美的日用瓷器在亚洲市场深受欢迎，且利润较丰厚。葡萄牙人和西班牙人用白银购买中国瓷器，运到东南亚出售，使资本增值，然后购买暹罗、安南产的鹿皮、铅、苏木，巴达维亚和台湾产的蔗糖以及中国的生丝、丝织品、铅、水银等去换得日本和美洲的白银，购买东南亚的

1　万明：《中葡早期关系史》，第152～153页。
2　Leonard Blussé, *Tribuut aan China: Vier Eeuwen Nederlands-Chinese Betrekkingen*, Amsterdam, 1989, p.30，转引自庄国土《17世纪东亚海权争夺及对东亚历史发展的影响》，《世界历史》2014年第1期；许序雅、林琳：《17世纪荷兰东印度公司在亚洲的区间贸易》，中国中外关系史学会等主编《中外关系史论文集》第14辑《新视野下的中外关系史》，甘肃人民出版社，2010，第408～418页。

香料运销欧洲和中国。

（2）拓展了东南亚和东亚区间贸易的商品种类，形成了以中国产品为主、远东各地产品为辅，以日本白银和美洲白银为等价交换物的贸易格局。中国与东南亚之间的瓷器和香料贸易以及中国、中南半岛和印尼与日本的丝银贸易、瓷银贸易、糖银贸易和（鹿）皮银贸易等成为近代早期亚洲区间贸易的主要内容。在白银的推动下，远东地区各地出产的特色产品都成为区间贸易的商品。

在16世纪70年代以前，朝贡贸易和私商贸易的商品主要有香料、丝绸、陶瓷。随着白银的流通和马尼拉大帆船贸易的兴起，传统的香料贸易被突破，中国和东南亚各地对外贸易的商品种类大大增加。

围绕着白银贸易，东南亚和日本、中国东南沿海各省（包括台湾）等地形成了特色产品生产，如暹罗的苏木、鹿皮、铅，安南的生丝，巴达维亚和台湾的蔗糖。当地人用丰富多样的本地产品去交换白银，突破了以往的交易商品种类。这些商品在亚洲区域内流动，形成了以中国产品为主、远东各地产品为辅，以及亚洲区间贸易空前活跃的贸易格局。中国东南沿海（主要是广州、漳州月港与澳门）、长崎、马尼拉、巴达维亚及中南半岛的贸易，中南半岛与日本长崎，澳门与长崎、马尼拉和中南半岛，马尼拉与长崎，巴达维亚与中南半岛、台湾和长崎，以及台湾与马尼拉和长崎的贸易都空前活跃起来。[1]

中国输出到马尼拉的大宗货物是丝绸、生丝。丝绸、生丝从马尼拉运往阿卡普尔科，其余商品主要满足马尼拉、巴达维亚等东南亚各地的需求。此外，也有一小部分日本和东南亚地区的商品输入美洲，如日本的家具、漆器，摩鹿加群岛的丁香和豆蔻，马六甲海峡地区的

1　参见中岛乐章《日本"朱印船"时代的广州、澳门贸易——从"西洋渡航朱印状"谈起》，郑德华、李庆新主编《海洋史研究》第3辑；范岱克《马尼拉、澳门、广州：紧密相联的三座城市》，《广东社会科学》2007年第1期；李德霞《17世纪上半叶荷兰东印度公司在台湾经营的三角贸易》，《福建论坛·人文社会科学版》2006年第5期。

胡椒，暹罗、柬埔寨的棉布等。[1] 17世纪40年代后，越南东京（河内）成为荷兰人供应日本市场的生丝来源地。据记载，1641～1654年，荷兰人从东京出口到日本长崎的生丝年均达34吨。后来，东京生丝竞争力减弱，荷兰人每年购买量减少到20吨，直到1671年荷日贸易停止。[2] 荷兰人还把大量中国瓷器运到巴达维亚，再转销到东南亚各地。仅1655～1661年，荷兰东印度公司就运销500万件中国瓷器到暹罗、缅甸、锡兰、印度、伊朗和阿拉伯等地。[3]

根据刘军的研究，明清时期，中国出口商品的种类已达数百种。明清时期的出口商品主要是农产品及其加工品，但经过手工加工的制成品和半制成品占绝大比例，未经任何加工的初级产品只占很小比例。中国出口商品最多的是丝、瓷、茶三种，其次是布、糖、药、书、钱五种。明清时期中国进口商品中最重要、价值量最大的是白银。暹罗、吕宋等地的大米进口数量很大。此外，东南亚的锡、铅、水银等金属，东亚与东南亚的海产品，东南亚珍稀木材、珍禽异兽和各种珍宝，日本折扇，亚洲和美国皮货，以及西洋钟表和玻璃制品也在进口商品中占有一定地位。[4]

17世纪初，在马尼拉丝银贸易的刺激下，日本以"朱印船"方式开展对外贸易。据统计，1603～1635年，日本幕府向前往东南亚19个商埠的日船和外国商船颁发了360张朱印状。[5] 日本"朱印船"贸易既活跃了亚洲区间贸易，又给亚洲市场注入了大量的白银等贵金

1　E. H. Blair and J. A. Robertson, eds., *The Philippine Islands, 1493-1898*, Vol.1, p.68；Vol.12, pp.63-64；Vol.27, p.149；塞拉芬·D. 基亚松：《1570～1770年中菲帆船贸易》，《东南亚研究》1987年第1、2期；李德霞：《17世纪上半叶东亚海域的商业竞争》，第151～153页。

2　村上直次郎原译，程大学中译《巴达维亚城日记》第3册，第78页；赵文红：《17世纪上半叶欧洲殖民者与东南亚的海上贸易》，第145页。

3　叶文程：《中国古外销瓷研究论文集》，紫禁城出版社，1988，第69页；杨宏云：《环苏门答腊岛的海洋贸易与华商网络》，第196页。

4　刘军：《明清时期海上商品贸易研究（1368～1840）》。

5　岩生成一『朱印船貿易史の研究』114～128页；中岛乐章：《日本"朱印船"时代的广州、澳门贸易》，郑德华、李庆新主编《海洋史研究》第3辑，第63～86页。1606年、1607年，日本人在马尼拉暴动，1608年日本人被驱逐出了马尼拉。

属。据安东尼·瑞德不完全统计，1604 ～ 1635 年，朱印船到印度支那（包括安南、交趾支那、顺化等地）87 艘，暹罗 56 艘，菲律宾 56 艘（其中马尼拉 54 艘），柬埔寨 44 艘，东京（河内）37 艘，北大年 7 艘，占婆 6 艘；[1] 1617 ～ 1635 年，共有 35 艘到台湾（在 1617 年之前，1612 年、1616 年还各有一艘赴台），[2] 朱印船在台湾购买的最主要商品是生丝，其次是香料（特别是奇楠香）、皮革。[3]

　　朱印船出口到东南亚各地的最大宗商品是白银，其次是铜。当时，每艘朱印船运载 2 万斤左右的铜。从 1604 年至 1635 年共有 311 艘朱印船到达交趾、东京（河内）、柬埔寨、暹罗、马尼拉、高砂（台湾）六地。这个时期日本铜的出口量据推测至少为 600 万斤。[4] 朱印船在东南亚的进出口货物见表 3-9。

表 3-9　日本朱印船在东南亚的进出口货物名录

地点	进口货物	出口货物
马尼拉	生丝、布团、罗纱、葡萄酒、鹿皮、苏木、砂糖	铜、铁、药罐、扇子、小刀、泥金画、面粉、木澡桶
东京（河内）	小黄绢、北绢、唐绫、肉桂、缩砂、郁金	铜、铁、药罐、扇子、伞、镜子、硫磺、家庭用品
交趾	黄绢、北绢、纱绫、沉香、鲛皮、黑砂糖、蜂蜜、胡椒、金	铜、铁、药罐、帷帐、棉花、伞、硫磺、樟脑
柬埔寨	鹿皮、漆、象牙、蜡、蜂蜜、水牛角、犀角、槟榔、胡椒、孔雀尾、郁金	铜、铁、药罐、家庭用品、扇子、硫磺、樟脑
暹罗	苏木、鹿皮、象牙、水牛角、铅、锡、龙脑、血竭、更纱、珊瑚珠、沉香	白银、铜、铁、药罐、家庭用品、扇子、硫磺、樟脑、屏风、草席、木澡桶

　　资料来源：岩生成一『朱印船と日本町』66 ～ 68 页。

1　安东尼·瑞德：《东南亚的贸易时代：1450 ～ 1680 年》第 2 卷，第 28 页。
2　岩生成一『南洋日本町研究』11 页，引自陈小冲《十七世纪的御朱印船贸易与台湾》，《台湾研究集刊》2004 年第 2 期，第 70 页；岩生成一『朱印船と日本町』東京：至文堂、1966、66 ～ 68、73 ～ 74 页；岩生成一『朱印船贸易史の研究』293 ～ 294、333 页。
3　岩生成一『续南洋日本町研究』287 页，引自陈小冲《十七世纪的御朱印船贸易与台湾》，《台湾研究集刊》2004 年第 2 期。
4　森克己等『体系日本史丛书·对外关系史』東京：山川出版社、1985、150 页，引自尤建设、吴佩军《试论德川幕府时期日本与东南亚的朱印船贸易》，《南洋问题研究》2006 年第 4 期。

　　在这种亚洲区间贸易格局中，西方人谁拥有中国的大宗商品（16 ~ 17 世纪是丝绸和生丝，17 世纪末是蔗糖、茶叶和瓷器），谁就拥有亚洲区间贸易的主动权。中国的大宗商品关乎在远东的西班牙人、荷兰人和葡萄牙人的生存。因此，在 16 ~ 17 世纪，围绕中国丝绸和生丝贸易权，一方面，西班牙人、荷兰人和葡萄牙人展开了激烈的争夺，英国人也一度加入争夺，这些争斗直接影响到亚洲区间贸易的开展和海上贸易航线的变化；另一方面，他们竭力谋求与中国的直接通商。西方人争夺东亚海域和南海的海权和贸易权，其核心是争夺中国丝绸和生丝的贸易权。[1]

　　例如，荷兰人占据大员后，为了使华船转航大员，软硬兼施，一方面采纳了一位叫王桑的华商的建议，提高货物的购入价，引诱华商到大员经商；另一方面不惜诉诸武力，破坏漳州与马尼拉的经贸往来，多次拦截来往马尼拉的华船。[2]直到 1647 年，荷印公司还派船封锁马尼拉海域，阻止华船驶入马尼拉，要华船改航大员进行贸易。[3]

　　为了控制中国丝绸和生丝贸易权，垄断马尼拉市场，澳门的葡萄牙人一方面千方百计地阻止华商赴菲贸易，另一方面带着银币到广州集市，以高出当地价格的 25% ~ 30% 收购丝绸和生丝。1632 年，阿尔瓦拉多向马尼拉市政厅报告，1619 ~ 1632 年，澳门的葡萄牙人逐渐垄断了马尼拉的中国货物贸易，现在已经很难看到过去常来这里贸易的华商。[4]

　　在以中国产品为主、远东各地产品为辅的亚洲区间贸易格局下，白银的供给成为影响亚洲区间贸易发展的最重要因素。这种局面一直持续到 18 世纪 60 年代初。当时，英国舰队在马尼拉和珠三角之间水

1　关于西方人对东亚海权的争夺，可参见庄国土《17 世纪东亚海权争夺及对东亚历史发展的影响》，《世界历史》2014 年第 1 期。

2　程绍刚译注《荷兰人在福尔摩莎（1624 ~ 1662）》，第 47、53、58 页；村上直次郎原译，郭辉中译《巴达维亚城日记》第 1 册，第 42 ~ 44 页；李德霞：《17 世纪上半叶荷兰东印度公司在台湾经营的三角贸易》，《福建论坛·人文社会科学版》2006 年第 5 期。

3　程绍刚译注《荷兰人在福尔摩莎（1624 ~ 1662）》，第 297 页。

4　E. H. Blair and J. A. Robertson, eds., *The Philippine Islands, 1493–1898*, Vol.25, pp.111–112, 117–119.

域袭击法国和西班牙的船队；1762 ～ 1764 年，英国攻击并占领了马尼拉，致使马尼拉和广州出现白银短缺，很多商人开始走私鸦片，试图以鸦片来取代白银。[1]中国社会对白银的需求让位于印度的鸦片和棉布，亚洲区间贸易格局发生了根本性变化。

（3）促进了东南亚区间贸易的繁荣，大多数东南亚和东亚国家、地区卷入亚洲区间贸易，亚洲区间贸易的地理和人文格局发生了巨大的变化。参与马尼拉大帆船贸易的商人除了华人、日本人，还有西班牙人、葡萄牙人、荷兰人和英国人等，涉及的国家和地区有日本、暹罗、安南、马尼拉、巴达维亚、香料群岛以及中国大陆和台湾、澳门等。

由于美洲白银通过大帆船贸易集中到马尼拉，从 16 世纪 70 年代开始，马尼拉与东南亚各地的贸易活跃起来，尤其是与柬埔寨、越南、暹罗、望加锡、马鲁古等地的贸易较为突出。对于马尼拉而言，与这些地方贸易的重要性仅次于中国。1586 ～ 1590 年，马尼拉从这些地方进口的货物量甚至超过从中国进口的货物。在此期间，自中国输入的货物年均关税是 3750 比索，占马尼拉总关税的 28.02%，而东南亚各地年均关税是 8474 比索，占马尼拉总关税的 63.32%。1590年，尽管这些地方进口的商品数量在马尼拉关税收入中明显下降，但在马尼拉进口中一直保持着第二的位置。[2]据 W. L. 舒尔茨统计，1620 ～ 1644 年到马尼拉的越南商船共 7 艘，来自柬埔寨的 19 艘，望加锡的 11 艘，马鲁古的 2 艘。[3]

白银贸易还促使马尼拉与中国东南沿海的贸易空前活跃。17 世纪初，马尼拉的西班牙人常以购买军火、避风等为借口，用大帆船载大批白银至我国广州、厦门、台湾等地，与当地的私商在夜幕掩护下

1　范岱克：《马尼拉、澳门、广州：紧密相联的三座城市》，《广东社会科学》2007 年第 1 期。

2　关税一般是入关货物价值的 3%。参见 William Lytle Schurz, *The Manila Galleon*, p.50；鲁伊·罗里多《葡萄牙人与丝绸之路——明朝末年澳门与马尼拉》，（澳门）《文化杂志》（中文版）第 44 期，2002 年秋季刊，第 103 页。

3　William Lytle Schurz, *The Manila Galleon*, pp.50, 153；塞亚布拉：《强权、社会及贸易——澳门和菲律宾的历史关系（16 ～ 18 世纪）》，（澳门）《文化杂志》（中文版）第 51 期，2004 年夏季刊，第29 页。

互市丝绸。根据西班牙人和英国人的记载，1590～1740年，赴澳门和广州贸易的西班牙大帆船计15艘，每艘载银额以40万比索计，共600万比索。在西班牙人侵占鸡笼、淡水期间（1626～1642），西班牙商船运抵台湾的白银估计有100万比索。[1]

自1605年葡萄牙人被荷兰人赶出马鲁古群岛以后，葡萄牙人以望加锡作为其在东南亚的贸易基地。每年有10～22艘葡萄牙船从澳门、马六甲和科罗曼德尔抵达望加锡，运来中国丝、棉织品和印度棉织品、澳门制造的铜炮等，换取帝汶的檀香木、马鲁古群岛的丁香、邦达群岛的肉豆蔻和婆罗洲的钻石，每年的贸易额超过50万里亚尔，其中澳葡商船占了6万里亚尔。[2]葡萄牙人在广州经营檀香木生意，利润率在150%～200%。[3]1667年，荷兰人完全占据望加锡，阻断了澳门葡萄牙人与这个地区的贸易联系，接管了望加锡中转贸易。[4]

16世纪末，印度与马尼拉建立了贸易关系，并且已有一定的贸易量。1596～1600年，从印度输入马尼拉的货物关税年均是861比索，占马尼拉进口关税的1.99%。[5]1620～1644年，从马六甲和印度各港口（包括果阿、科罗曼德尔、马拉巴尔）驶往马尼拉的商船有44艘；[6]1620～1639年，从印度、马六甲到达马尼拉的葡萄牙人商船共有44

1　钱江：《1570～1760年西属菲律宾流入中国的美洲白银》，《南洋问题研究》1985年第3期；C. R. Boxer, *Fidalgos in the Far East, 1550-1770*, p.136。

2　C. R. Boxer, *Fidalgos in the Far East, 1550-1770*, pp.177-178；普塔克：《1640～1667年间澳门与望加锡之贸易》，冯令仪译，李庆新主编《海洋史研究》第9辑，社会科学文献出版社，2016。

3　黄启臣：《中国在贸易全球化中的主导地位——16世纪中叶至19世纪初叶》，《福建师范大学学报·哲学社会科学版》2004年第1期。

4　普塔克：《1640～1667年间澳门与望加锡之贸易》，李庆新主编《海洋史研究》第9辑。

5　Pierre Chaunu, *Les Philippines et le Pacifique des Ibériques*, pp.200-206；鲁伊·罗里多：《葡萄牙人与丝绸之路——明朝末年澳门与马尼拉》，（澳门）《文化杂志》（中文版）第44期，2002年秋季刊，第103页。

6　George B. Souza, *The Survival of Empire: Portuguese Trade and Society in China and the South China Sea, 1630-1754*, p.75, Table 4.5.

艘。[1]另有统计说，1577 ～ 1644 年，从印度诸港口抵达马尼拉的商船大约 50 艘。[2]

从印度航线输入马尼拉的商品主要来自南亚和西亚，如珍珠、钻石、红宝石、蓝宝石、黄玉、肉桂、精致的波斯丝、毛织品、地毯、华美的幔帐、床罩等。在马尼拉进口的比例中，该航线排在第 3 位，比日本—马尼拉航线稍强。1611 ～ 1615 年，印度来船在马尼拉所缴关税年均 396.50 比索，占马尼拉总关税的 0.5%；1626 ～ 1630 年，1813.25 比索，占 7.1%；1641 ～ 1645 年，677.80 比索，占 3.1%。[3]印度输入马尼拉货值最高的年份是 1626 ～ 1630 年。

（4）白银贸易极大地促进了中国私商对外贸易的发展。越来越多的华商以中国商品、中国帆船和中国市场为主要依托，到海外做生意，侨居到东南亚各地，建立起新的华商贸易网络，进一步推动了东南亚等地的区间贸易发展。华商看到了白银贸易巨大的商机，积极投身到这项贸易活动中。受马尼拉的美洲白银吸引，福建漳州、泉州商人纷至沓来。隆庆五年（1571）马尼拉殖民首府建立之初，华人仅有 150 多人。万历十年（1582），龙基略总督在马尼拉市区东北部巴石河畔开设了专门的华人社区——八连（Parian）。到 1586 年，马尼拉华人已达 1 万人，而西班牙人仅有 800 人。[4]在 17 世纪中叶以后，越来越多的华人侨居到巴达维亚、暹罗、安南等地。

1570 年后，由于中国国内商品经济、手工业生产的发展，私人海外贸易的兴盛，政府开放海禁，以及美洲银矿的开发，白银流入马尼拉等国内外因素，中国和吕宋的贸易迅速发展。经营中国和吕宋贸易的主要是中国海商与中国商船。中国海商把中国产的生丝、丝织

1　塞亚布拉：《强权、社会及贸易——澳门和菲律宾的历史关系（16 ～ 18 世纪）》，（澳门）《文化杂志》（中文版）第 51 期，2004 年夏季刊，第 29 页。

2　鲁伊·罗里多：《葡萄牙人与丝绸之路——明朝末年澳门与马尼拉》，（澳门）《文化杂志》（中文版）第 44 期，2002 年秋季刊，第 105 页。

3　William Lytle Schurz, *The Manila Galleon*, p.50; Pierre Chaunu, *Les Philippines et le Pacifique des Ibériques*, pp.200-206.

4　尼古拉斯·塔林主编《剑桥东南亚史》第 1 卷，第 287 页。

品、天鹅绒、绫绢、绸缎、棉布、麻织品、珠宝、工艺品、铁锡铅制品、硝石、火药、食物、家禽、家畜等产品从月港、广州运到马尼拉或澳门，交换来自美洲的白银、银元，并使马尼拉大帆船贸易航线与中国沿海相连。正是在华商的推动下，马尼拉大帆船贸易得以突破荷兰人、英国人的阻挠，长期开展下去。在这个过程中，原有的朝贡贸易和海商走私贸易体系被打破，亚洲区间贸易空前活跃起来，华商积极参与近代国际贸易体系的构建。

（5）促进了亚洲白银经济带的形成。由于中国外销商品生丝、丝绸和瓷器等在全球市场和亚洲区间贸易中具有举足轻重的地位，中国社会对白银有巨大的需求，中国商人要求外商用白银等贵金属支付货款，于是亚洲通过区间贸易形成了以日本白银和美洲白银为中心的白银经济带。所谓白银经济带，就是围绕日本白银的生产和输出以及美洲白银的运输及在亚洲贸易中的流通所形成的经济带，以长崎、马尼拉、澳门为中心，主要分布在日本、中国东南沿海、菲律宾、印尼和中南半岛，其核心是以白银交换生丝、丝织品、瓷器、农副产品等。

为了追逐白银，葡、西、荷、英等国商人竭力发展对日贸易，用暹罗、安南产的鹿皮、铅、苏木，巴达维亚和台湾产的蔗糖以及中国大陆的生丝、丝织品、瓷器、铅、水银等去换购日本和美洲的白银，通过亚洲区间贸易使资本增值，再用白银换购中国的丝绸、茶叶、瓷器、蔗糖及东南亚的香料等，贩运回欧洲，牟取暴利。这样，围绕白银贸易和中国市场，以日本长崎，中国广州、澳门和台湾，及菲律宾马尼拉、印尼巴达维亚为中心，形成了白银流通的经济带。

亚洲白银经济带形成于 1560 年前后，在 1600 年后呈加速发展之势。在 1600 年以前，白银贸易主要局限在东亚地区，以澳葡和华人为主，以中国生丝、丝织品交换白银为主要内容。1600 年（尤其是1604 年）后，荷兰人、日本人加入白银贸易，他们把白银贸易扩展到中南半岛、东南亚地区；中南半岛、东南亚地区的物产，如生丝、香料、鹿皮、蔗糖等，也成为白银交易的对象，亚洲白银经济带真正形成了。

　　白银经济带存在的基础是日本和美洲白银的流通，其特点是白银的生产是封建生产方式（日本）或殖民掠夺生产方式（中南美洲），但商品贸易是近代的货币经济方式。白银经济带成为近代世界市场体系的一部分。亚洲白银经济带的构建过程大体上可以通过白银在亚洲区间贸易中的流通情形反映出来。各时期亚洲的白银流通数量，也大体上反映出亚洲白银经济带的贸易水平。16 世纪至 19 世纪初各时期生丝、丝织品、蔗糖、茶叶、瓷器大宗商品的交易量，反映了白银在亚洲的流通状况。

　　（6）促进了西太平洋、印度洋贸易圈与美洲贸易圈的对接，近代世界市场真正形成了。

　　在欧洲人的"地理大发现"之前，亚洲就已形成了相当发达的国际贸易网络。阿布 - 鲁霍德（Janet Abu-Lughod）总结说，在 13 世纪及此前很长时期，阿拉伯海、印度洋和中国南海就已形成三个有连锁关系的海上贸易圈：最西边是穆斯林区域；中间是印度化地区；最东边是中国的"天下"，即朝贡贸易区。[1] 这三个贸易圈之间的联系虽然出现很早并且在不断加强，但是它们之间大规模、经常性的贸易联系还不十分紧密。欧洲与亚洲的海上贸易联系则较为松散。到了 16 世纪初，欧洲人向远东扩张，欧洲与亚洲的海上经济联系不断加强。

　　随着亚洲近代贸易网络的构建，围绕着白银贸易，以澳门、马尼拉、长崎为中心的丝瓷与白银的交换体系从亚洲扩展到全球，澳门、马尼拉成为跨全球白银贸易体系的重要连接点，向西穿越马六甲海峡至印度洋再到欧洲，向东穿越太平洋至中南美洲，一个覆盖全球的近代经济贸易体系形成了，古代丝绸之路延伸的新样态——白银之路也扩展到全球。[2]

　　由于亚洲区间贸易对白银的旺盛需求以及西属美洲市场对中国丝

1　Janet Abu-Lughod, *Before European Hegemony: The World System A.D.1250–1350*, Oxford University Press, 1989, pp.251–253.

2　万明：《古代海上丝绸之路延伸的新样态——明代澳门兴起与全球白银之路》，《南国学术》2020 年第 1 期。

织品、棉织品需求甚旺，中国丝织品和棉织品成为马尼拉大帆船输往美洲的最大宗货物。每艘从马尼拉驶往阿卡普尔科港的大帆船，满载中国丝绸多至 1200 箱；直至 18 世纪末，中国丝织品和棉织品进口值仍占墨西哥进口总值的 63%。[1]这些运销美洲的丝织品和棉织品，换来大量中国社会急需的白银。白银的全球流通推动了亚洲区间贸易的发展，并把过去的三个贸易圈真正联结在一起，推动了中国、东南亚、印度洋和欧洲多边贸易体系的建立，并通过美洲和日本白银及中国商品的流动，把亚洲区间贸易与世界市场联系在一起，一个近代世界市场真正形成了。围绕着白银贸易，马尼拉和澳门联结了一个全球的经济贸易体系。

小　结

明清时期，中国商品经济迅速发展，财政货币制度演变为银本位，对白银产生了巨大的需求，但中国自产白银不足且不断减少；其他各国对中国商品有巨大需求，却没有合适且充足的商品向中国出口。16 世纪中期以后，日本、美洲盛产白银，加之存在通过白银贸易套利的机会，于是大量的日本和美洲白银流入了中国。在亚洲，白银既是硬通货，又成为亚洲区间贸易的特殊商品。随着白银贸易的兴盛，原有的朝贡贸易和海商走私贸易体系被打破，海上贸易航线扩展，亚洲区间贸易空前活跃起来，区间贸易的商品种类增加，贸易方式从以物易物、朝贡贸易转变为以白银交易为特色的货币贸易，亚洲区间贸易形成以白银为等价交换物的格局。

流入亚洲区间贸易市场的白银总额及白银的来源和流向，反映了当时亚洲区间贸易量、白银流通的地区及亚洲白银经济带的构建过程，反映了运输白银的各方对亚洲区间贸易的参与程度及贡献。

（1）亚洲区间贸易中流通的白银主要来自日本、墨西哥和欧洲三

1　陈炎：《略论"海上丝绸之路"》，《历史研究》1982 年第 3 期。

地。各时期白银的输出额，反映了当时亚洲区间贸易量的一个侧面。

1560 ~ 1759 年，日本出口白银 1131.85 万 ~ 1202.89 万公斤，约合 30333.58 万 ~ 32237.45 万两（26.8 两合 1 公斤计）；此外，1542 ~ 1575 年中国私商走私进中国的日本白银至少有 29.9 万公斤，约合 801.32 万两。两项合计为 1161.75 万 ~ 1232.79 万公斤。

1571 ~ 1821 年，西班牙官方从墨西哥运入马尼拉的白银总计 1569.53 万 ~ 1600.32 万公斤，折合 56079.31 万 ~ 57179.43 万比索，42059.48 万 ~ 42884.57 万两。西班牙官方从墨西哥运入马尼拉的白银要扣除付给马尼拉殖民政府的津贴，年均 30 万比索，总计扣除 7530 万比索，折合 5647.5 万两，210.73 万公斤，剩余白银（1358.81 万 ~ 1389.59 万公斤）的运输费用大约 3%，扣除运输费用 40.76 万 ~ 41.69 万公斤白银，从马尼拉直接流入亚洲区间贸易市场的美洲官银总计约 1318.04 万 ~ 1347.9 万公斤。另外，1571 ~ 1660 年自美洲走私输入马尼拉的私银不少于 588.12 万公斤，折合 15761.62 万两。

在 1569 ~ 1823 年，葡、荷、英、法、瑞典等国自欧洲输往印度和远东地区的银块和铸币几乎都来自美洲，共计 1413.69 万 ~ 1439.04 万公斤（未扣除运输费用），约合 37886.89 万 ~ 38566.27 万两，这些从欧洲运来的银子扣除运输费用，几乎都进入亚洲贸易流通中。其中，在 18 世纪，英、荷、葡以外的欧洲国家 466 艘商船从欧洲运往中国的白银达 194.35 万 ~ 219.7 万公斤，合 5208.53 万 ~ 5887.91 万两。这些欧洲商船实际运来的白银应该远远高于这个数值。

此外，1788 ~ 1840 年，美国人运往中国的白银数量合计约 6054.43 万两，约合 225.91 万公斤。

综上，1560 ~ 1840 年，自美洲、欧洲、日本流入亚洲区间贸易市场的白银总量有 4958.94 万 ~ 5086.12 万公斤，合 132899.59 万 ~ 136308.02 万两；扣除马尼拉政府津贴和美洲白银运到马尼拉的运输费用（合计 251.49 万 ~ 252.42 万公斤），实际直接流入亚洲区间贸易市场的约有 4119.34 万 ~ 4245.59 万公斤，合 110398.31 万 ~ 113781.81 万两，281 年平均每年 392.88 万 ~ 404.92 万两。实际上，马尼拉政府扣留的美洲白银津贴（210.73 万公斤），多数也间接流入亚洲市场。

从直接流入亚洲市场的白银来源看，数额从高到低依次为美洲、欧洲、日本。由此可见美洲白银对亚洲市场的重要性，以及大帆船贸易对亚洲区间贸易的推动作用。

从中国船在长崎和马尼拉的贸易成交额与运走白银的比例看，亚洲区间贸易成交额比流入的白银数额要多 15% 以上（马尼拉白银的贸易成交额比流入白银数额高 5%，日本白银的贸易成交额比实际运走的白银数额高 25% 左右）。这意味着每年亚洲区间贸易成交额平均在 511 万两以上。1800 年后，输入亚洲区间贸易市场的白银较少，所以 1600 ~ 1800 年亚洲区间贸易成交额应该更高，估计年均在 540 万两（20.15 万公斤）以上。

在 1600 年以前，白银贸易主要局限在东亚地区，以澳葡和华人为主，以中国生丝、丝织品交换白银为主要内容。1600 年（尤其是 1604 年）后，荷兰人、日本人加入白银贸易，他们把白银贸易扩展到中南半岛、东南亚地区和波斯；这些地区的物产，如生丝、香料、鹿皮、蔗糖等，也成为白银交易的对象，中国出口商品种类也日益增加，蔗糖、布匹、瓷器、茶叶等成为白银交换的对象，亚洲白银经济带真正形成了。

据岩生成一估计，自 17 世纪初开始，葡人自欧洲运到东方的银子，只能达到他们开展亚洲贸易所需银子的 1/3，其余 2/3 的银子来自日本。[1] 对于荷兰人而言，他们在亚洲贸易所需的银子，有 1/2 至 2/3 来自欧洲，其余 1/3 至 1/2 则来自日本。[2] 从 17 世纪 40 年代开始，美

1　Seiichi Iwao, "Japanese Gold and Silver in the World History," in *International Sympo-sium on History of Eastern and Western Cultural Contacts*, Tokyo: Japanese National Commission for UNESCO, 1959, p.64. 引自全汉昇《明清间美洲白银输入中国的估计》，《中国近代经济史论丛》，第 47 页。赵文红、李德霞等写作 Iwao Seiichi。

2　Kristof Glamann, *Bullion Flows and World Trade in the Sixteenth-Eighteenth Centuries* (Hong Kong-Denmark Lectures on Science and Humanities，April，1981), Hong Kong University Press, 1984. 引自全汉昇《明清间美洲白银输入中国的估计》，《中国近代经济史论丛》，第 47 页。

洲白银的重要性超过日本白银。其中原因，一是日本幕府在 1639 年闭关锁国，仅允许中国人和荷兰人到长崎交易，并限定商船数量和交易总额；二是大帆船贸易和亚欧贸易日益隆盛，大量美洲白银从墨西哥及欧洲运至马尼拉、印度和巴达维亚。

　　在明季，西班牙官方和私人从美洲输入马尼拉的白银总量约有 1073.43 万公斤；1569 ~ 1644 年，从欧洲输入远东的白银有 298.74 万公斤，前者的数量是后者的近 3.6 倍。由此可见，马尼拉大帆船贸易对明季亚洲区间贸易的促进作用之大。从美洲输入马尼拉的白银数量看，大帆船贸易的高峰在 1590 ~ 1636 年，次高峰在 1713 ~ 1729 年。马尼拉大帆船贸易一方面使大量中国丝织品、生丝运到中南美洲，促使马尼拉发展成远东的一个贸易中心和货物集散地；另一方面源源不断且数量庞大的美洲白银成为亚洲区间贸易开展的资本源泉，活跃了亚洲贸易市场，为亚洲区间贸易市场的扩大提供了资金保障，大大缓解了亚洲区间贸易市场的银荒问题。通过澳葡与马尼拉贸易、中国与马尼拉贸易，以及菲律宾的西班牙人与中国沿海（包括台湾）、长崎及东南亚的贸易，输入马尼拉的美洲白银进入亚洲区间贸易市场。

　　从 1672 年开始，日本限制白银出口，使亚洲区间贸易中的白银供给量大幅减少，迫使荷兰人、英国人等从欧洲加大白银的东运。从统计数值看，18 世纪从欧洲运到远东的白银比 17 世纪运来的多出 2 倍多。这反映了 18 世纪亚洲市场与欧洲市场的联动和亚欧贸易的繁荣，以及欧洲诸国与亚洲的贸易规模和贸易额增长的幅度。

　　在 18 世纪，从欧洲运到远东的白银数量（972.02 万 ~ 997.37 万公斤）远远超过了从美洲运到马尼拉的白银数量（655.84 万 ~ 686.63 万公斤）。这说明这个时期亚欧贸易市场超过了大帆船贸易的亚洲拉美市场，欧洲运来的白银对亚洲区间贸易和亚欧贸易具有巨大的推动作用。美洲白银经太平洋、欧洲流入中国和东南亚，中国和东南亚商品流向欧洲和中南美洲，成为英国工业革命前世界市场的主要格局。虽然明代白银货币化是中国社会经济货币化的结果，但是大量日本白银和美洲白银的输入确实助推了明代中国白银的货币化。

随着长崎、澳门、广州、马尼拉、巴达维亚成为白银的集散地，以这五地为中心，形成了白银流通的经济带。围绕着白银贸易，澳门、广州和马尼拉联结了一个全球的经济贸易体系；华商积极参与了近代国际贸易体系的构建过程。随着白银贸易的兴盛，古代海上丝绸之路延伸出新样态——白银之路。随着日本、美洲白银在亚洲区间贸易市场的流通，西太平洋、印度洋贸易圈与美洲贸易圈联结在一起，近代世界市场真正形成了。

（2）各时期日本白银的输出额及白银的流向，反映了当时亚洲区间贸易量和白银流通的地区。1560 年前后，日本白银开始成规模地出口；在 1600 年以前，日本白银年均出口额 4 万公斤左右。1600 年到 1639 年是日本白银出口最多的时期，每年供应 15 万公斤以上，年均出口额是以前的近 4 倍，这些白银都参与到亚洲区间贸易中。这说明亚洲白银经济出现于 1560 年前后，在 1600 年后呈加速发展之势。1662 ~ 1679 年，中国大陆赴日贸易的船只仅及其他地方赴日的华人船只的 1/3。这一方面反映了该时期中国沿海与日本贸易的衰落，另一方面反映了东南亚华人与日本贸易的兴盛以及以郑氏集团为主的赴日华船大部分来自中国大陆以外的地区。

在 1638 年以前，日本的白银主要由澳葡、中国人、荷兰人和日本人运出；此后，日本的白银主要由中国人、荷兰人运出。葡萄牙商船运走的日本白银绝大部分流入了中国；荷兰人运出的日本白银一半以上通过购买中国生丝、蔗糖、瓷器等，最终流入中国；赴台湾和澳门的日本朱印船运出的白银也流入了中国，而赴东南亚的朱印船运去的白银，也有相当大一部分通过在当地购买中国产瓷器、丝织品、中药等转流入中国。巨额的日本白银源源不断地输出并输入中国，一方面表明澳葡、中国人、荷兰人对日贸易及日本对外贸易是一项获利丰厚的商业活动，另一方面说明日本白银对亚洲区间贸易开展的重要性，说明中国是这个时期亚洲区间贸易的中心和白银经济带构建的主力。大量的白银输入中国，推动了明清中国社会白银货币化的进程，推动了明清社会商品经济的发展。可以说，没有中国社会对白银的渴求，就不会有如此巨量的日本白银的出口。

（3）从各国商人参与的白银贸易数量看，葡萄牙人和中国人是明季亚洲区间贸易的主力。澳门葡萄牙人是最早开展对日贸易的西方人。1560～1637 年，澳葡从长崎运走白银共计 300.87 万～360.87 万公斤，合 8063.32 万～9671.32 万两。1600～1637 年，葡人从长崎年均运走白银 55492.11 公斤，与同时期荷兰人对日贸易相比，澳葡对日贸易量是荷印公司的 3 倍以上。从输出的白银看，澳门对日贸易活跃时期是 1600～1637 年。1639 年后，由于日本幕府颁布禁海令，澳门与日本的贸易基本停滞。

1569～1636 年，葡萄牙人从里斯本运到亚洲的白银年均 100 万两（37313 公斤），共运来 6800 万两（253.73 万公斤）。这个时期葡人在亚洲区间贸易所使用的白银，约 1/3 来自葡萄牙，近 2/3 来自日本（300.87 万～360.87 万公斤，约合 8063.32 万～9671.32 万两）和马尼拉（1587～1640 年，3900 万比索，约合 2925 万两）。1636 年以后，澳葡商人对白银的需求大幅下降，基本不需从国内调运。在明代，从欧洲输入远东的白银约 77% 是葡萄牙人运来的。这反映了葡萄牙人是这个时期亚洲区间贸易和亚欧贸易最主要的参与者和推动者。

从中国商船运出的货物价值看，华商是这个时期亚洲区间贸易当之无愧的主力。以对日贸易和对菲贸易为例。

1611～1671 年，赴日贸易"唐船"（中国船）2255 艘，每艘载货成交额平均 35250 两，成交额共计 7948.88 万两，按有记录的 50 年平均，年均成交额 158.98 万两；按 60 年平均，年均 132.48 万两。1672～1699 年中日贸易额年均在 80 万两上下，总计 2240 万两，抵达长崎的"唐船"1734 艘每艘平均成交 12918 两。

1570～1760 年，赴马尼拉的中国船计有 3007～3027 艘，运去货值 8349.34 万～8401.07 万比索（折合 6262 万～6300.8 万两），成交总额为 20873.35 万～21002.68 万比索（15655.01 万～15752.01 万两），平均每年 82.4 万～82.91 万两（按 190 年计），运回 19829.68

万 ～ 19952.54 万 比 索（14872.26 万 ～ 14964.41 万 两 ），年 均 782757.5 ～ 787609.7 两（29207.37 ～ 29388.42 公斤）。以上估值不包括华船运抵马尼拉的免税货物（食品、军需品等）及其出售利润。每艘华船运入马尼拉的平均货值，在 1620 年以前约为 31350 比索（折合 23512.5 两）；1620 年开始，每船约为 25866 比索（19399.5 两）。钱江推算的每艘华船运入马尼拉的平均货值应有误，偏高了。

从运走白银的数量看，中国商人涉入亚洲白银贸易非常深。1560 ～ 1759 年，唐船运走日本白银总计 457.57 万公斤，合 12262.88 万两。其中，1560 ～ 1644 年，唐船从日本运走白银 207.4 万公斤，合 5558.32 万两（1 公斤合 26.8 两计），占同期日本出口白银的 1/3 左右；1542 ～ 1575 年，中国人还从日本走私运回白银至少有 29.9 万公斤；1645 ～ 1699 年，唐船运走日本白银 176.61 万公斤，合 4733.15 万两，占同期日本出口白银的 2/3 左右。在这个时期，郑氏海商集团对亚洲区间贸易做出巨大贡献，仅 1641 ～ 1672 年，郑氏商船就从日本运走约 101.5 万公斤白银，占同期中国商船运走日本白银总量的 76.7%，其商船遍及长崎、马尼拉、中南半岛和马来半岛及印尼诸港口。1700 ～ 1759 年，中国船从长崎运走约 73.56 万公斤，合 1971.4 万两，年均 32.86 万两。

1571 ～ 1644 年，中国商船和澳葡商船分别从马尼拉运走 317.86 万 ～ 321.3 万公斤和 123.13 万公斤白银，中国商船从马尼拉运走的白银是澳葡商船运走的近 3 倍；从统计数据看，该时期通过大帆船贸易运到马尼拉的美洲官银（563.82 万公斤）扣除马尼拉殖民政府津贴约 62.13 万公斤，剩余的白银（约 501.69 万公斤）超过 85% 输入了中国。

在 1645 ～ 1699 年，539 艘中国船从马尼拉运走白银 92.66 万公斤，占同期墨西哥运入马尼拉的美洲白银（291.1 万公斤）的近 1/3；另外，华商还从台湾运走一些白银。1700 ～ 1760 年，840 艘华船从马尼拉运回白银 5160.27 万比索（144.41 万公斤）。

（4）荷兰人对日贸易虽然开始于 1609 年，但真正展开大规模贸易是在 1622 年。1622 ～ 1759 年，荷兰人从长崎运走白银总计 151.1

万～162.14万公斤，合4049.48万～4345.35万两。从白银输出数量看，1641～1654年是荷兰人对日贸易最活跃的时期，运走白银最多。1635年后，日本停止朱印船贸易，幕府抵制、驱赶葡萄牙人、西班牙人，使保留对日贸易权的荷兰人从中得利；随着郑氏集团崛起，郑氏与荷兰人关系恶化，郑氏集团夺取了一部分对日贸易份额，尽管如此，荷兰人对日贸易仍然非常活跃。1655年以后，由于郑氏集团的竞争，荷兰人对日贸易额缩减近一半，1655～1667年，荷兰船从长崎年均运走白银18750公斤。这个时期荷兰人对日贸易额不及中国人（包括郑氏集团）的一半。1673年后，由于日本幕府限制白银出口、限制中国人和荷兰人每年的对日贸易额，荷兰人对日贸易额大幅下降，荷兰东印度公司每年通过对日贸易获得的白银大幅下降，荷兰对日贸易萎缩到每年约11250公斤白银的交易规模，仅及中国人的一半（中国商船每年运回22500公斤白银）。

　　由于17世纪初荷兰人一来远东即与菲律宾的西班牙人交恶，甚至在1616～1623年封锁马尼拉港，因此荷兰人几乎没有从马尼拉获得美洲白银，只得从日本和荷兰获取白银。17世纪40年代以后，荷兰从欧洲运来白银的数量在欧洲国家是最多的，且分布比较均衡，反映了荷兰对亚洲区间贸易参与程度较高；从1690年开始，荷兰人从欧洲输往远东的白银大幅增加，18世纪输往远东的白银比以前增加了约2倍（计3839719公斤，年均40418公斤），这反映了荷兰人开展的亚欧贸易大幅增长，荷兰人从亚洲区间贸易赚取的白银数额减少，不得不从荷兰大量调运白银。这与该时期荷兰人获取日本白银数量大幅减少有关。在18世纪，荷、英人从欧洲运到远东的白银总额仅相差10万公斤左右；与此同时，荷兰人每年还从日本获得11200公斤左右的白银。这说明18世纪荷兰人在亚洲的贸易额和亚洲区间贸易中的地位超过英国人。

　　（5）1601～1823年，英印公司从英国和孟买输往东方的白银不少于455.49万公斤，但分布非常不均衡。17世纪，英国人从欧洲运来白银非常少，主要分布在1601～1637年（14.23万公斤）、

1645 ～ 1699 年（60012 ～ 60107 公斤），1637 ～ 1699 年只有 10 年有运银记载。这一方面反映了 1630 ～ 1670 年英印公司与中国和东南亚地区的贸易往来很少，整个 17 世纪英印公司对华贸易并不发达，另一方面反映了英印公司的白银资金严重不足。17 世纪，英国东印度公司始终存在资金不足和在亚洲缺乏有力的据点支撑等问题，实力上比荷兰东印度公司逊色很多。1702 年，两家英国东印度公司达成合并协议，并于 1708 年正式合并为"英商对东印度贸易联合公司"。[1] 两家公司合并后，英国东印度公司的东方贸易才真正繁盛起来。在 1710 年后，英国与中国贸易爆发式增长，急需大量白银支付。所以，英印公司从英国运来大量白银，1702 ～ 1759 年从英国向印度和远东输入白银达 302.69 万公斤，是过去一百年输入额的近 15 倍。在 18 世纪上半叶，从欧洲运入远东的白银，英印公司超过了荷印公司。不过，在 1702 ～ 1753 年，英印公司输入中国的白银仅有 258768 公斤，不到同期该公司输入东印度地区白银（300.38 万公斤）的 9%。这说明 18 世纪上半叶英印公司对中国贸易并不发达。18 世纪中叶开始，英印公司的对华贸易额才大幅提升。英印公司输往亚洲的白银不断增加，显示该公司介入亚洲区间贸易程度不断加深，以及该公司与中国贸易在其亚洲区间贸易中所占的比例不断增加。从 1821 年开始，英国散商和英印公司从中国运走白银，中国从白银输入国转变成输出国。

　　必须注意的是，英印公司运来的白银，有一些是从孟买起运的，这些白银有一部分来自英国，也有一些白银的来源很难判定。

1　保尔·芒图:《十八世纪产业革命——英国近代大工业初期的概况》，杨人楩、陈希泰、吴绪译，商务印书馆，1983，第 73 页；Patrick Tuck, *Trade, Finance and Power*, London and New York: Routledge, 1998, p.19。也有学者认为这两家公司于 1709 年正式合并。

第四章　亚洲的香料贸易与香料经济

　　早在汉代，东南亚的香料就进入中国社会，其既是日常生活所需，也是宗教活动的必需品。至晚在公元前 5 世纪，东方的香料已经出现在罗马人的餐桌上。此后近 2000 年，东方的香料一直是销往欧洲的暴利商品，成为新航路开辟的动因之一。在大航海时代，对于欧洲殖民者而言，经营亚洲的香料贸易具有巨大的经济利益诱惑。经久不衰的香料贸易，既为香料商人带来巨额财富，又在东南亚和中国、欧洲打造了独特的香料经济。在葡萄牙人、荷兰人的东方贸易中，香料占据着压倒性的地位，其次是生丝、蔗糖、黄铜、瓷器等。[1] 香料贸易是

1　Holden Furber, *Rival Empires of Trade in the Orient, 1600–1800, Europe and the World in the Age of Expansion*, Vol. Ⅱ, p.230.

近代亚洲区间贸易和亚欧贸易的重要内容。正如澳大利亚学者杰克·特纳所言，"香料是探索发现的催化剂，扩大一些，用通俗历史学家有些滥用的词语来说，它们重塑了世界。葡萄牙、英国、荷兰在亚洲的领地略微夸张一点说乃是由寻找桂皮、丁香、胡椒、肉豆蔻仁和肉豆蔻皮等始而形成的……不论在现代还是几百甚至几千年前，对香料的渴求都是激发人类探索的巨大动力"。[1] 香料推动了亚欧贸易和亚洲区间贸易的发展，也推动了近代世界贸易规则和贸易体系的建立，促进了近代亚欧世界市场的一体化。

一　关于近代亚洲和亚欧香料贸易的研究回顾

国外学者对本课题的研究由来已久，研究成果比较丰富，他们收集、整理了较为丰富的香料贸易数据，对 15 ~ 17 世纪的东南亚香料出口贸易史实做了梳理，这为本课题的进一步研究打下坚实的基础。其中，D.W. 戴维斯（D. W. Davies）《17 世纪荷兰海外贸易初探》（1961）探讨了荷兰在东印度、中国、日本、马来西亚、印度、斯里兰卡开展贸易的情况，荷兰东印度公司控制马鲁古群岛香料生产和贸易的历史过程，荷兰人与西班牙人、葡萄牙人的争夺。K. 格拉曼《荷兰—亚洲贸易（1620 ~ 1740）》（1958）第四、五章，分别研究了荷印公司在亚洲的胡椒贸易和其他香料贸易，并对贸易量做了较详细的统计。K. 格拉曼根据"东印度群岛和好望角的殖民档案：荷兰东印度公司档案，1602 ~ 1796"（Koloniale Archieven Oost-Indie en de Kaap：Archieven van de Vereenigde Oostindische Compagnie，1602–1796，缩写为 Kol. Arch.）做出统计和分析，非常可信。M. A. P. 迈林克 - 卢洛夫兹（M. A. P. Meilink-Roelofsz）的《亚洲贸易和欧洲影响——1500 年至 1630 年的印度尼西亚群岛》（1962），主要探讨

1　杰克·特纳:《香料传奇：一部由诱惑衍生的历史》，周子平译，三联书店，2015，"导言"第 20 页。

了葡萄牙和荷兰在亚洲贸易的扩张及其影响，重点阐述了荷兰人在马来亚、印尼地区的香料垄断政策，对荷兰东印度公司实施香料垄断的过程和得失做了分析。荷尔登·弗伯（Holden Furber）的《帝国在东方的贸易竞争（1600 ～ 1800）》（1976）第一章详细论述了17世纪荷兰和英国对香料贸易的争夺及其影响。C.R. 博克舍的《葡萄牙的海外帝国（1415 ～ 1825）》（1969）、《荷兰的海外帝国（1600 ～ 1800）》（1977），探讨了15世纪以来葡萄牙人在远东的殖民扩张，葡萄牙人的香料贸易，葡萄牙人与荷兰人在远东的争斗，17世纪荷兰东印度公司在远东的崛起，荷兰人如何控制马鲁古的香料贸易。约翰·E. 威尔斯（John E. Wills Jr.）《胡椒、枪炮和谈判：荷兰东印度公司与中国（1662 ～ 1681）》（1974），探讨了荷印公司对香料群岛的垄断和荷印公司与中国的香料贸易。L.Y. 安达雅（Leonard Y. Andaya）《马鲁古的世界：近代早期的印度尼西亚东部地区》（1993），研究了荷兰与西班牙在香料群岛的争夺，欧洲殖民者在印尼东部地区开展的贸易，从文化背景角度分析了欧洲殖民者在马鲁古群岛采取的统治措施和贸易垄断措施。安东尼·瑞德《东南亚的贸易时代：1450 ～ 1680 年》（2017）第 2 卷第一、五章以开阔的视野研究了1450 ～ 1680年东南亚的丁香、肉豆蔻和胡椒等贸易，并详细分析了香料与金、银及印度棉布的互动贸易。D. 布尔贝克（David Bulbeck）等的《14世纪以来东南亚地区的丁香、胡椒、咖啡和蔗糖出口》（1998），对14世纪以后东南亚的丁香和胡椒分地区、分时段的产量、出口量、进口量、价格以及利润等数据进行了分析和估算，并对香料贸易变化的原因做了分析。17世纪，荷兰东印度公司是东南亚香料贸易的主角。贾尔斯·米尔顿（Giles Milton）《香料群岛：英国东印度公司的牛刀小试》（原著1999年出版，2021年中译本书名《改变历史的香料商人》），大量利用了原始日志、日记和信件，探讨了英印公司与荷印公司在远东和香料贸易上的争夺。弗瑞德·科扎拉（Fred Czarra）《香料：全球史》（2009），探究了香料在全球的扩散和香料贸易的相关问题。美国学者玛乔丽·谢弗（Marjorie Shaffer）《胡椒的全球史：财富、冒险与殖民》（2013），探讨了葡萄牙人、荷兰人、英国人和美国人对胡椒的追逐，荷兰人在香料群岛的垄断统治，香料对文化和环境的影响等。

国内学界探讨近代东南亚香料贸易的研究主要围绕三个方面展开。

一是明清时期境外香料入华研究。如田汝康《郑和海外航行与胡椒运销》（1985），分析了15世纪上半叶东南亚胡椒输入中国的史实。殷小平《从印度到东南亚中古胡椒的种植与输入》（2013），梳理了中国人对胡椒产地认知的变化，认为对胡椒种植地的认识取决于当时的贸易交通条件，也受到印度洋和南海贸易的直接影响。严小青、张涛《郑和与明代西洋地区对中国的香料朝贡贸易》（2012），探讨了郑和出使西洋采买香料的两方面原因以及明代西洋地区对中国的香料朝贡贸易。孙灵芝的博士学位论文《明清香药史研究》（2015），梳理了明清时期汉籍文献有关香药的记载，对明清时期香药的来源和应用、香药的社会影响因素做了探究。许利平、孙云霄《古代印尼与中国香料贸易的变迁影响》（2021）认为，古代中国与印尼香料贸易分为官方的朝贡贸易和民间贸易两个路径，随着贸易政策与规模的演变可以分为三个主要历史时期，分别为汉唐的开拓时期、宋元的鼎盛时期与明清的衰落时期，中国与印尼的香料贸易对中国的社会文化生活和两国经济发展产生了深远的影响。

二是对澳葡、荷印公司和英国人在亚洲的香料贸易及其相互争斗的研究。如何芳川《澳门与葡萄牙大商帆——葡萄牙与近代早期太平洋贸易网的形成》（1996）第六、七章探讨了澳门葡萄牙人与马尼拉的香料贸易，以及澳葡与荷兰人对东南亚香料贸易的争夺；赵文红《17世纪上半叶欧洲殖民者与东南亚的海上贸易》（2012）第四章探讨了葡萄牙、西班牙和荷兰殖民者在东南亚的海上贸易及其争斗，荷兰人在马鲁古群岛建立商业霸权及其对香料贸易的垄断。李德霞《17世纪上半叶东亚海域的商业竞争》（2009）第六章讨论了葡萄牙人、荷兰人的香料贸易以及双方的争斗。杨宏云《环苏门答腊岛的海洋贸易与华商网络》（2016）第一章梳理了汉代至元代东南亚与中国的商业贸易和朝贡史实以及香料输入中国的史实，第二章探讨了 15 ～ 17 世纪以马六甲为中心的香料贸易以及西方殖民者对香料贸易的争夺。吴羚靖《英帝国扩张与地方资源博弈——18 世纪印度迈索尔檀香木入华贸易始末探析》（2021），分析了英国人开展迈索尔檀香木入华贸易的原因及历史进程。

　　三是有关明清时期香料贸易对欧洲、东南亚和中国的影响研究。如李曰强《胡椒贸易与明代日常生活》（2010），探讨了胡椒输入对明代中国人的饮食起居等的影响。金祎成的硕士学位论文《17 世纪荷兰东印度公司在东南亚的香料贸易》（2011）探讨了荷兰东印度公司与葡萄牙人、西班牙人、英国人对香料贸易的争夺，荷印公司对香料贸易的垄断手段及其影响等。黄瑞珍的硕士学位论文《香料与明代社会生活》（2012）考察了明代香料的需求市场，详述香料在衣、食、住、行等诸多领域的使用情况，分析了明代香料的供应市场，认为本地的香料种植及民间走私贸易是明代海禁下香料供应市场的重要来源。田汝英的博士学位论文《"贵如胡椒"：香料与 14 ～ 16 世纪的西欧社会生活》（2013）及《葡萄牙与 16 世纪的亚欧香料贸易》（2013），探讨了葡萄牙的香料贸易活动及其重要影响，重点研究了 14 ～ 15 世纪西欧香料贸易，包括贸易路线、贸易规模、贸易利润等，在贸易主体方面突出穆斯林商人和威尼斯商人，并探讨了 16 世纪之前西欧社会香料的功用与香料观念，香料与基督教信仰的密切关系。此外，她认为香料与西欧社会生活之间存在一种互动关系，香料促进了新航路的开辟，引起了西欧香料获取方式的嬗变，但最终结果是香料贸易的衰落和香料在人们观念中的贬值，甚至东方化，这导致了香料时代的终结；葡萄牙人的商品交易和活动范围遍及欧、亚、非、美四大洲，促进了世界市场的形成。熊仲卿《亚洲香料贸易与印尼马鲁古群岛的社会文化变迁》（2015），通过分析历史、考古与人类学材料，探讨了欧洲殖民前的亚洲香料贸易模式以及贸易模式的改变如何影响了马鲁古群岛的社会文化进程，认为 10 世纪是亚洲香料贸易模式的分水岭。宋经纶、杜小军《浅析明代香料的进口贸易》（2016）认为，在明代中后期香料从"珍品"逐渐变成了"常物"，被普通民众广泛地用于饮食和日常生活中，给人们的生活方式带来了巨大的改变，香料使用的普及使中国与东南亚的饮食文化得到交流。严小青《冲突与调适：16～19世纪广州口岸的中外香料贸易》（2016）认为，16～19世纪，葡、荷、英、美等国为了香料，进行了旷日持久的明争暗斗，在争斗中建立起了贸易规则，发展出了成熟的三角贩运贸易，西方人在获取财富的同时，也给中国带来了认识东西洋世界的机会。涂丹《东南亚胡椒与明代社会经济》（2019）认为，在明代的中国，东南亚胡椒不仅是饮食调味、医疗保健的重要原料，亦被赋予了多重经济职能，不仅成为明廷赏赐百官、奖励军功、支付薪俸的主要物品，市舶抽分、进口商税的重要来源，而且时常作为商品贸易的纽带和润滑剂，甚至有了货币职能的雏形。吴梦婷《从"香药"到"香料"：胡椒与明代中国社会》（2018）以胡椒为重点，探讨其如何完成从"香药"到"香料"，从"奢侈品"到"日常用品"的转变，进而阐释其与明代中国社会的内在联系。谢志玮硕士学位论文《17世纪英荷香料角逐对印尼的影响》（2021），探讨了英荷两国争夺香料的历史过程，以及香料贸易对印度尼西亚从古代向近现代发展的深刻影响。杨小华《葡萄牙兴起与16世纪以后欧洲香料贸易路线的变化》（2021）一文，[1] 论述了古代地中海贸易的情况，16世纪以后地中海贸易没落的原因，新航路开辟对欧洲香料贸易路线的影响，以及大西洋—印度洋贸易兴起的原因。

从上述这些著述看，西方史学家大多关注15世纪前威尼斯和17世纪荷兰的香料贸易活动；就16世纪的香料贸易而言，他们轻视葡萄牙人对香料贸易的影响，夸大16世纪中期利凡特贸易复兴的程度；他们注重研究香料贸易本身，很少关注朝贡贸易和中国私商在香料贸易中的作用，很少探讨香料贸易对亚洲区间贸易和亚洲经济的影响。

1　杨小华：《葡萄牙兴起与16世纪以后欧洲香料贸易路线的变化》，*Journal of Chinese Dietary Culture*, Vol.17, No.1, 2021, pp.71-111。

中国学者对 15 ~ 18 世纪亚洲香料贸易的探究，少有人把香料贸易置于亚洲区间贸易和亚欧市场的形成背景中来研究，很少有人把中国、东南亚和欧洲市场结合在一起探讨。

二　东南亚的香料及 15 ~ 16 世纪中国的香料贸易

本书所讨论的"香料"主要指植物类香料，包括胡椒、丁香、肉豆蔻、檀香木、沉香等。欧洲人和阿拉伯人所经营的香料主要有胡椒、肉豆蔻（皮）和丁香，中国进口的香料种类是最多的，主要有胡椒、檀香木、苏木和沉香。

（一）东南亚香料的品类及产地

相对于其他香料来说，胡椒是 18 世纪以前香料贸易中最大宗的商品。胡椒原产于印度西南部的马拉巴尔海岸。《后汉书·天竺传》载天竺（即印度）产胡椒，《魏书·波斯传》亦记录了波斯商贾从印度贩运胡椒至中国的情形。至唐代，中国人仍认为印度是胡椒的主产区，如《酉阳杂俎》曰："胡椒，出摩伽陀国，呼为昧履支。……今人作胡盘肉食皆用之。"[1] 摩伽陀国，即中印度之古国。自五代开始，胡椒的种植范围从印度扩大至东南亚地区。《海药本草》曰："胡椒，生南海诸地。"[2] 宋代，爪哇岛已广泛种植胡椒。据赵汝适《诸蕃志》载："胡椒出阇婆之苏吉丹、打板、白花园、麻东、戎牙路，以新拖者为上，打板者次之。"[3] 阇婆（即爪哇）首次取代印度成为中国人心目中的胡椒主产区。元代，胡椒的种植区域进一步扩大至马来半岛东南部的八都马，其品质亚于爪哇所产。[4] 到了明初，柯枝国（印度西南部的科

1　段成式：《酉阳杂俎》前集卷 18 "木部"，曹中孚校点，上海古籍出版社，2012，第 111 页。
2　李珣：《海药本草》卷 3，尚志钧辑校，人民卫生出版社，1997，第 64 页。
3　赵汝适著，杨博文校释《诸蕃志校释》卷下《志物》，中华书局，2000，第 195 ~ 196 页。
4　汪大渊著，苏继庼校释《岛夷志略校释》，中华书局，1981，第 130 页。

钦）"土无他产，只出胡椒，人多置园圃种椒为业"；[1] 苏门答剌（腊）
国"胡椒广产"。[2] 胡椒种植面积的扩大及中国胡椒进口地的转变，与
宋元时期海洋贸易的发展及海上航路的拓展有着密切的联系。自 1435
年亚齐控制了苏门答腊岛的大部分地区后，直到 19 世纪 20 年代，苏
门答腊都是世界上最大的胡椒产地，生产世界胡椒供应量的一半以
上。[3] 在西方学者（如 K. 格拉曼）的论著中，往往把胡椒与其他香料
分开，单独论述。

　　丁香是丁香树的花蕾，主要出产于摩鹿加群岛的 5 个岛屿，被欧
洲人誉为"香料中的王后"。[4] 丁香贸易在罗马帝国和中国汉朝时期就
已经出现。赵汝适《诸蕃志》记载："丁香出大食、阇婆诸国，其状似
丁字，因以名之。能辟口气，郎官咀以奏事。"[5] 在宋代以前，丁香在中
国销量不大。丁香变成大宗贸易商品是在 14 世纪。到 15 世纪晚期，
丁香的主产地在香料群岛的德拉地和蒂多雷岛；17 世纪 50 年代荷兰
垄断了丁香的生产后，丁香种植主要集中在安汶岛和塞兰岛。班达群
岛也有丰富的丁香和肉豆蔻资源。

　　肉豆蔻由肉豆蔻树的果仁（肉豆蔻仁）和肉豆蔻干皮构成，主要
生长在班达群岛的 6 个小岛上。肉豆蔻既可作为调味品，也可入药，
欧洲人只把肉豆蔻作为调味品。

　　沉香产量较少，主要出产于占城及马拉半岛克拉地峡一带，中
国海南岛也有出产，主要用于熏香和入药，寺庙道观也用沉香作为香
料。陈国栋认为，17 ～ 18 世纪荷印公司运销到中国和日本的中南半
岛所产奇楠香（木），即黑沉香。[6] 从张燮《东西洋考》卷 7《饷税考》
看，奇楠香和沉香进入中国后分别计税，万历十七年（1589）奇楠香

1　马欢：《瀛涯胜览》"柯枝国"条，冯承钧校注，南京出版社，2019，第 39 页。
2　费信：《星槎胜览》前集"苏门答剌国"条，冯承钧校注，南京出版社，2019，第 33 页。
3　梅·加·李克莱弗斯：《印度尼西亚历史》，第 198 页；杨宏云：《环苏门答腊岛的海洋贸易与华
　　商网络》，第 148 页。
4　龚缨晏：《香料的诱惑》，《地图》2010 年第 6 期。
5　赵汝适著，杨博文校释《诸蕃志校释》卷下《志物》，第 180 页。
6　陈国栋：《东亚海域一千年——历史上的海洋中国与对外贸易》，第 70 ～ 71 页。

的税银是每斤二钱八分，沉香是每 10 斤征税一钱六分。[1] 显然，奇楠香比沉香贵重得多，两种香料不是同种异名。陈国栋之说存疑。

檀香木的种类较多，主要生长在南亚次大陆南部、爪哇岛、帝汶岛、小巽它群岛（Small Sunda Islands）一带，尤以爪哇所产为佳。在 18 世纪，印度西南部的迈索尔地区所产檀香木被英国人开发出来，大量输入中国。[2] 檀香主要用作熏香，华人非常喜爱。苏木主产地在真腊（柬埔寨）、暹罗，在马来半岛、缅甸和越南等地也有分布。据明人马欢说，暹罗国"苏木如薪之广，颜色绝胜他国出者"。[3] 苏木主要市场在中国，最初用作染料，后亦入药，其功效为活血化瘀。[4] 国内学者一般也把苏木视为香料。[5]

（二）15 ～ 16 世纪香料输入中国的途径

明初，统治者厉行海禁，但海洋贸易却以朝贡贸易的方式有增无减。在便捷的航路、低廉的价格、朝贡贸易的带动等因素共同作用下，苏门答腊、爪哇、香料群岛、中南半岛等地所产香料源源不断地输入中国。15 ～ 16 世纪，印度和东南亚输入中国的大宗香料主要是胡椒、檀香和苏木，输入的方式主要有东南亚诸国朝贡贸易、郑和下西洋带回、民间海外贸易、西人转运四种，其前期以朝贡贸易和郑和下西洋带回为主，中期以后民间海外贸易及西人转运占据主导。

1. 朝贡贸易输入的香料

明朝一改宋元时期鼓励海外贸易的做法，自洪武四年（1371）以后厉行海禁政策，官府禁止私人开展海外贸易，也不允许外国私人海

1　张燮：《东西洋考》卷 7《饷税考》，第 141 页。

2　吴羚靖：《英帝国扩张与地方资源博弈——18 世纪印度迈索尔檀香木入华贸易始末探析》，《自然辩证法通讯》2021 年第 5 期。

3　马欢：《瀛涯胜览》"暹罗国"条，第 20 页。

4　赵汝适著，杨博文校释《诸蕃志校释》卷下《志物》，第 179、191 页。

5　李金明：《论明初的海禁与朝贡贸易》，《福建论坛·人文社会科学版》2006 年第 7 期。

商来华，只允许朝贡贸易活动，建立起以朝贡贸易为主导的海外贸易体制。[1]所谓朝贡贸易，实际是借入华进贡而开展的贸易。明朝的朝贡贸易，对于明朝来说追求的是政治上的利益，对于献贡诸国来说追求的是经济利益。东亚和东南亚诸国通过对明朝的朝贡，获取很大的经济利益，并维系远东地区的区域贸易。明朝对朝贡物品的种类无法选择；朝贡贸易的主要物品是朝贡国国王和使臣等的"附进物"，其往往比"进贡"物品多 10 倍以上。[2]明政府回赐一般远远超过贡品和附进物的价值，朝贡贸易对明朝财政实际上是一种负担，尤其是附进物成为朝廷的巨大负担。

明初中国与东南亚的海上贸易，大抵以输入香料为主。最初，香料输入的途径主要是通过朝贡贸易。朝廷对番国往往给予高于贡品价值的赏赐作为回报，所谓"厚往薄来"。宋元以后，东南亚对中国的朝贡贸易不断。明初，为了保证宫廷有足够的香料供应，永乐帝命令交趾以苏木、沉、速、安息诸香代租赋。[3]加之郑和在西洋大量收购香料，东、西洋番国知晓明朝对香料的喜爱，于是东、西洋番国进贡物品往往以香料为主。明代的朝贡贸易既体现皇恩浩荡，加强了明朝与东南亚诸邦的政治、经济联系，又弥补了"禁海"所致香料等的短缺。诚如明人张瀚在《松窗梦语》中所说："且缘入贡为名，则中国之体愈尊，而四夷之情愈顺。即厚往薄来，所费不足当互市之万一，况其心利交易，不利颁赐，虽贡厚赉薄，彼亦甘心，而又可以藏富于民，何惮而不为也。"[4]

明代香料从"香药"转变为"香料"，用途日益广泛，中国社会对香料需求巨大。以明廷用香为例，明初仅太岳、太和山宫观所用的

1　谷应泰：《明史纪事本末》卷 55，第 843～844 页；晁中辰：《明代海外贸易研究》，第 15 页；骆昭东：《朝贡贸易与仗剑经商：全球经济视角下的明清外贸政策》，社会科学文献出版社，2016，第 30 页。

2　骆昭东：《朝贡贸易与仗剑经商：全球经济视角下的明清外贸政策》，第 35 页。

3　《明史》卷 78《食货志二》，第 1895 页。

4　张瀚：《松窗梦语》卷 4《商贾纪》，中华书局，1985，第 86 页。

降真诸香，每 3 年需 7000 斤左右，而内府所用，能达到五六倍。[1] 到嘉靖（1522 ～ 1566）初，宫廷购买沉香、降香、海漆诸香 10 多万斤，尚不够用。嘉靖二十九年（1550）六月辛酉，要求采办"沉香七千斤、大柱降真香六万斤、沉速香一万二千斤、速香三万斤、海添香一万斤、黄速香三万斤"等香品，户部感觉困难，请求减量，但皇帝不允，要求按原数购买，不得迟缓。[2] 到万历时，要求供用库的每种香品每年达到 2 万斤。[3] 除了皇家焚香需求，明代香料的日常需求更大，香料的使用从药用（"香药"）普及到饮食用料（"香料"），从奢侈品转变为日常用品。[4] 如此巨量的用香需求，刺激了东南亚诸国投其所好，向明朝贡献大量香料。

　　东南亚诸国向明朝贡献大量香料的原因还在于，明朝特殊的朝贡制度设计，使朝贡国获利丰厚。对朝贡国进贡的"方物"，明廷秉持"怀柔远人""厚往薄来"的政策，予以回赐，回赐价值往往大于进贡物价值数倍乃至一二十倍。

　　由于史料有限，各时期香料回赐的价格已无从考证，以弘治年间（1488 ～ 1505）规定付给朝贡的香料价格为例（见表 4-1）。

表 4-1　弘治年间（1488 ～ 1505）明朝廷对朝贡香料回赐价格

单位：斤

进贡香料	回赐价格	进贡香料	回赐价格
胡椒	3 贯	速香	2 贯
没药	5 贯	丁香	1 贯
沉香	3 贯	木香	3 贯
肉豆蔻	500 文	金银香	500 文
暹罗白豆蔻	10 贯	降真香	500 文
豆蔻花	500 文	黄熟香	1 贯

1　《明史》卷 82《食货志六》。

2　《明世宗实录》卷 361，嘉靖二十九年六月辛酉。

3　《明神宗实录》卷 49，万历四年四月丁卯。

4　参见吴梦婷《从"香药"到"香料"：胡椒与明代中国社会》，厦门大学硕士学位论文，2018。

续表

进贡香料	回赐价格	进贡香料	回赐价格
荜澄茄	1 贯	安息香	500 文
血竭	15 贯	檀香	100 文
龙涎香	3 贯	苏木	500 文
苏合油	3 贯	紫檀木	500 文
乳香	5 贯	乌木	500 文

资料来源：《大明会典》卷 113《给赐·给赐番夷通例》，引自严小青、张涛《郑和与明代西洋地区对中国的香料朝贡贸易》，《中国经济史研究》2012 年第 2 期，第 81 页。

据跟随郑和下西洋的费信记载，15 世纪初苏门答剌（腊）当地胡椒的价格是番秤一"播荷"（Bahar，抵明朝官秤 320 斤，约 2.65 担）"价银钱二十个，重银六两"；马欢记载，当时苏门答剌胡椒的价格是每百斤值银 1 两。[1] 在洪武末年，胡椒运到中国后每百斤回赐给银 20 两，[2] 差价 10 ~ 20 倍。如此暴利，诱使东南亚各国纷纷把香料运进中国。

关于东南亚各国向明朝进贡胡椒、苏木的情况，《明实录》《明史》《殊域周咨录》《西洋朝贡典录》等史籍皆有不少记载。例如，"洪武九年（1376），暹罗王遣子昭禄群膺奉金叶表文，贡象及胡椒、苏木之属。……十六年，给勘合文册，令如期朝贡。二十年，又贡胡椒万斤，苏木十万斤"。[3] 二十三年，"暹罗斛国遣其臣思利檀剌儿思谛等，奉表贡苏木、胡椒、降真等物一十七万一千八百八十斤"。[4] 自洪武九年至二十三年的三次朝贡中，本地并不出产胡椒的暹罗，却向明朝进贡胡椒超过 18 万斤，足见胡椒在中国受欢迎的程度。胡椒出产国的使者

1　费信：《星槎胜览》前集"苏门答剌国"条，第 33 页。另据马欢记述，在苏门答剌，胡椒"每官秤一百斤，彼处卖金钱八十，直银一两"。参见马欢《瀛涯胜览》前集"苏门答剌国"条，第 27 ~ 28 页。

2　韩振华：《论郑和下西洋的性质》，《厦门大学学报》1958 年第 1 期；李金明：《明初中国与东南亚的海上贸易》，《南洋问题研究》1991 年第 2 期。

3　严从简：《殊域周咨录》卷 8"暹罗"，余思黎点校，中华书局，2009，第 279 页。

4　《明太祖实录》卷 201，洪武二十三年夏四月甲辰。

进贡的胡椒数量也巨大。如洪武十五年，"爪哇国遣僧阿烈阿儿等奉金表贡黑奴男女一百一人、大珠八颗、胡椒七万五千斤"。[1]洪武以后，各国的贡物数量虽然缺乏较详细的记载，但从参与朝贡国家数量和朝贡次数的增加可以推断，胡椒输入中国的数量应有大幅增长。[2]

　　郑和七次出使西洋，加强了中国与西洋诸国的联系，进一步促使朝贡贸易的发展。由于明朝廷回赐远远超过贡品香料的价值，所以东南亚各邦寻找各种借口，诸如贺寿、贺登基、贺新岁、贺皇子诞生等，向明朝进贡大量的香料。如洪武十一年（1378），彭亨国王进贡胡椒 2000 斤、苏木 4000 斤，以及檀、乳、脑诸香药等；洪武十五年，爪哇进贡胡椒 75000 斤等；洪武十六年二月，占城国王遣臣进贡檀香 800 斤、没药 400 斤；[3]洪武二十年，真腊进贡香料 6 万斤，暹罗进贡胡椒 1 万斤、苏木 10 万斤，帝遣官厚报之；[4]嘉靖二十一年（1542），安南进贡沉香 60 斤、速香 148 斤、降真香 30 根。[5]其他没有具体数据记载的香料朝贡还有很多。永乐年间（1403～1424）朝贡贸易达到鼎盛，进贡频率甚至达到"胡人慕利，往来道路，贡无虚月"的地步。[6]据邱炫煌统计，永乐一朝，到海外宣谕的使者达 21 批之多，来中国朝贡的使团有 193 批。[7]澳大利亚学者安东尼·瑞德根据《明实录》和中国学者的研究成果，统计出 1400～1510 年东南亚使团入明朝贡共 237 次，其中 1400～1429 年入明朝贡 139 次（详见表 4-2）。由于贡献香料获利巨大，一些国家甚至从他国购买香料，再进贡给明朝廷。除了前述暹罗国多次贡献胡椒外，又如景泰四年（1453）日本贡使向明朝贡呈

1　《明太祖实录》卷 141，洪武十五年春正月乙未。

2　参见严小青、惠富平《郑和下西洋与明代香料朝贡贸易》，《江海学刊》2008 年第 1 期。

3　《明太祖实录》卷 152，洪武十六年二月庚子。

4　《明史》卷 324《外国五》。

5　严从简：《殊域周咨录》卷 6 "安南"，第 232～233 页。

6　余继登辑《皇明典故纪闻》卷 8，书目文献出版社，1995，第 111 页。

7　邱炫煌《明帝国与南海诸蕃国关系的演变》，兰台出版社，1995，第 140～142、183～184 页。引自庄国土《论郑和下西洋对中国海外开拓事业的破坏——兼论朝贡制度的虚假性》，《厦门大学学报·哲学社会科学版》2005 年第 3 期。

苏木。[1]这使香料在东南亚和东亚国家之间交互流动，促进了香料经济的发展。

表4-2　1400～1510年东南亚使团赴中国朝贡次数

单位：次

年份	爪哇	巴赛	暹罗	占婆	柬埔寨	彭亨	马六甲	文莱	菲律宾
1400～1409	8	3	11	5	4	—	3*	3*	2*
1410～1419	6	7	6	9	3	3	8*	4*	2*
1420～1429	16	5	10	9	—	—	5*	2	5*
1430～1439	5	3	4	10	—	—	3	—	—
1440～1449	7	—	3	9	—	—	2	—	—
1450～1459	3	—	2	3	—	—	3	—	—
1460～1469	3	1	1	4	—	—	2	—	—
1470～1479	—	—	4	3	—	—	1	—	—
1480～1489	—	3	3	3	—	—	—	—	—
1490～1499	2	—	3	3	—	—	—	—	—
1500～1510	—	—	1	2	—	—	2	—	—
合计	50	22	48	60	7	3	29	9	9

* 包含国王亲自率队的使团。

资料来源：安东尼·瑞德《东南亚的贸易时代：1450～1680年》第2卷，第25～26页。

不讲经济效益的"回赐"，一度给明朝政府造成很大的经济负担。有不少官员指出："连年四方蛮夷朝贡之使，相望于道，实罢中国。"[2]朝廷财政不堪重负，不得不规定各国朝贡年限、朝贡人数与路线，如琉球国每两年贡一次，每船100人，不能超过150人，由福建到京城；安南国每三年贡一次，来往都必须由（广西）凭祥州镇南关到京城；三佛齐从广东到京城进贡。[3]

与前代不同的是，明代海外国家朝贡的物品不仅有番国的进贡方物，还有使臣自进物和番国国王附搭物，以及使臣和随行番商私自夹

---

1 《明英宗实录》卷236，景泰四年十二月甲申。

2 《明太宗实录》卷236，永乐十九年四月甲辰。

3 严从简：《殊域周咨录》，第166、243、301页；梁廷枏：《粤海关志》卷23，第405页。

带的东西洋方物。[1] 这些自进物、附搭物和私自夹带的方物主要也是香料。这部分物品，明廷称为"附至番货"或"附搭货物"。番国的进贡方物仅占极少的一部分，实行"厚往薄来"的回赐方式完成"交易"，朝贡物品与给赐物品的交换是一种政治意义大于经济意义的贸易交换形式。[2] 在明前期，附搭物和夹带物的处置因国而异，有的由明廷设立的市舶司统一负责清点、转运。[3] 正如明人王圻在《续文献通考》中记述：

> 凡外夷贡者，我朝皆设市舶司以领之……其来也，许带方物，官设牙行与民贸易，谓之互市。是有贡舶即有互市，非入贡即不许其互市明矣。[4]

明成祖在浙江、福建、广东复设三市舶司，专门负责海外诸国贡使附带进来的货物转送事宜；后来因贡使不断增多，明政府又在三市舶司分别设立来远、安远、怀远等驿，以接待之。[5]

《大明会典》卷108《礼部·朝贡通例》亦记载："凡进苏木、胡椒、香蜡、药材等物万数以上者，船至福建、广东等处，所在布政司随即会同都司、按察司官检视物货，封舶完密听候，先将番使起送赴京，呈报数目，除国王进贡外，番使人伴附搭买卖物货，官给价钞收买。"[6] 对于暹罗等国贡使，朝廷规定，"领赏毕日，许于会同馆开市三日"。[7]

1 李金明称，"海外国家载运进来的朝贡方物大概由进贡方物、使臣自进物和国王附搭物三种组成"。他没有注意到使臣和随行番商私自夹带的东西洋方物。参见李金明《论明初的海禁与朝贡贸易》，《福建论坛·人文社会科学版》2006 年第 7 期。

2 李金明：《论明初的海禁与朝贡贸易》，《福建论坛·人文社会科学版》2006 年第 7 期；万明：《中国融入世界的步履：明与清前期海外政策比较研究》，故宫出版社，2014，第 77 页。

3 李金明：《论明初的海禁与朝贡贸易》，《福建论坛·人文社会科学版》2006 年第 7 期。

4 王圻：《续文献通考》卷 31《市籴考·市舶互市》，现代出版社，1986。

5 《明太宗实录》卷 46，永乐三年九月癸卯，引自李金明《论明初的海禁与朝贡贸易》，《福建论坛·人文社会科学版》2006 年第 7 期。

6 《大明会典》卷 108《礼部·朝贡通例》，《续修四库全书》第 791 册，上海古籍出版社，2002，第 106 页。

7 《大明会典》卷 111《礼部·给赐二》，《续修四库全书》第 791 册，第 132 页。

暹罗、安南等国即按此例。爪哇、浡泥、满剌加、锡兰山、苏门答腊、苏禄等附来货物俱给价收购。也有的番国，如琉球，"附来货物抽五分，买五分"。[1]明太祖曾规定，"诸蕃国及四夷土官朝贡所进方物，遇正旦、冬至、圣节悉陈于殿庭，若附至蕃货欲与中国贸易者，官抽六分，给价以偿之，仍除其税"。[2]不过，明廷对贡舶附带货物的给价收购标准并非完全遵循市场规律，而是带有浓厚的政治外交色彩，具有怀柔远人、厚往薄来之意。如对暹罗、满剌加附带胡椒等香料的给价则高出正常估价的数倍，即使是正常的估价也往往高出市场价格。为此，明王朝背负了沉重的财政压力。这种"给价收买"制由于遵循厚往薄来原则，实际上仍属于朝贡贸易范畴。但是，实行抽分制的附来货物买卖基本上不属于厚往薄来的贸易，已超出朝贡贸易范畴，实际上是一种正常的商品买卖。弘治年间，明廷规定"凡番国进贡内，国王、王妃及使臣人等附至货物，以十分为率，五分抽分入官，五分给还价值，必以钱钞相兼……"[3]被抽分（征税）的货物卖给私人，应该属于朝廷认可的私人贸易；如由官方收购，则属于官方贸易。那些"许于会同馆开市"的附搭物和夹带物买卖，应该也是一种私人贸易。

正德年（1506～1521）以后，明廷不再对贡使携带私货给价收买，均行抽分制。所谓抽分制，即明朝政府对海外贡使运来的夹带物和附搭方物抽取货物税。这种按市场原则处理使臣自进物和番国国王附搭物的贸易方式，实际上是一种官方贸易。

也有使臣和随行番商为牟取暴利，不把私自夹带的东西洋方物交给市舶司清点、给价，直接流入中国市场。这成为香料入华的又一途径。这种贸易方式尽管与朝贡活动有关，但其性质几与走私相同。这实际上是一种商品走私活动，属私商贸易行为。所以，在明初的朝贡

---

1 《大明会典》卷111《礼部·给赐二》，《续修四库全书》第791册，第126～129页。

2 《明太祖实录》卷45，洪武二年九月壬子。梅新育指出，"在明初朝贡贸易中，明政府对外国贡船夹带的私货一律免税"。此论非是。参见梅新育《略论明代对外贸易与银本位、货币财政制度》，《学术研究》1999年第2期。

3 《大明会典》卷113《给赐·给赐番夷通例》，《续修四库全书》第791册，第144页。

活动中，实际上包含朝贡贸易、官方贸易和私商贸易三种贸易形式。这是以往研究者所忽略的。

尽管入贡使团与中国商民私下贸易属违禁之举，但明王朝为了怀柔远人，往往对之宽宥不究，只处罚华人购买一方。明成祖曾对礼部官员说：

> 太祖高皇帝时，诸番国遣使来朝，一皆遇之以诚。其以土物来市易者，悉听其便，或有不知避忌而误干宪条，皆宽宥之，以怀远人。[1]

洪武二十三年（1390），琉球国来贡，其通事（翻译官）私携乳香 10 斤、胡椒 300 斤进京，被查获，理应充公，但朝廷为显示大国风范，下令将香料还给通事，还赏赐了钱钞。[2]在朝贡过程中，这种夹带香料并私下买卖的现象并不少见。往往番国使臣携带一点物品来华朝贡，随行的会有更多的商人、通译（翻译）带着几船香料等番货，入华与民间交易。他们来华的主要目的是朝贡之外的民间贸易。史载："永乐初，西洋剌泥国回回哈只马哈没奇等来朝，附载胡椒与民互市。"[3]这种优待贡使的规定，打开了禁止外商与中国商民私下贸易的政策缺口，方便了中国滨海商民与海外商人的陆上贸易。

朝贡贸易制度的维系，是与朝廷的政治和经济实力密切相关的。中央政府所能承担的朝贡贸易规模往往取决于预先能够提供赏赐物品的多少。正统元年（1436）开始，尤其是土木堡之变后，明朝国力衰落，无力维系朝贡贸易庞大的开销，朝贡贸易开始衰落。正统十四年开始，明朝政府多次重申海外贸易禁令（正统十四年、成化五年、弘治七年、弘治十一年），打击私人海外贸易。[4]弘治十三年（1500），

---

1 《明太宗实录》卷 12 上，洪武三十五年九月丁亥。
2 《明史》卷 323《外国四》，第 8362 页。
3 《明史》卷 81《食货志五》，第 1980 页。
4 骆昭东：《朝贡贸易与仗剑经商：全球经济视角下的明清外贸政策》，第 39 页。骆昭东还统计了各朝的朝贡次数。晁中辰认为，宣德（1426～1435）以后，朝贡贸易就开始衰落了。参见晁中辰《明代海外贸易研究》，第 54 页。以骆昭东观点为是。

明廷又颁布海禁法令，规定官民人等"擅造二桅以上违式大船，将带违禁货物下海入番国买卖……正犯处以极刑，全家发边卫充军。若止将大船雇与下海之人，分取番货，及虽不曾造有大船而纠通下海之人，接买番货……俱问发边卫充军，番货入官"。[1] 此后，朝贡贸易更为衰落。海禁是对朝贡贸易的一个必要补充；明朝廷欲把所有贸易纳入朝贡贸易中，客观上需要海禁，以避免违例情况。[2] 与此同时，东南亚诸国和日本对中国物产的需求却越来越大。明朝廷的这些做法不仅违反社会发展要求，也与不断变化的国际形势不相适应。管理朝贡贸易的市舶太监和地方政府从本位利益出发，往往将朝贡制度置之脑后，默许违例朝贡，或默许民间走私贸易，对民间海上贸易征税，从中牟利。朝廷禁令不绝，但有令不行。[3]

与此同时，东南亚各国手工业比较落后，对明朝手工业产品的需求不断增长。随着朝贡贸易的衰落，私人海上贸易屡禁不止，不断兴盛。[4] 私人海上贸易突破了原有的朝贡贸易圈。通过走私贸易，华商在东南亚建立起庞大的经贸网络，东南亚的区域贸易以这些华人私商为主导得以建立起来。[5] 不过，这些华人私商海上贸易的方式主要是用中国产的布、丝绸、陶瓷器及铜钱换购东南亚当地的胡椒、苏木、大米、珍珠等，这种贸易方式与宋元时期的海外贸易方式没有多大区别，不能增加明朝社会的白银储量。

2. 郑和下西洋与香料的官方贸易

以往有学者把郑和下西洋视为明朝朝贡体系中的活动，是为明初朝贡体系服务的。[6] 这实际上夸大了郑和下西洋的政治贡献。实际上，

1　《大明会典》卷 132《兵部·镇戍七》，《续修四库全书》第 791 册，第 346 页。

2　骆昭东：《朝贡贸易与仗剑经商：全球经济视角下的明清外贸政策》，第 34 页。

3　李庆新：《明代海外贸易制度》，第 178～181 页；骆昭东：《朝贡贸易与仗剑经商：全球经济视角下的明清外贸政策》，第 34～36 页。

4　骆昭东：《朝贡贸易与仗剑经商：全球经济视角下的明清外贸政策》，第 39～41 页。

5　庄国土：《论 15～19 世纪初海外华商经贸网络的发展——海外华商网络系列研究之二》，《厦门大学学报》2000 年第 2 期。

6　李庆新：《濒海之地——南海贸易与中外关系史研究》，中华书局，2010，第 158 页。

郑和下西洋开创了明朝在海外的香料官方贸易。郑和下西洋时，"遣使四出，招谕海番，贡献毕至，奇货重宝前代所希，充溢库市，贫民承令博买，或多致富"。[1] 郑和船队每到一处，往往宣谕明帝诏书，向当地国王颁赐银印、冠服、礼品等，鼓励他们遣使入明朝贡。于是，东西洋诸国的朝贡使者络绎不绝。如永乐五年（1407）九月，郑和第一次下西洋回返时，遣使随行来朝贡方物的就有苏门答剌（腊）、古里、满剌加、小葛兰、阿鲁等国；[2] 永乐二十年六月，郑和第六次下西洋返航时，亦有暹罗、苏门答剌、哈丹等国遣使随行来贡方物；[3] 翌年九月，又有西洋、古里、忽鲁谟斯、锡兰山、阿丹、祖法儿、剌撒、不剌哇、木骨都束、柯枝、加异勒、溜山、南渤利（又名南浡里）、苏门答剌、阿鲁、满剌加等 16 国遣使 1200 人至京朝贡方物。[4] 在郑和使团的刺激下，朝贡贸易在明成祖时期（1402 ~ 1424）达到鼎盛。

郑和船队所到达的东南亚、印度洋沿岸、东非诸国在历史上均是香料产地，如印尼马鲁古群岛即称香料群岛，索马里素以香料之角著称，西亚、红海、波斯湾一带也是古代闻名的盛产香料之地。有的地方更是某种香料的特产地，如：占城国的伽蓝香（沉香的一种），"惟此国一大山出产，天下再无出处，其价甚贵，以银对换"；旧港国的金银香，"中国与他国皆不出"。[5] 香料是这些国家或地区的特产，但在当地并不值钱，所以东南亚各地非常欢迎郑和船队采买香料。永乐帝"大赉西洋，贸采琛异，命（郑）和为使"，由是"明月之珠，鸦鹘之石，沉南龙速之香，麟狮孔翠之奇，梅脑薇露之珍，珊瑚瑶琨之美，皆充舶而归"。[6]

郑和下西洋使海外输入中国的香料种类大大增加（见表 4-3），

1 严从简：《殊域周咨录》卷 9 "佛郎机"，第 324 页。
2 《明太宗实录》卷 71，永乐五年九月壬子。
3 《明太宗实录》卷 250，永乐二十年六月壬寅。
4 《明太宗实录》卷 263，永乐二十一年九月戊戌。
5 马欢：《瀛涯胜览》"占城国""旧港国"条。
6 黄省曾：《西洋朝贡典录》，谢方校注，中华书局，1982，"自序"第 7 页。

"贸采"香料主要以以物易物的形式换购："西洋交易，多用广货易回胡椒等物，其贵细者往往满舶，若暹罗产苏木、地闷产檀香，其余香货各国皆有之。"[1]由于史料所限，我们无法统计郑和七次下西洋带回香料的数量，但从下西洋活动结束后明廷官库存留的香料数量，仍能推断出其所带回香料数量之庞大。据载，正统元年三月，"敕南京守备太监王景弘等，于官库支胡椒、苏木共三百万斤，委官送至北京交纳"。[2]

表 4-3　郑和出使西洋所到国家和地区与郑和船队贸易的香料品种

国家 / 地区	出产香料	国家 / 地区	出产香料
占城国	伽蓝香、豆蔻	柯枝国	胡椒
爪哇国	苏木、白檀香、肉豆蔻、荜拨	旧港国	黄速香、降真香、沉香、金银香
溜山国	降真香、龙涎香	古里国	胡椒
暹罗国	黄速香、罗褐速香、降真香、沉香、白豆蔻、大风子、血竭、藤结、苏木	祖法儿国	乳香、龙涎香
满剌加国	黄速香、乌木、打麻儿香	彭坑国	黄熟香、沉香、片脑、降香
阿鲁国	黄速香、金银香	忽鲁谟斯国	龙涎香
苏门答剌国	胡椒	天方国	蔷薇露、俺八儿香
南浡里国	降真香	真腊国	沉香、苏木
锡兰山国	龙涎香、乳香	淡洋	降香
小呗喃国	胡椒	龙牙善提	速香
剌撒国	龙涎香、乳香	阿丹国	蔷薇露
吉里地闷	檀香	苏禄国	降香
浡泥国	降香、片脑	竹步国	龙涎香、乳香
大呗喃国	胡椒	溜洋国	龙涎香、乳香
木骨都束国	乳香、龙涎香	卜剌哇国	没药、乳香、龙涎香

　　资料来源：据马欢《瀛涯胜览》、黄省曾《西洋朝贡典录》、张燮《东西洋考》整理。引自严小青、惠富平《郑和下西洋与明代香料朝贡贸易》，《江海学刊》2008 年第 1 期。

1　顾炎武：《天下郡国利病书》，第 588 页。
2　《明英宗实录》卷 15，正统元年三月甲申。

西洋诸国对明朝出产的陶瓷、丝绸、铜钱等极喜爱。郑和官船载运这些货品到海外，又购买或交换中国紧缺的香料、染料、宝石、象牙和奇珍异兽等运回获利，交易双方都觉得有利可图。这不是朝贡贸易可以比拟的。为了与郑和船队交易，沿途诸邦到处收集香料、珍宝等。《瀛涯胜览》记载，柯枝国"名称哲地者（该国第三等阶层——引注），皆是财主，专一收买下宝石珍珠香货之类，候中国宝（石）船或别国番船客人来买"；中国宝船到祖法儿"开读赏赐毕，其王差头目遍谕国人，皆将乳香、血竭、芦荟、没药、安息香、苏合油、木别子之类来换易纻丝、瓷器等物"。[1] 郑和下西洋开展的这些商贸活动被一些学者忽视了，他们看到郑和在东西洋的活动对朝贡贸易的促进作用，就把郑和在东西洋的活动看作朝贡活动本身，把郑和下西洋的商业活动都看作朝贡贸易范畴的活动。[2]

郑和出使西洋的目的之一是采办香料，但西洋一些地区还属"蛮夷"之地，当地土著不懂香料，郑和只得亲自带随从入山采香。如与满剌加国接境的九洲山盛产沉香，但当时此地居民还处于靠渔猎采集为生的原始社会状态，并不知这些香料在中国已卖到天价。永乐七年，郑和等人差官兵入山采香，采到径有八九尺、长八九丈的沉香六株，香清味远，黑花细纹，实属罕有。当地土著见到中国人皆瞠目结舌，称赞中国人有天兵之力。[3] 郑和在海外用低廉成本获得胡椒、沉香之类香料，在国内以惊人的价格卖出。明代各种香料的具体价格已无从考据，但从胡椒买卖价格可窥获利之巨。当时苏门答剌国胡椒每官秤 100 斤值银 1 两，柯枝国胡椒官秤每 400 斤值银 5 两，古里国胡

1　马欢:《瀛涯胜览》"柯枝国""祖法儿国"条，第 39、51 页。

2　庄国土认为，郑和下西洋全力推动的是朝贡制度，"是对民间海外开拓的反动"。庄国土:《论郑和下西洋对中国海外开拓事业的破坏——兼论朝贡制度的虚假性》,《厦门大学学报·哲学社会科学版》2005 年第 3 期。万明认为，"郑和下西洋属于一种遣使直接出洋的贸易，是朝贡贸易的第三种类型"。她认为朝贡贸易有四种类型，把朝贡活动中的附进物品交易、民间互市都归为朝贡贸易。参见万明《中国融入世界的步履：明与清前期海外政策比较研究》，第 71～84 页。另见严小青、惠富平《郑和下西洋与明代香料朝贡贸易》,《江海学刊》2008 年第 1 期。

3　费信:《星槎胜览》前集"九洲山"，第 31 页。

椒每 400 斤卖金钱 200 个（约值 10 两银），[1] 运入中国后，则以每百斤 10 ~ 20 两的价格卖出，[2] 获利 5 ~ 10 倍。高额的利润诱使郑和船队大量运回香料，成为明朝库存香料过剩的原因之一。

郑和下西洋比以往的华商走得更远，极大地扩展了明朝海外直接贸易的范围，一方面，带回了无数的奇珍异宝与各地的特产，增进了中国人对海外珍奇土产的了解，扩大了香料贸易的品种，推动了中国的香料消费，促进了明代中国以胡椒、苏木为主的香料贸易的繁荣；另一方面，郑和船队所带去的中国产品之丰富和所游历的国家之多是私商无法比拟的。它使海外诸国的统治者和广大民众对中国的物产有了更多的了解，提高了他们使用中国产品的兴趣，促使他们用当地物产换购中国产品，这推动了当地香料经济的发展和地域产业经济的分工，促进了东南亚的商品化生产和商业的发展，促进了西洋诸国与中国的经济联系，逐渐发展出东南亚生产香料、中国消费香料的亚洲香料经济带。

郑和下西洋，开明朝官方在境外大举采购香料之先河，拓宽了香料官方贸易的渠道。国内许多学者（如万明、庄国土、严小青等）把郑和在东西洋的贸易定性为"朝贡贸易"，[3] 他们没有理解"朝贡贸易"的内涵是要有番国"来朝献贡"和"朝廷赏赐"两个要件以及"厚往薄来"的交易原则。郑和团队在西洋许多地方用银两采买香料或以中国商品换购当地物产，价格低廉，运回国后获利丰厚，这都不是"朝贡贸易"所能做到的。

1　马欢：《瀛涯胜览》"苏门答剌国""柯枝国""古里国"条，第 27 ~ 28、39、44 页。

2　宋经纶、杜小军说，据《瀛涯胜览》，胡椒被运到中国后，以每斤 10 ~ 20 两的价格出售，足见胡椒在明代前期依然是奢侈品。宋经纶、杜小军：《浅析明代香料的进口贸易》，《社科纵横》2016 年第 2 期。严小青、张涛在《郑和与明代西洋地区对中国的香料朝贡贸易》一文中也说，此时西洋胡椒运入中国后，以每斤 10 ~ 20 两的价格卖出。这两处"每斤"似是"每百斤"之误，永乐年间中国国内的胡椒价格不可能高达每斤 10 两。查《瀛涯胜览》，也未见此记述。另参见韩振华《论郑和下西洋的性质》，《厦门大学学报》1958 年第 1 期；李金明《明初中国与东南亚的海上贸易》，《南洋问题研究》1991 年第 2 期。

3　严小青、惠富平说："郑和有目的进行香料朝贡贸易，极大地推动了当地香料经济的发展。"见严小青、惠富平《郑和下西洋与明代香料朝贡贸易》，《江海学刊》2008 年第 1 期。

3. 明代私人海上贸易与香料的输入

郑和下西洋不仅促进了海路交通的通畅，而且在客观上为私人海上贸易开拓了市场。位于苏门答腊东部的旧港是南海诸国入明朝贡的必经之地，该地的安全与否对明朝朝贡贸易的发展至关重要。洪武年以后，广东人陈祖义在那里充当头目，"甚是豪横，凡有经过客人船只，辄便劫夺财物"。[1] 因此，明成祖"命将发兵"剿灭之，为海外朝贡国家扫清道路。永乐三年（1405）六月，郑和首次下西洋到旧港时，先是遣人招谕陈祖义，招谕不成，则出兵与战，大败之，永乐五年九月郑和回国，生擒陈祖义等三人械送至京诛之，为海外诸国的朝贡扫清了道路。[2] 同时，郑和还在马六甲设立据点，建造仓库，帮助随船入明朝贡的各国使臣打整货物，等待季候风。据跟随郑和下西洋的翻译马欢记载："中国宝船到彼，则立排栅，如城垣，设四门更鼓楼，夜则提铃巡警，内又立重栅，如小城。盖造库藏仓廒，一应钱粮顿在其内，去各国船只回到此处取齐，打整番货，装载船内，等候南风正顺，于五月中旬开洋回还。"[3] 这些设施为此后的私商贸易提供了便利。[4]

仁宗朱高炽罢下西洋之举以后，输入中国的香料减少，私人海上贸易有变本加厉之势。到了正统年间（1436～1449），福建巡海佥事董应轸谓：

> 旧例濒海居民贸易番物、泄漏事情及引海贼劫掠边地者，正犯极刑，家人戍边，知情故纵者罪同。比年民往往嗜利忘禁。[5]

成化、弘治年间（1465～1505），个商犯禁出洋贸易情况更为严重。史载：

1　马欢：《瀛涯胜览》"旧港国"条，第16页。
2　《明太宗实录》卷71，永乐五年九月壬子。
3　马欢：《瀛涯胜览》"满剌加国"条，第23～24页。
4　参见李金明《论明初的海禁与朝贡贸易》，《福建论坛·人文社会科学版》2006年第7期。
5　《重纂福建通志》卷270，引自施伟青《郑和下西洋与福建的私商贸易》，《福建论坛·人文社会科学版》1990年第7期，第75页。

　　（福建之）豪门巨室间有乘巨舰贸易海外者。奸人阴开其利
窦，而官人不得显收其利权。初亦渐享奇赢，久乃勾引为乱，至
嘉靖而弊极矣。[1]

　　明政府对走私香料的外国人并没有任何实质性的惩罚，禁止在民
间买卖香料的规定对外国商人来说只是一纸空文，从而助长了他们的
走私行为。到后来他们带来货物甚至不告知官府，从最初遮遮掩掩的
私自夹带到后来的公开大量走私。由于贡使夹带私货数量日益增加，
16 世纪初期朝廷对这些私货予以"抽分"征税。[2]

　　正德四年（1509），广州市舶司开始实行抽分，对外来商品征收进
口税，市舶抽分制度确立后，朝贡以外的私人香料输入得到默许，大
批中外商人前来互市贸易。"抽分"税率起初定为十分抽三，正德十二
年后降至十分抽二。[3] 然而，在实际运作过程中，不同商品的税率亦有
一定程度的差异。据葡萄牙第一位赴华使节多默·皮列士（Tomé Pires，
又译为托梅·皮雷斯）《东方志》（1515，又译为《东方概要》）记载：
"中国向来自马六甲的商人征收关税：胡椒的关税是 20%，胭脂和新
加坡木（即苏木）的关税都是 50%，其他货物的关税是 10%。"[4] 从多
默·皮列士的记述可见，苏木、胡椒、胭脂的进口税远远高于其他商
品，而胡椒、苏木又是当时输入数量最多的商品，极高的税率及巨大

1　张燮：《东西洋考》卷 7《饷税考》，第 131 页。
2　参见涂丹《东南亚胡椒与明代社会经济》，《江西社会科学》2019 年第 3 期。
3　关于市舶抽分制的确立及进口商品的税率，嘉靖《广东通志》卷 66《外志·番夷》有详细记载：
　　"查得正统年间，以迄弘治，节年俱无抽分。惟正德四年，该镇巡等官、都御史陈金等题，要将
　　暹罗、满剌加并吉阐国夷船货物俱以十分之三抽分。该户部议将贵细解京，粗重变卖，留备军饷。
　　至正德五年，巡抚两广都御使［史］林廷选题议各项货物着变卖存留本处，以备军饷之用。正德
　　十二年，巡抚两广都御使陈金命勘副使吴廷举，奏欲或仿宋朝十分抽二，或依近日事例，十分抽
　　三，贵细解京，粗重变卖，收备军饷；题议只许十分抽二。本年内占城国进贡，将搭附货物照
　　依前例抽分。"参见涂丹《东南亚胡椒与明代社会经济》，《江西社会科学》2019 年第 3 期，注释 7。
4　多默·皮列士：《东方志——从红海到中国》，何高济译，江苏教育出版社，2005，第 99 页。

的进口数量，使胡椒、苏木成为当时市舶抽分的主要来源。[1]

宣德（1426～1435）以后，伴随着郑和下西洋的停止和朝贡贸易的衰落，市场上的胡椒供不应求，贩运胡椒获利更丰。为了追求高额利润，中国东南沿海商人纷纷冒禁出洋，"苏杭及福建、广东等地贩海私船，至占城国、回回国，收买红木、胡椒、番香，船不绝"。[2] 至成化、弘治年间，漳州月港已成为九龙江口海湾地区对外贸易的中心，有"小苏杭"之称。以漳州海商为先锋的东南海商的足迹遍布东西洋各重要港口。据漳州火长使用的题为《顺风相送》的针路手册，自月港门户浯屿、太武出发往西洋针路有 7 条、东洋针路有 3 条，另有自福州五虎门出发经太武、浯屿往西洋针路 2 条。[3] 这些航线基本覆盖了东南亚地区的主要香料产地。远赴这些地区贸易的海商在购买回程货物时，往往首选利润极高且购买方便的胡椒。[4]

一些中外私商为谋取更高利益，时常偷逃抽分纳税。嘉靖元年（1522），暹罗及占城等国的海船运番货到广东，没有向官府报税。广东市舶太监牛荣与家人蒋义山、黄麟等私买胡椒、乳香、苏木等香货到南京贩卖，其中有苏木 399589 斤、胡椒 11745 斤，值银 3 万余两，被税司查出，牛荣等人被刑部审问，货物全被充公。由此也可见走私香料数量之大。关于协助番人走私的处罚，如嘉靖元年刑部尚书林俊复疏所言："现行条例，通番下海买卖劫掠，有正犯处死、全家边卫充军之条。买苏木、胡椒千斤以上，有边卫充军、货物入官之条。"[5]

隆庆元年（1567），朝廷开放海禁，私人海上贸易合法化，沿海商人纷纷出洋贸易，胡椒的进口量随之大增。安东尼·瑞德估计，在1530 年前后，东南亚出产胡椒总量接近 2500 吨，印度马拉巴尔产量

1　参见涂丹《东南亚胡椒与明代社会经济》，《江西社会科学》2019 年第 3 期。

2　崔溥：《漂海录——中国行记》，葛振家点注，社会科学文献出版社，1992，第 95 页。

3　参见向达校注《两种海道针经》，中华书局，2000，第 49～98 页；杨国桢：《十六世纪东南中国与东亚贸易网络》，《江海学刊》2002 年第 4 期。

4　严小青、惠富平：《郑和下西洋与明代香料朝贡贸易》，《江海学刊》2008 年第 1 期；涂丹：《东南亚胡椒与明代社会经济》，《江西社会科学》2019 年第 3 期。

5　梁廷枏：《粤海关志》卷 21《贡舶一》，第 419 页。

为 3600 吨，这些胡椒大部分被运销到中国。[1] 他与其他学者还估计，1500 ～ 1559 年的 60 年间，整个东南亚输往中国的胡椒共 300 万公斤，而 1570 年至 1599 年的 30 年里，仅从万丹港和北大年输往中国的胡椒量就达 280 万公斤。[2] 华人私商香料贸易之巨可见一斑。

（三）明代香料贸易对明朝财政收支的影响

明代的香料朝贡贸易先是加大朝廷财政支出，其后郑和下西洋大量采购价廉物美的胡椒、苏木，明政府把这些香料大规模地用于赏赐、支俸，使香料价值倍增，不仅节约了财政开支，而且还延缓了钞法败坏的进程。洪武十二年（1379），"赐在京役作军士胡椒各三斤，其在卫不役作者各赐二斤"。[3] 此后，明朝廷不断把囤积于府库的大量胡椒、苏木等赏赐或作为薪俸支给官员、士兵、工匠等。

永乐五年郑和首次下西洋回国，明王朝便开始以苏木折换北京各卫军士冬衣布花，涉及士兵达 20 多万人。永乐十三年郑和第四次回国时，朝廷对营建北京督工诸臣论功行赏，分别赏赐以宝钞、胡椒、苏木。永乐十七年郑和第五次回来后，朝廷以胡椒折偿在京各卫军士该赏之布匹，绢一匹折苏木一斤六两、胡椒四两，布一匹折苏木一斤、胡椒三两。郑和第六次回国后，普遍出现用胡椒、苏木折换赏赐北京和南京各卫军士冬衣布花的情况。[4] 自永乐二十年至二十二年，文武官员的俸禄钱钞皆用胡椒、苏木折支，规定"春夏折钞，秋冬则苏木、胡椒，五品以上折支十之七，以下则十之六"。[5] 宣德九年（1434），

1　安东尼·瑞德：《东南亚的贸易时代：1450 ～ 1680 年》第 2 卷，第 15 页。

2　David Bulbeck, Anthony Reid, Lay Cheng Tan, and Yiqi Wu, *Southeast Asian Exports since the 14th Century: Cloves, Pepper, Coffee, and Sugar*, p.86.

3　《明太祖实录》卷 126，洪武十二年九月甲寅。

4　严小青、张涛：《郑和与明代西洋地区对中国的香料朝贡贸易》，《中国经济史研究》2012 年第 2 期。

5　黄瑜：《双槐岁钞》卷 9《京官折俸》，引自李金明《论明初的海禁与朝贡贸易》，《福建论坛·人文社会科学版》2006 年第 7 期，第 75 页。

户部建议京师文武官员俸米以胡椒、苏木折钞，胡椒每斤准钞 100 贯，苏木每斤准钞 50 贯，南北两京官俸米各由南北京库发给。当时宝钞价格已经大大跌落，胡椒折偿的价格仍强制规定为宝钞一贯折银一两左右。正统元年再把配给范围由两京文武官员扩大到包括北直隶卫所官军，甚至广东、广西的部分官员，折俸每岁半支钞，半支胡椒、苏木。[1] 这种做法大概持续到成化七年（1471），因京库胡椒、苏木不足才停止。[2]

明政府把香料用于赏赐、支俸，实际上是让广大臣民给香料贸易和宝钞贬值买单，转嫁朝廷的经济负担。以苏木为例，宣德八年明朝从日本贡使那里收购，每斤定价钞 1 贯，[3] 而宣德九年折支给京官充俸钞，却规定每斤苏木准钞 50 贯，这样一进一出，盈利就达 50 倍。另外，明朝对附进物的收购定价是按其输入的数量多少来决定的，如景泰四年（1453）日本进贡时随带的附进物数量是宣德八年进贡时的数十倍，明朝立即把收购定价大大降低。若按宣德八年的定价付值，除折绢布外，需铜钱 217732 贯 100 文，按时值折银 217732 两；但实际上仅付给折钞绢 229 匹、折钞布 459 匹、铜钱 50118 贯，相当于原价的 1/10。后经日本使臣允澎多次交涉，明朝才补上钱 1 万贯、绢 500 匹、布 1000 匹。[4] 由此说明，随着进贡方物输入数量的增多，明朝廷把香料用于赏赐、支俸，反而从朝贡贸易中获利了，加之后来还要从中抽取实物税，朝廷和地方都获利了。所以，不能简单地认为朝贡贸易是"出的多，进的少"的亏本生意。

胡椒除用于赏俸折支缓解明廷财政困难外，也是市舶抽分、进口商税的重要来源。15 世纪中叶以后，明官方贸易日渐衰落，番商和华商的民间海外贸易获得较大发展，地方政府不得不在"海禁"背景下

1　《明英宗实录》卷 19，正统元年闰六月戊寅。

2　《明宪宗实录》卷 97，成化七年十月丁丑。

3　《明英宗实录》卷 236，景泰四年十二月甲申。

4　《明英宗实录》卷 237，景泰五年正月乙丑。参见李金明《论明初的海禁与朝贡贸易》，《福建论坛·人文社会科学版》2006 年第 7 期。

对番货进口进行管理。正德年间，为增加财政收入，广东官府提请朝廷对输入中国的番货征税，即所谓"报官抽分"。抽分（税款）占货值的 20%～30%。"报官抽分"的番货包括番国使团夹带的香料。按规定，"抽分"后的番货可在当地销售。这样，在广东、福建、浙江等沿海地区屡禁不止的民间香料贸易实际上合法化了，"禁番令"形同虚设。市舶司的运作不再单纯以"怀柔远人"为目的，开始对进口胡椒及其他商品实行抽分，以增加财政收入。

　　市舶抽分所得收入扩充了政府的财政来源，弥补了地方财政及军费的不足。关于市舶之利，嘉靖八年（1529）八月，时任两广巡抚的林富在《请通市舶疏》中指出：

> 旧规至广番舶除贡物外，抽解私货俱有则例，足供御用。此其利之大者一也。番货抽分，解京之外，悉充军饷，今两广用兵连年，库藏日耗，借此足以充羡而备不虞。此其利之大者二也。……查得旧番船通时公私饶给，在库番货旬月可得银两数万。此其为利之大者三也。货物旧例有司择其良者，如价给直，其次资民买卖，故小民持一钱之货，即得握筭，展转贸易，可以自肥。广东旧称富庶，良以此耳。此其为利之大者四也。助国给军，既有赖焉。而在官在民，又无不给，是因民之所利而利之者也，非所谓开利孔而为民罪梯也。[1]

　　从番货"抽分"旬月可得银数万两看，包括以香料为主的番货进口贸易量是很大的。当时，番货买卖的大头是香料贸易，香料货值在进口番货中的占比估计不低于 2/3，仅广东一地征收的香料税款每月当有 2 万两以上；以十抽二的比例估测，广东一个月进口的各种香料价值在 10 万两以上。另外，国内还要征收香料消费税——"香税"。

1　严从简：《殊域周咨录》卷 9 "佛郎机"，第 323 页。

万历时，泰山香税就有 2 万余两。[1] 这成为明政府重要的税源。

　　随着民间开海呼声的日益高涨，加之广东市舶司推行抽分制的成效显著，隆庆元年（1567），明廷应福建巡抚涂泽民之请，允许漳州、泉州民众"贩东西二洋"。至此，沿海商民出海贸易合法化。长期以来作为海外贸易标志性产品的胡椒，其输入数量增长很快，且在进口商品中占有较大比重。[2] 隆庆六年，漳州知府罗青霄因百姓困苦，官府开支浩大，提议征收商税以充钱粮，并在"商税则例"中特意提到胡椒的征税原则，"海船装载胡椒、苏木、象牙等货，及商人买货过桥，俱照赣州桥税事例，酌量抽取"。[3] 在此后颁发的商税则例中胡椒皆被置于征税商品的首位，足见胡椒在当时进口番货中的地位，其已成为地方财政的重要来源。

　　隆庆开禁后，税制亦日益规范、完善，其税收主要包括对民间出海船只征收的船引、对出口货物征收的水饷、对进口货物征收的陆饷。按照月港税制，胡椒税属陆饷范畴，由商铺缴纳。隆庆年间，进口胡椒需缴纳税额最高为每百斤三钱。[4] 而当时中国市场上的胡椒销售价格基本在每担（即 100 斤）12 ~ 15 两，即使按胡椒的最低市场价格与最高税额来计算，税率也仅为 2.5%。[5] 因税率较低，加之走私贸易的存在，官方征收的胡椒税及其他进口货物的商税总额并不高。隆庆六年，月港（海澄）所征税额仅 3000 两，万历元年（1573）为 6000 两，万历四年增至 10000 两，十一年增至 20000 两、二十二年达 29000 两，二十七年为 27000 两，四十三年税额降至 23400 两。[6] 即使是税额最高年份的 29000 两，其数额也依然较低。不过，月港通过开

1　《明史》卷 82《食货志六》，第 2006 页。

2　参见涂丹《东南亚胡椒与明代社会经济》，《江西社会科学》2019 年第 3 期。

3　万历《漳州府志》卷 5《赋役志》，厦门大学出版社，2010，第 190 页。

4　张燮：《东西洋考》卷 7《饷税考》，第 141 ~ 143 页。

5　16 世纪初，葡萄牙人多默·皮列士在其《东方志》中记述：当时中国向马六甲商人征收胡椒进口关税税率为 20%，其他货物的关税税率为 10%。参见（澳门）《文化杂志》编《十六和十七世纪伊比利亚文学视野里的中国景观》，大象出版社，2003，第 8 页。

6　全汉昇：《明季中国与菲律宾间的贸易》，《中国经济史论丛》（一），第 489 ~ 490 页。

海贸易所获得的实际税收远不止官方记载的数目。

为了鼓励海外贸易和香料进口贸易，明廷不断下调进口税率。胡椒的进口税额也在不断降低。隆庆六年，每进口一百斤胡椒，需缴纳税银三钱；[1] 万历三年，提督军门周详制定了入华番船征税规则，按船只大小征税；万历十七年改为按货值征税，每百斤胡椒征税二钱五分；万历四十三年，朝廷又下调税率，对番货征税"恩诏量减"，每百斤胡椒征税二钱一分六厘（见表4-4）。[2] 从月港的进口关税收入看，万历十七年的减税并没有使关税收入下降。其中缘由应该是进口贸易量增加了。

表4-4　明万历十七年和万历四十三年香料进口税额

万历十七年			万历四十三年		
名称	数量	税银	名称	数量	税银
胡椒	一百斤	二钱五分	胡椒	一百斤	二钱一分六厘
檀香	成器者一百斤	五钱	檀香	成器者一百斤	四钱三分二厘
	不成器者一百斤	二钱四分		不成器者一百斤	二钱七厘
奇楠香	一斤	二钱八分	奇楠香	一斤	二钱四分二厘
沉香	十斤	一钱六分	沉香	十斤	一钱三分八厘
没药	一百斤	三钱二分	没药	一百斤	二钱七分六厘
肉豆蔻	一百斤	五分	肉豆蔻	一百斤	四分三厘
冰片	上者十斤	三两二钱	冰片	上者十斤	二两七钱六分五厘
	中者十斤	一两六钱		中者十斤	一两三钱八分二厘
	下者十斤	八钱		下者十斤	六钱九分一厘
荜拨	一百斤	六分	荜拨	一百斤	五分二厘
降真	一百斤	四分	降香	一百斤	三分四厘
白豆蔻	一百斤	一钱四分	白豆蔻	一百斤	一钱二分一厘
血竭	一百斤	四钱	血竭	一百斤	三钱四分六厘
束香	一百斤	二钱一分	束香	一百斤	一钱八分一厘
乳香	一百斤	二钱	乳香	一百斤	一钱七分三厘
木香	一百斤	一钱八分	木香	一百斤	一钱五分五厘

1　万历《漳州府志》卷5《赋役志》，第190页。
2　张燮：《东西洋考》卷7《饷税考》，第140～143页。

续表

万历十七年			万历四十三年		
名称	数量	税银	名称	数量	税银
丁香	一百斤	一钱八分	丁香	一百斤	一钱五分五厘
丁香枝	一百斤	二分	丁香枝	一百斤	一分七厘
阿魏	一百斤	二钱	阿魏	一百斤	一钱七分三厘
芦荟	一百斤	二钱	芦荟	一百斤	一钱七分三厘
苏合油	十斤	一钱	苏合油	十斤	八分六厘
安息（香）	一百斤	一钱二分	安息（香）	一百斤	一钱四厘
排草	一百斤	二钱	排草	一百斤	一钱七分三厘
紫檀	一百斤	六分	紫檀	一百斤	五分二厘
苏木	西洋木大每百斤	五分	苏木	西洋木大每百斤	四分三厘
	东洋木小每百斤	二分		东洋木小每百斤	二分一厘

资料来源：张燮《东西洋考》卷7《饷税考》，第141 ～ 145 页。

经过万历四十三年这次减税，漳州府所征东、西洋税银定额从原来的 27087.633 两，减为 23400 两，减少了 13.6%。由于张燮记述不明，我们不清楚上述漳州府税银定额是一年的还是一个月的。从嘉靖二年（1523）广东抽分"旬月可得银两数万"看，上述漳州府所征税银应是一个月的。以税率十抽二推算，漳州府每月平均进口番货价值在 10 万两以上。

（四）中国香料贸易对亚洲香料经济带构建的影响

亚洲香料经济带的构建与香料的生产、贸易和使用密切相关。由于明初的朝贡贸易物品主要是香料，明朝廷把朝贡和官方贸易所得的香料大规模地用于赏赐、支俸，时间长达近百年（1379 ～ 1471）。此举在解决了明朝财政问题的同时，促进了中国的香料消费和香料使用的平民化，加速了香料从奢侈品向日用品的转变，使香料的社会需求大大增加，刺激了东南亚地区的香料生产。

在 1355 年伊本·白图泰访问爪哇和苏门答腊时，该地还没有种植胡椒。[1]大约在明初，苏门答腊才从印度马拉巴尔引种胡椒。安东尼·瑞德认为，胡椒种植传播到苏门答腊北部，很可能就是郑和下西洋导致的。郑和下西洋，刺激了东南亚对中国市场的商品生产，尤其是香料的生产。[2]到16世纪初葡萄牙人到来时，仅苏门答腊最北端的巴赛地区就年产胡椒1400～1800吨，相当于马拉巴尔胡椒产量的一半。[3]由此可见，苏门答腊胡椒种植发展迅速。

如前述，受明朝"厚往薄来"朝贡制度的影响，不出产胡椒、苏木的国家也采购并贡献给明朝，这促进了香料在东南亚和东亚国家之间的交互流动，也促进了各国香料贸易和香料经济的发展。

郑和下西洋刺激了东南亚对中国市场的香料商品化生产，使海外输入中国的香料种类和数量大大增加，增进了东西洋各国对中国商品的了解，促进了朝贡贸易和官方贸易的发展。东、西洋各国为了获取中国物品（以丝织品、棉布、陶瓷、日用品为主），迫切需要加大香料生产和对华香料贸易。这些香料生产地区与中国的经济联系也大大增强，形成了香料生产、贸易和消费一整条产业链。随着香料生产和出口贸易的繁荣，诸如阿瑜陀耶、马六甲、巴赛、文莱、锦石等发展成贸易城市。[4]这些贸易城市的兴起，对早期亚洲区域经济带的构建起了非常重要的作用。

明朝对香料私人贸易管理政策的变化，也深刻影响到香料贸易的发展。宣德以后，中国私商的香料贸易日益发展，中国东南沿海商人和海外番商纷纷投入香料贸易这个冒险事业中来，进一步推动了亚洲香料经济的发展。正德四年，明朝廷对海外贡使携带私货改行抽分制度，实际上使海外私商来华开展香料贸易合法化，"海禁"政策名存实亡。随着隆庆开海，私商海外贸易更是一日千里，大批华人私商扬帆出海，与葡萄牙人角逐香料利益，加速了亚洲香料经济带的形成。

1　《伊本·白图泰游记》，马金鹏译，宁夏人民出版社，1985，第536～539页。

2　安东尼·瑞德：《东南亚的贸易时代：1450～1680年》第2卷，第19页。

3　安东尼·瑞德：《东南亚的贸易时代：1450～1680年》第2卷，第14～15页。

4　安东尼·瑞德：《东南亚的贸易时代：1450～1680年》第2卷，第19页。

三　葡萄牙人在亚洲的香料贸易

在 15 世纪中叶以前，香料群岛出产的香料首先集中到马六甲港口，经过爪哇人、马六甲人、印度人、阿拉伯人等穆斯林商人的转运，随后通过红海或波斯湾到亚历山大港或贝鲁特港；接着，主要由威尼斯商人通过利凡特贸易，把香料运到威尼斯、热那亚、马赛及其他地方出售。威尼斯成为欧洲的香料集散地。[1] 这条香料航线需要从陆地中转，运输耗时长，且经过众多的中间商，运输成本和中间商成本很高。

东南亚生产的各种香料对葡萄牙人有巨大的诱惑力。正如多默·皮列士所说："马来亚商人说，上帝使帝汶产檀香木，班达产肉豆蔻香料，摩鹿加产丁香，而这些商品除这些地方外，未听说世上有别的地方出产。"[2] 为了追逐香料贸易的巨额利润，在葡萄牙国王曼努埃尔一世资助下，葡萄牙人向远东殖民扩张。1499 年，葡萄牙舰船驶入印度洋；在 16 世纪初，葡萄牙人先后占领了科钦、加尔各答、科伦坡、果阿、马六甲、北大年、万丹等地，建立起欧洲—果阿—马六甲航线。这条航线最初主要是把马鲁古群岛（摩鹿加群岛）所产的香料运销到欧洲。整个 16 世纪，葡萄牙人几乎垄断了东南亚与欧洲的香料贸易，并大规模开展对华香料贸易。

（一）16 世纪葡萄牙人的亚欧香料贸易

葡萄牙人的亚欧香料贸易大体上可分为四个时期。[3]

1　David Bulbeek, Anthony Reid, Lay Cheng Tan, and Yiqi Wu, *Southeast Asian Exports since the 14th Century: Cloves, Pepper, Coffee, and Sugar*, p.22；Joel Mokyr, *The Oxford Encyclopedia of Economic History*, Vol.5, *Spices and Spices Trade*, Oxford University Press, 2003, p.2. 参见本书第一章第一节（一）葡萄牙人建立的亚洲殖民统治体系。

2　多默·皮列士：《东方志——从红海到中国》，第 147 页。

3　田汝英：《葡萄牙与 16 世纪的亚欧香料贸易》，《首都师范大学学报·社会科学版》2013 年第 1 期。

（1）繁荣时期（1503～1550）

1502年，达·伽马第二次远航印度，迫使科钦、坎那诺尔、奎隆签订协议，以固定价格向葡人售卖香料。此后，葡萄牙人从印度大量运出香料，香料贸易迅速发展起来。1513～1519年是葡萄牙香料贸易的鼎盛期，据C.维科（C. H. H. Wake）统计，葡萄牙人向欧洲年均输入香料37493担，1518年的进口量更是高达48062担，达到峰值（参见表4-5）。也有资料统计，1513～1539年，葡萄牙人平均每年向欧洲输入30余吨（497担以上）丁香及10吨（165.6担）肉豆蔻，他们占据了欧洲大部分香料市场。[1]这个时期，虽然仍有一些香料由穆斯林商人经传统的中东商道转运到地中海东岸和亚历山大里亚，但数量有限。

表4-5　16世纪葡萄牙年均进口香料数

单位：担

年份	胡椒	高级香料	合计
1503～1506	18825	2543	21368
1513～1519	29866	7627	37493
1526～1531	18102	2498	20600
1547～1548	30119	3831	33950
1571～1580	20768	6174	26942
1581～1590	19819	5887	25706
1591～1600	11018	3302	14320

资料来源：C. H. H. Wake, "The Changing Pattern of Europe's Pepper and Spice Imports, ca 1400–1700, " *Journal of European Economic History*, No.8, 1979, pp.361–403。

在16世纪早期，葡萄牙人运往欧洲的香料主要从印度出口，而且运走的香料2/3以上是胡椒，在30年代以前，每年运走的胡椒几乎都在2万担（120.8万公斤）以上。在贸易量最高的年份1518年、1519年，葡船运到欧洲的胡椒分别达到44032担和35000担（见表4-6）。这么大数量的胡椒输入，已大大超出欧洲胡椒市场的容量，导致胡椒

1　安东尼·瑞德：《东南亚的贸易时代：1450～1680年》第2卷，第23页。

价格的狂跌。里斯本的胡椒价格不断下降，1499 年为每担 80 杜卡特
（两），1502 年降至 40 杜卡特，1504 年降到 20 杜卡特甚至更低。[1] 葡
萄牙国王仓库里曾堆积 33 年卖不掉的陈货胡椒。[2] 这种情况不仅出现
于葡萄牙，甚至蔓延到欧洲许多国家。[3] 1503 年，北欧主要香料市场
安特卫普的胡椒价格降至 1495 年涨价之前的水平。[4]

　　直到 1511 年，葡萄牙人都较少涉及胡椒、肉桂和生姜以外的香料
贸易；此后，摩鹿加群岛所产丁香、肉豆蔻（子）和肉豆蔻干皮才成
为他们返航运输的重要货物。[5] 丁香、肉豆蔻等又被称为高级香料、精
细香料。摩鹿加香料输入欧洲的高峰是在 1513 年和 1514 年，分别达到
7427 担、5047 担（见表 4-6）。这些摩鹿加香料集中运到果阿等地，再
往西运到里斯本。值得注意的是，从 1513 年开始，运输香料的葡船大
幅减少，但运走的香料在多数年份却没有减少。这说明每艘运输香料
的商船吨位更大，载运的香料数量大大增加了。

表 4-6　16 世纪早期葡萄牙从印度进口的香料数

单位：艘，担

	1503 年	1505 年	1513 年	1514 年	1518 年	1519 年	1530 年	1531 年
船只数	16	13	5	5	6	8	3	4
①胡椒	26000	22000	20020	20414	44032	35000	15438	18870
②生姜	—	450	4007	4063	2470	300	899	341
③肉桂	—	350	1268	813	315	800	726	523
④摩鹿加香料	—	187	7427	5047	204	820	992	798
⑤其他香料	—	165	142	440	1041	453	109	54

1　Donald Frederick Lach, *Asia in the Making of Europe*, Vol.1, *The Century of Discovery*, Chicago and
　London: The University of Chicago Press, 1965, p.143.

2　R.S.Whiteway, *The Rise of Portuguese Power in India, 1497-1550*, New York, rep.1969, p.171.

3　田汝康：《郑和海外航行与胡椒运销》，《上海大学学报》1985 年第 2 期。

4　Donald Frederick Lach, *Asia in the Making of Europe*, Vol.1, *The Century of Discovery*, pp.107, 143.

5　桑贾伊·苏拉马尼亚姆：《葡萄牙帝国在亚洲：1500 ~ 1700》，第 90 ~ 91 页。

续表

	1503 年	1505 年	1513 年	1514 年	1518 年	1519 年	1530 年	1531 年
②～⑤合计	—	1152	12844	10363	4030	2373	2726	1716
①～⑤合计	26000	23152	32864	30777	48062	37373	18164	20586

资料来源：C. H. H. Wake, "The Changing Pattern of Europe's Pepper and Spice Imports, ca 1400−1700," *Journal of European Economic History*, No.8, 1979, pp.361−403。

1505 年从东南亚返航的 13 艘葡船组成的船队，是由 L.S. 德·阿尔贝加里亚（Lopo Soares de Albergaria）所率领的，途中还损失了一艘。关于 1505 年和 1518 年葡船所载货物，桑贾伊·苏拉马尼亚姆的统计与 C. 维科的统计有所不同（见表 4-7）。

表 4-7　1505 年和 1518 年葡船从东南亚返航运走的货物量

单位：公斤

货物	1505 年	1518 年	货物	1505 年	1518 年
胡椒	1074003	2128962	紫胶	411	66443
生姜	28476	—	决明子	—	2432
肉桂	8789	1342	玛瑙	—	851
丁香	7145	5584	甘松	—	431
木蓝	1336	—	酸豆	308	—
肉豆蔻干皮	—	986	丝绸	—	2660
没药	514	678	巴西原木	—	969
红檀木	—	27978	其他	771	207
小豆蔻	206	—	总计	1121959	2242112
香	—	2589			

资料来源：桑贾伊·苏拉马尼亚姆《葡萄牙帝国在亚洲：1500～1700》，第 85～86 页。

从表 4-7 的统计数据看，在 16 世纪初，葡船从东南亚返航运走的香料增长最多的是胡椒和紫胶，肉桂数量下降很多，1518 年甚至没有运销生姜。

大量价格低廉的东方香料输入，冲击了原来以威尼斯商人为主导的利凡特香料市场，导致威尼斯人控制的香料市场进货困难。1496～1498年，威尼斯每年从埃及亚历山大进口胡椒和其他香料1060～1200吨（合17549.67～19867.55担），从贝鲁特进口270～420吨，而1501～1506年威尼斯在这两地的年均进口量分别降至335吨、45吨。[1]1504年，利凡特的港口已经无香料可装了。1505～1515年，威尼斯进口的香料总量不超过75000担。1514年，威尼斯商人不得不到里斯本购买香料。由于货源短缺，1505年开罗的胡椒价格高达192杜卡特/担（100斤），是1496～1531年的最高价格。在不到5年的时间里，威尼斯的胡椒价格从每担42杜卡特上涨至80杜卡特。[2]直到1530年前后，利凡特贸易才有所恢复，但未超过1501年的水平。

16世纪二三十年代，葡萄牙与西班牙、奥斯曼帝国的冲突导致了其香料进口量的减少。到1547～1548年，葡萄牙人运回欧洲的香料大体恢复到30年前的水平（见表4-5）。因为葡萄牙可以就近从塞维利亚取得美洲白银，再用白银到远东购买香料。[3]16世纪30年代，里斯本已取代威尼斯成为欧洲的主要香料市场。香料贸易使"16世纪初期的里斯本，商业利润犹如暖房中的花草蒸蒸日上"。[4]在1506年，西非的黄金和亚洲的香料"已构成葡萄牙国家收入的一半以上。此后，随着亚洲贸易比重不断增长，它就组成了'帝国经济的基础'"。[5]

（2）与穆斯林商人竞争时期（1550～1570）

16世纪中期，远东输往欧洲和中东地区的香料比前一个时期更多了，仅输出的胡椒就超过前一个时期输出的各种香料之总和（参见表4-6、表4-7）。不过，这些胡椒不都是葡萄牙人运到欧洲的。东方穆

1　桑贾伊·苏拉马尼亚姆：《葡萄牙帝国在亚洲：1500～1700》，第91页；羽田正：《东印度公司与亚洲之海》，第40页。

2　Donald Frederick Lach, *Asia in the Making of Europe*, Vol.1, *The Century of Discovery*, pp.119, 98, 107.

3　费尔南·布罗代尔：《15至18世纪的物质文明、经济和资本主义》第3卷，第156页。

4　费尔南·布罗代尔：《地中海与菲利普二世时代的地中海世界》第1卷，唐家龙等译，商务印书馆，2013，第632页。

5　伊曼纽尔·沃勒斯坦：《现代世界体系》第1卷，尤来寅等译，高等教育出版社，1998，第418～419页。

斯林商人（苏门答腊岛的亚齐、印度和奥斯曼帝国的穆斯林商人）开展的香料贸易，对葡萄牙的香料贸易产生了非常不利的影响。穆斯林掌控的亚齐国统一了大半个苏门答腊岛，使穆斯林商人重新振作起来，与葡萄牙人争夺香料贸易的利润。传统的利凡特贸易一度复苏，葡萄牙人的香料贸易市场被穆斯林商人抢夺了近一半。从表 4-8 可以看出，1550 ~ 1556 年，从远东出口到利凡特和里斯本的胡椒各占一半；1557 ~ 1571 年，葡萄牙胡椒的年均进口量低于利凡特的进口量。1558 年，为葡萄牙分销香料的福格尔家族关闭了里斯本的商行，通过拉格萨参与利凡特贸易，把香料从亚历山大里亚直接运到中欧销售。[1]欧洲的胡椒价格也反映了葡萄牙的不利地位：1550 ~ 1560 年，维也纳市场的胡椒价格下降了 10%，因为它可以从威尼斯或安特卫普进货；而安特卫普的胡椒价格上涨较多，只从安特卫普进货的英格兰市场的胡椒价格上涨了 25%。[2]

表 4-8　1537 ~ 1571 年从远东出口到里斯本和利凡特的胡椒年均数量

单位：担

年份	里斯本	利凡特	合计
1537 ~ 1549	26000	22000	48000
1550 ~ 1556	20000	20000	40000
1557 ~ 1571	24000	28000	52000

资料来源：Jan Kieniewicz, "The Portuguese Factory and Trade in Pepper in Malabar during the 16th Century," *Indian Economic Social History Review*, No.6, 1969, p.62。

也有资料记载，在 17 世纪 60 年代，通过穆斯林商道运抵埃及的胡椒每年有 1250 ~ 2000 吨（20695.4 ~ 33112.6 担）。[3]值得注意的是，

1　Frederic C. Lane, "The Mediterranean Spice Trade: Further Evidence of its Revival in the Sixteenth Century," *The American Historical Review*, Vol.45, No.3, Apr., 1940. 引自田汝英《葡萄牙与 16 世纪的亚欧香料贸易》,《首都师范大学学报·社会科学版》2013 年第 1 期。

2　Donald Frederick Lach, *Asia in the Making of Europe*, Vol.1, *The Century of Discovery*, p.129.

3　Charles R. Boxer, *The Portuguese Seaborne Empire, 1415-1825*，New York: Alfred A. Knopf, 1969, pp.418-419；安东尼·瑞德：《东南亚的贸易时代：1450 ~ 1680 年》第 2 卷，第 32 页。

表 4-8 所统计的输往里斯本的胡椒数据仅仅是官方贸易数据。葡萄牙人运到里斯本的胡椒数量远远不止这些。葡萄牙的私人香料贸易非常活跃，私人香料贸易的数量根本无法统计。私人香料贸易主要有以下几类。

第一，殖民地官员和船员装载香料的"特权箱子"。这是葡萄牙船员唯一的额外津贴，也是吸引他们远航印度的原因。葡萄牙船队 15% ~ 20% 的货运空间以及 1/4 的生活空间和甲板是留给他们载货的。[1]

第二，葡萄牙国王授予某些重要人物出售一定数量香料的特权。例如，1595 年，葡萄牙驻锡兰舰队首领获得每年出口 100 巴哈尔（Bahar，1 巴哈尔胡椒或肉桂约为 320 斤）肉桂的权利，达·伽马的继承人可运售 60 巴哈尔。[2]

第三，香料走私贸易。1552 年，印度税收官员西芒·博特略（Simao Botelho）报告说，摩鹿加长官的私人船只已满载丁香起航，王室船只还因缺货而未能起航。[3]

第四，1570 年葡萄牙王室允许私人从事香料贸易，私人贸易迅速发展。据保守估计，16 世纪初，私人贸易约占葡萄牙香料进口量的 30%，后期则更多，而且主要涉及高级香料。[4]

因此，虽然面临利凡特贸易的竞争，在多数年份葡萄牙人向欧洲进口的香料数量仍比利凡特商人多。利凡特贸易是葡萄牙贸易的补充，它只在葡萄牙贸易遭遇困难时一度复兴。[5] 与前一个时期相比，葡

1　C. H. H. Wake, "The Changing Pattern of Europe's Pepper and Spice Imports, ca 1400-1700," *Journal of European Economic History*, No.8, 1979, pp.361-403.

2　C. R. de Silva, "The Portuguese Impact on the Production and Trade in Sri Lanka Cinnamon," in M.N.Pearson, ed., *Spices in the Indian Ocean World*, Hampshire, Great Britain; Brookfield, Vt., USA: Variorum, 1996.

3　C. R. de Silva, "The Portuguese Impact on the Production and Trade in Sri Lanka Cinnamon," in M. N. Pearson, ed., *Spices in the Indian Ocean World*.

4　C. H. H. Wake, "The Changing Pattern of Europe's Pepper and Spice Imports, ca 1400-1700," *Journal of European Economic History*, No.8, 1979, pp.361-403.

5　C. H. H.Wake, "The Changing Pattern of Europe's Pepper and Spice Imports, ca 1400-1700," *Journal of European Economic History*, No.8, 1979, pp.361-403. 参见田汝英《葡萄牙与 16 世纪的亚欧香料贸易》，《首都师范大学学报·社会科学版》2013 年第 1 期。

萄牙商人向欧洲进口的香料也并没有明显减少。所以，这个时期并非如田汝英认为的那样，是葡人进口香料贸易的"危机时期"。[1]

利凡特市场的香料主要是穆斯林商人从远东运来的。为避开葡萄牙在印度洋的大本营，一些穆斯林香料船从亚齐出发，途经马尔代夫，直穿印度洋，前往红海。[2] 1560 年，葡萄牙驻罗马教廷大使 L. P. 德·泰沃拉（Lourenqo Pires de Taivora）估计，亚历山大里亚每年从东方进口 4 万担香料。他感叹道："进口到土耳其素丹国的香料如此多，难怪运抵里斯本的这样少。"[3] 中东是全球香料贸易的重要市场，运抵利凡特的香料有许多在中东被出售、消费了。1504 ~ 1549 年东方运往西方的香料仅 55% 到达了欧洲，其余的留在了利凡特。[4] 在这个时期的多数年份，葡萄牙王家进口的香料占欧洲进口总量的一半左右。

嘉靖元年，明朝廷以"倭寇猖獗"为由，罢闽、浙二市舶司，封闭泉州、宁波二港，仅存广州市舶司。从此，偌大的中国仅剩广州一处通商口岸。[5] 31 年后，葡萄牙人占据了澳门，澳门很快成为广州对外贸易的外港。澳葡发现，对中国的香料贸易不但获利丰厚，而且市场巨大，贸易风险比亚欧贸易低得多。于是，他们以澳门为基地，开展大规模对华香料贸易，这弥补了他们对欧贸易的损失。明朝隆庆开禁，也给了澳葡开展对华贸易的契机。

（3）垄断欧洲市场时期（1570 ~ 1590）

1570 年后，葡萄牙王室允许私人参与东方贸易，一些大商人参与其中，葡萄牙对欧洲的香料贸易进入复兴阶段。在这个时期，葡萄牙国内政治局势动荡。1581 年，葡萄牙被西班牙兼并。但这似乎并没有

1　田汝英：《葡萄牙与 16 世纪的亚欧香料贸易》，《首都师范大学学报·社会科学版》2013 年第 1 期。

2　安东尼·瑞德：《东南亚的贸易时代：1450 ~ 1680 年》第 2 卷，第 31 页。

3　Frederic C. Lane, "The Mediterranean Spice Trade: Further Evidence of its Revival in the Sixteenth Century," *The American Historical Review*, Vol.45, No.3, Apr., 1940.

4　K. H. O'Rourke and J. G. Williamson, "Did Vasco Da Gama Matter for European Markets?" *Economic History Review*, Vol.62, No.3, 2009. 引自田汝英《葡萄牙与 16 世纪的亚欧香料贸易》，《首都师范大学学报·社会科学版》2013 年第 1 期。

5　黄启臣、邓开颂：《明清时期澳门对外贸易的兴衰》，《中国史研究》1984 年第 3 期。

影响到葡萄牙人的香料贸易。

表 4-5 显示，16 世纪 70 ~ 80 年代葡萄牙的高级香料贸易增长迅速。16 世纪下半叶，欧洲的肉豆蔻、肉豆蔻皮、肉桂的价格上涨了约 3 倍，所以葡萄牙人增加了这些品种的进口量。[1] 又如丁香，1579 年之前葡萄牙年均进口量最多时为 45 吨，但是，到 80 年代年均进口量猛增至 142 吨，其中，1582 年的进口量高达 310 吨，1600 年仍达 159 吨。[2] 这反映了葡萄牙香料贸易中高级香料所占比例的提高。由于高级香料价格高，贸易总利润也随之提高。16 世纪 80 年代，葡属马六甲的海关税收为 40 年代的 2 倍，因为马六甲是高级香料运往欧洲的必经之地。[3] 1572 年，葡萄牙国王每年从东方贸易中获得的纯利达 50 万杜卡特。[4] 16 世纪 70 ~ 80 年代，欧洲市场 75% 以上的香料是由葡萄牙人进口的。[5]

16 世纪 60 ~ 70 年代，奥斯曼帝国发生内乱，又与威尼斯开战，利凡特的香料贸易再也没有恢复到 1560 ~ 1566 年的水平。1583 年，情况变得更糟，利凡特香料贸易不但没有盈利，反而亏损 8%。1585 年前后，胡椒价格上涨了一倍。利凡特地区（尤其是君士坦丁堡）商人为满足自身的消费需求，不得不去威尼斯购买来自里斯本的香料。[6]

利凡特与葡萄牙的香料贸易竞争导致欧洲香料进口量不断增加，价格逐渐下降。当时的英国商人托马斯·孟记载说，在新航路开辟前，每磅胡椒的价格为 6 先令甚至更高，几乎从未低于 3 先令 6 便士；新航路开辟后，胡椒价格为每磅 16 便士至 2 先令不等。[7] 香料开始从

1　Charles R. Boxer, *The Portuguese Seaborne Empire, 1415-1825*, p.61.

2　David Bulbeek, Anthony Reid, Lay Cheng Tan, and Yiqi Wu, *Southeast Asian Exports since the 14th Century: Cloves, Pepper, Coffee, and Sugar*, pp.25, 32.

3　安东尼·瑞德：《东南亚的贸易时代：1450 ~ 1680 年》第 2 卷，第 33 页。

4　Donald Frederick Lach, *Asia in the Making of Europe*, Vol.1, *The Century of Discovery*, p.132.

5　C. H. H. Wake, "The Changing Pattern of Europe's Pepper and Spice Imports, ca 1400-1700," *Journal of European Economic History*, No.8, 1979, pp.361-403.

6　费尔南·布罗代尔：《地中海与菲利普二世时代的地中海世界》第 1 卷，第 840、835 页。

7　托马斯·孟、尼古拉斯·巴尔本、达德利·诺思：《贸易论（三种）》，顾为群等译，商务印书馆，1982，第 31 ~ 32 页。

奢侈品向大众消费品转变，消费者成为最终的受益人。

（4）衰落时期（16世纪90年代～17世纪上半叶）

16世纪末到17世纪初，葡萄牙受到荷兰和英国的挑战，丢失了马六甲、霍尔木兹、锡兰等重要据点；同时，亚洲贸易的商品结构发生变化，纺织品等日益重要；加之这一时期船只的失事率提高，葡萄牙人对欧香料贸易衰落。1592～1594年里斯本年均进口香料仅6700担。[1]据统计，1515年前后，葡萄牙运往欧洲的胡椒占马拉巴尔（印度西南海岸）胡椒产量的30%多；到16世纪末则仅为3%～4%。[2] 1603年，葡船"圣卡塔琳娜"号（Santa Catarina）从澳门驶往马六甲，途中停泊在柔佛外海。荷兰人劫获了该船，船上的货物主要有丝绸、樟脑、蔗糖、沉香木和瓷器。荷兰人在阿姆斯特丹拍卖了这批货物，赚取了30万荷盾。[3]从"圣卡塔琳娜"号载货情况看，澳门葡萄牙人没有装载胡椒等香料，而是装载了16世纪后期新发展的商品蔗糖和瓷器。[4]这从一个侧面反映了葡萄牙香料贸易的衰落。由于来自东方的胡椒数量大大减少，里斯本的胡椒价格不断提高，很多商人重新转到威尼斯市场购买胡椒。

（二）17世纪葡萄牙人的香料贸易

16世纪末以后，葡萄牙人在亚洲不仅要面对荷兰人的挑战，还要应对英国人、波斯萨非王朝沙赫、奥斯曼土耳其、坦贾武尔（Tanjavur）和马杜赖（Madyrai）的纳雅卡（Nayaka）统治者们、印度莫卧儿王朝、马打兰国王（Susuhunan）以及望加锡苏丹等的挑战。葡萄牙人先后丢失了万丹（1601）、柔佛和安汶（1605）、霍尔木兹（1622）、钦苏拉（1632，位于今印度西孟加拉邦胡格利县），并在1638年由于幕府闭

1　C. H. H. Wake, "The Changing Pattern of Europe's Pepper and Spice Imports, ca 1400–1700," *Journal of European Economic History*, No.8, 1979, pp.361–403.

2　Jan Kieniewicz, "The Portuguese Factory and Trade in Pepper in Malabar during the 16th Century," *Indian Economic Social History Review*, No.6, 1969, pp.61–64.

3　林肯·佩恩：《海洋与文明》，陈建军、罗燚英译，四川人民出版社，2019，第457页。

4　按，"圣卡塔琳娜"号前往马六甲的目的，也可能是要装载一部分胡椒到里斯本。

关政策而退出日本市场。[1] 1641 年，葡萄牙人丢失马六甲，失去了对
亚欧贸易航线的控制，加上欧洲胡椒价格的下跌，导致葡人逐渐退出
欧洲的胡椒市场。

17 世纪初，荷兰人来到远东，与葡萄牙人争夺香料贸易权。荷兰
人在与葡萄牙人争夺香料群岛和马六甲海峡控制权中成功，夺取了马
六甲、爪哇和香料群岛，控制了 17 世纪的胡椒贸易。1621 年初，荷
兰人将 64285 担胡椒运到欧洲。此后，进口额持续增加，价格还比葡
萄牙垄断时下降了 30% ~ 40%，这足以摧垮利凡特和葡萄牙的香料
贸易。[2]

荷兰人、英国人加入远东香料贸易，大量胡椒输送到欧洲，导致
欧洲各贸易公司囤积了大量胡椒，致使欧洲香料价格不断下降。欧洲
商人宁愿到阿姆斯特丹、威尼斯购买价格低廉的东方香料。由于销售
困难，荷兰东印度公司、英国东印度公司只好用折偿的办法处理过剩
的胡椒。1610 ~ 1643 年荷兰东印度公司 9 次用胡椒来折偿支付股
息。[3]1603 年，英国东印度公司第一次运入英伦的 21 万磅胡椒找不
到买主，最终以每磅 2 先令的价格分配给股东作为股息，股东到处
变卖兑现，胡椒市场价格跌落到每磅 1 先令 2 便士，有的股东手里
的胡椒堆积六七年无法脱手。当时英国财政大臣因为胡椒太多而感
到头痛。[4]

在这样的形势下，葡萄牙人向远东派遣的商船大幅减少，从东南
亚运往里斯本的香料也不断减少。1611 ~ 1620 年，里斯本向亚洲派
遣了 66 艘商船，其中只有 47 艘抵达亚洲，而同期荷兰人向亚洲派遣
了 117 艘商船。[5]

葡萄牙人虽然失去了欧洲胡椒市场的控制权，但仍垄断亚欧之间

1　桑贾伊·苏拉马尼亚姆:《葡萄牙帝国在亚洲: 1500 ~ 1700》，第 220 ~ 222 页。
2　C. H. H. Wake, "The Changing Pattern of Europe's Pepper and Spice Imports, ca 1400−1700," *Journal of European Economic History*, No.8, 1979, pp.361−403.
3　A. Hyma, *The Dutch in the Far East: A History of the Dutch Commercial and Colonial Empire*, pp.67−68.
4　William Forster, *England's Quest of Eastern Trade*, pp.160−161.
5　桑贾伊·苏拉马尼亚姆:《葡萄牙帝国在亚洲: 1500 ~ 1700》，第 242 页。

的肉桂贸易，因为质量好的肉桂只产于锡兰的低洼地区，而葡萄牙严密控制着该地区，直到 1658 年该地彻底落入荷兰人之手。[1] 17 世纪 30 年代，锡兰肉桂的年产量已超过 2500 巴哈尔。葡萄牙官方进口的肉桂数量较多且相当稳定：1626 年为 1560 巴哈尔，1628 年为 1851 巴哈尔，1633 年为 2624 巴哈尔，1637 年为 2400 巴哈尔。[2]

　　早在失去欧洲市场之前，葡萄牙人就开始致力于中国和日本香料市场的开拓。自 16 世纪 70 年代以后，澳门葡萄牙人的香料贸易侧重于中国和日本。直到 1611 年，葡萄牙官方仍宣称胡椒是葡属印度贸易的基本商品，也是为王室带来高额利润的商品。[3] 在 1639 年以前，为了获得日本的白银，澳葡不断运送中国生丝、丝织品、蔗糖以及东南亚产的胡椒、肉豆蔻等到日本。澳葡在 17 世纪一如既往地向中国输入香料，以换取中国的商品。只是囿于资料不足，笔者无力统计这个时期澳葡输入中、日的香料数量。

　　此外，澳葡大力发展檀香木贸易。葡萄牙人占据澳门后，以澳门为基地，积极发展中国与东南亚地区的贸易，澳门—东南亚航线形成。1566 年，多明我会修士在帝汶附近的索洛岛（Solor）建立了一个堡垒，索洛一度成为葡萄牙人经营帝汶檀香木贸易的基地，澳门—东南亚航线的支线——澳门—索洛航线开辟出来。[4] 澳葡所经营的檀香木在欧洲和中国、日本等地很受欢迎。[5] 1605 年，葡萄牙人被荷兰人赶出马鲁古群岛；1613 年，索洛岛被荷兰人占领，葡萄牙人改以望加

1　参见本书第一章第二节（一）荷兰人与葡萄牙人争夺亚洲海上贸易权。

2　C. R. de Silva, "The Portuguese Impact on the Production and Trade in Sri Lanka Cinnamon,"in M.N.Pearson, ed., *Spices in the Indian Ocean World*. 引自田汝英《葡萄牙与 16 世纪的亚欧香料贸易》，《首都师范大学学报·社会科学版》2013 年第 1 期。

3　Charles R. Boxer, *The Portuguese Seaborne Empire, 1415-1825*, p.60.

4　C. R. Boxer, *Fidalgos in the Far East, 1550-1770*, pp.175-176；谟区查：《葡萄牙贵族在远东：澳门历史中的事实与逸闻（1550～1770）》，第 117～118 页；彭蕙：《明清之际澳门和帝汶的檀香木贸易》，《暨南学报·哲学社会科学版》2015 年第 8 期。

5　罗德里克·帕达克：《明朝年间澳门的檀香木贸易》，（澳门）《文化杂志》（中文版）第 1 期，1987 年夏季刊；彭蕙：《明清之际澳门和帝汶的檀香木贸易》，《暨南学报·哲学社会科学版》2015 年第 8 期。

锡作为其东南亚贸易的基地。望加锡离檀香木和苏木产地小巽他群岛以及丁香产地班达群岛都不远，是檀香木和丁香出口理想的中转站，成为与澳门齐名的葡萄牙人在东方的第二大市场。[1]葡萄牙人每年在望加锡的贸易额达 50 万比索，仅澳门几艘单桅船装载的货物就达 6 万比索。[2]17 世纪 30 年代末，澳门葡萄牙人退出对日贸易，澳门与望加锡等东南亚地区的贸易发展成澳葡主要贸易项目，澳门—望加锡—索洛—帝汶航线日益繁忙起来。17 世纪 40~60 年代，葡萄牙人在望加锡的贸易，帮助澳葡弥补了对日贸易的损失。[3]澳门—望加锡—帝汶航线成为澳葡海上贸易的一条固定航线。

澳葡从广州购买丝织品、棉布、蔗糖、土茯苓等运到望加锡，在那里赚取来自马尼拉的白银和苏拉威西岛生产的黄金，再把帝汶的文那港（Mena）、马度米亚（Matomea）和卡文那士（Camanase）等地的檀香木，以及班达群岛的丁香等输往澳门。澳葡也从澳门向望加锡输入中国的黄金，以赚取金、银兑换差价。[4]澳葡从这条航线获利丰厚。1590 年，科钦主教唐·弗朗西斯科·佩德罗·达·席尔瓦（D. Francisco Pedro da Silva）记述："檀香木在中国很受重视，其一般价格是每担 20 帕塔卡，而在有些年份，当由帝汶开来澳门的船只不足时，其在澳门的售价达到每担 150 帕塔卡。"[5]1633 年的另一份报告称，澳葡向中国进口檀香木利润可达 200%。1640 年，葡萄牙军队留驻帝汶岛北岸的利福（Lifau），控制了帝汶的檀香木贸易，将檀香木源源不

1 Geoffrey C. Gunn, *Timor Loro Sae*, Macau: Livros do Oriente, 1999, p.82. 引自彭蕙《明清之际澳门和帝汶的檀香木贸易》，《暨南学报·哲学社会科学版》2015 年第 8 期，第 53 页。

2 C. R. Boxer, *Fidalgos in the Far East, 1550–1770*, pp.177–178；误区查：《葡萄牙贵族在远东：澳门历史中的事实与逸闻（1550~1770）》，第 119 页。

3 George B. Souza, *The Survival of Empire: Portuguese Trade and Society in China and the South China Sea, 1630–1754*, p.110.

4 普塔克：《1640~1667 年间澳门与望加锡之贸易》，李庆新主编《海洋史研究》第 9 辑。

5 Humberto Leitão, *Os Portugueses em Solor e Timor de 1515 a 1702*, Lisboa: Tip. da Liga dos Combatentes da Grande Guerra, 1948, p.175. 引自彭蕙《明清之际澳门和帝汶的檀香木贸易》，《暨南学报·哲学社会科学版》2015 年第 8 期，第 52 页。帕塔卡是葡萄牙亚速尔群岛货币，与葡萄牙货币埃斯库多（Escudo）等值。

断运往澳门，再转售到中国内地。[1]中国市场对帝汶檀香木的旺盛需求，使檀香木贸易成为 17 世纪澳葡海外贸易的支柱。[2]即使在清代"迁海令"颁布期间，澳门与帝汶的贸易仍在持续发展，澳葡商船不断来往于澳门与望加锡之间。[3]根据 G.B. 索扎的统计，1629 ~ 1667 年来往于澳门与望加锡的船只数量如表 4-9 所示。

表 4-9　1629 ~ 1667 年来往于澳门与望加锡之间的商船数

单位：艘

年份	澳门至望加锡	望加锡至澳门	年份	澳门至望加锡	望加锡至澳门
1629		1	1655	1	
1630	1		1656	5	4
1634	2	2	1657		2
1637		1	1658	3	4
1638	2		1659		1
1644	5	5	1660	4	
1645	2	2	1661	1	3
1647	3	2	1663		1
1648	2	1	1664	1	2
1649	3		1665	1	2
1651	1		1666		2
1652	3	3	1667	1	1
1653	3	2	合计	44	41

资料来源：George B. Souza, *The Survival of Empire: Portuguese Trade and Society in China and the South China Sea, 1630-1754*, pp.94-95。

1　罗德里克·帕达克：《明朝年间澳门的檀香木贸易》，（澳门）《文化杂志》（中文版）第 1 期，1987 年夏季刊；彭蕙：《明清之际澳门和帝汶的檀香木贸易》，《暨南学报·哲学社会科学版》2015 年第 8 期；郭卫东：《檀香木：清代中期以前国际贸易的重要货品》，《清史研究》2015 年第 1 期。

2　J.E.Wills, *Embassies and Illusions*, Cambridge: Harvard University Press, 1984, p.84. 参见彭蕙《明清之际澳门和帝汶的檀香木贸易》，《暨南学报·哲学社会科学版》2015 年第 8 期；C. R. Boxer, *Fidalgos in the Far East, 1550-1770*, pp.177-178, 198。

3　George B. Souza, *The Survival of Empire: Portuguese Trade and Society in China and the South China Sea, 1630-1754*, pp.94-95.

从表 4-9 可以看出，1629 年至 1667 年，澳门每年有 1 ～ 5 艘船前往望加锡；其中，由澳门抵达望加锡的商船共 44 艘，而由望加锡返回澳门的商船也有 41 艘。在 1641 年马六甲陷落、1642 年澳门与马尼拉贸易中断后，往返于澳门和望加锡之间的船只不断增多，至 1658 年，几乎每年都有船只往返于两地之间。而且这一时期，从澳门前往望加锡的船只与返回的船只大致持平，1658 年后的多数年份从望加锡返回澳门的船只多于从澳门驶往望加锡的船只。从澳门驶往望加锡的船只中，部分从望加锡前往帝汶，装载檀香木后返回。[1]

明朝末年，明政府限制澳葡与内地贸易，澳葡失去中国内地广大的经济、资源腹地。崇祯四年（1631），明廷封锁广东，不许葡人出入贸易；崇祯十年，又规定葡萄牙人不能来广州互市；十三年，崇祯帝又下达禁止与葡人通商的谕旨。顺治四年（1647），两广总督佟养甲允许广东商人进入澳门与葡萄牙人贸易，但不许澳葡进入广州贸易。康熙二十四年（1685），粤海关设立，澳门与广州的陆路贸易停止。[2]这样，澳葡不能从澳门前往广州购买中国内地的商品，失去了海外贸易的主要货源。这无疑是对澳门葡人对外贸易的致命打击。加上1639 年日本幕府对葡萄牙人彻底关闭市场，澳葡既失去了日本市场，又断绝了日本白银的进项，流动资金（白银）短缺。在荷兰人和中国政府、日本政府的打击下，澳葡在亚洲区间贸易中的份额严重萎缩。1667 年，荷兰人完全占据望加锡，接管了望加锡中转贸易。澳葡转而发展与马尼拉、巴达维亚的贸易。

1723 年，雍正帝取消了 1717 年颁布的华人"南洋禁航令"，中国商人纷纷下南洋贸易，与澳门葡商争夺檀香木贸易的利润。澳葡对帝汶檀香木贸易的垄断被打破。中国商人从帝汶和巴达维亚运回大量檀香木在广州出售，售价低廉，以致从澳门到帝汶的航行几乎无利可

1　彭蕙：《明清之际澳门和帝汶的檀香木贸易》，《暨南学报·哲学社会科学版》2015 年第 8 期。
2　黄启臣、邓开颂：《明清时期澳门对外贸易的兴衰》，《中国史研究》1984 年第 3 期。

图。[1]1730 年 12 月 26 日，政令允许前往帝汶的船只中途停靠巴达维亚。[2]前往帝汶或从帝汶来的船只，途中停靠巴达维亚售卖檀香木的现象非常普遍，导致从帝汶运到澳门的檀香木数量不断减少，加之中国商人以及英商、荷商参与此项贸易，澳门与望加锡、帝汶之间的檀香木贸易衰落了。

（三）葡萄牙人香料贸易对亚洲区间贸易的影响

首先，葡萄牙人香料贸易大大推动了亚洲原有的香料贸易，促使印度和东南亚的大批香料输入中国、日本和欧洲，推动了以香料贸易为中心的亚洲区间贸易的发展。亚洲是全球香料的主要市场，印度的香料消费量是欧洲的 2 倍，中国则消费了东南亚所产胡椒的 75%。[3]

其次，香料贸易促使葡萄牙人构建起一个复杂的亚洲区间贸易网络和亚欧贸易网络。由于本国商品在亚洲没有销路，葡萄牙人不得不借助其他国家的商品来换购香料：为了购买香料，他们需要印度棉布和中国的丝织品、棉布、瓷器；而为了买到这些商品，需要在印度和中国畅销的商品或金银。[4]于是，他们不得不奔走于亚洲各地进行转口贸易。葡萄牙人占据澳门后发现，将香料贩运到中国和日本与运往葡萄牙一样利润丰厚，遂以澳门为基地，构建起其东亚贸易网络。葡萄牙人以较少的白银和中国商品（生丝、丝织品、黄金等）运到印度换购棉布、胡椒，以印度棉布和中国商品运到马六甲、柔佛等地换购胡椒、檀香木、苏木等，再把这些香料或西运到里斯本，或输

1　龙思泰：《早期澳门史》，第 145 页。

2　Arquivos de Macau, 4ª. Série, Vol. XV, Macau: Publicação Oficial, 1971, p.214. 引自彭蕙《明清之际澳门和帝汶的檀香木贸易》，《暨南学报·哲学社会科学版》2015 年第 8 期，第 55 页。

3　K. H. O'Rourke and J. G. Williamson, "Did Vasco Da Gama Matter for European Markets?" *Economic History Review*, Vol.62, No.3, 2009. 引自田汝英《葡萄牙与 16 世纪的亚欧香料贸易》，《首都师范大学学报·社会科学版》2013 年第 1 期。

4　Sanjay Subrahmanyam, *The Portuguese Empire in Asia, 1500–1700: A Political and Economic History*, London, New York: Longman, 1993, p.212.

入澳门，再到广州换购中国的丝绸、蔗糖等，或把东南亚的胡椒等香料以及中国的丝绸、蔗糖等输入日本，换取大量白银，再以白银到广州购买中国商品，运到东南亚和日本销售，形成良性的商业贸易模式。

通过远东各地的商品交换，葡商获利丰厚。1515 年，多默·皮列士注意到，用 500 来依（西班牙银币）在马六甲购买的货物，足够在马鲁古换购 1 巴哈尔的丁香，运回马六甲可以卖到 9 ~ 12 克鲁扎多（葡萄牙银币），利润为 7 ~ 9 倍。[1] 当然，这个利润不仅仅是马鲁古丁香出售的利润，还包含了马六甲货物在马鲁古出售的利润。

最后，葡萄牙人的香料贸易改变了亚洲及亚欧香料贸易路线和贸易格局，推动了亚洲各地产品的商品化进程。围绕香料贸易的交易商品涉及欧洲的葡萄酒、天鹅绒等，波斯的没药，印度的棉布和香料，中国的丝绸、棉布、蔗糖、瓷器、麝香、黄金等，日本和美洲的白银，非洲东海岸的黄金和乳香等，以及东南亚的香料。在 16 世纪，葡萄牙进口了欧洲市场约 3/4 的香料，基本垄断了亚欧香料贸易。葡萄牙永久地改变了亚欧香料贸易的市场结构——打破了威尼斯对香料贸易的垄断。葡萄牙实现了欧洲人直接参与香料贸易的夙愿。新航路航线虽长，但无须水陆交接转运，减少了运费，故香料价格降低了。

葡萄牙人的香料贸易是对以往亚欧香料贸易的继承和发展，它突破了利凡特香料贸易的范围和交易模式。葡萄牙的香料贸易活动体现了新旧时代过渡的特色，虽带有中世纪贸易的色彩，但也开创了近代世界贸易的新模式，对后来的荷兰人、英国人有重要影响。因此，布罗代尔指出："葡萄牙是促使欧洲爆炸的引信。"[2] 葡萄牙人的香料贸易沟通了传统的北海、地中海、印度洋、中国南海贸易圈和新兴的大西洋贸易圈，使世界各地商品的流动、联系更加紧密，促进了近代统一

1　多默·皮列士：《东方志——从红海到中国》，第 151 页；安东尼·瑞德：《东南亚的贸易时代：1450 ~ 1680 年》第 2 卷，第 36 页。500 来依≈1.2 克鲁扎多。

2　费尔南·布罗代尔：《15 至 18 世纪的物质文明、经济和资本主义》第 3 卷，第 142 页。

的世界市场的形成，开启了现代意义上的全球化进程。"香料贸易就是人类全球化的过程。"[1]

四　荷兰东印度公司的香料贸易

16世纪末，荷兰人一来到远东，就与葡萄牙人、西班牙人、英国人展开香料贸易的争夺，并最终取得胜利，垄断了香料群岛的香料贸易。17世纪以荷兰人为主导的亚洲香料贸易，改变了远东区间贸易的格局和香料经济的格局，对亚洲香料区域经济带的形成及印尼社会的影响是巨大的。

（一）荷兰人与葡萄牙人、西班牙人对香料贸易的争夺

1595年，豪特曼率领4艘船从阿姆斯特丹出发，向大西洋航行，绕过好望角，开始了荷兰人的第一次香料之旅。荷兰船队到达了苏门答腊、万丹、爪哇。荷兰人在万丹和爪哇肆意烧杀破坏，甚至还向万丹宫殿开炮。1597年，荷兰船队回到阿姆斯特丹，去时的249名水手只剩下了89名。由于这支船队在苏门答腊和万丹等地的粗鲁行为，他们仅仅带回了一些胡椒、次等的肉豆蔻和少量丁香。尽管运回的香料量少质次，仍然为荷兰人带来不菲的财富。[2]可以说荷兰人最初东来主要受香料贸易暴利的吸引。

从1595年到1601年，阿姆斯特丹商人至少派遣了14支船队，总共65艘船驶往亚洲市场。[3]其中最成功的是船长雅各布·范·内克（Jacob van Neck）率领的那次航行。雅各布·范·内克到达万丹后，

1　Andrew Dalby：《危险的味道——香料的历史》，李蔚虹等译，百花文艺出版社，2004，第261页。

2　Tim Hannigan, *A Brief History of Indonesia: Sultans, Spices, and Tsunamis: The Incredible Story of Southeast Asia's Largest Nation*, Tokyo: Tuttle Publishing, 2015, pp.111−114.

3　Robert Parthesius, *Dutch Ships in Tropical Waters: The Development of the Dutch East India Company* (VOC) *Shipping Network in Asia 1595−1660*, p.34.

没有采取豪特曼血腥的做法，而是与当地人交好。万丹急需盟友，荷兰人就成为最佳人选。内克在万丹采买香料十分顺利，在 4 周内就将 3 艘船全部装满。内克率领这 3 艘装满香料的船只返航，其副手威布兰·范·瓦维伊克（Wybrand van Warwyck）和雅各布·范·希姆斯克尔克（Jacob van Heemskerck）带领船队继续向东进发，分别到达了德拉地最北端的岛屿和班达群岛，并且都在岛上留下了荷兰水手，以搜集情报。这些荷兰水手最终于 1600 年春全部回到了荷兰。[1] 这次航行带回的香料给阿姆斯特丹商人带来了巨大财富，促使许多荷兰商人纷纷派遣船队到东南亚，开展香料贸易。

1599 年，荷兰人抵达当时世界上唯一出产肉豆蔻和肉豆蔻干皮的班达群岛。他们受到了班达人的欢迎，因为班达人想借助荷兰人驱赶葡萄牙人。1511 年葡萄牙人登上班达群岛后，就在当地建立基地，压榨当地人，传播天主教。当地民众对此十分反感，想尽力摆脱葡萄牙人的控制。很快班达人发现荷兰东印度公司比起葡萄牙人有过之而无不及。荷兰东印度公司迫使当地人签订了香料收购协议，垄断了班达群岛的肉豆蔻和肉豆蔻干皮出口贸易。但班达人并没有完全遵守这些协议，他们偷偷走私肉豆蔻来换取食物和衣物。而英国人是走私贸易的最大受益者。

1602 年，荷兰联合特许东印度公司成立，资本金为 660 万弗罗林，而英印公司最初的资本只有 7 万英镑。[2] 荷兰东印度公司的资本实力远比英国东印度公司强。

1605 年初，荷兰人抵达安汶岛，葡萄牙人迅速撤离。接着，荷兰东印度公司与希都国王签订香料销售协议，获得对那里丁香的垄断贸易权。同年，荷兰人把西班牙势力驱逐出蒂多雷岛。

1　Giles Milton, *Nathaniel's Nutmeg: How One Mans Courage Changed the Course of History*, London: Hodder and Stoughton Ltd., 1999, pp.108–111. 有两部中译本：吉尔斯·密尔顿《香料角逐》；贾尔斯·米尔顿《改变历史的香料商人》，龚树川译，广东旅游出版社，2021。参见谢志玮《17 世纪英荷香料角逐对印尼的影响》，河北师范大学硕士学位论文，2021，第 28 页。

2　Kristof Glamann, *Dutch-Asiatic Trade, 1620–1740*, p.6. 17 世纪英镑与荷盾（即弗罗林）的比价约为 1∶10。

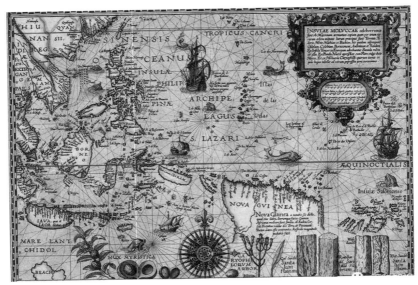

图 4-1　荷兰制图家普兰休斯（Petrus Plancius，1552-1622）
绘制的摩鹿加群岛地图

说明：该图 1592 年在阿姆斯特丹印刷出版。

资料来源：Kristof Glamann, *Dutch-Asiatic Trade*, *1620-1740*, p.6。

　　1606 年西班牙人从马尼拉发兵，攻下马其安要塞和德拉地王城，并将苏丹和王室成员押送到马尼拉。不过一年后，荷兰人重返德拉地，强迫当地统治者签下条约，将该王国置于荷兰东印度公司的控制下，并且攫取了丁香的收购垄断权。此后，荷兰人和西班牙人为了控制此区域的香料贸易不断争斗，直到 1609 年双方签订 12 年休战协定，西班牙人退出香料群岛。

　　不过，直到 1610 年，荷兰东印度公司在东南亚开展的贸易并没有获得什么利润，对此公司十七人董事会表示不满，他们要求坚决执行香料垄断贸易政策。为了安抚不满的股东，1610 ~ 1611 年荷兰东印度公司用香料给股东分红。[1] 1618 年，万丹贸易主管库恩（1618 ~ 1623 年、1627 ~ 1629 年任总督）被十七人董事会任命为总

_____

1　Holden Furber, *Rival Empires of Trade in the Orient, 1600-1800, Europe and the World in the Age of Expansion*, Vol. II , p.35.

督。库恩主张用铁腕政策攻击葡、西两国贸易领地，大肆扩张领土和推行殖民主义，摧毁所有欧洲竞争者。

（二）荷兰人与英国人对香料贸易的争夺

如果说荷兰人与葡萄牙人的争斗相对平和，那么他们与英国人的争斗则非常激烈。实际上，英国人比荷兰人早 16 年就来到了香料群岛。从 16 世纪下半叶开始，"香料群岛"开始出现在英国商人的航海图上，英国商人意识到从西非绕过好望角到达东南亚海岛国家的重要性。1580 年，弗朗西斯·德雷克环球航行，成功地回到英国，带回了在德拉地获取的丁香以及从西班牙人和葡萄牙人的船上劫掠来的金银、珍珠和宝石。在此过程中，德雷克与德拉地国王签订了香料贸易协议，从而为英国殖民者向东南亚扩张迈出了"具有重要意义的第一步"。德雷克的"成就"大大激发了英国商人对东南亚市场的狂热"兴趣"。1588 年，英国商人公会派出的托马斯·卡文迪许船队穿过麦哲伦海峡，横渡太平洋到达菲律宾，继续航行到爪哇西海岸，在马鲁古群岛购买了香料，于 10 月前后回到伦敦。[1] 1602 年 6 月，詹姆士·兰开斯特指挥 4 艘英国船历经艰险抵达亚齐，然后前往万丹，在万丹建立贸易站。次年 9 月，兰开斯特船队回到伦敦，运回 100 万英磅胡椒，480 名船员仅有一半左右生还。[2] 1607 年，英印公司船长戴维·米德尔顿驾驶"同意"号到马六甲后，花了两个多月的时间宴请拉拢西班牙人和葡萄牙人。他的手下"夜里与当地人私下交易，白天则跟西班牙人欢笑作乐"。他随后起航去蒂多雷买香料时，花 3000 英镑向路过的 1 艘中国平底帆船买了满满一船丁香，立即返回英格兰。"同意"号返回英格兰后，这批丁香在伦敦市场上卖了 36000 多英镑。[3]

1　吉尔斯·密尔顿：《香料角逐》，第 25～27、33 页。陈康：《关于十六世纪英荷香料群岛之争的两个问题》，《焦作矿业学院学报》1994 年第 5 期。参见谢志玮《17 世纪英荷香料角逐对印尼的影响》。

2　玛乔丽·谢弗：《胡椒的全球史：财富、冒险与殖民》，第 76～83 页。

3　吉尔斯·密尔顿：《香料角逐》，第 114～116 页；严小青：《冲突与调适：16～19 世纪广州口岸的中外香料贸易》，《广东社会科学》2016 年第 6 期。

1609 年，英印公司一船长威廉·基林（William Keeling）率领船员登上班达群岛的中心岛屿奈拉岛（Neira），后又在兰恩岛开设香料工厂。英国人与荷兰人在班达群岛的贸易竞争，使肉豆蔻的价格从每巴哈尔 9 里亚尔上升到 12 里亚尔。英国人还与荷兰人控制的班达群岛其他几个岛屿的原住民私下开展香料贸易。[1] 荷兰人用武力迫使伦铎岛（Lonthor）等岛上居民签订肉豆蔻垄断协议。英国人的到来，被班达群岛当地人视为救星降临。于是，荷兰人下决心要赶走英国人，从而发生了几次大的冲突。由于荷兰和英国的东印度公司代表着各自国家在远东的利益，在当时全球殖民化的背景下，英荷两国东印度公司对印度尼西亚香料贸易所有权的争夺逐渐转化为英荷两国对印尼殖民地统治权的争夺。

1. 1616 年兰恩岛争夺

17 世纪黑死病肆虐欧洲。欧洲医生认为，用装有肉豆蔻的香囊和嗅瓶可以抵御黑死病。于是，欧洲人对肉豆蔻的需求量剧增，尤其是瘟疫最严重的伦敦。英国人急于得到香料，甚至愿意为少量肉豆蔻支付高达两倍的价格。[2] 为此，伦敦商人将印尼香料贸易的重点转向了班达群岛的肉豆蔻。荷兰也看到了肉豆蔻贸易蕴含着很高的利润，着力对肉豆蔻贸易实行垄断。

班达群岛的兰恩岛盛产肉豆蔻，也是班达群岛中唯一不受荷兰人控制的岛屿，成为英荷两国重点争夺的对象。英国人到达兰恩岛的时间比荷兰人要早一些。英国人几次登上兰恩岛，兰恩岛的酋长向英国商人理查德·亨特（Richard Hunt）宣誓效忠英国国王，将自己的领土交给英国使用，还签署了相关文件。[3] 为了兑现兰恩岛当初对英国的承诺，1616 年 12 月，英印公司委派 N. 科特霍普（Nathaniel

1　Vincent C. Loth, "Armed Incidents and Unpaid Bills: Anglo-Dutch Rivalry in the Banda Islands in the Seventeen Century," *Modern Asian Studies*, Vol.29, No.4, 1995, p.712.

2　Charles River Editors, *The Dutch East India Company: The History of the World's First Multinational Corporation*, p.59；谢志玮：《17 世纪英荷香料角逐对印尼的影响》，第 30 页。

3　John Keay, *The Honourable Company: A History of the English East India Company*, London: Harper Collins Publishers Ltd., 1993, p.48.

Courthope）率领 2 艘英国船到达兰恩岛，与兰恩岛的酋长重新签署了
臣服协议，并举行了转让土地的仪式。这份协议成为后来英国对兰恩
岛所有权的重要依据。在不久后的圣诞节，兰恩岛附近出现了库恩带
领的荷兰船队。科特霍普告诉荷兰人，兰恩岛已经和英国签署了投降
协议。[1]但荷兰人还是决定以武力征服兰恩岛。科特霍普依靠兰恩岛地
势和防御工事抵御荷兰的进攻，战事呈胶着状态。荷兰人对兰恩岛进
行围困、封锁，岛内的给养和淡水很快捉襟见肘。[2]

　　1618 年，库恩被任命为荷兰东印度公司总督后，即对英国人采取
强硬政策，要将英国人赶出印尼。1618 年 12 月，英国人捕获了从泰国
北大年港开往万丹的荷兰船只"黑狮"号，想以此作为交换条件，解
救科特霍普并且取得兰恩岛的统治权。但是这艘荷船却被不小心烧
毁。为了报复"黑狮"号事件，库恩下令摧毁了雅加达的英国商馆。[3]

　　1620 年，为了了解大班达岛当地人反抗荷兰人统治的情况，科
特霍普前往大班达岛，途中遭到荷兰伏兵的袭击，被杀身亡。科特霍
普死后，兰恩岛的英国士兵群龙无首，荷兰人不仅轻而易举地占领了
该岛，还对岛上的土著和幸存的英国士兵百般侮辱。[4]荷兰人占领兰恩
岛后，很快把荷兰东印度公司的职员送上岛，在岛上开辟肉豆蔻种植
园，对肉豆蔻贸易实行垄断。

　　2. "防御条约"的签订

　　在印尼地区，英荷两国公司为争夺香料垄断权和控制权的斗争
不断加剧。库恩担任总督期间，对在印尼的英国商人实行强硬的敌对
政策，不仅袭击英国贸易站，甚至焚烧英国商馆，对英国的香料贸易
造成了一系列的打击。1619 年，荷兰人攻占雅加达，将其改名为巴
达维亚，作为荷兰在远东的行政管理中心、贸易中心和荷兰东印度公

1　D. G. E. 霍尔：《东南亚史》上册，第 373 ~ 374 页。

2　Giles Milton, *Nathaniel's Nutmeg: How One Mans Courage Changed the Course of History*, pp.212-213.

3　D. G. E. 霍尔：《东南亚史》上册，第 376 页；John Keay, *The Honourable Company: A History of the English East India Company*, p.49。

4　Giles Milton, *Nathaniel's Nutmeg: How One Mans Courage Changed the Course of History*, pp.226-230.

司的主要贸易港口。面对荷兰人的进攻，英国人也对荷兰在万丹等地的贸易站进行攻击，但收效甚微。在与荷兰人的争斗中，英国人处于弱势。

当荷英在印尼争斗正酣，荷英两国政府在欧洲却展开谈判，寻求缓和。荷兰政府出于对抗西班牙的需要，希望与英国缓和在印尼香料贸易中的紧张关系。英国也想通过谈判，扭转在亚洲香料贸易中处于劣势的局面。

1619 年，英荷两国经过几个月谈判，最终签订了"防御条约"。根据该条约，双方归还各种争斗中被俘获的人员和船只；英国获得香料群岛 1/3 的丁香和肉豆蔻贸易权以及爪哇一半的胡椒贸易权；英荷共同组成一个防御委员会，相互承认各自已经获得的要塞、贸易站，而新获得的领地将各占一半；成立一支联防舰队，双方各自装备 10 艘大船，把西班牙人和葡萄牙人完全逐出东印度群岛，摧毁他们在马来半岛、中国和菲律宾的残余基地，英方提供 1/3 的人员、钱款和船只，荷方提供其余部分；不允许他国的东印度公司运输香料。[1]

根据"防御条约"，英国东印度公司在安汶、德拉地和班达群岛上建立了商馆，并将总部从万丹迁到了巴达维亚。英国人通过"防御条约"得到的香料贸易份额，只是停留在纸上，英印公司在运输、管理能力上的缺陷以及资金的不足，致使英国人无力全面落实条约内容。当时的英国东印度公司也无力分担荷兰在印尼发动的一系列战争的费用，荷兰方面也不愿意分给英国人应得的香料份额。因此该条约其实并没有解决英荷之间存在的贸易争端。[2]

非常仇视英国人的库恩得知该条约后大为恼火，认为英国人占了大便宜，根本无视该条约。1621 年，库恩出兵征服班达群岛，对班达群岛上的土著进行买卖或杀害，接着实行移民策略，力图对肉豆蔻贸

1　Vincent C. Loth, "Armed Incidents and Unpaid Bills: Anglo-Dutch Rivalry in the Banda Islands in the Seventeen Century," *Modern Asian Studies*, Vol.29, No.4, 1995, p.722.

2　Vincent C. Loth, "Armed Incidents and Unpaid Bills: Anglo-Dutch Rivalry in the Banda Islands in the Seventeen Century," *Modern Asian Studies*, Vol.29, No.4, 1995, p.738.

易进行垄断。[1]

从 1620 年前后英国消费的香料数量看，"防御条约"的签订有利于英国人从东南亚进口香料。英国消费的香料数量与荷印公司运到阿姆斯特丹的香料数量相差不多，而荷印公司进口的香料是供应欧洲大陆的，不仅仅是供荷兰人消费的。

表 4-10　1620 年前后英国、荷兰消费的亚洲商品数量

单位：百万英磅

亚洲商品	英国	荷印公司进口
胡椒	600	700
丁香	45	49
肉豆蔻干皮	15	18
肉豆蔻	40	45
蓝靛	35	—
波斯生丝	100	—

说明：荷兰消费的亚洲商品几乎都由荷印公司进口。

资料来源：Niels Steensgaard, *The Asian Trade Revolution of the Seventeenth Century: The East India Companies and the Decline of the Caravan Trade*, Chicago: University of Chicago Press, 1973, p.155, Table 9。

3. 安汶大屠杀

英荷签订的"防御条约"并没有调和英荷两国在香料贸易上的矛盾，在远东地区英荷关系持续恶化。荷兰人在垄断了肉豆蔻贸易后，还想垄断丁香贸易。安汶岛位于马六甲海峡和班达群岛之间，丁香产量丰富，是香料贸易的重要港口。控制了安汶，就掌控了大部分丁香资源。[2]当时，荷兰人和英国人都在安汶建有商馆，不过英印公司在安汶的香料加工厂濒临破产。库恩非常希望把英国人从安汶岛赶走。1623 年 2 月，荷兰人在安汶岛抓捕了一名日本武士，并很快获得了一

1　Giles Milton, *Nathaniel's Nutmeg: How One Mans Courage Changed the Course of History*, p.200；安东尼·瑞德：《东南亚的贸易时代：1450～1680 年》第 2 卷，第 379～380 页。

2　Giles Milton, *Nathaniel's Nutmeg: How One Mans Courage Changed the Course of History*, p.238.

份他们想要的供词：日本人和英国人一起密谋策划兵变。2 月 15 日，安汶岛上所有英国士兵和日本人被荷兰人逮捕，关押在城堡的地牢和附近的船上。接下来的一整周，每个人都受尽酷刑折磨，一些人被屈打成招。结果除 4 名英国人和 2 名日本士兵被赦免外，其余 10 名英国人、9 名日本雇佣兵和 1 名葡萄牙士兵在受尽折磨后，被判处死刑。3 月 9 日，这些人被斩首，史称"安汶大屠杀"。[1] 通过此事件，荷兰人取得了对安汶岛的绝对控制权，扩大了荷兰东印度公司在香料贸易中的优势，基本完成了对肉豆蔻、丁香等名贵香料的垄断。安汶大屠杀之后，英印公司关闭了在安汶的贸易站，撤走了代理商，仅在巴达维亚等地保留了部分英国商人，英国人的东方香料贸易一蹶不振。不过，英国人仍在名义上保留了对兰恩岛的所有权。此后，英印公司逐渐将重心转到印度和其他贸易上。

4. 英荷围绕兰恩岛所有权的争斗

在安汶大屠杀后，围绕兰恩岛所有权和班达群岛的香料贸易权问题，英荷两国开始了长期的谈判和争斗。英国人撤出兰恩岛后，一直想凭借科特霍普曾经签署的兰恩岛投降协议和土地转让协议，恢复对兰恩岛的统治，重新获得在香料贸易中的份额。荷兰虽承认应该对安汶大屠杀负责，但拒绝归还兰恩岛。库恩还实行种族隔离政策，破坏班达群岛上的村庄和小船，将几百名土著卖到爪哇当奴隶，将剩余的100 多名成年人残忍屠杀，将所有的耕地分配给移民来的荷兰人种植，并役使奴隶进行耕种，甚至将班达群岛的肉豆蔻树进行移植和摧毁。库恩企图通过这些手段防止将来兰恩岛归还给英国时，英国重新得到大量的肉豆蔻。[2]

第一次英荷战争（1652 ~ 1654），英国取得了胜利。1654 年 4 月，双方签订《威斯敏斯特条约》，荷兰因安汶大屠杀向英国赔偿 27 万英镑，同意英国恢复对兰恩岛的所有权的要求，将兰恩岛的所有权交还

1　玛乔丽·谢弗：《胡椒的全球史：财富、冒险与殖民》，第 132 ~ 133 页；John Keay, *The Honourable Company: A History of the English East India Company*, pp.53-54。

2　D. G. E. 霍尔：《东南亚史》上册，第 379 页。

给英国，还割让了大西洋上的圣赫勒拿岛；英国再一次名义上拥有了东印度群岛的香料贸易权。[1]

而英印公司过了很久才派遣人员去收复兰恩岛。荷兰人又重新将英国人赶出了兰恩岛，并且报复性地将兰恩岛上的肉豆蔻树全部烧毁。荷兰这一行为激怒了英国的约克公爵，其于 1664 年派兵占领了荷兰在北美的殖民地曼哈顿。[2]英荷战争再次爆发。第二次英荷战争以签订《布雷达条约》（Treaty of Breda）结束。该条约规定：荷兰继续占有兰恩岛，作为交换，英国对曼哈顿拥有领土所有权。该条约导致英印公司直接失去了在东方香料贸易中的份额，而荷兰彻底完成了对肉豆蔻的垄断。[3]英荷围绕香料贸易和香料群岛的争夺结束。

荷兰人通过安汶大屠杀，完成了对丁香贸易的垄断，通过《布雷达条约》，完成了对肉豆蔻贸易的垄断，同时也完成了对印尼的殖民统治以及从马六甲到安汶一连串港口的控制，荷印公司"成为 17 世纪中叶东南亚的贸易和海上霸主"。[4]荷兰人的胜利改变了远东香料贸易和区间贸易的格局，也改变了香料群岛的香料生产方式，在香料群岛和爪哇等地建立起殖民地种植园，并改变了这些地区的政治、经济、宗教和文化结构以及人口结构。

从 1621 年库恩出兵征服班达群岛，到 1664 年《布雷达条约》签订，荷兰人在班达群岛建立起严密的控制体系。[5]荷印公司把群岛分成 68 个生产区域，每一个区域安排一名负责人以及 25 名奴隶，负责人都经过精心挑选，并制定严酷刑法约束这些人。荷印公司为了确保完全垄断肉豆蔻贸易，派遣快艇巡逻队在班达群岛游弋，打击反抗的残余势力，并在公司没有控制的地区大肆破坏肉豆蔻树，全然不顾剥夺当地居民的所有生活来源。通过垄断肉豆蔻资源，荷兰人运到阿姆斯

1　Giles Milton, *Nathaniel's Nutmeg: How One Mans Courage Changed the Course of History*, p.267.

2　Giles Milton, *Nathaniel's Nutmeg: How One Mans Courage Changed the Course of History*, pp.269-271.

3　Charles Wilson, *Profit and Power: A Study of England and the Dutch Wars*, Springer Netherlands, 1978, p.141; Emily Erikson, *Between Monopoly and Free Trade: The English East India Company, 1600-1757*, p.8.

4　安东尼·瑞德：《东南亚的贸易时代：1450～1680 年》第 2 卷，第 442 页。

5　Kristof Glamann, *Dutch-Asiatic Trade, 1620-1740*, p. 92.

特丹的肉豆蔻售价是班达群岛收购价格的 120 倍。[1]

与此同时，荷兰人还控制了葡萄牙人开辟的香料群岛南北两条航线及东南亚的其他贸易航线，促使马六甲—爪哇—香料群岛—中国—长崎航线发达。1640 年，荷兰人联合柔佛，进攻葡萄牙人的重要据点马六甲。1641 年 1 月 19 日，葡萄牙统治了 130 多年的马六甲落入荷兰人手中。荷兰人控制了马六甲海峡通往印度洋的通道，这标志着香料运输控制权从葡萄牙人转移到荷兰人手里。在接下来的 20 年间，荷兰人抢夺了斯里兰卡、科罗曼德尔和马拉巴尔海岸，这些地方都出产胡椒。[2]

通过香料贸易和争夺印尼殖民统治权的斗争，荷兰人的实力不断增强。1620 ~ 1629 年，荷印公司在亚洲的航运总量较前一时期增长了 80% 的船舶移动量和 50% 的运输量。自荷印公司将巴达维亚作为统治中心和贸易中心后，爪哇与其他地区的航运迅速发展起来。1630 ~ 1639 年，荷印公司船舶运输量增长了 23%，总量增长了 17%；1640 ~ 1649 年，荷兰在亚洲的海运总量较前一时期增长了 19%，货运量增长了近 50%。1650 ~ 1659 年，与前 10 年相比，荷兰人的亚洲海运数量有所下降，亚洲区间航行次数减少了 2%，航行量减少了 8%。[3]

在此期间，英国人在亚洲的贸易处于低迷状态。英国东印度公司减少了在香料贸易中的投资。在 1623 年后的三四年时间里，万丹的英国商人没有收到任何航运和投资资本，甚至认为自己被遗忘了。1635 年，英印公司不得不对伦敦的 18 名雇员减薪；1639 年，英印公司被迫暂停其造船计划，恢复了早期的租船做法；1657 年 1 月 14 日，英印公司通过公开拍卖的方式，将公司拥有的兰恩岛、万丹等地的工厂以及印度群岛的房屋和其他权利出售给"任何英国本土人"。[4]

《布雷达条约》签订后，荷兰人并未将英国商人完全赶出印尼群

1　John Keay, *The Spice Route: A History*, London: The Folio Society (Press), 2005, p.243.

2　John Keay, *The Spice Route: A History*, pp.246-247.

3　Robert Parthesius, *Dutch Ships in Tropical Waters: The Development of the Dutch East India Company (VOC) Shipping Network in Asia 1595-1660*, pp.138-142.

4　John Keay, *The Honourable Company: A History of the English East India Company*, pp.127-129.

岛。在苏门答腊、占碑等地仍然存在英国商人。这些商人通过一些走私的机会进行香料贸易，尽管数量不如荷兰人，但也说明荷兰人在印尼对香料贸易的垄断并不彻底。直到 1682 年，荷兰通过镇压印尼群岛各地的叛乱、扶持听命荷兰人的苏丹作为印尼各岛的头领等手段，才将英国商人驱逐出去。[1]

（三）17 世纪荷印公司的香料贸易

荷印公司对欧洲的香料贸易实际上由两部分构成：在亚洲采购香料属于亚洲外向型区间贸易，把香料运销荷兰属于亚欧贸易。这两部分密切结合，导致欧洲市场供需关系和荷兰的政局变化深刻影响到东南亚的香料生产和价格。此外，荷印公司与英国在东南亚的争夺，公司对香料生产和价格的垄断，亚洲各国对香料的需求以及中国、日本、波斯等地香料市场价格，也对荷印公司对欧洲的香料贸易产生很大影响。

相对于英国东印度公司来说，荷兰东印度公司更具竞争优势，荷印公司得到本国政府的支持力度也大于英印公司。荷印公司的组织更为严密，早在 1609 年就设立东印度大总督一职，第一任总督彼得·波士（Pieter Both）被授权监控荷印公司所有的堡垒、领地、商管、人员和业务，以进一步强化荷印公司在东方的地位。荷印公司还设立掌管财政和政治事务的中心机构，商品买卖一般都有计划，利润和损失也由公司承担，而不是由某一航次的船主承担，公司的资本金也比较充沛，使用期限较长，甚至有超过 10 年的资金；公司对职员的走私贸易控制严格。[2] 荷兰人平均每年向亚洲派遣船只，1601 ~ 1610 年为 5.9 艘，1611 ~ 1620 年为 11.7 艘；里斯本在 1611 ~ 1620 年向亚

1　Tim Hannigan, *A Brief History of Indonesia: Sultans, Spices, and Tsunamis: The Incredible Story of Southeast Asia's Largest Nation*, p.124.

2　M. A. P. Meilink-Roelofsz, *Asian Trade and European Influence in the Indonesian Archipelago between 1500 and about 1630*, p.192.

洲共派遣 66 艘船，其中抵达亚洲的有 47 艘。[1]1613 ~ 1617 年，荷印公司派往亚洲的船只有 51 艘，而英国人只有 29 艘。[2]1621 年和 1622 年，荷印公司在亚洲的船只分别是 67 艘、83 艘，英印公司只有 25 艘和 28 艘。[3] 另有资料说，在 17 世纪 20 年代，荷印公司平均有 117 艘船可供差遣，30 年代增至 148 艘，[4] 60 年代达到高峰，有 257 艘。1600 ~ 1650 年，荷兰人共派出 655 艘船至亚洲，英国人只有 286 艘。[5]据 C. R. 博克舍的估计，东南亚生产的香料有 2/3 输往欧洲，1/3 在亚洲（印度苏拉特、中国、日本等地）销售。[6]

17 世纪荷印公司香料贸易品种主要是胡椒、肉豆蔻和肉豆蔻干皮及丁香，详情如下。

1. 胡椒贸易

17 世纪上半叶，胡椒贸易占荷印公司亚洲贸易额的一半以上。1620 年前后，荷印公司的进口贸易中，有 56% 的经费用于胡椒的收购，18% 的经费用于高级香料的收购。[7]当时，印度出产的胡椒价格比东南亚出产的胡椒要高 50% 左右。因此，荷兰人和英国人主要购买东南亚的胡椒而很少购买印度胡椒。到 17 世纪下半叶，印度也开始从印度尼西亚进口胡椒。

17 世纪东南亚的胡椒集散地是万丹和亚齐。荷兰进口的胡椒有 75% 来自东南亚，其余的来自印度和锡兰。欧洲市场的胡椒还有一部分来自葡萄牙人、丹麦人和阿拉伯、印度的穆斯林商人，葡萄牙人在 1641 年失去马六甲后基本停止采购东南亚的胡椒到欧洲，但继续通

1　桑贾伊·苏拉马尼亚姆：《葡萄牙帝国在亚洲：1500 ~ 1700》，第 242 页。

2　V. O. C. Arch. 4389（departures register for Company ships），转引自 M. A. P. Meilink-Roelofsz, *Asian Trade and European Influence in the Indonesian Archipelago between 1500 and about 1630*, p.194。

3　V. O. C. Arch., O. B. 1622 I, fol.119~121. 转引自 M. A. P. Meilink-Roelofsz, *Asian Trade and European Influence in the Indonesian Archipelago between 1500 and about 1630*, p.195。

4　安东尼·瑞德：《东南亚的贸易时代：1450 ~ 1680 年》第 2 卷，第 379 页。

5　玛乔丽·谢弗：《胡椒的全球史：财富、冒险与殖民》，第 141 页。

6　C. R. Boxer, *The Dutch Seaborne Empire, 1600–1800*, London: Hutchinson, 1965, p.200.

7　浅田实：《东印度公司——巨额商业资本之兴衰》，顾姗姗译，社会科学文献出版社，2016，第 26 页。

过澳门把胡椒进口至中国。从 1597 年第一艘荷兰舰船到达万丹开始，胡椒市场很快落入荷兰人之手，葡萄牙人和穆斯林商人贩运到欧洲的胡椒数量很快下降。在 17 世纪 20 年代仅有 17 艘葡萄牙船返回，而同时期返航欧洲的荷兰船是 69 艘，英国船 38 艘，丹麦船 4 艘，法国船 1 艘。[1] 在 17 世纪 20 年代，供应欧洲的胡椒几乎都来自东南亚，阿姆斯特丹成为欧洲最主要的胡椒市场，伦敦次之。

1600 年前后，苏门答腊、马来半岛以及西爪哇的胡椒年均产量达 4500 吨以上，其中万丹一地的胡椒年均产量就有 2000 吨。1610 ~ 1670 年，东南亚胡椒的主要产地有苏门答腊、马来半岛的吉打、北大年、宋卡和彭亨等地，以及婆罗洲南部的马辰。整个东南亚地区的胡椒年产量在 17 世纪 30 年代前为 6000 余吨，至 1670 年胡椒产量达到高峰，有 8000 余吨。[2] 东南亚的胡椒出口量也在 17 世纪 70 年代达到峰值，每年大概有 5700 吨（约合 94370.9 担）运到欧洲（见表 4-11）。

表 4-11　17 世纪东南亚胡椒出口到欧洲的年均量

单位：吨

年份	荷兰进口数量	欧洲进口总量	年份	荷兰进口数量	欧洲进口总量
1603	—	3767	1641 ~ 1656	2243	2243
1604 ~ 1609	—	—	1660 ~ 1669	3065	3814
1610 ~ 1619	—	1239	1670 ~ 1679	3485	5705
1620 ~ 1629	1235	2384	1680 ~ 1689	2470	3710
1630 ~ 1639	1235	2100	1690 ~ 1699	2964	3753
1640	2095	2367			

资料来源：David Bulbeck, Anthony Reid, Lay Cheng Tan, and Yiqi Wu, *Southeast Asian Exports since the 14th Century: Cloves, Pepper, Coffee, and Sugar*, pp.74-75。

据表 4-11 统计，1620 ~ 1699 年，荷兰进口胡椒有 182523 吨（缺 1657 ~ 1659 年数据）。另有资料统计，在 1615 年，荷印公司自东方

1　Niels Steensgaard, *The Asian Trade Revolution of the Seventeenth Century: The East India Companies and the Decline of the Caravan Trade*, p.170.

2　安东尼·瑞德：《东南亚的贸易时代：1450 ~ 1680 年》第 2 卷，第 17 页。

向欧洲进口了高达 600 万荷磅（2964 吨）的胡椒。这可补表 4-11 之缺。1619 年至 1621 年，胡椒进口贸易量约占荷印公司贸易量的六成；到 1650 年，胡椒仍占该公司由巴达维亚至欧洲贸易的五成左右。相比之下，英国东印度公司从东方进口的胡椒少得多，低者 1609 年仅有 42 万磅（3360 担），高者 1626 年将近 300 万磅（24000 担）。在 1603 ~ 1640 年，英印公司仅有 12 年胡椒进口量超过 100 万磅。[1] 1638 ~ 1653 年，英国每年平均进口胡椒 140 万磅，其中 17 世纪 40 年代之前保持 250 万磅的进口量，1652 年、1653 年减少到 50 万磅多一点。[2]

欧洲胡椒价格在 17 世纪前期一直保持增长态势，价格维持在较高的水平。17 世纪头 20 年，欧洲市场旺盛需求促使东南亚的胡椒价格持续上涨，1600 年在万丹买 10 袋黑胡椒（大约 600 荷磅）仅需 10 ~ 12 里亚尔，但到了 1618 年就需要 50 ~ 60 里亚尔（每百磅约合 25 ~ 30 弗罗林），上涨了 4 倍。东南亚胡椒价格的高峰在 17 世纪 40 年代，达到 17、18 世纪的最高水平。[3]

17 世纪初期，荷兰人的胡椒收购价还受到中国商人的影响。1600 年前后，华商在万丹买断刚刚上市的胡椒，待价而沽。[4]1616 年，东南亚胡椒生产适逢小年，年产量约 5 万袋，但价格跌到每袋 1.5 里亚尔。中国中间商抬高价格收购胡椒，与荷兰人争夺货源。[5]

受胡椒贸易高额利润吸引，英国人大量进口胡椒，导致欧洲胡椒供应过剩，价格迅速下降。1619 年英荷签订"防御条约"，英印公司大量进口东南亚香料，与荷兰人激烈竞争，使胡椒和丁香价格猛跌，

1　James W. Gould, "America's Pepperport: 1784-1873," *Essex Institute Historical Collections*, Vol. XC II, April 1956, p.233. 引自玛乔丽·谢弗《胡椒的全球史：财富、冒险与殖民》，第 141 页。

2　Kristof Glamann, *Dutch-Asiatic Trade, 1620-1740*, pp. 81-82.

3　David Bulbeck, Anthony Reid, Lay Cheng Tan, and Yiqi Wu, *Southeast Asian Exports since the 14th Century: Cloves, Pepper, Coffee, and Sugar*, p.64.

4　安东尼·瑞德：《东南亚的贸易时代：1450 ~ 1680 年》第 2 卷，第 432 页。

5　M. A. P. Meilink-Roelofsz, *Asian Trade and European Influence in the Indonesian Archipelago between 1500 and about 1630*, p.252.

导致荷印公司的香料库存惊人。1622 年，十七人董事会认为库存香料足够供应整个欧洲达 7 ~ 8 年。1623 年，为了处理如此大量的库存，荷印公司分配股东的利润 25% 用丁香支付。这种用丁香给股东分红的做法，在 1610 年首次使用，一直沿用到 1645 年。1625 年公司在阿姆斯特丹仍储存有 385 万磅的胡椒，在接下来的几年掺和到新产胡椒中一起出售。[1]

胡椒在荷兰的售价大部分是合同定价。从 17 世纪初到 40 年代前期，欧洲的胡椒一般为每百磅 60 弗罗林，但到 40 年代后期胡椒价格呈整体下滑趋势，从 1648 年直到 17 世纪末，胡椒价格每百磅超过 60 弗罗林的时间不超过 10 年。出于这个原因，17 世纪 40 年代开始，荷印公司重视胡椒在亚洲市场，尤其是中国、日本市场的销售；到 18 世纪，印尼的胡椒大部分在亚洲销售。

17 世纪欧洲胡椒价格波动较大，这对荷印公司向欧洲出口胡椒的数量有相当大的影响。当欧洲市场上的胡椒价格上涨时，荷印公司在东南亚订购的胡椒数量往往会增加。1610 年至 1617 年欧洲对胡椒的需求非常旺盛，价格也水涨船高，1617 年欧洲市场胡椒价格上涨到最高点时，荷兰人订购了 420 万到 480 万磅；1617 年欧洲胡椒价格开始下跌，在 1622 年荷兰人只订购了 260 万磅；1625 ~ 1627 年胡椒价格上涨，1627 年荷兰人的订购量达到 420 万磅；1627 年后价格下跌，荷兰人订购量也压缩至每年 300 万磅。1636 ~ 1641 年荷兰忙于与葡萄牙争夺马六甲，使得欧洲胡椒供应不足，而欧洲胡椒消费量却在增长，这样胡椒价格又开始上升。1637 年欧洲胡椒售价最高达到了每百磅 105 弗罗林。1637 年 8 月，公司十七人董事会决定把胡椒在阿姆斯特丹市场的售价固定为每百磅 92.5 弗罗林，但由于供应不足，到 1639 年夏天胡椒价格达到每百磅 125 弗罗林。[2]

根据胡椒价格变动来确定采购量的做法，往往会使采购量滞后于市场变化，而且市场价格高并不意味着市场需求量的增长，有时市场

1　Kristof Glamann, *Dutch-Asiatic Trade, 1620–1740*, p. 94.

2　Kristof Glamann, *Dutch-Asiatic Trade, 1620–1740*, pp. 77–79.

价格高反而会使销售量减少，导致胡椒库存增加。为了减少库存，荷印公司采取订单配售（consignments）的办法来销售，1620 ~ 1638 年配售总量达到 250 万磅。不过，有时东南亚的胡椒采购量无法满足订单需求。1639 年 9 月，荷印公司的胡椒订单量达到 380 万磅，但公司只能供应 240 万磅。于是，荷印公司改变销售方式，采取公开拍卖的方式以获得更高的利润。但荷兰议会不同意废除订单制，这样公司十七人董事会不得不妥协，决定在东南亚以高价提高收购量，以每百磅 25 弗罗林（合 8.33 里亚尔）的价格每年订购 480 万 ~ 600 万磅。1640 年公司采购到 424 万磅的胡椒，运到荷兰以每百磅 125 弗罗林的价格销售，并按经销商订购的数量来分配定额。1641 年依然用这种销售方式，以每百磅 65 弗罗林售出 400 万磅。[1]

从 1641 年开始，欧洲市场的胡椒价格呈下跌趋势。为了与英国等国竞争，抢占市场份额，荷印公司不顾胡椒价格下跌的事实，从 1641 年到 1656 年，每年的胡椒进口量仍维持在 460 万磅上下。公司试图通过扩大销售量来弥补价格下跌的损失，但这种做法给荷印公司带来了灾难性的后果。1652 年，胡椒在荷兰的售价跌至每百磅 38 弗罗林，该年 9 月 27 日十七人董事会的一封信中提到，即便公司现在停止进口，欧洲的胡椒库存量也足够应对整整 3 年的市场需求。当时胡椒价格低到甚至不够支付从印尼运过来的运费。[2]

17 世纪 50 年代以后，荷兰开始减少胡椒订购量，但每年仍保持在 420 万 ~ 480 万磅的水平。此时巴达维亚的胡椒库存量非常大，新的胡椒产地的出现使得印尼群岛胡椒产量陡增；整个欧洲的胡椒市场也逐渐萎缩。英国人则减少了胡椒进口，1638 年到 1653 年英国平均每年进口 140 万磅，其中 17 世纪 40 年代之前保持 250 万磅的进口量，1652 年、1653 年减少到 50 万磅多一点。[3] 相对于英印公司，荷印公司进口的胡椒数量具有绝对优势。

1　Kristof Glamann, *Dutch-Asiatic Trade, 1620–1740*, pp. 79–80.

2　Kristof Glamann, *Dutch-Asiatic Trade, 1620–1740*, p.81.

3　Kristof Glamann, *Dutch-Asiatic Trade, 1620–1740*, pp. 81–82.

为了提高竞争力，荷印公司打压胡椒收购价，迫使椒农以低于合约的价格出售胡椒。占碑、巨港等地的胡椒种植户因此一贫如洗。[1] 1650～1653年，东南亚市场胡椒价格下跌了一半。70年代后期，东南亚市场的胡椒采购价也只有40年代的1/4，为每担4～5里亚尔。[2]

据 K. 格拉曼统计，1640年荷兰市场胡椒售价每百磅125弗罗林，1641年每百磅65弗罗林，1652年胡椒的售价跌至每百磅38弗罗林（合15.2里亚尔[3]）。1652年4月第一次英荷战争爆发，促使欧洲胡椒价格回升，由于担心战争会中断日后胡椒的供应，胡椒售价被哄抬到每百磅60弗罗林。在阿姆斯特丹，胡椒售价一度突破每百磅70弗罗林。为此，荷印公司扩大收购量至720万磅。但在1654年英荷战争就结束了。荷印公司想要紧急刹车已来不及了，1655年仍然有700万磅的胡椒运抵荷兰，1656年价格开始缓慢下跌。1665年第二次英荷战争爆发，胡椒供应趋紧，胡椒价格再次上扬，1666～1667年阿姆斯特丹胡椒的平均售价达到17世纪下半叶的最高纪录——每百磅110弗罗林。如此高价导致1670年荷兰胡椒进口量达到了17世纪的峰值920万磅，远远超过了欧洲胡椒的需求量。17世纪70年代，第三次英荷战争（1672～1674）和法荷战争（1672～1678）爆发，欧洲对胡椒的需求大为减少，荷印公司把胡椒进口量降到每年400万～600万磅，但在1677～1678年胡椒售价仍跌到17世纪最低点，每公斤售价不到0.29里亚尔（约合每百磅14.33里亚尔，35.83弗罗林）。[4]

与此同时，胡椒变成了次要的贸易商品，印度棉布，中国丝织品、茶叶，以及爪哇的蔗糖成为荷印公司贸易主角。[5] 1670年，在荷印公司进口商品中胡椒和香料贸易额所占比例降至41%，到1700年降至23%；1670年，纺织品占比36%，1700年升至55%。[6] 关于17

1　玛乔丽·谢弗：《胡椒的全球史：财富、冒险与殖民》，第143～144页。
2　安东尼·瑞德：《东南亚的贸易时代：1450～1680年》第2卷，第413～414页。
3　在17～18世纪的荷兰，1里亚尔 =2.5弗罗林。
4　Kristof Glamann, *Dutch-Asiatic Trade, 1620–1740*, p. 82.
5　梅·加·李克莱弗斯：《印度尼西亚历史》，第92页。
6　浅田实：《东印度公司——巨额商业资本之兴衰》，第41页。

世纪下半叶以后欧洲胡椒消费量减少的原因，有学者认为，17 世纪中
叶以后欧洲人饮食习惯改变，饮食中蔬菜比重增加，使得肉类摄取相
应减少，胡椒的用量也随之减少了。[1]

　　17 世纪 80 年代，阿姆斯特丹的胡椒价格又有小幅上升，最高
升至每百磅 45 弗罗林（约每公斤 0.91 弗罗林，每担 56.25 弗罗林）。
荷兰人夺取万丹后，获得印尼群岛绝大多数的胡椒资源。公司十七
人董事会担心高价会引来欧洲其他国家首先是英国的争夺，所以荷
印公司继续增加进口量，1689 年进口量再次达到 600 万磅的水平。
一直到 17 世纪末 18 世纪初，胡椒的价格一直保持在一个比较低的
水平（见表 4-12）。

表 4-12　1520 ～ 1709 年欧洲的胡椒价格

单位：里亚尔 / 公斤

年份	价格	年份	价格
1520 ～ 1529	0.74	1625 ～ 1629	0.59
1530 ～ 1539	0.63	1630 ～ 1639	0.53
1540 ～ 1549	0.6	1640 ～ 1649	0.52
1550 ～ 1559	0.6	1650 ～ 1659	0.42
1560 ～ 1569	1.0	1660 ～ 1669	0.49
1580 ～ 1589	0.9	1670 ～ 1679	0.29
1590 ～ 1599	1.0	1680 ～ 1689	0.34
1600 ～ 1609	0.74	1690 ～ 1699	0.40
1610 ～ 1624	0.71	1700 ～ 1709	0.35

资料来源：David Bulbeck, Anthony Reid, Lay Cheng Tan, and Yiqi Wu, *Southeast Asian Exports since the 14th Century: Cloves, Pepper, Coffee, and Sugar*, p.70。

　　从表 4-12 可以看出，1630 ～ 1649 年欧洲市场的胡椒平均售价
维持在每公斤 0.52 ～ 0.53 里亚尔（按 1 里亚尔与 2.5 弗罗林等值计，

1　雍莉：《欧洲的亚洲香料：16 ～ 17 世纪的荷兰菜谱》，朱秋雨译，《文化与文明——开拓餐桌新时
　　代（第八届亚洲食学论坛论文集）》，北京，2018 年 10 月，第 59 ～ 64 页；羽田正：《东印度公
　　司与亚洲之海》，第 224 页。

约每百磅 64.23 ~ 65.45 弗罗林，每担 31.41 ~ 32.01 里亚尔）的水平。[1]
与 K. 格拉曼的统计相比，表 4-12 统计的胡椒售价要高一些。

　　相比较而言，在 1651 年以前中国的胡椒售价只有荷兰市场售价
的一半左右。据荷印公司《东印度事务报告》记载，1626 年，胡椒
在中国售价每担 10 里亚尔（合 30 弗罗林）；1631 年大员库存胡椒价
值每担 15 里亚尔；1636 年巴城胡椒售价每担 12 ~ 14 里亚尔，大员
的胡椒售价每担 17 ~ 17.5 里亚尔；1637 年，巴城运往日本的胡椒
以每担 22 两银卖出；1638 年，巴城运往大员的胡椒以每担 16 里亚
尔售出；1640 年，大员库存的胡椒在中国重新找到市场，以每担 14
里亚尔售出；1642 年，荷印公司运到大员的货物销路不佳，胡椒每
担 14.25 ~ 15 里亚尔售出；1644 年，巴城运往澎湖和大员 4000 担胡
椒，价值 22 万弗罗林，每担 55 弗罗林；1647 年上半年，公司运到大
员的次等肉豆蔻每担 17.5 里亚尔、胡椒每担 12 ~ 17 里亚尔售出，售
价"令人满意"；1647 年下半年，由于大批黄金被华商运到大员，大
员胡椒售价涨到每担 19 里亚尔，且用黄金支付，同年荷印公司运到
日本的胡椒售价每担仅 14 里亚尔；1649 年，胡椒在大员的售价降到
每担 24.45 弗罗林（合 8.15 里亚尔）；1650 年，胡椒在大员售价回升
到每担 15 里亚尔；1653 年，大员的胡椒售价上涨到每担 14.25 ~ 17
里亚尔；1656 年，胡椒在大员售价又降至每担 10.5 里亚尔；1658
年，大员的胡椒售价为 10 ~ 12 里亚尔。[2] 在 1652 年以后，由于欧洲
胡椒市场的低迷，中国、日本与荷兰的胡椒售价非常接近了。而且，
巴城到广州、长崎的路途短，胡椒损耗少，所以荷印公司大力发展
对华、对日胡椒贸易。考虑到 1650 ~ 1653 年东南亚的胡椒售价比
40 年代下跌了一半，70 年代更是下跌了 3/4，胡椒在中国售价每担
仅下跌 2 里亚尔左右，因此向中国出口胡椒仍是获利丰厚的买卖。
1651 ~ 1653 年，尽管大员市场胡椒售价为每担 14 里亚尔左右，但

1　在 17 世纪的远东地区，1 里亚尔 = 3 弗罗林（荷盾）= 0.9 两银；在荷兰，1 里亚尔 = 2.5 弗罗林。
2　程绍刚译注《荷兰人在福尔摩莎（1624 ~ 1662）》，第 61、113、130、172、177、192、196、
　　210、225、236、273、289、309、322、457、492 页。

在巴达维亚胡椒售价每担只有 8 里亚尔，所以从巴城运胡椒到大员出售，仍"获利甚丰"。[1]

　　胡椒在仓储、运输的过程中，一般有 5% ~ 10% 的缩水和损耗。从 1640 年开始，每袋胡椒估计为 400 磅；而 1668 年后，十七人董事会订购胡椒是每袋按 430 磅计。在 1714 ~ 1720 年，根据公司账目提供的关于出售胡椒的数量计算，每袋胡椒的平均净重为 432.61 磅。而买方购得的胡椒是按每袋毛重计价。用于包装的每个袋子重 4.5 磅。自 1718 年起，每袋皮重增加到 5 磅，为了更好地保护胡椒，包装袋的帆布做得更厚了。[2] 因此，在荷兰上市出售的胡椒数量总是比从东印度收到的胡椒数量少（见表 4-13）。

表 4-13　1715 ~ 1732 年荷印公司输入欧洲的胡椒数量

单位：百万磅

贸易年	从东印度收到	上市供货	售出	贸易年	从东印度收到	上市供货	售出
1715	3.05	2.86	2.84	1724	7.92	7.31	7.37
1716	5.13	4.90	4.90	1725	5.87	5.60	5.56
1717	4.34	4.05	4.07	1726	8.31	7.97	7.96
1718	4.86	4.53	4.52	1727	6.01	5.63	5.62
1719	4.34	4.13	4.12	1728	4.74	4.26	4.25
1720	6.42	6.01	6.00	1729	3.91	3.61	3.60
1721	5.82	5.44	5.43	1730	4.45	4.18	4.20
1722	9.05	8.57	8.63	1731	6.87	6.43	6.43
1723	4.72	4.27	4.29	1732	3.49	3.25	3.38

　　说明：当前贸易年收到的东印度胡椒，均是上一年出产的。如，1715 年收到的胡椒是 1714 年出产的。表中统计的总量为净重，已扣除包装袋皮重，每包胡椒净重 430 荷磅计。"售出"额系公司账目售出的数量。"上市供货"是指上一年荷印公司董事会下达的供货指令比"贸易年"要早一年。如 1715 年的"上市供货"量是 1714 下达的。

　　资料来源：Kristof Glamann, *Dutch-Asiatic Trade, 1620-1740*, Appendix E, Table XIV , p.297.

1　程绍刚译注《荷兰人在福尔摩莎（1624 ~ 1662）》，第 390 页。

2　Kristof Glamann, *Dutch-Asiatic Trade, 1620-1740*, p.296.

表 4-13 中荷兰收到的胡椒数量和上市供货数量之差，即为缩水和损耗。1715～1732 年，荷兰共收到胡椒 9930 万磅，年均 551.67 万磅（约 44133.6 担），售出 9317 万磅，年均 517.61 万磅（约 41408.8 担），收到胡椒 93.83% 售出，各种损耗 6.17%。从表 4-13 看，当年从东方收到的胡椒超过 600 万磅的分别是 1720 年、1722 年、1724 年、1726～1727 年、1731 年。在荷兰，大部分收到的胡椒一般是在当年上半年销售时立即售出，尽可能减少库存。因为胡椒库存时间越长，损耗越大。根据统计资料，一般上市量大的年份，胡椒售价相应下跌。例如，1722 年销售了创纪录的 863 万磅胡椒，当年阿姆斯特丹市场胡椒售价是 18 世纪头 30 年最低的，仅为每 100 磅 31 弗罗林。[1]

2. 肉豆蔻贸易

在 17 世纪初，欧洲人把肉豆蔻作为"香药"使用，认为肉豆蔻香味可抵御黑死病侵袭。相对于胡椒来说，肉豆蔻的贸易额要少得多。1621 年，荷兰东印度公司输往欧洲约 45 万磅肉豆蔻、18 万磅肉豆蔻干皮。[2] 1625 年，荷兰人实际占领了兰恩岛。从 1625 年直到 1790 年，肉豆蔻和肉豆蔻干皮都处于荷兰人的垄断控制之下。

值得注意的是，荷兰人早期是在华商的帮助下实现对精细香料的垄断，华商也通过与荷兰人的合作，成功在巴达维亚和马鲁古群岛开展贸易。在 1614 年、1615 年，各有 1 艘中国商船来到德拉地开展肉豆蔻、丁香（所谓"精细香料"）贸易，每艘船贸易额达 3 万里亚尔以上。[3] 此后，华船不断来到香料群岛开展香料贸易。最初，荷兰人把华商视为贸易竞争者，试图赶走他们。但华商熟悉香料群岛及东南亚各地的政治势力和贸易需求，并展现了圆滑的贸易手段和政治手段，为荷兰人与各种势力争斗斡旋，从而成功地成为荷兰人的贸易伙伴。

1　Kristof Glamann, *Dutch-Asiatic Trade, 1620-1740*, p.296.

2　J. C.van Leur, *Indonesian Trade and Society: Essays in Asia Social and Economic History*, p.123.

3　徐冠勉：《奇怪的垄断——华商如何在香料群岛成为荷兰东印度公司最早的"合作伙伴"（1560～1620 年代）》，刘新成主编《全球史评论》第 12 辑，中国社会科学出版社，2017。

荷印公司总督库恩为了在马鲁古群岛获取生活必需品，选择易受控制的华商为贸易伙伴，授予华商在马鲁古水域开展贸易的权利，以使荷兰人的垄断政策切实可行。中国商人的作用被限制为辅助性质，即在马鲁古群岛和巴达维亚之间的水域为荷印公司的据点供应食品、生活必需品和布料，而不是在马鲁古群岛和中国之间进行大规模的精细香料贸易。相比之下，荷兰人建立巴达维亚的一个初衷就是吸引中国贸易商，以便与中国市场建立联系。华商在这个城市不是起辅助作用，而是从一开始就有核心地位。简而言之，对于华商而言，在马鲁古群岛与荷兰东印度公司的合作关系的重要性在于，通过这种合作，华商在巴达维亚和马鲁古群岛之间的印尼区域内贸易占据了优势；而华商和荷兰人在巴达维亚的合作则将帮助华商取得在整个亚洲贸易上的优势。[1]

荷兰人垄断了肉豆蔻资源后，就开始操纵肉豆蔻售价。17世纪20年代，一部分肉豆蔻以固定价格出售，一部分按照合同价出售。1624年，肉豆蔻的合同售价是每磅1.15弗罗林，处于价格低谷。为了控制销量以提升售价，同丁香一样，荷印公司中断向欧洲供应肉豆蔻达3年（1623～1625），1626年重新销售的时候肉豆蔻价格提升到每磅2.5弗罗林，该价格一直维持到40年代中期。1648年，肉豆蔻售价达到每磅3弗罗林。肉豆蔻的销售数据缺乏，1648年荷印公司十七人董事会在一次公开拍卖中卖掉17万磅的肉豆蔻。在50年代，欧洲每年能销售34万～35万磅的肉豆蔻以及12万磅的肉豆蔻干皮，同时期丁香的销售量有40万～42.5万磅。[2]荷印公司在欧洲销售的肉豆蔻始终没有达到1621年的水平，十七人董事会将此归因于大量的肉豆蔻经过陆路运到地中海东部再转运至法国。

为了稳定欧洲香料市场价格，并阻止英国人和其他竞争者从亚洲通过二手转买香料运回欧洲牟利，巴达维亚的荷兰殖民政府花了很长

1　徐冠勉：《奇怪的垄断——华商如何在香料群岛成为荷兰东印度公司最早的"合作伙伴"（1560～1620年代）》，刘新成主编《全球史评论》第12辑。

2　Kristof Glamann, *Dutch-Asiatic Trade, 1620-1740*, p.97.

时间研究并确定了香料在亚洲和东南亚的最低售价。1653 年，十七人董事会第一次颁布了肉豆蔻和丁香的最低限价，在亚洲市场肉豆蔻售价不能低于每磅 1.65 弗罗林，在荷兰的最低限价为 2.7 弗罗林；丁香在亚洲的售价不能低于每磅 2.4 弗罗林，在荷兰的售价定为 3.5 弗罗林。[1] 据十七人董事会估计，按照这个价格，加上运费等费用，在亚洲购买二手肉豆蔻、丁香运回欧洲销售，利润空间已不大了。不过，肉豆蔻的最低限价没有了实际意义，因为在欧洲市场肉豆蔻的售价很快跌破了亚洲最低限价。

欧洲的肉豆蔻价格在 60、70 年代整体处于低迷状态，肉豆蔻价格跌至每磅 50 斯蒂费尔。为了扭转这种局面，1662 年十七人董事会决定在 1662 年到 1664 年停止肉豆蔻供货；1665 年开始，从之前的每年向荷兰供应 30 万磅减少至 20 万磅，供应肉豆蔻干皮从 11 万磅减少至 7.2 万磅。不过减少供应量的效果并不明显，肉豆蔻市场仍持续低迷。1672 年爆发的法荷战争使香料销售中断，但没有像丁香那样价格上涨，肉豆蔻的销量和价格反而双双下滑。1678 年春天，法国国王率军出现在根特的消息，对当时荷兰的肉豆蔻拍卖产生负面影响。肉豆蔻干皮的价格降到了每磅 15 谢林（合 90 斯蒂费尔）。董事们不愿意以低价出售肉豆蔻干皮。因此，约有 25000 磅肉豆蔻干皮没有售出。法荷战争后的 80 年代，丁香的售价和销量得以恢复，但肉豆蔻销售仍不理想，1683 ～ 1684 年度只销售了 7 万磅。1684 年直到 17 世纪末，肉豆蔻的价格大体稳定在每磅 56 ～ 60 斯蒂费尔（参见附录表七 1649/1650 ～ 1737/1738 年阿姆斯特丹商会公开拍卖的香料均价）。[2]

在欧洲市场低迷时，荷印公司努力开拓亚洲市场。1660 ～ 1680 年，荷印公司运销了 480 万磅肉豆蔻（子），其中 270 万磅被运往欧洲，剩下 210 万磅运往印度（其中 60 万磅运往苏拉特的贸易站）。

1　Kristof Glamann, *Dutch-Asiatic Trade, 1620–1740*, p.97.

2　Kristof Glamann, *Dutch-Asiatic Trade, 1620–1740*, pp.102, 110–111.

1671 ～ 1680 年，有 9.5 万磅肉豆蔻干皮被荷印公司回国船队运回，而留在亚洲的有 20 万磅，其中 6 万磅运送至苏拉特。[1]

在 1690 年至 1696 年间，班达群岛的乔诺恩火山（Goenoeng Api）多次爆发，对肉豆蔻种植造成了巨大的破坏。1698 年 7 月，十七人董事会从荷兰给荷印公司写信说："随着返回的舰队靠岸，刚刚收到可供半年消费的肉豆蔻。"在 1699 年春天，用于拍卖的肉豆蔻仅有 12.5 万磅，供应量仅及往年的一半左右。由于供货较少，肉豆蔻价格上涨了很多。与过去相比，肉豆蔻成为一种昂贵的商品。[2]

西班牙王位继承战争（1701 ～ 1714）之后，欧洲进入短暂和平时期，肉豆蔻销量大体上恢复到战前水平。1714 年，公司在欧洲卖出 28.4 万磅肉豆蔻、8 万磅肉豆蔻干皮，此后肉豆蔻每年销量在 22.5 万 ～ 27.5 万磅。1719 年，十七人董事会认为班达群岛肉豆蔻的产量不够，下令扩大班达群岛的肉豆蔻干皮生产。18 世纪 30 年代，随着肉豆蔻供应量的增加以及肉豆蔻的滞销，荷印公司在阿姆斯特丹仓库积压了大量的肉豆蔻和次品肉豆蔻。肉豆蔻仓储期间易受到螨虫和类似害虫的侵害，这给公司造成严重损失。1730 年 8 月 17 日，公司董事会决定分 4 年烧掉近 40 万磅肉豆蔻和 7 万磅肉豆蔻干皮。1730 年，该公司首先烧掉了超过 10 万磅肉豆蔻，这些肉豆蔻的生产日期可上溯到 1711 年之前。也就是说，这些肉豆蔻已经出产超过 20 年了。1735 年，公司又一次对仓库存货进行了清理，销毁了不少于 125 万磅的次品肉豆蔻。为了拓展销路，公司董事会组织了一个委员会，讨论增加肉豆蔻等香料的销售方法。次年，根据该委员会提交的报告，董事会决定香料售价不应该有任何改变。事实证明，1736 年以后对肉豆蔻干皮的需求有所增加，每年销售 8 万 ～ 10 万磅，达到 17 世纪 60 ～ 80 年代的水平。[3]

1　费莫·西蒙·伽士特拉：《荷兰东印度公司》，第 144 ～ 145 页。

2　Kristof Glamann, *Dutch-Asiatic Trade, 1620–1740*, p.102.

3　Kristof Glamann, *Dutch-Asiatic Trade, 1620–1740*, p.111.

3. 丁香贸易

葡萄牙人的丁香贸易，进口量最高是在 1582 年，为 310 吨，1600 年为 159 吨。[1] 荷兰人来到香料群岛，促使丁香出口欧洲的数量大增。1610 ~ 1640 年，整个东南亚丁香出口达到峰值，每年出口400 吨，其中一半是由荷兰东印度公司运走的。[2] 由于欧洲市场需求量的增加，尤其是荷兰人、英国人和葡萄牙人的竞争，丁香的价格一路上升。在竞争最为激烈的 1600 ~ 1640 年，丁香在马鲁古的年均价格达到每吨 200 ~ 400 里亚尔（西班牙银币），在望加锡市场每吨600 ~ 900 里亚尔。据此推算，丁香每年可以为马鲁古带来约 10 万里亚尔收入，以望加锡的每吨中间价 750 里亚尔计算，可为整个东南亚地区带来约 30 万里亚尔（相当于 7.5 吨的白银）收入。[3] 而在 1515 年，1 巴哈尔丁香（约 272 斤，约 164.29 公斤）在马鲁古的价格仅为 3.6克鲁扎多，在马六甲的售价为 9 ~ 12 克鲁扎多。[4] 经过葡萄牙人和荷兰人等西方人及穆斯林商人 100 多年的竞争，丁香在望加锡的价格上涨了 7 倍以上。从马鲁古和望加锡的丁香差价看，把丁香从班达群岛运到望加锡出售，可获得 125% ~ 200% 的利润。这也是荷兰人要垄断丁香资源的重要原因。

表 4-14　1515 ~ 1767 年马鲁古和香料贸易港每巴哈尔丁香价格

时间	马鲁古	香料贸易港
1515	3.6 克鲁扎多	马六甲，9 ~ 12 克鲁扎多
1522	800 来依 [a]	—

1　David Bulbeek, Anthony Reid, Lay Cheng Tan, and Yiqi Wu, *Southeast Asian Exports since the 14th Century: Cloves, Pepper, Coffee, and Sugar*, pp.25, 32；田汝英：《葡萄牙与 16 世纪的亚欧香料贸易》，《首都师范大学学报·社会科学版》2013 年第 1 期，第 26 页。

2　David Bulbeck, Anthony Reid, Lay Cheng Tan, and Yiqi Wu, *Southeast Asian Exports since the 14th Century: Cloves, Pepper, Coffee, and Sugar*, p.37.

3　David Bulbeck, Anthony Reid, Lay Cheng Tan, and Yiqi Wu, *Southeast Asian Exports since the 14th Century: Cloves, Pepper, Coffee, and Sugar*, p.19.

4　David Bulbeck, Anthony Reid, Lay Cheng Tan, and Yiqi Wu, *Southeast Asian Exports since the 14th Century: Cloves, Pepper, Coffee, and Sugar*, p.28.

续表

时间	马鲁古	香料贸易港
1520s	3 里亚尔等值	—
1535	10 里亚尔	—
1540		—
1565	50 ~ 60 克鲁扎多	果阿，1800 里亚尔等值
1600	70 ~ 80 里亚尔	—
1610	50 里亚尔	—
1612 ~ 1620	60 ~ 66 里亚尔	—
1633	60 ~ 120 里亚尔	望加锡，300 里亚尔
1635		万丹，234 里亚尔
1655	70 ~ 100 里亚尔	—
1656 ~ 1767	56 荷兰银币 [b]	—

注：a. 来依（rei）为葡萄牙货币单位，500 来依等于 1.2 克鲁扎多。

b. 与表 4-15 记录的丁香在安汶当地的售价不一。安东尼·瑞德说，1 荷兰银币价值等于 1 西班牙里亚尔，相当于 2.5 荷盾。参见安东尼·瑞德《东南亚的贸易时代：1450 ~ 1680 年》第 2 卷，第 530 页。在远东，1 里亚尔与 3 荷盾等值。

资料来源：David Bulbeck, Anthony Reid, Lay Cheng Tan, and Yiqi Wu, *Southeast Asian Exports since the 14th Century: Cloves, Pepper, Coffee, and Sugar*, p.28。

在 17 世纪 20 年代初，荷印公司十七人董事会把丁香在荷兰的售价定为每磅 3.3 弗罗林，但在 1623 年欧洲的丁香价格跌至每磅 3 弗罗林左右。"安汶大屠杀"事件虽然使荷印公司控制了丁香资源，但未能遏止丁香售价的下跌。荷印公司不得不通过削减进口量来提振价格。此后 3 年公司没有向欧洲运输丁香，才使丁香价格迅速回升。1626 年，荷印公司把丁香在荷兰的售价定为每磅 4.8 弗罗林，当年 10 月的合同售价升至每磅 5.1 弗罗林，次年 8 月合同售价达到每磅 6 弗罗林，接近 17 世纪初的价格水平。随着丁香进口量的增加，以及 1628 年丁香销售价格回落，荷印公司通过垄断协议，把丁香在阿姆斯特丹的售价维持在每磅 5.4 弗罗林（约合每吨

21862 弗罗林）。[1]

17世纪20年代末丁香的高额利润重新吸引英印公司等参与丁香贸易，英国人与荷兰人竞争非常激烈。1633年，伦敦从亚洲进口的丁香达到15万磅。面对英国人的竞争，荷兰东印度公司制定低价销售策略，同时把丁香作为公司股东的利润分成，很快就把欧洲的丁香价格打压下来。1635年，荷兰的丁香价格从每磅5.4弗罗林下跌到每磅3.28弗罗林，1642年甚至跌到了每磅2.41弗罗林，1645年维持在2.49弗罗林的低水平。伦敦的丁香价格也随之下降。[2]与此同时，荷兰人在安汶岛等地加强封锁，禁止英国人等竞争者采购。英国人在1638年不得不减少了对望加锡香料贸易的投资。

为了控制产量和稳定价格，1652年，荷兰人与德拉地统治者签订一项协议，规定除了安汶或荷印公司控制的塞兰岛南部的里斯（Lease）群岛之外，其他岛屿禁止种植丁香树。此后几年，其他地区的丁香树几乎都被荷兰人砍掉了。毁树政策剥夺了当地人可靠的收入来源，招致他们极度不满。[3]尽管如此，荷兰人还是无法完全垄断丁香贸易。马来人、爪哇人、望加锡人走私香料非常猖獗，他们把香料偷运到望加锡卖给葡萄牙人、英国人和穆斯林商人。荷兰人极力打击走私，在1650～1656年赢得了对穆斯林商人的战争，最后在1669年征服了望加锡。荷兰人的砍树政策使丁香年产量迅速下降，1653～1667年丁香年产量降到174～178吨，产量非常稳定，不到过去产量的一半；而收购价格保持不变，大体维持在17世纪前半期马鲁古丁香的最低收购价。由于产量下降，输入欧洲的丁香数量也随之下降。荷印公司详细记录了1653年以后丁香的产量和收购价（参见表4-15）。在70

1　Kristof Glamann, *Dutch-Asiatic Trade, 1620-1740*, pp.94-95; Anthony Reid, David Bulbeck, Lay Cheng Tan, and Yiqi Wu, *Southeast Asian Exports since the 14th Century: Cloves, Pepper, Coffee, and Sugar*, pp.25-29.

2　Niels Steensgaard, *The Asian Trade Revolution of the Seventeenth Century: The East India Companies and the Decline of the Caravan Trade*, p.143; Kristof Glamann, *Dutch-Asiatic Trade, 1620-1740*, p.98.

3　Leonard Y. Andaya, *The World of Maluku: Eastern Indonesia in the Early Modern Period*, p.201；王俊杰：《十六至十七世纪初的马鲁古群岛——以葡据特尔纳特时期为考察重点》，广东省社会科学院硕士学位论文，2018，第53页。

年代中期，安汶的丁香产量恢复到年产 350 吨左右的水平，但当地收购价 40 多年维持不变。

表 4-15　1653 ～ 1699 年东南亚丁香年均产量及售价

单位：吨，里亚尔 / 吨

年份	安汶产量	当地售价	年份	安汶产量	当地售价
1653 ～ 1657	174	206	1675 ～ 1679	353	206
1658 ～ 1662	178	206	1680 ～ 1689	342	206
1663 ～ 1667	178	206	1690 ～ 1699	408	206
1668 ～ 1672	291	206			

　　说明：D. 布尔贝克另说，1656 ～ 1767 年，荷印公司垄断了丁香贸易，把马鲁古丁香当地价格定为 1 巴哈尔（合 56 荷兰银元或 60 里亚尔）。按安东尼·瑞德所说，1 巴哈尔丁香重 272 斤计，按 1 巴哈尔合 60 里亚尔计，约合每吨 365.2 里亚尔，远远高于本表所记每吨 206 里亚尔。作者两处统计不一。参见 David Bulbeck, Anthony Reid, Lay Cheng Tan, and Yiqi Wu, *Southeast Asian Exports since the 14th Century: Cloves, Pepper, Coffee, and Sugar*, p.28. 另，关于荷兰银元与里亚尔的兑换率，安东尼·瑞德说，1 荷兰银元价值等同 1 西班牙里亚尔，相当于 2.5 荷盾。参见安东尼·瑞德《东南亚的贸易时代：1450 ～ 1680 年》第 2 卷，第 530 页。

　　资料来源：引自 David Bulbeck, Anthony Reid, Lay Cheng Tan, and Yiqi Wu, *Southeast Asian Exports since the 14th Century: Cloves, Pepper, Coffee, and Sugar*, p.36。

　　从东南亚丁香收购价（见表 4-15）和荷兰市场丁香售价（见表 4-16）对比看，丁香贸易是一项暴利买卖。17 世纪初，丁香在阿姆斯特丹的售价升至最高点，每磅 6.9 荷盾，每吨 6220 里亚尔，毛利润接近 30 倍；在荷兰丁香售价最低的 40 年代，毛利润也有 10 倍左右；17 世纪 50 年代，丁香在安汶的收购价是每吨 206 里亚尔，在阿姆斯特丹的售价是每吨 2850 里亚尔，毛利润近 13 倍，即便是按安汶丁香收购价每吨 412 里亚尔计（1 巴哈尔合 56 里亚尔），毛利润也有近 6 倍。17 世纪 80 ～ 90 年代，阿姆斯特丹的丁香价格维持在每吨 2870 ～ 2900 里亚尔（见表 4-16），[1] 利润超过 50 年代。值得注

1　David Bulbeck, Anthony Reid, Lay Cheng Tan, and Yiqi Wu, *Southeast Asian Exports since the 14th Century: Cloves, Pepper, Coffee, and Sugar*, p.26.

意的是，在欧洲和东南亚，里亚尔与弗罗林比值是不一样的，在东南亚，里亚尔与弗罗林的比一般为 1 : 3，而在 17 世纪欧洲里亚尔与弗罗林的比为 1 : 2.25 ～ 1 : 2.5，通常为 1 : 2.5。这意味着在欧洲市场出售胡椒如以西班牙币里亚尔计价，比以弗罗林计价要卖出更高的价格，抑或以弗罗林计价卖出丁香，再把弗罗林兑换成里亚尔到东方购买商品套利。

表 4-16　1580 ～ 1699 年荷兰市场的丁香价格

年份	荷盾 / 磅	里亚尔 / 公斤	年份	荷盾 / 磅	里亚尔 / 公斤
1580 ～ 1589	3.34	3.29	1650 ～ 1659	3.49	2.85
1600 ～ 1609	6.90	6.22	1660 ～ 1669	6.30	5.14
1610 ～ 1619	3.30	2.89	1670 ～ 1679	3.85	2.98
1624 ～ 1629	3.60	2.96	1680 ～ 1689	3.75	2.90
1630 ～ 1639	3.66	2.99	1690 ～ 1699	3.75	2.87
1640 ～ 1649	2.86	2.33			

说明：2.024 荷磅 =1 公斤。

资料来源：David Bulbeck, Anthony Reid, Lay Cheng Tan, and Yiqi Wu, *Southeast Asian Exports since the 14th Century: Cloves, Pepper, Coffee, and Sugar*, p.27。

1652 年，为了控制产量和实现对丁香资源的垄断，荷印公司大肆砍伐安汶岛南部及里斯群岛之外的丁香树，欧洲的经销商闻风而动，赶在价格上涨以前以固定价格每磅 3.5 弗罗林囤积丁香，1656 年荷印公司在欧洲的丁香销量达到 60 万磅。但公司储存了相当大数量的丁香，在 1657 年储存有 120 万磅，可以应对 3 年的销售量（同时期丁香的销售量每年为 40 万～ 42.5 万磅）。荷兰东印度公司在垄断丁香的生产后，为避免丁香涨价导致欧洲竞争者抢夺丁香贸易，竭力想把丁香在欧洲售价维持在每磅 3.5 ～ 4 弗罗林的水平。然而因为欧洲市场上的大量投机行为，荷兰的丁香储存量大为下降，1659 年减少至 75 万磅。一方面，亚洲的香料供应减少；另一方面，又要维持丁香的售价，荷印公司决定改变销售方式。1659 年，在十七人董事会会议上，决定取消固定价格销售，代之以公开拍卖，将限量的丁香卖给出价最高者，肉豆蔻和肉豆蔻干皮也用拍卖方式销售。丁香的销售量被限定在每年 25 万～30 万磅，尽管如此，荷兰的丁香储存量仍在不断下降，1662 年荷印公司仅储有 200245 磅的丁香。随着库存和供应的减少，1666 年荷兰拍卖的丁香仅有 15 万磅。在这种情形下，荷兰的丁香价格飞涨，高达每磅 7.4～7.5 弗罗林，为整个 17 世纪丁香最高售价。在 60 年代，丁香平均价格达到每磅 6.3 荷盾，接近 17 世纪初的高价水平。1670 年之后，由于丁香价格高昂，人们消费不起，开始用丁香树皮作为替代品，结果丁香销量大幅下滑，售价也不得不下降（关于荷兰市场的丁香拍卖价变动情况，可参见附录表七 1649/1650～1737/1738 年阿姆斯特丹商会公开拍卖的香料均价）。[1]

从 1677 年开始，为了应对丁香市场的萧条，荷印公司重新采用固定价格出售的方法，新产丁香价格固定在每磅 3.75 弗罗林，陈年丁香固定为每磅 3 弗罗林，每年平均销售 264062 磅，年销售额下降到约 98 万弗罗林（50 年代年均销售 40 万磅，销售额约 120 万弗罗林）。[2]

由于欧洲丁香市场的萧条，荷印公司致力于亚洲市场的开发。1670～1680 年，荷印公司在班达群岛收购了 590 万磅丁香，其中 430 万磅运至荷兰，其余的（160 万磅）行销亚洲各地，占丁香收购量的 1/4 以上，其中在苏拉特卖出 77.5 万磅，是亚洲地区消费丁香最多的地区。[3]

西班牙王位继承战争结束之后，欧洲对丁香的需求量大增，1714 年，荷印公司在欧洲售出约 435000 磅丁香，比 17 世纪末的销量增加了近一半。在 18 世纪 30 年代末，丁香的储存量很小，这可能与丁香的歉收有关。直到 1745 年，丁香的年销售量在 30 万～40 万磅之间

1　Kristof Glamann, *Dutch-Asiatic Trade, 1620–1740*, pp.97–100.

2　Kristof Glamann, *Dutch-Asiatic Trade, 1620–1740*, p.101.

3　费莫·西蒙·伽士特拉：《荷兰东印度公司》，第 144～145 页。

波动，接近于 17 世纪上半叶丁香的年销售量（40 万磅），丁香售价稳定在每磅 75 斯蒂费尔（3.75 弗罗林）。[1]

（四）荷印公司在亚洲的香料贸易

荷印公司的香料贸易，一方面是通过欧亚贸易获利，另一方面受惠于亚洲区间贸易。在 17 世纪，没有任何一家欧洲公司如荷印公司那样广泛地参与到亚洲区间贸易中。荷兰人也认识到亚洲区间贸易的重要性。1648 年，十七人董事会写道："（亚洲）区间贸易及其获利乃本公司灵魂所系，须悉心呵护，因为灵魂若腐坏，整个身体也会迅速崩解。"[2]

荷印公司营建亚洲区间贸易网络和参与区域贸易的起点就是香料贸易。库恩在万丹任职时，就看到了亚洲区间贸易巨大的利益和潜力，勾勒出区间贸易的复杂走向。这种亚洲区间贸易的模式，实际上是葡萄牙人开创的，因为东南亚地区几乎不需要欧洲商品，但非常欢迎印度、中国的棉布，中国的日用商品（如陶瓷器）及金、银等。1619 年，库恩致函十七人董事会，阐明区间贸易的方式："以古吉拉特的纺织品，在苏门答腊各海岸交换胡椒与黄金；以万丹的胡椒交换西班牙银圆及［科罗曼德尔］海岸纺织品；以中国商品及黄金交换檀香木、胡椒及西班牙银圆；银可取自日本，用于交换中国商品；以科罗曼德尔海岸纺织品交换香料、其他商品及银圆；以阿拉伯银圆交换香料及其他小额商品。交易时务使两方等值，且所有交易均在船上完成，不必动用荷兰的资金。"[3]库恩的做法奠定了荷印公司最初开展亚洲区间贸易的基本框架。

在古吉拉特用白银和其他贵金属购买印度纺织品是一系列商品交换的起点。据估计，1620 ～ 1650 年，荷兰人每年自印度科罗曼德尔海岸运往巴达维亚的布匹，价值在 22000 ～ 44000 磅白银，相当于

1　Kristof Glamann, *Dutch-Asiatic Trade, 1620-1740*, p.111.

2　引自玛乔丽·谢弗《胡椒的全球史：财富、冒险与殖民》，第 141 页。

3　玛乔丽·谢弗：《胡椒的全球史：财富、冒险与殖民》，第 142 ～ 143 页。

100 万～ 200 万荷盾。这意味着荷印公司用少量的资金就启动了复杂且交易量很大的区间贸易。[1]

巴达维亚、万丹和望加锡是荷印公司开展香料贸易的基地。荷兰人从事的亚洲区间香料贸易，主要是把东南亚产的丁香运销苏拉特，把胡椒、檀香木运销中国和日本，其中向中国运销香料占比最大。

据荷印公司《东印度事务报告》记述，荷印公司运往中国销售的香料主要是胡椒、檀香木，其次有丁香、木香、肉豆蔻等，胡椒来自巴城、占碑、万丹等地；运往日本的香料主要是胡椒，不过数量不多。在这个时期，中国帆船到巴城、大员等地与荷兰人交易，运回胡椒、檀香、丁香等（参见附录表九荷据台湾时期荷兰人出售给中国人和日本人的香料）。如，1654 年，8 艘帆船从大员运到大陆 10000 担胡椒，使大员胡椒市场一度复苏；1657 年，中国帆船从大员运走 11000 担胡椒，每担 10 ～ 12 里亚尔。[2] 当时巴城的胡椒价格每担 8 里亚尔。大员胡椒的售价，对于中国人和荷兰人来说，都有利可图，不过胡椒运到中国大陆利润更高。1656 年，荷兰使团在南京发现，当地市场的胡椒售价每担达 25 两，檀香木每担 40 两，生丝和丝织品比广州便宜 50%。[3] 大员的胡椒运到南京，有一倍左右的利润。1644 年，荷船"鹊"号（Zwaen）运 24422 斤香料到长崎；[4]1652 年，从大员发往日本 20080 斤没药、40060 斤木香。[5] 除了将胡椒卖给中国人和日本人，荷印公司还运胡椒、苏木、丁香等到波斯等地销售，如 1658 年，荷印公司运到波斯 60 万磅（合 4800 担）胡椒、3 万磅丁香、20 万磅苏木、20 万磅铜、10 万磅锡等，运到孟加拉 125 担苏木、17 万两银

1　安东尼·瑞德估测更低一些。据他估计，荷印公司在科罗曼德尔采购布匹的价值，1619 年为 3
　　吨白银，1621 年 5 吨白银，1623 年 7 吨白银，1640 年增加到 8 吨白银。安东尼·瑞德：《东南
　　亚的贸易时代：1450 ～ 1680 年》第 2 卷，第 44 ～ 45 页。玛乔丽·谢弗：《胡椒的全球史：财富、
　　冒险与殖民》，第 143 页。
2　程绍刚译注《荷兰人在福尔摩莎（1624 ～ 1662）》，第 408、417、492 页。
3　程绍刚译注《荷兰人在福尔摩莎（1624 ～ 1662）》，第 475 页。
4　永积洋子訳『平戸オランダ商館の日記』第 1 辑、335 页。
5　程绍刚译注《荷兰人在福尔摩莎（1624 ～ 1662）》，第 351 页。

锭等。[1]

在 17 世纪 50 年代，郑成功海商集团崛起，致使大员香料市场波动，香料价格起伏很大，荷印公司的香料贸易遭受打击。1650 年，大员的荷兰总督要求巴城运去 10000 担胡椒，价值 255000 弗罗林，结果市场饱和，胡椒售价从每担 19 ～ 20 里亚尔降到每担 14 ～ 15 里亚尔，大部分胡椒仍无法顺利脱手，运去的 300 担获利 11474 弗罗林；1651 年，大员胡椒售价跌至每担 14 里亚尔，大员公司不得不把滞销的价值 40000 里亚尔的胡椒、檀香木发给大员当地 10 位长老和蔗农大户，作为订购蔗糖的定金，尽管如此，大员的公司仓库仍堆满胡椒等货；1652 年，次等肉豆蔻、木香、没药、次等丁香、檀香、苏木在大员仍无人问津，大员的胡椒库存 5000 担；1653 年，大员的胡椒市场一度恢复，从巴城运到大员 159232 斤胡椒，以每担 14.25 ～ 17 里亚尔的高价售出；1654 年，巴城总公司由于缺少货船，无法满足大员的市场需求，只给大员运去 16452 担胡椒，很快售罄；1655 年，很少有中国帆船到大员，大员的胡椒售价降至每担 10.5 ～ 12 里亚尔，仍卖不出去，大员公司甚至不敢为来年市场下订单；1656 年，大员的胡椒售价跌至每担 10.5 里亚尔。[2]

尽管胡椒售价下跌，荷印公司仍然有利可图。只要胡椒售价不低于每担 12 里亚尔，荷兰人就有 50% 的毛利润。为了摆脱郑氏的影响，打开中国大陆市场，到广州直接贸易，荷兰人一直寻求机会访问中国。1656 年，荷印公司争取到机会，派出使团到访北京。荷兰人利用使团出访，运载一批香料到广州，这些香料由广州巡抚包揽购买，胡椒每担 9.5 两，檀香木每担 21 两，丁香每担 40 两，次等肉豆蔻每担 23 两，每两以 70 斯多佛（3.5 弗罗林）计。当时中国商人一般以每两合 64 斯多佛计。[3] 按此价格，胡椒每担售价达 665 斯多佛，合 33.25

1 程绍刚译注《荷兰人在福尔摩莎（1624 ～ 1662）》，第 501 ～ 502 页。
2 程绍刚译注《荷兰人在福尔摩莎（1624 ～ 1662）》，第 327 ～ 330、338、347、350、366、397、408、417、440、451、473 页。
3 程绍刚译注《荷兰人在福尔摩莎（1624 ～ 1662）》，第 457、473 页。

弗罗林，溢价约 9%。这个价格接近胡椒在荷兰的售价。据《粤海关志》记载，这次荷兰使团进京，带来的贡物包括丁香 5 箱，共 200 斤，檀香 10 石，共 1000 斤。[1]1657 年，巴城派一艘船到广州，运去 170 担胡椒、734 担紫檀、120 担铅，价值 14878.1 弗罗林，卖得 23667.1 弗罗林，毛利率有 59.07%。1658 年 6 月，一艘荷兰帆船向中国运去 3323 担胡椒。大员公司仓库储存有 13000 担胡椒，有望全部售出，大员公司还为 1659 年预订了 10000 担胡椒。[2]荷兰使团访华的经济效益显而易见。值得注意的是，荷印公司派船到广州贸易，运来的货物主要是香料。

　　荷兰人在亚洲的香料贸易，还受到荷印公司价格垄断的影响。为了维持亚洲与欧洲的香料价格平衡，十七人董事会一再要求巴达维亚政府必须在亚洲保持适度的香料价格，特别是丁香在印度的售价。在荷兰人完成对丁香货源的垄断之前，荷兰人压低了丁香在亚洲的售价，以免刺激亚洲商人加大丁香贸易量。在 1635 年 4 月 21 日的一封信中，十七人董事会抱怨波斯、苏拉特和科罗曼德尔的丁香价格太高，激起了亚洲商人对丁香贸易的尝试，打破了荷印公司对丁香的垄断。17 世纪 60 年代，由于大规模毁树，如荷兰市场那样，在苏拉特也出现了丁香短缺的现象。当 1661 年荷兰的丁香价格上升到每磅 97 斯蒂费尔时，董事会表示印度的丁香价格维持在每磅 70 ~ 80 斯蒂费尔，公司将会更有利可图。大约在 1663/1664 年，苏拉特的丁香价格跃升到一个较高的水平，价格居高不下。为了抑制价格上涨，平衡亚洲与荷兰市场的价格差，十七人董事会在 17 世纪 80 年代中期把苏拉特的丁香售价固定在每磅 87 轻质斯蒂费尔，而肉豆蔻、肉豆蔻次品和肉豆蔻干皮的价格分别固定为每磅 60 轻质斯蒂费尔、55 轻质斯蒂费尔和 120 轻质斯蒂费尔。该规定于 1687 年生效。此后 5 年，丁香在亚洲的年销售量在 5 万 ~ 10 万磅。然而，在 1692 年，由于苏拉

1　梁廷枏:《粤海关志》卷 22《贡舶二》，第 442 页。
2　程绍刚译注《荷兰人在福尔摩莎（1624 ~ 1662）》，第 473、499 ~ 500、509、511 页。

特临时总督兼财政部长皮特·范·赫尔丁根（Pieter van Helsdingen）不愿以低于每芒（man，合 68 磅）117 卢比（1 苏拉特卢比 =30 轻质斯蒂费尔）的价格出售丁香，导致当年丁香销售量突然下降到约 12000 磅。[1]

荷兰人控制了丁香货源（1656）后，为了防止其他竞争者从亚洲购买丁香、肉豆蔻转手倒卖到欧洲，荷印公司又刻意抬高这些高级香料在亚洲的售价。在 1640 ~ 1670 年，丁香在苏拉特的售价从每磅 1.15 荷盾升至 4.5 荷盾，丁香销量不到葡萄牙人统治时期的 1/3。[2] 与此相比较，1661 年以前，阿姆斯特丹市场丁香的价格每磅只有 3.2 ~ 3.95 盾（弗罗林），1661 ~ 1670 年升至每磅 4.5 ~ 6.38 盾。[3] 显然，在 1661 年以前，丁香在亚洲的利润高于欧洲市场，而且运输成本和风险也低得多。1670 ~ 1680 年，东南亚的丁香收成为 560 万磅；此外，1670 年巴达维亚的仓库中还储存有 30 万磅。上述丁香有 430 万磅运往尼德兰，160 万磅运销苏拉特、中国等，也就是说这个时期生产的丁香有 1/4 以上是在亚洲消费的，其中苏拉特以 77.5 万磅占最大份额。不过，丁香在苏拉特市场的售价与销量的联系并不密切。1641 年，在苏拉特丁香的售价为每磅 22.11 ~ 23.67 轻质斯蒂费尔，销量 60015 磅；1650 年，丁香的售价涨到每磅 33.1 轻质斯蒂费尔，比 10 年前上涨了近一半，销量有 62187 磅（参见附录表八 1641 ~ 1698 年在苏拉特出售的丁香数量和价格）。[4]

巴达维亚殖民政府认为，丁香每芒 109 卢比或每磅 72 重质斯蒂费尔的价格是完全可以接受的，因为荷兰的丁香价格自 1677 年以来一直被固定在每芒 75 重质斯蒂费尔的水平。当苏拉特的丁香定在每磅 72 重质斯蒂费尔，中间商已不可能从苏拉特向欧洲转售丁香。因

1　Kristof Glamann, *Dutch-Asiatic Trade, 1620–1740*, pp.103–104.

2　费莫·西蒙·伽士特拉:《荷兰东印度公司》，第 146 页。

3　Kol. Arch., Nos. 10234–10242 F., 引自 Kristof Glamann, *Dutch-Asiatic Trade, 1620–1740*, Appendix C, Table Ⅴ, p.280; 费莫·西蒙·伽士特拉:《荷兰东印度公司》，第 144 ~ 145 页。

4　Kristof Glamann, *Dutch-Asiatic Trade, 1620–1740*, Appendix F, Table XⅧ, p.301.

此，总督和议会在 1694 年命令苏拉特的员工以每芒 109 卢比的价格
出售丁香，甚至可以更低的价格出售。在 1696 年生效的一套新的最
低价格中，包括肉豆蔻次品和肉豆蔻干皮的价格都上涨了，而丁香的
价格保持不变。1695 年销售少量的丁香，价格只有每芒 105.5 卢比。[1]

　　1697 年，荷印公司颁布了香料在苏拉特和亚洲其他地区的售价，
丁香的价格被提高到每磅 100 轻质斯蒂费尔，这个价格比 1677 年以
后荷兰的丁香固定价格每磅高出约 5 斯蒂费尔。同时，肉豆蔻、肉
豆蔻次品和肉豆蔻干皮在亚洲的售价也相应提高，比 10 年前提高了
20% 以上，分别为每磅 72 轻质斯蒂费尔、68 轻质斯蒂费尔和 160 轻
质斯蒂费尔。[2] 此后，亚洲的香料售价大体上按上述价格标准浮动。

　　从 1698/1699 年到 1739/1740 年，荷印公司在巴达维亚、马六甲
以外的亚洲地区销售的丁香价格在每磅 100 轻质斯蒂费尔上下波动
（见表 4-17）。

表 4-17　1698/1699 ～ 1739/1740 年荷印公司亚洲商馆销售的丁香价格

单位：轻质斯蒂费尔 / 磅

地区	1698/1699 年	1699/1700 年	1709/1710 年	1710/1711 年	1738/1739 年	1739/1740 年
巴达维亚	60	60	—	100	100	100
马六甲	82.5	82.5	100	100	100	100
讷加帕塔姆	115	115	100	100	100	100
波尔图 - 诺沃（Porto Novo）	114	115	100	100	100	100
马苏利帕塔姆	91.3	100	100	100	100	100
胡格利	101.5	92.7	100	100	100	100
科钦	100	100	100	100	100	100

1　Kristof Glamann, *Dutch-Asiatic Trade, 1620–1740*, pp. 50, 105. 1 重质斯蒂费尔 = 1.25 轻质斯蒂费尔。
100 轻质斯蒂费尔约合 4 弗罗林，20 重质斯蒂费尔合 1 弗罗林。1（荷属东印度）卢比 =1.5 荷盾。

2　Kristof Glamann, *Dutch-Asiatic Trade, 1620–1740*, p. 106.

续表

地区	1698/1699 年	1699/1700 年	1709/1710 年	1710/1711 年	1738/1739 年	1739/1740 年
卡纳诺尔（Cananoor）	99	100	100	100	100	100
苏拉特	92.3	91	106	105	102.8	104.4
波斯	100	—	100	100	100.4	101.1

说明：本表中的丁香是指质量最好的品种 garioifelnagelen 或 giroffelen。

资料来源：Kristof Glamann, *Dutch-Asiatic Trade, 1620—1740*, p.108。

表 4-17 显示，1698/1699 ～ 1699/1700 年巴达维亚丁香售价仅为每磅 60 轻质斯蒂费尔，而在马六甲以西的亚洲地区丁香售价都高于每磅 91 轻质斯蒂费尔，毛利在 50% 以上。所以，巴达维亚公司宁愿选择在亚洲销售丁香，也不愿运到荷兰销售。1728 年，孟加拉、科罗曼德尔、马六甲、苏拉特和波斯商馆的丁香价格进一步上涨。然而，由于销售量下降，特别是在科罗曼德尔海岸，因此 1731 年丁香的价格又回到了原来的水平。

荷印公司虽然在 17 世纪最后 30 多年里控制了丁香和肉豆蔻的价格，但是无法控制丁香的生产。这主要有两个原因：一是丁香通常每四年就有一次大的收成；二是公司为安汶岛原住民引进的其他作物收成不佳，原住民不得不增加丁香生产以谋生。荷印公司实施"毁树"计划后，为了补偿原住民因生产受限而遭受的损失，在 18 世纪的头20 年尝试把蓝靛和咖啡引种到安汶，但迟迟没有效果。在整个 17 世纪 90 年代，十七人董事会写给巴达维亚的信中充满了对安汶丁香丰收带来"恶果"的抱怨。1698 年，董事会在获悉前一年的收成后，再次将其定性为"过剩"，因为此地的丁香产量超过了 140 万磅。公司董事会下达了"消灭"的命令。1710 年初，荷印公司"悲痛地"得知，1709 年安汶的丁香收获量达到 160 万磅。从十七人董事会 1712年 8 月的信中可以看出，1711 年的收获被认为是令人满意的，产量约为 50 万磅。为了控制产量，在 1716 年，据说有超过 15 万棵丁香幼树被铲除，但仍有大约 26 万棵丁香树留存下来。1714 年的收成约为

150 万磅，而 1715 年的收成由于上述让十七人董事会满意的毁树事件而跌至约 20 万磅。[1]

在西班牙王位继承战争期间（1702～1714），巴达维亚的仓库由于对欧洲出口减少而爆满。在 1718/1719 年贸易季，公司不得不销毁大量的香料，超过 450 万磅的丁香和近 150 万磅的肉豆蔻被销毁。"灭绝"工作最终使丁香和肉豆蔻产量大幅下降。十七人董事会认为年产 50 万磅丁香是最理想的。但在 1724 年，收获量约为 45 万磅，而在 1725 年只有 14 万磅，其原因是树龄老化和农作物的失败。十七人董事会开始担心出现丁香短缺，无法满足亚洲和欧洲对丁香的需求。1727 年的收成很差，丁香产量约为 36 万磅；1728 年的收成有近 77 万磅，而 1729 年仅仅收获了 52250 磅。公司匆忙开辟了新的种植园。1733 年秋天，十七人董事会要求今后应努力使生产与需求相适应，有更好的丁香供应。[2]

为了调剂香料供应量，降低香料采购价，荷印公司在印尼地区实行强迫供应、强迫种植制度。在香料、咖啡和蔗糖等价格上升时，荷兰殖民政府强制荷属印尼各地农民种植这些作物，甚至强制要求种植粮食作物的土地改种这些作物；当这些经济作物价格下降，又强迫农民毁掉这些作物，改种其他作物。[3] 这一制度首先在马打兰实行，荷印公司规定必须以最低的价格向荷印公司供应大米；其次是在万丹地区，要求其以最低的价格供应胡椒；最后是勃良安地区，要求其以最低的价格供应木材、胡椒、蓝靛、棉花等物品。为了保证供应，东印度公司通过地方首领来强制推行这一制度，并设立监督员进行监督。[4] 这一制度使印尼各地的经济作物大部分以极低的价格提供给荷印公司，提高了荷兰人在欧洲市场的价格竞争力。

1　Kol. Arch., No. 24 June 1716 (section on Amboyna). 引自 Kristof Glamann, *Dutch-Asiatic Trade, 1620–1740*, p.109.

2　Kristof Glamann, *Dutch-Asiatic Trade, 1620–1740*, p.110.

3　汤平山：《印度尼西亚》，当代世界出版社，1998，第 58 页。

4　萨努西·巴尼：《印度尼西亚史》上册，吴世璜译，商务印书馆，1972，第 356 页。

（五）荷印公司香料贸易对印尼经济的影响

荷兰人的香料垄断政策，对丁香、肉豆蔻生产的干涉和其他作物的引入，改变了香料群岛等地的经济结构和社会经济基础，对亚洲香料经济带的构建产生深远影响。

17世纪东南亚的香料种植户发现，他们拥有的香料资源既是他们的福祉，又是祸根。欧洲殖民者在香料群岛的争夺，胡椒价格的涨落，对东南亚胡椒产地的社会政治、经济产生直接影响，促使当地经济的转型。为了摆脱对胡椒的依赖，一些东南亚当地统治者甚至采取极端措施，铲除胡椒、丁香树。在17世纪头20年，西班牙人支持的德拉地与荷兰人支持的蒂多雷残酷争斗，使马鲁古人决定放弃丁香的种植。荷印公司从爪哇人、马来人那里夺得香料群岛粮食的供应权后，马鲁古的米价飙升了5倍，导致马鲁古北部放弃香料作物的种植，改种蔬菜和水稻。在1606～1608年，亚齐苏丹下令将首都附近的胡椒藤全部毁掉，改种粮食。1620年前后，万丹统治者也下令拔除胡椒藤，以避免荷兰人和英国人来争夺这个苏丹国；17世纪30年代，万丹开始大规模转向水稻种植，以增加粮食产量，实现自给自足。60年代后，东南亚的香料生产已基本无利可图；在70年代，由于胡椒价格暴跌，东南亚的香料种植户纷纷转向种植粮食作物。[1]

荷印公司在印尼地区推行的强迫供应、强迫种植制度，严重损害了印尼当地农民的经济利益，强行割裂了印尼农民与市场的联系，强行将印尼从世界经济发展中割离开来；强迫种植制给印尼经济和生活带来了毁灭性的打击，甚至直接导致了1843～1848年的爪哇饥荒。

1　安东尼·瑞德：《东南亚的贸易时代：1450～1680年》第2卷，第414～416页。

五　英国东印度公司的香料贸易

在欧洲国家中，除了荷兰、葡萄牙以外，英国是从事香料贸易的第三大国。英国人在东南亚开展的区间贸易，受到荷兰人的阻挠和挑战，举步维艰。

英国东印度公司到东方贸易的初衷也是胡椒和香料（英国人把胡椒单列，与其他香料分开）。英印公司从东南亚进口的香料主要是黑胡椒。1601 年，英印公司船队第一次东航，就到亚齐和万丹购买了胡椒和其他各种香料，并在万丹派驻代理人。[1] 从 1602 年开始，英国人把万丹作为其在东南亚的大本营。[2] 1610 年 4 月，亨利·米德尔顿爵士指挥的英国船队出发，该船队被要求在阿拉伯、印度和东南亚各港口停留，寻找英国羊毛产品市场，"以便我们（公司）不用运钱，就可开展贸易"。[3] 英国最重要的出口产品是羊毛织品和铅。但羊毛织品在气候炎热的东南亚滞销，东南亚需要的是印度棉布和印花布；[4] 中国商人也不愿购买英国的毛织品和铅，并经常拒绝印度产品。英国毛织品往往以低于成本价换购中国、暹罗和越南等的产品。英国的毛织品、铅、铁、锡在印度有一些市场。伦敦商人把这些英国货物运到孟买等地，换取印度的棉布，再把棉布运到万丹等地换香料，以减少从英国出口贵金属的数额。[5]

英印公司从东南亚进口到英伦的胡椒数量，远远低于荷印公司进口到荷兰的。1638～1653 年英国平均每年进口胡椒 140 万磅（约合 11200 担），其中 17 世纪 40 年代之前保持 250 万磅的进口量，1652 年、

1　马士：《东印度公司对华贸易编年史（一六三五～一八三四年）》第 1 卷，第 8 页。

2　安东尼·瑞德：《东南亚的贸易时代：1450～1680 年》第 2 卷，第 296 页。

3　吉尔斯·密尔顿：《香料角逐》，第 156 页。

4　吉尔斯·密尔顿：《香料角逐》，第 94 页。

5　吉尔斯·密尔顿：《香料角逐》，第 94 页；严小青：《冲突与调适：16～19 世纪广州口岸的中外香料贸易》，《广东社会科学》2016 年第 6 期。

1653 年减少到 50 万磅多一点。[1]

英印公司最初的贸易模式是从英国装载白银到亚齐、万丹（1682 年 8 月以前）购买胡椒和其他香料，到广州购买丝织品、蔗糖、瓷器等，然后运回国牟利。英商采用这种贸易模式需要的白银资金很多。英国人在孟买、古吉拉特和万丹站稳脚跟后，也学习荷兰人的贸易模式，开创出伦敦—孟买—东南亚—广州或厦门的多边贸易以及以孟买为基地的亚洲区间贸易。1676 年，英印公司的万丹总办事处派 1 艘船到厦门，建立了一座商馆，英国人第一次在中国建立了立足点。[2]此后，中英贸易发展起来。而荷兰人始终没有在中国大陆建立立足点。随着中英贸易的发展，1757 年英国人又在广州建立了商馆，进一步推动了中英贸易的发展。

在 17 世纪，英印公司还把区间贸易的触角伸到越南等中南半岛地区以及日本，开展胡椒、檀香木和中国生丝贸易。当时，中南半岛出产的鹿皮和生丝，在日本有市场。例如，1671 年，英印公司派遣"试验"号、"归来"号和"赞特"号开赴万丹，在那里装载货物；次年 5 月 25 日，"赞特"号从万丹开赴东京（河内），6 月 9 日"试验"号和"归来"号分别开赴台湾和日本。"赞特"号载有 53 捆布匹、257 担白铅、618 担胡椒、159 担檀香木、10 门大炮、16 箱硫黄、38 捆药草，卖给东京（河内）国王 17 捆布匹、20 担硫黄、150 担白铅、7 门大炮、6 捆药草等货。8 月 7 日，"赞特"号离开兴安，开赴台湾。[3]该船所载胡椒、檀香木、硫黄应该在台湾出售了。至于该船在东京购买的货物以及在台湾购买的回程货物，未见记载。"试验"号和"归来"号应该在万丹装载了胡椒、檀香木等，然后开赴台湾和日本出售。不过，自 1639 年后，日本幕府禁止荷兰人以外的欧洲人到长崎贸易。到日本的英国商船应该不是直接与日本人交易的。

在 1682 年以前，英印公司运回国的胡椒主要是在万丹采购的。

1　Kristof Glamann, *Dutch-Asiatic Trade, 1620–1740*, pp. 81–82.
2　马士：《东印度公司对华贸易编年史（一六三五～一八三四年）》第 1 卷，第 49 页。
3　马士：《东印度公司对华贸易编年史（一六三五～一八三四年）》第 1 卷，第 38 ～ 40 页。

1669 年，公司从万丹采购的黑胡椒有 226.4 万英磅，从苏拉特采购的黑胡椒有 35.9 万英磅。1682 年 8 月，荷兰人完全占据万丹，英国人退出万丹。此后一个时期，英国人主要到苏拉特采购胡椒（见表 4-18）。

表 4-18　1669 ～ 1686 年英国东印度公司从东方进口英国的黑胡椒数量

年份	万丹	苏拉特	马德拉斯	合计
	千英磅	千英磅	千英磅	千荷磅
1669	2264	359	—	2408
1670	2076	611	—	2467
1671	3689	793	—	4115
1672	4691	652	—	4905
1673	2270	845	—	2859
1674	—	1347	—	1237
1675	4011	437	—	4083
1676	1676	3003	34	4214
1677	4686	1097	41	5346
1678	4046	643	—	4304
1679	5798	23	—	5344
1680	1738	329	—	1897
1681	1536	870	—	2209
1682	4031	852	—	4482
1683	518	1108	96	1581
1684	—	1490	6	1374
1685	—	1364	41	1290
1686	—	886	857	1600

资料来源：Kristof Glamann, *Dutch-Asiatic Trade, 1620-1740*, p.84。

从 17 世纪末开始，英印公司还到巴达维亚采购胡椒（参见附录表十）。

从 17 世纪末开始，为了节省白银资金，英印公司把中英三角贸易与亚洲区间贸易进一步结合起来，以亚洲区间贸易赚取的利润和白银来支持中英贸易。这种贸易模式就是从伦敦运白银、毛织品和铅等到孟买、古吉拉特等地，换购印度棉布、檀香木等，再把印度棉布运到萌菇莲或马辰等地，换购胡椒和其他香料，胡椒和其他香料一部分运回英国，一部分连同印度檀香木运到广州出售，然后在广州购买丝织品、蔗糖、茶叶、瓷器等中国商品运回国。也有一些公司商船在代利杰里（Tellicherry）、巴达维亚购买胡椒，运到广州出售。从伦敦驶往广州的公司商船，通过介入亚洲区间贸易，有效换售出英国毛织品，使资金和利润增值，并以东南亚的商品（主要是香料）换购中国商品，节省了白银支出，缩小了贸易逆差。

　　例如，1687 年，"忠诚商人"号从伦敦出发，载有"10 箱（每箱 2000 个）银元、白银和墨西哥银币"，该船在萌菇莲装上胡椒，最终驶往厦门，卖掉胡椒，"运回大量的中国丝，虽然种类好，买价低，但是滞销货，售得利润少"。[1] 萌菇莲的胡椒在厦门出售的利润，既使该次航程利润增值，又为该船对华贸易节省了白银支出。1703 年 12 月，载重 350 吨的"肯特"号从伦敦出发，携带价值 4966 英镑的货物和 46484 镑白银（其中 163428 盎司银是公司的，8483 盎司是船长和大班们的），公司经理部要求该船从中国运回 22 吨生丝和 117 吨茶叶。次年 6 月 23 日，"肯特"号抵达巴达维亚，装载了一批胡椒；7 月 14 日，该船离开巴城前往广州，8 月 7 日抵达。在广州华商连官、兴少、晏官等人的帮助下，"肯特"号售出从伦敦载来的货物，并采购了回程货物。1705 年 1 月 27 日，"肯特"号从黄埔起航回国，载有价值 127000 两白银的货物，其中有在巴达维亚装载的 525 担胡椒（价值 3600 两，每担 6.857 两），广州采购的价值 8 万两银的丝织品，云南铜 600 箱（价值 6180 两）、水银和银珠 400 担（价值 17200 两）、茶叶 470 担（价值 14000 两）、瓷器（价值 3500 两）等。"大部分的瓷器是用毛织品换购的，毛织品很难脱手"，铜运回伦敦几乎没有利润

1　马士：《东印度公司对华贸易编年史（一六三五～一八三四年）》第 1 卷，第 67 页。

可言。[1] 我们不清楚该船在巴达维亚装载的胡椒是仅有 525 担，还是有更多，其余的胡椒在厦门出售了。

　　从 18 世纪初开始，英印公司大力开展对中国的区间贸易，把亚洲区间贸易与亚欧贸易结合在一起。例如，1732 年，从伦敦开出的"康普顿"号在代利杰里装载了 598650 磅胡椒，每担价值 5.3 两，在广州以每担 7.3 两出售给承销商；该船从孟买装载的 100 担木香，在广州以以物易物的方式脱手，以每担 20 两价格换购每担价 18 两银的武夷茶。同年 10 月 15 日，该船驶往孟买，载有价值 44889 两银的黄金，白糖 1999 担，冰糖 847 担，白铅 3500 担，樟脑 160 担。次年 2 月 17 日，上述货物在孟买和苏拉特拍卖，纯利润有 8110 镑。5 月 25 日，"康普顿"号装载资金 45000 镑，还有孟买的木香、代利杰里的胡椒 1000 坎迪（Candy，1 坎迪重 600 磅[2]），以及一批白银，从马德拉斯驶往广州。[3] 囿于资料，我们不清楚"康普顿"号从广州返回伦敦时装载了哪些货物，但肯定包括用 100 担木香换购的武夷茶。"康普顿"号运来的胡椒在广州的售价是偏低的，其他年份一般可以达到每担 9 ～ 10 两银。即便如此，这次胡椒出售的利润率也达 37.7%。[4]

　　1735 年贸易季（1 月），英船"里奇蒙"号从伦敦开往广州，7 月 20 日抵达黄埔。该船在广州购买了黄金、贡熙茶等，11 月 3 日开往孟买，然后在安金戈售出黄金，在孟买和苏拉特售出货物。接着，该船在孟买购买棉花、乳香、没药及木香，在代利杰里购买胡椒、檀香木，主任大班命令船长高夫将 5 箱碑柱银元送上岸。次年 4 月 24 日，孟买的英印公司管理会命令将 200 坎迪檀香木和 716 坎迪胡椒装船，连同在孟买装船的其他货物，价值超过 32 万卢比，运往广州出售。

1　马士：《东印度公司对华贸易编年史（一六三五～一八三四年）》第 1 卷，第 151 ～ 154、159 ～ 161 页。

2　岩生成一说，坎迪是印度重量单位，1 坎迪重 510 磅。参见岩生成一《荷郑时代台湾与波斯间之糖茶贸易》，北叟译，台湾银行经济研究室编《台湾经济史》二集，第 58 页。

3　马士：《东印度公司对华贸易编年史（一六三五～一八三四年）》第 1 卷，第 239 ～ 243 页。

4　广州胡椒售价，1781 年为每担 11 两，1782 年每担 13.5 两。马士：《东印度公司对华贸易编年史（一六三五～一八三四年）》第 2 卷，第 82、94 页。

该船在广州售出货物价值 56384 两，获毛利 47%（见表 4-19）。[1] "里奇蒙"号在广州购买运回伦敦的货物有瓷器 389 箱，西米 115 担，茶叶 2760 担，南京布 10734 匹。[2] 孟买与广州之间的区间贸易为该船回程货物的购置提供了部分资金。

表 4-19　1736 年英船"里奇蒙"号在广州出售的货物价值

货物	数量（担）	单价（两/担）	总价（两）
胡椒	3155	10.5	33128
木香	67	34	2278
没药	112	24	2688
乳香	205	10.50	2153
檀香木	859	12.80	10995
棉花	605	8.50	5143

资料来源：马士《东印度公司对华贸易编年史（一六三五～一八三四年）》第 1 卷，第 268 页。

又如，1738 年贸易季，"威尔斯王子"号从伦敦比其他船早出发 3 个月，以便在马辰装运胡椒。该船抵达广州时，装载了胡椒 3112 担，铅 50 吨，白银价值 16000 元；在广州每担胡椒以 10.5 两出售，然后于次年 1 月装载茶叶、西米、白铅、丝织品、南京布和金元宝返航。[3] 1738 年 11 月 3 日，英船"沃波尔"号从唐斯起航，在马辰载 1943 担胡椒运往广州，每担售银 10 两；铅 1340 担，每担售银 3.6 两。1739 年贸易季，从英伦出发的"哈林顿"号用全船 19% 的资金在孟买装载棉花、在代利杰里装载胡椒运到广州，其中胡椒有 416 坎迪（1758 担），价值 35361 卢比，每担售价 10.1 两银，共计银 17756 两，毛利 51%；棉花 250 包（每包重 0.5 坎迪，300 磅），价值 9745 卢比，在

1　马士：《东印度公司对华贸易编年史（一六三五～一八三四年）》第 1 卷，第 259～263、266～268 页。

2　马士：《东印度公司对华贸易编年史（一六三五～一八三四年）》第 1 卷，第 288 页。

3　马士：《东印度公司对华贸易编年史（一六三五～一八三四年）》第 1 卷，第 295～298 页。

广州每担售价 9 两，毛利 107%。"沃波尔"号在广州装载茶叶、丝织品、生丝、棉布、瓷器和白铅返回英国，"哈林顿"号装载茶叶、瓷器、冰糖等货，以及黄金 1218 两、白银价值 24910 卢比返回孟买。[1]上述运到孟买的货物，除了白银以外，应该像"康普顿"号那样，都在孟买、苏拉特售出了。

　　这个时期的香料贸易，获利仍然较为丰厚。这吸引英印公司加大力度发展亚洲区间贸易。据 G. B. 索扎统计，1715 ～ 1754 年，每年都有英国商船抵达巴达维亚，共计 292 艘，平均每年有 7.3 艘，在所有抵达巴达维亚的外国船只中位列第二。这期间抵达巴城的中国商船数有 499 艘（参见附录表五 1715 ～ 1754 年抵达巴达维亚的外国船只数量）。[2]英国人在巴达维亚购买的胡椒东运到广州或西运到伦敦出售。1715 ～ 1732 年英印公司在巴达维亚购买并运送到欧洲的胡椒数量有169788 担，平均每年 9432.67 担；同期，荷印公司从巴城运送到欧洲的胡椒数量有 675092 担，是英印公司运送到欧洲的胡椒数量的 3.98倍，而葡人和华人从巴城运到中国的胡椒数量超过英印公司运送到英国的数量（参见表 4-20）。[3]从 1734 年开始，除个别年份外，英印公司运送到英国的胡椒数量大大超过葡萄牙人和中国人在巴达维亚购买的胡椒数量（参见附录表十 1692 ～ 1714 年、1734 ～ 1754 年荷印公司在巴达维亚卖给葡萄牙人和中国人的胡椒数量及英印公司从东南亚进口到欧洲的胡椒总量）。[4]这在一定程度上反映了 1734 年以后东南亚与英国胡椒贸易的兴盛和英印公司在亚洲区间贸易中的活跃程度。

1　马士：《东印度公司对华贸易编年史（一六三五 ～ 一八三四年）》第 1 卷，第 300 ～ 303、307 ～ 308 页。在这次航程中，"哈林顿"号总投资金额 84217 两，其中货物价值 54310 两银，黄金价值为 29907 两银。

2　George B. Souza, *The Survival of Empire*: *Portuguese Trade and Society in China and the South China Sea*, *1630-1754*, Table 6.4, p.137.

3　George B. Souza, *The Survival of Empire*: *Portuguese Trade and Society in China and the South China Sea*, *1630-1754*, Table 6.11, p.152.

4　George B. Souza, *The Survival of Empire*: *Portuguese Trade and Society in China and the South China Sea*, *1630-1754*, Table 6.12, p.153.

表4-20 1715～1732年巴达维亚胡椒输出数量

单位：担

年份	葡人和华人	英印公司	荷印公司
1715	11800	11442	24400[a]
1716	26010	9991	41040
1717	1948	14193	34720
1718	19734	10171	38880
1719	11195	25817	34720
1720	560	24415	51360
1721	500	309	46560
1722	8370	8920	72400
1723	23529	10841	37760
1724	13680	9737	63360
1728	13850	9311	46960
1729	16530	3998	66480
1730	17640	6352	48080
1731	19200	17232	37092
1732	4300	7059	31280
合计	188846	169788	675092

注：a. G. B. 索扎原著误作 24040 担。

说明：本表统计的葡萄牙人和中国人在巴达维亚向荷印公司购买的胡椒都是运销到中国的。

资料来源：*Alemeen Rijksarcjief*, *VOC 1916 / KA 1808 to VOC 2172 / KA 2064*, The Hague. 引自G. B. Souza, *The Survival of Empire: Portuguese Trade and Society in China and the South China Sea, 1630－1754*, Table 6.11, p.152。

在18世纪，东南亚的胡椒和印度的棉花是英印公司对华贸易获利最多的大宗商品。1777年，英印公司在广州出售胡椒获利25199两，"超过公司全部输入的总利润"。1779年，公司船"莫尔斯"号满载胡椒抵达广州，售得款135576两银。若以每担11两推算，约有12325担。这是我们所见18世纪后半期英印公司船单笔成交数量最大的胡椒交易。"莫尔斯"号离开广州装载了哪些货物，不见记载。"莫尔斯"号返回孟买，装载了 2221 蒙德（maunds）硝石，运回伦敦。[1]1792 年，公司输入广州的胡椒获利 62.2%，棉花获利 67.5%，而檀香木获利仅 8.3%，铅获利 26%，锡获利 11%，英国毛织品获利 -0.6%。[2]与 1739 年"哈林顿"号载货贸易相比，胡椒贸易获利上升了 11 个百分点，棉花获利下降了约 40 个百分点。

小　结

15 世纪以来，亚洲内向型区间贸易中的香料主要输入中国，香料输入明代中国主要有朝贡贸易、官方贸易、华商私人贸易和西人输入四种途径。

明代海外国家朝贡的物品以香料为主。在朝贡活动中，不仅有番国进贡方物，还有使臣自进物和番国国王附搭物，以及使臣和随行番商私自夹带的东西洋方物。这些自进物、附搭物和私自夹带的方物主要也是香料。番国的进贡方物仅占极少的一部分，实行"厚往薄来"的回赐方式完成"交易"；明前期，海外诸国朝贡使者使臣自进物、所带私货由市舶司"给价收买"。给价标准并非完全遵循市场规律，而是带有浓厚的政治外交色彩。受明朝"厚往薄来"朝贡制度的影响，一些不出产香料的国家也向他国采购香料，再进贡给明朝廷，这促进了香料在东南亚和东亚国家之间的交互流动，促进了各国香料贸易和香料经济的发展。

随贡使输入的附搭货物，实行抽分制的买卖，基本上不适用"厚往薄来"的原则，实际上是一种正常的商品买卖，已超出朝贡贸易范畴。被抽分（征税）的货物卖给私人，应该属于朝廷认可的私人贸易；如由官方收购，则属于官方贸易。那些"许于会同馆开市"的附搭物和夹带物买卖，应该也是一种私人贸易。

1　马士：《东印度公司对华贸易编年史（一六三五～一八三四年）》第 1 卷，第 240 页；第 2 卷，第 31、41、46 页。蒙德为印度重量单位，1 蒙德合 25 英磅。

2　马士：《东印度公司对华贸易编年史（一六三五～一八三四年）》第 2 卷，第 216 页。

　　郑和下西洋，开明朝官方在境外大举采购香料之先河，拓宽了香料官方贸易的途径。郑和使团活动进一步促进朝贡贸易的发展。东南亚番国朝贡活动和郑和船队大量运回香料，导致明朝廷库存香料过剩，迫使朝廷以胡椒代行货币职能，对明朝经济产生很大影响。

　　郑和下西洋比以往的华商走得更远，极大地扩展了明朝海外直接贸易的范围，一方面，带回了无数的奇珍异宝与各地的特产，扩大了香料贸易的品种，推动了中国的香料消费；另一方面，郑和船队所带去的中国产品之丰富和所游历的国家之多是私商无法比拟的。它使海外诸国的统治者和广大民众对中国的产品有了更多的了解，促使他们用当地物产换购中国产品，使海外输入中国的香料种类和数量大大增加，促进了朝贡贸易和官方贸易的发展。

　　正德（1506 ~ 1521）以后，明朝廷不再对贡使携带私货给价收买，改行抽分制度。这种处理使臣自进物和番国国王附搭物的贸易方式，实际上是一种官方贸易。市舶抽分所得收入扩充了政府的财政来源，弥补了地方财政及军费的不足，推动了隆庆开禁。也有使臣和随行番商为牟取暴利，不把私自夹带的东西洋方物交给市舶司清点、给价，而是直接让其流入中国市场。这成为香料入华的又一途径。这种贸易方式尽管与朝贡活动有关，但其性质几与走私相同。这实际上是一种商品走私活动，属私商贸易行为。所以，在明初的朝贡活动中，实际上包含朝贡贸易、官方贸易和私商贸易三种贸易形式。这是以往研究者所忽略的。市舶抽分所得收入扩充了政府的财政来源，弥补了地方财政及军费的不足。

　　随着隆庆开禁，大批华人私商扬帆出海，与葡萄牙人角逐香料利益。大批胡椒输入中国，加速了亚洲香料经济带的形成。这些香料生产地区与中国的经济联系也大大增强，形成了香料生产、贸易和消费一整条产业链。

　　16 世纪，葡萄牙、西班牙殖民势力的侵入，打破了马鲁古原始的自然状态，打开了马鲁古对外贸易的窗口，也打破了以往穆斯林商人垄断的香料转口贸易，香料贸易开始纳入世界市场体系，成为国际贸易的一部分。与此同时，马鲁古的政治、经济、宗教和社会生态也发生了巨大的变化。

葡萄牙人入侵远东后，就着手亚欧香料贸易。在 16 世纪早期，葡萄牙人运往欧洲的香料主要从印度出口，而且运走的香料 2/3 以上是胡椒，在 30 年代以前，每年运走的胡椒几乎都在 2 万担以上，最高的年份（1518）甚至超过 4.5 万担。据统计，1537 ~ 1571 年葡萄牙人运到里斯本的胡椒达 83.8 万担，年均 23942.9 担；1571 ~ 1600 年，里斯本从东方进口的胡椒有 51.6 万担。输入胡椒太多，在 16 世纪初导致欧洲市场胡椒价格狂跌，并对原来以威尼斯商人为主导的利凡特香料市场造成巨大冲击。整个 16 世纪，葡萄牙人与穆斯林商人不断竞争，传统的利凡特贸易尽管受到打压、衰落，但仍存在，中东商道仍然保持运转。1550 ~ 1570 年，欧洲的香料贸易市场被穆斯林商人抢夺了近一半。1570 年以后，葡萄牙王室允许私人参与东方贸易，葡萄牙对欧洲的香料贸易进入复兴阶段。葡萄牙国内动荡的政治形势，并没有影响到葡萄牙人的香料贸易。16 世纪中叶开始，葡萄牙人把大量香料从东南亚贩运至中国和日本。16 世纪末到 17 世纪初，葡萄牙人受到荷兰人和英国人的挑战，对欧洲的香料贸易大幅减少，1641 年后更是几乎停顿。葡萄牙人虽然失去了对欧洲胡椒市场的控制权，但亚欧之间的肉桂贸易仍被葡萄牙人垄断，因为质量好的肉桂只产于锡兰的低洼地区，而葡萄牙严密控制了该地区，直到 1658 年该地彻底落入荷兰人之手。与此相对应，16 世纪后期葡萄牙人开始大规模对华、对日香料贸易，并大力发展檀香木贸易。马六甲、望加锡先后成为葡萄牙人在东南亚开展贸易的基地，澳门—望加锡—帝汶航线成为澳葡海上贸易的一条固定航线。1675 年，粤海关设立，澳门与广州的陆路贸易停止，澳葡不能从澳门前往广州购买中国内地的商品，这无疑是对澳门葡人海上贸易的致命打击。

葡萄牙人的香料贸易促进了印度、东南亚、中国和日本之间商品的流通、换购，形成良性的商业贸易模式。葡萄牙人的香料贸易改变了亚洲及亚欧香料贸易路线和贸易格局，促进了亚洲各地产品的商品化进程，推动了以香料贸易为中心的亚洲区间贸易的发展，并促使葡萄牙人构建起一个复杂的亚洲区间贸易网络和亚欧贸易网络。葡萄牙人的亚洲区间贸易模式，被后来的荷兰人、英国人所效仿。葡萄牙人的香料贸易沟通了传统的北海、地中海、印度洋、中国南海贸易圈和新兴的大西洋贸易圈，开启了现代意义上的全球化进程。

17 世纪以荷兰人为主导的亚洲香料贸易，进一步改变了远东香料贸易和香料经济的格局，对亚洲香料区域经济带的形成及印尼社会的影响是巨大的。荷兰人在东南亚对香料贸易的垄断受到英国商人、澳葡商人、中国商人和穆斯林商人的挑战。通过 1616 年对兰恩岛的争夺、1619 年 "防御条约" 的签订、1623 年安汶大屠杀、1664 年《布雷达条约》的签订，荷兰人在东南亚取得对英国人的胜利，将英国人从香料角逐中排挤出去，成为印尼香料贸易的霸主，完成了对丁香、肉豆蔻的垄断。巴达维亚、望加锡成为东南亚最大的香料集散地。在荷据台湾时期，大员成为荷印公司开展对华、对日贸易的桥头堡。在 17 世纪上半叶，荷兰人在华商的帮助下完成了对精细香料的垄断，华商也通过与荷兰人的合作，成功在巴达维亚和马鲁古群岛开展贸易。荷兰人一直力图通过香料定价权及出口量来操纵欧洲和亚洲市场，排挤竞争者，达到利润的最大化。但是，荷兰人对欧洲市场香料价格和进口量的操纵，并没有带来销售量和利润的增长，因为欧洲政局的变化对香料价格有较大影响，欧洲香料价格变动较快，荷印公司的销售、进口措施经常滞后于市场变化。荷兰人操纵欧洲的香料价格，致使欧洲市场波动对东南亚香料生产和出口有很大影响，亚洲市场与欧洲市场的联动日益明显。香料贸易促进了近代世界市场一体化的形成。

欧洲市场胡椒、丁香售价的变动，对荷印公司向欧洲进口胡椒的数量有相当大的影响。17 世纪 40 年代开始，由于欧洲市场胡椒、丁香价格下跌，荷印公司开始重视胡椒、丁香在亚洲市场，尤其是中国、日本市场的销售；到 18 世纪，印尼的胡椒大部分在亚洲销售，促进了亚洲商品的流通和内向型区间贸易的发展。

荷兰人沿袭了葡萄牙人的亚洲区间贸易模式，用印度、中国的棉布及中国的陶瓷、日用品和黄金以及日本的白银等来带动香料贸易，增强亚洲区间贸易的活跃度。17 世纪后期，在欧洲市场不景气的背景下，荷兰人对中国、印度等亚洲国家的精细香料贸易非常成功，丁香的售价甚至超过欧洲市场。荷兰人对亚洲市场的依赖不断加深。荷印公司对欧洲的香料贸易的利润波动很大，但丁香贸易仍是一项暴利的买卖。17 世纪初，丁香运销阿姆斯特丹的毛利润接近 30 倍；在荷兰丁香售价最低的 40 年代，毛利润也有 10 倍左右；17 世纪 50 年代，丁香毛利润近 13 倍，即便是按安汶丁香收购价每吨 412 里亚尔（1 巴哈尔合 56 里亚尔）计，毛利润也有近 6 倍。葡萄牙人和荷兰人等西方人及穆斯林商人经过 100 多年的竞争，使丁香在望加锡的价格上涨了 7 倍以上。从马鲁古和望加锡的丁香差价看，把丁香从班达群岛运到望加锡出售，有 125% ~ 200% 的利润。这也是荷兰人要垄断丁香资源的重要原因。荷印公司垄断丁香、肉豆蔻的价格，压低收购价，从 17 世纪中叶开始，近 50 年保持丁香收购价不变，但香料群岛的香农并没有享受到多少经济利益。

荷兰人在印尼的殖民统治和香料贸易政策，对印尼社会造成深远的影响。17 世纪中叶，为了控制产量和垄断丁香资源，荷印公司大肆砍伐安汶岛南部及里斯群岛之外的丁香树，对香料群岛和东南亚经济造成深远影响。荷兰人对丁香生产的干涉和引入其他作物（水稻、咖啡等），以及印尼各地王公为抵制荷兰人的经济控制而纷纷种植水稻，改变了安汶等地的经济结构和社会经济基础，一方面促进了亚洲香料经济带的构建和奠定了印尼作为香料生产中心的地位，另一方面促进了印尼的粮食生产。荷兰人的殖民统治，将印尼整合成一个整体——荷属东印度，为现代印尼划定了地理边境雏形。[1]

17 世纪，英印公司在与荷印公司争夺贸易权和殖民宗主权的斗争中失败，导致其亚洲香料贸易开展不顺，贸易量不大。在 18 世纪，

1　阿德里安·维克尔斯：《现代印度尼西亚史》，何美兰译，世界知识出版社，2017，第 2 页。

英印公司和散商主要到马辰、巴达维亚等地购买胡椒，然后东运到广州或西运到孟买、伦敦出售。胡椒贸易的毛利率在 50% ~ 60%。从 1734 年开始，英印公司运送到欧洲的胡椒数量大大超过澳葡和华人运销到中国的胡椒数量。这从一个侧面反映了英国人在亚洲区间贸易中地位的上升。

东、西洋各国为了获取迫切需要的中国物品（丝织品、棉布、陶瓷、日用品为主）和印度布匹，加大香料生产和出口，促进了东南亚香料的商品化生产和城镇的发展，诸如阿瑜陀耶、马六甲、巴赛、文莱、锦石等市镇发展成贸易城市。这些贸易城市与老商业城市，诸如亚齐、马六甲、柔佛、万丹，以及后来兴起的澳门、巴达维亚和马尼拉一道，共同支撑起东南亚与西亚、东亚及欧洲的贸易运作，对早期亚洲区域经济带的构建起了非常重要的作用。

第五章　亚洲蔗糖贸易与蔗糖经济带的形成

在 16 ～ 18 世纪，亚洲区间贸易的重要商品是蔗糖。16 世纪中叶，葡萄牙人、中国人即在亚洲开展蔗糖贸易。17 世纪前期，荷兰东印度公司在远东站稳脚跟后，就先后以台湾和巴达维亚为供糖中心，开展蔗糖贸易。不久，在蔗糖贸易巨额利润的吸引下，日本人、英国人等也加入蔗糖贸易。为了获得大量的廉价蔗糖，垄断蔗糖资源，荷印公司采取近代种植园模式，在印度尼西亚和中国台湾建立起蔗糖种植基地，并制定多项政策鼓励当地居民种蔗制糖，改变了当地的居民构成和经济结构。蔗糖贸易的巨额利润为荷兰东印度公司积累了资本，缓解了荷印公司的银荒问题，助推荷印公司开展亚洲区间贸易。随着甘蔗的种植、制糖业的发展及蔗糖贸易的广泛开展，亚洲形成了蔗糖经济带。蔗糖经济对亚洲社会发展、对荷兰及整个欧洲产生了深远的影响。

一　有关近代亚洲蔗糖种植和贸易的研究综述

英国学者 E. D. 埃利斯（Ellen Deborah Ellis）《蔗糖商品简史》（1905），是国外早期研究蔗糖贸易的重要参考文献。此书分为 16 章，分别从糖的种类，糖的作用，糖在亚洲、地中海、美洲等地的种植情况，伊比利亚半岛有关糖的活动，以及英国糖工业的发展、英国对糖的需求量及供应等多方面详细论述了欧洲有关糖的情况。N. 迪尔（N.Deerr）撰写的《糖史》（1949），是国际上有关蔗糖史的权威著作，详细分析了甘蔗的原生地问题、甘蔗的种植区以及蔗糖的种类、销售等方面的内容。此外，曾就读于中山大学，对广东经济、社会有深刻研究的 M. 舒切塔（Mazumdar Sucheta）撰写了《中国的蔗糖和社会：农民、技术和世界市场》（1998）一书，该书从中国蔗糖生产、外销的角度详细分析了 17 ~ 18 世纪荷兰、英国等国家有关蔗糖的消费、运销等情况。书中有着非常详细的蔗糖输出量、利润率等数据。D. 布尔贝克等的《14 世纪以来东南亚地区的丁香、胡椒、咖啡和蔗糖出口》（1998），详细分析了 14 世纪以来东南亚的四大货物出口。该书用大量篇幅梳理了东南亚蔗糖贸易的情况，探讨了巴达维亚殖民政府对爪哇制糖业发展的各项鼓励措施。K. 格拉曼《1620 ~ 1740 年间荷兰与亚洲的贸易》（1958）是研究 17 ~ 18 世纪荷兰—亚洲贸易的重要著作，该书内容丰富、条理清晰、分析透彻，并对大量贸易数据进行了统计分析，其中不乏对蔗糖贸易的分析，是国外有关荷兰蔗糖贸易的重要论著。荷尔登·弗伯的《帝国在东方的贸易竞争》（1976）探讨了 1600 ~ 1800 年各欧洲国家在远东的贸易争夺，涉及葡萄牙人、荷兰人及英国人在亚洲的蔗糖贸易和争夺。荷兰学者包乐史《巴达维亚华人与中荷贸易》（1997），日本学者长冈新治郎《十七、十八世纪巴达维亚的糖业与华侨》（1960），专门探讨了巴达维亚甘蔗种植和制糖业发展以及华人的贡献。日本学者岩生成一《荷郑时代台湾与波斯间之糖茶贸易》（1955）、《关于江户时代的砂糖贸易》（1972），讨论了 17 世纪 30 ～ 60 年代台湾与伊朗之间的糖茶贸易，台湾蔗糖和茶叶输出的情况，17 ～ 19 世纪初中国蔗糖输入日本的数额及利润等，以及荷兰人在台湾经营的甘蔗种植业和制糖业；永积洋子根据日本文书及荷兰东印度公司档案、长崎荷兰商馆日记等，编写了《唐船输出入品数量一览（1637 ～ 1833 年）：复原的唐船出货账单，归航的买物账单》（1987）一书，该书详细记载了赴日的唐船数目、货船来源、运载货物种类及数量等。荷兰学者陈绍刚 [1]《十七世纪上半期的中国糖业及对外蔗糖贸易》（1994），较全面地探讨了 17 世纪上半叶中国制糖业的发展情况，主要依据荷文史料梳理了中国糖输入波斯、日本的情况，并编制了该时期中国糖输出统计年表。不过，该文对中国糖外销数量的统计不准确，有不少遗漏。程绍刚译注的《荷兰人在福尔摩莎（1624 ～ 1662）》，是荷印公司的《东印度事务报告》（又译《一般政务报告》）汇编，摘译自荷兰东印度公司档案。这为本书研究提供了第一手资料。上述论著对蔗糖贸易在亚洲区间贸易中的地位和贡献，以及亚洲蔗糖经济带的构建及运行机制没有涉及。

中国学者讨论了中国制糖技术和制糖业的发展，并着重探讨了明清时期闽粤台三地种蔗制糖业的生产与经营方式，其中重要论著有于介《白糖是何时发明的》（1980），陈学文《论明清时期粤闽台的蔗糖业》（1991），冼剑民、谭棣华《明清时期广东的制糖业》（1994），阮思华《清代台湾制糖业的发展》（2004），周正庆《16 世纪中至 17 世纪初我国蔗糖业生产技术的发展及其影响》（2005）、《中国糖业的发展与社会生活研究——16 世纪中叶至 20 世纪 30 年代》（2006）。关于中国糖的出口及影响、中国制糖技术外传，有韩振华《荷兰东印度公司时代巴达维亚蔗糖业的中国雇人》（1982），李金明《17 世纪初期中国与荷兰的海上贸易》（1989），李治寰编著《中国食糖史稿》第六

1　即前文"程绍刚"，为同一人，在大陆和台湾地区用了不同的姓氏。

章 "白沙糖——明代引进脱色法制糖" (1990)，蔡振翔《十七至十八世纪巴达维亚华侨的蔗糖业》(1991)，季羡林《蔗糖在明末清中期中外贸易中的地位》(1995)、《白糖问题》(1995)、《中华蔗糖史——文化交流的轨迹》(1997)，冷东《中国制糖业在日本》(1999)，周正庆《明清时期我国蔗糖的外销流向》(2004)，林诗维《近代西爪哇华人蔗糖业探源——兼论福建蔗糖业对巴达维亚蔗糖业的影响》(2013)，赵文红《17世纪上半叶欧洲殖民者与东南亚的海上贸易》(2009)，他们主要以中国为视角探讨和分析了明清时期中国制糖业的发展，中国人、荷兰人等在亚洲的糖贸易及其影响，中国制糖术的外传，台湾、巴达维亚（雅加达）的蔗糖业发展。林仁川《大航海时代：私人海上贸易的商贸网络》(2018)，林仁川、黄福才《台湾社会经济史研究》(2002)，杨彦杰《荷据时代台湾史》(1992)，统计了17世纪福建蔗糖输往台湾和日本的数量，探讨了福建和台湾糖业的发展及荷日、荷郑之间的贸易等。何宇在《十七至十九世纪前期中日砂糖贸易初探》(2015)一文中，根据岩生成一和永积洋子的统计资料，分析了1644～1683年、1791～1810年中国输日蔗糖的数量变化及其原因，几乎没有利用第一手资料。刘海玲《明清时期赴日唐船砂糖贸易考察》(2020)，根据日本学者的研究成果，统计了17～19世纪初各时期华人商船输送糖到日本的数量，不过统计错讹颇多且没有注明资料来源。以上学者均未对中国和印尼等地所产蔗糖在亚洲区间贸易和亚欧贸易中的流通进行综合考察，也没有对华人、葡萄牙人、荷兰人等在亚洲所从事的糖贸易进行综合考察，亦很少探讨糖贸易在亚洲区间贸易中的地位及贡献。

二　16～19世纪初中国蔗糖的外销

17世纪上半期亚洲产糖区主要有中国、孟加拉、暹罗、万丹、爪哇。其中中国产糖量高，糖质上乘，欧洲人和日本人在购买糖时，优选中国产的糖。暹罗糖的质量较差，所以在中国糖供应不足时，荷兰东印度公司宁愿采购孟加拉糖。但孟加拉糖的质量远不如中国糖。万丹糖质次量少，外销量非常有限。[1]

在明嘉靖年间（1522～1566），福建人发明炼制白糖的方法。[2]有关明代白糖发明的记述最早见于明代刘献廷的《广阳杂记》，该书细致、具体地描述了炼白糖的过程。[3]宋应星在其《天工开物》（成书于崇祯七年至十一年）中，在理论上总结了造白糖的技术"黄泥水淋法"。[4]福建白糖一经问世，就成为世界上最优质的糖。

据季羡林先生研究，明清时期中国糖的种类达数十种之多。中国作为当时世界上最为主要的蔗糖生产和输出地，不论是蔗糖产量、贸易量还是蔗糖的种类都达到了世界之最。[5]《本草图经》载："福建居民，研蔗汁煮糖，鬻诸吴越间。糖有黑白二种，白糖有两清，有洁白，炼之有糖霜，亦曰冰糖；有蜜片，亦曰牛皮糖。"[6]除黑白二糖及冰糖外，《厦门志》《泉州府志》《福州府志》还记载有赤糖、乌糖、黑砂糖、白砂糖等。[7]

《闽大纪》记载："糖产诸郡，泉、漳为盛，有红有白及冰糖，商贩四方货卖。"[8]可知福建砂糖的主要产区在闽南，而砂糖又是闽南地区唯一具有本地优势并可支撑长期出口的大宗商品。在明末，砂糖成为福建对日贸易的支柱商品之一。

广东珠江流域，土地肥沃，气候湿润，非常适合种植甘蔗。广东种植甘蔗的主要地区是番禺、东莞、增城等。"糖之利甚溥，粤人开糖房者多以致富，盖番禺、东莞、增城糖居十之四，阳春糖居十之六，而蔗田几与禾田等矣。"[9]宣统《东莞县志》记载，东莞"蔗田最

1　陈绍刚：《十七世纪上半期的中国糖业及对外蔗糖贸易》，《中国社会经济史研究》1994 年第 2 期。

2　关于白糖发明的年代，参见季羡林《白糖问题》，《历史研究》1995 年第 1 期；周正庆《16 世纪中至 17 世纪初我国蔗糖业生产技术的发展及其影响》，《中国农史》2005 年第 1 期。

3　刘献廷：《广阳杂记》，中华书局，1957，第 104 页。

4　宋应星：《天工开物》，广东人民出版社，1976，第 169～170 页。

5　季羡林：《文化交流的轨迹——中华蔗糖史》，经济日报出版社，1997，第 337 页。

6　参见朱维幹《福建史稿》，福建教育出版社，2008，第 177 页。

7　季羡林：《文化交流的轨迹——中华蔗糖史》，第 514～516 页。

8　引自韩昇《清初福建与日本的贸易》，《中国社会经济史研究》1996 年第 2 期，第 63 页。

9　屈大均：《广东新语》卷 27，中华书局，1985，第 689 页。

多，有白蔗、竹蔗，皆初冬而榨，清明而毕，煮炼成糖"。[1] 广东所产蔗糖种类亦非常之多。清人屈大均记述："其浊而黑者曰黑片糖，清而黄者曰黄片糖，一清者曰赤砂糖，双清者曰白砂糖，次清而近黑者曰三漤尾。最白者以日曝之，细若粉雪，售于东西二洋，曰洋糖。次白者售于天下，其凝结成大块者，坚而莹，黄白相间，曰冰糖，亦曰糖霜。"[2]

　　17 世纪上半叶，中国大陆的外销糖多来自福建，主要从厦门、安海港运出。闽糖产量高于粤糖。福建产蔗糖主要销往日本。由于蔗糖贸易获利丰厚，许多海商投身这项贸易。明人王在晋《越镌》卷 21 中列举了 4 件海商案，其中 3 件为商人集资购买当地的丝织品和瓷器、白糖等，与日本通商。[3] 万历三十七年（1609）七月，中国商船 10 艘舳舻相接，抵达日本萨摩，停泊在鹿儿岛和坊津，船上载有白糖和黑糖。这是中国白糖和黑糖首次见于输日商品中。万历四十三年闰六月三日，又有中国漳州商船运载大量砂糖开到纪伊的浦津。[4] 其后中国糖一直是日本蔗糖市场的主要来源。

　　日本人喜欢吃甜食。在镰仓幕府时代（1185 ~ 1333），日本蔗糖的消费量就已呈明显上升趋势。那个时代的日本人好吃羊羹（甜凉粉）和馒头（豆沙米粉）之类的甜品。[5] 自 17 世纪初以来，日本国内进入相对和平时期，经济发展，人口增长，市场不断扩大，日本国内的购买力不断增强。于是，日本对蔗糖的需求也出现了明显的增长。

　　而这个时期日本国内尚不会种蔗榨糖。据季羡林先生考证，1596 ~ 1614 年，有日人漂入中国，携蔗归国，始学制糖，但不得其

1　宣统《东莞县志》卷 15《舆地略十三·物产下·货类·糖》。引自陈学文《论明清时期粤闽台的蔗糖业》,《广东社会科学》1991 年第 6 期。

2　屈大均:《广东新语》卷 27，第 690 页。

3　引自陈东有《明末清初的华东市场与海外贸易》,《厦门大学学报》1996 年第 4 期。

4　木宫泰彦:《日中文化交流史》，第 621 ~ 622 页；季羡林:《中华蔗糖史——文化交流的轨迹》，第 373 页。

5　《糖史（二）》,《季羡林文集》第 10 卷，江西教育出版社，1996，第 327 页；Mazumdar Sucheta, *Sugar and Society in China: Peasants, Technology, and the World Market*, Cambridge: Harvard University Asia Center, 1998, p.80。

法。1716～1735年，萨摩国征蔗苗于琉球，种植甘蔗，但不懂制糖之法。[1]日本只得从中国大量进口蔗糖。

表5-1　明末清初福建各类砂糖出口日本情况

单位：斤

年份	闽南地区（漳州、泉州、安海）	福州地区（福州、沙埕）	合计	年份	闽南地区（漳州、泉州、安海）	福州地区（福州、沙埕）	合计
1641	98160	369050	467210	1654	671760	3090	674850
1646	277000	332000	609000	1655	1336290	81140	1417430
1647	40700	—	40700	1656	1168650		1168650
1649	450	—	450	1657	458510		458510
1650	306150	91700	397850	1658	932480	—	932480
1651	164000	82600	246600	1660	537086	27900	564986
1652	—	5750	5750	1663	719630		719630
1653	368950	187300	556250	总计	7079816	1180530	8260346

说明：1659年虽然有福建商船到日本，但由于记载不清而无法统计。

资料来源：韩昇《清初福建与日本的贸易》"表二"，《中国社会经济史研究》1996年第2期，第61～62页。韩昇根据日本学者永积洋子『唐船输出入品数量一览1637～1683年：復元唐船货物改帳・帰帆荷物買渡帳』（東京：創文社、1987）的统计编成。

表5-1的统计，应该没有包括郑氏集团从安海、漳州等地运往长崎的糖。1641年，郑芝龙输往长崎的糖有5726500斤，远远多于表5-1统计的闽南和福州地区输出总量（467210斤）。当时，郑氏船队不可能从中国以外的地区运销500多万公斤糖到长崎。从表5-1看，1641～1663年福建几乎没有停止向日本出口糖（除了1652年）；1647年开始，闽南地区成为福建糖出口日本的主要来源地。

表5-1的统计，应该遗漏不少。以1648年为例，据日本文书61

1　《糖史（二）》，《季羡林文集》第10卷，第334页。

号记述，有来自福州的 116 箩（约 20300 斤）白砂糖运抵日本。[1]

在郑氏商船对日贸易时期，据《长崎荷兰商馆日记》载，1641 年 7 月，郑芝龙派 12 艘船前往长崎，装载大量的白砂糖、黑砂糖、冰糖，共计 5726500 斤，以及各种纺织品和药品；郑芝龙船队销往日本长崎的各种糖，1644 年为 1417550 斤，1645 年为 3377900 斤。[2] 这三年郑氏集团船只运往长崎的糖总量达 10521950 斤，超过 1641 ～ 1663 年福建各类砂糖出口日本的总量（8560346 斤）。郑氏集团船只运往长崎的糖应该主要来自福建地区，因为当时福建漳州、厦门一带主要由郑氏控制。

17 世纪 30 年代，闽广商人不断介入外销糖贸易，运贩生丝和糖到日本。1637 年 5 月 21 日，荷兰人首次派船携资前往广东及其周边地区收购蔗糖，广东人得知此事，驾舟驶往台湾。同年 6 月 7 日，有 3 艘华船自广东运 1600 担白砂糖到台湾；8 月 7 ～ 8 日，又有 3 艘帆船自广东运白砂糖 7000 担。[3] 这些中国蔗糖被荷兰人运销到长崎。然而自广东运出的糖量毕竟有限，其原因主要是粤糖业 17 世纪中期才渐渐兴盛；而且郑氏集团与荷兰人几乎完全控制了中国的对外蔗糖贸易，广东商人难以涉足。荷人在闽台海域活动已久，势力强大，建立起一系列贸易信息网络，福建甚至有专门与荷人贸易的商人。直到 17 世纪中叶，广东糖业逐渐兴盛，产量甚至超过闽南。[4]

1631 ～ 1661 年，中国东南沿海（包括台湾地区）的蔗糖大量销往日本、波斯和马尼拉，主要由中国人（包括郑氏集团）和荷兰人运销。

从表 5-2 看，中国蔗糖输往日本最多的年份是 1655 年，达 1487200 斤外加 759 袋；最少的年份是 1661 年，仅 2500 斤。不过，

---

1 引自陈绍刚《十七世纪上半期的中国糖业及对外蔗糖贸易》，《中国社会经济史研究》1994 年第 2 期，第 43 页。
2 引自林仁川《明末清初私人海上贸易》，第 219 页。
3 江树生译注《热兰遮城日志》，1637 年 8 月 7 ～ 8 日条，台南市政府，1999 ～ 2004。
4 陈绍刚：《十七世纪上半期的中国糖业及对外蔗糖贸易》，《中国社会经济史研究》1994 年第 2 期。

陈绍刚的统计遗漏较多，他统计的 1646 年、1650 年、1651 年、1656
年、1658 年、1660 年由中国东南沿海（包括台湾）运往日本的中国
蔗糖总量，比福建一省输往日本的数量还低。由于他主要是根据荷文
史料做出的统计，我们把表 5-2 的统计数据看作荷兰人从中国东南
沿海（包括台湾）运往日本的中国蔗糖量大致可以成立。表 5-2 中
1643 年以后的统计数据仅作为参考，不作为统计依据。

表 5-2　1631 ~ 1663 年从中国东南沿海
（包括台湾）运往日本的中国蔗糖量

单位：斤

年份	总量	来自福建地区	年份	总量	来自福建地区
1631	93500	—	1651	167650	246600
1636	122503	—	1652	654550	5750
1637	60000	—	1653	—	556250
1639	1140450	—	1654	1226袋 + 538380	674850
1640	1190607	—	1655	759袋 + 1487200	1417430
1641	903010	467210	1656	1043300	1168650
1643	10600	—	1657	14袋 + 458000	458510
1645	69000	—	1658	923630	932480
1646	399000	609000	1659	939600	—
1647	40700	40700	1660	495986	564986
1648	20300	—	1661	2500	—
1649	100000	450	1663	—	719630
1650	384450	397850			

注："来自福建地区"的蔗糖输出日本的数据，根据韩昇《清初福建与日本的贸易》"表
二"（《中国社会经济史研究》1996 年第 2 期）增补。

资料来源：陈绍刚《十七世纪上半期的中国糖业及对外蔗糖贸易》，《中国社会经济史研
究》1994 年第 2 期，第 39 页。

日本学者永积洋子根据《长崎荷兰商馆日记》等资料记述，统计
了 1637 ~ 1645 年唐船（华船）输入日本的蔗糖数量，比陈绍刚的统
计数高出不少，可补陈绍刚统计之不足（见表 5-3）。

表 5-3　1637～1645 年唐船输入日本的蔗糖数量

单位：斤

年份 （船数）	品名	数量	合计	年份 （船数）	品名	数量	合计
1637	白砂糖	700000	2200000	1642 （32 艘）	白砂糖	240000	432900
	黑砂糖	800000			黑砂糖	160100	
	冰糖	700000			冰糖	32800	
1639 （93 艘）	白砂糖	499100	1164050	1643	黑砂糖	600	10600
	黑砂糖	641350			冰糖	10000	
	冰糖	3700		1644	白砂糖	490200	1458250
	糖蜜	19900			黑砂糖	889900	
1640 （74 艘）	白砂糖	356950	1190607		冰糖	78150	
	黑砂糖	833657					
1641 （97 艘）	白砂糖	545150	883150	1645 （76 艘）	白砂糖	1770000	3500900
	黑砂糖	290700			黑砂糖	1553000	
	冰糖	47300			冰糖	54800	
	糖蜜	—			糖蜜	123100	

　　资料来源：永积洋子『唐船輸出入品数量一覧 1637～1683 年：復元唐船貨物改帳・帰帆荷物買渡帳』36～39、330～336 页。因原书数据缺失，1638 年的数据未罗列于本表。参见蔡郁苹《十七世纪郑氏家族对日贸易关系之研究》，附录 1～4，第 228～230 页。

　　永积洋子统计的 1637～1645 年唐船输入日本的各类糖总量为10840457 斤，除去糖蜜，各类砂糖和冰糖输入量为10697457 斤，8年（扣除 1638 年）年均输入砂糖和冰糖约 133.72 万斤。这些糖绝大部分应该来自中国大陆和台湾，少量来自东南亚地区，所以永积洋子的统计数比陈绍刚统计的同时期中国东南沿海（包括台湾）运往日本的中国蔗糖量（3373667 斤）多出 732.38 万斤。当时的东南亚地区不可能在短短 9 年内向日本输出 732.38 万斤糖。由此可见，如果陈绍刚的统计（见表 5-2）不是仅限于荷兰人输入的，必有很大遗漏。从表 5-3 可以看出，1637～1645 年有大量蔗糖从中国输入日本，1637年、1639～1640 年、1644～1645 年输入日本的糖量均超过百万斤，1645 年甚至达到 337.78 万斤（不含糖蜜）之巨。陈绍刚统计 1641 年中国东南沿海（包括台湾）运往日本的蔗糖有 903010 斤，比永积洋子的统计数据高，这可能是因为永积洋子仅统计了唐船输入量，而陈绍刚的统计包含了荷船输日的中国糖。不过，陈绍刚的统计数仍非常低。

　　永积洋子据《长崎荷兰商馆日记》统计，1646 年 54 艘唐船输入日本的蔗糖有 2473100 斤，其中，白砂糖 799500 斤、黑砂糖 258100 斤、冰糖 145500 斤，另有砂糖汁 16 壶。1650 年 70 艘唐船输入日本的白砂糖有 790960 斤、冰糖 6150 斤，有 8 艘安海船、16 艘漳州船输入日本黑砂糖 159300 斤、赤砂糖 50000 斤，合计 1006410 斤。1650 年，郑氏控制的安海、漳州输入日本的白砂糖共计 75950 斤、冰糖 2400 斤，[1] 分别占当年唐船输入日本的白砂糖总量的 9.6%、冰糖总量的 39%，所占比例并不高。

　　岩生成一的统计与永积洋子的统计有较大出入（见表 5-4）。

表 5-4　1637 ~ 1683 年唐船数及输日砂糖数

单位：艘，斤

年份	船数	白砂糖	黑砂糖	冰糖	合计
1637	64	700000	200000 （800000）	700000	1600000 （2200000）
1638	—				
1639	93	499100	641350	— （3700）	1140450 （1164050）
1640	74	356950	860957 （833657）	—	1217907 （1190607）
1641	97	5421500 （545150）	251700 （290700）	47300	5720500 （883150）
1642	34 （32）	240000	160100	32800	432900
1643	34	0	0 （600）	0 （10000）	0 （10600）

1　永积洋子『唐船输出入品数量一览 1637 ~ 1683 年』41 ~ 48、336 页。据村上直次郎訳『長崎オランダ商館の日記』第 1 辑、175 ~ 193 页整理。参见蔡郁苹《十七世纪郑氏家族对日贸易关系之研究》，附录 5、附录 7，第 228 ~ 236 页。

续表

年份	船数	白砂糖	黑砂糖	冰糖	合计
1644	54	489800（490200）	849600（889900）	78150	1417550（1458250）
1645	82（76）	1770000	1553000	54800	3377800
1646	54	799500	258100	145500	1203100
1647	26	—	—	—	
1648	20	12000	91000	83	103083
1649	50	51450	685800	0	737250
1650	70	790960	0	6150	797110
1651	40	151800	245200	16250	413250
1652	50	923250	270600	42150	1236000
1653	56	152100	584870	37250	774220
1654	51	202748	423463	18150	644361
1655	45	1133200	321930	56300	1511430
1656	57	1293710	571650	4900	1870260
1657	51	220100	379960	111550	711610
1658	43	7700070	874710	41555	8616335
1659	60	2116350	613200	384050	3113600
1660	50	705876	419060	52050	1176986
1661	39	590500	322880	75410	988790
1662	45	2403356	1511560	18477	3933393
1663	29	1510520	470596	123420	2104536
1664	34	1745151	524463	112900	2382514
1665	36	920540	1642631	13950	2577121
1680	30	1186727	1153047	78360	2418134
1682	26	1246381	1102623	251161	2600165
1683	25	1724922	69570	336152[a]	2130644
合计	1519	37058561	17053620	2838818	56950999

注：a. 何宇作 236152 斤。参见何宇《十七至十九世纪前期中日砂糖贸易初探》，朱诚如、徐凯主编《明清论丛》第 15 辑，故宫出版社，2015，第 339～345 页。误矣。

说明：括号内的数据系永积洋子的统计（见表 5-3）。

资料来源：岩生成一「江户时代の砂糖贸易について」『日本学士院纪要』31 卷 1 号、1972、4 页；「近世日支贸易に关する数量的考察」『史学杂志』62 卷 11 期、1953 年、31 页。

　　与永积洋子和岩生成一的统计相对比，陈绍刚的统计数偏低。永积洋子和岩生成一的统计也有一些漏记的情况。岩生成一统计的 1637 年、1639 年、1640 年、1641 年、1644 年唐船输入日本的蔗糖数量，1642 年、1645 年赴日唐船数，与永积洋子的统计量不一致（见表 5-4）。1637 年唐船输入日本的黑砂糖数量，永积洋子统计有 80 万斤，岩生成一统计有 20 万斤，少计 60 万斤。永积洋子据《长崎荷兰商馆日记》等记载，1639 年有 93 艘唐船抵达长崎，共运去白砂糖 499100 斤、黑砂糖 641350 斤、冰糖 3700 斤，[1] 共计 1144150 斤；岩生成一没有统计冰糖输入的数量（3700 斤）。1640 年唐船输入日本的黑砂糖数量，永积洋子统计有 833657 斤，岩生成一统计有 860957 斤，前者少计 27300 斤。

　　关于 1641 年赴日唐船数量，永积洋子和岩生成一均作 97 艘，但该年唐船输日蔗糖数量，永积洋子作白砂糖 545150 斤、黑砂糖 290700 斤、冰糖 47300 斤，岩生成一作白砂糖 5421500 斤、黑砂糖 251700 斤、冰糖 47300 斤，两者对白砂糖统计数量相差巨大。据陈绍刚统计（表 5-2），1641 年，从中国东南沿海（包括台湾）运往日本的中国蔗糖有 903010 斤，这与永积洋子统计的 883150 斤相近。林仁川据《长崎荷兰商馆日记》统计，1641 年 7 月，郑芝龙派 12 艘船前往长崎，运去白砂糖、黑砂糖、冰糖共计 5726500 斤，以及各种纺织品和药品（见前述），[2] 这比岩生成一的统计多出 6000 斤。关于 1641 年唐船输入日本的蔗糖数量，永积洋子的统计应该有很大遗漏，岩生成一的统计相对可靠，笔者以林仁川的统计为准。

　　关于 1643 年唐船输入日本的蔗糖数量，永积洋子统计，郑芝龙的商船输入冰糖 10000 斤、黑砂糖 600 斤（据《长崎荷兰商馆日记》1643 年 9 月 1 日记述）；岩生成一对该年的统计阙如。1644 年唐船

1　東京大学史料編纂所編『オランダ商館長日記』譯文篇之四（上）「フランソワ・カロンの日記（上）」東京：東京大学、1983、184～188 頁。引自蔡郁苹《十七世纪郑氏家族对日贸易关系之研究》，附录 1，第 228 页。
2　林仁川：《明末清初私人海上贸易》，第 219 页。

输入日本的蔗糖数量，永积洋子、岩生成一统计的冰糖输入量一致（78150 斤），白砂糖、黑砂糖输入量略有差异，岩生成一的统计数（1417550 斤）比永积洋子的统计数（1458250 斤）少 40700 斤。

永积洋子统计的 1645 年时间节点是 1 月 28 日到 11 月 25 日，这可能是岩生成一统计的 1645 年赴日唐船数多出 6 艘的原因。另据《东印度事务报告》（又称《一般政务报告》）1658 年 1 月 6 日记述，1657 年有 47 艘中国船到长崎，运去白砂糖、黑砂糖总计 636000 斤。[1] 岩生成一统计，1657 年 51 艘唐船输日 711610 斤蔗糖，比《东印度事务报告》所记多出 75610 斤，这应另有所据。笔者以岩生成一统计为是。

岩生成一未统计 1647 年唐船运糖量。据韩昇和陈绍刚的统计，1647 年闽南地区输入日本的蔗糖有 40700 斤（参见表 5-1、表 5-2）。另据表 5-2，1631 年中国船输入日本 93500 斤蔗糖，可补岩生成一之缺。1632 ~ 1636 年，唐船肯定也向日本输入了中国蔗糖，只是笔者没有资料核查输入的数量。

此外，如岩生成一所统计的，唐船输入日本的蔗糖总量 1648 ~ 1661 年有 22694285 斤，1662 ~ 1683 年输入日本的蔗糖量有 18146507 斤（其中，1666 ~ 1679 年、1681 年缺统计数据），总计 40840792 斤（参见表 5-4）。

从岩生成一的统计数据看，中国输入日本的糖品种以白砂糖最多，黑砂糖其次，冰糖最少。唐船输入日本砂糖量最多的年份是 1658 年，达 8616335 斤；其次是 1641 年，达 5726500 斤。1637 年以后，唐船运往日本的砂糖不足 50 万斤的年份有 4 年（1642 年、1643 年、1648 年、1651 年），100 万斤以上的有 20 年。1641 ~ 1661 年，输往日本的中国蔗糖大部分由郑氏商船从福建沿海运出，郑氏集团在对日贸易中占有相当大的份额。1662 ~ 1683 年输入日本的蔗糖有 18146507 斤，有记录的 7 年平均每年输入约 259.24 万斤。显然，

1　程绍刚译注《荷兰人在福尔摩莎（1624 ~ 1662）》，1658 年 1 月 6 日条，第 490 ~ 491 页。

1662 年以后中国输日的糖量明显高于以前。从 1662 年起，赴日唐船载糖量均在 200 万斤以上，这表明日本对中国蔗糖的需求量非常旺盛。

华商不但是日本糖市的主要供应者，而且还向马尼拉供应糖，以换取白银。16 世纪末马尼拉的西班牙人记载，每年有 12 ~ 15 艘帆船航行至马尼拉，运来生丝、糖等日常用品，20 名商人各率百余人自 11 月停驻至次年 5 月，销售所运货物；他们运来的糖及其他物品，可供马尼拉全市人全年享用。[1]1621 年马尼拉的糖市已具相当规模，平常 1 阿罗巴（arroba，葡萄牙重量单位，约合 12.7 公斤）糖可卖到 5 里亚尔，1 阿罗巴冰糖价值 8 里亚尔，这比中国糖采购价高出近 6 倍。中国帆船竞相驶往马尼拉，因为马尼拉拥有大量的美洲白银，西班牙人也鼓励中国商人前去贸易。据笔者考辨，1570 ~ 1760 年抵达马尼拉的中国商船总计 3007 ~ 3027 艘。这些华船主要装载生丝、丝织品，一般也装载有各类糖。但囿于资料，我们无法确定到马尼拉的华船载糖的具体数量。

荷人占据台湾之后，千方百计吸引中国帆船驶往台湾，并派舰队到吕宋沿岸，抢劫中国帆船，迫使中国商船转航巴达维亚贸易。1653 ~ 1655 年，郑芝龙集团屡与荷人发生纠纷，甚至发布"禁航令"，禁止各地商船与台湾的荷兰人、马尼拉的西班牙人通商。[2]

关于 17 世纪中国糖输出的总量，目前没有完整的资料可资统计。陈绍刚依据荷文史料《热兰遮城日志》《巴达维亚城日记》，荷人在日本（平户、长崎）的商馆日记，巴达维亚荷印总督及评议会提交给荷印公司十七人董事会的《一般政务报告》，以及荷人自东印度运回荷兰的其他档案资料和荷人在波斯的商馆有关蔗糖贸易的记载，统计了 1622 ~ 1661 年中国蔗糖输出总量（见表 5-5）。

1　 E. H. Blair and J. A. Robertson ,eds., *The Philippine Islands, 1493–1898*, Vol.3, pp.212, 299；Vol.7, p.34.

2　 胡月涵：《十七世纪五十年代郑成功与荷兰东印度公司之间来往的函件》，厦门大学台湾研究所历史研究室编《郑成功研究国际学术会议论文集》，江西人民出版社，1989，第 310 ~ 311、314 ~ 315 页；刘强：《海商帝国：郑氏集团的官商关系及其起源（1625 ~ 1683）》，第 53 ~ 64 页。

表 5-5　1622 ~ 1661 年中国蔗糖输出总量估算

单位：斤

年份	输出总量		年份	输出总量	
	陈绍刚统计	唐船输日（岩生成一）		陈绍刚统计	唐船输日（岩生成一）
1622	98897[a]	—	1648	20300	103083
1626	73425	—	1649	470000	737250
1631	127340	—	1650	—	797110
1636	2000000	—	1651	3667650	413250
1637	4000000	1600000	1652	2401650	1236000
1638	3071000	—	1653	—	774220
1639	2304700	1140450	1654	538380	644361
1640	2669600	1217907	1655	1487200	1511430
1641	2437010	5720500	1656	1043300	1870260
1642	400000	432900	1657	458000	711610
1643	495700	—	1658	1723630	8616335
1644	948200	1417550	1659	2339600	3113600
1645	1645900	3377800	1660	495986	1176986
1646	399000	1203100	1661	802500	988790
1647	1181800	—	合计	37300768	38834492

注：a. 该年统计数据的计量单位应是荷磅，参见表 5-17。本表按斤计。

资料来源：陈绍刚《十七世纪上半期的中国糖业及对外蔗糖贸易》，《中国社会经济史研究》1994 年第 2 期，第 41 页；岩生成一「江戸時代の砂糖貿易について」『日本学士院紀要』31 卷 1 号、1972 年、4 頁。

从表 5-5 看，中国糖输出最多的年份是 1641 年，达 572.05 万斤，输出最少的年份 1648 年仅输出 103083 斤。表 5-5 反映出，1642年、1646 年、1648 年，中国输出蔗糖数量大幅下降，这与大陆蔗糖的产量和价格密切相关。从 1639 年开始，由于中国大陆战乱，种蔗面积大幅缩减，加上郑氏海商集团的大力收购，中国糖价短时期不断上涨。1638 年 11 月，从大员发往波斯的砂糖每担价 5.73 弗罗林（约合 1.72 两银）。[1]1639 年 12 月 3 日，荷印公司从大员发往苏拉特和波斯的砂糖每担 7.07 弗罗林（2.12 两），冰糖每担 9.54 弗罗林（2.86 两）；1647 年，中国糖涨至每担 6.5 里耳（5.85 两），荷印公司收购的中国大陆产的蔗糖不足 100 担；[2]1649 年，中国大陆糖价涨至每担 12 里耳多，"致使（荷印）公司不可能从中国购入一斤糖"。[3] 荷印公司这个说法也许夸张了，但反映了中国蔗糖出口的窘境。

表 5-5 统计的一些数据的准确性是有疑问的。陈绍刚统计的 1641 年、1642 年、1644 年、1645 年、1646 年、1648 年、1649 年、1654 ~ 1661 年的中国蔗糖出口总额，比岩生成一统计的唐船输日的糖量低，应该有误。因为，还有澳葡、荷兰人等从事中国蔗糖出口，所以当年中国糖出口总额应该比唐船输日的糖量高。我们姑且以岩生成一和永积洋子统计的唐船输日的糖量作为这些年份中国糖出口总额的参照值。表 5-5 统计的中国蔗糖主要是由中国人和荷兰人运出的，统计的中国蔗糖输出目的地包括日本、马尼拉、波斯和荷兰等。陈绍刚只是根据荷文史料做出统计，对中国蔗糖输出总量统计有其局限性，遗漏颇多。例如，陈绍刚统计的 1631 年中国出口蔗糖量（127340斤）应该有误。据统计，1631 年中国船输往日本的蔗糖有 93500 斤（见表 5-2），荷兰人自台湾向日本输入 91000 ~ 106000 斤糖（见表5-19），这些糖也是中国大陆产的。所以，1631 年中国出口蔗糖至少有 184500 斤。岩生成一主要依据《长崎荷兰商馆日记》做出统计，所以他的统计也有遗漏。

在 1639 年以前，台湾糖产量很低，荷印公司大量收购大陆糖，台湾成为大陆蔗糖转口贸易的中心。1636 年，荷兰驻台湾长官曾说，中国（大陆）每年运到台湾的白糖有 3 万担，收购价格 3 ~ 3.5 里耳

1　程绍刚译注《荷兰人在福尔摩莎（1624 ~ 1662）》，1638 年 12 月 30 日条，第 204 ~ 205 页。

2　程绍刚译注《荷兰人在福尔摩莎（1624 ~ 1662）》，1640 年 1 月 8 日条，第 218 页；1647 年 12 月 31 日条，第 293 页。1 英镑 =3 两银，1 英镑 =10 荷盾（弗罗林）；1 弗罗林 =0.3 两银，3 弗罗林约合 1 里亚尔（里耳）。日本学界一般以 26.6 两折合 1 公斤银。

3　程绍刚译注《荷兰人在福尔摩莎（1624 ~ 1662）》，1640 年 1 月 18 日条，第 302 页。

一担（125 磅）。[1] 据《巴达维亚城日记》记载："本年（指 1636 年——引注）自中国向大员湾（安平）输入白砂糖、冰糖、棒砂糖二百万斤，而中国将在今后三个月间再输入五六十万斤。"[2] 因此，1636 年中国出口蔗糖应在 300 万斤左右。据《大员商馆日志》记述，1637 年 5 月 15 日，2 艘来自厦门的船运载白砂糖 10 万斤、细瓷器 130 篓抵达大员；1637 年 6 ~ 7 月，13 艘来自厦门的船运载白砂糖 4500 担又 2300 篓到大员；同年 8 月，1 艘广东船运载砂糖 500 担到大员。[3] 这些从大陆运到大员的糖，应当包含在表 5-5 的统计中了。

关于 1638 年中国糖的出口额，陈绍刚据《热兰遮城日志》1638 年条记述，当年从福建沿海运到台湾的各种糖总量有 259200 斤。[4] 据《大员商馆日志》记述，1638 年 6 月，2 艘安平船载 850 担砂糖、13 艘厦门船载 4765 担砂糖到大员，共计 5615 担。[5] 另据《东印度事务报告》记述，1638 年 11 月，荷印公司把 935.75 担冰糖（每担 4 ~ 4.125 里耳）从大员运往地闷（帝汶岛），自大员运往日本 89725 斤砂糖（价值 6256.11.08 弗罗林，每担约 2.09 两），大员的荷印公司仓库尚囤有 30710 担砂糖、块糖和冰糖待运，因为荷印公司缺少货船。[6] 这些待运的糖几乎都来自大陆。陈绍刚所统计的 1638 年中国糖出口数量（3071000 斤）大概是根据大员荷印公司库存 30710 担得出的，实际上，当年中国大陆出口的糖，还有运到帝汶岛和日本的。所以，1638 年中国出口糖至少有 3254300 斤。

关于 1643 年中国蔗糖出口量，陈绍刚的统计数据（495700 斤）也是有疑问的。据《东印度事务报告》记述，1643 年 11 月，台湾的荷印

1　程绍刚译注《荷兰人在福尔摩莎（1624 ~ 1662）》，第 178 ~ 179 页。

2　村上直次郎原译，郭辉中译《巴达维亚城日记》第 1 册，第 179 页。

3　引自林仁川《大航海时代：私人海上贸易的商贸时代》，第 241 ~ 245 页。

4　陈绍刚：《十七世纪上半期的中国糖业及对外蔗糖贸易》"附表三"，《中国社会经济史研究》1994 年第 2 期。

5　引自林仁川《大航海时代：私人海上贸易的商贸时代》，第 245 ~ 246 页。

6　程绍刚译注《荷兰人在福尔摩莎（1624 ~ 1662）》，第 196、199 ~ 200 页。

公司为荷兰收购了 8000 担糖；12 月，总管拉麦尔运 4000 担糖到波斯。[1]
这些糖包含赤嵌（今台湾台南市一带）生产的 2500 担及部分孟加拉糖，
由于孟加拉糖数量很少，报告中并没有单列。那么其余的约 5500 担糖
应该来自大陆。另据《长崎荷兰商馆日记》记载，1643 年唐船输日的
蔗糖有 10600 斤（见表 5-3）。如此，1643 年中国大陆出口蔗糖至少
有 560600 斤。

关于 1645 年唐船（华船）输入日本的中国蔗糖数量，永积洋子
统计有 337.78 万斤（见表 5-3，不含糖蜜），与岩生成一的统计一
致。据陈绍刚统计，1645 年自中国东南沿海（包括台湾）运往日本的
中国糖仅有 69000 斤（见表 5-2），这与日本学者统计数值相差太大，
仅及他们统计值的零头。陈绍刚估算，1645 年中国蔗糖输出总量有
164.59 万斤（见表 5-5），比岩生成一和永积洋子统计的当年唐船输
入长崎的糖量（337.78 万斤）还少 173.19 万斤。岩生成一和永积洋子
是根据长崎到港唐船记录统计的，应该出入不大。即便唐船（华船）
输入日本的蔗糖不仅仅是中国产的，还有东南亚产的，两个统计数值
相差也太大了。中国出口的蔗糖不仅仅是华商输出的，还有荷兰人运
走的。所以，1645 年输入日本的蔗糖数量肯定在 337 万斤以上。陈绍
刚的统计和估算应该有很大遗漏。

1644 年唐船输入日本的蔗糖数量，岩生成一统计有 1417550 斤
（见表 5-4），永积洋子统计有 1458250 斤（见表 5-3）。岩生成一漏
计了该年 6 月 13 艘唐船运入的糖，所以 1644 年唐船输入日本的蔗糖
数量，我们采信永积洋子的统计数据。1644 年和 1645 年荷印公司还
从台湾、澎湖外销蔗糖，因此，中国蔗糖实际出口额应更高。《东印
度事务报告》记述，1644 年 9 月 2 日荷船"哈尔勒姆"号（Haerlem）
从澎湖驶抵巴达维亚，运去砂糖 2859 担、蜜姜 140 担等货物；12
月 2 日，"邓·弗林德"号（den Vreede）从大员派往苏拉特、波
斯，运载 5000 担砂糖、442 担冰糖；1645 年 3 月 2 日，"祖特芬"号

1　程绍刚译注《荷兰人在福尔摩莎（1624 ~ 1662）》，第 248 页。

（Zutphen）从澎湖列岛向巴城运去砂糖 5987 担。这些从澎湖运到巴城的糖，应该是从大陆出口、运到澎湖的。[1] 如此，中国大陆出口的糖（不计糖蜜、蜂蜜），1644 年有 22883.5 担，1645 年有 39765 担。另，《东印度事务报告》1645 年 12 月 17 日报告，当年台湾赤嵌甘蔗丰收，产糖达 15000 担，运往荷兰 11000 担，运往波斯 60 万磅（4800 担），"我们不再需要孟加拉供糖，波斯的（糖）需求可由大员提供"。[2] 表 5-5 统计的 1644 年、1645 年中国糖出口数量，看来并不包括台湾生产的，仅指大陆出口的糖。

　　综上所考，关于唐船输入日本的蔗糖数量，1631 年有 93500 斤（见表 5-2）；1637 年、1639 年、1643 年、1644 年的统计以永积洋子的统计为准（分别为 2200000 斤、1164050 斤、10600 斤、1458250 斤）；1641 年的统计数取林仁川的统计（5726500 斤）；1640 年、1646 年以岩生成一的统计为是（分别为 1217907 斤、1203100 斤）；1647 年的统计取韩昇和陈绍刚的统计（40700 斤）；1642 年、1645 年的统计数，岩生成一与永积洋子一致。如此，1631 ~ 1647 年唐船（含郑氏船）输入日本的蔗糖数量为 16905407 斤（见表 5-6），有统计记录的 11 年年均约 1536855 斤（未计输入日本的糖蜜数量）。

表 5-6　1631 ~ 1647 年唐船输入日本的蔗糖数量修正

单位：斤

年份	蔗糖数量	年份	蔗糖数量
1631	93500	1643	10600
1637	2200000	1644	1458250
1639	1144150	1645	3377800
1640	1217907	1646	1203100
1641	5726500	1647	40700
1642	432900	合计	16905407

1　程绍刚译注《荷兰人在福尔摩莎（1624 ~ 1662）》，第 261、265、271 页。

2　程绍刚译注《荷兰人在福尔摩莎（1624 ~ 1662）》，第 273 页。

据《东印度事务报告》，1648年台湾生产糖9000担，[1]这些糖应该有许多用于出口了。《巴达维亚城日记》记述，1648年12月5日，夫洛伊特船"居弗洛"号（de Jufferouw）载运砂糖1421箱（340857斤）自大员入巴城港，价值51518荷盾18斯蒂费尔（合每担15.11盾，4.53两）；12月21日，"邓·奥斯"号（den Os）自大员入巴城港，"载货包括多量砂糖及各类商品"，价值28681.18盾。[2]我们姑且推测，1648年台湾输出糖在5000担以上。表5-5统计的1648年中国糖出口数量，看来并不包括台湾生产的。

综上所考，我们修正1622～1661年中国蔗糖输出总量的估算值（见表5-7）。

表5-7　1622～1661年中国蔗糖输出总量修正值

单位：斤

年份	输出总量	年份	输出总量
1622	98897	1644	2288350
1626	73425	1645	3976500
1631	184500	1646	2473100
1636	3000000	1647	1181800
1637	4000000	1648	103083
1638	3254300	1649	737250
1639	2304700	1650	1006410
1640	2669600	1651	3667650
1641	5726500	1652	2401650
1642	432900	1653	774220
1643	560600	1654	644361

1　程绍刚译注《荷兰人在福尔摩莎（1624～1662）》，第303页。
2　村上直次郎原译，程大学中译《巴达维亚城日记》第3册，第115～116页。

续表

年份	输出总量	年份	输出总量
1655	1511430	1659	3113600
1656	1870260	1660	1176986
1657	711610	1661	988790
1658	8616335	合计	59548807

说明：1650 年前，只统计中国大陆出口的糖，不包括台湾出产的糖。

这样，1622 ~ 1661 年，中国蔗糖出口总额应不低于 59548807 斤，约 595488 担。

表 5-7 主要根据荷印公司的资料整理、统计，实际上这个时期中国出口的糖远不止这些。例如，关于 1636 年中国大陆出口糖的数量，《巴达维亚城日记》1636 年 11 月条记载："本年自中国向大员湾（安平）输入白砂糖、冰糖、棒砂糖二百万斤，而中国将在今后三个月间再输入五六十万斤。"[1] 表 5-5 统计的 1636 年出口糖的数量应该是据此得出的。实际上，这一年肯定有华船从中国沿海直接运糖到日本、马尼拉和巴城等地销售，澳葡也会对外销售一些中国糖，台湾当年出产的 1225 担糖全部外销日本。[2] 所以，1636 年中国糖出口数量应该在 300 万斤上下。此外，1600 ~ 1635 年澳葡从广州运出至少 7000 担糖，还有 17 世纪英国东印度公司从广州运走的 36003 担糖没有统计在内。这样，1622 ~ 1661 年中国蔗糖出口总量应不少于 63.85 万担。1637 ~ 1649 年台湾本地产的糖出口数量均未计算在内。

在 1636 年以前，中国蔗糖主要出口到荷兰和日本，而且荷兰人在中国糖出口贸易中占非常大的份额。1622 年，中国出口白糖 98897 斤（磅），同年荷印公司运往荷兰的中国砂糖、冰糖有 98897 磅（见表 5-17）。1631 年中国输出蔗糖总量为 184500 斤，华船自中国东南

1　村上直次郎原译，郭辉中译《巴达维亚城日记》第 1 册，1636 年 11 月条，第 179 页。
2　程绍刚译注《荷兰人在福尔摩莎（1624 ~ 1662）》，第 179 页。

沿海（包括台湾）运往日本的中国蔗糖量为 93500 斤（见表 5-2），占当年中国出口蔗糖量的一半多；据《热兰遮城日志》的记述（1631 年 6 月 23 日、7 月 9 日、8 月 17 日条），1631 年仅台湾荷印公司从大员输往日本的蔗糖就有 91000 ~ 106000 斤（见表 5-19）。可以说 1631 年输往日本的中国糖有一半是荷印公司运去的。1631 年，荷印公司还把孟加拉糖 33840 荷磅运送回荷兰（见表 5-17）。可以说这年亚洲的糖贸易近 3/5 是由荷兰人完成的。1636 年，中国输出蔗糖总量有 300 万斤（见表 5-7），同年荷印公司把台湾产白糖 12042 斤、黑糖 110461 斤输往日本，[1] 仅占当年中国输出蔗糖总量的 6.1%，未见当年荷印公司把蔗糖输往荷兰的记载。

值得注意的是，在 17 世纪 40 ~ 60 年代，一些抵达长崎的华船，尤其是郑氏集团的商船，它们的出发地是广南、暹罗等东南亚地区，运抵长崎的糖不一定是中国产的，也有产自巴城、中南半岛和孟加拉的。由于资料所限，我们无力区分唐船输日的糖有多少来自中国大陆和台湾以外地区。不过可以肯定的是，由唐船运入长崎的东南亚和中南半岛所产的糖，其数量不会很大，因为这类糖在日本不受欢迎。例如，《长崎荷兰商馆日记》记述，1646 年 9 月 8 日，从广南抵达长崎的中国船运来蜂蜜 1100 斤、黑糖 31000 斤、黄丝 1100 斤等。[2]

表 5-8　1650 年赴日唐船出发地及所载蔗糖种类与数量

单位：艘，斤

出发地	船数	蔗糖种类	数量	合计
漳州	16	白砂糖	86750	272950
		黑砂糖	184600	
		冰糖	1600	
福州	3	白砂糖	47800	85500
		黑砂糖	37600	
		冰糖	100	

1　江树生译注《热兰遮城日志》，1636 年 12 月 28 日条。

2　村上直次郎訳『長崎オランダ商館の日記』第 1 辑、1646 年 9 月 8 日条。引自张劲松《从〈长崎荷兰商馆日记〉看江户锁国初期日郑、日荷贸易》，《外国问题研究》1994 年第 1 期，第 19 页。

续表

出发地	船数	蔗糖种类	数量	合计
安海	6	白砂糖	5350	23750
		黑砂糖	18000	
		冰糖	400	
舟山	2	白砂糖	41350	41450
		冰糖	100	
广南	5	白砂糖	3000	110000
		黑砂糖	107000	
安南	4	白砂糖	6800	88500
		黑砂糖	80500	
		冰糖	1200	
交趾	1	白砂糖	10000	29200
		黑砂糖	17000	
		冰糖	2200	
柬埔寨	2	白砂糖	5000	12000
		黑砂糖	7000	
巴达维亚	3	白砂糖	12300	183500
		黑砂糖	171200	
总计	42	白砂糖	218350	846850
		黑砂糖	622900	
		冰糖	5600	

资料来源：刘海玲《明清时期赴日唐船砂糖贸易考察》，《文存阅刊》2020 年第 50 期，第 59 页。

刘海玲没有给出表 5-8 中数据的出处，其中各地赴日的商船数和运糖数量也不准确。从表 5-8 统计的运糖船的出发地看，这些赴日唐船主要从中国东南沿海港口以及东南亚各砂糖产地购买糖运往日本销售。其中 27 艘来自中国福建及浙江，从东南亚起航的有 12 艘，巴达维亚 3 艘。蔗糖主要产自印度等热带地区，中国福建、广东、台湾等地也是甘蔗的种植区域，因此赴日唐船中的糖大部分来自中国南方的福建，还有一部分购于东南亚的柬埔寨等地。值得注意的是，在 1650

年日本进口的糖主要是黑砂糖，占当年进口总量的 73.55%。这年日本
进口的糖有 423650 斤来自中国东南沿海，占日本进口糖量的 50.03%。

据《东印度事务报告》1658 年 1 月 6 日条记述，1657 年有 47 艘
中国船到长崎，共运去 636000 斤白砂糖、黑砂糖，其中 28 艘船来自
安海，11 艘船来自柬埔寨，3 艘来自暹罗，2 艘来自广南，2 艘来自
北大年，1 艘来自东京（越南河内）。[1] 这些来自中南半岛的华船运到
长崎的糖应该是当地产的，而不是中国大陆或台湾产的。

在 17 世纪中叶，把蔗糖运销到日本的船不仅有中国船、荷兰船，
还有来自中南半岛和东南亚的船。不过，中国船运销的糖仍占优势
（见表 5-9）。

表 5-9　1663 年各地输日蔗糖种类与数量

单位：艘，斤

出发地	船数	白砂糖	黑砂糖	冰糖	合计
暹罗船	3	142000	45400	0	187400
柬埔寨船	3	12300	71400	2200	85900
广南船	4	30260	122000	150	152410
东京船	1	42000	23000	900	65900
中国台湾船	3	500800	37000	170	537970
以上小计	14	727360	298800	3420	1029580
中国大陆船	15	791160	16010	42070	849240
合计	29	1518520	314810	45490	1878820

资料来源：岩生成一「江戸時代の砂糖貿易について」『日本学士院紀要』31 卷 1 号、
1972 年、5 頁。

1663 年后从台湾出发、装载砂糖的赴日贸易的台湾郑氏商船占
了很大的份额。如表 5-9 所示，1663 年台湾船虽然只有 3 艘，但运
载的白砂糖的数量是东南亚船只所载白砂糖总量的 2 倍多。输出到日
本的白砂糖和冰糖的数量，中国大陆船运载的白砂糖数量超过东南亚

1　程绍刚译注《荷兰人在福尔摩莎（1624 ~ 1662）》，第 490 ~ 491 页。

和台湾运出的总和。在这一年，日本进口的黑砂糖 82% 来自中南半岛；黑砂糖在日本进口糖种中的比例降到 16.76%；在台湾船和大陆船输入日本的蔗糖品种中，白砂糖 1291960 斤，冰糖 42240 斤，黑砂糖 53010 斤，黑砂糖占比为 3.8%。

1650 年，郑芝龙集团控制安海、漳州一带后，积极参与对日蔗糖贸易。蔡郁苹根据永积洋子的统计资料，统计 1650 年郑氏控制的安海、漳州对日糖贸易情况如下：安海船 5 艘，输日白砂糖 5400斤、黑砂糖 17000 斤；漳州船 17 艘，输日白砂糖 67250 斤、黑砂糖 142100 斤、赤砂糖 50000 斤、冰糖 2400 斤。[1] 各类糖合计 284150 斤。当年有 70 艘唐船抵达长崎，运去白砂糖 790960 斤、冰糖 6150 斤，[2] 安海、漳州船数占了近 1/3，运送至日本的各类糖所占比重为 35.6%。不过，这个统计数比林仁川的低得多。

郑氏收复台湾后，每年台湾糖"产量约 1 万担，与荷兰人时代相比实甚微小"。[3] 郑氏集团继续开展台湾对日贸易，其中蔗糖贸易占很大比重，日本成为台湾糖最大市场。[4] 这个时期，郑氏商船很少把台湾糖输出到波斯。其原因除原种蔗之地转种稻米，以充实食粮，致糖产量多寡不定外，还有派遣商船至较远的波斯易遭荷兰船攻击，郑氏实无余力运糖至波斯。不过，大陆华船积极开展台湾与波斯的糖贸易；在 1673～1684 年，英国人取代了荷兰人在台湾的位置，开展台湾与波斯的糖贸易。[5]

1662 年 10 月 20 日至 1663 年 10 月 20 日驶入长崎港的唐船有 29

1　永积洋子『唐船輸出入品数量一覧 1637～1683 年：復元唐船貨物改帳・帰帆荷物買渡帳』
　　41～48 頁；蔡郁苹：《十七世纪郑氏家族对日贸易关系之研究》，附录 7 "1650 年安海船、漳州
　　船之船货名细"，第 233～236 页。

2　永积洋子『唐船輸出入品数量一覧 1637～1683 年：復元唐船貨物改帳・帰帆荷物買渡帳』36
　　頁；蔡郁苹：《十七世纪郑氏家族对日贸易关系之研究》，附录 8 "1650 年唐船 70 艘之船货名细"，
　　第 236 页。其中一些唐船出发地是中南半岛，运载的糖一般不是中国生产的。

3　岩生成一抄辑《17 世纪台湾英国贸易史料》，周学普译，台湾银行经济研究室，1959，第 59 页。

4　蔡郁苹：《十七世纪郑氏家族对日贸易关系之研究》，第 189 页。

5　岩生成一：《荷郑时代台湾与波斯间之糖茶贸易》，台湾银行经济研究室编《台湾经济史》二集。

艘，载白砂糖 1500520 斤、黑砂糖 470590 斤、冰糖 123420 斤、糖蜜 1450 斤加 22 壶。而 1663 年安海船 10 艘、台湾船 3 艘，搭载白砂糖共 1026300 斤、黑砂糖 159950 斤、冰糖 36880 斤。所有唐船中白砂糖所占比例最高，约七成。该年赴日的台湾船 3 艘，共载有白砂糖 500800 斤、黑砂糖 37000 斤、冰糖 1700 斤，台湾当年产糖量约 100 万斤，此 3 艘台湾船所载糖量占一半多。[1]1682 年 8 艘台湾船驶抵长崎，载有砂糖 225 万余斤。[2]岩生成一根据荷印公司文献（Kol.Arch.1266）记述，算出 1682 年中国船输入长崎的蔗糖有 2600165 斤，其中由台湾输出到长崎的有 992286 斤（白砂糖 845892 斤，冰糖 146394 斤）。[3]

　　直到 1683 年清朝收复台湾，郑氏将领刘国轩仍派船赴日开展贸易，船上"拨配白糖二千零五十担，冰糖一百五十担"，船货在日本售出，共收银 13520 两，[4]每担糖（白砂糖和冰糖合计）平均售价 6.145 两。

　　1725 年，幕府第八代将军德川吉宗决心在本国种植蔗糖，向长崎唐船船主李大卫、游龙顺等咨询甘蔗栽培与砂糖制作方法。"往日本的中国商人给日本带去了蔗种、甘蔗种植方法和砂糖制造方法。"[5]1727 年，德川吉宗得到唐船船主带来的清代有关制糖技术的《制砂糖法》一书后，鼓励日人在萨摩、纪州等地成功栽培甘蔗，并建立了砂糖作坊。从此，日本开始在本国种植甘蔗、制造砂糖。但受利益驱使，砂糖种植与生产被各藩垄断，限制了日本国内大规模推广植蔗榨糖，国民所需的砂糖仍然依赖进口。这从 18 世纪以后的赴日唐船所载砂糖数量中可窥其一斑。[6]

1　永積洋子『唐船輸出入品数量一覧 1637 ～ 1683 年：復元唐船貨物改帳・帰帆荷物買渡帳』345 頁；蔡郁苹：《十七世纪郑氏家族对日贸易关系之研究》，第 189 ～ 190、254 页。

2　永積洋子『唐船輸出入品数量一覧 1637 ～ 1683 年：復元唐船貨物改帳・帰帆荷物買渡帳』96 ～ 100 頁；蔡郁苹：《十七世纪郑氏家族对日贸易关系之研究》，第 207 页。

3　岩生成一《荷郑时代台湾与波斯间之糖茶贸易》，台湾银行经济研究室编《台湾经济史》二集。

4　《明清史料》己编第七本，第 627 页。

5　冷东：《中国制糖业在日本》，《学术研究》1991 年第 1 期；周正庆：《明清时期我国蔗糖外销的流向》，《广西师范大学学报・哲学社会科学版》2004 年第 2 期。

6　刘海玲：《明清时期赴日唐船砂糖贸易考察》，《文存阅刊》2020 年第 50 期。

关于 18 世纪赴日唐船输入砂糖的数量，日本与中国的文献都不多见，仅在日本内阁文库所藏《唐蛮货物帐》与《长崎御用留》中有所记载：1711 年（正德元年）输入白砂糖 1727280 斤、冰糖 111300 斤、黑砂糖 2636910 斤、切砂糖 110 斤，总计 4475600 斤。[1]所幸《长崎荷兰商馆日记》对 18 世纪后半叶唐船出口日本的砂糖数量有所记录。例如，1760 年赴日的 12 艘唐船，载有白砂糖 1176649 斤、冰糖 910968 斤，总计 2087617 斤，另有三盆砂糖 153391 斤（未计入）；1799 年 10 艘唐船载有白砂糖 822300 斤、冰糖 87900 斤、赤砂糖 123909 斤，总计 1034109 斤（见表 5-10）。

表 5-10　1755～1799 年唐船出口到日本的蔗糖数量

单位：艘，斤

年份	船数	糖数	年份	船数	糖数
1755	12	530680	1770	15	2123861
1756	8	676000	1771	13	2142377
1757	12	1833400	1772	13	904372
1758	14	1512300	1773	15	2308305
1759	20	822156	1774	13	1950396
1760	12	2087617	1775	13	2104205
1761	12	1173580	1776	13	983740
1762	15	1673690	1777	13	1448259
1763	13	2798691	1778	13	1047925
1764	16	1187103	1779	13	1943443
1765	12	245623	1780	14	1802780
1766	12	2886558	1781	13	1661539
1767	10	86280	1782	13	862993
1768	12	2078237	1783	13	1815809
1769	14	2923201	1784	13	1751386

1　『唐蛮货物帐』内阁文库、1970。岩生成一「江户时代の砂糖贸易について」『日本学士院纪要』
　　31 卷 1 号、1972 年、20 頁。

续表

年份	船数	糖数	年份	船数	糖数
1785	7	2166009	1793	10	2176135
1786	14	866009	1794	7	709468
1787	16	978121	1795	10	2089215
1788	10	1264981	1796	12	1394097
1789	13	1742233	1797	3	—
1790	12	—	1798	8	660565
1791	15	2483745	1799	10	1034109
1792	12	2520617	合计	553	67451810

资料来源：岩生成一「江戸時代の砂糖貿易について」『日本学士院紀要』31 卷 1 号、1972 年、21 頁。

　　表 5-10 统计的糖量，实际上包含了白砂糖和冰糖，而不仅仅是白砂糖。1755 ~ 1799 年赴日唐船中除去记录不全的 1790 年、1797 年以外，其中输入糖最多的年份是 1769 年（2923201 斤），最少的年份是 1767 年（86280 斤）。这 45 年唐船共输入砂糖 67451810 斤，年均输入 1498929 斤，与前述 1637 ~ 1683 年有记录的 30 年平均每年输入 1898367 斤相比，年均减少 39.94 万斤，减少 21%。如果减除无记录的两年（1790 年、1797 年），43 年年均输入 1568647 斤，比 1637 ~ 1683 年有记录的 30 年年均减少 329720 斤。由此可见，18 世纪日本国内奖励蔗糖生产的政策对抑制中国砂糖进口起到了一定的作用。18 世纪下半叶，日本国民食用砂糖仍然主要依靠中国人进口。[1]表 5-10 统计数据加上 1711 年唐船输入日本的蔗糖记录（4475600 斤），18 世纪日本至少从中国进口各类糖 71927410 斤。如果按 18 世纪后半叶年均输日 1498929 斤糖推算，1700 ~ 1754 年唐船输入日本的蔗糖

---

[1] 刘海玲说："这四十五年年平均出口到日本的唐船砂糖为 1607617 斤，也就是约为 160 万余斤。……与 17 世纪初期的 1637 年到 1661 年的年平均 150 万斤相比，还增加了 10 万斤左右，由此可见 18 世纪日本国内奖励蔗糖种植与生产的政策并没有起到抑制进口中国砂糖的预期效果，国民所使用的砂糖在 18 世纪主要仍然依靠中国与荷兰。"她的合计和年均值计算不确切，结论也不确切。应该与 1637 ~ 1683 年年均值相比较。

估计有 82441095 斤。以此推算，18 世纪唐船输入日本的各类糖大约有 149892905 斤，约合 1498929 担。

关于 18 世纪上半叶中国糖输出的记录不全。仅英国东印度公司从中国运销英国和孟买的糖就有 22558 担（见表 5-15）。

关于 19 世纪初赴日贸易的中国和荷兰等商船所载糖的记录仍旧极少，主要文献来自出岛荷兰商馆日记。据岩生成一统计，1801 ~ 1822 年，115 艘唐船输入日本的砂糖总计 9469886 斤，年均 789157 斤，仅及 18 世纪下半叶唐船年均输入糖量的 52.6%，其中最多的是 1801 年的 2448524 斤，最少的是 1807 年的 241000 斤（见表 5-11）。与 18 世纪赴日唐船输入的砂糖数量不可同日而语。从表中数据看，从 1806 年开始，华船输入日本的蔗糖数量大幅下降，1806 年输日蔗糖量仅及 1805 年的 25.3%。同时期荷兰船输入日本的蔗糖年均 80 万 ~ 110 万斤，是唐船输送蔗糖数量的 4 倍左右。

表 5-11 1801 ~ 1822 年唐船输入日本的糖总量

单位：艘，斤

年份	船数	糖数	年份	船数	糖数
1801	14	2448524	1814	10	749400
1805	11	1646454	1817	8	499150
1806	10	417240	1818	8	427000
1807	10	241000	1821	7	948935
1808	9	436940	1822	6	627800
1809	11	672335	合计	115	9469886
1810	11	355108			

资料来源：岩生成一「江戸時代の砂糖貿易について」『日本学士院紀要』31 巻 1 号、1972 年、22 頁。

到了 19 世纪中叶，因日本国内打破制糖技术封锁，在四国、近畿各藩及日本国内最主要的产糖地岛津藩，蔗糖年产量可达 3000 万斤以上，此时国际贸易格局也发生了巨变，英国取代了中国和荷兰，成为 19 世纪日本进口砂糖的最主要供应国。

　　长达两个多世纪的蔗糖贸易，给中国蔗糖商人和荷印公司等带来非常丰厚的利润。根据 1600 年澳葡输往日本的糖品种及购买价格，白糖与红糖的比是 1 ：2.6，一担糖（按 28 斤白糖、72 斤红糖计）均价 0.78 两，那么 4 万担糖购入价格 31200 两；白糖卖出利润不低于 100%，红糖利润 900%，则一担糖卖出利润应不低于 3.66 两，4 万担糖可获利 14.64 万两。这是 17 世纪初对日本糖贸易获利情况。

　　由于中国与日本资料的匮乏，我们无法估算各个年份赴日唐船砂糖贸易的利润，不过根据荷兰同时期的史料，可对 17 世纪赴日唐船所载砂糖的利润做大概的估算（见表 5-12）。

表 5-12　17 世纪中日两国砂糖价格

单位：两／担

年份	冰糖		白砂糖		黑砂糖	
	中国进价	日本售价	中国进价	日本售价	中国进价	日本售价
1600			0.5	3.0 ~ 4.5	0.4 ~ 0.5	5.0 ~ 6.0
1635	3.6	7.0	2.0	6.0	1.4	5.0
1636		7.8		5.6 ~ 6.8		
1637	2.3 ~ 3.9					
1640				4.9 ~ 6.0		
1654		9.0		8.0		6.0
1658				6.3 ~ 6.9		
1664	4.0 ~ 5.0					
1680		14.0		7.0		
1684			1.6			
1692		23.0		14.0		

　　资料来源：Mazumdar Sucheta, *Sugar and Society in China: Peasants, Technology, and the World Market*, pp.81 ~ 82；C. R. Boxer, *The Great Ship from Amacon: Annals of Macao and the Old Japan Trade, 1555-1640*, p.184；马士《东印度公司对华贸易编年史（一六三五 ~ 一八三四年）》第 1 卷，第 35 页。

　　表 5-12 反映出中国产冰糖、白砂糖在日本的售价总体呈上升趋势，黑砂糖售价相对稳定。在 17 世纪初，黑砂糖在日本市场的利润高达 10 倍，是利润率最高的糖种。此后黑砂糖的利润率下降到 250%

上下。以 1635 年的数据为例，台湾赴日唐船中每担冰糖中国进价 3.6 两，到日本卖价 7 两；白砂糖 1 担进价 2 两，卖价 6 两；黑砂糖 1 担进价 1.4 两，卖价 5 两。由此估算，冰糖的利润率为 94.4%，白砂糖的利润率为 200%，黑砂糖利润率为 257%。冰糖在日本的售价上涨很快，1635 年为每担 7 两银，次年为 7.8 两，上涨 10% 以上，1692 年涨至每担 23 两，比 1635 年涨了 2 倍多。白砂糖在日本售价，1640 年为每担 4.9 ~ 6 两，1692 年涨至每担 14 两（见表 5-12）。其中缘由，或是中日两国物价上涨，也有可能是日本国内对砂糖需求增长。

如表 5-12 所示，1635 年中国出口日本的（白）砂糖进价每担 2 两，冰糖每担进价 3.6 两，两者混合（约 20 ： 1 ~ 25 ： 1），中国糖出口均价 2.2 两。事实上，这个价格是买不到的。1628 年，台湾的荷兰长官纳茨绑架了一官（郑芝龙），双方签订协议，一官每年向荷兰人供应上好白砂糖 5000 担，每担价格 3 里耳（约合 2.7 两）。[1] 这还是城下之盟，定价偏低的。1629 年，荷兰人从大员运到巴城 12.5 担糖，每担进价 3.2 两。[2] 林仁川说，17 世纪台湾糖售价 2 比索（1.5 两银），运到日本以 8 比索（6 两）出售，利润达 300%。[3] 这是 1600 年前后和 1684 年后 20 年的状况，在 1622 ~ 1683 年不可能如此。林仁川之说似有误。

对 17 世纪 30 ~ 60 年代中国蔗糖外销价，学者一般以每担 5 两计算，[4] 但实际上蔗糖价格是不断变动的。《东印度事务报告》记述，1632 年，在大员的中国砂糖收购价每担 2.5 ~ 3 里耳，冰糖每担 5 里耳，块糖每担 3.5 两；1636 年中国砂糖每担收购价 3 ~ 3.5 里亚尔；1638 年砂糖收购价每担 7 弗罗林（2.1 两），冰糖每担 4 ~ 4.125 里耳（合 3.6 ~ 3.7 两）。[5] 1638 年 11 月，荷印公司从大员发往苏拉特商馆 656.25 担砂糖，用于波斯贸易。这批糖价值 3760.11 弗罗林，即每

1　程绍刚译注《荷兰人在福尔摩莎（1624 ~ 1662）》，第 99 页译注 5。

2　程绍刚译注《荷兰人在福尔摩莎（1624 ~ 1662）》，第 102 页。

3　林仁川：《大航海时代：私人海上贸易的商贸网络》，第 271 ~ 272 页。

4　陈绍刚：《十七世纪上半期的中国糖业及对外蔗糖贸易》，《中国社会经济史研究》1994 年第 2 期，第 46 页。

5　程绍刚译注《荷兰人在福尔摩莎（1624 ~ 1662）》，第 118、178 ~ 179、196、200 页。

担 5.73 弗罗林，[1] 约合每担 1.72 两，这批价格如此低的砂糖应该是荷印公司在台湾强行低价收购的。此后，中国糖价不断上涨。1639 年 12 月 3 日，"班达"号（Banda）、"维列根德·赫特"号（het Vliegende Hert）从大员驶往温古尔拉（Wingurla）、苏拉特和波斯，装载 4136 担 57 斤砂糖（货值 29269.03 弗罗林，每担 7.08 弗罗林，约合 2.12 两），1072 担 89 斤冰糖（货值 10233.18 弗罗林，每担 9.54 弗罗林，约合 2.86 两）。[2] 与上年相比，砂糖价格上涨了 23.6%。1643 年 11 月，澎湖运到大员 3880 担砂糖，货值 45116.16 弗罗林，[3] 每担 11.63 弗罗林（约合 3.49 两），比 1639 年上涨了 64.3%。1647～1657 年是中国蔗糖价格最贵的 11 年，1647 年，中国（砂）糖涨至每担 6.5 里耳（合 5.85 两），大员收购的中国大陆产的蔗糖不足 100 担；[4]1648 年 12 月，大员运往巴城的 340857 斤砂糖，价值 51518.18 荷盾，[5] 每担 15.11 荷盾（合 4.53 两）。1649 年，中国大陆糖价更是涨至每担 12 里耳（合 10.8 两）的高位，"致使（荷印）公司不可能从中国购入一斤糖"。[6]1651～1655 年，荷印公司在台湾收购的上等白糖涨到每担 7 里耳（合 6.3 两），否则收不到大量的蔗糖；[7]1656 年，荷印公司从大员运到巴城的蔗糖每担为 16～18 荷盾（合 4.8～5.4 两）；[8]1658 年，糖价开始回落，公司以每担 5 里耳（合 4.5 两）收购。[9]

1　程绍刚译注《荷兰人在福尔摩莎（1624～1662）》，第 204～205 页。

2　程绍刚译注《荷兰人在福尔摩莎（1624～1662）》，第 218 页。这里的荷印公司账簿所计"货值"，我们不清楚这是指采购价，还是指到岸售价。从当时中国大陆和台湾的糖收购价在 6～7 里耳看，应是采购价。

3　程绍刚译注《荷兰人在福尔摩莎（1624～1662）》，第 247 页。

4　程绍刚译注《荷兰人在福尔摩莎（1624～1662）》，第 218、293 页。根据荷印公司《东印度事务报告》，1625～1657 年荷兰与白银比值从未超过 3.5。参见程绍刚译注《荷兰人在福尔摩莎（1624～1662）》，第 47、66、194～195、204、218、242、317～318、402、457、473、478 页。在 17 世纪，荷兰人对中国大陆和台湾的交易，以 3.333 荷盾（弗罗林）合 1 两计。

5　村上直次郎原译，程大学中译《巴达维亚城日记》第 3 册，第 115 页。

6　程绍刚译注《荷兰人在福尔摩莎（1624～1662）》，第 302 页。

7　程绍刚译注《荷兰人在福尔摩莎（1624～1662）》，第 293、339、437 页。

8　村上直次郎原译，程大学中译《巴达维亚城日记》第 3 册，第 154、163 页。

9　见程绍刚译注《荷兰人在福尔摩莎（1624～1662）》，第 496 页；岩生成一《荷郑时代台湾与波斯间之糖茶贸易》，台湾银行经济研究室编《台湾经济史》二集。

就中国大陆糖（砂糖、冰糖混装）采购价而言，1628～1636年的均价每担3～3.5里亚尔（2.7～3.2两银），1637～1646年中国大陆、台湾糖的均价每担4～5里亚尔（3.6～4.5两银），1647～1661年均价每担6里亚尔（5.4两），1637～1661年台糖均价每担5里亚尔（4.5两）。1626～1662年，中国糖出口价每担4两上下。1637～1654年，荷印公司输往波斯的中国糖，大陆和台湾所产各占多少比例，已很难细考，估计大陆糖占2/3左右；在1655～1661年，从大员出口波斯的中国糖基本上来自台湾。1662年后，台湾糖价逐渐下降，基本恢复到1637年糖价水平（每担3.6两），70年代降到每担2.7两（3里亚尔）；1684～1699年糖的出口价更是降到每担1.7两；1704年后，中国糖出口价上升到每担2.2两，并进一步上涨。综合以上数据，17世纪中国糖出口价平均每担3.3～3.5两。

值得注意的是，1684年中国白砂糖进价仅每担1.6两。1689年10月1日，英国东印度公司在广州购糖的价格是每担1.7两，此前半个月广州糖价是每担1.4两。[1]这说明在17世纪80年代初中国糖价大幅下跌了；与此同时，日本糖价上涨到每担7两以上，每担中国糖卖到日本可获毛利5.3两，利润率超过300%。18世纪初，广州糖价涨到每担2.2～2.5两，但日本糖价也涨到每担10两以上，利润率还是超过300%。1732年，广州白糖每担2.35两，冰糖每担4.45两（均包含包装、关税及其他费用）。[2]

综合考虑中国糖价的变动，17世纪80年代之前，输往日本、荷兰、波斯的中国大陆、台湾糖采购（出口）均价定为每担4里耳（3.6两）为宜。

在1643～1656年，由于中国糖价上涨，糖出口到日本的利润率下降到30%左右，[3]但糖进价抬升到每担6～10两，所以每担利润仍

1　马士：《东印度公司对华贸易编年史（一六三五～一八三四年）》第1卷，第85～87页。
2　马士：《东印度公司对华贸易编年史（一六三五～一八三四年）》第1卷，第237页。
3　据《东印度事务报告》记述，荷兰公司输入长崎的蔗糖利润率，1655年为33%，1656年为25%。参见程绍刚译注《荷兰人在福尔摩莎（1624～1662）》，第455、463页。

可达 1.8 ~ 3 两。中国黑砂糖利润虽高，但出口量占比较小。据此测算，1683 年之前，中国糖出口每担毛利润平均 3.3 两银左右。

1622 ~ 1661 年，中国人和荷兰人从中国输出蔗糖 595488 担，以每担进价平均 3.6 两银计，出口货值约 2143757 两，出售约可获利 1965110 两（每担平均获利 3.3 两）。1662 ~ 1683 年唐船输日砂糖、冰糖数量约为 181465 担，年均 8248.4 担，以每担平均进价 3.6 两计，出口货值约 653274 两。另据岩生成一统计，1680 ~ 1689 年赴日唐船有 708 艘（其中中国大陆船 554 艘），1690 ~ 1699 年有 795 艘（其中中国大陆船 651 艘）。[1] 这些船也给长崎运去大量的糖，只是没有具体的统计数值。以 1662 ~ 1683 年唐船输日蔗糖年均值 8248.4 担推算，1684 ~ 1699 年唐船输入日本的中国蔗糖约有 131974 担，以每担 1.7 两计，货值约 224356 两银。1622 ~ 1699 年，华商和荷商从中国大陆出口蔗糖应不少于 908927 担，货值约 3021387 两，每担货值平均约 3.32 两。囿于资料，1600 ~ 1621 年，华商出口的蔗糖数量无法统计。由于未统计 1645 ~ 1661 年出口的大量台糖货值，平均进价在每担 5 里耳（4.5 两）以上，所以 17 世纪中国蔗糖出口均价在每担 3.5 两上下。

在 18 世纪，从英国东印度公司在广州采购的砂糖和冰糖价格看，中国砂糖每担价格 2.5 ~ 3 两，冰糖每担价格 4 ~ 6 两，每担糖（包含白砂糖和冰糖）价格为 3.5 两；19 世纪初，广州每担糖价格为 5.69 两（参见表 5–15）。据此推算，18 世纪，唐船输入日本的各类糖有 1498929 担，以每担平均进价 3.5 两计，价值 5246251.5 两；1801 ~ 1822 年唐船输入日本的砂糖总量 94698.86 担，以每担平均进价 5.69 两计，这些糖约值 538837 两。

何宇认为，在 18 世纪末之前，日方对中方砂糖依赖性较强，导致此类货物无论在输入数量上还是利润率上都居高不下。当时白砂糖

1　岩生成一「近世日支貿易に關する數量的考察」『史學雜誌』62 卷 11 期、1953 年；后智钢：《外国白银内流中国问题探讨（16 ~ 19 世纪中叶）》，第 89 ~ 90 页。

在我国的市场价为每担（百斤）白银 2.5 两左右，黑砂糖的售价略低，冰糖的售价略高，反观日本在清代白砂糖价格虽屡有小幅波动，但总体上保持在每担 8 两以上，黑砂糖售价为每担 5 ~ 6 两，冰糖则在 9 ~ 10 两之间波动。[1] 如按此数据计算，中日糖贸易的利润率为 220% 左右。也就是说，如果中国商人每年向日本输入糖类 300 万斤的话，将获得 16.5 万两白银的纯利润。[2] 这个观点是有疑问的。在 17 世纪 40 ~ 50 年代，中国大陆战乱，蔗糖价格暴涨，白砂糖在中国的市场价平均每百斤在 3.5 ~ 4.5 两银，而不是 2.5 两左右，因为在 17 世纪 40 年代中期荷印公司希望能以每担砂糖 6 里耳的价格买到中国大陆砂糖。因此，中国蔗糖销往日本的利润大幅下跌，并非"利润率居高不下"。大约在荷兰人退出台湾后，中国糖价逐渐跌回到 17 世纪 30 年代的水平。

另有资料说，在 18 世纪初，白糖在广州售价为每担 1.6 两，在长崎卖出价格为每担 4.5 两；红糖在广州买进价格为每担 0.9 两，在长崎卖出价格为每担 2.5 两；南京生丝在广州买进价格为每担 125 两，在长崎卖出价格为每担 230 两。[3] 这个说法似有疑问。因为在 18 世纪初，中国白砂糖在长崎的售价不会低至每担 4.5 两。在 18 世纪，对长崎的蔗糖贸易仍然是暴利买卖，超过生丝贸易的利润。值得注意的是，到 18 世纪初，红糖利润率大幅下降，几与白糖相同。

三　葡萄牙人、英国人和美国人在中国的蔗糖贸易

由于气候、土壤等因素的限制，西欧国家无法种植甘蔗，但是蔗糖的美味对西欧人有很大的诱惑力。自 14 世纪开始，西欧国家一直

1　永積洋子『唐船輸出入品数量一覧　1637 ~ 1683 年：復元唐船貨物改帳・帰帆荷物買渡帳』352 ~ 383 頁。

2　何宇：《十七至十九世纪前期中日砂糖贸易初探》，朱诚如、徐凯主编《明清论丛》第 15 辑，第 339 ~ 345 页。

3　Sarasin Viraphol, *Tribute and Profit, Sino-Siamese Trade, 1652–1853*, p.68.

努力寻找甘蔗种植区及蔗糖供应地。地中海沿岸地区的商人、威尼斯人、葡萄牙人不断加入蔗糖贸易。[1]

（一）葡萄牙人在中国的蔗糖贸易

在欧洲国家中，葡萄牙是最早种植甘蔗并榨制蔗糖的。1420 年，第一批定居马德拉（Madeira）[2]的葡萄牙人就将甘蔗带到岛上种植。1472 年，葡萄牙人将甘蔗种植的区域扩大到西非海岸的圣多明（St. Thomas）。[3] 随着美洲新大陆的发现，甘蔗很快就传播到了这些地区。哥伦布第二次航行到达新大陆时（1493），费迪南德（Ferdinand）和伊莎贝拉（Isabella）命令他携带 20 位农业栽培专家和大量的种子前往新大陆。[4] 由此，甘蔗种植和制糖技术传播到了伊斯帕尼奥拉岛（Hispaniola），不久又传播到了波多黎各、古巴、牙买加。[5] 甘蔗在美洲地区的种植区域和范围不断扩大。1531 年，甘蔗第一次被引种到巴西。[6] 随着对巴西的占领，葡萄牙人开始在巴西大面积种蔗制糖。16 世纪巴西成为世界上最为主要的蔗糖供应基地。伯南布哥和巴伊亚是两个最重要的蔗糖生产中心。在 16 世纪 80 年代，伯南布哥有 60 多台榨糖机，巴伊亚则有 40 多台，两地的产糖量占整个巴西产糖量的 2/3，产品出口到欧洲。到 1600 年前后，巴西有近 200 台榨糖机，支配了西方世界的蔗糖生产。[7] 葡萄牙人占据巴西并在此种蔗制糖在蔗糖贸易史上具有里程碑意义。巴西源源不断地为葡萄牙提供蔗糖，葡人再将这些蔗糖输送到欧洲的炼糖厂及市场上去。17 世纪 20 年代，葡

1　Mazumdar Sucheta, *Sugar and Society in China: Peasants, Technology, and the World Market*, p.62.

2　马德拉处于非洲西海岸外，北大西洋上一个属于葡萄牙的群岛。

3　Ellen Deboran Ellis, *An Introduction to the History of Sugar as a Commodity*, Philadelphia: The John C.Winston Co., 1905, p.55.

4　Noel Deerr, *The History of the Sugar*, Vol. Ⅰ, London: Chapman and Hall, 1949, p.116.

5　Mazumdar Sucheta, *Sugar and Society in China: Peasants, Technology, and the World Market*, p.63.

6　Ellen Deboran Ellis, *An Introduction to the History of Sugar as a Commodity*, p.60.

7　王加丰：《西班牙葡萄牙帝国的兴衰》，三秦出版社，2005，第 77 页。

萄牙每年向欧洲输送 4500 万磅来自其殖民地巴西的蔗糖。通过蔗糖贸易至少能获得 480 万荷盾的利润。[1]

除了在南美种蔗榨糖外，葡萄牙人还在非洲种蔗榨糖，把非洲也发展成了欧洲蔗糖的供应地。1506 年，葡萄牙人抵达非洲的马达加斯加，到了 1515 年开始在该岛大量种植甘蔗。直到 16 世纪末期，葡萄牙人都不曾停止在非洲的探险航行，非洲所产的蔗糖连同南大西洋及美洲所产的蔗糖一同被运往里斯本。[2]欧洲各国的蔗糖大多来自里斯本，葡萄牙人垄断了欧洲的蔗糖市场。

1557 年，葡萄牙人骗取了在澳门的居住权。此后，葡萄牙人便以澳门为基地，收购我国福建等地所产的蔗糖运往日本、波斯等地出售。这样，蔗糖成为亚洲区间贸易中重要的大宗商品。正如傅元初所说："是两夷者，皆好中国绫罗杂缯……而江西磁器，福建糖品、果品诸物，皆所嗜好。"[3]

在 16 世纪后期，中国大量产糖，且价廉物美的情况亦已为欧洲人所熟知。1585 年，西班牙人门多萨（J.G.de Mendoza）撰写的《中华大帝国史》在罗马出版。该书写道："在这个国家的各地有大量的糖，这是糖价奇贱的原因，当它最贵的时候，你只需付 6 个里亚尔钱币就能买到 1 京塔（quintal，相当于 100 公斤）的上等白糖。"[4] 每担（60.4 公斤）白糖仅需 3.75 里亚尔（约合 3.375 两银）。不过，这比澳葡在 1600 年广州买糖的价格高。

澳葡通过澳门—马六甲—果阿航线，用一种载重可与西班牙的马尼拉大帆船相媲美的"克拉克"（carrack）大帆船把中国产的蔗糖运往果阿，然后贩卖到波斯一带。C. R. 博克舍搜集了 17 世纪初一艘自澳门到果阿的葡萄牙大帆船运载货物清单，如表 5-13 所示。

1　Mazumdar Sucheta, *Sugar and Society in China: Peasants, Technology, and the World Market*, p.65.

2　Ellen Deboran Ellis, *An Introduction to the History of Sugar as a Commodity*, p.61 .

3　参见顾炎武《天下郡国利病书》卷 95《福建》。

4　门多萨:《中华大帝国史》，何高济译，中华书局，1998，第 10 页。

表 5-13　葡船自澳门输往果阿的货物情况

货物种类	数量	利润率（％）
白丝	1000 担	接近 150
各色锦缎和塔夫绸	10000 ～ 12000 匹	—
黄金	3 ～ 4 担	80 ～ 90
黄铜	500 ～ 600 担	100
麝香	6 ～ 7 担	150
水银	100 担	70 ～ 80
糖	200 ～ 300（？[a]）	100 ～ 150
樟脑	200 担	—
朱砂	500 件	70 ～ 80
各式陶瓷	大量	100 ～ 200

……

注：a. 原文如此，应为"担"。

资料来源：C. R. Boxer, *The Great Ship from Amacon: Annals of Macao and the Old Japan Trade, 1555–1640*, pp.181–182。

　　每年 4 ～ 5 月，从果阿回航澳门的一艘大帆船，运载有 20 万 ～ 30 万克鲁扎多白银以及天鹅绒、酒、橄榄油、印度棉布等。[1] 回航船一般在科钦停靠，装上胡椒、象牙等，然后到马六甲等待季风，把部分船货换成香料、檀香木及暹罗的鹿皮等，再驶往澳门。[2]

　　澳葡在对日贸易中，从广州购买中国生丝、丝织品和糖等输往长崎，换取白银。澳葡通过对日贸易，获取了巨额利润（见表 5-14）。

表 5-14　1600 年澳葡输往日本的部分货物数量及利润

货物种类	数量	在广州买进价格 （每单位以两计）	在长崎卖出价格 （每单位以两计）
生丝	500 ～ 600 担	80	140 ～ 150
染色精纺丝	400 ～ 500 担	140	370 ～ 400

1　C. R. Boxer, *The Great Ship from Amacon: Annals of Macao and the Old Japan Trade, 1555–1640*, pp.182–183.

2　A. Hyma, *The Dutch in the Far East: A History of the Dutch Commercial and Colonial Empire*, p.137；谟区查：《葡萄牙贵族在远东：澳门历史中的事实与逸闻（1550 ～ 1770）》，第 11 页。

续表

货物种类	数量	在广州买进价格 （每单位以两计）	在长崎卖出价格 （每单位以两计）
各种绸缎	1700 ~ 2000 匹	1.1 ~ 1.4	2.5 ~ 3
棉布（大块的）	2000 匹	0.28	0.5 ~ 0.54
粗色（普通）黄金	4000 锭	5.4	7.8
水银	150 ~ 200 担	53	90 ~ 92
铅	2000 担	3	6.4
白糖	60 ~ 70 担	1.5	3 ~ 4.5
红糖	150 ~ 200 担	0.4 ~ 0.6	4 ~ 6
中国瓷器	2000 包		
……			

说明：1 担（picul）=100 斤≈60.4 公斤；1 锭（tael）≈37.75 克。

资料来源：C. R. Boxer, *The Great Ship from Amacon: Annals of Macao and the Old Japan Trade, 1555–1640*, pp.179–180; C. R. Boxer, *The Christian Century in Japan, 1549–1650*, pp.109–110。

从表 5–13、表 5–14 的统计可以看出，在澳葡输往果阿和长崎的货物中，糖所占比例也是很大的。而且，蔗糖贸易的利润很高，甚至超过了生丝、锦缎的利润率，尤其是销往日本的红糖，利润率可达900%，白糖利润率为 100% ~ 200%。

澳葡还从广南等地收购黑糖，贩运到日本。据《巴达维亚城日记》记述，1640 年葡萄牙人雇 7 艘中国帆船载运黄色蚕丝（pangsjes）和广东织品等前往广南，将商品贱卖给当地华人，然后购买黑糖、沉香、鹿皮等运销日本。[1] 不过东南亚的黑糖在日本并不畅销。

遗憾的是，由于资料的缺乏，我们无法对各时期澳葡经营蔗糖海外贸易的数量进行统计。从表 5–13 和表 5–14 的统计推断，1600 ~ 1635 年澳葡从中国运出的各类蔗糖年均应在 200 担以上，总计不少于 7000 担。以每担平均获利 3 两计，可获利 21000 两以上。

1　村上直次郎原译，郭辉中译《巴达维亚城日记》第 2 册，第 249 页。

（二）英国人在中国的蔗糖贸易

　　英国人第一次到中国购买蔗糖是在 1637 年。英国东印度公司档案记载，1637 年英国派出了一个船队，共有 4 艘船和 2 艘轻帆船，由威得尔和蒙太尼率领，到达广州。是年 9 月 8 日，船员鲁宾逊用 28000 八单位里亚尔，购买糖 1000 担；12 月 20 日，4 艘船之一的"凯瑟琳"号驶回英伦，并从广州和澳门购得了一批中国货物，包括砂糖 12086 担、冰糖 500 担、青干姜 800 担、瓷器 53 桶、丁香 88 箱等。[1] 此后不久，蒙太尼"购到的舱货包括糖（750 吨，合 12417 担）及干姜（50 吨），后来发现苏门答腊和印度的糖比广州的便宜；同样还有从墨西哥进口的苏木，从万丹或巴达维亚进口的丁香等"。[2] 1637 年，中国出口砂糖价每担 1.72 两银，冰糖每担 3.6 两。

　　在 17 世纪，英国人一直努力打开中国市场，但都没有成功。"蒙太尼和中国商人交易可注意的特点，就是没有得到 18 世纪中国贸易主要组成部分的中国产品。"[3] 这里的"中国产品"指生丝、丝织品及蔗糖。在 1664 年 10 月以前，英国人曾 4 次尝试通过澳门开展对华贸易，终因葡萄牙人抵制而失败。英国人以厦门作为中国贸易据点的企图也落了空。[4] 1672 年 6 月，由中国帆船"骆驼"号领航，英国"归来"号及"试验"号前往台湾和日本。它们在台湾尝试了差不多一年，无法打开贸易局面，因为"国王"（延平王郑经）独占了糖和皮革贸易。"归来"号在次年 6 月驶往长崎，用 2 个月时间也未能开展对日贸易。[5]

1　马士：《东印度公司对华贸易编年史（一六三五～一八三四年）》第 1 卷，第 23、29 页。我们不　　清楚鲁宾逊购买的糖是否包含在"凯瑟琳"号运回英国的 12086 担糖当中，姑且把这两次事件　　分开计算。
2　马士：《东印度公司对华贸易编年史（一六三五～一八三四年）》第 1 卷，第 33 页。750 吨约合　　12417 担。
3　马士：《东印度公司对华贸易编年史（一六三五～一八三四年）》第 1 卷，第 33 页。
4　马士：《东印度公司对华贸易编年史（一六三五～一八三四年）》第 1 卷，第 33 ～ 34、85 页。
5　马士：《东印度公司对华贸易编年史（一六三五～一八三四年）》第 1 卷，第 44 ～ 45 页。

　　1689 年 7 月，马德拉斯总办事处命令载重 730 吨的"防卫"号前往广州，准备装运糖及其他产品远销波斯。此船于 9 月 1 日在澳门或香港附近一个地方下碇，船上 11 人乘一艘长驳艇赴广州；12 日黄昏，他们到了东莞，这里"以出产中国最好的糖而著名"；13 日，他们到了广州。10 月 1 日，他们向中国商人订购糖 10000 担，每担价银 1.7 两，白铅（铜）3000 担，每担银 3.7 两。在此之前半个月，广州的糖价是每担 1.4 两，白铜每担 3 两。[1] 英国船装运的中国糖等货品，并不一定都运往英国，也做转口贸易，在孟买等地出售。[2]

　　从以上资料看，17 世纪英印公司从广州运出的糖有 36003 担，每担耗银以 2.7 两计，需 97208 两；以每担获利 3.3 两计，可获利 118810 两。

　　1704 年，洛克耶乘坐英国东印度公司的伦敦公司所属"斯特雷特姆"号到广州，他记载了中国货物出口税，其中，糖（价值 1.2 ～ 2.3 两 / 担）税每担 0.1 两，茶叶（价值 25 ～ 50 两 / 担）税每担 0.2 两，生丝（价值 120 ～ 160 两 / 担）税每担 1.8 两，丝织品（价值 250 ～ 350 两 / 担）税每担 2.2 两，铜（价值 11 ～ 12 两 / 担）税每担 0.4 两，白铅（价值 3.9 两 / 担）税每担 0.3 两。[3] 茶叶关税是最低的，合每 133 磅只要缴纳 16 便士。1708 年，在上述关税基础上增加附加税率 6%。[4] 与糖并列的货物中有茶叶，中国茶叶成为中英贸易的大宗商品。

　　进入 18 世纪，英国东印度公司和英国散商对华贸易逐渐增多，其中蔗糖贸易是较重要的项目。有许多英船购买了中国糖，但没有数量记录，我们无从统计。现根据马士《东印度公司对华贸易编年史（一六三五～一八三四年）》，对中国糖贸易数额汇总如表 5–15 所示。

1　马士：《东印度公司对华贸易编年史（一六三五～一八三四年）》第 1 卷，第 85 ～ 87 页。

2　季羡林：《蔗糖在明末清中期中外贸易中的地位——读〈东印度公司对华贸易编年史〉札记》，《北京大学学报》1995 年第 1 期。

3　C. Lockyer, *An Account of the Trade in India*, London, 1711. 引自马士《东印度公司对华贸易编年史（一六三五～一八三四年）》第 1 卷，第 113 ～ 114 页。

4　马士：《东印度公司对华贸易编年史（一六三五～一八三四年）》第 1 卷，第 113 ～ 116 页。

表5-15　1704～1830年英国人购买中国糖的数量及价格

年份	购买地	目的地	糖类	数量（担）	购买价格	总价（两）	出处
1704	厦门	？	糖	2500	2.50两/担	6250	编年史Ⅰ，p.147
			冰糖	800	4.00两/担	3200	
1722ª	广州	孟买	糖	2500	3.00两/担	7500	Ⅰ，p.191
			冰糖	500	6.00两/担	3000	
1722	广州	马德拉斯	糖	3000	3.00两/担	9000	Ⅰ，p.191
			冰糖	250	6.00两/担	1500	
1723	广州	英国	糖	1500	2.80两/担	4200	Ⅰ，p.196（大班订购）
			冰糖	1500	5.80两/担	8700	
1723	广州	英国	糖	4000	2.90两/担	11600	Ⅰ，p.198
			冰糖	1800	5.90两/担	10620	
1724	广州	英国？	糖	1000	3.00两/担	3000	Ⅰ，p.201
			冰糖	250	5.80两/担	1450	
1732	广州	孟买	白糖	1999	2.38两/担	4757.62	Ⅰ，p.239
			冰糖	847	4.46两/担	3777.62	
1739	广州	孟买	冰糖	112	—		Ⅰ，p.309
1784	广州	英国	冰糖	325	—		Ⅱ，p.111
1792	广州	？	糖	593	—		Ⅱ，p.229（英印公司）
			冰糖	47	—		
			糖	26098	5.00两/担	130490	Ⅱ，p.230（散商）
			冰糖	10749	10.00两/担	107490	
1821	广州	英国	糖	100259	7.44元/担	746230ᵇ	Ⅳ，p.25（散商）
1826	广州	英国	糖	153255	7.17元/担	1099456	Ⅳ，p.156（散商）
1829	广州	英国	糖	172195	8.36元/担	1439737	Ⅳ，p.225（散商）
1830	广州	英国	糖	约123383ᶜ	7.72元/担	952520	Ⅳ，p.281（散商）

注：a. 季羡林先生把这两项发生在1722年之事，系于1724年。参见季羡林《蔗糖在明末清中期中外贸易中的地位——读〈东印度公司对华贸易编年史〉札记》，《北京大学学报》1995年第1期，第22页。

b. 马士换算，1英镑=4西班牙元，广州1两银=6先令8便士，1英镑=3两银；1西元（比索）=0.72两，1（西）元=5先令6便士，100元=72两通用白银。参见马士《东印度公司对华贸易编年史（一六三五～一八三四年）》第1卷，"原序"，第8页；第2卷，第350、357、359页。此处西元（比索）先折算成英镑，再换算成银两。

c. 按每担糖价7.72元，则该年运走糖123383担。

资料来源：马士《东印度公司对华贸易编年史（一六三五～一八三四年）》。

表 5-15 合计，1704 ～ 1792 年英商运走砂糖 43190 担，冰糖 17180 担，总计 60370 担。其中，1704 ～ 1732 年英商运走糖共计 22446 担，合计耗资 78555.24 两，平均每担 3.5 两。另外，1792 年，还有 1 艘英国人的热那亚船运走砂糖 3930 担，每担价 5 两，冰糖 115 担，每担 10 两；1 艘英国人的托斯卡纳船运走砂糖 3930 担，冰糖 2000 担。[1]

这样，1704 ～ 1792 年英商共运走砂糖 51050 担，冰糖 19295 担，合计 70345 担，以每担糖平均 4 两推算，需要耗资 281380 两银。英国人运走的中国糖主要在孟买、苏拉特、英国等地销售。每担获利约 5 两。荷尔登·弗伯说，在将近一个世纪的时间里（1685 ～ 1785），英国东印度公司几乎没有运一粒糖到欧洲。[2] 这种说法并不符合史实。

据表 5-15，1821 ～ 1829 年，英商运走糖 425709 担，耗资 3285423 元，合 2464067.3 两（按马士计算，1 元等于 0.72 两，合 2365504.6 两）银，每担糖价 7.72 元，合 5.79 两银；加上 1830 年运走的 123383 担（推算值），1821 ～ 1830 年，英商运走糖 549092 担，耗资 4237943 元，折合白银 3178457 两。

此外，1827 年和 1828 年贸易季，孟加拉的英国东印度公司均投资预算 111360 英镑（合银 37120 两）购买糖，运回英国；1829 年贸易季，孟加拉的英国东印公司投资预算 167040 镑（55680 两银）购买糖，运回英国；1830 ～ 1831 年贸易季为 167040 镑（55680 两银）；1831 ～ 1832 年贸易季为 111360 镑（37120 两银）。[3] 我们缺少资料来判断上述孟加拉公司买糖预算执行得如何。按每担糖 7.72 元（1.93 英镑）换算，1827 ～ 1831 年孟买的买糖预算总额为 668160 镑（折合银

1　马士:《东印度公司对华贸易编年史（一六三五～一八三四年）》第 2 卷，第 232 页。

2　Holden Furber, *Rival Empires of Trade in the Orient, 1600–1800, Europe and the World in the Age of Expansion*, Vol. Ⅱ, p.247. 这种说法显然是夸张的。据季羡林先生的研究，1637 年，英国已经开始从中国输入白糖。参见季羡林《白糖问题》一文。M. 舒切塔也指出，早在 1637 年英国就已从中国输入白糖。Mazumdar Sucheta, *Sugar and Society in China: Peasants, Technology, and the World Market*, p.100。周正庆在《明清时期我们蔗糖外销的流向》一文中认为，在荷兰殖民者被逐出台湾后，英国成为将中国蔗糖输往欧洲最为重要的经济势力。

3　马士:《东印度公司对华贸易编年史（一六三五～一八三四年）》第 4 卷，第 177、204、228、310 页。

2004480 两），可买糖 346197 担。加上表 5-15 的统计，1821 ～ 1830 年，英印公司和英国散商从广州运走糖总计 895289 担，耗资折合银 5182937 两。从买糖预算来看，孟加拉是 19 世纪初英印公司购买中国糖的基地，也是中国糖向西转运的中心。显然，19 世纪 20 年代英国人在广州的糖贸易量大大增加，超过整个 18 世纪输出的糖量的 9 倍。

　　英国商船从英国运来绒布（呢绒布）、花绒布等，从孟买等地运来棉花、胡椒、檀香木、铅、锡和白银等，运到广州等地销售，运走糖、茶叶、瓷器、丝织品、明矾、白铅、土茯苓和南京布等中国产品，在孟买、苏拉特、英国等地销售。[1]例如，1732 年 10 月 15 日，"康普顿"号自广州出发前往孟买，船货中有白糖 1999 担、冰糖 847 担。1733 年 2 月 17 日，船抵达孟买。船上的粗货白糖、冰糖、白铅和樟脑在孟买和苏拉特公开叫卖：白糖每 40 磅苏拉特蒙德卖 4 卢比 2 安那，冰糖每 40 磅苏拉特蒙德卖 6 卢比 9 安那。次年 5 月，"康普顿"号回航广州时，载有 45000 英镑资金，另有孟买的木香，代利杰里的胡椒 1000 坎迪及白银 14734 两加 3695 磅。[2]在 18 世纪后期，英印公司和英国散商在中国经营的大项商品是毛织品、棉花、檀香木、茶叶、生丝和丝织品及南京布；蔗糖往往归于"其他商品项"，交易资金所占比例并不大。到 19 世纪初，鸦片成为英国人输华的重要商品。例如，1821 年，英印公司和英国散商在广州输入毛织品货值 2678482 元，棉花 5010667 元，檀香木 35893 元，胡椒 381617 元，鸦片 4166250 元；从广州输出茶叶货值 8399518 元，生丝 1974998 元，丝织品 515764 元，南京布 510626 元，其他商品 21366918 元，其他商品中包含食糖 746230 元（100259 担）。[3]

　　英国东印度公司商船的管理人员往往也随船开展私人贸易，贸

1　马士：《东印度公司对华贸易编年史（一六三五～一八三四年）》第 1 卷，第 190 ～ 192、286 ～ 289、300 ～ 301 页；第 2 卷，第 10、36、164、211、216、227 页；第 3 卷，第 113、194、229、256、273、342、365 页。

2　马士：《东印度公司对华贸易编年史（一六三五～一八三四年）》第 1 卷，第 240 ～ 241 页。

3　马士：《东印度公司对华贸易编年史（一六三五～一八三四年）》第 4 卷，第 23 ～ 25 页。

易数额由公司加以限定。值得注意的是，广州华商卖给英商私人的商品价格，比卖给公司的略低。例如，1724 年，开赴孟买的"艾尔斯"号在广州购买砂糖的价格是每担 3 两，冰糖每担 6 两；卖给"沃波尔"号大班（商船首领）的砂糖价格为每担 2.8 两，冰糖每担 5.8 两；1733 年，买办为英商购买伙食合约规定，砂糖每担 2.8 两，冰糖每担 4.4 两。[1]如前述，1689 年，广州的糖价每担才 1.4 ~ 1.7 两。从表 5–15 看，1722 年，广州砂糖的售价为每担 3 两，冰糖每担 6 两；1751 年，广州砂糖每担 3.05 两，冰糖每担 5.05 两。由此可见，1689 年到 1722 年，糖价上涨了一倍以上，此后基本不动；1722 年到 1751 年，冰糖价格下降较多。到 1792 年前后，随着孟买等地的英国散商和美国商人大量购买中国糖，砂糖价格忽然上涨了 2/3，从每担 3 两左右涨到 5 两；冰糖从每担 5 两左右涨到 10 两，上涨了一倍。此后，英国散商和美国商人在华大量采购蔗糖，中国糖出口量出现一个小高峰。

英印公司职员也消耗一些糖。1739 年 8 月 1 日至 10 月 31 日，有 3 艘英船的账目中有冰糖（价值 42 两银）、水果和砂糖（22 两）。[2]这大概是船员消费掉的，不是做生意用的。1793 年及过去一段时期，英印公司对商馆人员给予的日常补贴中有糖 0.5 斤、鸡蛋 12 个、油 1 斤、面包 6 块等。[3]从补贴数额看，可能是按月补贴的。1799 年，从孟买派往广州的 3 艘船的指挥之私人贸易货物中有糖。[4]

除了运销中国糖以外，英印公司还从印度苏拉特等地购买当地产的糖，转销到波斯等地。例如，1634 年英印公司商船从苏拉特向波斯输入冰糖 100 桶，每桶重 5 苏拉特曼（Surat Man，1 曼重 34.5 英磅，合 15.66 公斤）；同年，从印度和科罗曼德尔向波斯输入白砂糖 32000 磅（14528 公斤）。[5]

1　马士：《东印度公司对华贸易编年史（一六三五～一八三四年）》第 1 卷，第 191、196、247 页。

2　马士：《东印度公司对华贸易编年史（一六三五～一八三四年）》第 1 卷，第 306 页。

3　马士：《东印度公司对华贸易编年史（一六三五～一八三四年）》第 2 卷，第 235 页。

4　马士：《东印度公司对华贸易编年史（一六三五～一八三四年）》第 2 卷，第 363 页。

5　岩生成一：《荷郑时代台湾与波斯间之糖茶贸易》，台湾银行经济研究室编《台湾经济史》二集，第 58 页。

（三）美国人在中国的蔗糖贸易

1792 年，是美国大规模从中国购买糖的开始时间，当年有 4 艘美国船从中国运走糖 4576 担。[1]

1804 ~ 1829 年，美国商船从广州运走的糖数量如表 5-16 所示。

表 5-16　1804 ~ 1829 年美国商船从广州运走的糖数量

单位：担

贸易年份	数量	贸易年份	数量
1804 ~ 1805	1990	1820 ~ 1821	2664
1805 ~ 1806	124	1821 ~ 1822	15499
1806 ~ 1807	885	1822 ~ 1823	6421
1807 ~ 1808	1690	1823 ~ 1824	500
1809 ~ 1810	1026	1824 ~ 1825	3749
1812 ~ 1813	540	1825 ~ 1826	22240
1815 ~ 1816	918	1826 ~ 1827	4514
1816 ~ 1817	8350	1827 ~ 1828	2100
1817 ~ 1818	12517	1828 ~ 1829	2243
1818 ~ 1819	42662	合计	180391
1819 ~ 1820	49759		

资料来源：马士《东印度公司对华贸易编年史（一六三五 ~ 一八三四年）》第 4 卷，第 441 页。

与同时期英商比较，美国商人介入糖贸易并不多，销量不大。美国商人主要把糖运销美国和欧洲市场。1792 ~ 1829 年，美国商船从广州运走的糖不少于 184967 担，以每担糖购入价 5.6 两银推算，需耗银 1035815 两。

1　马士：《东印度公司对华贸易编年史（一六三五 ~ 一八三四年）》第 2 卷，第 230 ~ 232 页。

四　荷兰东印度公司在亚洲的蔗糖贸易

在 17 ~ 18 世纪的亚洲区间贸易中，蔗糖与生丝、丝织品等一样是畅销商品，也是荷兰东印度公司经销的大宗商品。17 世纪初，荷兰人一侵入远东，就看到了蔗糖贸易的巨额利润，把开展蔗糖贸易作为他们亚洲区间贸易的主要内容之一。在 1639 年日本禁止葡萄牙人赴日贸易后，蔗糖贸易主要由荷兰东印度公司和华人承担。荷印公司的蔗糖贸易主要分为两个阶段：1662 年之前是以台湾为供糖中心展开的贸易，后期则是以巴达维亚为供糖中心展开的贸易。通过蔗糖贸易，荷印公司换取了大量的白银，赚取了巨额的利润，缓解了公司的银荒，推动了公司的亚洲区间贸易和亚欧贸易。

通过研究荷印公司的蔗糖贸易，我们可以从一个侧面探讨 17 世纪中国、印尼与波斯、印度的经济联系，荷印公司在亚洲的区间贸易机制，以及日本糖银贸易的演变及其影响。

（一）荷兰东印度公司发展蔗糖贸易的原因

自 1602 年荷兰东印度公司成立后，该公司就在其归国船只中装载少量的蔗糖以作压舱之用。蔗糖贸易并没有形成规模。此后，随着欧亚市场需糖量的增长及高额利润的驱动，荷兰东印度公司才将蔗糖贸易置于远东贸易体系中。

17 世纪 20 年代，欧洲市场对糖的需求量快速增长。在这一时期，茶、咖啡及巧克力等新兴饮料传入欧洲，并逐渐流行开来，推动了蔗糖消费量的增长。正是这三种饮料的传入，促使 17 世纪后半叶及 18 世纪蔗糖在欧洲的流行。[1]

在茶和咖啡输入欧洲之前，巧克力就已在欧洲成为流行饮料。

1　Ellen Deboran Ellis, *An Introduction to the History of Sugar as a Commodity*, p.18.

西班牙人发现美洲大陆后，很快就将巧克力带回国内。巧克力一传入欧洲，就成为欧洲人喜爱的饮料，消费量急剧上升。随着巧克力在欧洲的流行，作为巧克力饮料添加剂的蔗糖，其使用量也快速增加。[1]

17 世纪上半叶，茶（包括中国茶和日本茶）和咖啡也相继传入欧洲。欧洲人发现，与巧克力相比，茶和咖啡更符合他们的口味。到 17 世纪中叶，茶和咖啡逐渐取代了巧克力在欧洲的地位。[2]1610 年，荷兰东印度公司将从中国和日本买来的茶叶集中于爪哇，然后运回荷兰，向欧洲引进茶叶及陶瓷茶具。[3]据《巴达维亚城日记》记载，"1648 年 3 月 30 日，夫洛伊特船 Berkhaut 从大员直航抵达巴达维亚。载货包括中国茶 1946 斤"。[4]1650 年，荷兰人又将中国红茶运到欧洲贩卖。此时的荷兰人垄断了整个欧洲的茶叶市场。随着大量茶叶的输入，欧洲渐渐形成了饮茶加糖的习惯。"当时荷兰人喝茶与中国人不同……为了消除苦味还放一些糖。"[5]茶饮料在欧洲的流行，使欧洲糖的消费量也增加了。

根据现有的资料，茶叶最早见于英国文献记载是在 1615 年。1615 年，英国东印度公司驻日本平户的代理人 R. 威克姆（R. Wickham）在一封写给他在澳门同事的信中，要求其给自己寄一罐"最好的茶叶"。[6]另有一材料说："1615 年，英国东印度公司驻西拉多（平户）经理处报告函中，有关于茶之摘记，是为英国人自有茶参考资料之始。"[7]此外，英国的《财政时报》报道说：1615 年，"为英人到远东经营茶业之初年。时有东印度公司，掌握远东政治及商务之霸权。但该公司在支那、日本，尚不过小经营耳。每次定货，只由总司事

1　Ellen Deboran Ellis, *An Introduction to the History of Sugar as a Commodity*, p.56.

2　Ellen Deboran Ellis, *An Introduction to the History of Sugar as a Commodity*, p.57.

3　Kristof Glamann, *Dutch-Asiatic Trade, 1620−1740*, p.215.

4　村上直次郎原译，程大学中译《巴达维亚城日记》第 3 册，第 111 页。

5　陈文华：《中国茶文化学》，中国农业出版社，2006，第 254 页。

6　Jane Pettigrew, *A Social History of Tea*, London: National Trust Enterprises Ltd., 2001, p.12.

7　郑乃辉：《回眸英国茶业发展历程》，《茶叶科学技术》2003 年第 3 期，第 39 页。

发函至其代理，求取中国上等之 'Chaw'（Chaw 即闽人呼茶之音——引注）一坛"。[1] 沈立新认为："中国茶叶进入英国，最初是从葡萄牙、荷兰等转口的，1637 年（英国）东印度公司船只去广州运茶回英国，后来又在福建厦门设立了采购茶叶的商务机构，直接进口武夷茶。"[2] 1650 年，咖啡传入英国，据传希腊人帕斯卡·罗西于 1652 年在伦敦开了第一家咖啡馆。[3] 继该咖啡馆在伦敦落户后，咖啡馆在伦敦遍地开花，成为不同阶层聚会的场所及政治派别和宗教人士活动的场所。咖啡馆兼卖茶。[4] 1671 年和 1672 年咖啡馆遍布马赛和巴黎，喝咖啡在欧洲成为一种风尚。[5] 而咖啡的消费量又是与蔗糖的消费量成正比的。

与此同时，欧洲最主要的蔗糖供应地巴西卷入战争，其供应欧洲的蔗糖大幅减少，引起欧洲糖价的上涨。[6]1624 年，荷兰人为争夺蔗糖产区和控制奴隶来源，入侵葡萄牙殖民地巴西。1624 ~ 1625 年，荷兰人侵占了美洲最为主要的蔗糖产地萨尔瓦多，这给巴伊亚湾的糖业经济造成了灾难性的损失。1630 年，荷兰人攻占奥林达，由此开始了对伯南布哥长达 8 年的战争。1635 年，荷兰人占据了帕拉伊巴（paraiba）。[7] 巴西东北部地区的战乱使当地的制糖业遭到巨大破坏，供

1　转引自刘鉴唐、张力主编《中英关系系年要录（公元 13 世纪 ~ 1760 年）》，四川省社会科学院出版社，1989，第 95 页。

2　沈立新：《略论中国茶文化在欧洲的传播》，《史林》1995 年第 3 期。

3　帕斯卡·罗西是富商丹尼尔·爱德华兹的仆人。丹尼尔·爱德华兹出身于一个地中海富商家庭，从 17 世纪 40 年代开始住在安纳托利亚（土耳其的亚洲部分）的士麦那，1651 年才回到英国。爱德华兹赞助帕斯卡·罗西开设咖啡馆。这家咖啡馆于何时开张，目前仍存在颇多争议，但多数学者将其定在 1652。参见马克曼·艾利斯《咖啡馆的文化史》，孟丽译，广西师范大学出版社，2007，第 34 页。

4　Ellen Deboran Ellis, *An Introduction to the History of Sugar as a Commodity*, pp.90-92.

5　Kristof Glamann, *Dutch-Asiatic Trade, 1620-1740*, p.184.

6　陈绍刚：《十七世纪上半期的中国糖业及对外蔗糖贸易》，《中国社会经济史研究》1994 年第 2 期，第 41 页。

7　博勒斯·福斯托：《巴西简明史》，刘焕卿译，社会科学文献出版社，2006，第 36 ~ 39 页；Mazumdar Sucheta, *Sugar and Society in China*: *Peasants, Technology, and the World Market*, p.65。

应给欧洲的蔗糖大幅减少，导致欧洲糖价上涨。[1]

在荷兰东印度公司远东贸易初期，蔗糖仅仅是远洋航行船只中的压舱物。17世纪初，欧洲对蔗糖的需求逐渐增大。1616年，荷印公司十七人董事会要求运送有利可图的蔗糖回国。[2]17世纪20年代，随着市场需求的增长，蔗糖贸易的利润也不断上涨，荷兰人认识到蔗糖不仅是压舱物，而且是可以获得高额利润的商品。[3]因此，十七人董事会积极要求把中国和东南亚产蔗糖贩卖到日本、波斯和欧洲市场。[4]在市场需求和巨额利润刺激下，荷兰人在远东开始了糖贸易，把中国大陆和台湾及东南亚生产的糖运销到日本、波斯和欧洲等地。

（二）荷兰东印度公司运销蔗糖到欧洲

1616年，荷兰人从爪哇收购蔗糖，正式开始蔗糖贸易。1622年，荷兰东印度公司第一次从中国收购蔗糖，运往欧洲贩卖。[5]此后，荷印公司把大量的蔗糖运往日本、波斯及欧洲等地销售。荷兰东印度公司的蔗糖贸易有一个不断开拓市场的过程。1628年，公司开拓了波斯蔗糖市场；在1635年以前，荷兰东印度公司最主要的蔗糖销售市场是荷兰本国及亚洲的日本。17世纪50、60年代，荷印公司开拓了印度西北部的苏拉特和阿拉伯半岛摩加（Mokha）市场。

陈绍刚根据里斯（J.J.Reesse）的统计资料，统计了1622～1663年荷印公司运往荷兰的糖量（见表5-17）。

1　Fernand Braudel, *The Perspective of the World*, Vol.3, *Civilization and Capitalism, 15th-18th Century*, pp.232-233.

2　长冈新治郎：《十七、十八世纪巴达维亚的糖业与华侨》，罗晃潮译，《南洋资料译丛》1983年第3期。

3　Kristof Glamann, *Dutch-Asiatic Trade, 1620-1740*, p.155.

4　Holden Furber, *Rival Empires of Trade in the Orient, 1600-1800, Europe and the World in the Age of Expansion*, Vol. Ⅱ, p.247.

5　陈绍刚：《十七世纪上半期的中国糖业及对外蔗糖贸易》，《中国社会经济史研究》1994年第2期。

表 5-17　1622 ~ 1663 年荷印公司从远东运往荷兰的糖量

单位：荷磅

年份	糖种类	数量	年份	糖种类	数量
1622	中国砂糖、冰糖	98897[a]	1647	砂糖、冰糖，孟加拉、中国块糖	3492737[b]
1623	冰糖	3176	1649	中国、孟加拉、巴达维亚糖	898257
1626	中国白砂糖	73425	1652	糖	945097
1631	孟加拉糖	33840	1654	糖	2246555
1634	中国黑糖、砂糖，暹罗冰糖	428883	1655	糖	3214660
1637	中国白砂糖	1162309[c]	1657	糖	1374124
1638	中国砂糖，暹罗红冰糖，巴城、万丹、孟加拉糖	1956075	1658	糖	2945381
1639	冰糖、砂糖	3061924	1659	糖	753775
1640	中国糖，万丹、暹罗糖	1503952	1660	糖	784004
1641	冰糖、砂糖	2063202	1661	糖	682806
1642	中国砂糖	1964941	1662	糖	465811
1645	砂糖	2583017	1663	糖	151023

注：a. 另有资料说，1622 年，荷兰人把中国糖 796 担、冰糖 14 担运往荷兰。参见 Kristof Glamann, *Dutch-Asiatic Trade, 1620-1740*，p.152。按，810 担糖合 48924 公斤；98897 荷磅约合 48855 公斤（1 荷磅 = 0.494 公斤），换算后略有差异。

b.《东印度事务报告》1647 年 12 月 31 日条记述，当年 11 月 26 日，自大员运往荷兰的 288900 斤砂糖，经马尼拉抵达巴城。见程绍刚译注《荷兰人在福尔摩莎（1624 ~ 1662）》，第 293 页。3492737 磅约合 27941.9 担；若以 122.27 磅为 1 担，则合 28565.8 担。陈绍刚的这项统计不知何据。

c.《东印度事务报告》1637 年 12 月 9 日条记述，1637 年 4 月前后，大员商馆已经备好运回荷兰的 4 万担糖。这 4 万担糖是否都运回了荷兰，我们无从得知。到 1638 年 11 月，由于缺少货船运输，大员商馆仓库仍存有 30710 担糖。据此推测，1637 年从大员运回荷兰的中国蔗糖约有 9290 担，折合 1161250 磅，比本表统计数少 1059 磅。参见程绍刚译注《荷兰人在福尔摩莎（1624 ~ 1662）》，第 189、199 页。

资料来源：陈绍刚《十七世纪上半期的中国糖业及对外蔗糖贸易》"附表一"，《中国社会经济史研究》1994 年第 2 期，第 42 页。

　　根据表 5-17，1622 ～ 1663 年荷印公司运往荷兰的糖量有 32887871荷磅，约合 16246608.3 公斤、263102.97 担（若以 1 担实际约合122.27 荷磅计，则为 268977.4 担）。[1]

　　据《东印度事务报告》1634 年 8 月 15 日条记述，当时有荷船从大员驶抵巴城，运去冰糖 65 担、块糖 26.5 担（2650 斤），以及214.77 担生丝和 6623 件瓷器等货物；《东印度事务报告》12 月 27 日条记载，荷船"布伊瑞"号（Buyren）从大员运载 105 担丝绸、791担糖抵达巴城；12 月 4 日，1 艘荷船从大员运载 280 担糖、88 担生丝、4 箱丝织品、54856 件瓷器等货抵达巴城。[2] 这些糖应该会继续西运。波斯是生丝出口地区，不可能进口生丝，所以这些糖应该会连同生丝、丝绸等西运到荷兰。遗憾的是，我们无从了解陈绍刚在表 5-17中的统计是否包括这些糖。《巴达维亚城日记》1645 年 12 月条及《东印度事务报告》1645 年 12 月 17 日条记述，当年台湾赤嵌产糖 150 万斤，其中 60 万磅（4800 担）应付波斯市场的订购，输入日本 69000斤，剩余部分加上从中国采购的 10 万斤糖，共计 11000 担运回荷兰，远远超出荷兰市场需求。[3] 从这些记述看，1645 年从大员运往荷兰的中国糖应在 110 万斤。陈绍刚在表 5-17 中统计，1645 年，运往荷兰的中国糖有 2583017 荷磅，似应有其他史料来源。

　　1649 年，台湾大旱，只出产蔗糖 5300 担，其中有 1315 担砂糖运到巴城，其余的糖运销到日本和波斯。[4] 这 1315 担应该运到荷兰去了。表 5-17 统计，1649 年，运到荷兰的各类糖有 898257 磅（合 7186.06担），应该包含了这 1315 担台湾糖。

1　程绍刚译注《荷兰人在福尔摩莎（1624 ～ 1662）》，第 179 页。由于荷磅、公斤、担的换算差异，可能有些误差。例如，100 万磅，按 125 磅合 1 担换算，约合 8000 担；100 万磅合 494000 公斤，以 1 担合 60.4 公斤计，合 8178.8 担。主要原因是，1 担（中国）实际重量为 122.27 磅左右，而荷印公司以 1 担合 125 磅计量。涉及荷印公司运输的糖，我们以 125 磅合 1 担计。

2　程绍刚译注《荷兰人在福尔摩莎（1624 ～ 1662）》，第 145、154 ～ 155 页。

3　村上直次郎原译，郭辉中译《巴达维亚城日记》第 2 册，第 472 页。程绍刚译注《荷兰人在福尔摩莎（1624 ～ 1662）》，第 273 页。

4　程绍刚译注《荷兰人在福尔摩莎（1624 ～ 1662）》，第 312 页。

表 5-17 统计缺漏了几年数据。1643 年 11 月，台湾的荷印公司为荷兰市场收购了 8000 担糖。[1] 另据《东印度事务报告》（VOC1147，fol.56）记述，1644 年 11 月，大员船"哈尔勒姆"号（Haerlem）运载 2859 担砂糖、146554 件细瓷器抵巴达维亚，准备运往荷兰。[2] 另据《巴达维亚城日记》1644 年 12 月 23 日条记载，一官（郑芝龙）卖给台湾荷印公司砂糖 921400 斤，其中有 26800 斤冰糖是为销往荷兰和波斯准备的。当年 7 月前后，长官卡伦决定把其中的 60 万斤发送到波斯市场销售，剩余砂糖运往荷兰，剩余冰糖没有运出。[3] 据此推算，1644 年运往荷兰的砂糖有 294600 斤。这与《东印度事务报告》（VOC1147，fol.56）记述的应是同一件事。我们暂且以 2859 担砂糖运往荷兰为准。

《东印度事务报告》1647 年 1 月 15 日条（VOC 1101，fol.16）记述，1646 年 7～9 月，大员的荷印公司为南部地区、巴城和荷兰购入 14600 担砂糖、4600 担冰糖、5000 两黄金等货。[4] 这批糖应该运回荷兰了。我们姑且把这批糖都计算入运往荷兰。《东印度事务报告》1647 年 12 月 31 日条记述，11 月 21 日荷船离开大员前往巴城，为返回荷兰的船只运去压舱用的糖。遗憾的是，我们不清楚这些压舱用的糖究竟有多少。[5]

据《东印度事务报告》1649 年 1 月 18 日条（VOC 1167，fol.105）记述，1648 年，台湾种蔗面积减少，只收获 9000 担糖，其中 3000 担糖将用于东印度贸易和作为压舱物运回荷兰。[6] 这应该是当年运回荷兰的一部分糖。

以上共计 33059 担，可补陈绍刚统计之缺。这样，1622～1663 年荷印公司从大员和巴城运往荷兰的糖量应不少于 296221.97 担。这

1　程绍刚译注《荷兰人在福尔摩莎（1624～1662）》，第 248 页。
2　程绍刚译注《荷兰人在福尔摩莎（1624～1662）》，第 261 页。
3　村上直次郎原译，郭辉中译《巴达维亚城日记》第 2 册，第 428～429 页。
4　程绍刚译注《荷兰人在福尔摩莎（1624～1662）》，第 282 页。
5　程绍刚译注《荷兰人在福尔摩莎（1624～1662）》，第 293 页。
6　程绍刚译注《荷兰人在福尔摩莎（1624～1662）》，第 303 页。

些运往荷兰的糖估计有 1/3 以上是中国大陆和台湾生产的。1662 年以后，随着荷兰人势力退出台湾，荷兰人运往荷兰的糖主要是巴城生产的，中国糖很少运往荷兰了。

林仁川统计，荷印公司从中国沿海运回荷兰的中国砂糖，1622 年有 22 万磅，1634 年有 43 万磅，1637 年达 110 万磅以上。[1] 他没有给出统计的依据，其统计数据与陈绍刚的不一致，仅供参考。

荷印公司从远东运销阿姆斯特丹的蔗糖数量，直接受到欧洲蔗糖供求关系和蔗糖价格的影响。1623 年，由于欧洲三十年战争等影响，欧洲糖价骤跌，白糖价格还不到 1613 年的一半。[2] 所以，1623 年远东糖运销阿姆斯特丹的仅有 3176 磅，不及上年的 1/30。1624 ~ 1625 年，荷兰人进攻巴西，致使当地糖业经济遭受惨重的损失，市场糖量供应不足，欧洲糖价也不可避免地上涨。[3] 1626 年销往欧洲的中国糖数量恢复到 73425 磅。

欧洲市场的糖价受南美糖价及欧洲政局和经济的影响，波动较大（详见表 5–18），所以欧洲的糖贸易利润也有较大波动，欧洲的糖贸易存在一定风险。欧洲市场的蔗糖价格出现了两次价格高峰期，即 1637 ~ 1641 年及 1646 ~ 1655 年。在阿姆斯特丹，1640 年巴西白糖价格为每磅 0.55 荷盾，1641 年降至 0.51 盾，1643 年大幅度降到 0.44 盾，比 1640 年下跌 20%；荷兰东印度公司运来的东印度粉糖则由 1640 年的每磅 0.47 盾降至 1641 年的 0.35 盾。欧洲糖价左右着荷兰人对远东糖的需求量。1642 年荷印公司十七人董事会决定，将贩运欧洲的远东糖量自 1637 年的不限量供应减至每年 60 万磅砂糖、40 万磅冰糖。[4] 1643 年，欧洲市场糖价继续下跌，十七人董事会继续将欧洲市场砂糖、冰糖供需量各减少 20 万磅。次年，再将冰糖需求量减半，并提醒荷印公司以后将停止向欧洲运输蔗糖。而 1645 年巴西民

1　林仁川：《大航海时代：私人海上贸易的商贸网络》，第 246 页。

2　S. B. Schwarz, *Sugar Plantations in the Formation of Brazilian Society*, Cambridge, 1985, Chap.1.

3　陈绍刚：《十七世纪上半期的中国糖业及对外蔗糖贸易》，《中国社会经济史研究》1994 年第 2 期。

4　Kristof Glamann, *Dutch-Asiatic Trade, 1620–1740*, p.152.

族解放运动爆发，巴西蔗糖业又受打击，糖价再次回升，从而给荷兰东印度公司的蔗糖提供了市场，到 1646 年阿姆斯特丹的糖价已恢复到 1638 年的水平。十七人董事会也顺应时势，将亚洲供糖量加倍。[1] 1646 年以后，阿姆斯特丹的糖价基本稳定下来，糖价对市场供需的影响减弱。从 1645 年至 1655 年，欧洲市场每年需糖量在 100 万磅 ~ 350 万磅。[2] 1658 年以后，欧洲市场需糖量下降。[3]

1634 ~ 1655 年，随着欧洲需糖量的增长和巴西等地供糖量的减少，荷印公司以台湾为供糖中心，把大量的中国蔗糖（大陆和台湾产）运回荷兰本国，通过阿姆斯特丹转销到欧洲其他地区。除了中国大陆糖和台湾糖外，荷兰人还从孟加拉、万丹、暹罗、巴达维亚等地收购蔗糖进行贩卖。孟加拉糖、万丹糖、暹罗糖和巴城糖的价格比中国大陆糖低，这些糖运往荷兰和波斯利润更高。而且，这些东南亚产的糖在日本没有什么市场。荷印公司把这些糖向西销往荷兰和波斯，一方面拓展了公司的糖源，另一方面活跃了东南亚的区间贸易市场。不过，因质量等问题，孟加拉、万丹等地输送的蔗糖仅占极少数。[4]

表 5-18　1631 ~ 1654 年阿姆斯特丹蔗糖出售价格

单位：弗罗林 / 荷磅

年份	巴西白糖	粗糖（红糖） （moscovades）	东印度糖果 （kandij）	东印度粉糖 （poeder）
1631	0.67	0.59	—	0.54
1632	0.70	0.54	0.71	0.54
1633	0.67	0.54	0.49	0.46
1634	0.66	0.50	0.49	0.49
1635	0.66	0.51	0.55	0.49
1636	0.60	0.52	0.58	0.45 ~ 0.49

1　陈绍刚：《十七世纪上半期的中国糖业及对外蔗糖贸易》，《中国社会经济史研究》1994 年第 2 期。

2　Kristof Glamann, *Dutch-Asiatic Trade, 1620–1740*, p.158.

3　引自陈绍刚《十七世纪上半期的中国糖业及对外蔗糖贸易》，《中国社会经济史研究》1994 年第 2 期，第 42 页。

4　厉益：《1602 ~ 1740 年荷兰东印度公司蔗糖贸易探究》，浙江师范大学硕士学位论文，2012，第 63 ~ 64 页。

续表

年份	巴西白糖	粗糖（红糖） （moscovades）	东印度糖果 （kandij）	东印度粉糖 （poeder）
1637	0.85	0.67	0.83	0.68 ~ 0.72
1638	0.68	0.54	—	0.50
1639	—	—	0.49	0.33
1640	0.55	0.49	0.64	0.47
1641	0.51	0.38	—	0.35
1642	0.46	0.34	—	—
1643	0.44	0.31	—	—
1645	0.46	0.39	—	—
1646	0.65	0.57	—	—
1648	0.60	0.43	—	—
1649	0.66	0.52	—	—
1650	0.67	0.49	—	—
1651	0.73	0.53	—	—
1652	0.69	0.50	—	—
1653	0.66	0.51	—	—
1654	0.69	0.51	—	—

资料来源：Kristof Glamann, *Dutch-Asiatic Trade, 1620-1740*, pp.154, 157。

从表 5-18 看，东印度糖果在阿姆斯特丹的均价为每磅 0.55 ~ 0.6 弗罗林，东印度粉糖（即砂糖）的均价为每磅 0.5 ~ 0.55 弗罗林。糖果的售价比粉（砂）糖略高一点。据 1656 年 2 月 1 日的《东印度事务报告》，荷印公司把最白的砂糖运往荷兰销售，把最次的砂糖留下，用于东印度地方贸易。[1]

远东的糖价廉物美，给荷印公司带来了巨大利润。例如，1636 年十七人董事会派人前往东印度购买 45000 磅蔗糖。当时，东印度蔗糖售价为每磅 3 格老特（或每 100 磅售价 7.5 弗罗林）。[2] 扣除路途中各

1　程绍刚译注《荷兰人在福尔摩莎（1624 ~ 1662）》，第 437 页。

2　1 格老特（groot）=2.5 荷分（参见陈绍刚《十七世纪上半期的中国糖业及对外蔗糖贸易》，《中国社会经济史研究》1994 年第 2 期，第 37 页）；1 弗罗林 =1 荷盾（参见村上直次郎原译，程大学中译《巴达维亚城日记》第 3 册）；1 荷磅 = 0.494 公斤（参见 David Bulbeck, Anthony Reid, Lay Cheng Tan, and Yiqi Wu, *Southeast Asian Exports since the 14th Century: Cloves, Pepper, Coffee, and Sugar*, p.182）。

种因素造成遗漏、损失的 15% 重量，运抵欧洲以每磅 14 格老特售出。此次蔗糖贸易，获得 350% 左右的毛利润（扣除 15% 的重量损耗）。[1] 而且，运往荷兰的孟加拉糖、万丹糖、暹罗糖和巴达维亚糖的价格比中国糖低，这些糖运往荷兰利润更高。

如前所考，1622 ~ 1663 年，荷印公司从远东运往荷兰的蔗糖有 296221.97 担，合 37027746 磅（以每担 125 荷磅计），这些糖主要是中国（大陆和台湾）产的；这些糖在中国采购均价以每担 3.6 两计，约耗资 1066399 两，运到荷兰以平均每磅 0.5 弗罗林（每担 18.75 两）售出，售价约为 18513873 弗罗林，约合 5554717.4 两银（以 3.333 弗罗林折合 1 两银），每担糖可获利 15.15 两，总获利 4487762.8 两，利润率达 420%。这个时期对荷兰蔗糖贸易的利润约为荷印公司成立之初资本金的 2 倍。显然，这个时期对荷兰的蔗糖贸易是一个暴利的商贸项目。蔗糖贸易的利润充实了荷印公司的资本金。

岩生成一统计，1679 ~ 1708 年荷兰人从巴城出口到荷兰的糖有 13762000 磅（110096 担）。[2] 在 17 世纪 80 年代，巴达维亚糖进价平均每百磅 13.5 弗罗林（合 4.05 两银）；据表 5-18，1638 ~ 1641 年东印度砂糖在阿姆斯特丹平均售价每百荷磅 41.25 弗罗林。巴城砂糖运往阿姆斯特丹出售，每百磅可获利 27.75 弗罗林，利润率达 200% 以上。1376.2 万磅糖在阿姆斯特丹出售，可获利 3818955 弗罗林（合 1145801 两）。

1713/1714 ~ 1734/1735 年，巴达维亚出口到荷兰的糖有 3952 万磅（316160 担），以每百磅平均获利 27 弗罗林计，可获利 10670400 弗罗林，合 3201440 两银。1741 ~ 1762 年，巴城出口到荷兰的糖有 1476.7 万磅（118136 担），以每百磅平均获利 8.1 两计，可获利 1196127 两。[3]

---

1 Kristof Glamann, *Dutch-Asiatic Trade, 1620-1740*, p.155. 程绍刚译注《荷兰人在福尔摩莎（1624 ~ 1662）》，第 218 页。

2 岩生成一：《荷郑时代台湾与波斯间之糖茶贸易》，台湾银行经济研究室编《台湾经济史》二集，第 55 ~ 58 页。

3 Kristof Glamann, *Dutch-Asiatic Trade, 1620-1740*, pp.165-166.

此外，1792 年，4 艘荷兰船从广州运走糖 4814 担，耗银 24070 两，以每担获利 5 两计，可获利 24070 两。[1]

大量亚洲蔗糖的输入，促进了荷兰炼糖业的发展。荷兰东印度公司将从台湾等地收购的蔗糖汇集到大员或巴达维亚城，继而用船将蔗糖输送回阿姆斯特丹，再将蔗糖送到阿姆斯特丹的炼糖厂进行精炼、加工。"1595 年荷兰北部只有 3 家或 4 家炼糖厂，1622 年增加到 29 家。同年，阿姆斯特丹地区有 25 家炼糖厂，1640 年及 1661 年则分别达到40 家、60 家。"[2] 从远东运至荷兰的蔗糖，经过精炼加工之后再转销到英国、法国等欧洲国家。[3]

（三）荷兰东印度公司对日本蔗糖贸易

日本庆长十四年（1609），两艘荷兰船抵达平户，荷兰使节谒见幕府将军德川家康，并递交了国书，从德川家康那里，荷兰人得到了对国书的回信和许可贸易的朱印状。[4] 不久，荷兰人在平户设立商馆，从此开始了与日本长达两个半世纪（1609 ～ 1860）的贸易往来。[5] 荷兰人在日本开展的最早的贸易项目是丝银贸易和糖银贸易，用生丝和糖换取日本白银等。

中国糖在日本非常受欢迎，销量相对稳定，售价也呈上升趋势。所以，荷印公司积极争夺远东制海权，开拓日本蔗糖市场。通过对日本的蔗糖贸易，荷印公司在获得巨额利润的同时，也获得大量日本白银，再用日本白银购买中国生丝、丝织品、瓷器和茶叶等。1639 年后，随着日本幕府实行闭关政策，荷兰是唯一与日本通商贸易的欧洲国家。

囿于资料，我们目前尚无法对荷兰东印度公司输入日本的蔗糖数

1　马士：《东印度公司对华贸易编年史（一六三五～一八三四年）》第 2 卷，第 231 ～ 232 页。

2　Charles R. Boxer, *The Dutch in Brazil, 1624-1654*, Oxford: Oxford University Press, 1957, p.21.

3　厉益：《1602 ～ 1740 年荷兰东印度公司蔗糖贸易探究》，第 63 ～ 64 页。

4　坂本太郎：《日本史》，汪向荣等译，中国社会科学出版社，2008，第 284 页。

5　D.W. Davies, *A Primer of Dutch Seventeenth Century Overseas Trade*, p.71.

量进行精确的统计。但是，在 17 ～ 18 世纪，荷兰人与中国人一样，无疑是日本进口蔗糖的主要输入者。1636 年，台湾岛收获 12042 斤白糖，110461 斤黑糖，均由荷兰人运销日本。[1] 几年后，台湾糖产量很快增加到 1 万担以上，大多被荷兰人出口到日本和波斯。除了台湾糖，荷兰人还收购暹罗、巴城、孟加拉等地的蔗糖运销日本。

陈绍刚根据荷印公司的资料，统计了 1631 ～ 1649 年自中国输往日本的中国糖量（见表 5-19）。

表 5-19　1631 ～ 1649 年荷兰人自中国输往日本的中国糖量

出发地	糖品种及数量	资料出处
台湾	糖 25000 ～ 30000 斤	热城日志 1631 年 6 月 23 日
台湾	黑、白砂糖 40000 ～ 50000 斤	热城日志 1631 年 7 月 9 日
台湾	乌糖 26000 斤	热城日志 1631 年 8 月 17 日
台湾	白糖 12042 斤，砂糖 110461 斤	热城日志 1636 年 12 月 28 日
台湾	糖 60000 斤	热城日志 1637 年 8 月 14 日
大陆	红糖 641350 斤，砂糖 499100 斤	热城日志 1639 年 3 月 9 日
台湾	砂糖 69000 斤	巴城日记 1645 年 12 月
台湾	糖 100000 斤 [a]	政务报告 1649 年 12 月 31 日

注：a. 陈绍刚原文为 10000 斤。查 1649 年 12 月 31 日《一般政务报告》，应为 1000 担（100000 斤）。见程绍刚译注《荷兰人在福尔摩莎（1624 ～ 1662）》，第 312 页。

说明："热城日志"指《热兰遮城日志》；"巴城日记"指《巴达维亚城日记》；"政务报告"即《一般政务报告》，或译《东印度事务报告》。

资料来源：陈绍刚《十七世纪上半期的中国糖业及对外蔗糖贸易》，《中国社会经济史研究》1994 年第 2 期，第 43 页。

从表 5-19 可知，1631 ～ 1649 年荷印公司输日蔗糖有 1582953 ～ 1597953 斤。

不过，陈绍刚的统计遗漏甚多。据巴达维亚荷印总督及评议会的《东印度事务报告》记述，1638 年，荷兰人自大员运载 89725 斤砂糖

1　程绍刚译注《荷兰人在福尔摩莎（1624 ～ 1662）》，第 179 页。

到日本。[1] 另外，永积洋子根据日本文书 55 号（A.J.55）统计，1641
年荷印公司运抵日本市场的白砂糖为 953850 斤、黑砂糖为 82460 斤、
冰糖为 73000 斤；[2]1646 年输日白砂糖为 35 万斤、黑砂糖为 9.1 万斤、
赤砂糖为 22.1 万斤、冰糖为 2.6 万斤；[3]1650 年输入日本市场白砂糖为
217250 斤、黑砂糖为 630800 斤、冰糖为 5200 斤、赤砂糖为 51200 斤。[4]
以上 4 年，荷印公司运入日本的各类糖总计 2791485 斤。虽然这些糖
的产地未见记载，但从出发地为台湾看，这些糖基本上是中国大陆和
台湾出产的。

　　在 17 世纪后半叶，荷印公司继续对日本开展糖贸易。1652 年，
荷印公司 3 艘船从大员输入日本 146780 斤砂糖；同年，自大员输入
日本 1500 担砂糖，仅获利 2759 弗罗林；1653 年 7 月，从大员运砂
糖 142091 斤到日本；1655 年 8 月，澎湖发往长崎的快船运去 800
箱糖（每箱 228 斤计，合 182400 斤），由于中国人运载大量糖到长
崎，荷兰人仅获利 33%；1656 年，荷印公司运 3792 担福岛砂糖到日
本，获利仅 29%，因为有大量中国糖运到日本；1657 年 1 月，福岛的
399209 斤糖在日本只获利 25%，因为中国人运去 18000 担糖；1658
年 8 月，从大员运台湾砂糖 6540 担到长崎，总值 136444 弗罗林（每
担 20.86 弗罗林，折合每担 6.26 两），获利仅 20%，每担获利约 4.17
弗罗林（折合 1.25 两）。[5]1655 ～ 1658 年是荷兰人对日糖贸易利润最
低的年份，其他年份利润一般在 60% 以上。1658 年下半年，荷印公
司在大员以每担 5 里亚尔（合 4.5 两）的定价收购蔗糖。[6] 以上资料增

1　程绍刚译注《荷兰人在福尔摩莎（1624 ～ 1662）》，第 200 页。

2　永积洋子『唐船輸出入品数量一覧 1637 ～ 1683 年：復元唐船貨物改帳・帰帆荷物買渡帳』
　　36 ～ 37 頁。

3　资料来自日本文书 59 号（A.J.59）。转引自永积洋子『唐船輸出入品数量一覧 1637 ～ 1683 年：
　　復元唐船貨物改帳・帰帆荷物買渡帳』38 ～ 39 頁。

4　资料来自荷兰东印度公司档案 1182 号（VOC 1182）。转引自永积洋子『唐船輸出入品数量一覧
　　1637 ～ 1683 年：復元唐船貨物改帳・帰帆荷物買渡帳』41 ～ 48 頁。

5　程绍刚译注《荷兰人在福尔摩莎（1624 ～ 1662）》，第 312、351、363、389、444、463、455、
　　510 页。

6　程绍刚译注《荷兰人在福尔摩莎（1624 ～ 1662）》，第 496 页。

补，共计有 2053680 斤糖输入日本。另据《巴达维亚城日记》记载，1645 年 12 月，荷印公司自巴城途经大员向日本运送 35 万斤糖。[1]

综上，1631 ~ 1658 年荷兰人自台湾输往日本的各类中国糖有 6428118 ~ 6443118 斤，加上 1645 年自巴城途经大员向日本运送的 35 万斤糖，总计 6778118 ~ 6793118 斤。

1636 年以前台湾输出的糖，基本上是从大陆购买的，因为在此之前台湾基本不出口蔗糖。从表 5-19 看，荷兰人输往日本的中国蔗糖最多的年份是 1639 年，共有 1140450 斤，但不是从台湾运出的，而是从中国大陆沿海运出的。据陈绍刚估算（见表 5-5），1639 年，中国蔗糖出口额为 230.47 万斤；据永积洋子统计（见表 5-3），1639 年唐船（华船）输入日本的蔗糖有 1164050 斤，加上荷兰人运至长崎的中国糖 1140450 斤，合计 230.45 万斤，比陈绍刚估算的中国糖输出总量少 200 斤，大体相当。可见，1639 年中国出口的糖都由华船和荷船输入日本了。

随着台湾制糖业的发展，台湾糖产量很快增长，大量台糖出口。1636 年，荷兰人从台湾运往长崎的 122503 斤糖，是台湾本地产的。[2]当年中国糖出口量达 300 万斤（见表 5-7），荷兰人运出的糖仅及中国糖出口量的 4.08%。据《东印度事务报告》及《巴达维亚城日记》1640 年 12 月 6 日条载，当年台湾赤嵌本地产糖 301400 斤。[3]1642 年，台湾砂糖产量估计为 70 万 ~ 80 万斤。[4]1645 年，赤嵌产糖 150 万斤。[5]台湾本地产的糖足够出口日本之需，但如果加上出口波斯和荷兰等地的，则产量不够。所以，荷印公司还经常要从中国大陆购买糖。1647年，由于大陆糖价涨到 6.5 里耳（5.85 两）一担，荷印公司收购的大

1　村上直次郎原译，郭辉中译《巴达维亚日记》第 2 册，第 470 页。
2　程绍刚译注《荷兰人在福尔摩莎（1624 ~ 1662）》，第 179 页。
3　村上直次郎原译，郭辉中译《巴达维亚城日记》第 2 册，第 246、423 页；程绍刚译注《荷兰人在福尔摩莎（1624 ~ 1662）》，第 273 页。
4　村上直次郎原译，郭辉中译《巴达维亚城日记》第 2 册，第 233 页。
5　村上直次郎原译，郭辉中译《巴达维亚城日记》第 2 册，第 472 页；程绍刚译注《荷兰人在福尔摩莎（1624 ~ 1662）》，第 273 页。

陆糖不到 100 担。[1] 1653 年，由于大陆没有供货，荷印公司台湾方面表示，无法满足科罗曼德尔、苏拉特和波斯的冰糖、角糖、蜜茯苓的供货要求。[2]

在日本市场，台湾生产的蔗糖受到华商运去的大陆糖冲击，利润较低，所以台糖出口到日本的数量不到产量的 1/4，大量的台糖被运往利润较高的波斯和荷兰出售。砂糖并非荷印公司输日之重要商品，其获利占所有商品利润的比例最高为 1657 年之 6%，其次为 1671 年之 5% 与 1659 年之 4%。事实上，在 1657 年以前，台湾糖的主要市场在荷兰，其次为波斯；只有当这两个市场价格下跌时，荷兰人才会考虑将台湾糖销往日本。例如，1658 年以后台湾糖输出日本的数量开始急速增加，这是因为荷兰与葡萄牙在巴西的战争（1645 ～ 1654）结束之后，巴西糖又开始大量运销欧洲，台湾糖在欧洲市场不敌其竞争，只得在利润较低的亚洲市场销售。[3]

相比较而言，巴达维亚和孟加拉糖进价低，利润较高。所以，荷印公司从巴达维亚向日本输入巴城和东南亚所产的糖。例如，1645年 12 月，荷印公司自巴城途经大员向日本运送 35 万斤糖，这些糖应该来自巴城或东南亚。荷印公司还把孟加拉糖输往日本，如1672 ～ 1674 年输入日本 1498698 磅（11989.6 担）孟加拉糖。[4]

从统计数据看，在 1636 年以前，荷印公司从台湾输往日本的糖量与华船输入日本的糖大体相当。1631 年，中国共出口蔗糖 184500斤（见表 5-7），中国船输往日本的蔗糖有 93500 斤（见表 5-2）；[5] 而当年台湾荷印公司从大员输往日本的蔗糖就有 91000 ～ 106000 斤（见

1　程绍刚译注《荷兰人在福尔摩莎（1624 ～ 1662）》，第 293 页。

2　程绍刚译注《荷兰人在福尔摩莎（1624 ～ 1662）》，第 399 页。

3　古慧雯：《十七世纪荷日贸易中台湾所扮演的角色》，台湾大学经济学系编《经济论文丛刊》第 46 辑第 2 期，2018 年，第 209 ～ 234 页。

4　C. R. Boxer, *Dutch Merchants and Mariners in Asia, 1602-1795*, London: Variorum Reprints, 1988, pp.184-195.

5　陈绍刚：《十七世纪上半期的中国糖业及对外蔗糖贸易》，《中国社会经济史研究》1994 年第 2 期，第 39、41 页。

表 5-19）。[1] 此后，荷兰人运往长崎的糖远远少于华船运到长崎的。据永积洋子统计（见表 5-3），唐船（华船）输入日本的（中国）蔗糖数量，1637 年有 220 万斤，1639 年有 116.41 万斤，1645 年有 350.09 万斤，远远超过同时期荷兰人输入日本的糖量。另据《长崎荷兰商馆日记》的记载，1641 年输入长崎的货物，郑氏商船输入生丝 127175 斤、纺织品 373479 斤、糖 5720500 斤、皮 52878 张、药材 24910 斤、染料 112000 斤等，同年荷船输入生丝 122330 斤、纺织品 124587 斤、糖 249295 斤、（鹿）皮 213260 张、药材 68630 斤、染料 476800 斤等。[2] 中国船和荷兰船输入长崎的生丝数量大体相当，中国输入长崎的纺织品几乎是荷兰的 3 倍，输入的糖比荷兰多 20 余倍，荷兰输入的药材是中国输入的 2.8 倍，输入的兽皮（主要是中南半岛和台湾产的鹿皮）是中国输入的 4 倍，输入的染料（主要是中南半岛产的）是中国输入的 4 倍多。这些中荷输入的贸易品一方面反映出日本市场需求，另一方面反映出中荷两国对日贸易所依赖的商品市场不同。生丝同是两国商船的主要输入品，但由于各自的市场来源不同，两者之间存在品质的差异。

从表 5-19 的统计数据看，在 1650 年以前日本市场占荷兰人糖贸易的比例并不大。据表 5-17，荷印公司输往荷兰的糖，1631 年为 33840 斤，1637 年为 1162309 斤，1645 年为 2583017 斤；又据表 5-20 及笔者考证（见后述），荷印公司输往波斯的糖，1638 年有 65625 斤，1645 年有 905200 斤。荷印公司自大员输入日本的砂糖，1638 年有 69000 斤。由此可见，在 17 世纪 40 年代中期以前，荷印公司的糖贸易中，欧洲市场是最大的，其次是波斯，最后是日本。

1662 年以后，在荷印公司的糖贸易中，日本糖市场的比重超过荷兰。日本市场比重的增加，与日本蔗糖市场的扩大密切相关。17 世纪 60 年代后，经过近一个世纪的发展，日本的经济和人口有了很大的

1　江树生译注《热兰遮城日志》第 1 册，1631 年 6 月 23 日、7 月 9 日、8 月 17 日条。

2　村上直次郎訳『長崎オランダ商館の日記』第 1 輯、167～172 頁。

增长。据速水融及宫本又郎研究，1600 ~ 1730 年日本人口数分别为：1600 年 1200 万人，1650 年 1718 万人，1700 年 2769 万人，1720 年 3128 万人，1730 年增至 3208 万人。[1] 稳定的社会环境，人口的快速增长，使日本国内市场不断扩大，民众的购买力不断增强，推动了日本国内蔗糖需求量增长。

从 17 世纪末开始，日本进口糖的数量急剧增加，并代替生丝居进口商品首位。此时，巴达维亚蔗糖产量大增，荷兰人趁机将大批巴达维亚蔗糖输往日本。C. R. 博克舍指出，"17 世纪末期，（荷印）公司每年在日本贩卖 800000 磅（每担 125 磅计，合 6400 担）糖"。[2] 这个时期输往日本的蔗糖大都产自巴达维亚和孟加拉。1672 ~ 1674 年，荷印公司从巴城向日本输入 1498698 磅（11989.6 担）孟加拉糖。[3] 一旦巴达维亚糖供应充足，荷兰东印度公司就会以各种手段打压孟加拉糖以提升巴达维亚糖在国际上的地位。

岩生成一根据 H. 杜洛卜（H.Dunlop）编纂的《波斯的荷兰东印度公司史料集》（海牙，1930），统计 1679 ~ 1708 年荷兰人从巴城出口到日本的糖有 2153.1 万磅（172248 担）；[4] K. 格拉曼统计，1680 ~ 1709 年，荷印公司从巴达维亚出口到日本的粉糖有 20603675 磅，糖果有 2608501 磅，1713 ~ 1735 年运往日本的粉糖有 9883000 磅。[5] 岩生成一统计的数值不包括糖果，比 K. 格拉曼的统计值要高一些。以上合计，1679/1680 ~ 1735 年荷印公司输入日本的砂糖有 3141.4 万磅（251312 担，15518516 公斤[6]），另有 2608501 磅（20868 担）糖果输入日本。这些糖主要是巴达维亚一带生产的，

---

1 速水融、宫本又郎编《日本经济史》第 1 卷《经济社会的成立（17 ~ 18 世纪）》，厉以平、连湘译，三联书店，1997，第 47 页。

2 C. R. Boxer, *Dutch Merchants and Mariners in Asia, 1602–1795*, p.248.

3 C. R. Boxer, *Dutch Merchants and Mariners in Asia, 1602–1795*, pp.184–195.

4 岩生成一：《荷郑时代台湾与波斯间之糖茶贸易》，台湾银行经济研究室编《台湾经济史》二集。

5 Kristof Glamann, *Dutch-Asiatic Trade, 1620–1740*, pp.161, 165.

6 以每荷磅合 0.494 公斤，30486675 磅合 15060417 公斤。以 60.4 公斤合 1 担计，15060417 公斤合 249344.7 担，但以每担合 122.27 荷磅计，30486675 磅合 249339 担。按荷印公司记账，每担合 125 荷磅计，30486675 磅合 243893.4 担。换算结果有差异。

少量来自孟加拉。

这个时期荷兰人对日本的蔗糖贸易，无论是贸易量还是获利数量，都远远低于荷兰人对荷兰和波斯的蔗糖贸易，其原因主要是中国大陆出口到日本的蔗糖太多，冲击了市场。1659 ～ 1671 年荷印公司肯定也有运销蔗糖到日本，但未见文献统计数据。1672 ～ 1674 年荷印公司输入日本 1498698 磅（11989.6 担）孟加拉糖，参考波斯市场价格，以每百磅进价 9 弗罗林、平均售价 22 弗罗林计（参见表 5–18），[1] 公司可获利 194831 弗罗林（合 58455 两），利润率为 144.4%。1680 ～ 1735 年荷印公司输入日本的 3141.4 万磅糖（251312 担）主要是巴城出产的（参见表 5–24），每担进价 5 两（16.67 弗罗林），如以每担均价 10 两售出，可获利 1256560 两，毛利率 100%。1680 ～ 1735 年是中国糖在日本销售利润最高的时期，利润率远超生丝和丝织品贸易，其原因在于中国糖出口价大幅下跌和日本售价上升。

1801 ～ 1822 年，荷兰船从巴城输入日本的砂糖年均 80 万 ～ 110 万斤，合计 17.6 万 ～ 24.2 万担，以每担平均进价 5.4 两计，这些糖值 95.04 万 ～ 130.68 万两，每担获利 5 两，共获利 88 万 ～ 121 万两。

（四）荷兰东印度公司对波斯蔗糖贸易

17 世纪 20 年代后期，荷印公司发现中东穆斯林对糖的巨大需求，对波斯开展蔗糖贸易有利可图，于是就开辟波斯为糖贸易的重要市场。[2] 据季羡林先生研究，7 世纪初，波斯人已学会熬甘蔗汁为硬糖。[3] 但是波斯地区不适宜种植甘蔗，制糖技术也没有在波斯发展起来，波

1　1680 年，在巴城孟加拉糖进价每 100 荷磅 9.29 弗罗林，在波斯售价 23.02 弗罗林。孟加拉糖在日本不受欢迎，售价也比在波斯低，但获利很高。笔者参照此情形，做出上述糖价推断。

2　岩生成一：《荷郑时代台湾与波斯间之糖茶贸易》，台湾银行经济研究室编《台湾经济史》二集，第 58 页。

3　《糖史（二）》，《季羡林文集》第 10 卷，第 123 页。

斯需要的蔗糖长期依赖进口。

　　陈绍刚认为，荷兰人"将东印度糖运到波斯的最早记录是 1638 年 12 月 30 日，65625 斤砂糖由巴城运往波斯"。[1] 实际上，荷兰人把远东的糖贩运到波斯，可以追溯到更早的时候。早在 1623 年，荷兰刚与波斯建立贸易关系时，荷兰商务员 H. 卫士宁（Huyberto Vishigh）自甘隆（Gamron，又译加龙，今伊朗阿巴斯）写给总督关于波斯市场所需商品的报告中，就列有中国砂糖。1626 年 4 月 23 日，荷兰与波斯的订货协议中，亦有 1200 桑孟（Sommen）的中国或孟加拉砂糖的项目。在 1628 年荷印公司的"乌德勒希德"号、"布鲁瓦斯哈劳"号等船运往波斯的货物清单中，有中国砂糖 36400 斤，价值 3418 荷盾（每担值 9.39 盾，合 2.82 两）。1637 年 1 月 25 日，驻在甘隆的荷印公司商务员 A. 伽德尼斯（Arent Gardenijs）在给阿姆斯特丹总公司的报告中称，该年 1 月 22 日，自印度西北部苏拉特港驶往甘隆的荷船"阿美利亚王子"号（Prins Amilia）所载货物中，有中国白砂糖 19100 斤，价值 1890 盾（每担约 9.9 盾，合 2.97 两）。[2] 这说明至迟在 1628 年，荷兰人已把中国砂糖运销到波斯。1626 ~ 1637 年，荷船运往波斯的中国砂糖至少有 55500 斤，外加 1000 桑孟砂糖。

　　荷印公司的波斯商馆在 1635 年就谋划运销远东产的蔗糖到波斯，给巴达维亚商馆的订货清单包括：东南亚的各种香料和印度、中国的干姜（大致占船货的 33% ~ 43%）；各种糖，有白砂糖和冰糖（主要来自中国，还有孟加拉糖等）；各种染料、明矾、苏木；各种金属，有英国和亚齐的锡、日本的铜；中国瓷器；来自印度的"粗货"（大米、棉布、烟草）；等等。[3]

1　陈绍刚：《十七世纪上半期的中国糖业及对外蔗糖贸易》，《中国社会经济史研究》1994 年第 2 期，第 38 页；《一般政务报告》，1638 年 12 月 30 日条。

2　引自林仁川《大航海时代：私人海上贸易的商贸网络》，第 246 ~ 247 页。

3　Niels Steensgaard, *The Asian Trade Revolution of the Seventeenth Century: The East India Companies and the Decline of the Caravan Trade*, pp.407-409.

1. 关于 1638 ~ 1661 年荷印公司输入波斯的蔗糖数量

荷兰东印度公司把大量中国和东南亚产的蔗糖运销波斯，并用糖贸易的利润购入波斯织物，运销欧洲，或换购波斯生丝，再运销日本等地。这是荷兰人弥补资本金不足的策略，也使荷印公司的欧亚航程进一步增值。荷印公司与波斯之间的贸易，主要通过两种途径：一是由巴达维亚（巴城）直接派船前往波斯阿巴斯等地；二是经由印度西北部的苏拉特前往波斯。

荷兰人与波斯的贸易，糖是第二大宗商品，交易量很大。明末清初，中国蔗糖已大量销往中东的波斯湾和日本，这些糖最初主要由盘踞在台湾的荷兰殖民者转运。[1] 陈绍刚统计了 17 世纪中叶荷印公司商船运往波斯的糖量，如表 5-20 所示。

表 5-20 1638 ~ 1661 年荷船运往波斯的糖量

单位：斤

出发地	糖品种及数量	资料出处	出发地	糖品种及数量	资料出处
台湾[a]	砂糖 65625 斤	报告 1638 年 12 月 30 日	台湾	糖 30 万斤	报告 1649 年 12 月 31 日
台湾	砂糖 413657 斤 冰糖约 217600 斤[b]	热城日志 1639 年 12 月 2 日	台湾	糖 463557 斤	报告 1652 年 1 月 24 日
台湾	砂糖 547011 斤	热城日志 1640 年 12 月 27 日	台湾	糖 45 万斤	报告 1654 年 1 月 19 日
台湾	砂糖 120 万斤 冰糖 10 万斤	报告 1641 年 12 月 12 日[c]	台湾	糖一批	报告 1656 年 2 月 1 日
台湾	希望运送 40 万斤	报告 1643 年 12 月 22 日	台湾	砂糖 80 万斤	报告 1658 年 12 月 24 日[d]
巴城	冰糖 44200 斤[e]	报告 1645 年 1 月 20 日	台湾	糖约 1452000 斤	报告 1658 年 12 月 24 日
台湾	糖 6000 万斤	报告 1645 年 1 月 20 日	台湾	糖 80 万斤	报告 1659 年 12 月 16 日

1　周正庆：《明清时期我国蔗糖外销的流向》，《广西师范大学学报·哲学社会科学版》2004 年第 2 期。

续表

出发地	糖品种及数量	资料出处	出发地	糖品种及数量	资料出处
台湾	砂糖 41 万斤 冰糖 12500 斤 f	报告 1645 年 12 月 31 日	台湾	糖 80 万斤	报告 1661 年 1 月 26 日
台湾	砂糖、冰糖 7 万斤	报告 1647 年 12 月 31 日 g			

注：a. 原作"巴城"。据《东印度事务报告》（VOC 1126，fol.208）记载，1638 年 11 月 25 日，荷兰快船"布林达米"号（Bredamme）和"扎托欧特"号（Zantvoort）从大员经满剌加（马六甲）海峡，往苏拉特商馆，运载有 3893 两中国黄金、20 万两日本银锭、120 担中国白丝、656.25 担用于波斯贸易的砂糖。见程绍刚译注《荷兰人在福尔摩莎（1624～1662）》，第 204～205 页。这批糖应该是从台湾运出，经苏拉特运往波斯，而不是从巴城运出。

　　b. 据《东印度事务报告》1640 年 1 月 8 日条记述，1639 年 12 月 2 日，"班达"号及"维列根德·赫特"号从大员驶往温古尔拉、苏拉特和波斯，船上载有 4136 担 57 斤砂糖、1072 担 89 斤冰糖等货物。参见程绍刚译注《荷兰人在福尔摩莎（1624～1662）》，第 218 页。此记述与《热兰遮城日志》不一。

　　c. 该报告在程绍刚译注《荷兰人在福尔摩莎（1624～1662）》（第 229 页）中并没有完整译出。

　　d. 疑为 1658 年 12 月 14 日之误。

　　e. 据《东印度事务报告》1645 年 1 月 20 日条记述，1644 年 12 月 2 日，"邓·弗林德"号从大员驶往苏拉特和波斯，载有 176000 两银锭、5000 担砂糖、442 担冰糖。参见程绍刚译注《荷兰人在福尔摩莎（1624～1662）》，第 265 页。陈绍刚统计数据有误，而且这批糖是从大员发出，途经巴城，不是从巴城发出。

　　f. 据《东印度事务报告》1645 年 12 月 31 日条（VOC 1154，fol.76）记述，海船"斯切达姆"号（Schiedam）运往苏拉特、波斯的货物有 4100 担砂糖、152 担冰糖等。陈绍刚统计冰糖数据有误。见程绍刚译注《荷兰人在福尔摩莎（1624～1662）》，第 279 页。

　　g. 陈绍刚原作 1649 年 12 月 31 日《一般政务报告》记载。误矣。

　　说明："报告"指巴达维亚荷印总督及评议会提交给荷印公司十七人董事会的《一般政务报告》（又译《东印度事务报告》）；"热城日志"指《热兰遮城日志》。

　　资料来源：陈绍刚《十七世纪上半期的中国糖业及对外蔗糖贸易》"附表四"，《中国社会经济史研究》1994 年第 2 期，第 46 页。

　　这些从台湾（大员）运往波斯的糖，除了有一批来自巴达维亚，其余均来自中国大陆和台湾。在 1638 年以前，从台湾运往波斯的糖主要来自大陆。陈绍刚根据 1640 年前的《热兰遮城日志》（1640 年后的当时尚未出版）和《巴达维亚城日记》统计，1630 ~ 1647 年自郑芝龙控制的厦门湾、安海以及福州和中国沿海其他地区运往台湾的糖量总计 5796679 斤。[1] 不过，他的统计有遗漏、错讹。例如，他统计，1638 年自厦门、安海等地运到台湾的糖有 3267 担。而林仁川据《大员商馆日志》统计，1638 年安平、厦门船至少载 5615 担糖到大员，还有一些船运去数量不详的糖，[2] 比陈绍刚的统计多出 2348 担。陈绍刚统计，1647 年大陆输往台湾的蔗糖有 400 担。但《东印度事务报告》1647 年 12 月 31 日条记述，当年大员收购的大陆产蔗糖不足 100 担。[3]

　　表 5-20 所列 1645 年自台湾运送 6000 万斤糖到波斯一事，应有疑问，似乎不可能有这么多。据《巴达维亚城日记》1644 年 12 月条记载，一官（郑成功）卖给台湾荷印公司砂糖 921400 斤，12 月 2 日，"纽·哈廉"号从台湾驶抵巴城，运去砂糖 285906 斤、上等瓷器 146564 件等，其中 26800 斤冰糖销往荷兰和波斯，该船船长自作主张，把 60 万斤糖运送到波斯市场，剩余砂糖及半数瓷器由其他船运往荷兰。[4] 由此可见，1644 年荷印公司自大员运往波斯的砂糖为 60 万斤。我们可以肯定，表 5-20 所列 1645 年 1 月 20 日《东印度事务报告》所记运糖"6000 万斤"到波斯，应该是 60 万斤（6000 担）之误。另据《东印度事务报告》1645 年 1 月 20 日条记述，1644 年 12 月 2 日，海船"邓·弗林德"号从大员驶往苏拉特、波斯，装载有 176000 两银锭、5000 担砂糖、442 担冰糖。从上述记载看，这是两波不同的船运往波斯的。《东印度事务报告》1645 年 12 月 17 日条记述，当年台湾赤嵌产糖 150 万斤，其中 60 万磅（4800 担）输往波斯；海船"斯切达姆"号运往苏拉特、波斯的货物有 4100 担砂糖、152 担冰糖等。[5] 这与表 5-20 的统计也不一致。根据上述资料，可以确认，1644 年荷

1　陈绍刚：《十七世纪上半期的中国糖业及对外蔗糖贸易》附表三，《中国社会经济史研究》1994 年第 2 期，第 45 页。

2　林仁川：《大航海时代：私人海上贸易的商贸时代》，第 241 ~ 246 页。

3　程绍刚译注《荷兰人在福尔摩莎（1624 ~ 1662）》，第 293 页。

4　村上直次郎原译，郭辉中译《巴达维亚城日记》第 2 册，第 408、428 ~ 429 页。

5　程绍刚译注《荷兰人在福尔摩莎（1624 ~ 1662）》，第 273、277、279 页。

印公司自大员运往波斯的砂糖为11000担、冰糖为442担；1645年运到波斯的砂糖为8900担、冰糖为152担。

1649年，台湾大旱，只出产蔗糖5300担，其中有1315担糖运到巴城，其余的糖（3985担）运销到日本和波斯。[1]据表5-19、表5-20，1649年自大员运1000担糖到日本，运3000担糖到波斯。估计另有15担大陆糖或库存糖加进来了。

另据岩生成一的研究，1639～1661年荷兰人自台湾运往波斯的蔗糖总量达5392486斤以上（见表5-21）。

表5-21　1639～1661年荷船由台湾运往波斯的蔗糖数量

单位：斤

年份	数量	年份	数量
1639	188000	1653	446975
1640	520946	1655	数量不明
1648	约300000	1656	400000
1650	数量不明	1657	828958
1651	463557	1658	800000
1652	587500	1661	856550[a]

注：a. Dagh Register Gehouden int Casteel Batavia, Anno 1661（'s-Gravenhage，1899，p.26）记为3730箱，岩生成一换算成856550斤。参见岩生成一《荷郑时代台湾与波斯间之糖茶贸易》，台湾银行经济研究室编《台湾经济史》二集，第55页。荷印公司《东印度事务报告》（1661年1月26日）记为8000担（80万斤），见程绍刚译注《荷兰人在福尔摩莎（1624～1662）》，第531页。笔者以8000担为准。

资料来源：岩生成一《荷郑时代台湾与波斯间之糖茶贸易》，台湾银行经济研究室编《台湾经济史》二集，第55～56页。

显然，岩生成一统计的数量比陈绍刚少了许多。这一方面是由于他统计的输往波斯的糖仅仅来自台湾地区，没有统计来自中国大陆和巴达维亚等地的糖；另一方面是因为他没有全面利用荷印公司的《东印度事务报告》等资料。值得注意的是，他统计的1648年、1653年、

---

[1]　程绍刚译注《荷兰人在福尔摩莎（1624～1662）》，第312页。

1656 年台湾运往波斯的蔗糖数量可补陈绍刚统计之缺。岩生成一的上述统计，在中国学界影响甚广。陈诗启先生也统计了 1639 ~ 1661 年部分年份台湾输入波斯的蔗糖数量，但没有给出统计依据和资料来源。他的统计数据与岩生成一的一致，很可能引自岩生成一，林仁川也引用了此统计数值。[1]

表 5-21 缺漏 1641 ~ 1647 年从台湾运到波斯的蔗糖量。据《东印度事务报告》载，1643 年 11 月中旬，荷印公司总管拉·麦尔向波斯运送了 4000 担糖，"可望在波斯卖得高价"。[2]1644 年 12 月从大员运往波斯的砂糖至少有 5000 担、冰糖有 442 担；1645 年，海船"斯切达姆"号运往苏拉特、波斯的货物有 4100 担砂糖、152 担冰糖等；1649 年，台湾大旱，只出产蔗糖 5300 担，当年从大员运出 1315 担砂糖到巴城，还有 3000 担砂糖运往波斯，1000 担砂糖运往日本；1650 年 12 月 23 日，荷印公司货船自大员运载 5074 担砂糖、6182 斤中国茶叶、1032 斤茯苓、价值 30 万弗罗林的银锭等货抵达满剌加（马六甲），准备驶往苏拉特和波斯。[3]

关于 1651 年运销波斯的糖量。1651 年 12 月 19 日《东印度事务报告》（VOC 1188）记述，当年 [4] 月有 2 艘荷印公司货船从大员出发，经满剌加、苏拉特，抵达波斯湾甘隆港，给波斯市场运去 507405 斤砂糖，价值 92704 弗罗林，平均每担 18.27 弗罗林（5.48 两）。岩生成一统计该年运销波斯的糖为 463557 斤，应该有误。

据《东印度事务报告》记述，1654 年 4 月 1 日，货船"维特·帕尔特"号（Witte Paert）自大员驶抵巴城，运来 500 箱（约 114000 斤）砂糖；1654 年 12 月 25 日，3 艘荷印公司海船自大员抵达巴城，运载有台湾砂糖 426593 斤（装 1869 箱）、价值 769500 弗罗林的日本银锭、

1　陈诗启：《郑成功驱逐荷兰前后台湾的社会经济》，《厦门大学学报·哲学社会科学版》1962 年第 1 期；林仁川：《大航海时代：私人海上贸易的商贸网络》，第 247 页。

2　程绍刚译注《荷兰人在福尔摩莎（1624 ~ 1662）》，1643 年 12 月 22 日条，第 248 页。

3　程绍刚译注《荷兰人在福尔摩莎（1624 ~ 1662）》，第 265、279、312、328 页。

4　程绍刚译注《荷兰人在福尔摩莎（1624 ~ 1662）》，第 342 页。

342900 斤日本铜条以及茶叶、樟脑、漆器等货物，计划运往苏拉特、波斯。[1] 按统计惯例，此事系于 1654 年。这样，1654 年荷印公司运往波斯的砂糖有 540593 斤。

关于 1655 年荷印公司运往波斯的砂糖数量，陈绍刚和岩生成一都缺载。据《东印度事务报告》1656 年 2 月 1 日条记述，约在 1655 年 12 月下旬，荷印公司快船"维特·卫通特"号（Witte Winthont）和"斯瓦特·布尔"号（Swarte Bul）向波斯运送台湾砂糖 1950 箱，[2] 合 444600 斤（每箱 228 斤计）。

1656 年 11 月 20 日，热兰遮城发出的荷印公司报告记载，从台湾输送了 40 万斤粉砂糖至波斯。[3] 1656 年 12 月 16 日、23 日，2 艘船自大员抵达巴城，运去 3628 箱白砂糖（约合 827184 斤），并带去西撒尔长官和评议会于 11 月 20 日起草的报告。笔者判断，这大概是两起运糖到波斯的事件。诚如此，则 1656 年荷印公司运销波斯的砂糖有 1227184 斤。

根据 1657 年 12 月 8 日的《东印度事务报告》记载，当年从台湾输送了 828958 斤砂糖至波斯。[4] 1660 年，台湾产糖 15000 担，其中 8000 担被荷印公司运往波斯，7000 担存放在大员。[5]

上述记述可补正陈绍刚和岩生成一的统计。

2. 对陈绍刚和岩生成一统计数值的辨析

陈绍刚和岩生成一的统计数据有较大差异，笔者依据《东印度事务报告》分析如下。

1639 年 12 月，一名在苏拉特任职的英国东印度公司职员在给总公

1　程绍刚译注《荷兰人在福尔摩莎（1624 ~ 1662）》，第 405、427 ~ 428 页。

2　程绍刚译注《荷兰人在福尔摩莎（1624 ~ 1662）》，第 432 页。按历年运往波斯的装箱砂糖的重量计算，每箱 225 ~ 230 斤，最多时每箱装 239.8 斤，我们保守地以每箱 228 斤计。

3　Copie Missive van Tayouan in dato 20 Nov.1656. 转引自岩生成一《荷郑时代台湾与波斯间之糖茶贸易》，台湾银行经济研究室编《台湾经济史》二集，第 55 页。

4　Copie Missive Uijt Tayouan Near Batavia in Dato 8 Dec.1657［Kol.Arch.1118］. 转引自岩生成一《荷郑时代台湾与波斯间之糖茶贸易》，台湾银行经济研究室编《台湾经济史》二集，第 55 页。这份报告在《荷兰人在福尔摩莎（1624 ~ 1662）》中没有译录。

5　程绍刚译注《荷兰人在福尔摩莎（1624 ~ 1662）》，第 531 页。

司的信中提到，"在斯瓦号（Swan）开出（1639 年 11 月 5 日）后不久，有两艘荷兰船只直航抵达苏拉特，在所载的商品中，有日本白银 200 箱，中国黄金 4 箱，又有中国丝绸 200 卷及砂糖 800 箱。除白银和黄金在苏拉特出售外，其余货物，再加上阿马达巴德号（Ahmadabad）和阿格拉号（Agra）所载布 300 卷，则运往波斯"。[1] 每箱糖约重 228 斤，800 箱约重 182400 斤。这与下列《东印度事务报告》记述的应是不同事件。据《东印度事务报告》1640 年 1 月 8 日条记述，1639 年 12 月 2 日，"班达"号及"维列根德·赫特"号从大员驶往温古尔拉、苏拉特和波斯，船上载有 4136 担 57 斤砂糖、1072 担 89 斤冰糖、351000 两银锭、113229 件细瓷等货物。[2] 这与陈绍刚所引《热兰遮城日志》1639 年 12 月 2 日条之记载不一。我们姑且取《热兰遮城日志》该条所记的冰糖数（217600 斤）。这样，1639 年荷印公司贩运到波斯的砂糖不少于596057 斤，冰糖 217600 斤。

　　据《东印度事务报告》1643 年 12 月 22 日条记述，总管拉·麦尔将为温古尔拉、苏拉特和波斯运去 4000 担糖，其中 2500 担由台湾赤嵌提供。这批糖"数量足够，可望在波斯卖得高价"。[3]《东印度事务报告》1644 年 1 月 4 日条记述，从巴城派船往苏拉特，载有价值 45万弗罗林的银锭和 126 担糖。[4] 从报告记载的上下文看，这 126 担糖运往苏拉特是在 1643 年底。这些与银锭同运的糖最终应该转运到波斯了。因为荷印公司一般不可能从东南亚运银锭回荷兰。此外，笔者也发现，在 1652 年 1 月 24 日及 1654 年 1 月 19 日的《东印度事务报告》中，同时从大员出发前往科罗曼德尔、苏拉特及波斯的船，只有驶往波斯的船中装有砂糖。[5] 可以肯定的是，1643 年荷印公司运往波斯的

1　Notice in a letter, Surat to the Court, dated Dec.1639, Factroy Records, China and Japan, No.10, p.96. 转引自岩生成一《荷郑时代台湾与波斯间之糖茶贸易》，台湾银行经济研究室编《台湾经济史》二集，第 54 页。

2　程绍刚译注《荷兰人在福尔摩莎（1624～1662）》，第 218 页。

3　程绍刚译注《荷兰人在福尔摩莎（1624～1662）》，第 248 页。

4　程绍刚译注《荷兰人在福尔摩莎（1624～1662）》，第 254 页。

5　程绍刚译注《荷兰人在福尔摩莎（1624～1662）》，第 342、398 页。

砂糖不止 40 万斤，至少应该有 412600 斤。

　　关于 1651 年荷船自台湾输送到波斯的蔗糖数量，陈绍刚据《东印度事务报告》1652 年 1 月 24 日条，认定荷船运往波斯的糖为 463550 斤。可惜这份文档在他译注的《荷兰人在福尔摩莎（1624～1662）》中并未收录，笔者也无从找到这份文档。岩生成一统计（见表 5-21），1651 年、1652 年荷船分别自台湾运送 463557 斤、587500 斤糖到波斯。查 1651 年 1 月 20 日《东印度事务报告》（VOC 1175，fol.36），1650 年 12 月 23 日，一艘自大员驶来的荷船停泊到满剌加湾，载有 30 万锭白银、5074 担糖、6182 斤中国茶等货物，准备开往苏拉特和波斯；[1] 另，1651 年 12 月 19 日《东印度事务报告》记载，当年 4 月 28 日、30 日，货船"邓·奥斯"号、"德·考伊"号（de Koe）经满剌加和苏拉特驶往甘隆港，分别装运 251770 斤砂糖和 255735 斤砂糖运销波斯；1651 年 12 月 4 日，荷兰货船"康因赫·大卫"号（Coningh Davit）从大员运载 6004 担糖抵达巴达维亚，[2] 这一批糖估计也将运往波斯。岩生成一对 1651 年荷印公司运往波斯的砂糖数量统计不准确。应以《东印度事务报告》1651 年 12 月 4 日、1651 年 12 月 19 日条记载为准，即 1651 年荷印公司运送 1107905 斤砂糖到波斯。

　　关于 1652 年荷印公司运送到波斯的砂糖数量，陈绍刚根据《东印度事务报告》1652 年 1 月 24 日条统计有 463550 斤，岩生成一统计有 587500 斤。查《东印度事务报告》1652 年 1 月 24 日条，海船"瑞诺斯特"号（Renoster）和货船"康彭"号（Campen）自大员经苏拉特向波斯运去中国台湾砂糖 463557 斤、日本铜 1200 担、中国茶叶 25 担等；[3] 1652 年 12 月 24 日条载，1652 年 3 月 24 日，自大员出发的"皮里卡因"号（Pelicaen）抵达巴城，运来 2136 担砂糖等货，将开往科罗曼德尔和波斯。[4] 驻扎在甘隆的英国商馆馆员托马斯·勒斯（Thomas

---

1　程绍刚译注《荷兰人在福尔摩莎（1624～1662）》，第 328 页。

2　程绍刚译注《荷兰人在福尔摩莎（1624～1662）》，第 342、335 页。

3　程绍刚译注《荷兰人在福尔摩莎（1624～1662）》，第 342～343 页。

4　程绍刚译注《荷兰人在福尔摩莎（1624～1662）》，第 347 页。

Lewys）在 1652 年 5 月 15 日发给英国东印度公司总公司的信件中，
记载了这一年从台湾输送到波斯的蔗糖数量："从台湾开来的两艘荷兰
船所载的货物中，有砂糖 2500 箱，价值 5000 托曼（Toman）。"[1] 以每
箱砂糖 228 斤计，为 570000 斤。根据以上资料，1652 年荷印公司从
大员输往波斯的砂糖有 1247157 斤。陈绍刚和岩生成一有关 1652 年
运糖到波斯的统计不足凭信。

关于 1653 年荷印公司运往波斯的砂糖数量。《东印度事务报告》
1654 年 2 月 6 日条记述，1653 年 12 月 8 日，有 4 艘海船（快船"吉
里菲欧"号、"哈斯"号，货船"特楼乌"号、"康彭"号）自大员开
往满剌加，载有台湾（粉）砂糖 446975 斤等货物，最终运往波斯。[2]
岩生成一把此事系于 1653 年。据荷兰长官考尼里斯·卡伊阿尔及参
议员 F. 考伊特等于 1653 年 12 月 5 日从热兰遮城送给荷印公司报告的
副本，从台湾开往波斯的"吉里菲欧"号装载台湾（粉）砂糖 393404
斤，"特楼乌"号装载台湾（粉）砂糖 153571 斤，[3] 合计 546975 斤，比
《东印度事务报告》所记多出 10 万斤。我们暂且以 546975 斤为准。

关于 1654 年荷印公司运往波斯的砂糖数量。《东印度事务报告》
1654 年 11 月 7 日条记述，1654 年 4 月 1 日，货船"维特·帕伊特"
号自大员驶抵巴城，运来 500 箱砂糖。[4] 这些砂糖估计是运往波斯或
荷兰的，为保险起见，暂不计入。《东印度事务报告》1655 年 2 月 16
日条记述，1654 年 12 月 25 日，3 艘荷印公司海船自大员抵达巴城，
运载有台湾砂糖 426593 斤（1869 箱）、价值 769500 弗罗林的银锭、
342900 斤日本铜条（3429 箱）等货物，计划运往苏拉特、波斯。[5] 按

1　托曼为波斯钱币单位，1 托曼约值 40 荷盾。转引自岩生成一《荷郑时代台湾与波斯间之糖茶贸
　易》，台湾银行经济研究室编《台湾经济史》二集，第 55 页。岩生成一认为，1 箱糖约重 235 斤。
　参见程绍刚译注《荷兰人在福尔摩莎（1624～1662）》，第 278 页译注 14。
2　程绍刚译注《荷兰人在福尔摩莎（1624～1662）》，第 401 页。
3　岩生成一：《荷郑时代台湾与波斯间之糖茶贸易》，台湾银行经济研究室编《台湾经济史》二集，
　第 55 页。
4　程绍刚译注《荷兰人在福尔摩莎（1624～1662）》，第 405 页。
5　程绍刚译注《荷兰人在福尔摩莎（1624～1662）》，第 428～429 页。

统计惯例，此事系于1654年。这样，1654年荷印公司运往波斯的砂糖至少有426593斤。

关于1655年荷印公司运往波斯的砂糖数量，陈绍刚和岩生成一都缺载。据《东印度事务报告》1656年2月1日条记述，约在1655年12月下旬，荷印公司快船"维特·卫通特"号和"斯瓦特·布尔"号向波斯运送台湾砂糖1950箱，[1]合444600斤（每箱228斤计）。

1656年11月20日，从热兰遮城发出的报告中记载，从台湾输送了40万斤粉砂糖至波斯。[2] 1656年12月16日、23日，两艘船自大员抵达巴城，运去3628箱白砂糖（合827184斤），并带去西撒尔长官和评议会于11月20日起草的报告。笔者判断，这大概是两起运糖到波斯的事件。诚如此，则1656年荷印公司运销波斯的砂糖有1227184斤。

根据1657年12月8日的《东印度事务报告》记载，当年从台湾输送了828958斤砂糖至波斯。[3]

关于1658年荷印公司运往波斯的砂糖数量。据《东印度事务报告》1658年12月14日条记述，1658年底，荷印公司派出两艘船装载80万磅（395200公斤，约合6543担）台湾糖、4000袋孟加拉砂糖等，运往波斯。[4] 陈绍刚所引1658年12月24日的《东印度事务报告》，程绍刚译注的《荷兰人在福尔摩莎（1624～1662）》中没有收录，笔者也无从找到此件文档，疑为1658年12月14日之误。4000袋孟加拉砂糖应该不可能有1452000斤。如果陈绍刚1658年荷印公

1　程绍刚译注《荷兰人在福尔摩莎（1624～1662）》，第432页。该条还记述，1656年，"大员因缺乏合适的木材，无法将所有的糖装入600磅容量的木箱运回荷兰"（第437页）。按历年运往波斯的装箱砂糖的重量计算，每箱225～230斤，我们以每箱228斤计。看来，运回荷兰的糖箱容量比亚洲区间贸易用的糖箱容量要大得多。

2　Copie Missive van Tayouan in dato 20 Nov.1656. 转引自岩生成一《荷郑时代台湾与波斯间之糖茶贸易》，台湾银行经济研究室编《台湾经济史》二集，第55页。

3　Copie missive uijt Tayouan near Batavia in dato 8 Dec.1657 [Kol.Arch.1118]. 转引自岩生成一《荷郑时代台湾与波斯间之糖茶贸易》，台湾银行经济研究室编《台湾经济史》二集，第55页。

4　程绍刚译注《荷兰人在福尔摩莎（1624～1662）》，第502页。

司还另运糖 1452000 斤到波斯之说成立，那么应该有《东印度事务报告》1658 年 12 月 24 日条文档存在。另，《东印度事务报告》1659 年 12 月 16 日条记述："公司去年以规定价格收购糖量达 17500 担，其中有 6000 担运往日本，8000 担运往波斯，仍有 3500 担超出东印度的贸易所需。"[1] 结合上述资料，1658 年荷印公司运送到波斯的糖有 80 万斤台湾糖、4000 袋孟加拉砂糖。

《巴达维亚城日记》1659 年 12 月条记载，是年 12 月 4 日，夫洛伊特船"布里乌克列"号（Breuekelen）自大员返抵巴城抛锚，运回台湾砂糖 250 箱（约 57000 斤）、上等茶叶 6 箱等。[2] 这些糖极有可能是运往波斯的，因为在 1658 年台湾蔗糖运销荷兰就已经"无利可取"了。[3]

《东印度事务报告》1661 年 1 月 26 日条记载，1660 年 12 月 1 日，荷印公司两艘船把 8000 担糖运往波斯。[4] 陈绍刚把此条记述系于 1661 年，显误。岩生成一所记 1661 年荷印公司运送 856550 斤砂糖到波斯，不见于《东印度事务报告》和《巴达维亚城日记》的记载，当另有史料来源。我们暂以 8000 担为准。

据《巴达维亚城日记》1661 年 1 月 30 日条记载，货船"阿切勒斯"号（Achilles）和"勒尔丹"号（Leerdem）从台湾出发经满剌加到达波斯。[5] 据该年新任甘隆荷兰商馆馆长 H. 冯·维吉克（Hendrick van Wijk）送给巴达维亚总督的结算书（1661 年 5 月 31 日为止）记载，该年度荷兰人在波斯贩卖的商品目录中有台湾粉糖 1074462.53 磅（约

1 程绍刚译注《荷兰人在福尔摩莎（1624 ～ 1662）》，第 514 页。

2 村上直次郎原译，程大学中译《巴达维亚城日记》第 3 册，第 184 ～ 185 页。

3 程绍刚译注《荷兰人在福尔摩莎（1624 ～ 1662）》，第 507 页。

4 程绍刚译注《荷兰人在福尔摩莎（1624 ～ 1662）》，第 530 ～ 531 页。

5 岩生成一据 Dagh Register Gehouden int Casteel Batavia, Anno 1661, p.26, 说这两艘船载有砂糖 3730 箱（850440 斤）。岩生成一：《荷郑时代台湾与波斯间之糖茶贸易》，台湾银行经济研究室编《台湾经济史》二集，第 55 页。村上直次郎原译，程大学中译《巴达维亚城日记》第 3 册，第 188 页，1661 年 1 月 30 日记事，仅见这两艘船经马六甲到波斯，未记船货具体情况。

合 530784.5 公斤，878782 斤）。[1] 其中差异，很可能与每箱装糖量计算不同有关。我们暂以 878782 斤台糖运销波斯为准。1662 年 2 月，荷兰人被赶出台湾，荷兰人主导的台湾与波斯之间的贸易也基本结束。

综合以上统计和补正，1638 ～ 1661 年荷船自台湾运往波斯的糖量修正值见表 5-22。

表 5-22　1638 ～ 1661 年荷船自台湾运送到波斯的蔗糖数量修正

年份	糖类及数量	年份	糖类及数量
1638	砂糖 65625 斤	1651	砂糖 1107905 斤
1639	砂糖不少于596057 斤，冰糖217600 斤	1652	砂糖 1247157 斤
1640	砂糖 547011 斤	1653	台湾砂糖 546975 斤
1641	砂糖 120 万斤，冰糖 10 万斤	1654	砂糖 426593 斤
1643	砂糖至少 412600 斤	1655	台湾砂糖 444600 斤
1644	砂糖 1100000 斤，冰糖 44200 斤	1656	砂糖 1227184 斤
1645	砂糖 890000 斤，冰糖 15200 斤	1657	砂糖 828958 斤
1647	砂糖、冰糖 70000 斤	1658	台湾糖 80 万斤，孟加拉砂糖 4000 袋
1648	砂糖、冰糖 300000 斤	1659	台湾砂糖约 57000 斤
1649	砂糖 300000 斤	1660	台湾糖 80 万斤
1650	砂糖 507400 斤	1661	砂糖 878782 斤

资料来源：程绍刚译注《荷兰人在福尔摩莎（1624 ～ 1662）》，第 205、218、248、265、296、312、328、335、342 ～ 343、399、401、405、428 ～ 429、502、507、514、530 ～ 531 页；陈绍刚《十七世纪上半期的中国糖业及对外蔗糖贸易》"附表四"，《中国社会经济史研究》1994 年第 2 期，第 46 页；岩生成一《荷郑时代台湾与波斯间之糖茶贸易》，台湾银行经济研究室编《台湾经济史》二集，第 54 ～ 55 页。

表 5-22 缺载 1642 年、1646 年运糖数量。根据表中数据，1638 ～ 1661 年荷船自台湾运往波斯的各类糖总计 14730847 斤，其中砂糖至少有 14168847 斤（记为糖的均算为砂糖，1647 年、1648 年砂糖、冰糖合计的各记一半），冰糖 562000 斤，外加孟加拉砂糖 4000

---

[1] Dagh Register Gehouden int Casteel Batavia, Anno 1661, pp.340–342. 转引自岩生成一《荷郑时代台湾与波斯间之糖茶贸易》，台湾银行经济研究室编《台湾经济史》二集，第 55 页。

袋，砂糖与冰糖之比约为25∶1。此外，1626～1637年，荷船运往波斯的中国砂糖至少有55500斤，外加1000桑孟。[1]

除了以上统计外，还有许多从中国东南沿海西运到巴城的蔗糖不知最终销往哪里了。这些西运的糖一般也运到了波斯或荷兰销售。据《热兰遮城日志》记载，1636年，自中国厦门、安海等地运往巴达维亚的白砂糖有37000斤、砂糖2069100斤、冰糖93000斤、块糖10万斤及糖235万斤，共计464.91万斤，[2]超过上一年大陆运往台湾的糖总量（107万斤）。这些运往巴城的糖应该主要向西运到了荷兰和波斯。但笔者未找到1636年荷印公司从巴城运糖到荷兰的记录，也没有1636～1637年从巴城输送糖到波斯的记录。据《东印度事务报告》记载，1637年4月前后，荷印公司在大员商馆为荷兰市场购买了40000担糖；到1638年11月，由于缺少货船运输，大员商馆仓库仍存有30710担糖。[3]这30710担糖想必最终也会西运。在表5-17、表5-22统计的运往荷兰、波斯的蔗糖数量中，并没有计入这30710担糖，故应补计。由于当时大员运往荷兰的糖都来不及运走，1636年从厦门、安海等地运往巴达维亚的464.91万斤糖不大可能运往荷兰，估计被销往波斯了。

据《巴达维亚城日记》记述，1641年1月29日，荷船"罗和"号（Roch）从台湾驶抵巴城，运去砂糖190635斤、白蚕丝20038斤、丝袜942双、粗瓷器3064件等，后驶往科罗曼德尔；同年4月19日，荷船"美耳曼"号自日本、台湾抵达巴城，运去丝织品22箱、白砂糖43443斤、粗瓷器1741件等。[4]这些中国糖应该被运销到波斯或荷兰了，从同船运输大量粗瓷看，运销波斯的可能性更大。白蚕丝等可能在科罗曼德尔销售。这些糖应该不在表5-22的统计中。

据《东印度事务报告》1645年12月17日条记述，1645年9月

1　就笔者掌握的资料，桑孟的重量和孟加拉糖1袋的重量不可考。

2　引自陈绍刚《十七世纪上半期的中国糖业及对外蔗糖贸易》"附表三"，《中国社会经济史研究》1994年第2期。

3　程绍刚译注《荷兰人在福尔摩莎（1624～1662）》，第189、199页。

4　村上直次郎原译，郭辉中译《巴达维亚城日记》第2册，第291、298页。

2 日，大海船"祖特芬"号从澎湖列岛运载 5987 担糖、544 担日本樟脑、8635 双丝袜、74949 件细瓷等货抵达巴城。《东印度事务报告》1645 年 12 月 31 日条记述，1645 年 12 月前后，"亨里特·罗伊色"号（Henriette Louyse）从大员运到巴城 4861 担糖、18201 件细瓷、111 担蜜姜等货；货船"乌特吉斯"号（Uytgees）从大员驶抵巴城停泊，载有 2044 担糖、56919 件细瓷。[1] 1647 年 2 ~ 3 月，大员的 2 艘荷船经越南东京（河内）抵达巴城，运去 967 担砂糖、753 担日本铜、757 斤锌等货物。《巴达维亚城日记》记述，1648 年 12 月 5 日，"居弗洛"号自大员抵达巴城港，仅搭载砂糖 1421 箱，计 340857 斤（合每箱 239.87 斤），自大员入巴城港，加上巴城港诸费用，原价值 51518 荷盾 18 斯蒂费尔（合每担 15.11 盾，4.53 两）；1656 年 11 月 30 日，"列乌文尼"号（de Leeuwinne）船从大员出发，载糖 1969 箱，加上另一艘被冲毁的船上的 150 箱砂糖，购入价值为 81559 荷盾 14 斯蒂费尔余（以每箱 228 斤计，总量计 483132 斤，约合每担 16.88 盾，每担 5.06 两），于 12 月 16 日抵达巴城港；同年 12 月 23 日，一艘荷船自大员直航抵达巴城港，仅载砂糖 1660 箱（约 378480 斤）。1657 年 5 月，一艘荷船自大员抵达巴城港，运去砂糖 350 箱（约 79800 斤）。[3] 从上述这些商船装载的货物看，它们很可能驶往波斯了。

《巴达维亚城日记》记载，1643 年 12 月，从台湾运砂糖 429712 斤、冰糖 54446 斤到巴达维亚。[4] 囿于资料，我们无法知道这些糖到底有多少运往波斯和荷兰。

1634 年 8 月 15 日《东印度事务报告》记述，当时有荷船从大员驶抵巴城，运去冰糖 65 担、块糖 26.5 担，以及生丝和瓷器等，[5] 这些糖最终去向不明。波斯出产生丝，这艘商船似不大可能驶往波斯，而

1　程绍刚译注《荷兰人在福尔摩莎（1624 ~ 1662）》，第 271、273、277、279 页。
2　程绍刚译注《荷兰人在福尔摩莎（1624 ~ 1662）》，第 288 页。
3　村上直次郎原译，程大学中译《巴达维亚城日记》第 3 册，第 115、154、163 页。
4　村上直次郎原译，郭辉中译《巴达维亚城日记》第 2 册，第 386 页。
5　程绍刚译注《荷兰人在福尔摩莎（1624 ~ 1662）》，第 145 页。

是驶往荷兰了。1647 年 12 月 2 日，货船"斯瓦特·比尔"号（Swarte Beer）经 12 天航行，从大员抵达巴城，运去供返荷船压舱用的蔗糖，数量不详。[1]《东印度事务报告》1651 年 12 月 19 日（VOC 1188，fol.117）记述，1651 年 2 月，从大员运 841 箱糖（191748 斤）抵达巴城，[2] 从上下文看，这些糖很可能也是运往荷兰的。[3]

以上从大员等地向西销售目的地不明的糖，共计砂糖 110508.07 担（记为糖的均算作砂糖），冰糖 1539.46 担，块糖 1026.5 担，总计 113074.03 担。这些运到巴城的糖最终应该向西运到波斯或荷兰了，只是我们不清楚这些船的最终目的地。日本铜、明矾、瓷器和线袜、蓝布都是波斯一带需要的商品，随船装载这些货物的商船，其目的地很可能是波斯。上述这些目的地不明的运糖记述，与表 5-17、表 5-20、表 5-21、表 5-22 的统计并不重叠，似可单独计算。由于笔者推算每箱糖的平均重量（228 斤）相对保守，实际重量似会更多。

从以上统计数据看，荷船输送到波斯的蔗糖最多的年份是 1641 年，荷兰人运往波斯的蔗糖量总体上呈上升趋势，特别是 1657 年后增长非常迅速。在 1650 年以后的几年中，台湾蔗糖每年的产量是 90 万 ~ 180 万斤（1651 年 350 万斤，1652 年 200 万斤，1653 年 90 万 ~ 100 万斤，1654 年 180 万斤，1655 年 45 万斤，1656 年 270 万斤，1658 年 99 万斤，1660 年 150 万斤[4]），每年被运到波斯的有 40 万 ~ 80 万斤。台产蔗糖有 1/3 ~ 1/2 被运至波斯，其余的被贩运到日本和荷兰。陈诗启说，荷据时期台湾所产的蔗糖"大部分被掠运到缺糖的波斯去出售"，[5] 这似乎不确切，掠运到波斯的台糖比例没有那么高。

值得注意的是，从大员运糖到波斯，商船往往经停巴城，装运一

1　程绍刚译注《荷兰人在福尔摩莎（1624 ~ 1662）》，第 293 页。

2　程绍刚译注《荷兰人在福尔摩莎（1624 ~ 1662）》，1651 年 12 月 19 日条，第 330 页。

3　为了准确性，这笔糖暂不计入运回荷兰的糖量中。

4　程绍刚译注《荷兰人在福尔摩莎（1624 ~ 1662）》，第 336、345、385、413、436、459、507、531 页。

5　陈诗启：《郑成功驱逐荷兰前后台湾的社会经济》，《厦门大学学报·哲学社会科学版》1962 年第 1 期，第 109 页。

些东南亚产的货物；从巴城运糖、瓷器等货物到波斯的船，往往途经科罗曼德尔、苏拉特。对于《东印度事务报告》所记荷船运载糖等货物到苏拉特、波斯，笔者一般视为这些糖都运往波斯了。实际上，还是有少部分糖在苏拉特转贩到波斯以外的地方。此外，台湾蔗糖运到荷兰的销售利润不断下降，在 1658 年台糖运销荷兰已经"无利可取"。[1] 这种状况一直维持到 17 世纪 60 年代末。

1638 ~ 1661 年，运往波斯的蔗糖从台湾运出的数量远远多于从巴城运出的，台湾成为荷印公司的供糖基地。这从一个侧面反映出荷兰人在台湾发展糖业的成效。另从 1643 年 12 月 22 日《东印度事务报告》向荷印公司台湾商馆提出"希望运送 40 万斤"看，荷印公司巴达维亚总督及评议会对亚洲各地的区间贸易有引导作用，并开展订单贸易。

在 17 世纪 30 年代中期以前，由荷船自大员运往波斯的蔗糖，主要是中国大陆生产的，此后台湾糖占了大头。1628 年 9 月，荷兰驻台湾长官纳茨率舰队来到福建沿海地区，以通商交易为名，诱骗郑芝龙至荷方船上，强迫其协助荷方开展自由贸易。10 月 1 日，纳茨与郑芝龙签订了一份为期 3 年的贸易协定，规定郑芝龙每年需向荷方提供大量中国商品，包括 1400 担生丝、5000 担糖、1000 担糖姜、4000 锭白色绉绸和 1000 锭红色绉绸，其中生丝的价格为每担 140 两，并规定荷方可派船前往漳州河交易，在这种情况下每担的价格可再降 10 两。[2]同时，郑芝龙还承诺开放中国商人自由前往大员。此项协定虽没有严格实施，但反映了盘踞台湾的荷兰人对中国大陆的生丝、糖等商品的依赖。直到 17 世纪 40 年代，台湾的荷印公司仍要采购大陆产的糖来满足糖贸易需求。例如，在 1642 年，两艘中国帆船在驶往大员的途中遇难，船上载有 4000 担糖，另有两艘船从大陆沿海给台湾运去"相

1　程绍刚译注《荷兰人在福尔摩莎（1624 ~ 1662）》，第 507 页。
2　江树生译注《荷兰联合东印度公司台湾长官致巴达维亚总督书信集》（二），台湾历史博物馆、"国史馆台湾文献馆"，2010，第 150、331 ~ 332 页。引自陈思《从 17 世纪前期台湾海峡中、日、荷三角贸易格局看早期日荷在台湾的冲突》，《海交史研究》2018 年第 1 期，第 99 页。

当数量的砂糖、冰糖和块糖，糖价与从前一样贵"。[1]到17世纪50年代，台湾本地糖输出越来越多。

陈绍刚统计了1630～1647年中国大陆沿海运往台湾的糖量（见表5-23）。

表5-23 1630～1647年自中国大陆沿海运往台湾的糖量

年份	船只	出发地	糖类及数量	资料出处
1630	帆船	厦门湾	糖	热城日志1630年5月28日
1631	帆船、荷船	厦门湾、安海	砂糖等20000斤	热城日志1631年
1632	帆船、荷船	厦门湾、安海等	白砂糖40000斤，糖45000斤，角糖51125斤，冰糖67154斤	热城日志1631年
1633	帆船	厦门等	砂糖、乌糖等	热城日志1633年
1634	帆船	厦门、安海等	糖约215100斤	热城日志1634年
1635	帆船	厦门等	冰糖50000斤，砂糖20000斤，糖100万斤	热城日志1635年，热城日志1635年7月6日
1637	帆船	厦门、安海等	白砂糖2103500斤，砂糖1155000斤，冰糖20000斤，块糖15000斤，糖100000斤	热城日志1637年
1638	帆船	厦门、安海、福州、海澄等	白砂糖162200斤，砂糖75000斤，黑糖9500斤，冰糖80000斤	热城日志1638年
1639	帆船	厦门、金门等	黑糖7000斤，糖521100斤	热城日志1639年
1647	帆船	中国大陆沿海	砂糖、冰糖30000斤，糖10000斤	一般政务报告1647年

资料来源：陈绍刚《十七世纪上半期的中国糖业及对外蔗糖贸易》"附表三"，《中国社会经济史研究》1994年第2期，第45页。

---

[1] 程绍刚译注《荷兰人在福尔摩莎（1624～1662）》，第236页。

　　表 5-23 统计 1630 ~ 1647 年自中国大陆沿海运往台湾的糖总计 5796679 斤。陈绍刚主要根据 1640 年前的《热兰遮城日志》（1640 年后的当时尚未出版）和《巴达维亚城日记》做出统计，他的统计有遗漏、错讹。例如，他统计 1638 年自厦门、安海等地运到台湾 3267 担糖，而林仁川据《大员商馆日志》统计，1638 年 6 月，2 艘安平船载 850 担砂糖、13 艘厦门船载 4765 担砂糖到大员，合计 5615 担。此外，还有一些华船运送少量砂糖（无具体数据记载）到大员。[1]这比表 5-23 的统计多出 2348 担。据表 5-23，1647 年大陆输往台湾的蔗糖有 400 担。但《东印度事务报告》1647 年 4 月 14 日条记述，该年 3 月前后中国帆船运送 300 担砂糖、冰糖到大员；同年 12 月 31 日条记述，当年大员收购的中国大陆产的蔗糖不足 100 担。[2]因此，1647 年大陆运往大员的糖应不足 400 担，笔者暂且认定为 300 担。陈绍刚的统计有误，他把上述两条记述的糖量相加了。综上所考，1630 ~ 1647 年，自中国沿海运往台湾的蔗糖总量不少于 6021479 斤。通过荷印公司的蔗糖贸易，这些中国糖转运到荷兰、波斯和日本，大量的白银转流入中国。

　　表 5-23 显示，福建沿海输送到台湾的各种糖数量最多是在 1637 年，达 339.35 万斤。这个时期大陆到台湾的出发港以厦门、安海居多。这两地当时在郑芝龙控制之下。17 世纪 40 年代后，中国大陆战乱，导致蔗糖产量剧减、糖价上涨，大陆输往台湾的糖大幅下降。

　　3. 荷印公司输入波斯和印度等地的巴城糖、孟加拉糖

　　除了台湾糖，巴城糖和孟加拉糖是荷印公司的主要货源。据 D. 布尔贝克等统计，1630 ~ 1789 年，爪哇岛出口的蔗糖有 3887.1 万公斤（629489.9 担），其中，1640 ~ 1649 年爪哇出口糖 150 万公斤，1650 ~ 1659 年出口糖 162 万公斤，1680 ~ 1709 年出口 414.6

1　林仁川：《大航海时代：私人海上贸易的商贸时代》，第 241 ~ 246 页。

2　程绍刚译注《荷兰人在福尔摩莎（1624 ~ 1662）》，1647 年 12 月 31 日条，第 289、293 页。

万公斤。[1] D. 布尔贝克等的统计数据如果是每 10 年的年均值，则太高了。

以 1643 年为例，万丹产糖 8000 担左右，巴城产糖不超过 2000 担。而 D. 布尔贝克等统计，17 世纪 40 年代爪哇岛出口糖 150 万公斤。这个出口数值如果是 10 年的总量（年均 15 万公斤，约合 2483.4 担），则偏低了；如果是年均值（150 万公斤，24834 担），显然太高了，远远高于当地出产的糖量，因为爪哇糖产量不及出口量的一半。D. 布尔贝克等没有言明，其统计数据是 10 年的总量，还是 10 年的年均出口量。从统计数据的误差看，D. 布尔贝克等的统计数据应是 10 年的出口总量。如果 D. 布尔贝克等的统计基本准确，则从爪哇出口的糖应有一半以上来自爪哇岛外。从《巴达维亚城日记》《东印度事务报告》等史料记述看，这个时期没有那么多的糖从中国大陆、台湾和东南亚其他地方汇集到巴城。例如，1643 年，从大员运到巴城的糖仅有 3880 担（23.44 万公斤）。

K. 格拉曼统计说，1680 ~ 1709 年荷印公司亚洲商馆出售巴城粉糖（砂糖）51726570 磅（合 25552925.6 公斤，413812.6 担）、孟加拉粉糖 5664288 磅（2798158.3 公斤，45314.3 担），另加 756 袋和 14 箱又 1/8 箱（每袋暂以 50 斤计，每箱以 230 斤计，合计 41049 斤，合 410.49 担，51311 磅），共计出售粉糖 459537.4 担。该时期，荷印公司还出售了巴城糖果（即块糖）8102347 磅（4002559.4 公斤，64818.8 担）、孟加拉糖果 43160 磅（21321 公斤，345.3 担）。这些糖绝大部分运往日本、波斯和荷兰销售，少量从巴城运到苏拉特、科罗曼德尔等地（见表 5-24）。[2]

1　David Bulbeck, Anthony Reid, Lay Cheng Tan, Yiqi Wu, *Southeast Asian Exports Since the 14th Century: Cloves, Pepper, Coffee, and Sugar*, Singapore: Institute of Southeast Asian Studies, 1998, p.117. 荷印公司以 125 磅为一担结算。从实际重量看，一担糖合 60.4 公斤，约合 122.27 荷磅。赵文红取 D. 布尔贝克等的这个统计。参见赵文红《17 世纪上半叶欧洲殖民者与东南亚的海上贸易》，第 153 ~ 154 页。

2　Kristof Glamann, *Dutch-Asiatic Trade, 1620-1740*, pp.161-165.

表 5-24　1680～1709 年荷印公司亚洲商馆出售的糖量

单位：荷磅

出售地	巴达维亚产		孟加拉产	
	粉糖	糖果	粉糖	糖果
日本	20603675	2608501	—	—
波斯	24139183	4572722	5407558	34755
苏拉特和摩加	6282486	837065	146117	8405
马拉巴尔（印度）	217403	27583	25407[a]	—
科罗曼德尔	483823	56476	85206	—
总计	51726570	8102347	5664288[b]	43160

注：a. 另加 756 袋和 14 箱又 1/8 箱，折合 41049 斤，或 51311 磅。

b. 另加 756 袋和 14 箱又 1/8 箱。

资料来源：Kristof Glamann, *Dutch-Asiatic Trade*, *1620–1740*, p.161。

K. 格拉曼没有统计输往荷兰的糖量。他是根据荷兰海牙档案馆藏《东印度和好望角档案：联合东印度公司档案（1602～1796）》（Kol. Arch）做出的统计，应该可信。

D. 布尔贝克等统计，1680～1709 年巴城出口糖 414.6 万公斤。而据 K. 格拉曼统计，同期荷印公司出售了巴达维亚粉糖和块糖 59828917 磅（约 2955.55 万公斤，其中粉糖 2555.3 万公斤），孟加拉糖 5707448 磅（约 281.95 万公斤），合计 65536365 磅（约 3237.5 公斤）。即便巴城出口的糖单指粉糖（砂糖），D. 布尔贝克等的统计值也低了太多。

岩生成一根据荷印公司史料统计，1679～1708 年荷兰人从巴城出口到荷兰、波斯和长崎各类糖 5968 万磅（每担 125 磅计，合 477440 担[1]），其中运往波斯的糖达 2438.7 万磅（195096 担），占同期巴城出口糖的 40.86%，总价值 212.1 万荷盾，每百磅糖价约 8.7 盾（折合每担 10.88 盾，或 3.26 两）；输往日本的糖有 2153.1 万磅（172248

1　岩生成一的统计单位是荷磅。如果按实际重量换算（1 担 =122.27 磅），则为 488100 担，多出 10660 担。

担），占 36.08%；输往荷兰的糖有 1376.2 万磅（合 110096 担），占
23.06%。[1] 这些糖主要是巴达维亚地区生产的，少量来自孟加拉和中
国。岩生成一统计的从巴城运往波斯的糖数量为 2438.7 万磅，比 K. 格
拉曼统计的（24139183 磅）多 247817 磅；岩生成一统计的从巴城运
往日本的糖（2153.1 万磅）比 K. 格拉曼的统计值（20603675 磅）多
出 927325 磅。岩生成一依据的史料还有来自日本方面的。所以，他
对该时期从巴城运往日本的糖量之统计，应该比 K. 格拉曼准确。他
对该时期从巴城运往荷兰的糖量之统计，也可补 K. 格拉曼统计之缺。
至于该时期巴城输往波斯的糖量，笔者取 K. 格拉曼的统计值。不过，
岩生成一没有统计从巴城出口到远东其他地区的粉糖和糖果数量。

　　综合 K. 格拉曼和岩生成一的统计，1679/1680 ～ 1708/1709 年，
巴城共输出巴城糖（粉糖）66415895 磅（K. 格拉曼统计为 51726570
磅，加岩生成一统计的巴城出口到荷兰的 1376.2 万磅，再加岩生成一
统计巴城出口到日本的糖量多出的 927325 磅），孟加拉粉糖 5715599
磅（5664288 磅加 51311 磅）；输出巴城糖果 8102347 磅，孟加拉糖果
43160 磅。以上合计，输出巴城和孟加拉糖 80277001 磅（合 3965.68
万公斤）。其中，从巴城输往荷兰的巴城粉糖（砂糖）有 1376.2 万磅，
输往波斯的粉糖有 2954.67 万磅，输往日本的粉糖有 2153.1 万磅，输
往远东其他地区的巴城粉糖 729.18 万磅，共计 72131494 磅。这个估
测总量比 D. 布尔贝克等的统计数（414.6 万公斤，8392712.6 磅）高
了 71884288.4 磅。看来，D. 布尔贝克等对 1680 ～ 1709 年巴城输出
糖量的统计也偏低了。如果 D. 布尔贝克等的统计数是年均出口量，
那么 1680 ～ 1709 年巴城输出糖量为 4146 万公斤，这与笔者的推算
比较接近，比笔者的统计多出 180.32 万公斤。

　　从岩生成一的统计看，这个时期荷兰人运销波斯的蔗糖数量远远
高于输往荷兰的数量，甚至比输往日本的蔗糖数量还要多 10% 以上；
荷兰人输往长崎的糖量也比前一时期大幅增加了，超过了输往荷兰的

1　岩生成一：《荷郑时代台湾与波斯间之糖茶贸易》，台湾银行经济研究室编《台湾经济史》二集。

数量。这一方面说明波斯糖市场需求很大，推动了荷印公司发展蔗糖区间贸易；另一方面说明尽管日本幕府限制荷兰人每年的贸易额（不超过 30 万两白银），但荷印公司对日本的糖贸易仍大幅增长，日本成为荷印公司在亚洲地区的第二大糖市场。

1710 年以后，随着日本和波斯糖市场的萎缩，荷印公司加大了对苏拉特和摩加及锡兰市场的开拓力度，苏拉特和摩加糖市场超过日本，成为仅次于荷兰的第二大市场；锡兰市场也超过波斯，成为荷印公司的第三大糖市场（见表 5-25）。

表 5-25　1713/1714 ~ 1734/1735 年巴达维亚出口的粉糖数量

单位：千磅

榨糖季	荷兰	日本	波斯	苏拉特和摩加	锡兰	科罗曼德尔	其他地方	季末存货
1713/1714	2245	807	800	698	525	—	36	520
1715/1716	1686	898	1276	1440	564	—	196	2326
1718/1719	4412	1408	1364	913	469	244	46	658
1721/1722	3817	853	366	1634	808	246	231	961
1723/1724	4507	839	—	804	726	279	128	1787
1724/1725	4843	792	—	243	747	171	165	1371
1726/1727	5345	675	—	1530	574	—	158	609
1727/1728	2204	615	71	901	773	—	168	729
1730/1731	1923	512	111	1122	1640	—	185	1654
1732/1733	3874	800	559	1702	841	36	556	1088
1733/1734	2062	782	92	267	946	100	582	3250
1734/1735	2602	902	613	2308	978	30	1325	1407
合计	39520	9883	5252	13562	9591	1106	3776	16360

资料来源：Kristof Glamann, *Dutch-Asiatic Trade, 1620-1740*, p.165。

从表 5-25 看，1713/1714 ~ 1734/1735 年巴达维亚出口的粉糖总计 8269 万磅（约合 661520 担，40848860 公斤），其中出口荷兰的糖数量最多。这是因为，1700 ~ 1703 年，在荷兰市场糖的拍卖价涨得很高；1704 年开始糖价忽然下跌很多，一直到 1712 年前后才回升。

而且，从 1709 年春季开始，荷兰不再向荷印公司订购东印度生产的糖果，糖果市场让给了粉糖、砂糖。所以，在 1712 年后，荷兰人从东印度进口的糖数量增长很快。[1]1679/1680 ～ 1708/1709 年，荷兰人运销波斯的蔗糖数量远远大于输往荷兰的数量，甚至比输往日本的糖还要多 10% 以上；而在 1713 年以后，对荷兰的糖贸易占荷印公司糖贸易的比重达 47.8%，超过了波斯；日本的糖贸易量也超过了波斯；锡兰、苏拉特和摩加糖贸易增长很快，苏拉特和摩加的糖贸易甚至超过了日本，锡兰的糖贸易接近日本，波斯市场退居第四位。从销售比例看，荷印公司的糖贸易市场有一半以上在亚洲。这说明亚洲区间贸易市场对荷印公司的重要性。

4. 荷印公司糖贸易的利润估测

除了 1648 ～ 1657 年以外，其他时期中国糖在日本的利润是很高的。1600 年，白砂糖在中国进价每担 0.5 两，运到日本售价每担 3 ～ 4.5 两；黑砂糖在中国进价每担 0.4 ～ 0.5 两，运到日本售价每担 5 ～ 6 两，黑砂糖的利润率高达 1100%。1635 年中国冰糖卖到日本可获利 94%，白砂糖可获利 200%，黑砂糖可获利 257%（参见表 5-12）。[2]笔者测算，1631 ～ 1658 年中国糖均价每担 4.5 两（5 里耳），在日本售价每担 6 ～ 6.5 两。1680 ～ 1735 年，中国砂糖均价每担降到 2.2 ～ 2.5 两，[3]在日本售价每担 10 两，每担毛利有 7.5 ～ 7.8 两。陈绍刚说，日本市场的蔗糖贸易所产生的利润远不及波斯市场，荷人把中国糖运往日本利润率只有 30% 上下。[4]这个利润水平是 1650 ～ 1658 年的，不

1　Kristof Glamann, *Dutch-Asiatic Trade, 1620–1740*, p.163.

2　Mazumdar Sucheta, *Sugar and Society in China: Peasants, Technology, and the World Market*, pp.81–82；C. R. Boxer, *The Great Ship from Amacon: Annals of Macao and the Old Japan Trade,1550–1640*, p.184；Kristof Glamann, *Dutch-Asiatic Trade, 1620–1740*, p.154.

3　1689 年 10 月，英国人在广州以每担 1.7 两银，购买 1 万担糖；1704 年，广州砂糖价每担 2.4 两，厦门砂糖每担 2.5 两、冰糖每担 4 两；1722 年，广州砂糖售价每担 3 两、冰糖每担 6 两，此价格延续到 18 世纪末。参见马士《东印度公司对华贸易编年史（一六三五～一八三四年）》第 1 卷，第 85 ～ 87、113 ～ 116、191 页。

4　陈绍刚：《十七世纪上半期的中国糖业及对外蔗糖贸易》，《中国社会经济史研究》1994 年第 2 期，第 39 页。

是 50 年代以前的。整个 17 世纪，中国糖出口到日本的利润每担平均约 3.3 两银，利润率约 90%。而且，砂糖和冰糖在日本的售价总体上呈上涨趋势。显然，陈绍刚对中国糖输入日本的利润估判有问题。1680 ~ 1735 年，中国砂糖运销日本的利润率为 200% 左右。而且，孟加拉糖、万丹糖、暹罗糖和巴达维亚糖的进价比中国糖低，这些糖的利润率更高。在 1662 年荷兰人被赶出台湾后，荷印公司运销到日本的糖主要是巴城糖和孟加拉糖，很少运销中国糖。

　　综合考虑，1600 ~ 1682 年，中国大陆、台湾糖（砂糖、冰糖混装）出口价平均每担 4 里耳（3.6 两）。其中，1600 ~ 1630 年，中国糖出口价平均每担 3 里耳（2.7 两），1631 ~ 1662 年，由于中国糖价上涨，输往波斯、荷兰的中国大陆、台湾糖出口均价每担约 5 里耳（4.5 两）；1662 年后，中国糖出口价迅速回落，在 70 年代中期降至每担 2 ~ 2.5 里耳（1.8 ~ 2.25 两）。

　　荷兰人在亚洲市场所经营的不同地区产的糖，所获利润是不一样的。表 5-26 统计了 1680 ~ 1689 年孟加拉糖和巴达维亚糖的进价、在波斯的售价及荷兰东印度公司所获得的毛利率。

表 5-26　1680 ~ 1689 年波斯糖价及毛利率

单位：弗罗林 / 百磅，%

年份	孟加拉粉糖（砂糖）			巴达维亚粉糖		
	进价	售价	毛利率	进价	售价	毛利率
1680	9.29	23.02	147.8	12.65	28.33	124.0
1681	9.14	24.79	171.2	13.61	30.10	121.2
1682	8.84	23.02	160.4	13.51	32.76	142.5
1683	9.83	17.71	80.2	—	—	—
1684	8.90	24.79	178.5	13.45	31.87	137.0
1685	8.03	23.76	195.9	—	—	—
1686	—	—	—	—	—	—
1687	11.63	18.20	56.5	—	—	—
1688	10.32	27.01	161.7	14.19	34.53	143.3
1689	—	—	—	10.71	28.33	164.5

资料来源：Kristof Glamann, *Dutch-Asiatic Trade, 1620–1740*, p.160。

从表 5-26 可以看出，巴达维亚糖的销售价格高于孟加拉糖，但孟加拉糖的利润率高于巴达维亚糖。在 17 世纪 80 年代，巴达维亚糖进价平均每百磅 13.5 弗罗林（4.05 两银），在波斯的售价平均每百磅 31 弗罗林（9.3 两银），其利润率约 130%；在波斯市场，孟加拉糖每百磅进价平均 9.2 弗罗林上下，平均售价 22.79 弗罗林，在多数年份其利润率超过 147%。即使在利润最少的 1683 年和 1687 年，孟加拉糖销售利润率也超过了 56%，平均利润率达 68% 以上。[1] 在 1687 年前，孟加拉糖进价相对平稳，但在波斯售价变动剧烈，每百磅从 17.71 弗罗林到 24.79 弗罗林不等，在 40% 左右浮动。

中国糖在波斯的售价应不低于巴城糖。我们以每担中国糖进价 4 两，荷印公司毛利率 124% 计，每担中国糖在波斯售出可获毛利 4.96 两。如前述，1626 ~ 1661 年，荷船自台湾运往波斯的砂糖至少有 14224347 斤，冰糖 562000 斤，那么，荷印公司可获利 733402.8 两，中国蔗农收入 591453.9 两。另有中国砂糖 1000 桑孟、孟加拉砂糖 4000 袋未计利润；从大员等地西运目的地不明的中国（包括大陆和台湾）出口各类糖 113074.03 担（砂糖 110508.07 担、冰糖 1539.46 担、块糖 1026.5 担）也未计入。

林仁川先生根据 K. 格拉曼（其书第 158 页）的统计，认为 1682 年前后台湾糖每担进价 2.5 两，运到巴城每担可售 8 两，利润率为 220%。[2] 查 K. 格拉曼《荷兰—亚洲贸易（1620 ~ 1740）》第 158 页并无相关记述。林仁川把 100 里亚尔折合 80 两银，1 两银折合 4 荷盾，也误矣。这个时期荷兰人在台湾购买的糖不可能运到巴城出售，只可能运销波斯、荷兰等地，因为巴城产糖，不可能消费台湾糖。据表 5-26，1682 年，巴城粉糖（砂糖）出口价每百磅 13.51 盾，折合每担约 16.89 盾（约 5.07 两）。即便台湾糖在巴城出售，也不可能高出每

1　陈绍刚说，荷兰人在波斯销售的台湾糖利润有 963/4%，不知何意，也许是印刷错误。参见陈绍刚《十七世纪上半期的中国糖业及对外蔗糖贸易》，《中国社会经济史研究》1994 年第 2 期，第 38 页。

2　林仁川：《大航海时代：私人海上贸易的商贸网络》，第 272 ~ 273 页。

担 6 两的价格。

　　岩生成一给出的 1679 ～ 1708 年巴城糖在波斯的售价（每磅约 0.087 荷盾）似乎也有问题。从表 5-26 看，17 世纪末巴城糖出口价约为每磅 0.13 弗罗林，运到波斯售价约为每磅 0.31 弗罗林，每磅巴城糖毛利润 0.18 弗罗林，毛利率在 130% 以上。这样，1680 ～ 1709 年，荷兰人在波斯出售 24139183 磅（约合 193113.5 担，参见表 5-24）巴城糖，可获毛利 4345053 弗罗林（约合 1303516 两银）。在波斯市场，多数年份每百磅孟加拉糖的毛利约 13.6 弗罗林，平均毛利率约 140%。1680 ～ 1709 年，荷兰人在波斯出售 5407558 磅孟加拉糖，以每百磅平均获毛利 13.5 弗罗林计，可获毛利 730020 弗罗林（约合 219006 两银）。

　　综上所考，1622 ～ 1663 年，荷印公司从大员和巴城运往荷兰的糖不少于 296161.97 担（合 37020246 磅，表 5-17 统计 263102.97 担加上补漏的 33059 担），这些糖主要是中国大陆和台湾及巴达维亚生产的，在中国采购均价约每担 4 两，在荷兰以每磅平均 0.5 弗罗林（每担 18.75 两）售出，约可获利 4368389 两，每担糖获利高达 14.75 两，利润率达 368.8%。1638 ～ 1641 年巴达维亚砂糖运往阿姆斯特丹出售，每百磅可获利 27.75 弗罗林（8.33 两），利润率达 200% 以上，比卖到波斯每百磅多获利 10 弗罗林以上。

　　1679/1680 ～ 1708/1709 年，荷兰人从巴城出口到荷兰的糖有 1376.2 万磅（110096 担）；在 17 世纪 80 年代，巴达维亚（粉）糖进价平均每百磅 13.5 弗罗林（4.05 两银），在阿姆斯特丹平均售价每百磅 41.25 弗罗林，利润率达 200% 以上，上述 1376.2 万磅糖在阿姆斯特丹出售可获利 3818955 弗罗林（合 1145801 两）。1713/1714 ～ 1734/1735 年，巴达维亚出口到荷兰的糖有 3952 万磅（316160 担），以每百磅平均获利 27 弗罗林计，可获利 10670400 弗罗林，合 3201440 两银。

　　1741 ～ 1762 年，巴城出口到荷兰的糖约有 1476.7 万磅（118136 担），以每百磅平均获利 8.1 两计，可获利约 1196127 两。[1]

1　Kristof Glamann, *Dutch-Asiatic Trade, 1620-1740*, p.166.

以上总计，1622～1762年荷印公司输入荷兰840553.97担糖，获利9911323两。

1631～1658年荷兰人自台湾输往日本的中国糖有6428118～6443118斤，以每担出口均价5里耳（4.5两）计，价值约289265～289940两，以每担平均利润率50%计，获利144633～144970两。加上1645年自巴城途经大员向日本运送的35万斤糖，价值15750两，售出获利约7875两。以上总计67781.2～67931.2担，出口货值305015～305690两，每担平均利润率50%计，可获利152508～152845两。1659～1671年，荷印公司运销日本的糖缺少记载。

1672～1674年荷印公司输入日本1498698荷磅（11989.6担）孟加拉糖，参考波斯市场价格，以每百磅进价9弗罗林、售价20弗罗林计，公司可获利164856.8弗罗林（合49457两），利润率122.2%。1680～1735年荷印公司输入日本的糖有3141.4万磅（251312担），这些糖主要是巴达维亚生产的，每担进价平均5两（16.67弗罗林），如以每担均价10两售出，可获利1256560两，毛利率100%。

以上合计，1631～1735年，荷印公司输入日本的糖为331082.8～331232.8担，可获利1458525～1458862两。在荷据台湾时期，台糖销往日本的数量不足产量的1/4，大量的台糖被运往利润较高的波斯和荷兰出售。

1626～1661年荷船运往波斯的砂糖至少有14224347斤，冰糖562000斤，合计14786347斤（参见表5-22）。这个时期荷船自大员和巴城运往波斯的砂糖和冰糖基本上是中国大陆、台湾和巴达维亚生产的，以每担进价4两、平均毛利率140%计，货值591453.9两，毛利约828035.4两。另外还有输入波斯的1000桑孟中国砂糖和4000袋孟加拉砂糖及其利润未计入。

1680～1709年，荷兰人在波斯出售24139183磅（约合193113.5担）巴城糖，每百磅巴城糖在波斯可获利17.5弗罗林（据表5-24），共可获毛利4224357弗罗林（约合1267434两银）；出售5407558磅（43260.5担）孟加拉糖，以每百磅平均获毛利13.6弗罗林计，可获毛利 735428 弗罗林（约合 220650 两银），平均毛利率约 140%。

1713/1714 ～ 1734/1735 年，巴达维亚出口到波斯的粉糖有 5252000 磅（42016 担），约可获利 709020 弗罗林（212706 两）。这些糖主要是巴达维亚地区生产的，少量来自孟加拉和中国。

以上合计，1626 ～ 1735 年荷印公司输入波斯 426253.47 担糖，可获利 2528825.4 两；还有 1000 桑孟中国砂糖和 4000 袋孟加拉砂糖及其利润未计入。

此外，1634 ～ 1651 年荷印公司从大员等地向西销售目的地不明的糖，共计砂糖 11508.07 担（记为糖的均算作砂糖），冰糖 1539.46 担，块糖 1026.5 担，总计 113074.03 担，这些糖主要销往波斯和荷兰。我们以每担糖最低获利 15 弗罗林（4.5 两）计，可获利 508833 两。

1680 ～ 1709 年荷印公司销往苏拉特和摩加、马拉巴尔及科罗曼德尔等地的巴达维亚粉糖 6983712 磅（55869.7 担），每百磅进价平均 13.5 弗罗林（4.05 两银），货值 942801 弗罗林（折合 28.29 万两），以每百磅毛利率 90%（12 弗罗林）计，可获利 838045 弗罗林（约合 251438 两）；销往上述地区的孟加拉粉糖有 256730 磅（2053.8 担），另加 51311 磅（410.5 担，参见表 5-24 及其注释），以每百磅毛利 10 弗罗林计，可获利 30804.3 弗罗林（约合 9242.2 两）。1713/1714 ～ 1734/1735 年，荷印公司还向锡兰、苏拉特和摩加、科罗曼德尔及其他地方销售了 2803.5 万磅（224280 担）巴城粉糖。关于这些地方的糖贸易利润，没有较准确的数据统计。按波斯的糖贸易利润水平，这些地方的糖贸易毛利润每百磅大概不会低于 10 弗罗林，合计 2803500 弗罗林（合 841134 两）。据此估测，1680 ～ 1735 年，荷印公司运销到上述这些地方的巴城和孟加拉粉糖共计 282614 担，可获毛利 3672349.3 弗罗林（约合 1101814.2 两）。

1792 年，4 艘荷兰船从广州运走糖 4814 担，耗银 24070 两，以每担获利 5 两计，可获利 24070 两；1801 ～ 1822 年，荷兰船从巴城输入日本的砂糖年均 80 万～ 110 万斤，合计 17.6 万～ 24.2 万担，以每担平均进价 5.4 两计，这些糖值 95.04 万～ 130.68 万两，每担获利

5 两，共获利 88 万～121 万两。

以上总计，1622～1822 年荷印公司运销到上述地区的各类蔗糖有 2174392.27～2240542.27 担，获利 16413390.6～16743727.6 两，另外还有输入波斯的 1000 桑孟中国砂糖和 4000 袋孟加拉砂糖及其利润未计入。从以上统计看，荷印公司运销的蔗糖，其中 73.6% 以上是在亚洲市场出售的。由于资料阙如，在上述统计中缺少 1736～1800 年从巴城输入日本的糖量、1736～1822 年从巴城输入波斯的糖量，1763～1822 年输入荷兰的糖量也仅有 1792 年的数据。

1680～1709 年，荷印公司还把 5493846 磅（43950.8 担）巴达维亚糖果、43160 磅（345.3 担）孟加拉糖果销往波斯、苏拉特和摩加、印度的马拉巴尔及科罗曼德尔等地，把 2608501 磅（20868 担）巴达维亚糖果输入日本。据表 5-26，在 17 世纪 80 年代，每百磅巴城糖在波斯可获利 17.5 弗罗林，每百磅孟加拉砂糖的毛利约 13.6 弗罗林，而每磅糖果的售价比砂糖高 0.12 弗罗林。我们姑且按砂糖利润（每百磅 17.5 弗罗林）推算，5493846 磅巴达维亚糖果可获利 961423 弗罗林（288455.7 两），43160 磅孟加拉糖果按百磅毛利 13.6 弗罗林计，可获利 5870 弗罗林（1761 两）；销往日本的 20868 担巴城糖果按砂糖每担毛利 7 两计，可获利 146076 两。以上总计，这个时期荷印公司销售了 8145507 磅（合 65164 担）糖果，获利 436292.7 两。

囿于资料，笔者没有统计 1659～1671 年荷印公司运销日本的糖量，也没有统计荷印公司于 1680 年前、1709 年后输入波斯的糖果数量，以及 17 世纪至 18 世纪 30 年代荷印公司输入日本及荷兰的糖果数量。

在 1662 年以前，荷印公司的蔗糖贸易的市场比重和利润率从高到低依次为荷兰、波斯和日本；1663 年后，蔗糖市场比重依次为波斯、日本及荷兰，利润率依次为日本、荷兰及波斯；1679/1680～1708/1709 年，蔗糖市场比重依次为波斯、日本及荷兰；1713 年后，蔗糖市场比重依次为荷兰、日本及波斯。总体而言，糖贸易占比从高到低依次为荷兰、波斯及日本。

显然，这个时期的蔗糖贸易是一个暴利的商贸项目。蔗糖贸易所带来的巨额利润为荷印公司带来紧缺的巨量白银，充实了荷印公司的资本金，解决了荷印公司的银荒问题，推动了荷兰的资本原始积累。蔗糖贸易活跃了亚洲市场，推动了亚洲区间贸易的发展。围绕蔗糖的生产、运输和贸易，在亚洲形成了以中国闽广地区、台湾和印尼巴达维亚为中心的蔗糖经济区。

（五）荷兰东印度公司的糖贸易方式

在不同地区，荷兰人经营蔗糖贸易主要采取以货易货和现金支付两种方式，但更趋向于前一种方式，使贸易利润最大化。

在亚洲区间贸易市场，荷兰东印度公司通过多边贸易的方式，让各地的商品流通起来。蔗糖既是荷印公司远东贸易的重要商品，又充当了亚洲区间贸易的等价交换物。荷兰人先用东南亚的香料换取中国大陆的蔗糖等物品，然后在波斯市场，用蔗糖交换波斯生丝；在日本市场，用蔗糖和波斯生丝、中国生丝换取日本的银和铜，再用香料、白银和铜在中国换购茶叶、瓷器、丝织品等，在印度换购棉花、棉布等。[1] 在亚洲区间贸易过程中，荷印公司经常采取以货易货的方式，不足部分再用白银等贵金属购买。这种贸易方式使荷兰人仅用少量的资金就可购买货物，继而辗转运销各地，运转亚洲区间贸易，将亚洲地区连接成一个紧密的贸易网，使荷兰人获得的利润最大化。

荷人还使用现金购买的贸易方式，向大商人预先支付订金或签署贸易合同，购买中国大陆的货物。[2] 在荷船运载货物的时候，荷兰人往往还携带现款以便购买所需之物。例如，"阿尔荷"号（Aernhem）自长崎入巴达维亚港，载有现款、白银、小麦等，合计达251383荷

1　E. M. Jacobs, *Merchant in Asia: The Trade of the Dutch East India Company during the Eighteenth Century*, Leiden: CNWS Publications, 2006, p.1.

2　杨彦杰：《荷据时代台湾史》，第146～147页。

盾。[1]1657 年 5 月 15 日，雅哈特船"杜堡"号（Domburgh）及加里奥特船"艾米路特"号和"阿皮尔勃"号等从巴达维亚驶往大员，运载货物除了粮食物品及军需品外，另有现款 8 万荷盾。[2]据岩生成一研究，自台湾直开苏拉特的荷兰船载有当时印度急需的日本白银和中国黄金。荷兰人用这些白银和黄金购买印度棉布，再将剩余的货物加上印度的棉布运往波斯出售。[3]

17 世纪 20 ~ 40 年代，荷兰东印度公司主要通过以下三种途径获得蔗糖及中国大陆的其他物品。

第一，通过中国沿海地区的华人海商和商业代理人获得蔗糖。这是荷兰东印度公司占据台湾初期，获得蔗糖最为主要的途径。台湾的荷兰商馆购买中国货物，主要通过驻在福建沿海的商业代理人或可靠的私商。[4]这些商业代理人活跃在沿海贸易的舞台上，他们不仅长期从事海外贸易，而且还与官府有着较为密切的联系。因而，这些商业代理人或海商就成了荷兰东印度公司最为主要的贸易伙伴和依靠对象。荷兰占据台湾期间，主要通过支付订金的形式向中国东南沿海代理人购买大宗货物。荷兰东印度公司驻台长官纳茨在提交给巴达维亚荷印总督和东印度公司评议会的关于中国贸易问题的简要报告中也详细记载了这一情况："公司一向用中国帆船把现款从大员和福摩萨运到漳州港口[5]的厦门，交给驻在那边的代理人，有时交给可靠的私商，让他们购买适合于日本、东印度或我国市场需要的商品。"[6]这是荷兰人获取中国大陆的蔗糖及其他物品的最主要的方式。

第二，荷兰人还通过收购中国大陆商人（即散商）输送到大员的

1　村上直次郎原译，程大学中译《巴达维亚城日记》第 3 册，第 153 页。

2　村上直次郎原译，程大学中译《巴达维亚城日记》第 3 册，第 163 页。

3　岩生成一：《荷郑时代台湾与波斯间之糖茶贸易》，台湾银行经济研究室编《台湾经济史》二集，第 54 页。

4　杨彦杰：《荷据时代台湾史》，第 123 页。

5　17 世纪初，荷兰人通常把厦门周围的河流港口通称为漳州港。

6　厦门大学郑成功历史调查研究组编《郑成功收复台湾史料选编》，福建人民出版社，1982，第 105 页。

蔗糖来满足市场需求。这只是一种辅助性手段，而且利润也不高。[1]但是，对荷兰东印度公司不断扩大的蔗糖市场来说，这也是荷兰东印度公司获取蔗糖的重要途径之一。

第三，荷兰人也组织船队到厦门附近的沿海地区购买蔗糖。这是荷兰东印度公司在出现供货严重不足时所采取的必要手段。当荷印公司开往日本或巴达维亚的船期来临之际，如果仓库中的存货无法满足日本、巴达维亚市场，荷兰人就会派船到厦门附近购买中国商品（包括蔗糖）。

荷兰人将通过以上三种方式获得的蔗糖、生丝和茶叶等，转运到日本、波斯及荷兰本国等地出售。[2]荷兰东印度公司经营的蔗糖种类有：中国白砂糖、黑砂糖、冰糖，孟加拉糖，巴达维亚糖，暹罗糖，万丹糖。尽管荷兰东印度公司能从孟加拉和爪哇等地获得蔗糖，但是不论远东市场还是荷兰本国市场，对中国蔗糖的需求量明显高于其他地方出产的蔗糖，因为中国蔗糖的质量和口感更好。[3]

中国和东南亚各地产的蔗糖，种类繁多，口感各异，价格差异较大。日本、波斯和欧洲各地，因生活习俗及饮食习惯的差异，所需的蔗糖种类也有所差别。荷兰东印度公司最初选择以中国蔗糖为主，因为中国蔗糖的质量更高。随着欧洲和波斯对糖消费量的增加，东南亚的糖也成为荷兰人选择的商品。荷兰人根据各个市场的不同需求，尽量选择适合当地人需要并能为其带来丰厚利润的蔗糖来运销。荷兰人从中国东南沿海（包括台湾）运往巴达维亚城的糖主要为白砂糖、冰糖，如 1647 年 12 月 2 日，荷兰船"斯瓦腾·贝尔"号（de Swarten Beer）由大员入巴城港。据运货单所载，运载货物有砂糖、冰糖；[4] 1648 年 12 月 5 日，荷船"居弗洛"号运载砂糖 1421 箱，自大员驶入巴城。[5]这些运抵巴城的中国糖继而由荷兰人组织船队运销欧洲或波斯。

---

1 杨彦杰：《荷据时代台湾史》，第 129 页。

2 此时荷兰东印度公司尚未占据波斯市场，1638 年荷兰人在波斯市场开始蔗糖贸易。

3 A. Hyma, *The Dutch in the Far East: A History of the Dutch Commercial and Colonial Empire*, p.62.

4 村上直次郎原译，程大学中译《巴达维亚城日记》第 3 册，第 109 页。

5 村上直次郎原译，程大学中译《巴达维亚城日记》第 3 册，第 115 页。

此外，荷兰人还把孟加拉白砂糖和黑砂糖、暹罗黑砂糖（红糖）、万丹糖及巴城白砂糖运往荷兰本国。[1] 这些糖在欧洲各地非常畅销。

当时日本市场最受欢迎的蔗糖是白砂糖、黑砂糖及冰糖。从宽永十八年（1641）至宝历元年（1751），每年都有大量的黑砂糖、白砂糖、冰糖由中国船、荷兰船等运至日本。M. 舒切塔指出，黑砂糖是 17 世纪初期日本市场最受欢迎的糖。[2]1650 年，荷印公司输入日本市场的蔗糖为：白砂糖 217250 斤，黑砂糖 630800 斤，冰糖 5200 斤，赤砂糖 51200 斤。[3] 黑砂糖占比为 69.7%。

1634 年，荷兰从暹罗进口了一批红糖；1635 年、1636 年，荷兰人又从爪哇进口了一些白糖。1637 年，荷兰从爪哇进口的白糖达 600 吨；1639 ~ 1641 年，又从爪哇、暹罗进口了一批数目不详的糖。[4] 不过，在 1645 年前，荷印公司运销爪哇（巴城）糖到欧洲的数量并不大，因为爪哇岛的榨糖业在 1636 年以后才开始。随着荷兰势力撤出台湾，荷印公司失去了中国蔗糖的来源，转而以巴达维亚所产蔗糖为其主要蔗糖来源。

总的来说，荷兰人在日本市场主要贩卖中国大陆产白砂糖、黑砂糖、冰糖，17 世纪 50 年代后又供应台湾糖和巴达维亚糖，及少量孟加拉糖；供应波斯市场的糖，在 1662 年以前主要是中国糖（大陆和台湾产），此后则主要是爪哇和东南亚产的黑砂糖、白糖及孟加拉黑糖，还有部分中国糖；[5] 供应欧洲市场的则是中国砂糖和爪哇、东南亚产的黑砂糖。

1　David Bulbeck, Anthony Reid, Lay Cheng Tan, and Yiqi Wu, *Southeast Asian Exports since the 14th Century: Cloves, Pepper, Coffee, and Sugar*, p.112; J.J.De Reesse, *Suiker Handel van Amsterdam*, Haarlem, 1908. 转引自陈绍刚《十七世纪上半期的中国糖业及对外蔗糖贸易》，《中国社会经济史研究》1994 年第 2 期。

2　Mazumdar Sucheta, *Sugar and Society in China: Peasants, Technology, and the World Market*, p.81.

3　资料来自荷兰东印度公司档案 VOC 1182. 转引自永积洋子『唐船輸出入品数量一覧 1637 ~ 1683 年：復元唐船貨物改帳・帰帆荷物買渡帳』41 ~ 48 页。

4　David Bulbeck, Anthony Reid, Lay Cheng Tan, and Yiqi Wu, *Southeast Asian Exports since the 14th Century: Cloves, Pepper, Coffee, and Sugar*, p.112.

5　Mazumdar Sucheta, *Sugar and Society in China: Peasants, Technology, and the World Market*, p.81.

五　以台湾和巴达维亚为中心的亚洲蔗糖经济带的形成

获利丰厚的糖贸易需要稳定的廉价糖源。17 世纪 20 年代末，郑氏集团在中国东南沿海崛起，他们与荷兰人竞争台湾航线的控制权。这导致中国沿海地区蔗糖供应量的减少，荷印公司的蔗糖贸易遭到严重的影响。里斯的报告说，从 1627 年至 1630 年，荷兰东印度公司没有从中国运一粒糖到荷兰本国。[1]1637 年荷人对糖的需求大增，甚至下令不限数量地购买中国糖。[2] 然而明末清初中国天灾人祸时常发生，影响糖业发展。中国供糖量远不能满足需求。如 1639 年，据荷兰人记述，风暴造成中国产糖量骤减，远不能满足荷兰和波斯等地的蔗糖需求。此外，明清战争波及福建，连年不停，蔗田农田受损，产糖量大减，导致中国糖价猛涨，1636 年大陆蔗糖售价为每担 3 ～ 3.5 里耳，1647 年涨至 6.5 里耳一担，几乎是原来价格的两倍，当年大员购入的大陆糖不到 100 担。由于持续战乱，1649 年糖价更是涨至 12 多里耳一担。[3] 1651 年，荷印公司在台湾收购的糖从过去的每担 4 里耳涨到 7 里耳。[4]

17 世纪 20 年代，中国东南沿海地区海盗及私人海商势力猖獗。这些亦商亦盗的商人在沿海一带相互争斗，使沿海地区动荡不安。出于稳定局势的考虑，明朝政府宣布恢复海禁政策。海禁政策的实行，导致东南沿海一带出海贸易的商人大受限制，加剧了荷兰东印度公司贸易的窘迫局面。

1628 年，郑芝龙猛烈攻击厦门，烧毁许心素的家，杀死许心素，并抢夺了 38000 里耳的现金。由此，郑氏海商集团基本控制了福建沿海

1　J. J. De Reesse, *Suiker Handel van Amsterdam*. 转引自陈绍刚《十七世纪上半期的中国糖业及对外蔗糖贸易》，《中国社会经济史研究》1994 年第 2 期，第 42 页。

2　J. J. De Reesse, *Suiker Handel van Amsterdam*. 转引自陈绍刚《十七世纪上半期的中国糖业及对外蔗糖贸易》，《中国社会经济史研究》1994 年第 2 期，第 33 页。

3　程绍刚译注《荷兰人在福尔摩莎（1624 ～ 1662）》，第 178、293、302 页。

4　程绍刚译注《荷兰人在福尔摩莎（1624 ～ 1662）》，第 339 页。

地区。而在当年的北季风期间，无一艘船只自漳州抵大员。[1] 随着郑芝龙在厦门的得势，荷兰与中国大陆的贸易受到很大的影响。荷兰人的蔗糖贸易也因为缺乏蔗糖来源而受到冲击。

为了减少中国大陆糖价不断上涨的影响，获得稳定的蔗糖货源，摆脱对外来糖的依赖，并获得廉价的蔗糖，荷印公司在台湾和爪哇岛巴达维亚一带大力推广甘蔗种植，鼓励发展糖业，建立起稳定的供糖基地。这促使在中国大陆以外形成了以台湾和巴达维亚为中心的蔗糖经济带。

（一）台湾糖业的兴起和发展

荷兰占据台湾初期，台湾的甘蔗种植业和制糖业尚未发展。台湾岛阳光充足，降水充沛，土壤肥沃，非常适合甘蔗的种植。早在荷兰人侵台之前，台湾就已种植甘蔗（野生甘蔗居多），但没有形成制糖产业。1624 年，荷兰人占据台湾后，为了满足欧洲、波斯及日本市场的蔗糖需求，荷兰人积极鼓励台湾种蔗制糖，台湾地区的蔗糖贸易和制糖业才逐渐发展起来，台湾遂成为荷印公司的供糖基地。

荷印公司档案有关台湾糖业的最早记载始于 1634 年，当时荷人普特曼斯（Hans Putmans）任驻台长官。他组织了一系列对台湾当地村社的武力征服活动，几乎将整个台湾岛西部沿海平原置于荷兰人的控制之下，在这些地方强行推广甘蔗种植。

荷兰人占据台湾期间采取了一系列扶植奖励政策和措施，鼓励民众种植水稻及种蔗制糖。[2] 据台湾旧惯调查会第二部调查报告书（第30 页）记载，"荷兰政厅亦以糖为唯一财源，故尽力奖励栽培与制造"。[3]

1　厦门大学郑成功历史调查研究组编《郑成功收复台湾史料选编》，第 259 页。
2　金泓汛、郑泽清、吴能远：《台湾经济概论》，时事出版社，1986，第 15 页；阮思华：《清代台湾制糖业的发展》，《华南农业大学学报·社会科学版》2004 年第 2 期。
3　参见奥田彧、陈茂诗、三浦敦史《荷领时代之台湾农业》，台湾银行经济研究室编《台湾经济史》初集，1933，第 48 页。

荷兰人的扶植奖励政策和措施主要有以下几项。

第一，实行免税政策。为了奖励农业生产，荷兰统治者对甘蔗和水稻采取免税政策。"砂糖是荷兰东印度公司进行贸易的大宗商品，为了鼓励甘蔗生产，对甘蔗种植就予以免税。"[1]蔗农租用荷印"公司的土地"，不需要缴纳任何租金或土地税。[2]

第二，设立医院，兴修道路。为了鼓励台湾甘蔗种植业的发展，方便蔗农就医，普特曼斯于 1634 年在赤嵌建造了一座医院，目的是"使种植甘蔗而常生病的中国人就医方便"。[3]为了方便蔗糖贸易和运输，1644 年 8 月 10 日就任台湾长官的弗朗索斯·卡龙（Francois Caron）修建了一条赤嵌与新港之间的交通要道，长 1.93 公里，宽 18 米，并在路的两旁挖掘了一条 0.9 米宽的水沟。在这条道路上，有两条小河，每一条河上架着一座拱形桥，方便车辆通行。[4]此后，从赤嵌到新港之间的贸易异常繁忙。

第三，给蔗农提供贷款，助力蔗农生产。早在 1635 年，荷兰驻台长官普特曼斯和台湾评议会就通过决议，提出"如果在赤嵌种植甘蔗的农民有需要，荷兰东印度公司便愿意拿出资金和牲畜援助他们"。[5]荷兰统治者除了贷款给蔗农外，还通过提供耕牛等牲畜鼓励农民植蔗榨糖。

第四，为了满足土地开垦的劳动力需求，荷兰通过多种方式吸引许多贫苦的中国人自大陆移居台湾。明朝嘉靖以后，东南沿海各地土地兼并严重，致使农民纷纷破产，无家可归者、颠沛流离者数不胜数。与福建隔海相望的台湾，成为部分破产农民选择的避难地之一。[6]崇祯年间，福建一带出现严重的旱灾，人民苦不堪言，"乡村草根树皮

1　杨彦杰：《荷据时代台湾史》，第 184 页。
2　程绍刚译注《荷兰人在福尔摩莎（1624～1662）》，第 339 页。
3　江树生译注《热兰遮城日志》，1634 年 11 月 23 日条。
4　中村孝志：《荷领时代之台湾农业及其奖励》，台湾银行经济研究室编《台湾经济史》初集，第 58 页。
5　江树生译注《热兰遮城日志》，1635 年 1 月 3 日条。
6　林仁川、黄福才：《台湾社会经济史研究》，厦门大学出版社，2002，第 11 页。

食尽"，[1] 遍地皆是饥民。明朝覆亡之初，清政府与南明小朝廷之间的争斗导致福建沿海一带战争不断。为了躲避战乱，部分沿海居民选择移居台湾。出于增加蔗糖产量的目的，荷兰招募大陆居民移居台湾。荷兰人经常派船到福建沿海一带运载居民赴台，参与垦荒。大批大陆居民赴台，开垦荒地，种植甘蔗等作物，为台湾蔗糖的生产和经济发展做出了贡献。

大陆百姓移居台湾垦荒，郑芝龙也起了很大的推动作用。明末清初思想家黄宗羲在《赐姓始末》中记述："崇祯间，熊文灿抚闽，值大旱，民饥，上下无策。文灿向芝龙谋之，芝龙曰'公第听某所为'，文灿曰'诺'。乃招饥民数万人，人给银三两，三人给牛一头，用海舶载至台湾，令其芟舍，开垦荒土为田，厥田惟上上，秋成所获，倍于中土，其人以衣食之余，纳租郑氏。"[2] 魏源《圣武记》卷8、龚柴《台湾小史》也有类似记述。[3] 这些记载中将饥民迁至台湾的人数夸大了，实际没有那么多。但此举确实促使大批大陆百姓迁居台湾。

这些移居台湾的大陆百姓主要从事种蔗制糖。巴达维亚荷印公司向荷兰总部报告："来自中国从事农业的贫民很快就会在福岛（台湾）生产数千担糖，还有茯苓、生姜及其他产品。"[4]1638 年，在大员的中国人（指大陆来的居民）有 10000 ~ 11000 人，他们在荷兰人的看管下"以狩鹿、稻米和甘蔗的种植、网鱼等为生；他们的数量在一天天增加"。[5] 由于大陆难民迅速增加，台湾的荷兰殖民当局为了扩大甘蔗种植而限制稻谷种植面积，台湾地区一度出现大米供应紧张的局面。荷印公司曾不断从中南半岛、巴城和长崎调运大米到台湾。例如，1636 年 5 月，荷印公司派遣 2 艘海船从巴城到暹罗，装载为中国贸易

---

1 曹履泰：《靖海纪略》卷1，台湾文献丛刊本，第 12 页。转引自林仁川、黄福才《台湾社会经济史研究》，第 12 页。

2 黄宗羲：《赐姓始末》，台湾文献丛刊本，1958，第 6 页。

3 引自林仁川、黄福才《台湾社会经济史研究》，第 11 页。

4 程绍刚译注《荷兰人在福尔摩莎（1624 ~ 1662）》，第 167 页；奥田彧、陈茂诗、三浦敦史：《荷领时代之台湾农业》，台湾银行经济研究室编《台湾经济史》初集，第 48 页。

5 程绍刚译注《荷兰人在福尔摩莎（1624 ~ 1662）》，第 198 页。

购入的货物，以及 7.5 担米、35 担稻谷，运到大员；同年 7 月，荷印公司派出 2 艘货船和 1 艘快船，装运粮食、武器弹药和其他商品从巴城直航大员。1647 年 5 月，荷印公司从巴城派出 4 艘空船到暹罗，其中 2 艘从那里收购大米和木材运送到大员。[1]

在实施上述优惠和刺激措施的同时，荷兰人还把耕地和渔区出租给中国人，收取租金。1646 年，台湾的荷兰殖民当局征收的土地、渔区、渔船等租金收入有 10100 里耳；次年，村社出租收入达 46000 里耳。[2] 荷兰人还每月向台湾的华人征收人头税，从中获取收益。自 1640 年 9 月 1 日开始，荷兰殖民当局对迁居台湾的大陆居民每月征收 0.25 里耳的税金（人头税），当时有 3560 人被征税。[3] 1649 年，被台湾的荷兰殖民当局征收人头税的华人增至 12000 人，估计还有 2000 ~ 3000 人没有缴纳人头税。[4] 荷兰人还规定享受优惠的蔗农必须按荷印公司规定的价格把糖卖给荷兰人。这使荷兰人获得了价廉质优的台湾糖。随着大片甘蔗园的建立，台湾形成了以甘蔗经济为中心的商品经济和新型的土地租赁关系，还形成了订单式商品生产，原来的封建生产关系瓦解了。

随着大批大陆移民的到来，台湾糖业迅速发展起来。据《东印度事务报告》（VOC 1119，fol.164）和《巴达维亚城日记》1636 年 11 月条记载，1636 年台湾赤嵌农民把 12042 斤白糖、110461 斤黑糖交给荷印公司，均输往日本，"明年预定生产白砂糖三四十万斤"；荷驻东印度总督看到台湾砂糖样品后，称赞台湾白糖纯净、洁白且颗粒结实。[5] 这是荷据台湾时期台湾制糖的最早记录。据《巴达维亚城日

1　程绍刚译注《荷兰人在福尔摩莎（1624 ~ 1662）》，第 176、291 ~ 292 页。

2　江树生译注《热兰遮城日志》，1646 年 4 月 13 日条；程绍刚译注《荷兰人在福尔摩莎（1624 ~ 1662）》，第 283 ~ 284 页注释 23，第 315 页。

3　村上直次郎原译，郭辉中译《巴达维亚城日记》第 2 册，第 243 页；程绍刚译注《荷兰人在福尔摩莎（1624 ~ 1662）》，第 212 页。

4　程绍刚译注《荷兰人在福尔摩莎（1624 ~ 1662）》，第 315 页。

5　程绍刚译注《荷兰人在福尔摩莎（1624 ~ 1662）》，第 179 页；村上直次郎原译，郭辉中译《巴达维亚城日记》第 1 册，第 179 页。

记》1640 年 12 月 6 日条载，本年台湾甘蔗的栽培数量大有增加，据中国农民说可获白糖及黑糖四五十万斤；当年赤嵌本地产糖 301400 斤。[1]1642 年，台湾砂糖产量估计为 70 万 ~ 80 万斤，赤嵌的稻谷产量估计有 4000 担。[2]1645 年，赤嵌产糖 150 万斤，短短 10 年时间，台湾的糖产量增长了 11 倍以上。

　　在 17 世纪 40 年代以前，台湾本地的蔗糖产量不足以支撑荷印公司的糖贸易，每年都有大批蔗糖从中国大陆运往台湾。1636 年，荷兰驻台长官说，中国大陆每年运到台湾的白糖有 3 万担，收购价格 3 ~ 3.5 里耳一担（合 125 磅）。[3]在 1638 年底，荷印公司的大员仓库里尚有 30710 担砂糖、块糖和冰糖待运。[4]这些待运的糖不可能全是台湾本地产的。据《巴达维亚城日记》记载："本年（指 1636 年——引注）自中国向大员湾（安平）输入白砂糖、冰糖、棒砂糖二百万斤，而中国将在今后三个月间再输入五六十万斤。"[5]据《大员商馆日志》不完全统计，1636 年 11 月 1 日至 1638 年 12 月 14 日，大陆沿海到台湾的商船有 553 艘，其中来自厦门 296 艘、安海 70 艘、烈屿 62 艘、福州 17 艘、广东 12 艘，这些船一般运载有大陆的糖。[6]例如，1636 年 3 月 21 日，一艘戎克船自厦门运载 15000 斤砂糖和 5 箱金条到达大员；1637 年 5 月 15 日，两艘来自厦门的船运载白砂糖 10 万斤、细瓷器 130 篓抵达大员；1637 年 6 ~ 7 月，13 艘来自厦门的船运载白砂糖 4500 担又 2300 篓到大员，8 月，1 艘广东船运载砂糖 500 担到大员；1638 年 6 月，2 艘安平船载 850 担砂糖、13 艘厦门船载 4765 担砂糖到大员。[7]1637 ~ 1638 年，大量的大陆糖运销台湾，一方面说明这两

1　村上直次郎原译，郭辉中译《巴达维亚城日记》第 2 册，第 246、423 页；程绍刚译注《荷兰人在福尔摩莎（1624 ~ 1662）》，第 273 页。

2　村上直次郎原译，郭辉中译《巴达维亚城日记》第 2 册，第 233 页。

3　程绍刚译注《荷兰人在福尔摩莎（1624 ~ 1662）》，第 178 ~ 179 页。

4　程绍刚译注《荷兰人在福尔摩莎（1624 ~ 1662）》，第 199 页。

5　村上直次郎原译，郭辉中译《巴达维亚城日记》第 1 册，第 179 页。

6　林仁川、黄福才：《台湾社会经济史研究》，第 214 页。

7　林仁川：《大航海时代：私人海上贸易的商贸时代》，第 241 ~ 246 页。

年台湾糖产量很低，另一方面说明台湾已成为大陆蔗糖转口贸易的中心。荷兰人吸引华商从大陆运蔗糖、生丝、瓷器等到大员等地，然后转口运销长崎、波斯、荷兰等地。

据资料记载，台湾生产的蔗糖品种较多，"糖有黑白二种、冰糖"。[1]台湾所产蔗糖质量上乘，为国际市场所公认。日本人评价各地糖之品质称，"凡大宛（即台湾）为极上，交趾次之，南京、福建、宁波等又次之，咬留吧阿兰陀为下"。[2]英国人亦以"糖皆系由台湾买来，台湾所产之糖最好"。[3]

台湾的甘蔗种植面积在扩大，但每年的种植面积变动也较大。《巴达维亚城日记》记述，1645 年，中国人在台湾耕种水田 1713 摩肯[4]，甘蔗园 612 摩肯，大麦及其他菜园 161 摩肯，新播种及未播种土地 514 摩肯，合计 3000 摩肯。[5]甘蔗园面积大体上占可耕地面积的 1/5。杨彦杰统计了 1645～1657 年台湾甘蔗种植面积，并对蔗糖产量做出估算（见表 5-27）。

表 5-27　1645～1657 年台湾甘蔗种植面积及蔗糖产量估计

单位：摩肯，担

年份	甘蔗种植面积	推算糖产量
1645	612	15000
1647	1469.25	17995
1650	2928	35868
1651	1380	16905
1652	1314.9	16346
1653	1334	16342
1654	1309.2	16038

1　蒋毓英等：《台湾府志三种》，中华书局，1985，第 2253 页。
2　岩生成一『江戸時代の砂糖貿易について』，参见蔡郁苹《十七世纪郑氏家族对日贸易关系之研究》，第 189 页。
3　岩生成一抄辑《17 世纪台湾英国贸易史料》，第 16 页。
4　摩肯（morgen，又译摩根），是荷兰土地面积单位，1 摩肯＝2.116 英亩，合 12.84 市亩。
5　村上直次郎原译，郭辉中译《巴达维亚城日记》第 2 册，第 469 页。

续表

年份	甘蔗种植面积	推算糖产量
1655	1516	18571
1656	1837.3	22507
1657	1668	20433

　　说明：本表是杨彦杰根据荷兰驻台湾长官和巴达维亚城总督的报告统计得出的，故与实际的产量还是有出入。仅供参考。

　　资料来源：杨彦杰《荷据时代台湾史》，第 183 ～ 184、188 页。中村孝志《荷领时代之台湾农业及其奖励》，台湾银行经济研究室编《台湾经济史》初集，第 67 ～ 69 页。

　　杨彦杰对台湾蔗糖产量的估算并不准确。例如，据《东印度事务报告》（VOC 1101，fol.16）记述，1646 年一官（郑芝龙）被清军挟持后，明朝在南方的残余力量与清军开战，大批大陆居民进入台湾，使台湾的农作物耕种发展迅速，在 1647 年耕地面积从 3000 摩肯增加到 10000 摩肯，[1] 甘蔗园面积（1469.25 摩肯）占耕地面积的 14.69%。《东印度事务报告》记述，1647 年赤嵌最多可产糖 8000 担，[2] 这与杨彦杰在表 5-27 中推算的 1647 年台湾糖产量有较大出入。当以《东印度事务报告》记述为准。

　　杨彦杰推算，1650 年台湾糖产量为 35868 担。据《东印度事务报告》1651 年 1 月 20 日条记述，1650 年下半年，台湾产糖 12000 担；1650 年 12 月，荷印公司货船自大员运载 5074 担砂糖等货抵达满剌加（马六甲），准备驶往苏拉特和波斯。[3] 杨彦杰估计的台湾糖产量偏高较多。据李治寰研究，1650 年荷印公司输往长崎的台湾砂糖达 7 万 ～ 8 万担，4000 多吨，收入超过 30 万荷盾。[4] 诚如李治寰所说，那么 1650 年台湾生产的蔗糖根本不够出口日本的。笔者也没有见到当年荷兰人和华人把大批大陆产的糖（5.8 万担以上）运到台湾，再

[1]　程绍刚译注《荷兰人在福尔摩莎（1624 ～ 1662）》，第 283 ～ 284 页。
[2]　程绍刚译注《荷兰人在福尔摩莎（1624 ～ 1662）》，第 289 页。
[3]　程绍刚译注《荷兰人在福尔摩莎（1624 ～ 1662）》，第 325、328 页。
[4]　李治寰编著《中国食糖史稿》，农业出版社，1990，第 195 页。

转运到长崎销售的相关记载。所以，李治寰这个说法是有疑问的，也不足凭信。

又据《东印度事务报告》记述，1656年下半年，台湾收获27000担糖；估计1657年榨糖季可收获20000担糖。[1]这与杨彦杰推算的1656年台湾糖产量有较大出入。

16世纪30年代末到40年代，由于中国大陆的天灾和战乱，加上荷印公司的利诱，许多大陆难民涌入台湾，台湾的大陆移民人数增长很快。据《东印度事务报告》记述，1638年底，大员的"中国人"（特指大陆迁过来的人）有10000～11000人；1639年底，在台湾"居住的中国人总数计8000人"；1640年底，在大员、赤嵌及其周边农村的大陆居民共计3568名，有一些华人回迁大陆；1648年，台湾荷印公司所属中国壮丁已逾2万人；[2]1651年1月，在台湾居住的大陆居民有15000人左右，其中缴纳人头税的为11000人，每人每月缴纳0.5里耳（1640年9月以后每月缴纳0.25里耳），人头税上涨了一倍，加重了华人的负担。而荷人仍称台湾的农业和植蔗严重缺人。[3]这些缴纳人头税的大陆移民应为青壮劳力，占大陆移民总数的2/3以上。1651年1月，荷兰人在台湾设立的"归服村社"共315个，当地居民共计68675人。[4]1651年12月，荷兰人估计台湾当地居民有10万人。[5]这年大陆移民与荷兰人统治下的台湾当地居民占比接近1/6。到1655年，大陆移民已达3万人。在郑氏治台期间，新增加的大陆移民为5.6万～5.8万人。[6]

大批大陆居民迁入，把牛耕技术和较为先进的种蔗制糖技术带入台湾，促进了台湾耕地的垦殖和蔗糖业的发展。1651年下半年，台湾

1　程绍刚译注《荷兰人在福尔摩莎（1624～1662）》，第459页。
2　程绍刚译注《荷兰人在福尔摩莎（1624～1662）》，第198、212、225、302页。
3　程绍刚译注《荷兰人在福尔摩莎（1624～1662）》，第198、325页。
4　程绍刚译注《荷兰人在福尔摩莎（1624～1662）》，第325页。
5　程绍刚译注《荷兰人在福尔摩莎（1624～1662）》，第337页。
6　林仁川、黄福才：《台湾社会经济史研究》，第194页。参见陈孔立《清代台湾移民社会研究》，第88页。

蔗糖生产大获丰收，原来预计产糖 20000 担，实际产糖 35000 担，其中 30000 担提供给荷印公司；这一年的糖质格外白净，荷人估计可在荷兰获得较高的利润。[1] 1636 ～ 1651 年的短短 16 年间，台湾产糖量从 1200 多担增至 35000 担，可见其糖业发展之迅速。

　　根据《东印度事务报告》，1653 年初，台湾为荷印公司提供了 9000 担蔗糖。这一年，台湾的甘蔗种植面积已达 1334 摩肯（平均每摩肯产糖 6.75 担），稻米及其他谷物种植面积为 3731 摩肯；[2] 1654 年，赤嵌有 1309 摩肯耕地植蔗，2923 摩肯耕地种稻，54 摩肯种谷子及甘薯，中国人制糖 18000 担提供给荷印公司，[3] 平均每摩肯甘蔗地产糖 13.75 担，蔗园大部分集中在赤嵌一地。据陈绍刚推算，在平顺年份，台湾 1 摩肯蔗田年产糖 28.8 担。[4] 实际上，1 摩肯蔗田年产糖只有 13 担上下。1 摩肯按 12.8 亩计算，每亩年产糖量为 1 担多点。

　　1657 年，台湾甘蔗种植面积达 1668 摩肯，稻谷种植面积为 6026 摩肯，376 摩肯种植大麦、小麦、水果及蔬菜等；当年，有 22000 担白糖供给荷印公司，[5] 平均每摩肯产糖 13.19 担。种蔗和种稻的土地比例与 1653 年相比已发生明显变化，反映了荷人对植蔗与种稻政策做出改变，因蔗糖利润减少，甘蔗种植面积远不如稻米种植面积增长得快，稻谷面积增长了 61.51%，而甘蔗面积只增长了 25.04%。直到 1662 年荷人被驱逐出台湾，植蔗面积一直停留在 1657 年的水平。

　　台湾的蔗糖产量受天气、人员流动等因素影响起伏很大，收成经常欠佳。1637 年，台湾白糖产量估计 30 万 ～ 40 万斤，因冬季甘蔗被冻伤，产量大幅下降。[6] 1639 年荷人本来估计可收获相当一批糖，结

1　程绍刚译注《荷兰人在福尔摩莎（1624 ～ 1662）》，第 336 页。

2　程绍刚译注《荷兰人在福尔摩莎（1624 ～ 1662）》，第 394 页。

3　程绍刚译注《荷兰人在福尔摩莎（1624 ～ 1662）》，第 413 页。

4　陈绍刚：《十七世纪上半期的中国糖业及对外蔗糖贸易》，《中国社会经济史研究》1994 年第 2 期，第 35 页。

5　程绍刚译注《荷兰人在福尔摩莎（1624 ～ 1662）》，第 496 页。

6　江树生译注《热兰遮城日志》，1637 年 5 月 21 日条。

果产糖量令人失望。[1] 遭此损失之后，荷人加强对糖业的管理，颁布命令，严禁中国人食用赤嵌生产的甘蔗，把所有甘蔗榨成糖，交给荷印公司。[2] 另据《东印度事务报告》（VOC 1196，fol.159）记述，据粗略估计，1654 年台湾的蔗糖产量远远低于往年，仅有 9000 ~ 10000 担。[3] 1654 年，荷人预计台湾产糖 15000 ~ 16000 担；为了降低糖的收购价，荷印公司向台湾蔗农预支 20428 两银锭。[4] 1655 年，荷印公司预计台湾可产糖 15000 担，所以预付糖款 15000 两银给中国人，结果由于蝗灾和北风灾害，只产糖 4500 担，荷印公司无法收回预付款，荷人又贷款 2705 里耳给那些不欠公司款的中国人。[5] 1656 年下半年，台湾产糖量达 27000 担，全部交给公司，以抵偿蔗农欠款。[6] 1658 年，荷印公司以规定价格（每担 5 里耳）收购了台湾生产的 17500 担糖，其中 6000 担运往日本，8000 担运往波斯；1660 年，台湾糖产量为 15000 担，其中 8000 担被荷印公司运往波斯，7000 担存放在大员。[7] 1661 年，台湾糖产量为 8787.8 担（见表 5-28）。[8]

表 5-28　1636 ~ 1661 年部分年份台湾糖产量

单位：担

年份	糖产量	资料来源	年份	糖产量	资料来源
1636	1225	报告，第 179 页	1640	3014	报告，第 273 页；日记Ⅱ，第 246 页
1637	3000 ~ 4000	报告，第 179 页	1642	7000 ~ 8000	日记Ⅱ，第 233 页

1　江树生译注《热兰遮城日志》，1639 年 5 月 16 日条。

2　江树生译注《热兰遮城日志》，1639 年 8 月 13 日条。

3　程绍刚译注《荷兰人在福尔摩莎（1624 ~ 1662）》，第 385 页。

4　程绍刚译注《荷兰人在福尔摩莎（1624 ~ 1662）》，第 405 页。

5　程绍刚译注《荷兰人在福尔摩莎（1624 ~ 1662）》，第 432 页。

6　程绍刚译注《荷兰人在福尔摩莎（1624 ~ 1662）》，第 459 页。

7　程绍刚译注《荷兰人在福尔摩莎（1624 ~ 1662）》，第 514、531 页。

8　岩生成一：《荷郑时代台湾与波斯间之糖茶贸易》，台湾银行经济研究室编《台湾经济史》二集，第 54 ~ 55 页。林仁川、黄福才说，1661 年，台湾糖产量不超过 8000 担。林仁川、黄福才：《台湾社会经济史研究》，第 115 页。

续表

年份	糖产量	资料来源	年份	糖产量	资料来源
1645	15000	报告, 第 209 页; 日记 Ⅱ, 第 472 页	1656	27000	报告, 第 459 页
1648	9000	报告, 第 303 页	1657	27300	报告, 第 496 页
1650	12000	报告, 第 325 页	1658	9900	报告, 第 507 页
1654	9000 ~ 10000	报告, 第 385、405 页	1660	15000	报告, 第 531 页
1655	4500	报告, 第 432 页	1661	8787.8	岩生成一

说明: "报告"指《东印度事务报告》;"日记"Ⅱ, 指村上直次郎原译, 郭辉中译《巴达维亚城日记》第 2 册。

资料来源: 程绍刚译注《荷兰人在福尔摩莎 (1624 ~ 1662)》, 第 179、209、273、303、325、385、405、432、459、496、507、530 ~ 531 页;村上直次郎原译, 郭辉中译《巴达维亚城日记》第 2 册, 第 233、246、423、472 页;岩生成一《荷郑时代台湾与波斯间之糖茶贸易》, 台湾银行经济研究室编《台湾经济史》二集, 第 54 ~ 55 页。

根据表 5-28, 1636 ~ 1661 年, 台湾糖产量为 151726.8 ~ 154726.8 担, 有数据的 14 年年均生产 10837.63 ~ 11051.91 担。其中 1636 ~ 1645 年糖产量 29239 ~ 31239 担, 以每担收购价 9 弗罗林 (2.7 两银) 计, 价值 263151 ~ 281151 弗罗林 (约 78945 ~ 84345 两); 1648 ~ 1661 年糖产量 122487.8 ~ 123487.8 担, 均价每担 6 里耳 (5.4 两), 共计 734926.8 ~ 740926.8 里耳 (合 661434 ~ 666834 两)。二者合计为 740379 ~ 751179 两。

台湾糖产量起伏很大, 荷印公司不得不通过抬高收购价来鼓励蔗农种植甘蔗。荷兰人收购的台糖价格偏高, 没有竞争优势。1650 年底, 台湾生产蔗糖 12000 担, "只是福岛生产的糖在日本没有盈利"。[1] 1651 年, 荷印公司在台湾收购的糖从过去的每担 4 里耳涨到 7 里耳。[2] 1655 年, 荷印公司不得不以每担 7 里耳的价格收购上等白糖, 否则收不到

---

[1] 程绍刚译注《荷兰人在福尔摩莎 (1624 ~ 1662)》, 第 325 页。

[2] 程绍刚译注《荷兰人在福尔摩莎 (1624 ~ 1662)》, 第 339 页。

大量的蔗糖。[1]

17 世纪 50 年代中期，中国人把蔗糖大量输入长崎，导致日本糖价下跌，加上荷兰人在台湾收购糖的价格上涨，荷兰人对日糖贸易利润大幅减少。据《东印度事务报告》记述，荷印公司输入长崎的蔗糖利润率，1655 年为 33%，1656 年仅有 25%。[2] 为了解决此问题，巴达维亚的荷兰总督在 1657 年向台湾的荷兰长官提出要求，在台湾收购最好的白糖价格每担不得超过 5 里耳，但台湾的荷印公司担心糖价下降会使蔗农破产，因而没有执行这项指令。[3] 郑成功治理台湾时期，台糖收购价格大幅下降，贩运到日本的利润大幅提升。有资料记述，郑氏商船输往日本之台湾糖，以白砂糖数量最多，以冰糖售价为最高。是时，台湾白砂糖每百斤（一担）收购价 2 比索（1.5 两），卖至日本则为 8 比索（6 两），利润率为 300%。[4]

与华船输入日本的蔗糖数量相比，荷船自台湾输入日本的糖数量还是很少的，在多数年份不及华船输入日本的一半。这从表 5-29 中可以看出。

表 5-29　1636 ~ 1658 年部分年份唐船（华船）与台湾荷船输入日本的
蔗糖数量比较

单位：斤

年份	唐船输入	台湾荷船输入
1636	—	122503
1638	—	89725
1653	774220	142091
1655	1511430	800 箱（约 184000）[a]
1656	1870260	379200

1　程绍刚译注《荷兰人在福尔摩莎（1624 ~ 1662）》，第 437 页。

2　程绍刚译注《荷兰人在福尔摩莎（1624 ~ 1662）》，第 455、463 页。

3　程绍刚译注《荷兰人在福尔摩莎（1624 ~ 1662）》，第 496 页。

4　岩生成一抄辑《17 世纪台湾英国贸易史料》，第 27 ~ 28 页。转引自蔡郁苹《十七世纪郑氏家族对日贸易关系之研究》，第 189 页。岩生成一等日本学者以 1 比索折合 0.72 两，实为 0.72 库平两。

续表

年份	唐船输入	台湾荷船输入
1657	711610[b]	399209
1658	8616335	654000

注：a. 赴日本的荷船运载的每箱蔗糖按 230 斤计，赴波斯的荷船运载的每箱蔗糖按 228 斤计。

b.《东印度事务报告》1658 年 1 月 6 日条记述：1657 年下半年，有 28 艘来自安海、19 艘来自中南半岛的中国帆船抵达长崎，运去 636000 斤白糖和黑糖、1120 担（112000 斤）各类生丝等货物。参见程绍刚译注《荷兰人在福尔摩莎（1624～1662）》，第 490～491 页。

资料来源："唐船输入"数据，引自岩生成一「江戸時代の砂糖貿易について」『日本学士院紀要』31 卷 1 号、1972 年、4 页。"台湾荷船输入"数据，参见程绍刚译注《荷兰人在福尔摩莎（1624～1662）》，第 179、200、389、444、455、463、510 页；江树生译注《热兰遮城日志》相关记述（见表 5-19）。

由于台湾糖产量的增加，以及台糖在日本获利甚薄，荷印公司转而把大量台糖通过巴达维亚转运到波斯、荷兰等地。据《东印度事务报告》记述，1645 年 9 月 2 日，大海船"祖特芬"号从澎湖列岛运载 5987 担糖等货抵达巴城；是年 12 月前后，"亨里特·罗伊色"号从大员运到巴城 4861 担糖等货；货船"乌特吉斯"号从大员驶抵巴城停泊，载有 2044 担糖、56919 件细瓷。1646 年 12 月，2 艘从大员开来的荷船抵达巴城，运去 596950 斤砂糖、407470 斤冰糖等。1647 年 2～3 月，大员荷印公司的 2 艘船抵达巴城，运去 967 担砂糖、753 担日本铜等货物。[1]《巴达维亚城日记》记述，1648 年 12 月 5 日，"居弗洛"号自大员抵达巴城港，仅搭载砂糖 1421 箱，计 323988 斤（每箱约 228 斤），加上巴城港诸费用，原价为 51518 荷盾 18 斯蒂费尔（每担 15.9 荷盾，约合每担 4.77 两）。1656 年 11 月 30 日，"列乌文尼"号船从大员出发，仅载糖 1969 箱，加上另一艘被冲毁的船上的 150 箱砂糖，于 12 月 16 日抵达巴城港；同年 12 月 23 日，一艘荷船自大员直航抵达巴城港，仅载砂糖 1660 箱。1657 年 5 月，一艘荷船

1　程绍刚译注《荷兰人在福尔摩莎（1624～1662）》，第 271、277、279、281、288 页。

自大员抵达巴城港，运去砂糖350箱。[1]另据《东印度事务报告》记述，1651年2月，大员派出的货船抵达巴城，运载有841箱糖，这些糖是春季剩余的；同年12月4日，一艘荷印公司货船自大员满载6004担蔗糖抵达巴城。[2]

在荷据时期，台湾产的蔗糖绝大部分用于出口。由于从台湾出口到日本、波斯和荷兰的糖有许多来自中国大陆，所以我们无法统计这个时期台湾本地产的蔗糖究竟有多少出口了。以1655年为例，当年台湾产糖4500担，荷印公司从大员经巴城运往波斯1950箱（约4485担），运往长崎800箱（约1840担），[3]当年出产的糖全部出口还不够。

随着台湾蔗糖产量的增加以及台糖收购价格的下降，荷印公司反过来向中国大陆运销台糖。1657年，台湾蔗农把收获的22000担白糖交给荷印公司，另有5300担红糖被运往中国大陆，"因为我们（公司）不需要这些糖，而它们则可在中国获得一些利益"。1658年，荷印公司以规定的价格收购台糖9900担，其中的8000担糖运往中国大陆，"并收取其出口税"。[4]大批台糖输入大陆，改变了台湾单方面获取大陆农产品、生活必需品的格局，使台湾与大陆形成新的商品交换格局。

郑成功收复台湾后，继续发展蔗糖业，坚持向日本出口台糖。以1663年为例，该年由台湾赴日的郑氏商船有3艘，共载有白砂糖500800斤、黑砂糖37000斤、冰糖1700斤，当年台湾产糖量150万斤上下，这3艘台湾船所载糖量超过当年台湾糖产量的1/3。另外，1663年入港长崎的唐船有29艘，载白砂糖1500520斤、黑砂糖470590斤、冰糖123420斤。而1663年安海船、台湾船共13艘，搭载白砂糖共1026300斤、黑砂糖159950斤、冰糖36880斤。[5]

台湾出口日本的蔗糖数量长期维持高位。1681年11月1日到1682

1　村上直次郎原译，程大学中译《巴达维亚城日记》第3册，第115、154、163页。

2　程绍刚译注《荷兰人在福尔摩莎（1624～1662）》，第330、335页。

3　程绍刚译注《荷兰人在福尔摩莎（1624～1662）》，第432、444页。

4　程绍刚译注《荷兰人在福尔摩莎（1624～1662）》，第496、507页。

5　永积洋子『唐船输出入品数量一覧1637～1833年：復元唐船货物改帐・帰帆荷物买渡帐』41～48、91～95页。

年 10 月 20 日，唐船输入长崎的白砂糖有 1246381 斤、黑砂糖 1102623 斤、冰糖 251161 斤；[1]其中，1682 年 8～9 月，8 艘台湾船抵长崎，运去白砂糖有 755933 斤、黑砂糖 7103 斤、冰糖 144255 斤。[2]台湾船运到长崎的白砂糖，占唐船运去总量的 60% 以上；台湾船运到长崎的冰糖，占唐船运去总量的 57.4%。由此可见台湾糖在中国糖出口中的重要地位。

　　清朝治理台湾时期，台湾农民为追逐蔗糖高额利润，不断扩大甘蔗种植面积，出现"蔗争稻田"现象。康熙年间，台湾甘蔗种植也十分普遍，产量很大。当时台湾分巡兵备道高拱乾说："旧岁种蔗已三倍于往昔，今岁（指康熙三十年，即 1691 年——引注）种蔗竟十倍数于往年。"[3]据范咸《重修台湾府志》记载，从康熙二十四年（1685）到雍正十三年（1735），台湾蔗园面积从 10919 甲（摩肯）增加到 38088 甲。[4]这比荷据台湾时期蔗园种植面积最高峰的 1837 摩肯（1656）增加了近 20 倍。根据高拱乾《台湾府志》记载，1713 年以前，台湾有榨糖的蔗车 75 架；1713 年，台湾的蔗车增加到 99 架；《续修台湾府志》记载，1764 年，台湾的蔗车增加到 369 架。[5]这反映出 18 世纪上半叶台湾蔗糖业的发展速度是非常惊人的。关于台糖产量缺乏准确记录。据康熙三十六年成书的《裨海纪游》记述："台人植蔗为糖，岁产二三十担。"[6]《台海使槎录》记载，台湾"三县每岁所出蔗糖约六十余

1　永積洋子『唐船輸出入品数量一覧 1637～1833 年：復元唐船貨物改帳・帰帆荷物買渡帳』 348 頁。

2　永積洋子『唐船輸出入品数量一覧 1637～1833 年：復元唐船貨物改帳・帰帆荷物買渡帳』 96～100 頁。

3　高拱乾:《台湾府志》卷 10，成文出版社，1983。引自阮思华《清代台湾制糖业的发展》，《华南农业大学学报・社会科学版》2004 年第 2 期，第 146 页；陈学文《论明清时期粤闽台的蔗糖业》，《广东社会科学》1991 年第 6 期，第 30 页。

4　引自阮思华《清代台湾制糖业的发展》，《华南农业大学学报・社会科学版》2004 年第 2 期，第 146 页。

5　引自林满红《台湾茶、糖、樟脑的出口及生产分析》，台湾研究丛刊，第 29 集；阮思华《清代台湾制糖业的发展》，《华南农业大学学报・社会科学版》2004 年第 2 期，第 145 页。

6　郁永河:《裨海纪游》，成文出版社，1983。引自阮思华《清代台湾制糖业的发展》，《华南农业大学学报・社会科学版》2004 年第 2 期，第 147 页。

万篓，每篓一百七八十斤，乌糖每百斤价银八九钱，白糖每百斤价银一两三四钱"。[1] 两种糖以平均每百斤（斤）价一两，则台湾每年输出蔗糖货值 105 万两以上。据康熙末年成书的《赤嵌笔谈》记述，台糖"色赤而松者于苏州发卖；若糖湿色黑，于上海、宁波、镇江诸处行销"。"全台仰望资生，四方奔趋图息，莫此为甚。"[2] 由此可见，在康熙年间制糖业已成为台湾的支柱产业。台湾蔗糖行销大陆，换回台湾民生所需的大陆产各种生活用品，台湾与大陆形成良好的商品经济交流。台湾的蔗糖经济得以确立。

（二）爪哇岛糖业的兴起和发展

17 世纪初，东南亚的甘蔗主要还是野生的，人们只是将它们当糖果咀嚼，但不会榨糖。[3] 巴达维亚城建立后，由于糖供不应求，于是荷兰殖民者在其"领地"内鼓励种植甘蔗，特别是支持中国人移民爪哇岛，植蔗榨糖。[4] 据《东印度事务报告》（VOC 1077, fol.8）记述，早在 1622 年 12 月，荷印公司的"格罗尼根"号（Groningen）船从漳州经澎湖运载 176 名华人到巴城。[5] 这是目前所见有关荷兰人运载华人到巴城的最早记载。此后，巴达维亚城的华人增加很快。1629 年，巴城的华侨不过 2000 人；到了 1720 年，据估计巴达维亚市内华侨已有 6 万人，市外有 4 万人。[6]

荷兰东印度公司极力利用华侨来统治印尼当地人，因为华侨富

1　黄淑璥：《台海使槎录》卷 3，成文出版社，1983；蒋毓英等：《台湾府志三种》，第 2257 页。引自阮思华《清代台湾制糖业的发展》，《华南农业大学学报·社会科学版》2004 年第 2 期。

2　《赤嵌笔谈》，引自高拱乾《台湾府志》卷 17。转引自陈诗启《郑成功驱逐荷兰前后台湾的社会经济》，《厦门大学学报·哲学社会科学版》1962 年第 1 期，第 124 页。

3　David Bulbeck, Anthony Reid, Lay Cheng Tan, and Yiqi Wu, *Southeast Asian Exports since the 14th Century: Cloves, Pepper, Coffee, and Sugar*, p.107.

4　布赛尔：《东南亚的中国人》第 38 章，《南洋问题资料译丛》1958 年第 C1 期，第 113 页。

5　程绍刚译注《荷兰人在福尔摩莎（1624～1662）》，第 18 页。

6　D.M.Campbell, *Java, Past and Present*, Vol.1, p.140. 引自福田省三《荷属东印度的华侨》，李述文等译，《南洋问题资料译丛》1963 年第 2 期，第 1～2 页。

裕且有才智。为此，荷印公司对华侨采取了一系列笼络、宽松的政策。1620 年，巴达维亚总督库恩在巴达维亚城为华侨开辟特区，创立华人"侨长制度"以加强税收管理和治安管理。从有威望的华侨当中选拔头领，称其为甲必丹，赋予其征收华侨租税的权利，把所征租税的 8% 作为甲必丹的收入；赋予甲必丹民事、刑事裁判权。苏鹤岗是首任甲必丹。[1] 1644 年，为了更好地管理巴达维亚的税收和刑事案件，又成立了一个"七人委员会"，由 4 名荷兰人、3 名华人组成，每星期集会两次，审理民事小案件，其判决经长官（总督）和评议会认可即可生效。[2] 在外领（爪哇以外）地区，也往往委托华侨经营盐田或让他们承包各种捐税，例如在廖岛（Riouw）的胡椒税、林产品的"什一税"、渡口和水闸通行税等。[3]

最初，华人先在万丹附近种植甘蔗、制糖。后来，为便于控制，荷兰人要求华人迁移到巴达维亚周边种植甘蔗。[4] 为了鼓励华人发展制糖业，安心在爪哇岛上的巴达维亚、万丹等地种蔗制糖，荷兰人采取了一系列鼓励措施。

（1）实行免税政策。华人杨昆（Jan Kong，又译容观）是最早在巴城种植甘蔗的人。1637 年 11 月 7 日，荷兰东印度公司发出告示，免除杨昆 10 年的蔗糖税。同时，对其他中国制糖业者，也准许他们自由采伐森林作为燃料之用。不过，他们所生产的糖要全部按照公司规定价格卖给公司。荷兰殖民当局还豁免了巴达维亚市内外水果和作物的"什一税"。[5]

（2）颁布法令，保护甘蔗生产。1636 年 6 月 18 日，荷兰东印度公司发出通告，禁止破坏巴达维亚市外的甘蔗种植。1642 年，规定如

1　福田省三：《荷属东印度的华侨》，李述文等译，《南洋问题资料译丛》1963 年第 2 期。

2　村上直次郎原译，郭辉中译《巴达维亚城日记》第 2 册，第 428 页。

3　福田省三：《荷属东印度的华侨》，李述文等译，《南洋问题资料译丛》1963 年第 2 期。

4　David Bulbeck, Anthony Reid, Lay Cheng Tan, and Yiqi Wu, *Southeast Asian Exports since the 14th Century: Cloves, Pepper, Coffee, and Sugar*, p.107.

5　长冈新治郎：《十七、十八世纪巴达维亚的糖业与华侨》，《南洋资料译丛》1983 年第 3 期；福田省三：《荷属东印度的华侨》，李述文等译，《南洋问题资料译丛》1963 年第 2 期。

果砍伐或移植市外的甘蔗或农作物，将处以 12 个月的强制劳动。

（3）用预支货款的方式，扶持榨糖厂生产。如 1637 年，荷兰东印度公司预支款项给制糖商人等。不过，制糖厂所生产蔗糖，必须按照限价卖给荷兰东印度公司。

（4）荷印公司为了吸引华人种植稻米和甘蔗，于 1648 年 9 月给予侨居巴达维亚的中国人特殊待遇，把每个月的人头税从 1.5 里亚尔降为 0.5 里亚尔，比原来减少 2/3，以吸引更多华人来爪哇岛种稻植蔗并在巴城生活。[1]

据韩振华研究，17 世纪中期，在巴达维亚一名种蔗劳动力一年的产值平均仅 6 担蔗糖。制糖者与种蔗者各分其半，则一名种蔗者一年仅得 3 担，每担糖如以 6 里耳（5.4 两银）计，一年仅得 18 里耳。1648 年 9 月以前，种蔗者每人每月缴 1.5 里耳人头税，一年一人应缴 18 里耳，种蔗的中国人把一年的全部收入尽数缴纳人头税，生活费都没着落了。如果糖价下降，每担降到 6 里耳以下，则种蔗的中国人即使把全部收入缴人头税也不够，还要负债才能缴清当年应缴的人头税。[2] 如此高的人头税，势必影响中国人到巴达维亚种蔗的意愿。

所以，巴城荷兰殖民当局不得不降低人头税，每人每月人头税降至 0.5 里耳。在每担糖卖 6 里耳的情况下，一名种蔗者辛劳一年，可有 12 里耳的收入。利之所至，自然会刺激一些华人南来，从而使巴城种蔗榨糖的劳力增加，蔗糖产量大幅提升。据《葛剌巴传》记载："至顺治年（指顺治五年或六年，即 1648 年或 1649 年——引注），福建同安人，多离本地往葛剌巴贸易耕种。"[3] 在未减收人头税的

1　长冈新治郎：《十七、十八世纪巴达维亚的糖业与华侨》，《南洋资料译丛》1983 年第 3 期；布赛尔：《东南亚的中国人》第 38 章，《南洋问题资料译丛》1958 年第 C1 期，第 113 页。

2　韩振华：《荷兰东印度公司时代巴达维亚蔗糖业的中国人雇工》，《南洋问题研究》1982 年第 2 期，第 34 ~ 35 页。

3　佚名：《葛剌巴传》，《小方壶斋舆地丛钞》第 10 帙，并见魏源《海国图志》卷 13 "噶喇吧"。引自韩振华《荷兰东印度公司时代巴达维亚蔗糖业的中国人雇工》，《南洋问题研究》1982 年第 2 期，第 35 页。

1648/1649年度，巴达维亚的蔗糖产量原为245000磅（合近2000担）；[1]
减收人头税以后的1649/1650年度，巴城蔗糖收成598221磅（将近
5000担）。短短一年，产量突增近1.5倍，这应该是减税政策刺激中
国人南下巴城种蔗榨糖的结果。因为1648年4月宣布（自该年9月
开始施行）减收人头税之时，正是在巴达维亚的中国船趁西南季风开
始返航中国之际，消息传开，当年年底趁东北季风由中国南下的中国
船，就有可能运载中国人来巴达维亚种植甘蔗。

　　1650年11月1日，巴达维亚荷兰殖民政府又发出公告称，免除
全部华人的人头税，以此刺激中国人来巴达维亚种蔗榨糖。此后，巴
城的甘蔗种植面积大幅增加，糖产量也随之大增。

　　在荷兰殖民者的直接鼓励或间接刺激下，爪哇岛上巴达维亚、万
丹等地的蔗糖种植、制糖业有了很大的发展。1637年前后，华人杨
昆在巴城附近建成了印尼第一座糖坊，开始榨糖。当年巴达维亚所
产的糖仅有12吨，折合198.7担，除满足本地消费，几乎没有多少
剩余产品可供出口。[2] 30年代后期，爪哇岛的蔗糖产量不断增加，荷
兰东印度公司开始将爪哇岛出产的蔗糖运往欧洲。据《东印度事务报
告》（VOC 1179，fol.139）文档记述，1650年巴达维亚一带干燥少雨，
其中有三四个月无雨，蔗农损失严重，但仍收获蔗糖768600磅，[3] 约合
6286.2担。1652年，巴达维亚地区的蔗糖产量，日本学者长冈新治郎
估测有146.4万磅（11712担），[4] 韩振华和蔡振翔估测有150万磅（12000
担），[5] 比1648/1649年度的糖产量增长了5倍，比1637年增长了近60倍。
与此同时，甘蔗种植也沿爪哇岛西北海岸扩展到爪哇岛东部的三宝垄
等地。

　　D. 布尔贝克等估计，1648年，爪哇全岛糖产量是288吨（4768

1　Kristof Glamann, *Dutch-Asiatic Trade, 1620–1740*, p.156.

2　蔡振翔：《十七至十八世纪巴达维亚华侨的蔗糖业》，《八桂侨史》1991年第1期。

3　程绍刚译注《荷兰人在福尔摩莎（1624～1662）》，第320页。

4　长冈新治郎：《十七、十八世纪巴达维亚的糖业与华侨》，《南洋资料译丛》1983年第3期。

5　韩振华：《荷兰东印度公司时代巴达维亚蔗糖业的中国人雇工》，《南洋问题研究》1982年第2期，
第35页；蔡振翔：《十七至十八世纪巴达维亚华侨的蔗糖业》，《八桂侨史》1991年第1期。

担），1651 年为 600 吨（9934 担），1652 年是 741 吨（12268 担）。[1]这个估值包括万丹、巴城等爪哇岛全境的糖产量，所以比长冈新治郎、布赛尔等人的估值高一些。

随着制糖业的发展，巴达维亚地区的制糖坊数量也快速增长。1652 年，巴城的制糖坊增至 20 家，平均一座糖坊年产糖 600 担。1659 年，巴城的糖坊有 22 ~ 23 家，年产 13200 ~ 13800 担糖。当时一家糖坊有 100 人左右（其中包括煮糖的华侨雇工与种蔗的土著雇工）。[2]巴达维亚蔗糖产量至此达到高峰。

在 1656 年以前，随着巴达维亚蔗糖产量的迅速增加，该地出口的糖量也快速增长。据 D. 布尔贝克等学者估算，1631 ~ 1640 年，荷兰人从爪哇运往欧洲的糖年均仅 75.1 吨。到 17 世纪 40 年代中期，爪哇出口到欧洲的糖猛然增加。1645 年，从巴达维亚出口到欧洲的糖达 1276 吨，1647 年高达 1725 吨，1649 年降至 444 吨。一般认为，1645 ~ 1655 年荷兰人每年从爪哇运往欧洲的糖在 500 ~ 1700 吨之间波动（见表 5-30）。[3]看来在 40 年代，巴城糖仍不足出口之需。巴城出口的糖，有许多是从中国大陆和台湾运来的。《东印度事务报告》记述，1643 年 11 月 3 日，大员经澎湖运到巴城 1403 箱和 267 篓（或 3880 担，234352 公斤）冰糖，价值 45116.16 弗罗林。[4]这些来自大员的冰糖应该向西转运到了波斯等地。1643 年 11 月，大员的荷印公司总管拉·麦尔为温古尔拉、苏拉特和波斯运去 4000 担糖，其中 2700 担由台湾赤嵌提供。[5]1647 年 3 月，大员帆船经东京（河内）抵巴城，运去 967 担砂糖；11 月底，自大员运砂糖 288900 斤抵达巴城，这批

1　David Bulbeck, Anthony Reid, Lay Cheng Tan, and Yiqi Wu, *Southeast Asian Exports since the 14th Century: Cloves, Pepper, Coffee, and Sugar*, p.114.

2　蔡振翔：《十七至十八世纪巴达维亚华侨的蔗糖业》，《八桂侨史》1991 年第 1 期。

3　David Bulbeck, Anthony Reid, Lay Cheng Tan, and Yiqi Wu, *Southeast Asian Exports since the 14th Century: Cloves, Pepper, Coffee, and Sugar*, p.114.

4　程绍刚译注《荷兰人在福尔摩莎（1624 ~ 1662）》，第 247 页。

5　程绍刚译注《荷兰人在福尔摩莎（1624 ~ 1662）》，第 248 页。

糖准备运往荷兰。[1]

D. 布尔贝克等统计了 1630 ~ 1789 年东南亚等地蔗糖年均出口量。他们的统计尽管有疑问，但可以看出蔗糖出口量变化的基本趋势（见表 5-30）。

表 5-30　1630 ~ 1789 年东南亚等地蔗糖年均出口量

单位：万公斤

年份	中南半岛地区	爪哇	东南亚合计
1630 ~ 1639	30	10	40
1640 ~ 1649	40	150	190
1650 ~ 1659	45	162	210
1660 ~ 1669	45	73	120
1670 ~ 1679	50	113	165
1680 ~ 1689	45	98.5	145
1690 ~ 1699	20	99.1	120
1700 ~ 1709	20	217	250
1710 ~ 1719	30	308	340
1720 ~ 1729	30	347.9	380
1730 ~ 1739	100	362.9	470
1740 ~ 1749	120	202.5	323
1750 ~ 1759	120	368	490
1760 ~ 1769	120	738.7	860
1770 ~ 1779	60	381.5	445
1780 ~ 1789	60	255	420

资料来源：David Bulbeck, Anthony Reid, Lay Cheng Tan, and Yiqi Wu, *Southeast Asian Exports since the 14th Century: Cloves, Pepper, Coffee, and Sugar*, p.117。

从表 5-30 可以看出，从 17 世纪 40 年代开始，爪哇岛输出的糖超过中南半岛，这说明荷兰人在巴达维亚地区鼓励制糖业发展的成效显著；

---

[1]　程绍刚译注《荷兰人在福尔摩莎（1624 ~ 1662）》，第 288、293 页。

自 18 世纪初开始，爪哇输出的糖大幅增加。这些糖主要输往荷兰、日本和波斯。如果表 5—30 统计的是每 10 年的输出总值，则 1630 ~ 1789 年爪哇岛出口的蔗糖总计有 3887.1 万公斤（78686234.8 荷磅，629489.9 担），其中 1630 ~ 1699 年出口糖 705.6 万公斤，1680 ~ 1709 年有 414.6 万公斤（83927125.6 磅），1700 ~ 1789 年有 3181.5 万公斤。综合 K. 格拉曼、岩生成一等的统计，1679/1680 ~ 1708/1709 年，巴城共输出巴城糖（粉糖）66415895 磅（K. 格拉曼统计仅有 51726570 磅）、巴城糖果 8102347 磅、输出孟加拉粉糖 5715599 磅、孟加拉果 43160 磅，以上总计 80277001 磅（合 642216 担），这比 D. 布尔贝克等的统计额（83927125.6 磅）低了 3650124.6 磅（1803161.6 公斤，29201 担）。显然，D. 布尔贝克等的统计值偏高了，K. 格拉曼的统计数据太低了。于是，中南半岛价格低廉的糖补充进来，出口量急剧增加。

　　17 世纪 50 年代后期，巴城制糖业的危机开始酝酿。巴城制糖业的危机来自三个方面。一是欧洲市场蔗糖价格的下跌。1656 年，荷印公司大幅缩减巴城糖的采购量。十七人董事会下令，从当年起荷印公司每年只订购巴城糖 5 万磅（约 400 担），仅及巴城糖年产量的 1/30 左右。二是荷印公司加大对中国人的剥削。为了保持更高的利润，荷印公司不断下调巴城蔗糖的收购价格。每担白糖的收购价格由 5 里耳下调至 3 ~ 4 里耳。在巴城从事制糖业的中国人和当地蔗园雇工遭受极大损失。尽管中国人屡次向荷兰东印度公司交涉，要求提高蔗糖的收购价，始终无果。此外，这个时期巴达维亚城的物价普遍高涨，使种蔗制糖的中国人生活大受物价上涨的影响和打击。三是巴城的荷兰殖民当局宣布，自 1658 年开始，对巴城的中国人所征人头税上涨到每人每月 1 里耳；蔗农雇用的工人（一般是 1 名蔗农雇用 10 人）由蔗农负责征收人头税。[1] 这使在巴城从事制糖业的中国人无法生存，大批华人想方设法逃离爪哇回国。巴达维亚地区的制糖业遭到重创。

1　韩振华：《荷兰东印度公司时代巴达维亚蔗糖业的中国人雇工》,《南洋问题研究》1982 年第 2 期，第 36 ~ 37 页。

1660 年巴城的榨糖坊由 22 ~ 23 座下降为 8 ~ 10 座。[1]

　　1662 年后，随着荷兰人退出台湾，荷兰人控制的糖源减少，巴城糖价逐渐恢复。加上巴城荷印当局放松了对华人的盘剥，到 70 年代巴达维亚制糖业恢复到 50 年代 2/3 的水平，荷兰东印度公司将巴达维亚蔗糖大量运往波斯、日本贩卖。荷兰人输往长崎的巴城糖大幅增加。当巴达维亚蔗糖供应不足时，荷兰东印度公司也从孟加拉等地收购价格低廉的蔗糖送往波斯、日本。不过，波斯人也在波斯从事孟加拉糖的买卖，在波斯和印度西北部孟加拉糖挑战爪哇糖的销售。1675 年，巴达维亚荷兰殖民政府抱怨说，波斯人经营的孟加拉糖太多，从而影响到荷印公司在波斯的糖贸易。[2] 荷印公司也不得不加大孟加拉糖的销售。1672 ~ 1674 年荷印公司 14 艘船输往日本的孟加拉糖有 1498698 磅（11989.6 担，合 740356.8 公斤）。[3] 1680 ~ 1688 年，波斯商馆出售了 500 万磅孟加拉粉糖。从 80 年代末开始，巴城糖逐渐在波斯市场取得优势地位，销售趋于正常。[4]

　　1677 年，加拉磺连同其大量的爪哇人口归巴达维亚殖民政府管辖；1683 年，巴城与万丹缔结长期和约，从而开始了一个发展农业的新纪元。加上 1684 年清政府开放海禁，华人和东南亚贸易得以恢复，给华人劳工移民巴城创造了条件。从中国来的、停靠在巴城港口的中国帆船数量，从每年的三四艘增加到 20 多艘。数以千计的移民蜂拥而至。[5]

　　华人源源不断地到来，促进了巴城制糖业的复苏。1686 年爪哇岛的糖厂已达 36 座。1710 年，巴达维亚附近榨糖厂达到 130 座。[6] 所以，

1　蔡振翔：《十七至十八世纪巴达维亚华侨的蔗糖业》，《八桂侨史》1991 年第 1 期；韩振华：《荷兰东印度公司时代巴达维亚蔗糖业的中国人雇工》，《南洋问题研究》1982 年第 2 期。

2　Kristof Glamann, *Dutch-Asiatic Trade, 1620–1740*, p.159.

3　C. R. Boxer, *Dutch Merchants and Mariners in Asia, 1602–1795*, pp.184–195.

4　Kristof Glamann, *Dutch-Asiatic Trade, 1620–1740*, p.159.

5　参见廖纳德·包乐史《1619 ~ 1740 年的巴达维亚：一个华人殖民城的兴衰》（下），熊卫霞、庄国土译，《南洋资料译丛》1992 年第 2 期。

6　长冈新治郎：《十七、十八世纪巴达维亚的糖业与华侨》，《南洋资料译丛》1983 年第 3 期；布赛尔：《东南亚的中国人》第 38 章，《南洋问题资料译丛》1958 年第 C1 期，第 108 ~ 116 页；David Bulbeck, Anthony Reid, Lay Cheng Tan, and Yiqi Wu, *Southeast Asian Exports since the 14th Century: Cloves, Pepper, Coffee, and Sugar*, p.109.

我们从表 5-30 的统计数据可以看到，从 1700 年开始，巴城的蔗糖出口量井喷式增长，1700 ~ 1709 年，蔗糖出口达 217 万公斤，比 17 世纪 60 年代增长了近 2 倍，比 17 世纪 80、90 年代增长了一倍多。历史学家 F. 汉恩（F. de Haan，著有《老巴城》）指出，"巴城最繁荣的时期应在 1690 ~ 1730 年之间，到 1730 年，（荷兰东印度）公司的衰落已初见端倪"。[1]

大量华人劳工的涌入，使当地人工作机会减少，并引发社会动荡等问题。18 世纪初，巴城荷兰殖民当局开始限制华人入境，并规定华人必须办理申请和批准手续才能进入，但收效甚微。华人雇主通过向官员行贿的方式继续引入华人劳工。到 1719 年，巴达维亚城内华侨人口已从初建时的 800 余人增至 4068 人，郊区华人则达 7550 人。[2] 这些华人几乎都依赖制糖业谋生，一旦巴城制糖业衰落，他们将无以为生。

1720 年，在欧洲蔗糖市场，巴城糖面临更便宜的巴西蔗糖的激烈竞争，爪哇的许多甘蔗农场主破产，社会开始动荡。荷兰殖民者不寻求解决之道，简单地把社会动乱的原因归于华人。1740 年 10 月 9 日，荷兰殖民者以搜查军火为名，在巴达维亚城内挨户搜捕华侨，不论男女老幼，抓到便杀，对华侨进行血腥洗劫。屠杀持续了 7 天，城内华侨被杀超过万人，侥幸逃出者仅 150 人，被焚毁和劫掠的华侨房屋达六七百间，财产损失无法估计。史称"红溪惨案"。城外华侨在黄班指挥下，与荷军激战，伤亡千余人，后转战中爪哇，斗争持续到 1743 年。[3]

红溪惨案导致许多华人逃离巴城，大批甘蔗园和糖坊被废弃，产糖量大幅减少。18 世纪 40 年代爪哇出口砂糖大幅下降，在 1741 年，

1　参见廖纳德·包乐史《1619 ~ 1740 年的巴达维亚：一个华人殖民城的兴衰》（下），《南洋资料译丛》1992 年第 2 期，第 83 页。

2　W. J. 卡德：《中国人在荷属东印度的经济地位》，黄文端、王云翔等译，《南洋问题资料译丛》1963 年第 3 期，第 7 页。

3　参见许天堂、龙力《印尼 1740 年屠杀华人事件》，《东南亚研究》2004 年第 4 期。

仅有 76.7 万磅（6136 担）糖出口荷兰。1742 ~ 1748 年，巴城的蔗糖出口贸易陷于停顿。1750 年前后，巴城的蔗糖生产环境才好转。1750 年底，巴城荷兰殖民当局总督穆舍尔（Mossel）预计今后 10 年巴城每年出口粉糖 180 万磅到日本，出口苏拉特 360 万磅、波斯 160 万磅、马拉巴尔 100 万磅。不过，他的预计太乐观了，1751 ~ 1760 年，巴城出口上述地区的蔗糖总计仅有 645 万磅。1751 ~ 1757 年，每年从巴城出口到荷兰的糖通常只有 50 万 ~ 100 万磅，总计在 350 万 ~ 700 万磅；1758 ~ 1762 年每年出口到荷兰的糖激增到 200 万磅以上。此后，蔗糖成为荷印公司在亚洲销售的主要商品。[1] 据此推算，1741 ~ 1762 年，巴城出口到荷兰的糖有 1476.7 万磅（118136 担），以每百磅平均获利 8.1 两计，可获利 1196127 两；1751 ~ 1760 年，巴城出口到亚洲市场的蔗糖总计 645 万磅（51600 担），以每担获利 5 两计，可获利 258000 两。

必须指出的是，在 17 世纪 40 ~ 50 年代，从巴城运往波斯和荷兰的蔗糖有许多来自爪哇岛外的中国大陆和台湾以及暹罗、孟加拉等地，不全是巴城本地生产的。

六　亚洲蔗糖贸易的影响

长达 2 个多世纪的蔗糖贸易，既是这个时期亚洲区间贸易的重要内容，又推动了亚洲区间贸易的发展。在蔗糖贸易高额利润的驱动下，台湾、巴达维亚的蔗糖业迅速发展起来，两地发展成亚洲蔗糖贸易的中心。围绕着甘蔗的种植和蔗糖的榨取、销售，中国闽、粤、台地区和以巴达维亚为中心的爪哇岛及孟加拉等地形成蔗糖经济带，这些地区原有的经济模式和生产关系发生改变，给清代中国和东南亚地区的经济和社会发展带来深刻的影响。随着大片甘蔗园的建立，在台湾和爪哇岛形成了以甘蔗经济为中心的商品经济和新型的土地租赁关

1　Kristof Glamann, *Dutch-Asiatic Trade, 1620-1740*, p.166.

系，还形成了订单式商品生产，原来的封建生产关系瓦解了。由于波斯、日本对蔗糖的旺盛需求，蔗糖在上述地区非常畅销，可与当地的贵金属（银、铜）和产品交换，蔗糖有了等价交换的属性。蔗糖贸易的高额利润，使大量白银流入中国，也使荷印公司赚取了大量白银，缓解了公司的银荒和流动资金不足的问题。

（一）对中国社会的影响

首先，亚洲蔗糖贸易的兴盛，促进了中国闽、粤、台地区蔗糖经济带的形成。据《天工开物》载："凡甘蔗有二种，产繁闽广间，他方合并，得其十一而已。"[1]《天工开物》成书于明崇祯年间，此时的闽粤两省在甘蔗种植规模上已经占了全国的十分之九，由此可见，在明末的福建和广东已经形成面向国内外市场的甘蔗种植基地。福建蔗糖生产基地的实际形成时间要更早，大约在明代中后期。据明人王应山《闽大纪》载："糖产诸郡，泉、漳为盛，有红有白及冰糖。商贩四方货卖。""种蔗皆漳南人，遍山谷。"[2] 在明清之际，一个以福州为中心，经侯官靠东沿海向南往莆田，再经闽南至泉州、漳州、漳浦沿海一带的甘蔗种植区域逐步形成。[3]

其次，随着闽、粤、台地区蔗糖经济带的形成，这些地区的商品经济得以迅速发展。明清以来，种蔗榨糖成为闽、粤、台地区一个很大的产业，甘蔗种植业已呈商品化生产的发展趋势。在福建和珠江三角洲等地农村，种蔗榨糖和植桑养蚕与传统农业不相上下。地主纷纷收回租田，改用雇工大量种植甘蔗，遂使传统的经营方式发生变化，经营地主也普遍出现，他们把农业作为生业来经营，生产的目的并非

1　宋应星：《天工开物》，江苏广陵古籍刻印社，1997，第 195 页。

2　王应山：《闽大纪·食货考》卷 11，福建社会科学院藏抄本，引自林诗维《近代西爪哇华人蔗糖业探源——兼论福建蔗糖业对巴达维亚蔗糖业的影响》，《西南民族大学学报·人文社会科学版》2013 年第 4 期，第 193 页。

3　周正庆：《中国糖业的发展与社会生活研究——16 世纪中叶至 20 世纪 30 年代》，上海古籍出版社，2006，第 81 页。

自给，而是盈利，即进行农业的专业化生产和商品化生产。[1]这促使制糖业发展的地区封建土地制的瓦解。

这样，在福建、广东沿海地区和台湾就形成了一个蔗糖经济带。中国蔗糖的外销，一方面刺激国内糖业的发展，另一方面促使蔗糖经济带逐渐扩展到日本、东南亚和波斯等地。

最后，中国蔗糖对外贸易为中国换回了大量的日本和美洲白银，华商通过蔗糖贸易获利丰厚。蔗糖贸易换回的大量白银，加速了中国白银货币化进程和东南沿海（包括台湾地区）商品经济的发展。

以 17 世纪为例，中国出口蔗糖应不少于 990581.66 担，货值约346.7 万两银，这些蔗糖出口所获得的白银几乎都留在中国；1631 ~ 1699 年，唐船输入日本的各类砂糖和冰糖数量约 709087 担，在日本售出每担获利平均 3.3 两，共计 2339987 两，估测其中约 75%（约1754990 两）换成银两运回中国。这样，17 世纪中国通过蔗糖外销，使约 522.2 万两白银流入中国。

（二）对中国台湾社会和经济发展的影响

荷兰占据台湾期间，以台湾作为其在亚洲贸易的中转站，将台湾发展成亚洲区间贸易网络的中心之一，作为国际转口贸易的集散地。东南亚产的胡椒、檀香木等及日本和荷兰的白银通过台湾转销大陆，大陆的蔗糖、生丝和丝织品、布匹、茶叶等通过台湾转运到日本、苏拉特、波斯和荷兰等地，台湾与世界的联系日益密切，成为世界贸易体系中的重要节点。

在占据台湾期间，荷兰人为了获取中国货物、拓展东亚贸易，想尽办法吸引中国商船载货赴台交易，他们"设市于台湾城外，泉、漳（州）之商贾始接踵而至焉"；[2]他们还"开辟泉州河及该河与大员湾

1　陈学文：《论明清时期粤闽台的蔗糖业》，《广东社会科学》1991 年第 6 期；李庆新：《明代海外贸易制度》，第 501 ~ 504 页。

2　蒋毓英：《台湾府志》卷 1《沿革志》，引自林仁川、黄福才《台湾社会经济史研究》，第 214 页。

（安平）间之航路"，派遣船只"前往福州调查可否在该地进行贸易"，并多次争取与明朝政府开展正式的官方贸易，争取"在适当条件下，订立开始贸易之协定"。[1]这样，台湾与大陆之间的航运日益畅通，两地之间的经济交往和联系日益频繁和紧密。

在荷兰东印度公司一系列奖励政策及措施的支持下，台湾的制糖业发展起来。从 1638 年到 1661 年，荷印公司从台湾运往波斯的蔗糖数量远远多于从巴城运往波斯的，台湾成为荷印公司的供糖基地。随着蔗糖贸易的开展，台湾的大量土地得到开垦，甘蔗种植园的面积不断扩大，1645 年甘蔗种植面积 612 摩肯，1657 年扩大到 1668 摩肯。同时，与种蔗制糖业相配套的公共设施如医院、道路等也得到了相应的发展。不过，荷兰在台湾发展糖业的过程充分暴露了殖民者的本质属性，镇压台湾民众的反抗，掠夺当地居民的土地及资源，侵吞他们的财产。

随着台湾蔗糖业的发展，大批大陆居民移居台湾，他们带去大陆先进的植蔗种稻和牛耕技术，开垦了大面积的土地，加快了台湾发展的步伐。如前述，在荷据台湾时期，荷印公司把土地出租给蔗农，收取租金。郑成功收复台湾以后，这种土地租赁模式大体延续下来。台湾形成了近代的土地耕作制度。17 世纪中叶以后，制糖业发展成台湾的支柱产业，台湾财政和民生依赖蔗糖而生存，台湾的蔗糖经济得以确立。台湾蔗糖行销大陆，换回台湾民生所需的大陆产各种生活用品，台湾与大陆形成良好的商品经济交流，台湾与大陆的经济联系不断加强。

据不完全统计（见表 5-28），1636 ~ 1661 年，台湾糖产量为151726.8 ~ 154726.8 担，收购价折合白银为 740379 ~ 751179 两。这些银两都被台湾蔗农所分享，推动了当地社会经济的发展。在荷据台湾时期，台糖销往日本的数量不足产量的 1/4，大量的台糖被运往利润较高的波斯和荷兰出售。

1　村上直次郎原译，郭辉中译《巴达维亚城日记》第 1 册，第 62 页；林仁川、黄福才：《台湾社会经济史研究》，第 214 页。

（三）对巴达维亚社会和经济发展的影响

巴达维亚是荷兰东印度公司在亚洲贸易的大本营，荷兰人以巴达维亚为中心在亚洲维持了近两百年的贸易。17 世纪 60 年代后，巴城成为荷兰东印度公司蔗糖贸易的唯一中心，大量的巴城糖由荷兰船销往欧洲、亚洲市场，荷兰人由此赚取了巨额利润。同时，蔗糖贸易的开展对巴达维亚的社会发展和经济发展也产生了较大的影响。

第一，蔗糖贸易的开展有利于巴城土地的开发及经济的发展。荷兰人初到巴城时发现"巴达维亚周围都是荒地，似乎很难进行耕种"。[1] 17 世纪初的巴达维亚人口稀少，荷兰人到来时，该地只有 1000 多人，野兽横行，仍是一片荒芜之地。[2] 随着蔗糖贸易的开展，荷兰人招揽大量的中国人前来巴城，参与土地的开发和商业的发展。1665 年在巴城逗留的纽贺夫（J. Nieuhoff）对当时住在巴城的中国人做过如下记述："他们大部分从事于打鱼和耕作，尤其是种稻、种蔗和种玉米。"[3] 移民巴城的华人带来中国先进的植蔗种稻技术，开垦了大面积的土地，加快了巴城发展的步伐。当时巴城的主要建设工程，如运河的挖掘、城墙与房屋的建造，全部由华人杨昆和潘明岩（Bingam）等承包和实施。[4] 例如，甲必丹潘明岩为了便于从巴城郊外将木柴运到自己所经营的糖坊，在查卡莫月路（Ji Jaga Monyet）至大港唇路之间开辟了一条叫明岩渠的运河。[5] 这条运河的开辟加强了城区和城郊的物资交流，为城郊经济的发展提供了条件。制糖业的发展，还在一定程度上

1　长冈新治郎：《十七、十八世纪巴达维亚的糖业与华侨》，《南洋资料译丛》1983 年第 3 期，第 101 页。

2　林金枝：《明代中国与印度尼西亚的贸易及其作用》，《南洋问题研究》1992 年第 4 期。

3　约翰·纽贺夫：《东印度的非凡航行和旅行》，转引自温广益、蔡仁龙、刘爱华、骆明卿编著《印度尼西亚华侨史》，第 96 页。

4　参见廖纳德·包乐史《1619 ~ 1740 年的巴达维亚：一个华人殖民城的兴衰》（上），《南洋资料译丛》1992 年第 1 期，第 94 页。

5　温广益、蔡仁龙、刘爱华、骆明卿编著《印度尼西亚华侨史》，第 101 页。

解决了部分巴城人民的生计问题。"大多数巴达维亚人以生产蔗糖为生。"[1] 随着巴城制糖业的兴盛，巴城大量荒芜土地得到开垦，经济繁荣，人口增加，巴城的城市化进程加快。

第二，蔗糖贸易的开展，推动了巴城制糖业的发展。巴达维亚土地肥沃，气温湿度都非常适合甘蔗的种植。"自古以来爪哇就有甘蔗种植，荷兰人来到爪哇的时候，爪哇的制糖业和印度尼西亚的其他地方一样，只是用土法提炼蔗汁。"[2] 大批中国移民涌入巴城，把中国的种蔗经验和制糖技术（水力和畜力榨糖机的运用）带到巴城，推动了这一地区制糖业的发展。1637 年巴城出现第一家糖坊，新兴的制糖工业由此开始。1710 年巴城及其附近地区的糖坊增至 130 家（或 131 家），[3] 产量较之前也有了很大的提高，巴城一跃成为这一时期世界上最为主要的产糖区，形成蔗糖经济区。

第三，制糖业的发展导致巴达维亚人口结构和社会文化的变化。

随着巴达维亚制糖业的兴起，许多中国人迁居巴城。这些从事糖业的华人，大多来自福建地区。华人侨居巴城，改变了当地的人口结构和社会文化。1674 年，巴达维亚的成年华人人口总数 2300 余人，其中一半以上从事种蔗制糖。[4] 这些早期侨居巴城的华人大多来自福建同安县，他们带来福建的制糖技术，在巴城开设糖厂，荷兰东印度公司跟他们签订收购蔗糖的合同。这些华人糖厂由于需要大量的劳动力，因此厂主们又雇用了不少新来的华人移民到工厂从事蔗糖的生产，这样不但解决了华人新移民的生计问题，还能够吸引和带动其他华人到来。也就是说，17 世纪中后期西爪哇的蔗糖业是一项以福建同

1　Els M. Jacobs, *Merchant in Asia: The Trade of the Dutch East India Company during the Eighteenth Century*, Leiden: CNWS Publications, 2006, p.251.

2　长冈新治郎：《十七、十八世纪巴达维亚的糖业与华侨》，《南洋资料译丛》1983 年第 3 期。

3　Els M. Jacobs, *Merchant in Asia: The Trade of the Dutch East India Company during the Eighteenth Century*, p.252.

4　韩振华：《荷兰东印度公司时代巴达维亚蔗糖业的中国人雇工》，《南洋问题研究》1982 年第 2 期。

安籍华人为主体的产业。[1] 到 1710 年，巴达维亚周边的乡村地区有 131 家作坊，每家作坊都需要大概 200 名技工，其中有大约 60 名通常是华人，因此有不少于 7000 名的华人在该时期从事制糖。[2] 1719 年，巴达维亚城内华人人口已从初建时的 800 余人增至 4068 人，郊区华人则达 7550 人。1725 年，巴达维亚城内的华人人数达到 1 万人。[3] 这些华人移居巴城及其周边地区，带去了中国传统儒家文化，给当地的社会文化注入了新的文化因素和活力。

第四，蔗糖的生产和贸易，推进了巴城和爪哇岛其他甘蔗种植地区近代化的进程。

荷印公司占据巴城后，把侵占的土地出租给华人，建立起近代种植园和近代商业结构。围绕蔗糖的生产、销售和运输，形成了一条产业链，改变了当地的经济结构。由于蔗糖贸易，巴城港与中南半岛、马尼拉、中国东南沿海（包括台湾）、日本长崎、孟加拉、印度、波斯及荷兰的联系日益紧密。

17 ~ 18 世纪的巴达维亚蔗糖业大多仍实行中国传统的家族管理方式，但具体的运作过程却有了很大的变化。迫于国际市场的巨大压力，许多糖厂在荷兰人的推动下，很早就实行工厂化的大作坊生产，某些糖厂甚至实现了部分的机械化，在生产高峰期随时可以增添劳动力、机器设备和役牛的数量。这种经营模式实际上使巴达维亚的蔗糖业初步融入世界资本主义生产和经营体系当中。[4]

长达一个半世纪的蔗糖出口贸易，为巴城地区积累了财富，推动了爪哇岛近代化的进程。1648 年，爪哇全岛糖产量是 288 吨（4768

---

1 何凤娇：《东南亚华侨资料汇编》（一），"国史馆"，1999，第 353 页。引自林诗维《近代西爪哇华人蔗糖业探源——兼论福建蔗糖业对巴达维亚蔗糖业的影响》，《西南民族大学学报·人文社会科学版》2013 年第 4 期。

2 Christine Dobbin, *Asian Industry Minorities: Conjoint Communities in the Making of the World, Economy 1570-1940*, Curzon Press Ltd., 1996, p.54. 引自林诗维《近代西爪哇华人蔗糖业探源——兼论福建蔗糖业对巴达维亚蔗糖业的影响》，《西南民族大学学报·人文社会科学版》2013 年第 4 期。

3 W. J. 卡德：《中国人在荷属东印度的经济地位》，《南洋问题资料译丛》1963 年第 3 期，第 7 页。

4 林诗维：《近代西爪哇华人蔗糖业探源——兼论福建蔗糖业对巴达维亚蔗糖业的影响》，《西南民族大学学报·人文社会科学版》2013 年第 4 期。

担)，1651 年为 600 吨（9934 担），1652 年是 741 吨（12268 担）。[1]
1659 年，巴城的糖坊有 22 ~ 23 家，平均一座糖坊年产糖 600 担，总
计年产 13200 ~ 13800 担糖。[2] 这些糖几乎都出口了，主要运销荷兰、
波斯，少量运往日本。例如，1680 ~ 1709 年荷印公司出售的巴达维
亚粉糖有 51726570 磅（413812.6 担），糖果 8102347 磅（64818.8 担），
年均 15954.4 担；1713/1714 ~ 1734/1735 年巴达维亚出口的粉糖总计
8269 万磅（约合 661520 担），年均 30069 担。据表 5-26，在 17 世纪
80 年代，巴达维亚糖进价平均每百磅 13.5 弗罗林（4.05 两银）。据此
推算，上述糖采购货值 577.2 万两，这些银钱大部分流入巴城蔗农和
糖坊主手里，为制糖业的近代转型提供了资金。

　　第五，蔗糖贸易也带来一定的负面影响。殖民者的本质就是暴力
掠夺，因而荷兰殖民者开展远东贸易一开始就是伴随着掠夺。"荷兰
殖民者侵占印尼的主要目的就是掠夺当地的农产品，在垄断贸易的过
程中攫取巨额利润。"[3] 最为典型的就是荷兰在印尼实行的"强迫供应
制"。所谓"强迫供应制"就是公司强迫属邦订立专利条约以进行剥
削。属邦居民必须种植公司所需要的农作物，并按条约上规定的数量
以极低的价格卖给公司。[4] 蔗糖是当时荷兰东印度公司最为需要的商
品，因而公司就在巴城大力推广甘蔗种植。蔗农和糖坊业主辛苦生产
的糖，被迫以很低的价格出售给公司。蔗糖业发展成爪哇岛的畸形产
业，破坏了印尼社会的合理产业结构。[5]

　　此外，蔗糖贸易的开展还严重破坏了巴城及其附近地区的生态及
环境。据长冈新治郎研究，"在选择制糖业的地区时应考虑这些必要
条件，即必须有蒸煮蔗糖的木材，靠近河流以便运输蔗糖及抛弃废弃

1　David Bulbeck, Anthony Reid, Lay Cheng Tan, and Yiqi Wu, *Southeast Asian Exports since the 14th Century: Cloves, Pepper, Coffee, and Sugar*, p.114.

2　蔡振翔：《十七至十八世纪巴达维亚华侨的蔗糖业》，《八桂侨史》1991 年第 1 期，第 50 ~ 51 页。

3　温广益、蔡仁龙、刘爱华、骆明卿编著《印度尼西亚华侨史》，第 101 页。

4　温广益、蔡仁龙、刘爱华、骆明卿编著《印度尼西亚华侨史》，第 71 页。

5　黄焕宗：《荷兰殖民者在印度尼西亚的殖民政策与演变》，《南洋问题研究》1988 年第 2 期，第 48 页。

物"。随着蔗糖产量的增加，"巴达维亚附近的林木已经大大地减少了，尽管还有很多空地和树林，但已经越来越难搞到柴薪了"。[1]制糖工业的发展及糖坊的增多使巴城及其附近地区的森林和土地遭到了严重的破坏。[2]

（四）对荷兰东印度公司的影响

蔗糖是亚洲区间贸易畅销的商品，也是欧洲市场需要的商品。在1650年以前日本市场占荷兰人糖贸易的比例并不大。17世纪40年代中期以前，在荷印公司的糖贸易中，欧洲市场是最大的，其次是波斯，最后是日本。荷印公司与波斯之间的贸易，主要通过两种途径：一是由巴达维亚直接派船前往波斯阿巴斯等地；二是经由印度西北部的苏拉特前往波斯。蔗糖贸易使荷印公司的巴达维亚—孟加拉—苏拉特—波斯—荷兰航线，以及台湾—长崎、福建沿海—台湾—巴达维亚航线空前活跃，带动了荷印公司亚洲区间贸易市场的发展。

蔗糖贸易获利丰厚。荷印公司对波斯蔗糖贸易平均获利120%～140%，对荷兰的糖贸易获利达200%；对日本的糖贸易，平均可获利90%，最差时期（1647～1655）在日本也有25%以上的利润。荷兰东印度公司把大量的中国和东南亚产蔗糖运销日本、波斯和荷兰，攫取了丰厚的利润，并在日本用蔗糖换取巨额白银，在波斯用蔗糖换购生丝，再运到日本换取白银，弥补了公司白银资金不足的缺陷，推动了公司开展亚洲区间贸易和亚欧贸易。荷印公司用糖贸易的利润购入波斯织物、东南亚香料和中国的生丝、丝织品、茶叶、瓷器等，运销欧洲，以亚洲区间糖贸易和香料贸易的利润支持荷印公司的亚欧贸易。

1　长冈新治郎：《十七、十八世纪巴达维亚的糖业与华侨》，《南洋资料译丛》1983年第3期，第101、105页。

2　E. M. Jacobs, *Merchant in Asia: The Trade of the Dutch East India Company during the Eighteenth Century*, p.253.

据不完全统计，1622～1822 年荷印公司运销到上述地区的各类蔗糖有 2174392.27～2240542.27 担，获利 16413390.6～16770602.8 两；运销的巴达维亚和孟加拉糖果有 65164 担，获利 436292.7 两，另外还有输入波斯的 1000 桑孟中国砂糖和 4000 袋孟加拉砂糖及其利润未计入。荷印公司还在台湾、巴达维亚通过向中国人征收人头税，出租耕地、渔场、山林等，攫取了大量的财富。

小　结

据不完全统计，1622～1830 年，中国出口蔗糖至少有 374.67 万担，出口价值约 1311.35 万两（以保守价格每担 3.5 两计），这些蔗糖出口所获得的白银几乎都留在中国。其间，中国船运出 223.94 万担，获利约有 739 万两（每担 3.3 两计），获利的 75% 换购白银（554.25 万两）流入国内。通过蔗糖出口贸易，大约有 1868.6 万两白银流入中国。此外，葡、荷、英三国以外的欧洲国家商船在 1792 年以前从中国运走的蔗糖数量以及日本船从中国运走的蔗糖数量，华船运往巴城、马尼拉的蔗糖数量均未计入。

17 世纪，中国出口蔗糖应不少于 106.5 万担，货值约 364.49 万两银，这些蔗糖出口所获得的白银几乎都留在中国。其中，中国商船运到日本的各类糖约有 70.9 万担，售出可获利约 234 万两，其中约 75% 换成白银（约 175.5 万两）回流中国。通过蔗糖贸易，17 世纪中国至少可获得 532.52 万两白银。

具体而言，1600～1635 年，澳葡从广州运走糖约 7000 担，每担 2.5 两计，出口货值约 17500 两；17 世纪英印公司从广州运出的糖大约有 36003 担，以每担耗银 2.7 两计，需 97208 两；1622～1661 年，唐船和荷船从中国输出蔗糖 595488 担，出口货值约 2143757 万两；1662～1683 年唐船出口到日本的各类糖有 181465 担，价值约 653274 两；1684～1699 年唐船输入日本的中国蔗糖约有 131974 担，以每担平均 1.7 两计，出口货值约 224356 两银。此外，1634～1651 年，荷印公司从大员等地向西销售目的地不明的中国糖总计 113074.03 担，每担糖采购价 5 里耳（4.5 两）计，货值约 508833 两。

中国商船外销的蔗糖，一部分运到大员卖给荷印公司（1661 年前），获利较低，一部分运到日本、巴城等地出售，换成白银、香料等运回中国。唐船输入日本的各类糖，1631 ~ 1683 年至少有 547054.99 担，1684 ~ 1699 年约有 132032 担，以每担获利 3.3 两计，在日本售出可获利约 2240987 两，其中约有 75% 的获利换成白银（约 1680740 两）回流中国。囿于资料，1600 ~ 1621 年，华商出口的蔗糖数量无法统计；1632 ~ 1636 年，唐船肯定也向日本输入中国蔗糖，只是我们没有资料核查输入的数量。

18 世纪中国输出各类糖至少有 1585760 担，出口价值约 5618781 两银。其中，18 世纪唐船输入日本的各类糖有 1498929 担，以每担平均进价 3.5 两计，货值 5246251.5 两。这些糖在日本出售，还可以有 90% 左右的利润（约 472.2 万两），为中国换回价值近 1000 万两的铜条、白银等日本商品。1704 ~ 1792 年英商从广州共运走砂糖 51050 担、冰糖 19295 担，合计 70345 担，以每担糖平均 4 两推算，需要耗资 281380 两银。1792 年，荷兰、美国、法国、瑞典、丹麦从广州运走砂糖、冰糖合计 16952 担，耗银 92780 两，平均每担 5.47 两。

1801 ~ 1830 年，中国出口糖总计 1170378.86 担，年均出口 39012.6 担，出口价值总计约 675 万两；与 18 世纪相比，这个时期中国糖年均出口量增加了一倍以上，每担出口价值也大大增长。其中，1801 ~ 1822 年唐船输入日本的砂糖 94698.86 担，仅及 18 世纪下半叶唐船年均输入糖量的 52.6%。这些糖在广州售价约 538836 两（每担 5.69 两），到日本可获利约 473494 两（每担获利 5 两计）。英印公司和英国散商从广州运走糖的数量，1800 ~ 1820 年缺少统计数据，1821 ~ 1830 年，总计 895289 担，耗资折银 5182937 两，约合每担 5.79 两；1804 ~ 1828 年，美国商船从广州运走的糖总计有 180391 担，以每担均价 5.7 两计，耗资 1028228.7 两。显然，在 19 世纪 30 年代以前，英商是经营中国蔗糖出口的主力。

中国蔗糖的外销，一方面刺激国内糖业的发展，在福建、广东沿海地区和台湾形成了一个蔗糖经济带；另一方面促使蔗糖经济带逐渐扩展到日本、东南亚和波斯等地。华商通过蔗糖贸易获利丰厚。中国蔗糖对外贸易为中国换回了大量的日本和美洲白银，加速了中国白银货币化进程和东南沿海（包括台湾地区）商品经济的发展。

通过蔗糖贸易，澳葡、英印公司、荷印公司也获得了丰厚的利润，尤其是荷印公司。

澳葡通过澳门—马六甲—果阿航线，把中国产的蔗糖运往果阿，然后贩卖到波斯一带，利润率为100%～150%；澳葡在对日贸易中，从广州购买中国糖等输往长崎，换取白银，白糖利润率为100%～200%，红糖利润率为900%左右。不过，澳葡从事蔗糖贸易的时间不长，在1635年以后基本就没有大宗蔗糖买卖了。1600～1635年，澳葡经销的中国糖至少有7000担，以每担平均获利3两计，可获利21000两。囿于资料，笔者没有研究1635年后澳葡经销中国糖的情况。

英国人第一次到中国购买蔗糖是在1637年。不过，在整个17世纪，英国对华贸易量很小，从事的糖贸易量更小，英印公司从广州运出的糖只有36003担，以每担获利3.3两计，可获利118810两。英国船装运的中国糖等货品，并不一定都运往英国，也做转口贸易，在孟买等地出售。进入18世纪，英国东印度公司和英国散商对华贸易逐渐增多，其中蔗糖贸易是较重要的项目。1704～1792年，英商从广州共运走糖70345担，每担糖平均可获利5两，合计351725两。18世纪英国人运走的中国糖主要在孟买、苏拉特、英国等地销售。18世纪后期以来，英印公司和英国散商在中国购进的大宗商品是茶叶、生丝和丝织品及南京布，蔗糖往往归于"其他商品项"，交易资金所占比例并不大，蔗糖货值在"其他商品项"中一般仅占1/29～1/25。1821～1830年，英印公司和英国散商从广州运走糖总计895289担，耗资折合银5182937两，获利折合银4476445两。英印公司的糖贸易，主要集中在19世纪头30年。英国人在广州购糖所花费的白银都流入中国。从买糖预算制定来看，孟加拉是 19 世纪初英印公司购买中国糖的基地，也是中国糖向西转运的中心。显然，19 世纪 20 年代英国人在广州的糖贸易量大大增加，超过整个 18 世纪输出的糖量的 9 倍。

在 17～18 世纪，荷印公司是亚洲糖贸易的主力之一。荷兰东印度公司的蔗糖贸易，其市场包括欧洲（主要为荷兰本国）以及亚洲的日本、波斯等地。荷兰东印度公司的蔗糖贸易有一个不断开拓市场的过程，同时在亚洲外向型区间贸易市场和内向型区间贸易市场开展蔗糖贸易。1616 年，荷兰人从爪哇收购蔗糖，正式开始蔗糖贸易。1622 年，荷兰东印度公司第一次从中国收购蔗糖，运往欧洲贩卖。1628 年，波斯市场的蔗糖贸易已经形成；在 1635 年以前，荷印公司最主要的蔗糖销售市场是荷兰本国及亚洲的日本，销售中国蔗糖。17 世纪 60～70 年代，荷印公司开拓了阿拉伯半岛摩加和印度的苏拉特、科罗曼德尔市场；80 年代，开拓了马拉巴尔、锡兰市场。

1626～1661 年，大批中国糖自厦门、安海等地运往台湾以及巴达维亚，再由荷印公司转口运销到日本、波斯、荷兰等地。据不完全统计，1622～1822 年荷印公司运销的各类蔗糖有 2145996.24～2212146.74 担，获利 15952645.6～16282982.6 两；荷印公司运销了巴达维亚和孟加拉糖果 65164 担，获利 436292.7 两，获利总计 16388938.6～16719275.6 两，另外还有输入波斯的 1000 桑孟中国砂糖和 4000 袋孟加拉砂糖及其利润未计入。

蔗糖贸易的巨额利润，为荷兰东印度公司积累了资本，缓解了荷印公司的银荒问题，助推荷印公司开展亚洲区间贸易。蔗糖贸易的利润是荷印公司购买运回欧洲货物所需资金的重要来源，也是维持荷印公司在亚洲的要塞、船队和货栈的重要资金来源。通过蔗糖的生产、运销，荷兰人将西太平洋和印度洋地区连接成一个较紧密的贸易网，构建起一条横跨亚洲和欧洲的蔗糖经济链。

在 1662 年以前，荷印公司蔗糖贸易的市场比重和利润率从高到低依次为荷兰、波斯和日本；1663 年后，蔗糖市场比重依次为波斯、日本及荷兰，利润率依次为日本、荷兰及波斯；1631～1657年，荷兰人对日本的蔗糖贸易，无论是贸易量还是获利数量，都远远低于荷兰人对荷兰和波斯的蔗糖贸易；1679/1680～1708/1709年，蔗糖市场比重依次为波斯、日本及荷兰；1713年后，蔗糖市场比重依次为荷兰、日本及波斯，苏拉特和摩加、锡兰、科罗曼德尔、马拉巴尔等地蔗糖市场比重不断增加。在1762年后，荷印公司的糖贸易主要在亚洲市场。在18世纪，随着亚洲蔗糖市场的开拓，摩加、锡兰、马拉巴尔等地融入亚洲区间贸易网络中。蔗糖贸易带动了荷印公司亚洲区间贸易市场的活跃。

18世纪中叶以后，法国、瑞典、丹麦等国商船也从广州等地运回少量的糖。

1792年，是美国大规模从中国购买糖的开始时间，当年有4艘美国船从中国运走糖4576担。1804～1828年，美国商船从广州运走的砂糖及冰糖总计180391担。与同时期英商比较，美国商人介入糖贸易并不多，销量不大。美国商人主要把糖运销美国和欧洲市场。

17世纪初期黑砂糖在日本市场的利润高达10倍。1636年荷印公司运回荷兰的蔗糖，出售利润率达360%。在波斯市场，蔗糖贸易亦能获得120%～140%的利润。不过，在1648～1656年，荷印公司在长崎的蔗糖贸易利润仅有25%～38%。

为了获得大量的廉价蔗糖，垄断蔗糖资源，荷印公司在中国台湾和爪哇岛建立蔗糖种植基地，并制定多项政策鼓励当地居民种蔗制糖。1636～1661年，台湾糖产量为151726.8～154726.8担，收购价折合白银为740379～751179两。在荷据台湾时期，台糖销往日本的数量不足产量的1/4，大量的台糖被运往利润较高的波斯和荷兰出售。1648～1789年，爪哇岛每年生产各类糖平均不低于13000担，总计184.6万担，这些糖几乎都出口了，主要运销荷兰、波斯，少量运往日本。这些蔗糖收购的银两都被台湾、巴城蔗农所分享，推动了当地社会经济的发展。

蔗糖贸易促进了台湾蔗糖业和社会的发展。大批大陆居民移居台湾，他们带来大陆先进的植蔗种稻和牛耕技术，开垦了大面积的土地，加快了台湾经济发展的步伐。17世纪中叶以后，制糖业发展成台湾的支柱产业，台湾财政和民生依赖蔗糖而生存，台湾的蔗糖经济得以确立。台湾蔗糖行销大陆，换回台湾民生所需的大陆产各种生活用品，台湾与大陆形成良好的商品经济交流，台湾与大陆的经济联系不断加强。

随着蔗糖贸易的发展，巴达维亚制糖业兴起。巴城制糖业的兴盛，促使巴城大量荒芜土地得到开垦，经济繁荣，人口增加，巴城的城市化进程得以推进。制糖业的发展导致巴达维亚人口结构和社会文化的变化。许多中国人迁居巴城。这些华人移居巴城及其周边地区，带去了中国传统儒家文化，给当地的社会文化注入了新的文化因素和活力。

1648 ~ 1789 年爪哇岛生产各类糖总计 184.6 万担。这些糖几乎都出口了，主要运销荷兰、波斯，少量运往日本。巴达维亚糖收购价平均每百磅 13.5 弗罗林（4.05 两银）。据此推算，上述糖采购货值 934.54 万两，这些银钱大部分流入巴城蔗农和糖坊主手里，为制糖业的近代化转型提供了资金。

荷印公司占据巴城后，把侵占的土地出租给华人，建立起近代种植园和近代商业结构。围绕蔗糖的生产、销售运输，形成了一条产业链，改变了当地的经济结构。由于蔗糖贸易，巴城港与中南半岛、马尼拉、中国东南沿海（包括台湾）、日本长崎、孟加拉、印度、波斯及荷兰的联系日益紧密。

在蔗糖贸易的推动下，形成了以中国闽广地区、台湾及印尼巴达维亚为中心的蔗糖经济带。由于日本、波斯、印度南部地区和欧洲都对蔗糖有旺盛需求，蔗糖成为换取白银和生丝等的中介商品，成为推进亚洲区间贸易的润滑剂。

结　语

　　近代亚洲区间贸易是在传统的香料贸易基础上
发展起来的。印度和东南亚的胡椒、肉豆蔻等通过
利凡特贸易向西输往中东和地中海地区，向东通过
朝贡贸易输往中国。明朝的香料朝贡贸易性质的演
变和私人贸易的发展，郑和下西洋对香料商品化、
市场化的刺激，以及明代中国社会的白银货币化，
促进了东印度地区和中国传统香料贸易的转型。16
世纪初，葡萄牙人东来，一方面通过殖民扩张构建
起近代亚洲区间贸易网络，一方面为了获取白银而
拓展了亚洲区间贸易的商品种类。中国的生丝、丝
织品和瓷器、蔗糖等，中南半岛的鹿皮、苏木、大
米等由此进入亚洲区间贸易市场。明朝隆庆开禁
（1567），既给了澳葡开展对华贸易的契机，又推动
了中国私商海外贸易的发展。随着 1571 年马尼拉

大帆船贸易大规模展开，近代亚洲区间贸易格局形成。近代亚洲区间贸易最初正是靠香料、白银和生丝、丝织品贸易驱动的。

一　东亚朝贡贸易体制和传统贸易的转型

明朝建立之初，在东亚地区建立了一套朝贡贸易体制，传统的亚洲区间贸易以朝贡贸易为中心展开。随着明朝对朝贡物品管理的变化，朝贡贸易活动逐渐包含了朝贡贸易、官方贸易、私人贸易三重属性，郑和下西洋之举进一步推动了朝贡贸易性质的改变和东亚传统贸易的转型。

明前期，海外国家朝贡的物品以香料为主。在朝贡物品中，不仅有番国进贡的方物，还有使臣自进物和番国国王附搭物，以及使臣和随行番商私自夹带的东西洋方物。这些自进物、附搭物和私自夹带的方物主要也是香料。番国的进贡方物仅占极少的一部分，朝廷实行"厚往薄来"的回赐方式完成"交易"；海外诸国朝贡使者使臣自进物、所带私货由市舶司"给价收买"。给价标准并非完全遵循市场规律，而是带有浓厚的政治外交色彩，具有怀柔远人、厚往薄来之意。这种按厚往薄来原则完成的交易，学者称为朝贡贸易。

受明朝"厚往薄来"朝贡制度的影响，一些不出产香料的国家也向他国采购香料，再进贡给明朝廷，这促进了香料在东南亚和东亚国家之间的交互流动，促进了各国香料贸易和香料经济的发展。

随朝贡使团输入的附搭、私进货物，实行抽分制的买卖，基本上不用"厚往薄来"的原则，实际上是一种正常的商品买卖，已超出朝贡贸易范畴。被抽分（征税）的货物卖给私人，应该属于朝廷认可的私人贸易；如由官方收购，则属于官方贸易。那些被朝廷"许于会同馆开市"的附搭物和夹带物买卖，应该也是一种私人贸易。这使传统的朝贡贸易性质发生了改变，在海禁制度内开了私人贸易的窗口，海外贸易以一种特殊的形式发展起来。

郑和下西洋，开明朝官方在境外大举采购香料之先河，一方面拓宽了香料官方贸易的途径，扩展了明朝海外直接贸易的范围，扩大了香料贸易的品种，推动了中国的香料消费；另一方面，郑和船队所带去的丰富的中国产品使海外诸国的统治者和广大民众对中国的产品有了更多的了解，促使他们用当地物产换购中国产品，使海外输入中国的香料种类和数量大大增加，促进了朝贡贸易和官方贸易的发展。但是东南亚番国朝贡活动和郑和团队运回大量香料，导致明朝廷库存香料过剩，迫使朝廷以胡椒代行货币职能，对明朝经济产生很大影响。

　　受郑和下西洋刺激，东、西洋各国为了获取中华物品（丝织品、棉布、陶瓷、日用品等），加大香料生产和对华香料贸易。到 16 世纪初葡萄牙人到来时，仅苏门答腊最北端的巴赛地区就年产胡椒 1400 ～ 1800 吨，相当于马拉巴尔胡椒产量的一半。

　　正德（1506 ～ 1521）以后，明朝廷不再对贡使携带私货给价收买，改行抽分制度，这实际上是一种官方贸易。抽分制弥补了海禁造成的香料等海外商品的短缺。市舶抽分所得收入扩充了政府的财政来源，弥补了地方财政及军费的不足，推动了隆庆开海。也有使臣和随行番商为谋取暴利，不把私自夹带的东西洋方物交给市舶司清点、给价，直接流入中国市场。这成为香料入华的又一途径。这种贸易方式尽管与朝贡活动有关，但其性质几与走私相同。这实际上是一种商品走私活动，属私商贸易行为。所以，在明前期的朝贡活动中，实际上包含了朝贡贸易、官方贸易和私商贸易三种贸易形式。朝贡贸易活动的变化，为传统贸易的转型打开了缺口。

　　随着隆庆开海，大批华人私商扬帆出海，与葡萄牙人角逐香料利益。万历年间朝廷不断下调香料和海外商品的进口税率，进一步促进了明朝私商的海外贸易和香料进口贸易。大批胡椒输入中国，加速了亚洲香料经济带的形成。这些香料生产地区与中国的经济联系也大大增强，形成了香料生产、贸易和消费一整条产业链。

二　近代亚洲区间贸易网络的形成和演变

　　新航路开辟以后，随着葡萄牙人、西班牙人的东来，近代亚洲海上贸易网络逐渐形成，亚洲原有的贸易网络更为发达。葡萄牙人凭借武力，在东南亚和印度建立起许多殖民据点和商馆。葡萄牙人利用原来的海上贸易网络，以果阿、马六甲、柔佛、北大年、万丹和澳门为依托，在远东地区建立起一个殖民统治体系和海上贸易网络。葡萄牙人经营的海上贸易航线主要有五条，即欧洲（里斯本）—果阿—马六甲航线、欧洲—果阿—澳门航线、广州—澳门—日本航线、澳门—马尼拉航线和澳门—东南亚航线。第一条航线主要是把东南亚的胡椒和肉豆蔻、中国的丝绸和瓷器运销到欧洲；第二条航线实际上是第一条航线的延伸，主要把欧洲的产品销往东南亚，然后把东南亚的货物销往中国，并把中国的丝绸、瓷器等销往欧洲；第三条航线主要是经营中日之间的银丝贸易，澳门是第二、三条航线的枢纽；第四条航线主要经营中西之间的银丝贸易，是中国获取美洲白银的主要渠道；作为第五条航线的澳门—东南亚航线，实际上是第一条航线的发展、细化，使亚洲区间贸易更为发达。以在东南亚和印度建立的殖民据点和商馆以及这五条贸易航线为依托，葡萄牙人构建起近代亚洲的区间贸易网络，果阿和澳门成为葡萄牙人开展亚洲区间贸易的中心。随着葡萄牙人开辟多条贸易航线和建立海上贸易网络，中国、东南亚与欧洲之间的直接贸易日益兴盛，近代亚洲的区间贸易也迅速发展起来。

　　西方殖民者构建的近代亚洲贸易网络与古代西太平洋贸易网有很大的不同。与后者相比，前者是基于葡萄牙人在远东地区建立的商馆和殖民入侵而构建的，贸易网络更为发达和畅通，组织性更强，而且与欧洲和美洲的航路直接对接，贸易网络为殖民侵略和追逐商业利润服务。古代西太平洋贸易网主要是区域性的，以中国为中心放射分布，航程是驿站式的，主要为朝贡和点与点之间的贸易服务。

　　1565 年，菲律宾至墨西哥阿卡普尔科港的大帆船贸易航线开辟出来。在大帆船贸易的刺激下，华商把大量的中国生丝、丝织品和棉布等运往马尼拉，一度成为马尼拉与美洲的大帆船贸易的主要供货商。银丝贸易不仅是马尼拉大帆船贸易的主要内容，也贯穿其始终。西班牙人用来自美洲的白银购买中国产的生丝、丝绸等，促使美洲白银大量流入中国，活跃了亚洲白银资本市场和商品市场，促进了中国的生丝和丝织品的生产及亚洲银丝经济带的形成，对当时中国的经济、社会等方面造成了很大影响。

17世纪上半叶，亚洲区间贸易网络的演变主要围绕荷兰人与葡萄牙人、西班牙人、英国人争夺亚洲海上贸易权和商路而展开。荷兰人主导了这场亚洲海上贸易霸权的争斗，并在葡萄牙人构建的亚洲海上贸易网络基础上构建起自己的贸易网络。荷兰人在东南亚的贸易政策和商馆布局主要是围绕控制香料产地和香料贸易，以及中国生丝、丝织品、茶叶和瓷器贸易展开的。在印尼、马来半岛和菲律宾，荷兰人主要与葡萄牙人、西班牙人、英国人及穆斯林商人竞争，夺取了葡萄牙人在印度南部和锡兰岛的一系列港口和据点，占领了万丹、安汶岛、锡兰岛、柔佛等地，从西班牙人手里夺取了德拉地岛、蒂多雷、台湾鸡笼等地；1641年，荷兰人从葡萄牙人手里夺占马六甲，这标志着葡萄牙人在亚洲失去了海上贸易主动权；1666年，荷印公司独占了马鲁古群岛；1683年，万丹统治者保证把胡椒只卖给荷兰人。这样，荷印公司几乎垄断了香料贸易。穆斯林商人势力虽然被荷兰人赶出马六甲，但他们重新在马来半岛的柔佛、彭亨及印尼亚齐和暹罗北大年等地的穆斯林聚居区聚集。他们将宗教和商业结合，为当地苏丹政权服务，在苏丹控制的行政范围内仍保持一定的区间贸易能力，与荷兰人等西方人开展商业竞争。在17世纪，亚齐穆斯林政权成为荷兰人在马六甲开展贸易的有力竞争对手，爪哇的马打兰王国商人与荷兰人分享部分海上贸易。

在中南半岛，荷兰人主要与英国人、日本人、中国人和当地王公竞争。在1637年以前，日商是荷兰人的主要贸易竞争对手。自1633～1639年日本幕府发布5次锁国令后，日商退出庸宪、会安及暹罗与日本的贸易。迫于荷兰人的压力，1622～1623年英国人相继关闭在北大年、阿瑜陀耶和平户的商馆；1682年，英国人、法国人被驱离万丹，英国人把精力集中在经营印度上，此后约半个世纪基本退出了与荷兰人在东南亚、东亚的争夺。与此同时，葡萄牙人、英国人等被排挤出对日贸易，只有中国船、荷兰船及暹罗王室船可进入长崎港开展贸易。原先由葡萄牙人经营的、以澳门为基地的澳门—越南—日本长崎之间的中介贸易突然走向衰败，葡商和日商在越南庸宪和会安的贸易份额主要由荷兰人和中国人接手，日本海商基本退出海上贸易。此后，华商和东南亚本地王公成为荷兰人海上贸易的主要竞争对手。面对华人的竞争，荷兰人在公海不加区别地劫掠华商船只。不过，在暹罗的华人与当地王室紧密结合，对抗荷兰人的挑衅。荷兰人在与当地王公和华商的竞争中不断失败，相继关闭了会安（1654）、阿瑜陀耶（1706）等地的荷兰商馆；到 18 世纪初，华商和东南亚当地王公从荷兰人手里夺走了中南半岛至东南亚和中国的大部分贸易。暹罗本地王室成员和贵族的对外贸易，改由擅长与西方商人做生意的华商代理，暹罗国王的王室船队也依靠华人掌管，华商和华人船员在暹罗海上贸易中占据举足轻重的地位，华商和中南半岛本地王公仍然在亚洲区间贸易中扮演重要角色。

在东亚海域，荷兰人主要与日本海商、华商和郑氏海商集团争夺海上贸易权和航路控制权。1628 年的"滨田弥兵卫事件"，以及日本幕府连续 5 次发布锁国令，导致日商基本上退出东亚的区间贸易；葡萄牙人、西班牙人、英国人等也被排挤出对日贸易，致使荷兰成为唯一开展对日贸易的欧洲国家。在东亚海域，郑氏海商集团成为荷兰人唯一的竞争对手，最终，郑氏集团将荷兰人逐出台湾。

1683 年，清朝统一台湾，荷兰人没有了强劲的对手，重新控制了从日本到泉州、广州再到巴达维亚的航线，还连通了从福建和广东沿海、南海经马六甲海峡通往印度洋和欧洲的贸易航线。

荷兰人在远东对葡萄牙人和西班牙人的胜利，改变了亚洲区间贸易的航线和格局。1622 ~ 1661 年，荷兰人通过巴达维亚和大员这两个贸易中枢，开展对华、对日、对安南和广南及暹罗的区间贸易，原来由葡萄牙人开辟的澳门—（广州）—泉州—日本航线，改为澳门—（广州）—台湾—日本（长崎）航线，台湾在东亚区域贸易中的重要地位凸显出来。荷兰人控制了从东南亚经马六甲到印度洋再到欧洲的亚欧贸易航线，还与华商（中国海商）分享了从中南半岛到广州和澳门，再到泉州、台湾和日本的帆船贸易航线，成为亚洲区间贸易的主力。1662 年，荷兰人被赶出台湾后，巴达维亚成为荷兰人的亚洲海上贸易网络中心。与此同时，华商和华人在对日贸易、对菲贸易以及暹罗对外贸易中占主导地位，葡萄牙人保持与马尼拉和望加锡等地的贸易，英国人则在印度通过西向港脚贸易保持对波斯、阿拉伯半岛和红海地区的贸易优势。

三　近代亚洲区间贸易市场的结构和演变

　　近代亚洲区间贸易市场实际上是二元结构，这种二元结构体现在贸易活动的性质上，一是为欧洲市场和中南美洲市场提供商品货源的亚洲区间贸易，我们姑且称之为"亚洲外向型区间贸易"；二是贸易商品最终在亚洲境内消费的亚洲区间贸易，我们可称其为"亚洲内向型区间贸易"。二元结构体现在贸易商身份上，一是外来的欧洲殖民者，二是亚洲本地的商人。这种二元结构导致了近代亚洲区间贸易的多样性、复杂性，既有近代殖民掠夺、垄断的性质，又有近代市场公平交易的规则，例如荷兰人对东南亚香料产地和价格的垄断。在这个贸易二元结构中，欧洲商人与亚洲本地商人既有竞争又有合作，例如中国的茶叶出口贸易；欧洲商人在亚洲的区间贸易活动，一方面是为了追逐高额的利润，另一方面是为了获取亚欧贸易和太平洋大帆船贸易的商品，为亚欧贸易和大帆船贸易服务，甚至是为了西方殖民国家之间的竞争和垄断，背离了市场贸易原则，例如荷印公司对香料贸易的垄断，并没有带来利润的增长。也正是近代亚洲区间贸易市场的二元结构，使亚洲区间贸易呈现多样性、复杂性，使亚洲区间贸易市场与欧洲和美洲市场紧密联系在一起。

　　最初，葡萄牙人和西班牙人为了追逐欧洲香料贸易的高额利润而东来。他们在印度和东南亚建立殖民贸易网络，廉价收购胡椒、豆蔻等，并收购中国生丝和丝织品等运往欧洲销售。所以，近代亚洲区间贸易从一开始就与欧洲市场建立了千丝万缕的联系。欧洲市场的价格和供需变化，亦迅速影响到亚洲市场。马尼拉大帆船贸易开通后，中国与马尼拉的银丝贸易成为亚洲区间贸易的重要组成部分。

在开展亚欧贸易的过程中，东来的葡萄牙人发现亚洲市场对白银的渴求以及亚洲各地商品的巨大差价，发现亚洲各地之间的商品流通之利润甚至超过亚欧贸易，于是他们从 16 世纪中叶起开展真正意义上的近代亚洲区间贸易。17 世纪，荷兰人开展对波斯的糖丝贸易、对日本的银丝贸易和银糖贸易，英国人构建起亚洲内部的东向、西向港脚贸易，这些都是近代亚洲区间贸易进一步发展的表现。

面对西方人的贸易挑战，华商也开始贸易转型，积极开展对日、对菲、对印尼、对中南半岛的帆船贸易，华商是近代亚洲区间贸易市场的主力。中国社会对白银的需求及华商大量输出中国商品（生丝、丝绸、蔗糖、茶叶、瓷器等），对亚洲区间贸易和近代世界市场的形成产生巨大影响。

早在西方殖民者到来之前，中国商人即与苏门答腊、马来半岛、中南半岛、马尼拉等地有以香料为主的海上贸易，并构建了松散的西太平洋和南海的贸易网络。在 1560 ~ 1639 年的亚洲区间贸易中，中国商人与葡萄牙人平分秋色，华商的帆船贸易是亚洲区间贸易的重要贸易形式；华商也积极投身亚洲区间贸易网络的构建。葡萄牙人通过殖民扩张而构建的亚洲贸易网络，其马六甲以东的贸易网络主要是在华商海上贸易网络基础上构建起来的。隆庆开禁后，中国私商大量出海，积极参与亚洲区间贸易，以长期立足东南亚的优势拓展近代亚洲贸易网络。由于葡萄牙人和西班牙人把贸易网络扩展到欧洲和中南美洲，华商海上贸易的商品种类增加了，对外输出的商品价格和数量受到东南亚、日本、欧洲和美洲市场的影响，贸易方式也在葡萄牙人的影响和中国对白银的渴求影响下改变，华商的海上贸易活动随之向近代转型。

1640 ~ 1700 年，华商主导了亚洲区间贸易市场，荷兰人取代葡萄牙人的商业地位，成为亚洲区间贸易市场上最活跃的欧洲人。华商通过帆船贸易，活跃在马尼拉、印尼、暹罗、日本市场。在越南、暹罗等地，华商排挤了西方贸易商，几乎独占市场；在日本，1672年后华商的贸易额超过荷兰人一倍；在马尼拉，中国帆船供应了美洲市场所需丝绸、棉布的一半以上。在此过程中，华商虽与葡萄牙人、西班牙人有商业竞争，但基本上友好相处，商业活动互补共赢。荷兰人则是1639年以后唯一保持与日本人通商的欧洲人，并取得东印度香料贸易的垄断权，其糖丝贸易、银丝贸易、银茶（香料）贸易发展迅速。在这个时期，巴达维亚、大员在亚洲区间贸易体系中的地位和作用凸显出来。

自18世纪开始，亚洲区间贸易为欧洲市场提供商品货源的属性不断加强，亚洲区间贸易市场的独立性不断削弱。英国人和荷兰人成为亚洲区间贸易的主力，越来越多的欧洲国家（如瑞典、丹麦、法国）商人到远东采购商品，加入亚洲区间贸易市场；18世纪末，美国商人也加入进来。华商在亚洲区间贸易市场上的话语权不断削弱，走出国门的华商越来越少。

从亚洲区间贸易的大宗商品看，16世纪主要是香料、生丝、丝织品、白银，17世纪主要是白银、生丝、蔗糖、香料，18世纪主要是蔗糖、瓷器、茶叶、棉织品和棉花，19世纪上半叶是茶叶、棉花、鸦片。从白银的流通看，18世纪从美洲运到马尼拉的官银有652.99万～683.77万公斤，荷兰人、英国人及其他欧洲国家商人从欧洲运到远东的白银合计972.02万～997.37万公斤，这表明中国与马尼拉的丝银贸易，亚欧之间的糖银贸易、茶银贸易、棉茶贸易和瓷银贸易是18世纪最主要的贸易形式。

"港脚贸易"是17世纪中叶到19世纪上半叶亚洲区间贸易的重要组成部分，包括印度沿海贸易、印度西向贸易和东向贸易三大部分，并不局限于中印之间的私商贸易。港脚贸易的实质是以印度（南亚次大陆）为起点的亚洲海上私人贸易，与英国东印度公司开展的亚洲区间贸易相对应。在18世纪，港脚贸易得到充分发展，成为该时期亚洲内向型区间贸易发展的重要标志。散商通过港脚贸易赚取的白银，以汇票形式充实英印公司的流动资金，支持英印公司开展亚洲区间贸易。

四　近代亚洲区间贸易的方式和运行机制

中国社会对白银的需求及亚洲和欧洲诸国对中国商品（生丝、丝绸、蔗糖、茶叶、瓷器等）的需求，对亚洲区间贸易和近代世界市场的形成产生巨大影响，这是近代亚洲区间贸易发展的内在动力。中国是近代亚洲区间贸易的中心及亚欧贸易、亚美贸易的中心之一。

近代亚洲区间贸易主要是以白银结算，其次是以蔗糖、生丝、鸦片等作为贸易中介商品来完成交易。亚洲区间贸易不断发展的原因，主要有白银驱动、市场不断开拓、贸易商品种类不断增加、寻求新的贸易中介商品、贸易方式不断创新等。近代亚洲区间贸易的运行机制就是受以上原因驱动，并受到欧洲市场需求的调控，近代亚洲区间贸易的运行呈现出亚欧联动的特点。正是在近代亚洲区间贸易运行和贸易特点的基础上，形成了亚洲区域经济带。

近代早期（16 世纪）亚洲区间贸易主要是中国与东南亚之间的瓷器和香料贸易以及中国与日本的银丝贸易。为了解决白银短缺问题，葡萄牙人创造出一种新的商业贸易模式，即用白银在中国澳门、广州等地购买中国生丝、丝绸、陶瓷器等，贩运到日本，交换日本白银；然后用日本的白银到澳门购买欧洲市场畅销的中国丝绸和瓷器、东南亚市场需要的中国陶瓷器和棉布，再到马六甲等地卖出中国陶瓷器和棉布，换购当地出产的胡椒和肉豆蔻等，运回里斯本。所有运回欧洲的货物能用东亚区间贸易所获得的利润支付。这种贸易模式彻底改变了亚洲传统的"以物易物"贸易方式，一方面使葡萄牙人的商业资本大大增值，日本白银成为循环贸易的资本，弥补了葡萄牙人白银资本的不足；另一方面刺激了中国国内商品经济和市场的发展，大大促进了航线沿途各地区的商品生产和交换，促进了远东地区的区间贸易发展，改变了传统的西太平洋地区贸易商品和贸易方式。这种商业贸易模式被后来的荷兰人、英国人所效仿。1570 年以后，美洲白银大量涌入，更强化了这种商业模式。

明清时期，中国商品经济迅速发展，财政货币制度演变为银本位，对白银产生了巨大的需求，但中国自产白银不足且趋于减少；其他各国对中国商品有巨大需求，却没有合适且充足的商品向中国出口。16 世纪 60 年代以后，葡萄牙人和西班牙人发现了中国与其他地区金银比价的差异，发现了白银贸易套利的机会，加之美洲和日本出产大量白银，于是他们发展出银丝贸易、白银香料贸易等贸易形式；中国商人也发现了其中的商机，并介入这种近代贸易。白银既是贸易的硬通货，又成为一种特殊商品。银丝贸易、白银香料贸易成为近代亚洲区间贸易和亚欧贸易的一大特色。16 世纪后期，亚洲区间贸易的主打商品香料、生丝、丝织品等的交易也由原来的以物易物交易改为以白银结算。为了追逐白银，葡、西、荷等国商人竭力发展对日贸易，用暹罗、安南产的鹿皮、铅、苏木，巴达维亚和台湾产的蔗糖以及中国大陆的生丝、丝织品、瓷器、铅、水银等去换购日本和美洲白银，通过亚洲区间贸易使资本增值，再用白银换购中国的丝绸、蔗糖、瓷器、茶叶及东南亚的香料等，贩运到欧洲、日本、波斯等地，获取暴利。这样，围绕白银贸易和中国市场，以日本长崎，中国广州、澳门和台湾大员，菲律宾马尼拉，印尼巴达维亚为中心，形成了以白银流通为中心的白银经济带。

所谓白银经济带，就是围绕日本的白银生产和输出以及美洲白银的运输及其在亚洲贸易中的流通所形成的经济带，以长崎、马尼拉、澳门为中心，主要分布在日本、中国东南沿海、菲律宾、印尼和中南半岛，其核心是以白银交换生丝、丝织品、瓷器、香料、农副产品等。白银经济带存在的基础是日本和美洲白银的流通，其特点是白银的生产是封建生产方式（日本）或殖民掠夺生产方式（中南美洲），但商品贸易是近代的货币经济方式。白银经济带既是近代亚洲区间贸易的基础，也是其特色。

随着白银贸易的兴盛，原有的朝贡贸易和海商走私贸易体系被打破，海上贸易航线扩展，传统的香料贸易被突破，贸易方式发生转变，贸易的商品种类大大增加，亚洲区间贸易空前活跃起来，从以物易物、朝贡贸易转变为以白银交易为特色的货币贸易，亚洲区间贸易形成以白银为等价交换物的贸易格局。

在白银贸易的引领下，东南亚、日本以及中国东南沿海（包括台湾）等地形成了特色产品生产，如暹罗的苏木、鹿皮、铅，安南的生丝，巴达维亚和台湾的蔗糖。商人用丰富多样的本地产品去交换白银，突破了以往的交易商品种类。这些商品在亚洲区域内流动，形成了以中国产品为主、远东各地产品为辅，以及亚洲区间贸易空前活跃的贸易格局。中国东南沿海（主要是广州、漳州月港与澳门）、长崎、马尼拉、巴达维亚及中南半岛的贸易，中南半岛与日本长崎，澳门与长崎、马尼拉及中南半岛贸易，马尼拉与长崎贸易，巴达维亚与中南半岛、台湾和长崎贸易，以及台湾与马尼拉、长崎的贸易都空前活跃起来。于是，在东南亚形成了香料经济带，在中国东南沿海（包括台湾）以及印尼爪哇岛、孟加拉形成蔗糖经济带，在印度形成棉花经济区、鸦片经济区，在中国大陆、波斯、日本和马尼拉形成生丝、丝织品经济带，等等。中国与东南亚之间的瓷器和香料贸易以及中国、中南半岛和印尼与日本的丝银贸易、瓷银贸易和皮银贸易，中国与菲律宾马尼拉的丝银贸易，中国台湾、印尼巴达维亚与日本的糖银贸易、丝银贸易，波斯的丝银贸易、糖银贸易等，成为近代早期亚洲区间贸易的主要内容。

在白银贸易格局下，白银的供给和贸易各方需要的大宗商品供应就成为影响亚洲区间贸易发展的最重要因素。这种局面一直持续到18世纪60年代初。当时，英国舰队在马尼拉和珠江三角洲之间水域袭击法国和西班牙的船队；1762～1764年，英国攻击并占领了马尼拉，致使马尼拉和广州出现白银短缺，很多商人开始大规模走私鸦片，试图以鸦片来取代白银。中国社会对白银的需求让位于印度的鸦片和棉花，亚洲区间贸易格局发生了根本性变化。

除了白银的驱动，葡萄牙人、荷兰人和英国人还通过增加贸易商品的种类，寻求新的贸易中介商品来推动亚洲区间贸易的发展和长期运转。16 世纪后期，葡萄牙人以澳门为基地，收购我国福建等地所产的蔗糖运往日本、波斯等地出售。蔗糖成为亚洲区间贸易的大宗商品，且利润丰厚。在 16 世纪末，澳门销往长崎的中国白糖利润率一般可达 100%~200%，红糖可达 900%，生丝利润率也有 80% 左右，利润率远远超过亚欧香料贸易。与此同时，葡萄牙人还把中国低端陶瓷销往东南亚，高端瓷器销往里斯本，把印度棉布销往东南亚。经营这些商品，获利颇丰，而且运输航程短，风险低，贸易周期短。所以，从 17 世纪初开始，澳葡把贸易重心放到亚洲区间贸易上。到 17 世纪 20 年代末，荷兰人进一步发掘了蔗糖的价值，通过蔗糖贸易换取白银，再换购中国丝织品、茶叶和瓷器等运往欧洲，蔗糖成为贸易的中介物，贸易方式得以创新。

在亚欧贸易市场，17 世纪初葡萄牙人发掘了中国瓷器市场；在亚洲区间贸易市场和亚欧贸易市场，17 世纪 20 年代末荷兰人完善了糖丝贸易模式，开辟了波斯蔗糖市场；17 世纪中叶荷兰人开辟了中国茶叶外销市场；17 世纪中叶，英国人创建了港脚贸易模式，积极发展西印度洋、印度沿海及印度东向贸易，推动了该时期沉闷的亚洲区间贸易的发展；18 世纪中叶，英国人更是找到印度棉花和鸦片作为贸易中介商品，换购中国的茶叶和瓷器，以弥补英印公司白银资金不足的缺陷。正是新的大宗商品贸易不断出现，蔗糖、鸦片等成为贸易的中介物，推动亚洲区间贸易向前发展。中国对白银的需求和中国商品源源不断地输出，以及日本、美洲白银不断注入亚洲市场，新的大宗商品（印度棉花、鸦片，中国茶叶和瓷器）市场不断开发，这些成为亚洲区间贸易发展的最主要动力，是亚洲区间贸易长盛不衰的源泉。

五　白银流通所反映的亚洲区间贸易和白银经济带的演变

亚洲白银经济带的构建过程大体上可以通过白银在亚洲区间贸易中的流通情形反映出来。各时期亚洲的白银流通数量，也大体上反映出亚洲白银经济带的贸易水平。16 世纪至 19 世纪初各时期生丝、丝

织品、蔗糖、茶叶、瓷器大宗商品的交易量，反映了白银在亚洲的流
通状况。在以中国产品为主、远东各地产品为辅的亚洲区间贸易格局
下，白银的供给就成为影响亚洲区间贸易发展的最重要因素。

1. 亚洲区间贸易市场流通的白银来源及数量

近代亚洲区间贸易中流通的白银主要来自日本、墨西哥和欧洲三
地。日本白银由葡萄牙人、中国人、日本人、荷兰人等运出；美洲白
银通过西班牙官方的大帆船贸易、美洲走私到马尼拉、从欧洲诸国输
入亚洲（果阿、澳门、巴达维亚、马尼拉等地）三条途径，大量输入
印度和远东地区。

1560 ~ 1759 年，日本出口白银 1131.85 万 ~ 1202.89 万公斤，约
合 30333.58 万 ~ 32237.45 万两（26.8 两合 1 公斤计，下同），其中
1560 ~ 1600 年出口总计 135 万 ~ 195 万公斤；1600 ~ 1639/1640 年
出口 605 万公斤，占日本白银出口量的一半以上。此外，1542 ~ 1575
年中国私商走私进中国的日本白银至少有 29.9 万公斤，约合 801.32
万两。日本出口的白银都进入亚洲内向型区间贸易市场。

1571 ~ 1821 年，西班牙官方从墨西哥运入马尼拉的白银总计
56079.31 万 ~ 57179.43 万比索，折合 1569.53 万 ~ 1600.32 万公斤，
42063.4 万 ~ 42888.58 万两；扣除付给马尼拉殖民政府津贴年均 30 万
比索（总计扣除 7500 万比索，折合 5625 万两，209.89 万公斤），剩
余白银（1359.64 万 ~ 1390.43 万公斤）的运输费用占比为 3%，扣除
运输费用 40.79 万 ~ 41.71 万公斤白银，从马尼拉直接流入亚洲区间
贸易市场的美洲官银总计 1318.85 万 ~ 1348.72 万公斤。实际上，付
给马尼拉殖民政府的津贴（209.89 万公斤）最终也通过消费，流入马
尼拉当地市场，但不一定进入亚洲区间贸易市场。

1571 ~ 1660 年，从美洲走私到马尼拉的白银约有 588.12 万公斤，
折合 15761.62 万两。笔者未见 1660 年后美洲走私白银的统计数值。

在 1569 ~ 1823 年，自欧洲国家输往印度和远东地区的银块和铸
币几乎都来自美洲，共计 1413.69 万 ~ 1439.04 万公斤（明季有 312.97
万公斤，未扣除运输费用），约合 37886.89 万 ~ 38566.27 万两，这

些从欧洲运来的白银扣除运输费用，几乎都进入亚洲贸易流通中。其中：

　　1569～1636年，葡萄牙人从欧洲每年平均运入亚洲100万两（100万杜卡特）白银，共253.73万公斤；1602～1795年，荷兰人运入亚洲510.12万公斤；1601～1800年，英国人运来413.93万公斤，1801～1823年运来41.57万公斤；1719～1799年，其他欧洲国家运来194.35万～219.7万公斤。各时期从欧洲运到亚洲的白银数额变化很大，这从一个侧面反映了亚欧贸易的演变以及亚欧市场与亚洲区间贸易市场关系的变化。

　　此外，1788～1840年，美国人运往中国的白银数量合计6054.43万两，约合225.91万公斤。

　　以上总计，1560～1840年，流入亚洲区间贸易市场的白银总量有4958.94万～5086.12万公斤，合132899.59万～136308.02万两；扣除马尼拉政府津贴和美洲白银运入马尼拉的运输费用（251.49～252.42万公斤），实际直接流入亚洲区间贸易市场的有4119.34万～4245.5万公斤，合110398.31万～113781.81万两，281年平均每年392.88万～404.92万两。由于1575年后日本走私的白银以及1660年后美洲走私到马尼拉的白银数量无从统计，实际流入亚洲区间贸易市场的日本白银和美洲白银的数量应该更多一些。

　　实际上，在16～18世纪，流入亚洲的美洲白银数量远不止这些，还有大量美洲白银从陆上丝绸之路、海上丝绸之路流入亚历山大里亚、奥斯曼、波斯和阿拉伯地区，然后通过传统的中东贸易和利凡特贸易，被穆斯林商人、印度散商、港脚商投入亚洲区间贸易市场。此外，还有英印公司商船、港脚商船走私到广州的白银数量也无从统计。

　　从中国船在长崎和马尼拉的贸易成交额与运走白银的比例看，亚洲区间贸易额比流入的白银数额估计要高15%以上（马尼拉白银的贸易成交额比流入白银高5%，日本白银的贸易成交额比实际运走的白银高25%以上）。这意味着每年亚洲区间贸易成交额平均在517.5万两以上（即 450 万两加上它的 15%）。1800 年后，输入亚洲区间贸易市场的白银较少，所以 1600～1800 年亚洲区间贸易成交额应该更高，估计年均在 540 万两（20.15 万公斤）以上。值得注意的是，从 19 世纪 20 年代开始，由于印度鸦片、棉花入华贸易，英国散商和英印公司从广州运出大量白银，中国从白银流入国变成白银流出国。

从流入亚洲市场的白银来源看，数额从高到低依次为美洲、欧洲、日本。流入亚洲区间贸易的日本白银和马尼拉的美洲白银（扣除给马尼拉政府的津贴和运输费用），至少有 4/5 流入中国；从欧洲运到印度和远东的美洲白银估计有 1/3 以上流入中国。由此可见，中国是近代亚洲区间贸易的中心，中国商品是亚洲区间贸易最重要的商品，美洲白银对亚洲区间贸易的推动作用超过日本白银，大帆船贸易和亚欧贸易对亚洲区间贸易有巨大的推动作用。

日本白银投入亚洲区间贸易市场主要是在 1640 年以前。在 1638 年以前，日本的白银主要由澳葡、中国人、荷兰人和日本人运出；此后，日本的白银主要由中国人、荷兰人运出。葡萄牙商船运走的日本白银绝大部分流入了中国；荷兰人运出的日本白银一半以上通过购买中国生丝、蔗糖、瓷器等，最终流入中国；赴台湾和澳门的日本朱印船所运出的白银也流入了中国，而赴东南亚的朱印船运去的白银，也有相当大一部分通过在当地购买中国产瓷器、丝织品、中药等转流入中国。巨额的日本白银源源不断地输出，一方面表明澳葡、中国人、荷兰人对日贸易及日本对外贸易是一项获利丰厚的商业活动，另一方面说明日本白银对亚洲区间贸易开展的重要性。中国人、葡萄牙人、荷兰人和日本人把大量的白银输入中国，推动了明清中国社会白银货币化的进程，推动了明清社会商品经济的发展。日本出口的白银多数流入中国，说明中国是这个时期亚洲区间贸易的中心和白银经济带构建的主力。可以说，没有中国社会对白银的渴求，就不会有如此巨量的日本白银的出口。

从统计数据看，美洲白银通过官方大帆船贸易输入马尼拉的高峰时期是在 1590～1601 年和 1621～1640 年，年均分别是 156263.6 公斤（558.33万比索）和93213.5公斤（1621～1630年年均92545公斤，1631～1640年年均93882公斤），从美洲走私白银到亚洲的高峰是在1611～1630年。这反映出1590～1640年是马尼拉大帆船贸易最繁荣的时期，也是马尼拉银丝贸易对亚洲区间贸易市场影响最大的时期。亚洲市场对白银的旺盛需求成为从美洲大量走私白银到马尼拉的动力。

运到马尼拉的美洲官银，扣除马尼拉政府津贴和运输费用，至少90%用于购买中国生丝、丝织品和陶瓷等运往中南美洲。1570～1823年，从马尼拉流入中国的美洲白银应该在1020万公斤以上。其中，1570～1760年，抵达马尼拉的华船总计3007～3027艘，运回白银19829.68万～19952.54万比索，折合554.94万～558.38万公斤；1580～1644年89艘澳葡商船从马尼拉运回白银约4450万比索，折合124.53万公斤；清代澳葡商船继续从马尼拉运回白银，囿于资料，其数额无法统计；1571～1778年，西班牙帆船运到中国东南沿海（包括台湾）的白银约有770万比索，合21.55万公斤。另外，越南、暹罗等地商船向马尼拉运去中国生丝、丝织品等，运回的白银也大都回流到中国。从美洲走私到马尼拉的白银，大部分也进入亚洲银丝贸易流通中，但具体情况缺乏文献记述，尚待有识之士探究。

2. 各时期不同来源的白银在亚洲区间贸易市场的流通量

1560～1600年，流入亚洲区间贸易市场的日本白银有135万～195万公斤。此外，1542～1575年中国私商走私进中国的日本白银至少有29.9万公斤；1571～1600年，西班牙官方从墨西哥运入马尼拉的白银有217.63万公斤（7775.92万比索），从美洲走私到马尼拉的白银有44.34万公斤，主要用于购买中国生丝和丝织品，给马尼拉大帆船贸易提供货源；1569～1600年葡萄牙人从欧洲运来白银119.4万公斤，主要用于购买香料、中国生丝和丝织品，运回里斯本销售，另有小部分用于亚洲市场的内向型区间贸易。从白银来源和流动看，在16世纪下半叶亚洲区间贸易中，日本白银、马尼拉的美洲白银和葡萄牙输出的美洲白银三分天下，但日本出口的白银多于来自美洲的官银和私银，少于美洲和葡萄牙输入的美洲白银总量。从白银三个来源的数量看，为美洲市场服务的亚洲外向型区间贸易额最高，其次是亚洲内向型区间贸易，最后是为欧洲市场服务的亚洲外向型区间贸易。看来，在 16 世纪后期，就对亚洲区间贸易的促进作用而言，马尼拉大帆船贸易大于亚欧贸易。

　　1600 ～ 1644 年，亚洲区间贸易市场非常活跃，贸易成交额巨大，澳葡、华商、荷兰人、日本人都投身于亚洲区间贸易市场。这个时期的白银贸易额从一个侧面反映了市场的成交量。1600 ～ 1640 年，流入亚洲区间贸易市场的日本白银约有 605 万公斤，1641 ～ 1644 年有 24.45 万 ～ 25.72 万公斤；1601 ～ 1644 年，西班牙官方从墨西哥运入马尼拉的白银约有 361.78 万公斤，从美洲走私白银约 465.27 万公斤，美洲白银走私到马尼拉的数量达到高峰；1600 ～ 1644 年，从欧洲运到亚洲的白银有 188.35 万公斤，其中 1600 ～ 1636 年葡萄牙人运来 130.6 万公斤，1602 ～ 1644 年荷兰人运来 43.52 万公斤，1601 ～ 1637 年英国人输入 14.23 万公斤。显然，这个时期日本白银输出量是日本白银出口史上最高的，是来自美洲的官银的近 2 倍，长崎成为亚洲交易最为活跃的地方。不过，来自美洲的官银和私银之和超过了日本白银，从欧洲输入亚洲的白银也超过前一时期，说明亚洲区间贸易为马尼拉大帆船贸易及亚欧贸易服务的属性大大增强。从输入白银的总量看，这个时期亚洲区间贸易市场非常活跃，与欧洲市场和美洲市场的联系也大大增强，美洲市场对亚洲区间贸易发展的推动作用仍是巨大的。明季从欧洲运到亚洲的美洲白银（312.97 万公斤）远远低于同期日本输出的白银（740 万 ～ 800 万公斤），也低于从墨西哥运入马尼拉的官银（563.82 万公斤），说明亚洲区间贸易为亚欧贸易服务的特性尚不突出。从白银贸易成交额看，明季亚洲内向型区间贸易非常活跃，开展亚欧贸易的主要是葡萄牙人。

　　在 1600 年以前，白银贸易主要局限在东亚地区，以澳葡和华人为主，以中国生丝、丝织品交换白银为主要内容。1600 年（尤其是 1604 年）后，荷兰人、日本人加入白银贸易，他们把白银贸易扩展到中南半岛、东南亚地区和波斯；中南半岛、东南亚地区和波斯的物产，如生丝、香料、鹿皮、蔗糖等，也成为白银交易的对象，中国出口商品种类也日益增加，蔗糖、布匹、瓷器、茶叶等成为白银交换的对象，亚洲白银经济带真正形成了。随着白银的流通，在明清时期形成了新的亚洲区间贸易秩序，即资源合作机制。

在 17 世纪上半叶，长崎、澳门、广州、马尼拉、巴达维亚成为白银的集散地，以这五地为中心，形成了白银流通的经济带。围绕着白银贸易，澳门和马尼拉联结了一个全球的经济贸易体系；华商积极参与了近代国际贸易体系的构建。随着白银贸易的兴盛，古代海上丝绸之路延伸出新样态——白银之路。随着日本、美洲白银在亚洲区间贸易市场的流通，西太平洋、印度洋贸易圈与美洲贸易圈联结在一起，近代世界市场真正形成了。

1571～1778 年，西班牙帆船运到中国东南沿海（包括台湾）的白银约有 770 万比索，合 21.55 万公斤。另外，越南、暹罗等地商船向马尼拉运去中国生丝、丝织品等，运回的白银也大多回流到中国。从美洲走私到马尼拉的白银，大部分也进入亚洲银丝贸易中，但具体情况缺乏文献记述，尚待有识之士进行探究。

1645～1699/1700 年，从日本、墨西哥和欧洲输入亚洲区间贸易市场的白银数量都大幅减少。日本出口白银 266.34 万～274.38 万公斤；西班牙官方通过大帆船贸易运到马尼拉的美洲白银有 291.1 万公斤，年均约 52927 公斤；1645～1660 年，从美洲走私运进马尼拉的白银有 78.51 万公斤（2805.16 万比索）。1645～1700 年，欧洲输入亚洲市场的白银仅有 87.14 万公斤（荷印公司输入 81.14 万公斤，英印公司输入 6 万公斤）。清初中国政局动荡和 1672 年以后日本幕府削减对外贸易限额（唐船 6000 贯，荷船 3000 贯），对亚洲区间贸易市场的负面影响非常明显。与明季相比，针对欧洲市场的亚洲外向型区间贸易市场在这个时期反而衰退了。荷印公司输往阿姆斯特丹的香料和蔗糖数量减少也说明了这一点。

在 18 世纪，日本出口白银大幅减少，铜取代白银成为日本贵金属出口的主要品种。1700～1759 年唐船从日本运走白银约 73.56 万公斤，荷兰人运走约 22.27 万公斤。1700～1800 年，西班牙官方从美洲运到马尼拉的白银，有 655.84 万～686.63 万公斤。在这个时期，欧洲输入亚洲的白银爆发式增加，荷兰人、英国人从欧洲运到远东的白银分别有 383.97 万公斤和 393.7 万公斤，其他欧洲国家运来 194.35 万～219.7 万公斤，合计 972.02 万～997.37 万公斤；美国在 1788 年也加入亚洲市场。从以上数据看，18 世纪日本的海外贸易大幅萎缩，日本在亚洲区间贸易体系中的地位下降；亚欧贸易真正的发展时期是在 18 世纪，荷兰东印度公司和英国东印度公司是亚欧贸易的主力。这说明，这个时期亚欧贸易市场超过了大帆船贸易的亚洲—拉美市场，亚洲区间贸易主要是为外向型服务的，欧洲市场对亚洲的影响超过了美洲市场，欧洲市场在全球贸易体系中确立了主导地位；欧洲运来的白银对亚洲区间贸易和亚欧贸易具有巨大的推动作用。随着更多欧洲国家和美国加入亚洲外向型区间贸易市场，亚洲商品对欧洲和美国经济发展的影响更为广泛和深刻。美洲白银经太平洋、欧洲流入中国和东南亚，中国和东南亚商品流向欧洲和中南美洲，成为英国工业革命前世界市场的主要格局。

虽然明代白银货币化是中国社会经济发展的结果，但是大量日本和美洲白银的输入确实助推了明代白银的货币化。

3. 各国商人参与的白银贸易数额

1569～1636 年，葡人在亚洲区间贸易所使用的白银，1/3 多来自葡萄牙（253.73 万公斤），近 2/3 来自日本（300.87 万～360.87 万公斤）和马尼拉（1587～1644 年，123.13 万公斤）。此外，1600～1640 年，日本出口的、去向不明的白银 150 万公斤，估计约有 2/3 是澳葡运走的。由此可见，葡萄牙人是该时期亚洲区间贸易的主力。考虑到澳葡把中国陶瓷器和棉布、葡萄牙商品和印度棉布运到东南亚出售的利润，澳葡商人在亚洲区间贸易中的实际交易量远远在上述白银交易量之上。1636 年以后，澳葡商人对白银的需求大幅下降，基本不需从国内调运，用亚洲区间贸易的利润足以应付对欧洲贸易的白银支出。从统计数据看，在明代，从欧洲输入远东的白银有 77% 是葡萄牙人运来的。这反映了葡萄牙人是这个时期亚洲区间贸易和亚欧贸易最主要的参与者和推动者。1641 年，澳葡失去马六甲，荷兰人控制了马六甲海峡，澳葡对欧洲的贸易一度陷入停顿，对白银的需求更低了。清代，澳葡商船继续开展对马尼拉的贸易，从马尼拉运回白银，但其数额未见统计。

　　从运走白银的数量看，中国商人涉入亚洲白银贸易非常深。1560～1759 年，唐船运走日本白银总计 461.67 万公斤，约合 12372.76 万两。其中，1560～1644 年，唐船从日本运走白银 207.4 万公斤，占同期日本出口白银的 1/3 左右；1542～1575 年，中国人还从日本走私运回白银至少 29.9 万公斤；1645～1699 年，唐船运走日本白银 176.61 万公斤，占同期日本出口白银的 2/3 左右。在这个时期，郑氏海商集团对亚洲区间贸易做出巨大贡献，仅 1641～1672 年，郑氏商船就从日本运走约 101.5 万公斤白银，占同期中国商船运走日本白银总量的 76.7%，其商船遍及长崎、马尼拉、中南半岛和马来半岛及印尼诸港口。1700～1759 年，中国船运走 73.56 万公斤，合 1971.4 万两，年均 32.86 万两。上述这些白银中至少有 80%、约 366 万公斤直接流入中国，其余部分先流入东南亚，然后通过东南亚地区与中国的贸易大部分再流入中国。此外，1600～1640 年，日本出口的、去向不明的白银 150 万公斤，估计有 1/3 是唐船运走的。

　　1571～1644 年，中国商船从马尼拉运走 317.86 万～321.3 万公斤白银，中国商船运走的白银是澳葡商船运走的（123.13 万公斤）近 3 倍；从统计数据看，该时期通过大帆船贸易运到马尼拉的美洲官银（563.82 万公斤）扣除马尼拉殖民政府津贴，剩余的白银（约 501.52 万公斤）几乎都由华船和澳葡船输入中国了。1644～1760 年，抵达马尼拉的中国船共 1379 艘，载货 3566.91 万比索（2675.18 万两），运回白银 8471.47 万比索，折合 6353.6 万两，237.1 万公斤。华商对亚洲外向型区间贸易的介入甚至超过内向型区间贸易。从统计数据看，华船从马尼拉运回白银最多的年份是 1580～1619 年，其次是

1620 ~ 1643 年，再次是 1685 ~ 1716 年；1650 ~ 1689 年是中菲贸易的低潮时期。1662 ~ 1679 年，中国大陆赴日贸易的船仅及其他地方赴日华船的 1/3。这一方面反映了该时期中国沿海与日本贸易的衰落，另一方面反映了东南亚华人与日本贸易的兴盛以及以郑氏集团为主的赴日华船大部分来自中国大陆以外的地区。

荷兰人从长崎运走的白银，1622 ~ 1640 年有 30.15 万公斤，年均 18952.6 公斤；1641 ~ 1654 年总计 31.5 万 ~ 42 万公斤，年均 22500 ~ 30000 公斤；1655 ~ 1672 年有 33.75 万公斤，年均 18750 公斤；1673 ~ 1699 年，运走 33.48 万 ~ 34.02 万公斤，年均 12400 ~ 12600 公斤；1700 ~ 1759 年，运走 22.27 万公斤，年均 3711.7 公斤。荷兰人从长崎运走的白银至少有 2/3 进入亚洲内向型区间贸易市场，通过购买中国生丝、丝织品和蔗糖等流入中国；将生丝、丝织品和蔗糖等销往日本。从白银输出数量看，1641 ~ 1654 年是荷兰人对日贸易最活跃的时期，运走白银最多。荷兰人对亚洲内向型区间贸易的参与程度似不及中国人和葡萄牙人。

由于 17 世纪初荷兰人一来远东即与菲律宾的西班牙人交恶，甚至在 1616 ~ 1623 年封锁马尼拉港，因此荷兰人几乎没有从马尼拉获得美洲白银，只得从日本和荷兰获取白银。在 17 世纪 40 年代以后，荷兰人从欧洲运来白银的数量是欧洲国家中最多的，且分布比较均衡，反映了荷兰人对亚洲区间贸易参与程度较高。

荷印公司自荷兰输往亚洲的白银数量，1602 ~ 1644 年有 45.01 万公斤，1645 ~ 1670 年有 27.14 万公斤，1670 ~ 1700 年有 54 万公斤，1700 ~ 1795 年有 383.97 万公斤。显然，从 1690 年开始，荷兰人从欧洲输往远东的白银大幅增加，18 世纪输往远东的白银比 17 世纪增加了约 2 倍。

在整个 18 世纪，荷兰从欧洲运来白银的数量是欧洲国家中最多的，反映了荷兰人对亚洲外向型区间贸易参与程度较高。荷兰人从欧洲运来白银的数量最多的时期是在 1720 ~ 1795 年（达 236.73 万公斤），18 世纪输往远东的白银比 17 世纪增加了约 2 倍，其原因一方面是该时期日本幕府限制荷兰人和中国人对日贸易，荷印公司从事的亚洲内向型区间贸易大幅萎缩，从亚洲内向型区间贸易赚取的白银数额减少；另一方面是荷兰人开展的亚欧贸易大幅增加，在亚洲外向型区间贸易中耗费的白银也大幅增长，不得不从荷兰大量调运白银。

17 世纪，英国人从欧洲运来的白银非常少，主要是在 1601～1637 年（14.23 万公斤）、1645～1699 年（60012～60107 公斤）。1630～1670 年，英国人与中国和东南亚地区的贸易很少，1637～1699 年只有 10 年有运银记载。这一方面反映了这个时期英印公司与中国和东南亚地区的贸易很少，整个 17 世纪英印公司对华贸易并不发达；另一方面反映了英印公司的白银资金严重不足。17 世纪，英国东印度公司始终存在资金不足和在亚洲缺乏有力的据点支撑等问题，实力上比荷兰东印度公司逊色很多。1708 年，两家英国东印度公司正式合并为"英商对东印度贸易联合公司"。两家公司合并后，英国东印度公司的东方贸易才真正繁盛起来。1710 年以后，英国与中国贸易爆发式增长，急需大量白银支付。所以，英印公司从英国运来大量白银，1702～1759 年从英国向印度和远东输入白银达302.69 万公斤，是过去一百年输入额的 15 倍左右。在 18 世纪上半叶，从欧洲运入远东的白银数量，英印公司超过了荷印公司。不过，在1702～1753 年，英印公司输入中国的白银仅有 258768 公斤，不到同期该公司输入东印度地区白银（300.38 万公斤）的 9%。这说明 18世纪上半叶英印公司从英国运往印度和远东的白银并没有直接输入中国，英印公司与中国的贸易并不发达。18 世纪中叶开始，英印公司的对华贸易额才大幅提升。英印公司输往亚洲的白银不断增加，显示该公司介入亚洲区间贸易程度不断加深，以及公司与中国的贸易在其亚洲区间贸易中的占比不断增加。

值得注意的是，英印公司运来的白银，有一些是从孟买起运的，这些白银有一部分来自英国，也有一些白银的来源很难判定。此外，英国与中国的直接贸易并不属于亚洲外向型区间贸易，而是属于亚欧贸易，但是从英国出发的商船往往会在印度、东南亚搭载货物（棉花、香料、鸦片等），运销到广州，然后从广州购买茶叶、瓷器、蔗糖、丝织品等返回英国，从而介入亚洲内向型和外向型区间贸易；英属印度与东南亚、中国的贸易，既有亚洲内向型区间贸易，如印度棉花、鸦片及东南亚香料运贩广州，中国茶叶、蔗糖运销印度和波斯、阿拉伯半岛，又有亚欧贸易，如从广州运贩茶叶、蔗糖、瓷器等到英国。英印公司所开展的印中之间的亚洲内向型区间贸易支持亚欧贸易的开展。

18 世纪，英、荷、葡以外的欧洲国家至少有 466 艘商船赴中国贸易，从欧洲运到中国的白银达 194.35 万～ 219.7 万公斤；1788 ～ 1840年，美国人运往中国的白银数量合计 6054.43 万两，约合 225.91 万公斤。这表明，18 世纪亚洲外向型区间贸易发展非常迅速，已经远远超过内向型区间贸易。18 世纪亚洲区间贸易以外向型为主，且以荷兰人和英国人为主导，华商退居次要地位。越来越多的欧洲国家加入亚洲区间贸易和亚欧贸易，说明近代世界贸易体系的扩大。

18 世纪，随着荷兰人、英国人等与中国直接贸易的开展，亚洲外向型区间贸易与亚欧贸易交织在一起，贸易属性复杂化。就中国对外贸易而言，在广州、澳门完成的印度棉花、鸦片和东南亚香料贸易都属于亚洲区间贸易，而从广州输出的中国茶叶、蔗糖和瓷器等要根据目的地来判断贸易性质，输往亚洲各地的属于内向型区间贸易，直接输往欧洲的属于外向型区间贸易。其他亚洲国家的对外贸易亦作如是观。就欧洲商人而言，从广州、澳门及东南亚采购商品并直接运销欧洲的贸易，或把欧洲商品直接运销亚洲各地的贸易，属于亚欧贸易；在亚洲各地采购商品，并在亚洲销售的贸易，属于亚洲内向型区间贸易。

六　关于香料贸易和蔗糖贸易

近代亚洲区间贸易最初是靠白银、香料和生丝、丝织品驱动的。亚洲香料经济带的构建与香料的生产、贸易和使用密切相关。17 世纪初，荷兰人进入亚洲区间贸易市场，蔗糖也成为亚洲内向型和外向型区间贸易的大宗商品。荷兰人在台湾、巴达维亚大力发展制糖业，亚洲蔗糖经济带逐渐形成。

1. 香料贸易

近代亚洲区间贸易中的香料贸易是在明朝朝贡贸易体系中的香料贸易基础上发展起来的。明代前期的朝贡贸易物品主要是香料，明朝廷把朝贡贸易和官方贸易所得的香料大规模地用于赏赐、支俸，时间长达近百年（1379～1471）。此举在解决明朝财政问题的同时，促进了中国的香料消费和香料的平民化，加速了香料从奢侈品向日用品的转化，使香料的社会需求大大增加，刺激了东南亚地区的香料生产。朝贡贸易和华人私商的香料贸易，使印度、东南亚与中国之间的海上贸易网络更为发达。

15 世纪末，葡萄牙人入侵远东后，就着手亚欧香料贸易，促进了印度和东南亚香料的商品化生产。整个 16 世纪，葡萄牙人几乎垄断了东南亚与欧洲的香料贸易。在 16 世纪早期，葡萄牙人运往欧洲的香料主要从印度出口，而且运走的香料 2/3 以上是胡椒，在 30 年代以前，每年运走的胡椒几乎都在 2 万担以上，最高的年份（1518）甚至超过 45000 担。据统计，1537～1571 年葡萄牙人运到里斯本的胡椒达 83.8 万担，年均 23942.9 担；1571～1600 年，里斯本从东方进口的胡椒有 51.6 万担。输入胡椒太多，在 16 世纪初导致欧洲市场胡椒价格狂跌，1502 年从每担 80 杜卡特降至 40 杜卡特，1504 年降到 20 杜卡特，甚至更低。这对原来以威尼斯商人为主导的利凡特香料贸易造成巨大冲击。整个 16 世纪，葡萄牙人与穆斯林商人竞争，传统的利凡特贸易尽管受到打压、衰落，但仍存在，中东商道仍然保持运转。从远东出口到利凡特的胡椒，1537～1549 年年均 22000 担，1550～1556 年年均 20000 担，1557～1571 年年均 28000 担。1550～1570 年，欧洲的香料贸易市场被穆斯林商人抢夺了近一半。1570 年以后，葡萄牙王室允许私人参与东方贸易，葡萄牙对欧洲的香料贸易进入复兴阶段。葡萄牙国内动荡的政治形势，并没有影响到葡萄牙人的香料贸易。16 世纪 70 ~ 80 年代，欧洲市场 75% 以上的香料是由葡萄牙人进口的。

16 世纪中叶开始，葡萄牙人把大量香料从东南亚贩运至中国和日本，换购中国的丝织品、瓷器和蔗糖以及日本的白银。香料成为亚洲内向型区间贸易的大宗商品。16 世纪末到 17 世纪初，葡萄牙人受到荷兰人和英国人的挑战，对欧洲香料贸易大幅减少，1641 年后更是几乎停顿。葡萄牙人虽然失去了对欧洲胡椒市场的控制权，但仍垄断亚欧之间的肉桂贸易，因为质量好的肉桂只产于葡萄牙人严密控制的锡兰低洼地区，直到 1658 年该地区彻底落入荷兰人之手。与此相对应，葡萄牙人占据澳门后，开始大规模开展对华、对日香料贸易，并大力发展檀香木贸易。马六甲、望加锡先后成为葡萄牙人在东南亚开展贸易的基地和香料贸易的中转站。17 世纪 30 年代末，澳门葡萄牙人退出对日本贸易，澳门与望加锡等东南亚地区的檀香木贸易发展成澳葡主要贸易项目。1641 年，澳葡丢失马六甲后，望加锡成为与澳门齐名的葡萄牙人在东方的第二大市场，澳葡把望加锡当作销售中国丝货和印度棉织品的中转港，在此地换购帝汶的檀香木、摩鹿加群岛的丁香和婆罗洲的钻石。澳门—望加锡—索洛—帝汶航线成为澳葡海上贸易的一条固定航线，每年澳葡在望加锡的贸易额达 50 万比索。17 世纪 40 ~ 60 年代，葡萄牙人在望加锡的贸易，弥补了他们在对日贸易中的损失。

尽管欧洲的胡椒市场价格波动很大，16 世纪对欧洲的胡椒贸易利润仍是很高的。在通常年份，里斯本的胡椒售价保持在每担 40 杜卡特上下，高值可达 80 杜卡特。而同时期东南亚的胡椒收购价每担 6 ~ 8 两银。1572 年，葡萄牙国王从东方贸易中获得的纯利达 50 万杜卡特，其中多数利润来自香料贸易。17 世纪 40 年代后，胡椒贸易利润大幅下滑，当时东南亚的胡椒收购价上涨到每百荷磅 25 弗罗林（合 10 里亚尔，折合 9 两），而 1652 年荷兰的胡椒市场价格从每百荷磅 60 ~ 65 弗罗林跌至 38 弗罗林，胡椒在荷兰的售价低到甚至不够支付从印尼过来的运费。此后几年，胡椒在荷兰的售价回升到每百磅 55 ~ 60 弗罗林。与此同时，胡椒在中国、日本的售价为每担 14 ~ 16 两，利润甚至超过对欧洲的胡椒贸易，而且航程短，贸易周期短，风险低。所以，澳葡、荷印公司等大力发展对华、对日胡椒贸易。

高级香料的利润比胡椒要高。1515 年，从马鲁古把 1 巴哈尔（272 斤）丁香运到马六甲出售，可卖到 9 ~ 12 克鲁扎多（两），利润率为 700% ~ 900%。由于欧洲市场需求的增加，尤其是荷兰人、英国人和葡萄牙人的竞争，丁香的价格一路上升。在竞争最为激烈的 1600 ~ 1640 年，丁香在马鲁古的均价为每吨 200 ~ 400 里亚尔，在望加锡市场每吨 600 ~ 900 里亚尔。据此推算，丁香每年可以为马鲁古带来约 10 万里亚尔收入，以望加锡的每吨中间价 750 里亚尔计算，每年可为整个东南亚地区带来约 30 万里亚尔（折合约 27 万两白银）收入。葡萄牙人和荷兰人等西方人及穆斯林商人经过 100 多年的竞争，使丁香在望加锡的价格上涨了 7 倍以上。

17 世纪以荷兰人为主导的亚洲香料贸易，改变了远东香料贸易和香料经济的格局，对亚洲香料区域经济带的形成及印尼社会的影响是巨大的。荷兰人在东南亚对香料贸易的垄断受到中国商人、穆斯林商人和英国商人、澳葡商人的挑战。通过 1616 年对兰恩岛的争夺、1619 年"防御条约"的签订、1623 年安汶大屠杀、1664 年《布雷达条约》的签订，荷兰人在东南亚取得对英国人的胜利，将英国人从香料角逐中排挤出去，成为印尼香料贸易的霸主，实现了对丁香、肉豆蔻的垄断。巴达维亚、望加锡成为东南亚最大的香料集散地；在荷据台湾时期，大员成为荷印公司对华、对日贸易的桥头堡。在 17 世纪上半叶，荷兰人在华商的帮助下完成了对高级香料（丁香、肉豆蔻）的垄断；同时，华商也通过与荷兰人的合作，成功在巴达维亚和马鲁古群岛开展贸易。荷兰人一直力图通过香料定价权及出口量来操纵欧洲和亚洲市场，排挤竞争者，达到利润的最大化。但是，荷兰人对欧洲市场香料价格和进口量的操纵，并没有带来销售量和利润的增长，因为欧洲政局的变化对香料价格有较大影响，欧洲香料价格变动较大，荷印公司的销售、进口措施经常滞后于市场变化。荷兰人操纵欧洲的香料价格，致使欧洲市场波动对东南亚香料生产和出口产生很大影响。与葡萄牙人一样，荷兰人对欧洲的香料贸易实际上由两部分构成：在亚洲采购香料属于亚洲外向型区间贸易，把香料运销阿姆斯特丹属于亚欧贸易。这两部分密切结合，导致欧洲市场供需关系和葡萄牙、荷兰的政局变化也深刻影响到东南亚的香料生产和价格，亚洲市场与欧洲市场的联动日益明显。香料贸易促进了近代世界市场一体化的形成。

　　欧洲市场胡椒、丁香售价的变动，对荷印公司向欧洲进口胡椒的数量有相当大的影响。17 世纪 40 年代开始，欧洲市场胡椒、丁香价格下跌。在此情况下，荷印公司重视胡椒、丁香在亚洲市场，尤其是中国、日本市场的销售。1670 ~ 1680 年，荷印公司在班达群岛收购了 590 万磅丁香，其中 430 万磅运至荷兰，其余 160 万磅行销亚洲各地，占丁香收购量的 1/4 以上，苏拉特卖出 77.5 万磅，是亚洲地区消费丁香最多的地区。据 C.R. 博克舍的估计，这个时期东南亚生产的香料有 2/3 输往欧洲，1/3 在亚洲（印度苏拉特、中国、日本等地）销售。到 18 世纪，印尼的胡椒大部分在亚洲销售。

　　17 世纪中叶以后，欧洲的胡椒、肉豆蔻市场长期低迷。1670 年，胡椒和其他香料在荷印公司进口商品贸易经费中所占比例，从 1620 年前后的 74% 降至 41%，到 1700 年降至 23%。与此同时，纺织品贸易占比不断上升，1670 年纺织品占比 36%，1700 年升至 55%。为了扭转香料贸易下滑的局面，荷印公司努力开拓亚洲香料市场。1660 ~ 1680 年，荷印公司运销了 480 万磅肉豆蔻（子），其中 270 万磅被运往欧洲，剩余 210 万磅运往印度。1671 ~ 1680 年，有 9.5 万磅肉豆蔻干皮被荷印公司运回荷兰，而留在亚洲销售的有 20 万磅，超过了欧洲市场销售量。荷印公司对亚洲香料市场的开发，促进了亚洲内向型区间贸易的发展和亚洲香料经济带的形成。

　　为了控制丁香、肉豆蔻的产量，荷兰人在香料群岛任意种植和铲除这些香料，改变了当地的生态和经济结构，造成了深远的社会影响。

荷兰人沿袭了葡萄牙人的亚洲区间贸易模式，用印度、中国的棉布、中国商品（如陶瓷、日用品、黄金）以及日本的白银等来带动香料贸易，提高亚洲区间贸易的活跃度。17 世纪初，丁香在阿姆斯特丹的售价升至最高点，毛利润接近 30 倍；在荷兰丁香售价最低的 17 世纪 40 年代，毛利润也有 10 倍左右；50 年代，安汶的丁香在阿姆斯特丹出售的毛利润在 11 ～ 13 倍。在 17 世纪后期，在欧洲市场不景气的背景下，荷兰人对中国、印度等亚洲国家的精细（高级）香料贸易非常成功，丁香的售价甚至超过欧洲市场。荷兰人对亚洲市场的依赖程度不断加深。从马鲁古和望加锡的丁香差价看，把丁香从班达群岛运到望加锡出售，即有 125% ～ 200% 的利润。这也是荷兰人要垄断丁香资源的重要原因。荷印公司垄断丁香、肉豆蔻的价格，压低收购价，从 17 世纪中叶开始，近 50 年保持丁香收购价不变，香料群岛的香农并没有享受到多少经济利益。

17 世纪，英印公司在与荷印公司争夺贸易权和殖民宗主权的斗争中失败，导致其亚洲香料贸易开展不顺，贸易量不大。在 18 世纪，英印公司和散商主要到马辰、巴达维亚等地购买胡椒，然后东运到广州或西运到孟买、伦敦出售。胡椒贸易的毛利率在 50% ～ 60%。从 1734 年开始，英印公司运送到欧洲的胡椒数量大大超过澳葡和华人运销到中国的胡椒数量。这从一个侧面反映了英国人在亚洲区间贸易中地位的上升。

2. 蔗糖贸易

16 世纪末到 19 世纪初，蔗糖是欧洲和亚洲市场畅销的大宗商品。中国福建、广东、台湾以及印尼巴达维亚、孟加拉是主要的产糖区。以这些地区为中心，蔗糖运销到日本、印度、锡兰、波斯和欧洲各国；通过蔗糖的生产、运输、贸易和消费，在亚洲形成了以闽广地区、台湾和巴达维亚为中心的蔗糖经济带。华商、澳葡、荷兰人、英国人和后来的美国人等都热衷于蔗糖贸易。由于蔗糖的畅销，华商、荷兰人和英国人赚取了巨额利润；蔗糖的出口贸易，还使巨量的白银流入中国。蔗糖贸易活跃了亚洲市场，既推动了亚洲内向型和外向型区间贸易的发展，又推动了亚欧贸易的发展。

蔗糖贸易的利润在不同时期变动较大。在 17 世纪初，澳葡从澳门运销到长崎的白糖利润率为 100%～200%，红糖（黑砂糖）利润率约 900%；华船运销到长崎的白糖利润率，1600 年为 250%～400%，1635 年为 200%；1635 年，华船运销到长崎的冰糖利润率为 94%，黑砂糖利润率为 257%。此后，对日本的糖贸易的利润下降，到 1648～1657 年白糖利润率仅有 40% 上下，甚至低至 25% 左右，80 年代回升到 200% 上下。1622～1663 年，荷印公司从大员和巴城运往荷兰的糖，每担获利高达 15.15 两，毛利率达 420.8%；17 世纪 80 年代，荷印公司把巴达维亚糖运销阿姆斯特丹，每百磅可获利 27.7 弗罗林（8.31 两），毛利率超 200%。在波斯市场，蔗糖贸易一般可获得 120%～140% 的利润。而且，孟加拉糖、万丹糖、暹罗糖和巴达维亚糖的进价比中国糖低，运销这些糖的利润率会更高一些。

中国蔗糖的出口贸易，给中国社会带来巨量的白银收入。据笔者考辨，1622～1830 年，中国出口蔗糖至少有 374.67 万担，出口价值约 1311.35 万两，这些蔗糖出口所获得的白银几乎都留在中国。其间，中国船运出 223.94 万担，获利 739 万两，获利的 75% 换购白银（554.25 万两）流入国内。通过蔗糖出口贸易，约 1868.6 万两白银流入中国。剩余的约 155.73 万担糖主要由荷兰人、英国人运走，澳葡、法国人、瑞典人、美国人等也参与了蔗糖输出贸易。由于荷印公司运销糖按每担 125 磅结算，加上许多中国糖出口量并无记载，因此中国糖实际出口量应更多。

在 1636 年以前，中国蔗糖主要出口到荷兰和日本，而且荷兰人在中国糖出口贸易中占非常大的份额。1631 年，亚洲的糖贸易近 3/5 是由荷兰人完成的。在 1636 年以后，中国蔗糖的出口则主要由华商承担。在 17 世纪中叶，把蔗糖运销到日本的不仅有中国船、荷兰船，还有来自中南半岛和东南亚的船。不过，出口的中国糖超过 3/5 是中国船运销的。1630～1661 年，大批中国糖自中国厦门、安海等地运往台湾、巴达维亚，再由荷印公司转口运销到日本、波斯、荷兰等地。中国蔗糖对外贸易为中国换回了大量的日本和美洲白银以及日本、东南亚和波斯等地的商品。

17世纪，中国出口蔗糖应不少于990581.66担，货值约346.7万两银，这些蔗糖出口所获得的白银几乎都留在中国。其中，中国商船运到日本的各类糖约有709087担，售出可获利约2339987两，其中约有75%的获利换成白银（约1754990两）回流中国。通过蔗糖贸易，17世纪中国至少可获得522.2万两白银（蔗糖出口价值346.7万两加上通过对日本的糖贸易运回的白银）。

18世纪中国输出各类糖至少有1585760担，出口价值约5618781两银。其中，18世纪唐船输入日本的各类糖有1498929担，以每担平均进价3.5两计，货值5246251.5两。这些糖在日本出售，还可以有90%上下的利润（约472万两），为中国换回价值近1000万两银的铜条、白银等日本商品。1704～1792年英商从广州共运走砂糖51050担、冰糖19295担，合计70345担，以每担糖平均4两推算，需要耗资281380两银。英国人运走的中国糖主要在孟买、苏拉特、英国等地销售。1792年，荷兰、美国、法国、瑞典、丹麦从广州运走砂糖、冰糖合计16952担，耗银92780两，平均每担5.47两。

1801～1830年，中国出口糖总计1170378.86担，年均出口39012.6担，出口价值总计约675万两，与18世纪相比，年均出口量增加了一倍以上，每担出口价值也大大增长。其中，1801～1822年唐船输入日本的砂糖94698.86担，仅及18世纪下半叶唐船年均输入糖量的52.6%。这些糖在广州售价约538836两（每担5.69两），运销到日本可获利约473494两（每担获利5两计）。

在整个17世纪，英国对华贸易量很少，从事的糖贸易量更少，英印公司从广州运出的糖只有36003担，每担耗银平均2.7两，需97208两；以每担获利3.3两计，可获利118810两。英国船装运的中国糖等货品，并不一定都运往英国，也做转口贸易，在孟买等地出售。进入18世纪，英国东印度公司和英国散商对华贸易逐渐增多，其中蔗糖贸易是较重要的项目。英国商船从英国运来绒布（呢绒布）、花绒布等，从孟买等地把棉花、胡椒、檀香木、铅、锡和白银等运到广州等地销售，运走糖、茶叶、瓷器、丝织品、明矾、白铅、土茯苓和南京布等中国产品，在孟买、苏拉特、英国等地销售。18 世纪后期以后，英印公司和英国散商在中国购进的大宗商品是茶叶、生丝、丝织品及南京布，蔗糖往往归于"其他商品项"，所占交易资金比例并不大，蔗糖货值在"其他商品项"中一般仅占 1/29 ～ 1/25。

　　进入 19 世纪，英国商人的蔗糖贸易爆发式增长。1800 ～ 1820 年缺少统计数据；1821 ～ 1830 年，英印公司和英国散商从广州运走糖总计 895289 担，超过整个 18 世纪输出的糖量的 9 倍，耗资折合银 5182937 两，获利约 4476445 两。从买糖预算制定来看，孟加拉是 19 世纪初英印公司购买中国糖的基地，也是中国糖向西转运的中心。从 19 世纪 20 年代中期开始，由于英国人把大量印度棉花和鸦片等运入广州，换购茶叶、瓷器、蔗糖等，因此中国在贸易中处于入超地位，故中国并没有因为输出蔗糖、茶叶等获得白银流入。

　　18 世纪中叶以后，法国、瑞典、丹麦等国商船也从广州等地运回少量的糖。1792 年，有 2 艘法国船运走砂糖 1969 担、冰糖 1006 担；1 艘瑞典船运走砂糖 4 担；1 艘丹麦船运走砂糖 3985 担、冰糖 598 担。每担砂糖进价 5 两，每担冰糖进价 10 两。

　　1792 年，美国人开始大规模从中国购买糖，当年有 4 艘美国船从中国运走糖 4576 担。1804 ～ 1828 年，美国商船从广州运走的砂糖及冰糖总计约 180391 担，以每担均价 5.7 两计，耗资 1028228.7 两。与同时期英商比较，美国商人糖贸易销量不大。美国商人主要把糖运销美国和欧洲市场。

　　在 17 ～ 18 世纪，荷印公司是亚洲糖贸易的主力之一。荷印公司不断开拓蔗糖贸易市场，同时在亚洲外向型区间贸易市场和内向型区间贸易市场开展蔗糖贸易。1628 年，波斯市场的蔗糖贸易已经形成；在 1635 年以前，荷印公司最主要的蔗糖销售市场是荷兰本国及亚洲的日本，销售中国蔗糖。17 世纪 60 ～ 70 年代，荷印公司开拓了阿拉伯半岛摩加和印度的苏拉特、科罗曼德尔市场；80 年代，开拓了马拉巴尔、锡兰市场。

1622 ～ 1762 年荷印公司输入荷兰 840553.97 担糖，获利 9911323 两。1631 ～ 1735 年，输入日本 331082.8 ～ 331232.8 担，可获利 1458525 ～ 1458862 两，其中，1631 ～ 1658 年荷兰人自台湾输往日本的中国糖有 64281.2 ～ 64431.2 担，获利 144633 ～ 144970 两。1626 ～ 1735 年，荷印公司输入波斯 426253.47 担糖，可获利 2528825.4 两；还有 1000 桑孟中国砂糖和 4000 袋孟加拉砂糖及其利润未计入。1680 ～ 1735 年，荷印公司销往锡兰、苏拉特和摩加、马拉巴尔及科罗曼德尔等地的巴达维亚粉糖、孟加拉粉糖共计 282614 担，可获毛利 3672349.3 弗罗林（折合 1101814.2 两）。

1680 ～ 1709 年，荷印公司还在日本、波斯、苏拉特和摩加、印度的马拉巴尔及科罗曼德尔等地销售了 64818.8 担巴达维亚糖果、345.3 担孟加拉糖果，获利 436292.7 两。

1792 年，4 艘荷兰船从广州运走糖 4814 担，耗银 24070 两，每担获利 5 两计，可获利 24070 两；1801 ～ 1822 年，荷兰船从巴城输入日本的砂糖年均 80 万～ 110 万斤，合计 17.6 万～ 24.2 万担，以每担平均进价 5.4 两计，这些糖值 95.04 万～ 130.68 万两，每担获利 5 两，共获利 88 万～ 121 万两。

此外，1634 ～ 1651 年，荷印公司从巴城西运目的地不明的中国糖 113074.03 担，获利 508833 两。

以上总计，1622 ～ 1822 年荷印公司运销的各类蔗糖有 2174392.27 ～ 2240542.27 担，获利 16413390.6 ～ 16743727.6 两；另外，还有输入波斯的 1000 桑孟中国砂糖和 4000 袋孟加拉砂糖及其利润未计入。荷印公司运销的蔗糖，其中 73.6% 以上是在亚洲市场出售的。

显然，这个时期的蔗糖贸易是一个暴利的商贸项目。蔗糖贸易为荷印公司带来了巨额利润。荷印公司在波斯、苏拉特和摩加、马拉巴尔及科罗曼德尔、锡兰等地的糖贸易，为荷印公司赚取了 366.3 万两（1220.88 万弗罗林）的利润，对日本糖贸易的利润有 233.85

万～ 266.89 万两（779.42 万～ 889.54 万弗罗林）。考虑到荷印公司成立之初的资本金仅有 660 万荷盾（弗罗林），这些利润的价值就更凸显出来。这些利润带来公司紧缺的巨量白银，充实了荷印公司的资本金，缓解了荷印公司的银荒问题，推动了荷兰的资本原始积累。

在 1662 年以前，荷印公司蔗糖贸易的市场比重和利润率从高到低依次为荷兰、波斯和日本；1663 年后，蔗糖市场比重依次为波斯、日本及荷兰，利润率依次为日本、荷兰及波斯；1679/1680 ～ 1708/1709年，蔗糖市场比重依次为波斯、日本及荷兰；1713 年后，蔗糖市场比重依次为荷兰、日本及波斯，苏拉特和摩加、锡兰、科罗曼德尔、马拉巴尔等地糖市场比重不断增加。在 1762 年以后，荷印公司的糖贸易主要在亚洲市场。在 18 世纪，随着亚洲蔗糖市场的开拓，摩加、锡兰、马拉巴尔等地融入亚洲区间贸易网络中。蔗糖贸易带动了荷印公司亚洲区间贸易市场的活跃。

蔗糖既是荷兰东印度公司远东贸易的重要商品，又充当了亚洲区间贸易的中介交换物。荷兰人先用东南亚的香料、日本白银和铜等换取中国大陆的蔗糖等物品，然后到波斯市场用蔗糖交换波斯生丝；在日本市场，用蔗糖、波斯生丝换取日本的银和铜；在马拉巴尔及科罗曼德尔、锡兰等地，用蔗糖交换胡椒、肉桂等。在亚洲区间贸易过程中，荷印公司经常采取以货易货的方式，不足部分再用白银等贵金属购买。这种贸易方式使荷兰人用少量的资金购买货物，继而辗转运销亚洲各地，活跃了亚洲内向型区间贸易，将亚洲地区连接成一个紧密的贸易网，并使荷印公司的利润最大化。荷印公司通过内向型区间贸易赚取的利润，又支持外向型区间贸易和亚欧贸易的开展。蔗糖贸易的利润是荷印公司购买运回欧洲货物所需资金的重要来源，也是维持荷印公司在亚洲的要塞、船队和货栈的重要资金来源。

为了减少中国大陆糖价不断上涨的影响，获得稳定的蔗糖货源，摆脱对外来糖的依赖，并获得廉价的蔗糖，荷印公司就在台湾和以巴达维亚为中心的爪哇岛大力推广甘蔗种植，鼓励发展糖业，建立起稳定的供糖基地。这促使以闽广、台湾和巴达维亚为中心的蔗糖经济带的形成。

　　除了白银、香料、生丝、蔗糖贸易，荷兰人还把大量中国瓷器运到巴达维亚，再转销到东南亚各地。仅 1655 ~ 1661 年，荷兰东印度公司就运销 500 万件中国瓷器到暹罗、缅甸、锡兰、印度、伊朗和阿拉伯等地。英国人把印度棉布运销东南亚，印度棉花运销中国，从而促使亚洲内向型区间贸易进一步发展。

七　全球视野下的亚洲区间贸易

　　16 ~ 18 世纪的亚洲区间贸易，与中南美洲市场及欧洲市场联系紧密，既是全球市场的一部分，又推动了近代世界市场的形成。在这个时期，东海、南海、东洋和西洋（印度洋）上，百舸争流，遍及各港，无远弗届，四海连接成一个贸易整体。

1. 香料贸易的影响

　　葡萄牙人和荷兰人的香料贸易大大推动了亚洲原有的香料贸易，推动了以香料贸易为中心的早期亚洲区间贸易的发展，改变了亚洲及亚欧香料贸易路线和贸易格局，带动了亚洲各地产品的商品化进程，并促使葡萄牙人、荷兰人构建起一个复杂的亚洲区间贸易网络和亚欧贸易网络。16 世纪，葡萄牙、西班牙殖民势力的侵入，打破了马鲁古原始的自然状态，打开了马鲁古对外贸易的窗口，也打破了以往穆斯林商人垄断的香料转口贸易，香料贸易开始纳入世界市场体系，成为国际贸易的一部分。与此同时，马鲁古的政治、经济、宗教和社会生态也出现了巨大的变化。香料贸易还沟通了传统的北海、地中海、印度洋、中国南海贸易圈和新兴的大西洋贸易圈，使世界各地的商品流动、联系更加紧密，促进了近代统一的世界市场的形成，开启了现代意义上的全球化进程。

　　随着香料生产和出口贸易的繁荣，东南亚许多城镇，诸如阿瑜陀耶、马六甲、巴赛、文莱、锦石等发展成贸易城市。这些贸易城市的兴起，对早期亚洲区域经济带的构建起了非常重要的作用。它们与崛起的老商业城市，诸如亚齐、马六甲、柔佛、万丹，以及 16、17 世纪兴起的澳门、巴达维亚和马尼拉一道，共同支撑起东南亚与西亚、东亚及欧洲的贸易运作。

2. 白银贸易的影响

1565 年，菲律宾至墨西哥阿卡普尔科港的大帆船贸易航线开辟出来。大帆船贸易航线，在太平洋开辟出"白银之路"。由于大帆船贸易运往阿卡普尔科的货物主要是中国的生丝、丝织品等，所以这条航线的实际终点延伸至广州、澳门和福建沿海。大帆船贸易把葡萄牙人建立的各条航线与美洲联结在一起，中国、日本、东南亚各地、印度与美洲联系在一起，亚洲贸易网络具有了全球意义，加快了近代经济全球化的进程。

大量白银在亚洲流通，对亚洲区间贸易产生了深刻的影响。这主要表现在以下五个方面。

（1）丝银贸易促进了西方人在亚洲的区间贸易方式的转变。在 16 世纪 70 年代以前，葡萄牙人、西班牙人在东南亚开展的主要是香料贸易，香料贸易具有鲜明的殖民掠夺性质，且主要是以物易物的方式开展。随着白银作为硬通货的流行，白银既是特殊的商品，又作为货币成为交易的等价交换物，西方人在亚洲的贸易不得不改变贸易形式，主要用白银购买亚洲（主要是中国）商品，并在亚洲区间贸易过程中基本遵循市场交易原则。由于中国社会急需白银和其他贵金属（铜和黄金），西方人要获得高利润回报的中国商品，他们首先要有白银等贵金属。白银和香料贸易促使亚洲区间贸易模式向近代商贸模式转型。

（2）拓展了东南亚和东亚区间贸易的商品种类，形成以中国产品为主、远东各地产品为辅，以日本白银和美洲白银为等价交换物的贸易格局。中国与东南亚之间的瓷器和香料贸易以及中国、中南半岛和印尼与日本的丝银贸易、瓷银贸易、糖银贸易和皮银贸易等成为近代早期亚洲区间贸易的主要内容。在白银贸易的推动下，远东地区各地出产的特色产品都成为区间贸易的商品。

在 16 世纪 70 年代以前，朝贡贸易和私商贸易的商品主要是香料、丝绸、陶瓷。随着白银的流通和马尼拉大帆船贸易的兴起，传统的香料贸易被突破，中国和东南亚各地对外贸易的商品种类大大增加。

围绕白银贸易，东南亚和日本、中国东南沿海各省（包括台湾）等地形成了特色产品生产，如暹罗的苏木、鹿皮、铅，安南的生丝，巴达维亚和台湾的蔗糖。当地居民用丰富多样的本地产品去交换白银，突破了以往的交易商品种类。这些商品在亚洲区域内流动，形成了以中国产品为主、远东各地产品为辅，以及亚洲区间贸易空前活跃的贸易格局。中国东南沿海（主要是广州、漳州月港与澳门）、长崎、马尼拉、巴达维亚及中南半岛的贸易，中南半岛与日本长崎，澳门与长崎、马尼拉和中南半岛，马尼拉与长崎，巴达维亚与中南半岛、台湾和长崎，以及台湾与马尼拉和长崎的贸易都空前活跃起来。

在以中国产品为主、远东各地产品为辅的亚洲区间贸易格局下，白银的供给就成为影响亚洲区间贸易发展的最重要因素。这种局面一直延续到 18 世纪 60 年代初。当时，英国舰队在马尼拉和珠三角之间水域袭击法国和西班牙的船队。1762 ~ 1764 年，英国攻击并占领了马尼拉，致使马尼拉和广州出现白银短缺，很多商人开始走私鸦片，试图以鸦片来取代白银。于是，亚洲区间贸易格局发生了根本性的变化。

（3）促进了东南亚区间贸易的繁荣，多数东南亚、东亚国家和地区卷入亚洲区间贸易，亚洲区间贸易的地理和人文格局发生了巨大的变化。参与马尼拉大帆船贸易的除了华人、日本人，还有西班牙人、葡萄牙人、荷兰人和英国人等，涉及的国家和地区有中国大陆、台湾、澳门以及日本、暹罗、安南、马尼拉、巴达维亚、香料群岛等。

由于美洲白银通过大帆船贸易集中到马尼拉，从 16 世纪 70 年代开始，马尼拉与东南亚各地的贸易活跃起来，尤其是与柬埔寨、越南、暹罗、望加锡、马鲁古等地的贸易较为突出。对于马尼拉而言，与这些地方贸易的重要性仅次于中国。

（4）白银贸易极大地促进了中国私商对外贸易的发展，推动华人到海外经商和侨居，改变了东南亚的人口版图和文化版图。越来越多的华商以中国商品、中国帆船和中国市场为主要依托，到海外做生意，侨居东南亚各地，建立起新的华商贸易网络，进一步推动了东南亚等地的区间贸易发展。华商看到了白银贸易巨大的商机，积极投身到这项贸易活动中。受马尼拉的美洲白银吸引，福建漳、泉两州商人纷至沓来。

例如，在16世纪90年代，马尼拉华人数目已达2万余人，而包括军队在内的西班牙人仅有2000名。在17世纪中叶以后，越来越多的华人侨居巴达维亚、暹罗、安南等地。

（5）白银的流通促进了西太平洋、印度洋贸易圈与美洲贸易圈的对接，近代世界市场真正形成了。

在欧洲人的"地理大发现"之前，亚洲就已形成了相当发达的国际贸易网络。阿布-鲁霍德（Janet Abu-Lughod）总结说，在13世纪及此前很长时期，阿拉伯海、印度洋和中国南海已形成三个有连锁关系的海上贸易圈：最西边是穆斯林聚居区域，中间是印度化地区，最东边是中国的"天下"，即朝贡贸易区。[1]这三个贸易圈之间的联系虽然出现很早并且在不断加强，但是它们之间大规模、经常性的贸易联系还不十分紧密。欧洲与亚洲的海上贸易联系则较为松散。到了16世纪初，欧洲人向远东扩张，欧洲与亚洲的海上经济联系不断加强。

随着亚洲近代贸易网络的构建，围绕白银贸易，以澳门、马尼拉、长崎为中心的丝瓷与白银的交换体系从亚洲扩展到全球，澳门、马尼拉成为跨全球白银贸易体系的重要连接点，向西穿越马六甲海峡至印度洋再到欧洲，向东穿越太平洋至中南美洲，一个全球性的近代经济贸易体系形成了。通过这一贸易网络，中国生丝、丝绸等源源不

1　Janet Abu-Lughod, *Before European Hegemony: The World System A. D. 1250–1350*, Oxford University Press, 1989, pp.251–253.

断地运往美洲，传统的丝绸之路扩展到美洲地区。因此，大帆船航线又被称作"太平洋丝绸之路""白银之路"，中国丝绸对世界市场的初步形成做出了独特的贡献。

3. 糖贸易的影响

亚洲蔗糖贸易的兴盛，促进了中国闽、粤、台及巴达维亚地区蔗糖经济带的形成，以及这些地区商品经济的发展。中国蔗糖对外贸易为中国换回了大量的日本和美洲白银，华商通过蔗糖贸易获利丰厚。蔗糖贸易换回的大量白银，加速了中国白银货币化进程和东南沿海（包括台湾地区）商品经济的发展。在 18 世纪，随着亚洲蔗糖市场的开拓，摩加、锡兰、马拉巴尔等地融入亚洲区间贸易网络。

亚洲蔗糖贸易的发展，促使台湾、爪哇岛制糖业的兴起。据笔者统计，1636 ~ 1661 年，台湾糖产量为 151726.8 ~ 154726.8 担，收购价折合白银为 740379 ~ 751179 两。1648 ~ 1789 年，爪哇岛每年生产各类糖平均不低于 13000 担，总计 184.6 万担，收购价折合白银为 934.54 万两（每百磅 4.05 两，合每担 5.0625 两）。这些糖几乎都出口了，主要运销荷兰、波斯，少量运往日本等地。这些糖出口贸易带来的银两都被台湾、巴城蔗农所分享，推动了当地社会经济的发展。

台湾和巴达维亚制糖业的兴起，对两地的社会和经济发展产生了巨大的影响，这表现在以下几个方面。

首先，蔗糖贸易的开展有利于台湾和巴城土地的开发及经济的发展；移民巴城的华人带去中国先进的植蔗种稻技术，开垦了大面积的土地，加快了巴城经济发展的步伐，巴城一跃成为这一时期世界上最为主要的产糖区，形成蔗糖经济区。

其次，制糖业的发展导致巴达维亚人口结构和社会文化的变化。1719 年，巴达维亚城内华人人口已从初建时的 800 余人增至 4068 人，郊区华人则达 7550 人。1725 年，巴达维亚城内的华人人数达到 1 万人。这些华人移居巴城及其周边地区，带去了中国传统儒家文化，给当地的社会文化注入了新的文化因素和活力。

再次，蔗糖的生产和贸易，促进了台湾、巴城和爪哇岛近代化的进程。荷印公司占据巴城后，把侵占的土地出租给华人，建立起近代种植园和近代商业结构。围绕蔗糖的生产、销售和运输，形成了一条产业链，改变了当地的经济结构。由于蔗糖贸易，巴城与中南半岛、马尼拉、中国东南沿海（包括台湾）、日本长崎、孟加拉、印度、波斯及荷兰的联系日益紧密。通过蔗糖的生产、运销，荷兰人将西太平洋和印度洋地区连接成一个较紧密的贸易网，构建起一条横跨亚洲和欧洲的蔗糖经济链。

附　录

一　17世纪赴日贸易的唐船数量统计

单位：艘

年份	唐船总数	中国大陆船数	年份	唐船总数	中国大陆船数
1611	70		1637	64	
1612	30		1639	93	
1613	20		1640	74	
1614	65		1641	97	
1623	36		1642	34	
1624	38		1643	34	
1625	40		1644	54	
1631	60		1645	76	
1632	4		1646	54	
1634	36		1662	45	35
1635	40		1663	29	16

年份	唐船总数	中国大陆船数	年份	唐船总数	中国大陆船数
1664	39	25	1682	26	5
1665	36	11	1683	27	2
1666	33	2	1684	24	9
1667	30	4	1685	85	77
1668	43	18	1686	102	87
1669	38	15	1687	136	129
1670	40	16	1688	192	174
1671	38	7	1689	77	66
1672	46	4	1690	90	75
1673	20	6	1691	90	76
1674	22	7	1692	73	63
1675	29	7	1693	81	63
1676	26	8	1694	73	53
1677	29	8	1695	61	60
1678	26	9	1696	81	63
1679	33	14	1697	102	81
1680	30	5	1698	71	56
1681	9	0	1699	73	61

资料来源：岩生成一「近世日支貿易に關する數量的考察」『史學雜誌』62 卷 11 期、1953 年、1～40 頁；后智钢《外国白银内流中国问题探讨（16～19 世纪中叶）》，第 89～90 页。

二　1565～1643 年到菲律宾贸易的中国商船统计

单位：艘，%

年份	到菲商船总数	中国商船数	中国商船占比	年份	到菲商船总数	中国商船数	中国商船占比
1565		2		1575		12～15	
1570		2		1576		18	
1573		8		1577		9	
1574		6		1578		9	

续表

年份	到菲商船总数	中国商船数	中国商船占比	年份	到菲商船总数	中国商船数	中国商船占比
1581		9		1615		20 ~ 30	
1582		24		1616		7	
1583		20		1620	41	28	68.29
1584		25 ~ 30		1621		30 ~ 40	
1587		30		1622		8	
1588		48		1625		30 ~ 50	
1589		11 ~ 12		1626		100	
1591		20 ~ 30		1627	33	28	84.85
1592		28		1628	17	12	70.59
1596		40		1629	15	6	40.00
1597		14		1630		27	
1599	29	19	65.52	1631	46	39	84.78
1600	30	25	83.33	1632	32	22	68.75
1601	33	29	87.88	1633	36	34	94.44
1602	21	18	85.71	1634	29	29	100
1603		14		1635	49	47	95.92
1604	26	20	76.92	1636	36	32	88.89
1605	23	20	86.96	1637	57	54	94.74
1606	30	27	90.00	1638	20	20	100
1607	42	39	92.86	1639	39	37	94.87
1608		39		1640	11	11	100
1609	44	41	93.18	1641	16	11	68.75
1610		41		1642	41	36	87.80
1611		21		1643	32	30	93.75
1612	53	46	86.79				

资料来源：（1）E.H. Blair and J.A. Robertson, eds., *The Philippine Islands, 1493-1898*, Vol.5, p.238; Vol.6, pp.61, 302; Vol.7, p.120; Vol.8, pp.85, 237; Vol.22, p.130。

（2）Pierre Chaunu, *Les Philippines et le Pacifique des Iberiques*, pp.148-149, 152-153, 156-157, 160。

（3）William Lytle Schurz, *The Manila Galleon*, pp. 82-86。

（4）C.R.Boxer, *Fidalgos in the Far East, 1550-1770*, pp.52-58，引自黄启臣《明末在菲律宾的华人经济》，《华侨华人历史研究》1998 年第 1 期，第 18 页。

三　1586 ～ 1645 年马尼拉每年平均征收的进口关税及占比

单位：比索，%

年份	进口关税总额	华货进口税		来自中国大陆的华货进口税		来自澳门的华货进口税		附记
		数额	占比	数额	占比	数额	占比	
1586 ～ 1590	13383	4909	36.68	3750	28.02	1159	8.66	
1601 ～ 1605	42982.9	30304.2	70.5	30104.2	70.04	200	0.47	
1606 ～ 1610	59066	46390.6	78.54	46382.6	78.53	86	0.15	
1611 ～ 1615	70355	64482	91.65	64432	91.58	50	0.07	另一部分进口华货来自台湾，下同
1616 ～ 1620	51337	37843	73.71	31045	60.47	6798	13.24	
1626 ～ 1630	25720	18623.5	72.41	10192.25	39.63	7110.5	27.65	
1631 ～ 1635	42194	34283.8	81.25	22673.2	53.74	9327.6	22.11	
1636 ～ 1640	31037	27483.8	88.55	23831.8	76.79	3556.8	11.46	
1641 ～ 1642	31425	28930	92.06	13059	41.56	15735.5	50.07	
1644 ～ 1645	22075	18599.4	84.26	12249.4	55.49	6294	28.51	

　　资料来源：Pierre Chaunu, *Les Philippines et le Pacifique des Ibériques*, pp.200–205；全汉昇《明代中叶后澳门的海外贸易》"第五表"，《中国近代经济史论丛》，第 156 页。按，全汉昇做此表，百分比换算有误，已做出修正。

四　1675 ～ 1718 年参与中暹日贸易的唐船数量

单位：艘

年份	船数	船籍	出处
1675	1	北大年	《华夷变态》卷 3
1679	4	暹罗	《华夷变态》卷 7
1680	7	暹罗华侨船 3 艘，厦门船 4 艘	《华夷变态》卷 7
1681	5	暹罗	《华夷变态》卷 7
1682	1	暹罗	《华夷变态》卷 8

续表

年份	船数	船籍	出处
1683	8	暹罗 7 艘，广东 1 艘	《华夷变态》卷 8
1684	11	暹罗 9 艘（4 艘暹罗本地船，5 艘去年从长崎南渡之台湾船），六坤 1 艘，北大年 1 艘	《华夷变态》卷 9
1686	5	暹罗 3 艘，北大年 1 艘，厦门 1 艘	《华夷变态》卷 11
1687	6	暹罗 1 艘，北大年 1 艘，厦门 4 艘	《华夷变态》卷 13
1688	3	暹罗 2 艘，广东 1 艘	《华夷变态》卷 14、15
1689	5	暹罗 3 艘，六坤 1 艘，广东 1 艘	《华夷变态》卷 16
1690	9	暹罗 4 艘，北大年 2 艘，宁波、厦门、广东各 1 艘	《华夷变态》卷 17
1691	12	暹罗 8 艘，六坤 2 艘，宁波 1 艘，福州 1 艘	《华夷变态》卷 18
1692	5	暹罗 4 艘，高州 1 艘	《华夷变态》卷 19
1693	4	暹罗 1 艘，厦门 1 艘，六坤 1 艘，宁波 1 艘	《华夷变态》卷 20
1694	7	暹罗 2 艘，福州、宁波、温州、普陀山、厦门各 1 艘	《华夷变态》卷 21
1695	4	广东 1 艘，厦门 2 艘，宁波 1 艘	《华夷变态》卷 22
1696	7	暹罗 2 艘，宁波 4 艘，广东 1 艘	《华夷变态》卷 23
1697	8	暹罗 3 艘，宁波 3 艘，厦门 2 艘	《华夷变态》卷 24
1698	1	暹罗	《华夷变态》卷 25
1699	2	暹罗	《华夷变态》卷 26
1701	2	暹罗 1 艘，广东 1 艘	《华夷变态》卷 28
1703	3	暹罗	《华夷变态》卷 30
1704	1	暹罗	《华夷变态》卷 31
1707	3	暹罗	《华夷变态》卷 32
1708	1	暹罗	《华夷变态》卷 33
1709	2	暹罗 1 艘，宁波 1 艘	《华夷变态》卷 34
1710	1	暹罗	《华夷变态》卷 34
1717	1	暹罗	《华夷变态》卷 35
1718	1	暹罗	《通航一览》卷 269

资料来源：陈荆和《清初华舶之长崎贸易及日南航运》，《南洋学报》第 13 卷第 1 辑，1957 年。他根据《华夷变态》制成"由南洋航日之华舶及其船主们"，兹摘录陈荆和文中有关中暹日三边贸易的部分，目的地都是长崎。

另，1700 年有 2 艘暹罗船到南澳和厦门贸易（《华夷变态》卷 27，第 2163 页）。

五　1715～1754年抵达巴达维亚的外国船只数量

单位：艘

年份	中国	暹罗	亚美尼亚	穆斯林	葡萄牙	西班牙	英国	法国	合计
1715	18	1			9		6	1	35
1716	15		1		5		9	1	31
1717	16		1		9		2	2	30
1718			2		8	1	5	1	17
1719	2		1		13		10		26
1720	1		1		8	1	4		15
1721	3		1		13	1	15		33
1722	11		2		15	1	14		43
1723	24		1		10		6		41
1724	17				10		7		34
1725	13			1	12		8		34
1726	16		1		9		5	1	32
1727	19				13		3		35
1728	18				9		6		33
1729	18		2	1	8		4		33
1730	23		1		10		6	1	41
1731	20				10	1	7		38
1732	20				4		7	1	32
1733	17				8		1		26
1734	14				6		3		23
1735	21		2	1	4		4		32
1736	15				4	1	6		26
1737	19				2	2	7		30
1738	24				3	3	7		37
1739	14				3	3	4		24
1740	14				5	2	7		28
1741	13				5	3	5		26

续表

年份	中国	暹罗	亚美尼亚	穆斯林	葡萄牙	西班牙	英国	法国	合计
1742	缺				3	3	6	1	13
1743	5				6	1	6		18
1744	14			1	7	1	10		33
1745	9			1	4		18		32
1746	12			1	5		7		25
1747	8				3		18		29
1748	14			1	2		7		24
1749	10				2		11		23
1750	缺	1		1	2	1	6		11
1751	8				2	1	9		20
1752	缺	1		1			4		6
1753	7			1	2	1	11	1	23
1754	7			1	2	2	11	1	24
合计	499	3	16	11	255	29	292	11	1116

资料来源：*Alemeen Rijksarcjief, VOC 1860/KA 1750 to VOC 2828/KA 2720*, The Hague. 引自 G. B. Souza, *The Survival of Empire：Portuguese Trade and Society in China and the South China Sea, 1630-1754*, Table 6.4, p.137。

六　1685～1754 年葡萄牙人和中国人在巴达维亚购买香料的数量和货值

单位：担，荷兰银币

年份	胡椒数量	胡椒货值	丁香货值	肉豆蔻货值	肉桂货值
1685	5000～6000	44000			
1686	4332	34656			
1692	13561	125047			
1693	13960	128729			
1694	18590	176185	25150		
1700	26280				
1703	20680	155100			

年份	胡椒数量	胡椒货值	丁香货值	肉豆蔻货值	肉桂货值
1704	23550	176625			33660
1706					52345
1707	10308	87618			31875
1708	12210	103782	46275	5719	59850
1709	9775	87975			
1710	16000	144000			
1711	13000	141956			71440
1712	15100	162100			63600
1713	6400	60981			141780
1714	11000	99062			
1715	11800	107062			
1716	26010	255724			
1717	1948	19480			
1718	19734	197370	32630		114320
1719	11195	111945	15950	2250	560
1720	560	5600	1355	750	46440
1721	500	5000	1564	281	64000
1722	83700	83700	2127	188	35600
1723	23529	235290	6672	3376	56400
1724	13680	136800	8173	2147	46400
1728	13850	138500	5317	610	17200
1729	16530	165300	4379	188	140000
1730	17640	176400	22518	2625	108000
1731	19200	192000	3336	750	94080
1733	4300	43000	15012	0	95200
1735	10310	103100	21163	2063	80485
1737	2160	25920	3794	563	73840
1742	1850	22200	2293	938	101840
1743	275	3300	417		70400
1744	3500	42000	11259	1313	92000

续表

年份	胡椒数量	胡椒货值	丁香货值	肉豆蔻货值	肉桂货值
1746	6065	72780	4427	3375	
1747	6986	83836			6400
1748	4520	54210	22005	5252	76380
1749	7768	93240	1200	293	56000
1750	4106	49029	14010	12396	
1752	900	10800	1302		16650
1754	1685	22660	22396	1750	19333

说明：货值指在巴达维亚的采购价（货单价值）。

资料来源：*Alemeen Rijksarcjief, VOC 1904/KA 1796 to VOC 2848/KA 2740*, The Hague. 引自 G.B.Souza, *The Survival of Empire：Portuguese Trade and Society in China and the South China Sea, 1630–1754*, Table 6.10, p.148。

七　1649/1650 ～ 1737/1738 年阿姆斯特丹商会公开拍卖的香料均价

单位：弗罗林／磅

年度	黑胡椒	丁香	肉豆蔻	肉豆蔻干皮	肉桂
1649/1650	0.49	—	2.52	5.94	1.29
1650/1651	0.46	3.27	2.52	5.94	1.28
1651/1652	0.42	3.27	2.52	5.94	1.26
1652/1653	0.38	—	2.52	5.94	1.23
1653/1654	0.70	3.19	2.46	5.81	1.99
1654/1655	0.59	3.21	2.45	5.80	1.46
1655/1656	0.40	3.17	2.47	5.81	1.32
1656/1657	0.36	3.20	2.49	5.76	—
1657/1658	0.49	3.20	2.47	5.77	2.28
1658/1659	0.41	3.20	2.48	5.99	2.67
1659/1660	0.53	3.73	2.52	5.84	3.23
1660/1661	0.48	3.95	2.71	5.67	3.96

续表

年度	黑胡椒	丁香	肉豆蔻	肉豆蔻干皮	肉桂
1661/1662	0.48	4.72	2.42	5.14	3.75
1662/1663	0.54	4.56	2.10	4.27	3.71
1663/1664	0.43	4.55	2.48	6.04	3.76
1664/1665	0.58	6.08	2.39	5.23	3.44
1665/1666	0.61	5.48	2.26	4.93	2.56
1666/1667	1.10	6.38	2.25	5.51	2.71
1667/1668	0.66	4.88	2.25	5.37	2.24
1668/1669	0.64	5.57	2.23	5.49	2.61
1669/1670	0.47	4.63	2.29	5.62	3.36
1670/1671	0.43	5.35	2.26	5.98	3.04
1671/1672	0.42	5.40	2.30	6.16	3.58
1672/1673	0.40	—	—	—	2.71
1673/1674	0.45	4.76	2.28	6.03	2.67
1674/1675	0.41	4.28	2.28	5.66	3.08
1675/1676	0.34	4.00	2.54	5.46	3.00
1676/1677	0.28	3.75	2.22	5.09	3.14
1677/1678	0.26	—	2.13	4.50	3.06
1678/1679	0.32	3.68	3.00	5.91	2.61
1679/1680	0.35	3.68	3.05	7.35	3.35
1680/1681	0.33	3.68	3.38	7.83	3.18
1681/1682	0.29	3.68	3.99	7.05	2.65
1682/1683	0.26	3.69	3.40	5.90	2.50
1683/1684	0.35	3.72	—	6.76	2.50
1684/1685	0.38	3.72	2.83	5.69	2.69
1685/1686	0.35	3.72	2.97	5.83	2.90
1686/1687	0.37	3.72	2.97	5.79	2.68
1687/1688	0.44	3.72	2.97	5.98	2.77
1688/1689	0.56	3.72	2.97	6.06	2.47
1689/1690	0.65	3.72	2.97	6.18	2.33
1690/1691	0.63	3.72	2.97	6.46	2.45

年度	黑胡椒	丁香	肉豆蔻	肉豆蔻干皮	肉桂
1691/1692	0.72	3.72	2.97	6.87	2.80
1692/1693	0.54	3.72	2.97	7.80	2.50
1693/1694	0.43	3.72	2.97	5.90	2.35
1694/1695	0.40	3.72	2.97	5.82	2.49
1695/1696	0.40	3.72	2.97	7.50	2.73
1696/1697	0.51	3.72	2.97	9.61	2.73
1697/1698	0.63	3.72	3.11	11.68	3.07
1698/1699	0.54	3.72	4.62	12.03	2.92
1699/1700	0.37	3.72	3.55	8.47	2.71
1700/1701	0.55	3.72	4.21	10.53	2.57
1701/1702	0.45	3.72	3.72	6.65	2.20
1702/1703	0.42	3.72	3.72	6.76	2.44
1703/1704	0.45	3.72	3.72	7.26	2.40
1704/1705	0.39	3.72	3.72	6.48	2.86
1705/1706	0.41	3.72	3.72	6.75	2.69
1706/1707	0.44	3.72	3.72	6.52	2.90
1707/1708	0.57	3.72	3.72	7.33	2.85
1708/1709	0.45	3.72	3.72	6.63	2.76
1709/1710	0.52	3.72	3.72	6.62	2.63
1710/1711	0.49	3.72	3.72	6.27	2.18
1711/1712	0.54	3.72	3.72	6.07	2.00
1712/1713	0.64	3.72	3.72	6.23	2.55
1713/1714	0.92	3.72	3.72	6.26	2.46
1714/1715	0.59	3.72	3.72	5.93	2.62
1715/1716	0.46	3.72	3.72	8.29	2.47
1716/1717	0.56	3.72	3.72	6.36	2.70
1717/1718	0.48	3.72	3.72	5.79	2.58
1718/1719	0.47	3.72	3.72	5.80	2.48
1719/1720	0.42	3.72	3.72	5.60	2.63
1720/1721	0.34	3.72	3.72	5.80	2.49

续表

年度	黑胡椒	丁香	肉豆蔻	肉豆蔻干皮	肉桂
1721/1722	0.31	3.72	3.72	6.62	2.52
1722/1723	0.39	3.72	3.72	5.91	2.60
1723/1724	0.34	3.72	3.72	6.38	2.68
1724/1725	0.36	3.72	3.72	7.63	2.81
1725/1726	0.32	3.72	3.72	6.78	2.40
1726/1727	0.33	3.72	3.72	6.80	2.39
1727/1728	0.39	3.72	3.72	7.13	2.50
1728/1729	0.55	3.72	3.72	6.62	2.59
1729/1730	0.46	3.72	3.72	6.95	2.47
1730/1731	0.37	3.69	3.69	6.56	2.55
1731/1732	0.48	3.68	3.68	6.16	2.53
1732/1733	0.55	3.68	3.68	5.86	2.45
1733/1734	0.55	3.68	3.68	5.91	2.42
1734/1735	0.55	3.68	3.68	6.08	2.42
1735/1736	0.50	3.68	3.68	6.15	2.59
1736/1737	0.51	3.68	3.68	6.05	2.47
1737/1738	0.50	3.68	3.68	5.88	2.37

资料来源：Koloniale Archieven Oost-Indie en de Kaap: Archieven van de Vereenigde Oostindische Compagnie, 1602–1796, Kol. Arch. No.10, 234–10, 242F. 引自 Kristof Glamann, *Dutch-Asiatic Trade 1620–1740*, Appendix C, Table Ⅴ, pp.280–281。

八　1641～1698 年在苏拉特出售的丁香数量和价格

年份	数量	价格	
	磅	卢比／芒 36.25 磅	轻质斯蒂费尔／磅
1641	60015	33.50～35.50	22.11～23.67
1642	43534	39.99～39.50	25.66～26.21
1643	28919	40.00～46.00	26.48～30.46
1644	—	—	—

续表

年份	数量	价格	
	磅	卢比 / 芒 36.25 磅	轻质斯蒂费尔 / 磅
1645	98459	40.00	26.48
1646	54791	40.00	26.48
1647	25233	40.00	26.48
1648	76491	41.50	27.48
1649	60545	41.00	27.41
1650	62187	50.00	33.10
1651	92094	52.00	34.43
1652	62957	52.00	34.43
1653	117586	52.00	34.43
1654	119734	76.00	50.32
1655	30631	77.25	51.14
1656	45458	73.00	48.33
1657	53915	74.25 ~ 80.00	51.14 ~ 52.97
1658	19085	110.00	72.83
1659	80085	90.00 ~ 116.00	59.59 ~ 76.81
1660	53650	122.00	80.77
1661	55708	105.00	69.52
1662	27575	109.00	72.17
1663	56369	126.00	80.66
1664	14138	120.00	79.45
1665	56550	121.00	80.11
1666	23245	123.00	81.43
1667	75146	122.00	94.23
1668	50424	125.00	96.55
1669	41216	129.50	99.48
1670	61417	126.00	97.39
1671	68032	117.00	90.37
1672	70791	122.00	94.23
1673	65506	125.00	96.55

续表

年份	数量	价格	
	磅	卢比 / 芒 36.25 磅	轻质斯蒂费尔 / 磅
1674	123531	120.00	92.69
1675	74875	116.00	89.60
1676	46051	113.00	87.28
1677	95464	113.00	87.28
1678	52055	112.00	86.51
1679	96715	114.00	88.06
1680	71376	119.25	92.11
1681	76815	120.00	92.69
1682	95703	122.00	94.23
1683	70252	122.50	101.38
1684	76635	120.00	99.31
1685	95383	109.00	90.21
1686	—	—	—
1687	100000	109.00	90.21
1688	57335	109.00	90.21
1689	77549	118.00 ~ 125.00	97.65 ~ 103.45
1690	194371	121.00 ~ 122.00	100.14 ~ 100.96
1691	—	—	—
1692	12688	117.00 ~ 120.00	96.83 ~ 99.28
1693	81329	108.50	89.79
1694	115252	109.00 ~ 110.00	90.83 ~ 91.03
1695	92578	105.50 ~ 107.00	89.17 ~ 90.93
1696	100780	110.00 ~ 112.25	91.02 ~ 93.33
1697	96321	108.50	89.95
1698	100956	110.50 ~ 114.25	91.45 ~ 95.16

资料来源：1641 ~ 1684 年的数据来自 Koloniale Archieven Oost-Indie en de Kaap: Archieven van de Vereenigde Oostindische Compagnie, 1602-1796, Kol. Arch., No. 1297, fo.810 et seq；1685 ~ 1698 年的数据来自 Pieter van Dam 2, Ⅲ, p.131. 引自 Kristof Glamann, *Dutch-Asiatic Trade 1620-1740*, Appendix F, Table ⅩⅦ, pp.301-302。

九　荷据台湾时期荷兰人出售给中国人和日本人的香料

年份	事件	资料出处	年份	事件	资料出处
1631	大员存货 2149 担胡椒，297 担檀香木，81 担 92 斤次等丁香，13 担 26 斤丁香	《荷兰人在福尔摩莎（1624～1662）》（下同），第 113 页	1642	从巴城运往大员和日本 6069 担胡椒，100 担上等丁香，49046 磅（392.37 担）木香，1017 磅没药，433.5 担檀香木等	第 234 页
1632	8 艘中国船到巴城，购买 2243 担 60 斤胡椒	第 172 页	1643	从巴城运到大员 6383 担胡椒，12000 磅上等丁香，200 担檀香木，1200 根紫檀，44000 磅木香，10000 磅没药等	第 245～246 页
1633	1200 担占城苏木运到巴城，另有 281 担苏木、21 小篓小豆蔻、694 斤血竭	第 130 页	1643	巴城输出上等丁香价值 28500 弗罗林，估计是运往大员的	第 256 页
1638	从巴城向大员运送胡椒 2880 担	第 195～196 页	1644	从巴城运往澎湖和大员 4000 担胡椒，12000 磅上等丁香，51860 磅木香，6685 磅没药，200 担檀香木等；荷船"鹄"号运 24422 斤香料到长崎	第 259、269 页；永积洋子譯註『平·オランダ商館日誌』第 1 輯、335 页
1640	7 艘中国商船抵达巴城，运走 6000 担胡椒、檀香木、紫檀等货物	第 223 页	1645	从巴城运往日本 4931 磅没药；在大员购入或劫船所得 2530 磅檀香木，1395 担 87 斤苏木，389 磅沉香	第 270、275 页
1641	2 艘中国船抵巴城，运走 170 拉斯特（每拉斯特合 2400 磅）胡椒，一批檀香、紫檀、木香和琥珀	第 229 页	1647	从暹罗运往大员 1098 担苏木，巴城运送 200 担胡椒到日本	第 291、293 页

年份	事件	资料出处	年份	事件	资料出处
1648	从巴城运到大员 9312 担胡椒，392771 磅檀香木，68458 磅苏木，31854 磅没药，17000 磅肉豆蔻和次等肉豆蔻，26000 磅上等丁香；是年初，中国商船从巴城运走 3000 担胡椒，以及一批苏木、藤、大米等	第 301、306 页	1652	从巴城运往大员 1282617 斤胡椒，691 根紫檀，43800 磅木香，30000 磅没药，249181.3 磅安息香，50000 斤檀香木，2516 磅苏木，120 磅丁香，胡椒库存 5000 担；从大员发往日本 20080 斤没药，40060 斤木香	第 348 ~ 349、351、366 页
1649	巴城运往大员 1645982 斤胡椒，37523 磅上等丁香，24400 磅次等丁香，208470 磅檀香木，43730 磅木香，23600 磅没药，1700 根紫檀香，2546 磅香	第 309 ~ 310 页	1653	大员运送到日本 20007 斤木香；巴城运到大员 159232 斤胡椒	第 389、397 页
1650	大员长官要求巴城运去 10000 担胡椒，价值 255000 弗罗林，大部分胡椒无法顺利脱手	第 327 ~ 330 页	1654	大员胡椒市场复苏，巴城公司给大员运去 16452 担胡椒，很快售罄，其中 10000 担由 8 艘帆船运往中国出售	第 408、417 页
1651	大员公司把价值 40000 里亚尔的胡椒、檀香木发给大员当地 10 位长老和蔗农大户，作为订购蔗糖的定金	第 330、338 页	1655	1 艘郑成功帆船运走 400 担胡椒	第 435 页

续表

年份	事件	资料出处	年份	事件	资料出处
1656	荷兰人运到广州一批胡椒、檀香木	第 473 页	1658	一艘荷兰帆船运到中国 3323 担胡椒；大员公司向巴城总部预定了 1659 年销售的 10000 担胡椒	第 509、511 页
1657	中国帆船（应该是郑成功的商船）从大员运走 11000 担胡椒；巴城派一艘船运到广州 170 担胡椒、734 担紫檀出售	第 492、499 页			

十　1692～1714 年、1734～1754 年荷印公司在巴达维亚卖给葡萄牙人和中国人的胡椒数量及英印公司从东南亚进口到欧洲的胡椒总量

单位：担

年份	葡人和华人	英印公司	年份	葡人和华人	英印公司
1692	13561	3461	1712	15100	3098
1693	13960	2468	1713	6400	12014
1694	18590	0	1714	11000	10003
1700	26280	13968	1734	10310	17640
1703	20680	14559	1736	2160	16423
1704	23550	5601	1741	1850	14976
1707	10308	10952	1742	275	35766
1708	12210	14838	1743	3500	31622
1709	9775	2944	1745	6065	25513
1710	16000	6068	1746	6986	25150
1711	13000	7260	1747	4520	11202

年份	葡人和华人	英印公司	年份	葡人和华人	英印公司
1748	7768	6466	1753	1685	17133
1750	4106	13568	1754	200	16913
1751	900	11743			

说明：表中统计的葡萄牙人和中国人在巴达维亚向荷印公司购买的胡椒都是运销到中国的。

资料来源：*Alemeen Rijksarcjief, VOC 2262/KA 2154 to VOC 2826/KA 2718*, The Hague. 引自 G.B.Souza, *The Survival of Empire: Portuguese Trade and Society in China and the South China Sea, 1630–1754*, Table 6.12, p.153。

主要参考文献

一　中文史料

段成式:《酉阳杂俎》,曹中孚校点,上海古籍出版社,2012。

李珣:《海药本草》,尚志钧辑校,人民卫生出版社,1997。

赵汝适著,杨博文校释《诸蕃志校释》,中华书局,2000。

汪大渊著,苏继顾校释《岛夷志略校释》,中华书局,1981。

《明实录》,"中研院"历史语言研究所,1962。

《明史》,中华书局,1974。

董应举:《崇相集》,中国文艺出版社,2015。

费信:《星槎胜览》,冯承钧校注,南京出版社，2019。

巩珍:《西洋番国志》，向达校注，中华书局，2000。

顾炎武:《天下郡国利病书》，上海古籍出版社，1995。

黄省曾著，谢方校注《西洋朝贡典录校注》，中华书局，2000。

黄衷:《海语》，广陵书社，2003。

李光缙:《景璧集》，曾祥波点校，福建人民出版社，2012。

刘献廷:《广阳杂记》，中华书局，1957。

《漳州府志》，厦门大学出版社，2010。

马欢:《瀛涯胜览》，冯承钧校注，南京出版社，2019。

《大明会典》，《续修四库全书》第 791 册，上海古籍出版社，2002。

宋应星:《天工开物》，广东人民出版社，1976。

王圻:《续文献通考》，现代出版社，1986。

王临亨:《粤剑篇》，正中书局，1985。

厦门大学郑成功历史调查研究组编《郑成功收复台湾史料选编》，福建人民出版社，1982。

许孚远:《敬和堂集》，陈子龙等辑《皇明经世文编》，《续修四库全书》第 1661 册，上海古籍出版社，2002。

严从简:《殊域周咨录》，余思黎点校，中华书局，2009。

余继登辑《皇明典故纪闻》，书目文献出版社，1995。

张瀚:《松窗梦语》，盛冬铃点校，中华书局，1985。

张燮:《东西洋考》，谢方点校，中华书局，2000。

朱国祯:《涌幢小品》，齐鲁书社，1997。

《钦定大清会典事例》，中华书局，1990。

蒋毓英等:《台湾府志三种》，中华书局，1985。

梁廷枏:《粤海关志》，袁钟仁校注，广东人民出版社，2002。

屈大均:《广东新语》，中华书局，1985。

王大海:《海岛逸志》，姚楠、吴琅璇校注，学津书店，1992。

"中研院"历史语言研究所编《明清史料》戊编、己编，中华书局，1987。

中国科学院编辑《明清史料》丁编，国家图书馆出版社，2008。

二　中文著作

陈国栋：《东亚海域一千年——历史上的海洋中国与对外贸易》，山东画报出版社，2006。

陈伟明：《从中国走向世界：十六世纪中叶至二十世纪初的闽粤海商》，中国华侨出版社，2003。

陈希育：《中国帆船与海外贸易》，厦门大学出版社，1991。

陈椽编著《茶业通史》第 2 版，中国农业出版社，2008。

方友义主编《郑成功研究》，厦门大学出版社，1994。

费成康：《澳门四百年》，上海人民出版社，1988。

傅衣凌主编，杨国桢、陈支平著《明史新编》，人民出版社，1993。

龚缨晏：《鸦片的传播与对华鸦片贸易》，东方出版社，1999。

顾卫民：《从印度洋到太平洋：16 ～ 18 世纪的果阿与澳门》，上海书店出版社，2016。

顾卫民：《葡萄牙海洋帝国史（1415 ～ 1825）》，上海社会科学院出版社，2018。

何芳川：《澳门与葡萄牙大商帆——葡萄牙与近代早期太平洋贸易网的形成》，北京大学出版社，1996。

何芳川主编《太平洋贸易网 500 年》，河南人民出版社，1998。

黄文鹰、陈曾唯、陈安尼：《荷属东印度公司统治时期吧城华侨人口分析》，中国社会科学出版社，2020。

《季羡林文集》，江西教育出版社，1996。

季羡林：《文化交流的轨迹——中华蔗糖史》，经济日报出版社，1997。

李伯重：《火枪与账簿——早期经济全球化时代的中国与东亚世

界》，三联书店，2017。

李德霞：《17世纪上半叶东亚海域的商业竞争》，云南美术出版社，2009。

李金明、廖大珂：《中国古代海外贸易史》，广西人民出版社，1995。

李庆新：《明代海外贸易制度》，社会科学文献出版社，2007。

李庆新：《濒海之地——南海贸易与中外关系史研究》，中华书局，2010。

李治寰编著《中国食糖史稿》，农业出版社，1990。

梁英明、梁志明等：《东南亚近现代史》，昆仑出版社，2005。

梁英明：《东南亚史》，人民出版社，2010。

林仁川：《明末清初私人海上贸易》，华东师范大学出版社，1987。

林仁川、黄福才：《台湾社会经济史研究》，厦门大学出版社，2002。

林仁川：《大航海时代：私人海上贸易的商贸网络》，鹭江出版社，2018。

刘鉴唐、张力主编《中英关系系年要录（公元13世纪～1760年）》，四川省社会科学院出版社，1989。

刘强：《海商帝国：郑氏集团的官商关系及其起源（1625～1683）》，浙江大学出版社，2015。

刘淼、胡舒扬：《沉船、瓷器与海上丝绸之路》，社会科学文献出版社，2016。

金应熙主编《菲律宾史》，河南大学出版社，1990。

刘勇：《近代中荷茶叶贸易史》，中国社会科学出版社，2018。

骆昭东：《朝贡贸易与仗剑经商：全球经济视角下的明清外贸政策》，社会科学文献出版社，2016。

彭信威：《中国货币史》，上海人民出版社，1965。

邱永志：《"白银时代"的落地：明代货币白银化与银钱并行格局的形成》，社会科学文献出版社，2018。

全汉昇：《中国近代经济史论丛》，中华书局，2011。

全汉昇：《中国经济史论丛》，中华书局，2012。

汤熙勇主编《中国海洋发展史论文集》第 7 辑，"中研院"人文社会科学研究中心，1999。

温广益、蔡仁龙、刘爱华、骆明卿编著《印度尼西亚华侨史》，海洋出版社，1985。

吴承洛：《中国度量衡史》，上海书店，1984。

吴承明：《中国的现代化：市场与社会》，三联书店，2001。

吴建雍：《18 世纪的中国与世界·对外关系卷》，辽海出版社，1999。

吴杰伟：《大帆船贸易与跨太平洋文化交流》，昆仑出版社，2012。

万明：《中葡早期关系史》，社会科学文献出版社，2001。

万明：《中国融入世界的步履：明与清前期海外政策比较研究》，故宫出版社，2014。

王日根：《耕海耘波：明清官民走向海洋历程》，厦门大学出版社，2018。

王涛：《明清海盗（海商）的兴衰：基于全球经济发展的视角》，社会科学文献出版社，2016。

王天有、徐凯、万明编《郑和远航与世界文明——纪念郑和下西洋 600 周年论文集》，北京大学出版社，2005。

吴于廑主编《十五十六世纪东西方历史初学集续编》，武汉大学出版社，2005。

萧致治、杨卫东编撰《鸦片战争前中西关系纪事（1517～1840）》，湖北人民出版社，1986。

徐瑾：《白银帝国——一部新的中国货币史》，中信出版集团，2017。

徐晓望：《中国福建海上丝绸之路发展史》，九州出版社，2017。

厦门大学台湾研究所历史研究室编《郑成功研究国际学术会议论文集》，江西人民出版社，1989。

杨宏云:《环苏门答腊岛的海洋贸易与华商网络》,社会科学文献出版社,2016。

杨彦杰:《荷据时代台湾史》,江西人民出版社,1992。

叶文程:《中国古外销瓷研究论文集》,紫禁城出版社,1988。

张健雄:《荷兰的社会政治与经济》,社会科学文献出版社,1999。

赵文红:《17世纪上半叶欧洲殖民者与东南亚的海上贸易》,云南人民出版社,2012。

晁中辰:《明代海外贸易研究》,故宫出版社,2012。

周正庆:《中国糖业的发展与社会生活研究——16世纪中叶至20世纪30年代》,上海古籍出版社,2006。

朱维幹:《福建史稿》,福建教育出版社,2008。

庄景辉:《泉州港考古与海外交通史研究》,岳麓书社,2006。

三　中文论文

蔡振翔:《十七至十八世纪巴达维亚华侨的蔗糖业》,《八桂侨史》1991年第1期。

陈东有:《明末清初的华东市场与海外贸易》,《厦门大学学报》1996年第4期。

陈奉林:《对东亚经济圈的历史考察》,《世界历史》2009年第3期。

陈奉林:《东方外交与古代西太平洋贸易网的兴衰》,《世界历史》2012年第6期。

陈荆和:《清初华舶之长崎贸易及日南航运》,《南洋学报》第13卷第1辑,1957年。

陈荆和:《十七世纪之暹罗对外贸易与华侨》,凌纯声等:《中泰文化论集》,中华文化出版事业委员会,1958。

陈康:《关于十六世纪英荷香料群岛之争的两个问题》,《焦作矿业学院学报》1994年第5期。

陈尚胜:《英国的"港脚贸易"与广州》,中国中外关系史学会编

《中外关系史论丛》第 4 辑，天津古籍出版社，1994。

陈绍刚：《十七世纪上半期的中国糖业及对外蔗糖贸易》，《中国社会经济史研究》1994 年第 2 期。

陈思：《从 17 世纪前期台湾海峡中、日、荷三角贸易格局看早期日荷在台湾的冲突》，《海交史研究》2018 年第 1 期。

陈诗启：《郑成功驱逐荷兰前后台湾的社会经济》，《厦门大学学报·哲学社会科学版》1962 年第 1 期。

陈小冲：《十七世纪的御朱印船贸易与台湾》，《台湾研究集刊》2004 年第 2 期。

陈学文：《论明清时期粤闽台的蔗糖业》，《广东社会科学》1991 年第 6 期。

陈炎：《略论“海上丝绸之路”》，《历史研究》1982 年第 3 期。

陈宗仁：《一六二二年前后荷兰东印度公司有关东亚贸易策略的转变——兼论荷兰文献中的 Lamang 传闻》，《台大历史学报》第 35 期，2005 年。

范金民：《16 至 19 世纪前期中日贸易商品结构的变化——以生丝、丝绸贸易为中心》，《安徽史学》2012 年第 1 期。

范金民：《16～19 世纪前期海上丝绸之路的丝绸棉布贸易》，《江海学刊》2018 年第 5 期。

龚缨晏：《香料的诱惑》，《地图》2010 年第 6 期。

古慧雯：《十七世纪荷日贸易中台湾所扮演的角色》，台湾大学经济学系编《经济论文丛刊》第 46 辑第 2 期，2018 年。

郭卫东：《檀香木：清代中期以前国际贸易的重要货品》，《清史研究》2015 年第 1 期。

韩振华：《论郑和下西洋的性质》，《厦门大学学报》1958 年第 1 期。

韩振华：《荷兰东印度公司时代巴达维亚蔗糖业的中国人雇工》，《南洋问题研究》1982 年第 2 期。

韩琦：《马尼拉大帆船贸易对明王朝的影响》，南开大学世界近现代史研究中心编《世界近现代史研究》第 10 辑，社会科学文献出版社，2013。

韩昇：《清初福建与日本的贸易》，《中国社会经济史研究》1996
年第2期。

何芳川：《太平洋贸易网与中国》，《世界历史》1992年第6期。

贺圣达：《17～18世纪的荷兰—印尼—中国贸易与多元文化交
流》，《广西师范大学学报》2015年第4期。

何宇：《十七至十九世纪前期中日砂糖贸易初探》，朱诚如、徐凯
主编《明清论丛》第15辑，故宫出版社，2015。

黄启臣、邓开颂：《明清时期澳门对外贸易的兴衰》，《中国史研
究》1984年第3期。

黄启臣：《明末在菲律宾的华人经济》，《华侨华人历史研究》1998
年第1期。

黄启臣：《中国在贸易全球化中的主导地位》，《福建师范大学学
报·哲学社会科学版》2004年第1期。

黄素芳：《17～19世纪中叶暹罗对外贸易中的华人》，《华侨华人
历史研究》2007年第2期。

季羡林：《白糖问题》，《历史研究》1995年第1期。

季羡林：《蔗糖在明末清中期中外贸易中的地位——读〈东印度公
司对华贸易编年史〉札记》，《北京大学学报》1995年第1期。

荆晓燕：《明末清初中日私人海外贸易的间接渠道初探》，《中国社
会经济史研究》2010年第1期。

冷东：《中国制糖业在日本》，《学术研究》1991年第1期。

李德霞：《17世纪上半叶荷兰东印度公司在台湾经营的三角贸
易》，《福建论坛·人文社会科学版》2006年第5期。

李德霞：《日本德川幕府与明朝的贸易关系论析》，《中国社会经济
史研究》2008年第4期。

李德霞：《日本朱印船在东南亚的贸易》，《东南亚南亚研究》2010
年第4期。

李金明：《十六世纪后期至十七世纪初期中国与马尼拉的海上贸

易》,《南洋问题研究》1989 年第 1 期。

李金明：《明初中国与东南亚的海上贸易》,《南洋问题研究》1991 年第 2 期。

李金明：《十八世纪中暹贸易中的华人》,《华侨华人历史研究》1995 年第 1 期。

李金明：《明代后期的海外贸易与海外移民》,《中国社会经济史研究》2002 年第 4 期。

李金明：《17 世纪以澳门为中心的东亚海上贸易网》,（澳门）《文化杂志》（中文版）第 48 期，2003 年秋季刊。

李金明：《清初中日长崎贸易》,《中国社会经济史研究》2005 年第 3 期。

李金明：《16 世纪漳泉贸易港与日本的走私贸易》,《海交史研究》2006 年第 2 期。

李金明：《论明初的海禁与朝贡贸易》,《福建论坛·人文社会科学版》2006 年第 7 期。

李永锡：《菲律宾与墨西哥之间早期的大帆船贸易》,《中山大学学报》1964 年第 3 期。

廖大珂：《福建与大帆船贸易时代的中拉交流》,《南洋问题研究》2001 年第 2 期。

李庆新：《1550～1640 年代澳门对东南亚贸易》,《广东社会科学》2004 年第 2 期。

李隆生：《明末白银存量的估计》,《中国钱币》2005 年第 1 期。

李曰强：《胡椒贸易与明代日常生活》,《云南社会科学》2010 年第 1 期。

林金枝：《明代中国与印度尼西亚的贸易及其作用》,《南洋问题研究》1992 年第 4 期。

林仁川：《论十七世纪中国与南洋各国海上贸易的演变》,《中国社会经济史研究》1994 年第 3 期。

林诗维：《近代西爪哇华人蔗糖业探源——兼论福建蔗糖业对巴达

维亚蔗糖业的影响》,《西南民族大学学报·人文社会科学版》2013 年第 4 期。

刘海玲:《明清时期赴日唐船砂糖贸易考察》,《文存阅刊》2020 年第 50 期。

刘军:《明清时期白银流入量分析》,《东北财经大学学报》2009 年第 6 期。

梅新育:《略论明代对外贸易与银本位、货币财政制度》,《学术研究》1999 年第 2 期。

倪来恩、夏维中:《外国白银与明帝国的崩溃——关于明末外国白银的输入及其作用的重新检讨》,《中国社会经济史研究》1990 年第 3 期。

聂德宁:《明末清初中国帆船与荷兰东印度公司的贸易关系》,《南洋问题研究》1994 年第 3 期。

聂德宁:《明末清初的民间海外贸易结构》,《南洋问题研究》1991 年第 1 期。

彭蕙:《明清之际澳门和帝汶的檀香木贸易》,《暨南学报》2015 年第 8 期。

阮思华:《清代台湾制糖业的发展》,《华南农业大学学报·社会科学版》2004 年第 2 期。

邱永志:《元明变迁与明代货币白银化的体制促因》,《明清论丛》2017 年第 1 期。

邱永志:《历久弥新:国际学术视野下的明代白银问题研究述论》,《清华大学学报》2018 年第 4 期。

全汉昇:《明季中国与菲律宾间的贸易》,《中国经济史论丛》(一),中华书局,2012。

全汉昇:《自明季至清中叶西属美洲的中国丝货贸易》,《中国经济史论丛》(二),中华书局,2012。

全汉昇:《明代中叶后澳门的海外贸易》,《中国近代经济史论丛》,中华书局,2011。

全汉昇:《明中叶后中日间的丝银贸易》,《中国近代经济史论丛》,中华书局,2011。

钱江:《1570～1760年中国和吕宋贸易的发展及贸易额的估算》,《中国社会经济史研究》1986年第3期。

钱江:《1570～1760年西属菲律宾流入中国的美洲白银》,《南洋问题研究》1985年第3期。

钱江:《十六～十八世纪国际间白银流动及其输入中国之考察》,(厦门)《南洋问题研究》1988年第2期。

邱馨慧:《荷兰东印度公司档案的台湾贸易文书》,《季风亚洲研究》第8期,2019年4月。

沈立新:《略论中国茶文化在欧洲的传播》,《史林》1995年第3期。

施伟青:《郑和下西洋与福建的私商贸易》,《福建论坛·人文社会科学版》1990年第1期。

汤开建、田渝:《万历四十五年田生金〈报暹罗国进贡疏〉研究——明代中暹关系史上的一份重要的中文文献》,《暨南学报》2007年第4期。

田汝康:《十七世纪至十九世纪中叶中国帆船在东南亚洲航运和商业上的地位》,《历史研究》1956年第8期。

田汝康:《郑和海外航行与胡椒运销》,《上海大学学报》1985年第2期。

田汝英:《葡萄牙与16世纪的亚欧香料贸易》,《首都师范大学学报·社会科学版》2013年第1期。

涂丹:《东南亚胡椒与明代社会经济》,《江西社会科学》2019年第3期。

万明:《明代白银货币化的初步考察》,《中国经济史研究》2003年第2期。

万明:《明代白银货币化:中国与世界连接的新视角》,《河北学刊》2004年第3期。

万明:《明代白银货币化与制度变迁》,纪宗安、汤开建主编《暨南史学》第 2 辑，暨南大学出版社，2003。

万明:《白银货币化视角下的赋役改革》,《学术月刊》2007 年第 5、6 期。

万明:《明代白银货币化的总体视野：一个研究论纲》,《学术研究》2017 年第 5 期。

万明:《白银、性别与晚明社会变迁——以徐霞客家族为个案》,《北京大学学报》2018 年第 4 期。

万明:《"江口沉银"所见明朝与大西朝的货币财政——基于明代白银货币化的分析》,《中华文化论坛》2020 年第 4 期。

万明:《古代海上丝绸之路延伸的新样态——明代澳门兴起与全球白银之路》,《南国学术》2020 年第 1 期。

万明:《全球史视野下的明代白银货币化》,《人民周刊》2020 年第 15 期。

王裕巽:《明代白银国内开采与国外流入数额试考》,《中国钱币》1998 年第 3 期。

王涛:《明至清中期中国与西属美洲丝银贸易的演变及其影响因素》,《拉丁美洲研究》2011 年第 2 期。

魏能涛:《明清时期中日长崎商船贸易》,《中国史研究》1986 年第 2 期。

吴建雍:《清前期中国与巴达维亚的帆船贸易》,《清史研究》1996 年第 3 期。

徐冠勉:《奇怪的垄断——华商如何在香料群岛成为荷兰东印度公司最早的"合作伙伴"（1560～1620 年代）》,刘新成主编《全球史评论》第 12 辑，中国社会科学出版社，2017。

夏蓓蓓:《郑芝龙：十七世纪的闽海巨商》,《学术月刊》2002 年第 4 期。

杨翰球:《十五至十七世纪西太平洋中西航海贸易势力的兴衰》,吴于廑主编《十五十六世纪东西方历史初学集》,武汉大学出版社，2005。

杨彦杰:《一六五〇年～一六六二年郑成功海外贸易的贸易额和利润额估算》,《福建论坛·经济社会版》1982 年第 4 期。

杨国桢:《十六世纪东南中国与东亚贸易网络》,《江海学刊》2002 年第 4 期。

严小青、惠富平:《郑和下西洋与明代香料朝贡贸易》,《江海学刊》2008 年第 1 期。

严小青、张涛:《郑和与明代西洋地区对中国的香料朝贡贸易》,《中国经济史研究》2012 年第 2 期。

严小青:《冲突与调适：16 ～ 19 世纪广州口岸的中外香料贸易》,《广东社会科学》2016 年第 6 期。

尤建设、吴佩军:《试论德川幕府时期日本与东南亚的朱印船贸易》,《南洋问题研究》2006 年第 4 期。

喻常森:《明清时期中国与西属菲律宾的贸易》,《中国社会经济史研究》2000 年第 1 期。

喻常森:《中国与荷属东印度的早期贸易关系》,《海交史研究》2000 年第 2 期。

张劲松:《日本德川幕府锁国时期的日中、日荷贸易及其比较》,《日本研究》1986 年第 3 期。

张劲松:《从〈长崎荷兰商馆日记〉看江户锁国初期日郑、日荷贸易》,《外国问题研究》1994 年第 1 期。

张铠:《明清时代中国丝绸在拉丁美洲的传播》,《世界历史》1981 年第 6 期。

张铠:《晚明中国市场与世界市场》,《中国史研究》1988 年第 3 期。

张铠:《明清时代中国丝绸在拉丁美洲的传播》,《世界历史》1981 年第 6 期。

张兰星:《16 ～ 17 世纪葡据澳门对日生丝贸易探析》, 马明达、纪宗安主编《暨南史学》第 8 辑, 广西师范大学出版社, 2013。

张廷茂:《明季澳门与马尼拉的海上贸易》,《岭南文史》1999 年第 1 期。

赵德宇:《日本"江户锁国论"质疑》,《南开学报》2001 年第 4 期。

赵文红:《17 世纪初期荷兰在东南亚的贸易成就》,《海交史研究》2012 年第 2 期。

赵文红、吴应权:《17 世纪上半叶的澳门—马尼拉贸易》,《云南开放大学学报》2013 年第 1 期。

周正庆:《明清时期我国蔗糖外销的流向》,《广西师范大学学报·哲学社会科学版》2004 年第 2 期。

庄国土:《16 ~ 18 世纪白银流入中国数量估算》,《中国钱币》1995 年第 3 期。

庄国土:《论早期海外华商经贸网络的形成——海外华商网络系列研究之一》,《厦门大学学报》1999 年第 3 期。

庄国土:《论 15 ~ 19 世纪初海外华商经贸网络的发展——海外华商网络系列研究之二》,《厦门大学学报》2000 年第 2 期。

庄国土:《17 世纪东亚海权争夺及对东亚历史发展的影响》,《世界历史》2014 年第 1 期。

蔡郁苹:《十七世纪郑氏家族对日贸易关系之研究》,台湾成功大学博士学位论文,2015。

池雅静:《18 世纪英国在亚洲港脚贸易研究》,浙江师范大学硕士学位论文,2010。

冯丽红:《江户早期唐船贸易及唐商管理研究》,浙江大学博士学位论文,2021。

郭阎昇:《16 ~ 17 世纪日本白银对外贸易研究》,浙江师范大学硕士学位论文,2017。

何宇:《清前期中日贸易研究》,山东大学博士学位论文,2010。

后智钢:《外国白银内流中国问题探讨（16 ~ 19 世纪中叶）》,复旦大学博士学位论文,2009。

姜卫东:《明代后期中国与荷兰关系研究》,山东大学硕士学位论文,2008。

荆晓燕:《明清之际中日贸易研究》,山东大学博士学位论文,2008。

金祎成:《17 世纪荷兰东印度公司在东南亚的香料贸易》,浙江师范大学硕士学位论文,2011。

刘军:《明清时期海上商品贸易研究（1368 ～ 1840）》,东北财经大学博士学位论文,2009。

李广超:《郑芝龙海洋活动研究（1621 ～ 1635）》,厦门大学博士学位论文,2018。

李明敏:《17 ～ 18 世纪荷兰东印度公司对华茶叶贸易研究》,浙江师范大学硕士学位论文,2015。

李萍:《16 世纪至鸦片战争前华侨与中国和东南亚的经济文化交流》,暨南大学硕士学位论文,2000。

李曰强:《明代中菲贸易研究》,山东大学硕士学位论文,2007。

李娜美:《全球史视角下的 18 世纪英国"港脚贸易"研究》,广西师范大学硕士学位论文,2021。

李倩:《17 世纪荷兰东印度公司远东贸易研究》,浙江师范大学硕士学位论文,2006。

厉益:《1602 ～ 1740 年荷兰东印度公司蔗糖贸易研究》,浙江师范大学硕士学位论文,2009。

林伟盛:《荷据时期东印度公司在台湾的贸易（1622 ～ 1662）》,台湾大学博士学位论文,1998。

吕振纲:《明代中国商人在中国与东南亚区域贸易体系建构中的角色研究》,暨南大学博士学位论文,2018。

骆昭东:《从全球经济发展的视角看明清对外贸易政策的成败》,南开大学博士学位论文,2010。

马良:《明清时期白银货币泛化研究（16 ～ 19 世纪中叶）》,辽宁大学博士学位论文,2013。

钱江:《1570 ～ 1760 中国和吕宋的贸易》,厦门大学硕士学位论文,1985。

邱普艳:《1600 ～ 1774 年广南阮氏与中国的贸易关系》,郑州大学硕士学位论文，2006。

　　田渝：《清代中国与暹罗的贸易》，暨南大学硕士学位论文，2004。

　　田渝：《16 至 19 世纪中叶亚洲贸易网络下的中暹双轨贸易》，暨南大学博士学位论文，2007。

　　王丹韵：《马尼拉大帆船贸易中的银丝贸易（1565 ~ 1815）》，浙江师范大学硕士学位论文，2015。

　　王刘波：《明代隆庆开放后的旅菲华侨研究》，山东大学硕士学位论文，2011。

　　王俊杰：《十六至十七世纪初的马鲁古群岛——以葡据特尔纳特时期为考察重点》，广东省社会科学院硕士学位论文，2018。

　　王舒涵：《17 ~ 18 世纪日本对外铜贸易研究》，浙江师范大学硕士学位论文，2012。

　　吴梦婷：《从"香药"到"香料"：胡椒与明代中国社会》，厦门大学硕士学位论文，2018。

　　谢志玮：《17 世纪英荷香料角逐对印尼的影响》，河北师范大学硕士学位论文，2021。

　　徐永辰：《明代白银货币化的制度分析》，西南财经大学硕士学位论文，2015。

　　闫彩琴：《17 世纪中期至 19 世纪初越南华商研究（1640 ~ 1802）》，厦门大学博士学位论文，2007。

　　严艳：《明代白银与铜钱的比价问题研究》，中国科技大学硕士学位论文，2006。

　　姚春霞：《德川幕府中前期的日中关系与长崎贸易》，延边大学硕士学位论文，2009。

　　尹星燕：《清代一口通商时期中国对东南亚的帆船贸易（1757 ~ 1840）》，厦门大学硕士学位论文，2018。

　　张廷茂：《16 ~ 18 世纪中期澳门海上贸易研究》，暨南大学博士学位论文，1997。

　　赵文红：《17 世纪上半叶欧洲殖民者与东南亚的海上贸易》，厦门大学博士学位论文，2009。

　　赵元良：《郑芝龙与十七世纪的东亚国际贸易》，台湾中兴大学硕士学位论文，2012。

四　译作

　　程绍刚译注《荷兰人在福尔摩莎（1624～1662）》，联经出版事业公司，2000。

　　江树生译注《热兰遮城日志》，台南市政府，1999～2004。

　　梅·加·李克莱弗斯：《印度尼西亚历史》，周南京译，商务印书馆，1993。

　　李塔娜：《越南阮氏王朝社会经济史》，李亚舒、杜耀文译，文津出版社，2000。

　　杰克·特纳：《香料传奇：一部由诱惑衍生的历史》，周子平译，三联书店，2015。

　　安东尼·瑞德：《东南亚的贸易时代：1450～1680年》，孙来臣等译，商务印书馆，2017。

　　贡德·弗兰克：《白银资本：重视经济全球化中的东方》，刘北成译，四川人民出版社，2017。

　　赫尔曼·库尔克、迪特玛尔·罗特蒙特：《印度史》，王立新、周红江译，中国青年出版社，2008。

　　普塔克：《1640～1667年间澳门与望加锡之贸易》，冯令仪译，李庆新主编《海洋史研究》第9辑，社会科学文献出版社，2016，第32～47页。

　　《普塔克澳门史与海洋史论集》，赵殿红、蔡洁华等译，广东人民出版社，2018。

　　费尔南·布罗代尔：《15至18世纪的物质文明、经济和资本主义》，顾良译，三联书店，1992～1996。

　　费尔南·布罗代尔：《地中海与菲利普二世时代的地中海世界》第

1 卷，唐家龙等译，商务印书馆，2013。

弗朗索瓦·吉普鲁：《亚洲的地中海：13 ～ 21 世纪中国、日本、东南亚商埠与贸易圈》，龚华燕、龙雪飞译，新世纪出版社，2014。

塞拉芬·D. 基亚松：《1570 ～ 1770 年中菲帆船贸易》，黄滋生译，《东南亚研究》1987 年第 1、2 期。

威·伊·邦特库：《东印度航海记》，姚楠译，中华书局，1982。

包乐史（Leonard Blussé）：《中荷交往史（1601 ～ 1989）》，庄国土、程绍刚译，荷兰：路口店出版社，1989。

约翰·尼霍夫原著，包乐史、庄国土著《〈荷使初访中国记〉研究》，厦门大学出版社，1989。

廖纳德·包乐史：《1619 ～ 1740 年的巴达维亚：一个华人殖民城的兴衰》（上），熊卫霞、庄国土译，《南洋资料译丛》1992 年第 1 期。

廖纳德·包乐史：《1619 ～ 1740 年的巴达维亚：一个华人殖民城的兴衰》（下），熊卫霞、庄国土译，《南洋资料译丛》1992 年第 2 期。

包乐史：《巴达维亚华人与中荷贸易》，庄国土等译，广西人民出版社，1997。

费莫·西蒙·伽士特拉：《荷兰东印度公司》，倪文君译，东方出版中心，2011。

雍莉：《欧洲的亚洲香料：16 ～ 17 世纪的荷兰菜谱》，朱秋雨译，《文化与文明——开拓餐桌新时代（第八届亚洲食学论坛论文集）》，北京，2018 年 10 月。

W. J. 卡德：《中国人在荷属东印度的经济地位》，黄文端、王云翔等译，《南洋问题资料译丛》1963 年第 3 期。

鲁伊·罗里多：《葡萄牙人与丝绸之路——明朝末年的澳门与马尼拉》，（澳门）《文化杂志》（中文版）第 44 期，2002 年秋季刊。

罗德里克·帕达克：《明朝年间澳门的檀香木贸易》，（澳门）《文化杂志》（中文版）第 1 期，1987 年夏季刊。

刘俊文主编《日本中青年学者论中国史（宋元明清卷）》，上海古籍出版社，1995。

《伊本·白图泰游记》，马金鹏译，宁夏人民出版社，1985。

范岱克：《从荷兰和瑞典的档案看十八世纪 50 年代至 70 年代的广州帆船贸易》，丁峻译，《广东社会科学》2002 年第 4 期。

范岱克：《马尼拉、澳门、广州：紧密相联的三座城市》，《广东社会科学》2007 年第 1 期。

范岱克：《广州贸易中的模糊面孔：摩尔人、希腊人、亚美尼亚人、巴斯人、犹太人和东南亚人》，徐素琴、熊飞译，李庆新主编《海洋史研究》第 10 辑，社会科学文献出版社，2017。

范岱克：《广州贸易——中国沿海的生活与事业（1700 ~ 1845）》，江滢河、黄超译，社会科学文献出版社，2018。

阿图罗·吉拉尔德斯：《贸易：马尼拉大帆船与全球化经济的黎明》，李文远译，中国工人出版社，2021。

菲利普·D. 柯丁：《世界历史上的跨文化贸易》，鲍晨译，山东画报出版社，2009。

马士：《东印度公司对华贸易编年史（一六三五 ~ 一八三四年）》，区宗华译，广东人民出版社，2016。

马士：《中华帝国对外关系史》，张汇文、姚曾廙、杨志信等译，上海书店出版社，2006。

唐纳德·F. 拉赫：《欧洲形成中的亚洲》第 1 卷《发现的世纪》，周云龙译，人民出版社，2013。

梅维恒、郝也麟：《茶的真实历史》，高文海译，三联书店，2018。

林肯·佩恩：《海洋与文明》，陈建军、罗燚英译，四川人民出版社，2019。

彭慕兰：《大分流：欧洲、中国及现代世界经济的发展》，史建云译，江苏人民出版社，2003。

彭慕兰、史蒂文·托皮克：《贸易打造的世界——1400 年至今的社会、文化与世界经济》，黄中宪、吴莉苇译，上海人民出版社，2018。

桑贾伊·苏拉马尼亚姆：《葡萄牙帝国在亚洲：1500 ~ 1700》，

巫怀宇译，广西师范大学出版社，2018。

伊曼纽尔·沃勒斯坦：《现代世界体系》第1卷，尤来寅等译，高等教育出版社，1998。

玛乔丽·谢弗：《胡椒的全球史：财富、冒险与殖民》，顾淑馨译，上海三联书店，2019。

卡门·尤斯特·洛佩斯：《新西班牙：马尼拉大帆船的美洲终端》，戴娟译，南开大学世界近现代史研究中心编《世界近现代史研究》第10辑，社会科学文献出版社，2013。

多默·皮列士：《东方志——从红海到中国》，何高济译，江苏教育出版社，2005。

费尔南·门德斯·平托等：《葡萄牙人在华见闻录》，王锁英译，澳门文化司署、海南出版社等，1998。

费尔南·门德斯·平托：《远游记》，金国平译，澳门基金会，1999。

滨下武志：《近代中国的国际契机——朝贡贸易体系与近代亚洲经济圈》，朱荫贵、欧阳菲译，中国社会科学出版社，1999。

浜野洁等：《日本经济史（1600～2000）》，彭曦等译，南京大学出版社，2010。

长冈新治郎：《十七、十八世纪巴达维亚的糖业与华侨》，罗晃潮译，《南洋资料译丛》1983年第3期。

川北稔：《一粒砂糖里的世界史》，赵可译，南海出版公司，2018。

村上直次郎原译，郭辉中译《巴达维亚城日记》第1册，台湾省文献委员会，1989。

村上直次郎原译，郭辉中译《巴达维亚城日记》第2册，台湾省文献委员会，1989。

村上直次郎原译，程大学中译《巴达维亚城日记》第3册，台湾省文献委员会，1990。

福田省三：《荷属东印度的华侨》，李述文等译，《南洋问题资料译丛》1963年第2期。

木宫泰彦:《日中文化交流史》，胡锡年译，商务印书馆，1980。

木宫泰彦:《中日交通史》，陈捷译，山西人民出版社，2015。

浅田实:《东印度公司——巨额商业资本之兴衰》，顾姗姗译，社会科学文献出版社，2016。

速水融、宫本又郎编《日本经济史》第 1 卷《经济社会的成立（17 ~ 18 世纪）》，厉以平、连湘译，三联书店，1997。

松浦章:《清代海外贸易史研究》，李小林译，天津人民出版社，2016。

松浦章:《清代华南帆船航运与经济交流》，杨蕾等译，厦门大学出版社，2017。

松浦章:《海上丝绸之路与亚洲海域交流（15 世纪末 ~ 20 世纪初）》，孔颖编译，大象出版社，2018。

松浦章:《明代末期的海外贸易》，陈建平译,《求是学刊》2001年第 2 期。

岩生成一:《荷郑时代台湾与波斯间之糖茶贸易》，北叟译，台湾银行经济研究室编《台湾经济史》二集，1955。

岩生成一抄辑《17 世纪台湾英国贸易史料》，周学普译，台湾银行经济研究室，1959。

岩生成一:《下港（万丹）唐人街盛衰变迁考》，刘聘业译,《南洋问题资料译丛》1957 年第 2 期。

羽田正:《东印度公司与亚洲之海》，毕世鸿、李秋艳译，北京日报出版社，2019。

中岛乐章:《日本"朱印船"时代的广州、澳门贸易——从"西洋渡航朱印状"谈起》，郭阳译，郑德华、李庆新主编《海洋史研究》第 3 辑，社会科学文献出版社，2012。

龙思泰:《早期澳门史》，吴义雄等译，东方出版社，1997。

门多萨:《中华大帝国史》，何高济译，中华书局，1998。

安东尼·里德:《1400 ~ 1650 年贸易时代的东南亚》，钱江译,《南洋资料译丛》2008 年第 1、2 期。

尼古拉斯·塔林主编《剑桥东南亚史》第 1 卷，贺圣达等译，云南人民出版社，2003。

乔吉奥·列略:《棉的全球史》，刘媺译，上海人民出版社，2018。

威廉·S. 阿特韦尔:《国际白银的流动与中国经济（1530 ～ 1650 年）》，吴建雍译,《中国史研究动态》1988 年第 9 期。

莱斯利·贝瑟尔主编《剑桥拉丁美洲史》第 1 卷，中国社会科学院拉丁美洲研究所组译，经济管理出版社，1995。

C. R. 博克舍编注《十六世纪中国南部行纪》，何高济译，中华书局，2002。

谟区查:《葡萄牙贵族在远东：澳门历史中的事实与逸闻（1550 ～ 1770）》，李庆译，澳门大学出版中心，2016。

E. E. 里奇、C. H. 威尔逊主编《剑桥欧洲经济史》第 4 卷，张锦冬等译，经济科学出版社，2003。

布赛尔:《东南亚的中国人》（一），徐平译,《南洋问题资料译丛》1957 年第 4 期。

布赛尔:《东南亚的中国人》（二），王陆译,《南洋问题资料译丛》1958 年第 1 期。

布赛尔:《东南亚的中国人》（三），王陆译,《南洋问题资料译丛》1958 年第 C1 期。

Andrew Dalby:《危险的味道——香料的历史》，李蔚虹等译，百花文艺出版社，2004。

马克曼·埃利斯等:《茶叶帝国》，高领亚、徐波译，中国友谊出版公司，2019。

格林堡:《鸦片战争前中英通商史》，康成译，商务印书馆，1961。

G. F. 赫德逊:《欧洲与中国》，王遵仲等译，中华书局，1995。

D. G. E. 霍尔:《东南亚史》，中山大学东南亚历史研究所译，商务印书馆，1982。

吉尔斯·密尔顿:《香料角逐》，欧阳昱译，百花文艺出版社，2008。

贾尔斯·米尔顿:《改变历史的香料商人》，龚树川译，广东旅游出版社，2021。

R. B. 沃纳姆编《新编剑桥世界近代史》第 3 卷，中国社会科学院世界历史研究所组译，中国社会科学出版社，1999。

五　外文论著

Leonard Y. Andaya, *The World of Maluku: Eastern Indonesia in the Early Modern Period*, Honolulu: University of Hawaii Press, 1993.

John Ayers, Oliver Impey and J.V.G. Mallet, *Porcelain for Palaces: The Fashion for Japan in Europe, 1650—1750*, Philip Wilson Publishers Ltd., 1990.

Artur Attman, *American Bullion in the European World Trade, 1600—1800*, Goteborg, 1986.

William S. Atwell, "International Bullion Flows and the Chinese Economy, circa 1530—1650," *Past and Present*, No.95, 1982.

Michel Beurdeley, *Porcelain of the East India Companies*, Barrie and Rockliff, 1962.

E. H. Blair and J. A. Robertson, eds., *The Philippine Islands, 1493—1898*, Cleveland: The Arthur H. Clark Co., 1903—1909.

Ward Barrett, "World Bullion Flows,1450—1800," in James D. Tracy, ed., *The Rise of the Merchant Empire,Long-Distance Trade in the Early Modern World,1350—1750*, Cambridge: Cambridge University Press, 1990, pp.224—254.

C. Conrado Benitoz, *History of the Philippines* (Revised Edition), Manila, 1954.

Leonard Blussé, *Strange Company: Chinese Settlers, Mestizo Women and the Dutch in VOC Batavia*, Dordrecht: Foris, 1986.

W. W. Borah, *Early Colonial Trade and Navigation between Mexico and Peru*, Berkeley, 1954.

Charles R. Boxer, *Fidalgos in the Far East, 1550–1770*, The Hague: Martinus Nijhoff, 1948.

C. R. Boxer, *The Great Ship from Amacon: Annals of Macao and the Old Japan Trade, 1555–1640*, Lisbon: Centrode Estudos Historicos Ultramarines, 1959.

C. R. Boxer, *The Christian Century in Japan, 1549–1650*, University of California Press, 1963.

C. R. Boxer, *The Dutch Seaborne Empire, 1600–1800*, London: Hutchinson, 1965.

C. R. Boxer, *The Portuguese Seaborne Empire, 1415–1825*, New York: Alfred A. Knopf, 1969.

C. R. Boxer, "Plata Es Sangre: Sidelights on the Drain of Spanish-American Silver in the Far East, 1550–1700," *Philippine Studies*, Vol.18, No.3, 1970, pp.457–478. (另见 Dennis O. Flynn et al., eds., *European Entry into the Pacific*, Burlington: Ashgate, 2001)

C. R. Boxer, *Dutch Merchants and Mariners in Asia, 1602–1795*, London: Variorum Reprints, 1988.

Fernand Braudel, *Perspective of the World*, New York: Harper & Row, 1986.

David Bulbeck, Anthony Reid, Lay Cheng Tan, and Yiqi Wu, *Southeast Asian Exports since the 14th Century: Cloves, Pepper, Coffee, and Sugar*, Singapore, Institute of Southeast Asian Studies, 1998.

K. N. Chaudhuri, *The English East India Company: The Study of an Early Joint-stock Company 1600–1640*, London & New York: Frank Cass & Co., 1965.

K. N. Chaudhuri, *Trade and Civilization in the Indian Ocean: An Economic History from the Rise of Islam to 1750*, London & New York: Cambridge University Press, 1985.

Pierre Chaunu, *Les Philippines et le Pacifique des Ibériques*, Paris: S. E. V.

P. E. N., 1960.

William Herbert Coates, *The Old 'Country Trade' of the East Indies*, London: Forgotten Books, 2018.

Clare Le Corbeiller, *China Trade Porcelain: Patterns of Exchange*, New York: The Metropolitan Museum of Art Bulletin, 1974.

Fred Czarra, *Spices: A Global History*, London: Reaktion Books Ltd., 2009.

Andrew Dalby, *Dangerous Tastes: The Story of Spices*, London: British Museum Press, 2000.

D. W. Davies, *A Primer of Dutch Seventeenth Century Overseas Trade*, The Hague: Martinus Nijhoff, 1961.

Noel Deerr, *The History of the Sugar*, London: Chapman and Hall, 1949.

Ellen Deboran Ellis, *An Introduction to the History of Sugar as a Commodity*, Philadelphia: The John C. Winston Co., 1905.

Koto Eiichii (加藤荣一), "Unification and Adaptation, the Early Shogunate and Dutch Trade Policies," in L.Blussé and F.Gaastra, eds., *Companies and Trade*, Leiden, 1981.

Emily Erikson, *Between Monopoly and Free Trade: The English East India Company, 1600−1757*, Princeton: Princeton University Press, 2014.

Alfonso Felix, *The Chinese in the Philippines*, Manila: Solidaridad Publishing House, 1966.

Dennis D. Flynn, "Comparing the Tokugawa Shogunate with Hapsburg Spain: Two Silver-Based Empires," preliminary draft prepared for the Keio Conference on Precious Metals, June 1987.

Holden Furber, *Rival Empires of Trade in the Orient, 1600−1800*, Minneapolis: University of Minnesota Press, 1976.

F. S. Gaastra, "The Export of Precious Metal from Europe to Asia by the Dutch East India Company, 1602−1795," in J. F. Richards, ed., *Precious Metals in the Later Medieval and Early Modern Worlds*, Durham, N.C., 1983.

Arturo Giraldez, *The Age of Trade*: *The Manila Galleons and the Dawn of the Global Economy*, Maryland: Rowman & Littlefield Publishers, 2015.

Richard von Glahn, *Fountain of Fortune: Money and Monetary Policy in China,1000−1700*, University of California Press, 1996.

Kristof Glamann, *Dutch-Asiatic Trade, 1620−1740*, 's-Gravenhage, Martinus Nijhoff, 1981.(Copenhagen: Danish Science Press & 's-Gravenhage, Martinus Nijhoff, 1958)

R. von Glahn, "Myth and Reality of China's Seventeenth-Century Monetary Crisis," *The Journal of Economic History*, Vol. 56, No.2, 1996.

Ashin Das Gupta and M. N. Pearson, *India and the Indian Ocean 1500−1800*, Calcutta: Oxford University Press, 1987.

Tim Hannigan, *A Brief History of Indonesia*: *Sultans, Spices, and Tsunamis*: *The Incredible Story of Southeast Asia's Largest Nation*, Tokyo: Tuttle Publishing, 2015.

Albert Hyma, *The Dutch in the Far East*: *A History of the Dutch Commercian and Colonial Empire*, Michigan: George Wahr Publishing Co., 1942.

Albert Hyma, *A History of the Dutch in the Far East*, Michigan: George Wahr Publishing Co., 1953.

Jonathan I. Israel, *Dutch Primacy in World Trade, 1585−1740*, New York: Oxford University Press, 1989.

Els M. Jacobs, *Merchant in Asia*: *The Trade of the Dutch East India Company during the Eighteenth Century*, Leiden: CNWS Publications, 2006.

John Keay, *The Spice Route*: *A History*, London: The Folio Society (Press), 2005.

A. Kobata, "The Production and uses of Gold and Silver in Sixteenth and Seventeenth Century Japan," *The Economic History Review*, Vol.18, No.2, 1965.

Donald Frederick Lach, *Asia in the Making of Europe*, Vol.1, *The*

Century of Discovery, Chicago and London: The University of Chicago Press, 1965.

C. J. A. Jörg, *Porcelain and the Dutch China Trade*, 's-Gravenhage, Springer Science, 1982.

J. C. van Leur, *Indonesian Trade and Society: Essays in Asia Social and Economic History*, The Hague, Bandung: W. van Hoeve Ltd., 1955.

Vincent C. Loth, "Armed Incidents and Unpaid Bills: Anglo-Dutch Rivalry in the Banda Islands in the Seventeen Century," *Modern Asian Studies*, Vol.29, No.4, 1995.

P. J. Marshall, *East Indian Fortunes: The British in Bengal in the Eighteenth Century*, Oxford: Clarendon Press, 1976.

Giles Milton, *Nathaniel's Nutmeg: How One Mans Courage Changed the Course of History*, London: Hodder and Stoughton Ltd., 1999.

Joel Mokyr, *The Oxford Encyclopedia of Economic History*, Vol.5, *Spices and Spices Trade*, Oxford University Press, 2003.

Robert Parthesius, *Dutch Ships in Tropical Waters: The Development of the Dutch East India Company Shipping Network in Asia 1595−1660*, Amsterdam: Amsterdam University Press, 2010.

M. N. Pearson, ed., *Spices in the Indian Ocean World*, Hampshire, Great Britain; Brookfield, Vt., USA: Variorum, 1996.

Jane Pettigrew, *A Social History of Tea*, London: National Trust Enterprises Ltd., 2001.

John Goldsmith Phillips, *China-Trade Porcelain*, Harvard University Press, 1956.

Robert Ronald Reed, *Hispanic Urbanism in the Philippines: A Study of the Impact of Church and State*, Manila: The University of Manila, 1967.

Charles River Editors, *The Dutch East India Company: The History of the World's First Multinational Corporation*, Charles River Editors, 2016.

M.A.P.Meilink-Roelofsz, *Asia Trade and European Influence in the*

Indonesian Archipelago between 1500 and about 1630, The Hague: Martinus Nijhoff, 1962.

William Lytle Schurz, *The Manila Galleon*, New York: E.P. Dutton & Co., Inc., 1959.

S.B.Schwarz, *Sugar Plantations in the Formation of Brazilian Society*, Cambridge, 1985.

Iwao Seiichi (岩生成一), "Japanese Foreign Trade in the 16th and 17th Centuries," *Acta Asiatica*, No.30, Tokyo, 1976.

C. R. de Silva, "The Portuguese Impact on the Production and Trade in Sri Lanka Cinnamon," in G. W. Skinner, *Leadership and Power in the Chinese Community in Thailand*, New York, 1953.

Mazumdar Sucheta, *Sugar and Society in China: Peasants, Technology, and the World Market*, Cambridge, MA: Harvard University Asia Center, 1998.

George Bryan Souza, *The Survival of Empire: Portuguese Trade and Society in China and the South China Sea, 1630–1754*, Cambridge University Press, 1986 (rep.2004).

Niels Steensgaard, *The Asian Trade Revolution of the Seventeenth Century: The East India Companies and the Decline of the Caravan Trade*, Chicago: University of Chicago Press, 1973.

J. J. TePaske, "New World Silver,Castile and the Philippines,1590–1800," in J. F. Richard, ed., *Precious Metals in the Later Medieval and Early Modern Worlds*, Durham: University of North Carolina Press, 1983.

Sarasin Viraphol (吴汉泉), *Tribute and Profit, Sino-Siamese Trade 1652–1853*, Harvard University Press, 1977.

T. Volker, *Porcelain and the Dutch East India Company (1602–1682)*, Leiden: E.J.Brill, 1971 （rep.）.

Birgit Tremml-Werner, *Spain, China, and Japan in Manila, 1571–1644: Local Comparisons and Global Connections*, Amsterdam: Amsterdam

University Press B.V., 2015.

Charles Wilson, *Profit and Power: A Study of England and the Dutch Wars*, Springer Netherlands, 1978.

C. H. H.Wake, "The Changing Pattern of Europe's Pepper and Spice Imports, ca 1400−1700," *Journal of European Economic History*, No.8, 1979.

R. S. Whiteway,*The Rise of Portuguese Power in India, 1497−1550*, New York, rep.1969.

Kozo Yamamura (山村弘造) and Tetsuo Kamiki (神木哲男), "Silver Mines and Sung Coins: A Monetary History of Medieval and Modern Japan in International Perspective," in J. E. Richards, ed., *Precious Metals in the Late Medieval and Early Modern Worlds*, Durham: Carolina Academic Press, 1983.

R. L. Innes, The Door Ajar: Japan's Foreign Trade in the 17th Century, Ph. D. dissertation, University of Michigan, 1980.

G. B. Souza, Portuguese Trade and Society in China and the South China Sea, c 1630−1754, Ph. D. dissertation, University of Cambridge, 1981.

Mok Kin Wai, The British Intra-Asian Trade with China,1800−1842, Ph. D. dissertation, University of Hong Kong, 2004.

長崎市役所編『増补長崎略史』長崎、1926。

村上直次郎訳『長崎オランダ商館の日記』東京：岩波書店、1956。

村上隆『金・銀・銅の日本史』東京：岩波書店、2007。

東京大学史料編纂所編『オランダ商館長日記』東京：東京大学、1983。

加藤栄一「元和・寛永期に於ける日蘭貿易 – 鎖国形成期における貿易銀をめぐって」北島正元編『幕藩制国家成立過程の研究：寛永期を中心に』吉川弘文館、1978。

豊田有恒『世界史の中の石見銀山』東京：祥伝社、2010。

鉱山懇話会『日本鉱業発達史』東京：原書房、1993。

永積洋子訳『平戸オランダ商館の日記』1 ～ 4 輯、東京：岩波書店、1980 年印刷（1969 ～ 1970 年版）。

永積洋子『唐船輸出入品数量一覧 1637 ～ 1683 年：復元唐船貨物改帳・帰帆荷物買渡帳』東京：創文社、1987。

日本鉱業史料集刊行委員会『日本鉱業史料集』東京：白亞書房、1984。

山脇悌二郎『長崎の唐人貿易』東京：吉川弘文館、1972。

矢野仁一「長崎貿易に於ける銅及び銀の支那輸出に就いて（下）」『經濟論叢』26 巻 2 号、1928 年 2 月。

石原舜三『地下の科学シリーズ』東京：科学社、1978。

松浦章：《中国帆船による東アジア海域交流》，刘迎胜主编《元史及民族与边疆研究集刊》第 31 辑，上海古籍出版社，2016。

太田胜也『鎖国時代長崎貿易史の研究』京都：思文閣、1992。

岩生成一「朱印船の貿易額について」『史學雜誌』59 巻 9 期、1950 年。

岩生成一「近世日支貿易に關する数量的考察」『史學雜誌』62 巻 11 期、1953 年。

岩生成一『朱印船貿易史の研究』東京：吉川弘文館、1958。

岩生成一『朱印船る日本町』東京：至文堂、1964。

岩生成一『日本的历史 14· 锁国』東京：中央公論社、1966。

岩生成一『南洋日本町研究』東京：岩波書店、1966。

岩生成一「江戸時代の砂糖貿易について」『日本学士院紀要』31 巻 1 号、1972 年。

岩生成一『朱印船貿易史の研究』東京：吉川弘文館、1985。

岩生成一『续南洋日本町研究』東京：岩波書店、1987。

小葉田淳『日本経済史の研究』京都：思文閣、1978。

小葉田淳『日本鉱山史の研究』東京：岩波書店、1986。

小葉田淳『貨幣と鉱山』京都：思文閣、1999。

后　记

　　本书缘起于 20 年前。当时我跟随先师黄时鉴的脚步，把关注的目光从陆上丝绸之路逐渐转向海上丝绸之路。2003 年，我用收集的资料和自己的研究心得指导研究生作《17 ~ 18 世纪中国茶在英国》。此后，我在 14 年时间里指导 14 名研究生开展近代亚洲区间贸易和亚欧贸易研究，并把自己的观点和发现亦融入研究生的学位论文中，教学相长，略有所成。2018 年 1 月，时任浙江师范大学人文学院院长的张涌泉教授了解了我的研究心得和现状，鼓励我申报国家社会科学基金课题。浙江师范大学人文学院历史系赵志辉教授、王涛博士对课题立项予以很大支持。浙江师范大学人文学院许春老师、校科学研究院吕德老师，对本成果申请资助给予帮助。社会科学文献出版社郑庆寰君听闻本书稿完成，第一时间与我联系。

在课题深入研究的过程中，我进一步发现此课题研究的困难和艰辛。第一，资料收集的不易。我的研究生胡韵珂在美国访学期间，曾帮助收集英文资料，王舒涵、郭闯异帮助收集、整理日文资料；南京大学历史学院李庆老师惠赠译著，华东师范大学历史学系徐显芬老师、浙江师范大学人文学院历史系章霖博士帮助收集资料，才使此困难得以纾解。第二，资料记述不全，缺漏、相互抵牾处甚多。例如，关于 17 世纪头 40 年日本输出的白银，竟有 150 万公斤左右不知所终；18 世纪欧洲输往亚洲的白银，有上千万公斤不知是如何输入的。第三，以往国内学者往往引征国外某学者成果为论据，罔顾其他，而国外学者的研究由于依据史料不一，往往结论不一，国内大家的结论又为后来者转引流传，渐成学界"定论"。对此，我在寻求论文发表时深有体会。为了追溯学者们结论的依据，我耗费了 1280 多个日夜，累及沥血，虽无愧于心，但所得是否成立，终需贤达检验。由于笔者采取抽丝剥茧的手法，考辨较多，本书论述略显拖沓。第四，本书研究涉及语种较多，笔者学力有限，无法利用西班牙文、葡文、荷文等语种文献，未能利用荷兰海牙国家档案馆所藏荷兰东印度公司档案（Kol. Arch., 1602-1799）、哥本哈根国家档案文献（Rigsarkive, National Archives）、不列颠图书馆印度官方记录（British Library: India Office Records）等，致使本书研究留下诸多空白和遗憾，留待有识学者补齐、修正。例如，16～17 世纪葡萄牙私商运入远东的白银，17 世纪下半叶以后澳门葡萄牙人在亚洲区间贸易中的活动及其对亚洲区域经济带构建的影响，西班牙人从西班牙运到马尼拉的美洲白银数量，马尼拉西班牙人对华贸易详情，美洲走私白银及其在亚洲区间贸易市场上的流通情况，16～18 世纪通过利凡特贸易运到亚洲的美洲白银数量，港脚贸易商对波斯湾、红海的贸易赚取的来自欧洲的美洲白银数额，港脚贸易商走私到中国的白银数量，华商从巴达维亚运走的白银数量，等等，都是本书研究的缺憾。

本书研究适逢特殊时期。2019 年 10 月 22 日，孙女晓晓、孙子阳阳早产，历经磨难而生；2020 年 12 月 13 日下午，一直关注我研究的慈父在漫天大雪中辞世。子欲养而亲不待，个中苦痛唯有咽下。所幸本书得以完成，并在亚洲近代贸易网络的演变、明代朝贡贸易的内涵、郑和下西洋的意义、"港脚贸易"的内涵、输入中国的日本和美洲白银数量、香料和蔗糖贸易及其影响、亚洲区间贸易与亚欧贸易的联动、近代亚洲区域经济带的形成及其运行机制等方面提出新的见解，笔者还提出"近代亚洲区域经济带"的命题，希望抛砖引玉，引起学界思考和讨论。在课题探究过程中，与前辈的讨论，本心求真，无心妄议，更非求全责备，有得罪、冒犯之处，希祈见谅并指正。

本书统计数据繁复，资料抵牾之处甚多。责任编辑花费大量时间核查，纠正笔者失误，使本书得以问世。其专业修养和认真负责的精神，令人敬佩。

本书的出版，得到浙江师范大学出版基金的资助。

谨对所有帮助本课题研究和本书出版的诸君表示衷心感谢！感谢夫人刘念群的理解和支持。

谨以本书敬献父亲许仲谊（1924 年 12 月 8 日至 2020 年 12 月 13 日）灵前！

2022 年 11 月 20 日于金华丽泽寓所

图书在版编目（CIP）数据

星槎竞帆 无远弗届：大航海时代亚洲区间贸易 /
许序雅著 . -- 北京：社会科学文献出版社 , 2025. 5.
（九色鹿）. -- ISBN 978-7-5228-5063-4

Ⅰ . F753.09

中国国家版本馆 CIP 数据核字第 2025U3968A 号

· 九色鹿 ·

星槎竞帆 无远弗届：大航海时代亚洲区间贸易

著　　者 / 许序雅

出 版 人 / 冀祥德
责任编辑 / 陈肖寒
文稿编辑 / 徐　花
责任印制 / 岳　阳

出　　版 / 社会科学文献出版社 · 历史学分社（010）59367256
　　　　　地址：北京市北三环中路甲29号院华龙大厦　邮编：100029
　　　　　网址：www. ssap. com. cn
发　　行 / 社会科学文献出版社（010）59367028
印　　装 / 三河市东方印刷有限公司

规　　格 / 开 本：787mm×1092mm　1/16
　　　　　印 张：38　字 数：547千字
版　　次 / 2025年5月第1版　2025年5月第1次印刷
书　　号 / ISBN 978-7-5228-5063-4
定　　价 / 128. 80元

读者服务电话：4008918866